3판

현대인의 적응과 정신건강

-행복한 삶을 위한 심리학-

이민규 지음

교육과학사

머리말

「내가 왜 이럴까?」, 「그들이 그렇게 행동하는 이유는 무엇일까?」, 「어떻게 해야 할까?」 위의 세 가지 질문은 우리가 삶을 살아가면서 때로는 무심코, 때로는 아주 심각하게, 그리고 수시로 떠올리는 생각들이다. 그러나 아주 사소한 일에서조차도 위의 질문들에 대한 정답은 분명치 않을 수 있으며, 결코 하나가 아닌 경우가 많다. 그리고 각자가 찾은 그 질문들에 대한 답이 그 사람이 살아가는 방식과 그의 인생을 결정한다.

당신이 대학에서 심리학 과목을 선택한 학생이라면, 아마도 그 과목을 선택한 이유 중의 하나는 분명 이와 같은 질문들에 대한 보다 나은 답을 찾기 위함일 것이다. 당신이 서점에서 심리학 관련 도서를 뒤적이는 일반인이라고 할지라도 마찬가지일 것이다. 이 책은 다음과 같은 두 가지 목적으로 집필되었다. 첫째, 인간의 행동, 사고, 감정들에 대한 심리학자들의 연구결과와 원리들을 소개하는 것이다. 둘째, 이러한 연구결과와 원리들을 통해서 당신이 삶에서 겪게 되는 여러 가지 적응문제들을 보다 효율적으로 해결하고 더 건강하고, 더 행복한 삶을 영위할 수 있는 방법을 모색하게 하는 것이다.

필자는 수년 동안 대학에서 「적응심리」, 「정신위생」, 「현대인의 정신건강」, 「대인관계 심리학」, 「심리학의 이론과 실제」 등 심리학의 이론을 일상생활에 응용하는 과목들을 강의해왔다. 이 책의 내용은 그동안 강의를 하면서 학생들이 공통적으로 관심을 보이는 주제들 중 한 학기에 강의를 마칠 수 있는 것만을 선정한 것으로 모두 여덟 개의 장으로 구성되어 있다.

1장 「스트레스의 근원과 영향」에서는 스트레스의 근원과 그것이 미치는 신체적 및 심리적인 영향을 이해하고, 동일한 스트레스 상황에서도 왜 부작용 정도가 개인에 따라 다를 수 있는지를 검토한다. 2장 「스트레스: 어떻게 대처할 것인가?」는 스트레스 상황에서 보이는 사람들의 통상적인 대처방법들과 비효과적인 대처방법들을 검토한 다음, 보다 건설적이고 효과적인 대처방법이 무엇인지 찾게 한다. 3장 「자기 개념과 그 영향」에서는 자신에 대한 태도나 관점이 삶에 어떤 영향을 미치는지, 자기개념이 형성되는 과정과 자기 효능감 및 자기 존중감이 우리의 행동에 미치는 영향과 증진 방법 등을 다룬다. 4장 「효과적인 의사소통과 원만한 대인관계」는 비효과적인 의사소통의 이유를 검토하면서 보다 효과적인 의사소통방법을 모색하게 하고, 원만한 대인관계를 유지하기 위해서 어떻게 해야 하는지를 찾게 한다. 5장 「타인에 대한 판단과 사회적 영향」은 인상형성 과정과 타인에 대한 판단 과정에 관여하는 귀인과정 등의 심리적 원리를 검토하고 다른 사람들의 태도를 효과적으로 변화시키기 위한 방법을 다룬다. 6장 「호감 형성과 사랑」에서는 사람들이 누군가를 좋아하게 되는 이유들을 체계적으로 분석하고 사랑에 대한 심리학 연구결과들 및 낭만적 사랑이 쇠퇴하게 되는 원인과 원만한 관계유지를 위한 대책 등을 모색한다. 7장 「성 행동 및 성과 관련된 장애」에서는 인간의 성 행동에 대한 과학적인 연구결과들을 살펴보고 성 기능장애, 성도착증 등 성과 관련된 심리장애들의 원인과 치료방법을 배울 수 있게 한다. 8장 「이상심리학: 이상행동과 심리장애의 이해」에서는 심리장애의 진단분류 체계와 심리장애의 원인 및 치료 방법을 다룬다.

우리 모두는 각자 독특한 존재이다. 그래서 사람들은 각자가 겪고 있는 문제 역시 자기만의 것이라고 생각하는 경향이 있다. 그러나 이 책을 통해 여러분은 우리가 겪고 있는 대부분의 경험이나 문제가 다른 사람들의 것과 매우 유사하다는 것을 알 수 있을 것이다. 많은 문제들이 일정한 심리적인 원리들을 따르고 있다는 사실을 이해한다면 우리는 우리가 갖고 있는 문제를 보다 더 효율적으로 해결할 수 있을 것이다.

독자 여러분에게 몇 가지 당부하고 싶은 것이 있다. 우선, 이 책을 수동적으로 읽지 말라는 것이다. 책을 읽으면서 연구 결과나 이론들을 이해하는 데 그치지 말고 자신의 경험과 다른 사람들의 행동들을 수시로 떠올려 보기 바란다. 나는 독자 여러분이 책에 인쇄된 내용을 당신 자신의 개인적인 심상으로 변환시켜 이해하기를 바란다. 둘째, 책에 기술된 내용을 순진하게 수용하거나 맹목적으로 반대하지 말라고 부탁한다. 그보다는 책읽기를 간간이 멈추고 내용과 관련된 질문을 스스로 던지면서 그에 대한 대안들을 가능한 한 많이 찾아달라는 것이다. 셋째, 강의를 들으면서 또는 책을 읽으면서 배웠던 내용을 실제로 적용해 보기 바란다. 많은 경우, 우리가 겪게 되는 문제의 해결책은 하나가 아니다. 상황이나 대상에 따라 효과적인 해결책이 다를 수 있기 때문에 가능한 한 많은 대안들을 찾아보고 실제로 적용해서 자기에게 가장 효과적인 해결책이 무엇인지 찾아보라는 말이다.

자기보다 자신을 더 잘 알 수 있는 사람은 없으며, 세상을 살아가면서 우리는 모두 각자의 길을 가야 한다. 그래서 어떻게 살아야 하는지를 찾는 것은 순전히 각자의 몫이다. 이 책이 여러분 자신과 다른 사람, 그리고 세상에 대한 이해의 폭을 넓히고 행복한 삶을 살아가는 데 조금이라도 도움이 되기를 희망한다. 그리고 또 한 가지, 이 책이 여러분에게 즐거움을 줄 수 있는 책이었으면 좋겠다.

나는 그동안 너무나 많은 사람들에게 빚을 지고 살았다. 그리고 지금도 그렇게 살고 있다. 이 책을 쓰는 과정에서도 많은 빚을 졌다. 무엇보다도 내 강의에 열심히 귀를 기울이면서, 강의실에서 또는 연구실로 찾아와, 때로는 이메일로 여러 가지 질문을 해준 나의 수강생들에게 감사한다. 또한 방학 동안에도 쉬지 않고 진행된 사랑스런 나의 대학원 지도학생들의 세미나 결과물은 원고 작성에 많은 도움이 되었다. 이 자리를 빌어 이들 모두에게 진심으로 감사의 마음을 전하고 싶다.

이 책의 많은 내용들은 엄밀한 의미에서 필자가 작성한 것이 아니다. 이루 헤아릴 수 없이 많은 연구자나 저자들이 발견하고 저술한 것들이다. 필자는 단지 그것을 찾아내고 나름대로 정리하면서 거기에 간간이 필자의 생각들을 덧붙였을 뿐이다. 그분들이 없었더라면 이 책은 세상에 나올 수 없었을 것이다. 그러나 이 책에서 오류가 있다면 그건 전적으로 필자의 책임이다. 이 부분에 대해서는 독자들의 기탄없는 지적과 조언을 부탁한다.

2016년 12월 어느 날.
먼내골에서

차 례

제1장

스트레스의 근원과 영향

1. 스트레스의 개념

이것이 무엇일까?

이것은 누구나 겪는 것이며 태어나면서부터 죽을 때까지 따라다닌다.
똑같은 것이라도 사람에 따라서 다르게 해석될 수 있으며 그 영향 정도도 다르다.
이것은 심리적 장애뿐 아니라 신체적 질병의 원인으로도 작용한다.
종류가 다르듯이 그것에 대한 해결책도 다양하다.
이것은 때로 삶의 활력소로 작용한다.

이것은 말할 것도 없이 스트레스(Stress)이다. 스트레스라는 용어는 신체질환 및 정신질환과 관련하여 많은 관심의 대상이 되고 있으나 그 정의에 있어서는 논란의 여지가 많다. 스트레스라는 단어는 영어권에서 15세기경부터 압력 또는 물리적 압박이라는 의미로 사용되기 시작했으며, 17세기경에는 공학이나 건축 분야로부터 일반화되기 시작하여 역경 또는 곤란의 의미로 받아들여졌다. 그러다가 20세기에 들어 질병이나 정신질환의 원인으로 스트레스라는 개념이 사용되었다.

스트레스는 일반적으로 생리 및 심리 · 사회적 차원에서 파악되고 있으며 주로 세 가지 의미로 쓰이고 있다. 초기의 스트레스 연구자들은 스트레스를 외적 조건에 대한 생리적 반응으로 정의하였으며 주로 생리적 차원에서 파악하고자 했다. 심리적 차원에서 스트레스를 파악하려는 연구들은 이를 환경 자극으로 보거나 개인과 환경 사이의 상호작용으로 보고 있다.

1. 스트레스의 정의

심리학이나 의학 분야에서 가장 광범위하게 사용되는 전문 용어 중의 하나인 스트레스라는 말은 오늘날 일상생활에서 일반인들이 매우 흔히 사용하는 말 중의 하나가 되었다. 그러나 이 용어에 대한 정의에 대해서는 전문가들 사이에서조차 아직 의견일치가 이루어지지 않고 있으며 각자의 관점에 따라 다른 방식으로 정의하고 있다. 그렇지만 스트레스를 연구하는 전문가들은 이것을 크게 세 가지 방식으로 정의하고 있다.

1) 반응으로서의 스트레스

반응으로서의 스트레스 개념은 생물학이나 의학에서 사용되는 것으로, 초기의 스트레스에 대한 정의들은 주로 이 입장을 취했다. Cannon(1932)은 추위나 산소의 결핍 등의 조건에서 **항상성**(Homeostasis) 유지에 장애가 왔을 때 경험되는 상태를 스트레스로 정의했다. Selye(1936)는 Cannon보다 더 전문적인 관점에서 스트레스라는 용어를 사용하기 시작하였다. 그는 새로운 자극 형태가 나타났을 때 이에 대응하려는 신체적인 방어의 틀, 즉 비특정적 반응(일반적응증후군)으로 스트레스를 정의하였다.

Homeostasis
생체가 환경에 적응하거나 생명을 유지하기 위해 추구하려는 평형상태(Cannon, W. B.)로 항상성 또는 동질정체라고 번역된다. 이는 유기체의 최적 수준의 기능을 유지하기 위한 다양한 기제들에 의해서 유지된다(예: 체온을 일정하게 유지시키는 기능).

2) 자극으로서의 스트레스

최근까지 심리학자들이 스트레스에 대하여 내린 가장 보편적인 정의는 스트레스를 하나의 자극으로 보는 입장이다. 이 입장에서는 스트레스를 비통상적 반응을 요구하는 어떤 사건이나 상황이라고 개념화하고 있다. 여기에는 외적인 환경조건에서부터 내적인 생리적 현상까지 다양한 자극들이 포함된다. H. Selye는 이를 반응으로서의 스트레스와 구분하기 위해 **스트레스원**(Stressor)이라는 말을 사용했다. Lazarus 등(1977)은 자극으로서의 스트레스를 세 가지 유형으로 나누고 있다. (1) 다수인에게 격변을 일으키거나 영향을 주는 중대한 변화로, 여기에는 천재지변, 전쟁, 투옥과 같은 어느 누구도 통제할 수 없는 사건들이 포함된다. (2) 일부 사람들에게 영향을 주는 변화로, 사랑하는 사람의 죽음, 생명을 위협하는 병이나 무력하게 만드는 질병, 직장에서의 해고, 이혼, 출산, 중대한 시험과 같이 해롭거나 위협을 줄 수 있는 부정적인 경험들이 포함된다. (3) 일상의 골칫거리로서 일상생활에서 경험하는 사건들이다. 스트레스를 환경 자극으로 파악하려는 가장 대표적인 입장이 생활사건 접근법이다.

3) 관계론적 개념: 상호작용모형

스트레스를 자극이나 반응으로 표현하려는 입장에 대하여 Lazarus와 그의 동료들은 어떤 환경 사건도 개인의 지각이나 평가과정 없이 스트레스 요인으로 작용할 수 없다는 관계론적인 입장에서 스트레스를 보고 있다. 이는 매우 광범위한 개념으로 사회적, 심리적, 생리적 체계를 모두 포함하며 스트레스 정도는 자극으로서의 스트레스에 대한 인지적 평가, 즉 위협정도에 대한 지각과 이에 대해 대처할 수 있는 자신의 능력에 대한 평가 등에 의해 결정된다고 보는 입장이다. 따라서 자극이 스트레스로 작용하는지 여부와 정도는 자극 혹은 반응 그 자체가 아니고 유기체가 환경 자극을 해석하는 방식과 대처자원을 해석하는 방식에 의해서 영향을 받는다는 것이다. 자극에 어떤 의미를 부여하는지, 즉 자극 자체에 대한 평가를 **일차적인 평가**(Primary Appraisal)라고 한다. 그리고 그것에 대해 자신이 어떻게 할 수 있는지, 즉 대처 자원에 대한 평가를 **이차적인 평가**(Secondary Appraisal)라고 한다.

일차적 평가(Primary Appraisal)

일차적인 평가는 어떤 사건이 바람직한지 아니면 위협적인지를 평가하는 정신 과정이다. 여기에는 그 사건이 자신하고 무관한지(irrelevant), 긍정적인지(benign-positive), 아니면 해로운 영향을 미친다고(harmful) 평가하는지가 포함된다.

이차적 평가(Secondary Appraisal)
이차적인 평가는 그 사건에 대한 대처 대안과 대처 자원이 얼마나 많다고 생각하는지를 평가하는 정신과정이다. 즉 그 사건의 부정적인 효과를 최소화하고 잠재적인 이득을 최대화할 수 있는 역량에 대한 평가과정이다.

2. 스트레스의 본질

일반인들은 스트레스가 반드시 뭔가 큰 일이 있을 때, 외부의 어떤 요인에 의해서만 경험되는 것으로 생각하는 경향이 있다. 그러나 스트레스는 아주 사소한 일에 의해서, 자신의 사고방식에 의해서, 그리고 내부의 기대나 욕구에 의해서 경험 여부와 강도가 좌우된다.

1) 일상적이고 사소한 일들도 스트레스로 작용한다

"좀은 작지만 기둥과 대들보를 쓰러뜨리고 모기와 등에는 작지만 소와 양을 도망가게 한다." 〈설원(說苑)〉의 〈담총(談叢)〉 편에 쓰여 있는 것으로, 작은 것들도 큰 것을 쓰러뜨릴 수 있다는 비유로 쓰이는 말이다. 일반인들에게는 스트레스라는 말이 엄청난 사건을 떠올리게 하는 경향이 있다. 전쟁, 지진, 홍수 같은 천재지변이나 예고 없이 당하는 실직이나 이혼은 틀림없이 극단적인 스트레스 사건들이다. 그러나 이와 같은 사건들은 빙산의 일각에 불과하다. 식당이나 은행에서 줄을 서서 기다리거나, 추석 선물을 사기 위해서 쇼핑하는 일, 출근길에 길이 막혀 꼼짝도 못할 때, 휴대폰을 분실하는 일과 같은 일상적인 일들 역시 중요한 스트레스 원천이다.

여러 가지 연구들은 일상의 골칫거리들(Daily Hassles)이 우리의 정신 및 신체건강에 부정적인 영향을 미친다는 사실을 확인했다. 이러한 사소한 스트레스들은 사람들에게 별로 중요한 것으로 인식되지 않기 때문에 **배경 스트레스**(Background Stress)라고도 한다. 왜 사소한 골칫거리들이 주요 스트레스 사건들보다 더 강하게 정신적 건강과 관련되어 있을까? 이에 대한 대답은 아직 완전히 분명한 것은 아니지만, 대부분의 스트레스 이론들은 스트레스 사건들도 반복해서 경험하다 보면 충격적 스트레스 못지 않게 부정적 영향을 미친다고 가정한다(Seta, Seta, & Wang, 1991). 즉, 스트레스의 영향은 누적적이라는 것이다. 집에서, 학교에서, 그리고 직장에서 겪게 되는 사소하고 일상적인 스트레스의 경우 개별적으로 보면 별것이 아닐지라도 이것들이 쌓이면 그만큼 부작용이 커질 수 있다.

2) 환경의 영향을 받는다

많은 종류의 스트레스가 환경 조건에 의해 일어난다. 예컨대 과도한 소음, 더위, 오염과 같은 환경의 특성들은 사람들의 안녕감을 위협할 수 있고 개인의 정신과 신체 건강에 영향을 끼친다. 예를 들면, 대도시의 학교를 다니는 학생들 중 높은 수준의 소음을 듣는 아이들은 그렇지 않은 아이들에 비해 혈압이 높은 경향이 있다(Cohen, et al., 1980). 또한 직장에서 과도한 소음에 노출된 사람들이 그렇지 않은 사람들보다 두통, 메스꺼움, 우울증을 더 많이 경험한다(Cohen, Glass, & Phillips, 1977).

살인이나 강간과 같은 극단적인 폭력범죄가 기온과 밀접한 관계가 있음이 밝혀졌다. Anderson과 Anderson(1984)은 1980년과 1982년 사이의 미국 휴스턴 지역에서 기온과 폭력범죄 간의 관계를 조사했다. 그래프에서 볼 수 있는 바와 마찬가지로 폭력적 범죄들은 기온이 상승하면 증가하는 경향이 있었다.

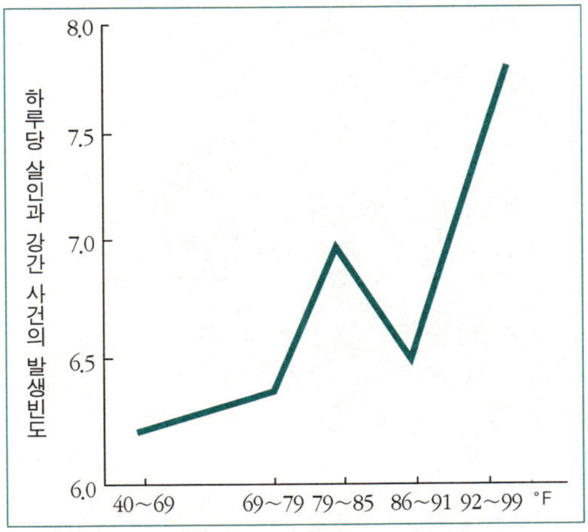

살인 및 강간범죄와 당일의 최고 기온과의 관계

그러나 다른 유형의 스트레스와 마찬가지로, 환경 스트레스에 대한 경험 역시 주관적이다. 어떤 사람들에게는 혐오스러운 소음, 더위, 혼잡의 수준이 다른 사람에게는 그렇게 혐오스럽지 않을지 모른다. 천재지변의 경우조차도, 그 상황에 있었던 모든 사람들이 동일하게 스트레스를 경험하지는 않는다.

택일을 잘해야....

불쾌감을 유발시키는 환경 자극은 어떤 사람에 대한 인상과 호감에도 영향을 미칠 수 있다. Griffitt(1970)는 한 집단의 피험자들에게는 아주 더운 방(화씨 100도: 섭씨 38°)에서 45분 동안 일련의 작업을 하게 했다. 그리고 다른 집단에게는 쾌적한 온도의 방에서 일하게 했다. 그러고 난 다음 낯선 사람에 대해 설명한 내용을 보여주고 그 사람에 대한 호감정도를 평가하게 했다. 예상할 수 있듯이 똑같은 내용을 보고도, 더워서 짜증이 난 사람들은 쾌적한 방에서 일을 했던 사람들에 비해 그 사람에 대해 훨씬 부정적으로 평가했다. 따라서 당신이 여자 친구나 남자 친구의 부모를 처음 만날 때 또는 이성 친구를 부모에게 소개할 때는 무더운 여름날과 같이 불쾌한 날씨는 피하는 것이 현명할지 모른다.

3) 해석하기 나름이다.

위협적이라는 정서의 경험은 우리가 어떤 사건에 주목하고 있는지, 그리고 그것을 평가하거나 해석하는 방식이 무엇인지에 의해 좌우된다. 예를 들면, 많은 사람들에게 비행기를 타는 것은 어느 정도 스트레스지만 수년 동안 비행기를 조종해온 노련한 조종사는 비행기를 조종하는 것이 도로에서 자동차를 운전하는 것보다 쉬운 일일 수 있으며 불안해하지 않을 수도 있다. 낯선 상황에서 자기를 소개하는 것이 어떤 사람에게는 약간 긴장되는 일일지라도 호기심을 갖고 기다려지는 일이지만, 다른 사람에게는 생각만 해도 식은땀이 나며 가능한 모든 핑계를 동원해 피하고 싶은 일일 수 있다.

천국인가? 지옥인가?: 검은색에 초점을 맞추면 지옥을 상징하는 박쥐가 보일 것이다. 그러나 흰색에 초점을 맞추면 천국을 상징하는 천사가 보일 것이다.

잠재적인 스트레스 사건에 대한 사람들의 평가는 매우 주관적이다. 외과 수술을 기다리고 있는 입원 환자들에 대한 연구에서 앞으로 개인들이 받게 될 수술의 객관적인 심각성과 개인이 경험하는 두려움 간의 상관이 매우 낮은 것으로 나타났다(Janis, 1958). 분명히, 어떤 사람들은 다른 사람들보다 생활의 어려움을 더 위협적인 것으로 느끼는 경향이 있다. 많은 연구들이 불안하고, 신경질적인 사람들은 그렇지 않은 사람들보다 스트레스를 더 많이 받고(Brett et al., 1990), 스스로를 더 불행하다고 느끼는 경향이 있다고 보고한다(Seidlitz & Diener, 1993). 따라서, 스트레스는 당사자의 관점에 달려 있으며, 사람들의 스트레스 사건에 대한 평가는 매우 주관적이다.

4) 항상 외부에서 오는 것은 아니다.

우리는 스트레스를 다른 사람이나 외부의 환경조건에 의해서 부과되는 것으로 생각하는 경향이 있다. 그러나 대학생의 스트레스에 관한 최근 연구에서 스트레스 중 많은 것은 스스로 부과하는 것임이 밝혀졌다(Espstein & Katz, 1992). 예를 들면, 당신은 조기졸업을 위해서 보충 수업에 참가할지 모른다. 또는 당신은 당신의 상사에게 좋은 인상을 심어주기 위해 직장에서 추가 직무를 적극적으로 찾을지도 모른다. 사람들은 자주 좋은 성적을 얻기 위해 혹은 빨리 출세하기 위해 그들 자신에게 압력을 가한다. 많은 사람들이 자기 자신에 대해 비현실적인 기대를 가지므로 스트레스를 만들어낸다. 일반적으로 **자기-부과적인 스트레스**(Self-imposed Stress)는 외부에서 주어지는 스트레스에 비해 스스로 통제할 수 있는 여지가 더 많을 수 있다.

II. 스트레스의 근원

우리는 수없이 다양한 이유로 스트레스를 받는다. 스트레스를 보다 체계적으로 이해하기 위해서는 스트레스의 근원들을 몇 가지 범주로 나누어 생각할 필요가 있다. 각각의 범주들이 서로 배타적인 특성을 갖고 있는 것은 아니지만 스트레스의 근원은 크게 좌절, 과잉부담, 갈등, 생활의 변화, 탈핍성 스트레스 및 압력 등 여섯 가지로 나눌 수 있다.

1. 좌절

좌절감(Frustration)이란 원하는 목표가 지연되거나 차단될 때 경험하는 부정적인 정서상태이다. 좌절감은 목표를 향하려는 욕구를 방해하는 장애물에 의해 경험되는 것으로서 이 장애물은 외적인 것과 내적인 것으로 구분할 수 있다. 외적인 것으로는 약속된 시간에 도착할 수 없게 만드는 교통체증이나, 고생해서 어렵게 마련한 집을 천재지변으로 잃는 일 등 물리적인 것과 좋아하는 사람과의 결혼에 대한 부모의 반대 및 지역적인 차별이나 남녀 차별 등 사회적인 장애로 구분될 수 있다. 내적인 장애물은 건강문제나 외모 등 신체적 요인과 지능이나 성격문제 등 심리적인 요인으로 구분할 수 있다.

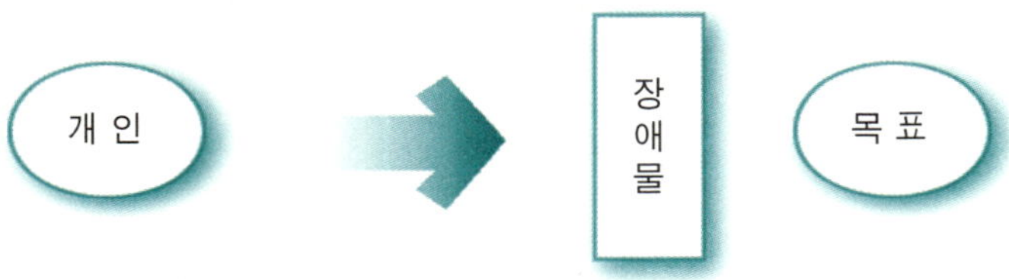

좌절감의 전형적인 예로서 과밀을 들 수 있다. 동물들을 대상으로 한 연구결과 과밀한 환경에서 사육된 쥐들은 호르몬의 분비에서 이상을 보이며 이차성징이 위축되고 혈압이 상승하며 비정상적인 행동과 생식능력의 쇠퇴 등을 보였으며 비과밀 환경에서 사육된 쥐들보다 병이나 사망률이 높은 것으로 밝혀졌다. 인간의 경우에도 과밀한 지하철 통근자들의 경우 스트레스 관련 호르몬의 분비가 더 많은 것으로 나타났다.

종교, 종족 및 사회계층 간의 차별 같은 사회적 좌절감도 심리적인 스트레스의 중요한 근원이 된다. 사회경제적인 요인도 좌절감과 관련된 스트레스 원인이 될 수 있다. 경제적인 어려움을 많이 겪으면 정신장애나 자살 및 범죄, 이혼과 부부싸움을 더 많이 드러낼 수 있다. 미국의 경우 목화 값이 하락할 때 흑인노예들에 대한 린치 사건이 더 빈발하였다는 연구결과도 보고된 바 있다.

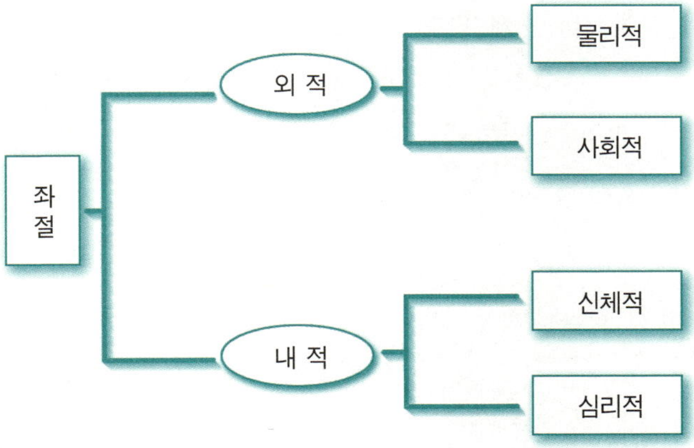

2. 과잉부담

개인차가 있기는 하겠지만 모든 사람들은 각자 제한된 처리용량을 가지고 있다. 따라서 개인의 처리용량을 벗어난 자극이나 요구도 중요한 스트레스의 원인으로 작용할 수 있다. 제한된 시간 내에 엄청난 일을 처리해야 하는 사람들은 그렇지 않은 사람들보다 스트레스와 관련된 호르몬의 분비가 더 많은 것으로 밝혀졌다. 사회가 복잡해질수록 처리해야 하는 일들이 늘어나기 마련이다. 현대의 도회지 생활이 너무 복잡하기 때문에 도회지의 사람들은 시골 사람들보다 타인의 복지에 대한 관심이나 이해가 적어진다. 도시인의 이러한 비인간적인 무관심은 도시인들이 받는 과잉부담(Overload)으로 인한 스트레스에 대한 대응기제의 하나로 해석할 수 있다.

직장 내에서의 업무처리와 관련된 지나친 부담, 심한 경쟁 속에서 승진을 해야 하는 것도 역시 과잉부담일 수 있다. 책임감의 증가와 사회적인 지지의 결여는 사람들의 스트레스 수준을 증가시키며 이러한 직업적 과잉부담이 우리나라 40대의 사망률 1위에 기여하고 있는지 모른다. 시카고 비행장의 항공 관제사들 중 32.5%가 위나 십이지장에 궤양증상을 보이며, 같은 시간 동안 비행훈련을 받는 자들보다 고혈압이나 위궤양에 더 많이 걸린다는 것도 업무상 과잉부담과 관련이 된다. 여기서 우리가 유념해야 할 것은 일 자체의 절대량보다는 개인의 처리능력을 어느 정도 벗어났느냐가 매우 중요하게 작용한다는 것이다.

학생들은 학습해야 할 내용이 너무 많고 학습량이 자신의 능력 범위를 벗어날 때 심한 스트레스를 받게 된다. 특히, 대학입시를 준비하는 학생들 중 학업과 관련된 과잉부담 스트레스를 심하게 겪는 학생들에게 소위 고3병이라고 하는, 입시 수험생들이 보이는 공통적인 증상들이 나타날 수 있으며 심한 경우에는 정신질환이나 자살로까지 이어진다.

3. 갈등

두 가지의 동기들이 갈등을 일으킬 때 스트레스를 받을 수 있다. 갈등은 여러 가지 유형으로 구분할 수 있으나 여기에서는 어떤 대상에 접근하고 싶은 동기와 회피하고 싶은 동기 간의 갈등관계를 세 가지로 구분해 보겠다.

1) 접근-접근 갈등

접근–접근 갈등(Approach-Approach Conflict)은 두 가지의 정적 유인가를 갖는 대상 중 하나를 선택해야 될 때를 말한다. 예를 든다면 두 마리의 토끼를 한꺼번에 좇을 때 경험하는 것과 같이, 학문을 계속하는 것과 현모양처가 되고 싶은 것, 돈 많은 남자와 잘생긴 남자 중에서 배우자를 선택해야 되는 경우도 여기에 속한다고 할 수 있다.

2) 회피-회피 갈등

회피–회피 갈등(Avoidance-Avoidance Conflict)은 두 가지의 부정적인 유인가를 갖는 것 중 하나를 선택해야 할 때 경험하는 것이다. 예를 들면, 학생들이 학사경고도 싫고 공부하기도 싫을 때 경험하는 것이나, 결혼을 앞둔 여자들이 혼자 고생하기도 싫고 결혼에 얽매이기도 싫을 때 경험하는 것도 회피-회피 갈등이다.

3) 접근-회피 갈등

접근–회피 갈등(Approach-Avoidance Conflict)은 한 가지의 대상에 두 가지 유인가가 동시에 존재할 때 경험하는 것으로 양가적인 반응을 예로 들 수 있다. 예를 들면 부모에 대한 독립과 의존 간의 갈등으로 부모의 간섭을 받지 않고 독립적인 생활을 하고 싶으나 경제적으로는 의존하고 싶은 상태나, 어떤 사람과 친하고 싶어 접근하다가도 거절당할까 봐 두려워하는 상태, 친구를 도와주고 싶으나 도와주면 나보다 더 좋은 성적을 얻을 것 같아 망설이는 것, 성적인 욕구와 이에 대한 죄의식 등이 있다.

50여 년 만의 모자 상봉: 꿈에 그리던 부모나 자식 간의 만남 역시 스트레스로 작용한다. 이산가족 상봉자들의 하나같은 생각은 "딱 한 번만 만나게 해달라고 애원해 왔었는데, 한 번 만나고 나니 다시 딱 한 번만 더 만나고 싶습니다"였다.

4. 생활의 변화

생활의 변화(Life Change)도 스트레스를 유발시키는 중요한 요인 중의 하나이다. 결혼을 하거나 이사를 하고 대학에 새로 들어가는 것

생활 재적응 척도(SRRS: Social Readjustment Rating Scale)

생활의 변화에 관한 연구는 Thomas Holmes, Richard Rahe와 그들의 동료들이 스트레스 생활 사건들과 신체 질병들 간의 관계를 연구하면서 시작되었다(Holmes & Rahe, 1967; Rahe & Arthur, 1978). 그들은 질병이 발생하기 전에 일어나는 사건들의 종류를 알아보기 위해 처음에는 수천 명의 결핵 환자들을 면접했다. 놀랍게도, 환자들이 언급하는 사건들 중에는 부정적인 것만 있는 것이 아니었다. 예상할 수 있듯이 환자들은 여러 가지 불쾌한 사건들을 보고했지만 결혼이나 출산 또는 승진과 같은 여러 가지 유쾌한 사건들도 언급했다.

왜 더 좋은 집으로 이사하는 것과 같은 긍정적인 사건조차도 사람들에게 스트레스를 줄까? Holmes와 Rahe에 따르면, 그것들은 일종의 변화이며, 부정적인 변화와 마찬가지로 긍정적인 변화도 재적응을 요구하기 때문이다. 이 분석에 근거해서, Holmes와 Rahe(1967)는 스트레스를 유발시키는 생활 변화들을 측정하기 위해서 **사회 재적응 평정 척도**(SRRS: Social Readjustment Rating Scale)를 개발했다. 이 척도는 43개의 주요 생활 사건들에 스트레스 점수를 부여해서 각각의 사건, 즉 변화가 요구하는 스트레스 정도를 반영하는 것이다. 이 검사는 43개의 사건으로 구성되어 있으며 지난 1년 동안 경험한 사건들을 확인해서 각 사건에 할당된 점수들을 합산해서 스트레스의 정도를 계산한다.

여러 가지 연구들은 SRRS에서 높은 점수들을 가지고 있는 사람들이 여러 종류의 신체 질병과 심리학적 문제들에 더 취약함을 밝혀냈다(Creed, 1993; Derogatis & Coons, 1993; Gruen, 1993). 그리고 이러한 결과들은 대중들의 관심을 끌고 많은 신문과 잡지에 소개되었다. 그러나 최근에는 이런 방식의 스트레스 검사가 여러 가지 문제점을 가지고 있음이 밝혀졌다.

사회 재적응 평정 척도(SRRS)

생활사건	평균값	생활사건	평균값
배우자의 사망	100	자녀의 출가	29
이혼	73	친척과의 문제	29
별거	65	뛰어난 개인적 성취	28
수감	63	배우자의 취직이나 퇴직	26
가까운 가족의 죽음	63	입학이나 졸업	26
개인적 상해나 질병	53	생활조건의 변화	25
결혼	50	개인적인 습관의 변화	24
해직	47	상사와의 문제	23
부부간의 화해	45	근무시간과 근무조건의 변화	20
은퇴	45	주거변화	20
가족의 건강 문제	44	전학	20
임신	40	레크리에이션 습관의 변화	19
성적인 장애	39	교회활동의 변화	19
가족의 증가	39	사회활동의 변화	18
직업의 재적응	39	적은 부채나 담보	17
경제상태의 변화	38	수면습관의 변화	16
친한 친구의 사망	37	모이는 가족수의 변화	15
전업	36	식사 습관의 변화	15
부부간 언쟁횟수 변화	35	휴가	13
중요한 부채 또는 담보	31	크리스마스	12
부채로 인한 권리상실	30	사소한 법규 위반	11
책임의 변화	29		

등 생활상의 변화가 모두 여기에 포함된다. 생활의 변화는 적응을 요구하게 된다. 예를 들어 이사를 하게 되면 부동산 소개소를 찾아 흥정을 해야 하고 짐을 정리해야 할 뿐 아니라 자녀들의 전학에 신경을 써야 하고 새로운 이웃들과 사귀어야 한다. 이러한 변화와 관련된 스트레스는 비록 더 좋은 집을 마련해서 이사를 할 때라도 겪게 된다. 제한된 시간 내에 얼마나 많은 변화가 일어나는가와 신체적인 질병이 관계가 있다는 연구들이 많이 보고되고 있다. 변화에 대한 적응이 질병과 관련되는 이유는 제한된 에너지에서 적응성 에너지가 많이 소모되기 때문에 질병에 대한 저항을 위한 에너지가 감소하기 때문이다. Engle(1977)은 250명의 급사 사례를 조사한 결과 그들 중의 대부분이 인생의 주요 사건을 경험한 후에 사망했음을 밝혀내었다. 그리고 그들 중의 상당수는 죽기 전의 건강상태가 양호한 편으로 밝혀졌다. 인간관계의 외상적인 붕괴뿐 아니라 엄청난 승리, 거액의 복권 당첨 및 이산가족의 상봉과 같은 개인적인 만족감도 변화에 속하며 이러한 급작스런 변화 역시 적응을 요구한다.

5. 탈핍성 스트레스

"신문 참 볼 것 없군!" 이라고 투덜거리는 사람을 보거나 "불구경과 싸움구경처럼 재미있는 게 없다"는 말이 있는 것을 보면 사람들이 아무 일도 일어나지 않는 것을 그다지 좋아하지 않는다는 사실을 알 수 있다. 즉 스트레스라는 것은 외부 또는 내부에서 오는 압력이나 자극의 정도가 심할 때만 경험하는 것이 아니다. 사람들은 적정 수준의 감각자극이나 흥분을 경험하기를 원한다. 따라서 원하는 만큼의 자극이 없을 경우에도 스트레스를 받게 되며 이를 **탈핍성 스트레스**(Deprivational Stress)라고 한다. 소위 무료함이나 외로움과 같은 경험도 스트레스의 원인으로 작용한다. 미국의 경우 청소년의 20% 정도가 무료함과 관련된 우울감을 경험한다고 한다. 무료함과 권태감은 자존심을 저하시키고 약물에 탐닉하게 하거나 심한 경우에는 자살행동을 유발하기도 한다. 필요한 만큼의 정서자극을 경험하지 못하면 성장호르몬의 분비가 감소되어 신체적인 성장에 영향을 주기도 한다. 독신자나 미망인 또는 이혼한 사람들이 배우자와 함께 사는 사람들보다 사망률이 높은 이유도 여기에서 찾을 수 있다. Lynch(1977)의 연구결과에

너무 편안하면 괴롭다?

너무 할 일이 없어도 스트레스를 받을까? Heron, Doan 및 Scott(1956)은 대학생들을 대상으로 외부에서 주어지는 감각자극을 차단했을 때 사람들의 심리적인 반응과 이로 인해 나타날 수 있는 부작용을 알아보기 위해 다음과 같은 감각 탈핍 실험(Sensation Deprivation Experiment)을 했다. 연구자들은 대학생들을 대상으로 충분한 금전적인 보상을 받으면서도 아무 일도 하지 않고 그저 편안하게 시간을 보낼 수 있는 실험에 참여하기를 원하는 사람을 모집했다.

이들에게 아주 안락하게 에어컨 시설이 되어 있는 방음된 방에서 듣거나 볼 수 없으며 손발의 감각 자극을 경험할 수 없도록 하였다. 식사와 화장실을 가는 시간 외에는 대부분 이 실험실에서 가만히 누워 아무런 자극 없이 편안하게(?) 있는 것이 이들이 해야 되는 일의 전부였다. 그들은 단지 가만히 누워 있는 것만으로 힘든 노동을 해서 받을 수 있는 일당의 세 배씩을 받을 수 있었다.

그러나 2~3일 후 이들의 대부분은 이러한 고액의 금전적 보상을 포기하겠으니 제발 실험을 그만두게 해달라고 부탁했다. 감각 차단 기간 동안 어떤 사람들은 불빛이나 기하학적인 형태 같은 환각을 경험했다. 그들은 시간관념이 없어지고 방향 감각을 상실하였으며 짧은 시간 동안에도 명확하게 사고를 하거나 주의집중을 할 수 없었으며 문제해결 능력이 현저하게 저하되었다. 16명 중 11명은 정신분열증 환자들처럼 헛것을 보거나 헛소리를 들었으며 살갗에 뭔가 기어가는 환각 경험을 보고했다.

이 실험이 보고된 이후에도 여러 가지 이와 유사한 실험들이 수행되었다. 어떤 연구에서는 며칠 동안 외부에서 주어지는 감각자극을 줄이기 위해 따뜻한(평소에 사람들이 가장 안락하게 느끼는 온도) 욕조에서 목까지 담그고 누워 있게 했다. 실험들마다 절차는 약간씩 달랐지만, 대개의 경우 피험자들은 조금만 시간이 지나도 지루해했고, 불안해하며, 쉽게 화를 내거나 정서적으로 불안정한 모습을 보였다. 사람들은 확실히 일정 수준의 외부 감각자극을 필요로 하며 이것이 결핍되면 부정적인 심리상태를 드러낸다(Zubek, 1969). 이는 아주 오래 전부터 중죄인들에게는 독방에 가두고 외부자극을 철저하게 차단하는 형벌제도가 존재해 왔다는 사실로도 충분히 입증된 사실이다.

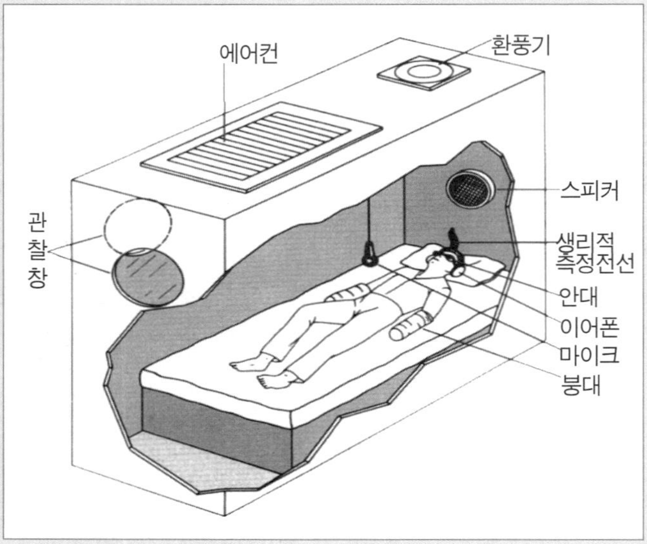

의하면 45~54세의 독신 남자들의 경우, 결혼해서 아내와 함께 사는 사람들보다 123% 정도 사망률이 높으며 이들은 상대적으로 대인관계에서의 불행감과 사랑의 결여 및 인간적인 외로움을 더 많이 호소했다.

6. 내 · 외부의 압력

압력(Pressure)이란 우리가 어떤 방식으로 행동하기를 원하는 기대들이나 요구들을 말한다. 압력은 두 가지 하위유형들로 나눌 수 있다. 즉 수행과 관련된 압력과 동조를 요구하는 압력이다. 당신이 누군가로부터 신속하게, 효율적으로, 그리고 성공적으로 과제들과 책임들을 수행하도록 요구를 받는다면 당신은 수행압력(Performance Pressure)을 받고 있는 것이다. 예를 들면, 판매원은 상사로부터 상품을 많이 판매하라는 압력을 받는다. 승진을 앞둔 대학의 교수들은 연구업적을 올리도록 그리고 강의 평가를 잘 받아야 하는 압력을 받고 있다. 코미디언은 관중들을 웃겨야 한다. 주변 사람들로부터 받는 동조 압력(Conformity Pressure) 역시 매우 흔한 스트레스이다. 정장을 한 사업가들의 모임에서는 정장을 해야 할 것 같은 압력을, 노동조합의 시위현장에서는 시위자들의 복장에 동조해야 한다는 무언의 압력을 받는다. 10대들은 그들 부모들의 가치들과 규범들을 지지해야 한다는 동조압력을 부모로부터 받으며, 결혼 적령기의 남녀들은 알게 모르게 혼기를 놓치지 않아야 한다는 사회적 압력을 받는다.

압박감에 대한 또 다른 근원은 자기 자신이다. 어떤 사람들은 다른 사람보다 더 많은 충동을 느끼는 것 같다. 그들은 상대적으로 짧은 기간 내에 성공하기 위해 높은 수준들을 희망한다. 또 사람들은 "나는 30세가 되기 전에는 부장이 되어야 돼" 또는 "쓸모가 없어지기 전에 퇴직을 위한 돈을 충분히 벌어야만 해"와 같이 스스로 설정한 목표에 의해서 스스로 압력을 받는다. 말할 것도 없이 대학생들의 경우는 자기가 설정한 목표수준의 학점을 취득하는 것이 대표적인 자기부과 압력(self-imposed pressure)이다.

Ⅲ. 스트레스에 대한 신체적 반응

이제 스트레스에 대한 신체적 반응과 신체적 질병 간의 관계를 알아볼 차례이다. 스트레스 상황에서 작동하는 우리 몸의 주요 신경계와 내분비계를 살펴본 다음 이들의 영향을 받아 나타나는 특징적 신체반응과 이로 인한 신체적인 질병들을 고찰할 것이다.

1. 스트레스와 관련된 신체체계

갑작스런 신체적 위협이건 자존심을 손상시키는 상징적인 위협에 의해서건 스트레스를 받으면 우리의 몸은 즉각적으로 이에 반응한다. 가슴이 두근거리거나 얼굴이 발개지고 호흡이 거칠어지는 등 수없이 많은 신체반응들이 거의 동시에 또는 점진적으로 나타난다. 스트레스를 경험할 때 그리고 이에 대처하는 과정에서 일어나는 생리적인 변화는 중추신경계와 다양한 유형의 호르몬의 작용에 의해 유도되며 이러한 신체체계는 스트레스로 인한 신체적인 질병을 이해할 수 있는 논리적인 근거를 제공해 준다.

1) 신경계

우리의 신경계는 크게 중추신경계와 말초신경계로 구분되며 중추신경계는 뇌와 척수로 구분된다. 그리고 말초신경계는 자율신경계와 체성신경계로 나누어지는데 여기서는 스트레스와 관련된 몇 가지 중추신경계와 말초신경계만을 소개하겠다.

(1) 중추신경계

대뇌는 수의적 체계와 자율적 체계로 양분된다. 대뇌는 세 개의 다른 층을 갖고 있으며 각 층은 진화적 발달의 단계를 나타낼 뿐 아니라 서로 다른 기능을 가지고 있으며 각기 다른 스트레스의 유형과 관련되어 있다.

▶ 후뇌

대뇌의 가장 오래된 부분은 척수에 근접한 하부중심영역이다. 이것을 **뇌간**(Brain Stem) 또는 **후뇌**(Hindbrain)라고 부른다. 이 구조들에는 **척수**(Spinal Cord), **소뇌**(Cerebellum: 근육협응 중추), **연수**(Medula Oblongata: 심장 박동, 혈액순환 및 호흡을 통제), **뇌교**(Pons: 신경흥분을 대뇌의 여러 부분에 보내는 네트워크), **시상**(Thalamus: 들어오는 신호를 적절한 대뇌영역에 보내는 스위치판), 그리고 **시상하부**(Hypothalamus: 배고픔, 갈증, 체온, 분노, 통증, 쾌감을 조정)가 포함된다. 인간이 다른 하위동물과 여러 가지 점에서 유사한 것은 이러한 하위중추에 저장되어 있는 기본적인 프로그램이 비슷하기 때문이다. 이 중추들에 의해서 관장되는 활동이나 행동은 학습된 억제가 없이 자연적이고 직접적이며 공개적이다. 생존하고 종족을 보존하는 데 중점을 둔 행동들(집을 짓고, 영토를 만들고 방어하며, 사냥을 하고, 집으로 돌아가고, 간단한 사회적 집단을 형성하고, 일상적 활동을 규칙적으로 하는)은 본능적인 것으로 인간과 마찬가지로 하등동물에게도 존재한다.

뇌간은 호흡이나 신진대사처럼 생존하는 데 매우 중요하지만 대개 무의식적으로 수행되는 기능을 담당한다. 뇌간은 충동과 본능, 반사작용을 조절하며 갓 태어난 아기가 수영을 할 수 있는 것도 뇌간의 기능이 있기 때문이다. 그리고 뇌간은 출생 후 학습을 통해 자동화된 행동들도 입력해서 저장한다. 예컨대, 운전에 익숙해지면 우리는 거의 자동적이고 무의식적으로 운전을 할 수 있는데 이것은 뇌간에 그 기능이 저장되어 있기 때문이다. 또한 만취가 되어 어떻게 왔는지도 기억하지 못하면서 집에는 찾아갈 수 있는

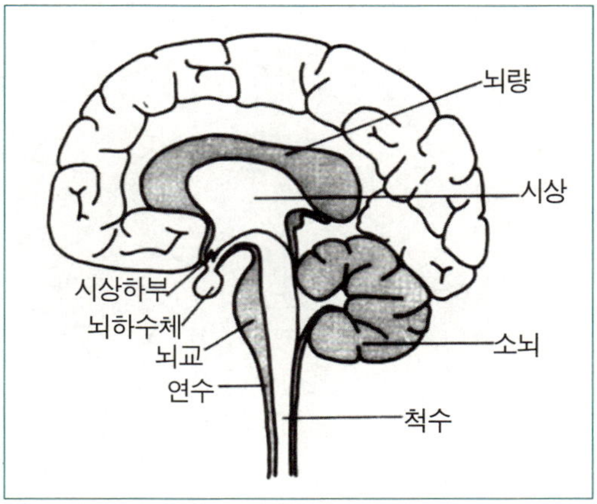

뇌간 또는 후뇌

것 역시 의식하지 않고도 숨을 쉴 수 있듯이 뇌간의 지시에 따라 우리가 무의식적으로 행동을 할 수 있기 때문이다.

▶ 간뇌

두 번째의 층은 간뇌(Interbrain)라고 하는데, 이는 변연계(Limbic System)를 포함하는 중간층으로 기본적인 본능들을 수정하거나 정교화할 수 있도록 해주는 역할을 담당하고 있다. 변연계(일부는 전뇌에도 포함됨)는 휘감은 모양으로 뇌간을 둘러싸고 있다고 해서 라틴어로 '고리(Limbus)'라는 의미를 가진 이름을 갖게 되었다. 변연계가 있는 동물들은 기본적인 생존본능을 가지고 있을 뿐 아니라 그들 조상들로부터 물려받은 정형화된 행동으로부터 어느 정도 자유로울 수 있는 융통성을 갖고 있다. 다시 말하면 몸이 무엇을 할 것인지, 즉 먹을 것인지 뱉을 것인지, 싸울 것인지 도망갈 것인지를 지시하는 메시지를 우리의 몸에 전달한다.

일차적으로 변연계는 감정과 정서를 처리할 수 있는 능력을 포함하고 있다. 게다가 이들은 표면적으로 어떤 활동들에 대해서는 유쾌하게 느끼고 어떤 활동들을 할 때는 불쾌하게 느낄 수 있게 해서 생존에 유리한 활동을 취할 수 있게 해준다. 연구자들은 변연계에서 쾌감 중추와 불쾌감 중추를 찾아냈다. 특정 상황에서의 공포, 분노 및 사랑 같은 감정은 보호되는 방향으로 행동을 하게 하고 위협받는 행동은 피하게 해 준다. 이해하기 쉽게 하자면 우리의 두 가지 주요 신경경로들(음식섭취와 생식을 관장하는 경로)은 변연계의 쾌감 중추와 불쾌감 중추에 연결되어 있다.

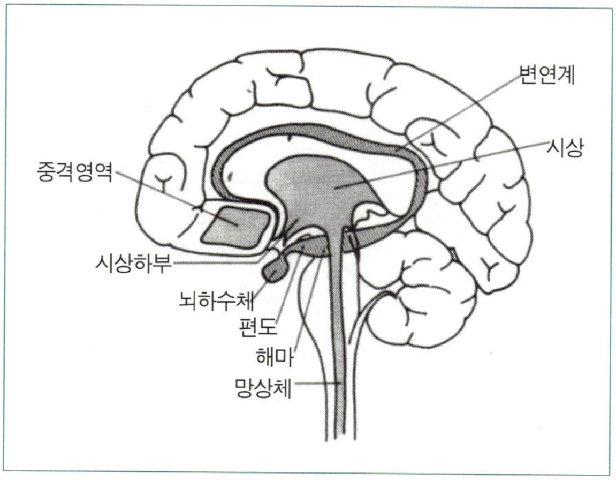

간 뇌

변연계의 가장 중요한 구조물은 편도(Amygdala)와 해마(Hippocampus)이며 이것들이 진화과정을 통해 신피질을 만들어 냈다. 아몬드 모양을 하고 있는 편도(그리스어 Almond에서 유래)는 모든 감정의 근원지이다. 편도는 비상사태 시 두뇌의 대부분을 장악한다. 예컨대, 숲 속에서 새끼줄을 보고 미처 의식하기도 전에 기겁을 하는 행동은 편도의 순간적인 활성화 때문이다. 따라서 폭발적인 분노나 찰나적인 공포 및 참을 수 없는 웃음 같은 행위는 편도가 대뇌의 활동을 장악할 때 일어나는 행동들이다. 편도는 위급한 상황에서 소량의 엉성한 정보만으로 즉각적인 신체반응을 활성화시키는데 이는 진화과정에서 발달된 생존 메커니즘이다. 새나 물고기 등은 포식자임을 나타내는 아주 미약한 자극에도 즉각적으로 도피행동을 보일 수 있는데 이것은 순전히 편도의 기능이다. 인간의 경우는 편도가 위급한 상황의 긴급반응에만 제한적으로 역할을 담당하지만 하등동물에게서는 매우 중대한 기능을 담당하고 있다.

해마는 편도의 감성적 반응에 없어서는 안 될 정확한 지각 패턴을 기억하고 판단하는 기능을 갖고 있다. 예컨대, 해마는 당신 앞에 있는 사람을 보고 당신의 친구라는 것을 인식하는 데 핵심적인 역할을 담당한다. 그러나 그 사람이 불쾌한 사람이라거나 좋은 사람이라는 감정을 부과하는 것은 편도이다.

▶ 전뇌

진화과정을 통해 인간의 대뇌에는 피질(Cortex), 신피질(Neocortex) 또는 전뇌(Forebrain)라고 부르는 세 번째 층이 첨가되어 계속 발달해 왔다. 엄청난 피질세포의 추가는 고도의 문제해결능력과 생존능력뿐 아니라 분석적 기술, 언어적 의사소통, 쓰는 능력, 공감, 정교한 운동 통제, 추가적 정서, 기억, 학습 및 합리적 사고 등을 가능하게 했다. 따라서 반사적이고 본능적인 반응 이상의 행동이 가능하게 되었다. 행동의 선택 기준이 당면한 상황보다 가능한 결과에 대한 예상에 근거하게 되었다.

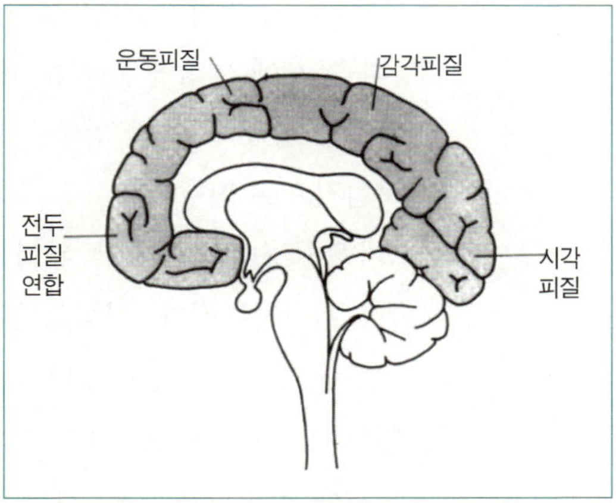

대뇌의 피질(신피질)

비록 대뇌가 세 단계로 발달했다 할지라도 세 영역이 서로 독립적으로 기능하지는 않는다. 우리가 스트레스와 그 극복방법을 이해하려면 이들 각 특수 신경계 구조의 기능을 이해하지 않으면 안 된다.

▶ **망상체**

상위중추와 하위중추의 통합 과정을 이해하기 위해서는 흔히 망상활성체(Reticular Activating System)라고 하는 것을 알아 둘 필요가 있다. 망상체계는 척수에서부터 위로는 시상(하위 뇌 중추)에까지 연결되어 있으면서 대뇌(고등중추)를 홍분시킨다. 이 체계는 감각정보를 전담하거나 운동정보를 전담하는 것이 아니라 이 두 가지 체계를 연결해주는 기능을 가지고 있다. 따라서 이것은 대뇌의 홍분을 신체로 전달하며, 신체기관의 정보를 대뇌로 전달해주는 이차선 통로라고 할 수 있다.

(2) 자율신경계

스트레스의 반응을 이해하기 위해서는 자율신경계(Autonomic Nervous System)라고 부르는 말초신경계에 대해서도 알아야 한다. 그 명칭이 암시하듯이 자율신경계란 일차적으로 자율적이고 불수의적이다. 그것은 호르몬 균형, 신진대사, 체액조절, 순환활동 및 생식 기능 같은 기본적인 신체과정을 통제한다. 또한 쾌감과 통감에 영향을 미치는 중추를 가지고 있다. 자율신경계의 활동은 부분적으로 고등 중추에 의해 영향을 받을 수 있지만, 대부분의 경우 의식적인 사고와는 독립적으로 진행된다.

자율신경계의 활동을 관장하는 대뇌의 주요영역 중 하나는 대뇌의 기저에 위치한 시상하부이다. 시상하부는 주로 신체가 활동하도록 준비시키는 배경활동이라고 할 수 있는 것을 준비함으로써 스트레스 반응에 영향을 미친다. 시상하부는 일단 자극을 받으면 호르몬의 방출과 에너지의 활용성을 증가시키고 필수적인 기관에 집중적으로 혈액을 보내기 위해 심장 혈관계를 준비시킴과 동시에 근육을 긴장시켜 가능한 활동을 준비한다. 신체는 의식을 관장하는 피질에 의해 영향을 받을 수도 있지만 스스로 만일의 경우에 대비한다. 자율신경계에서 일어나는 홍분은 교감신경계와 부교감신경계라고 하는 두 가지 주요 부위를 통해 신체로 전달된다.

▶ **교감신경계**

교감신경계(Sympathetic Nervous System)는 일차적으로 생명을 유지시키기 위해 싸움 또는 도주 반응(Fight or Flight Response)을 준비한다. 교감신경계의

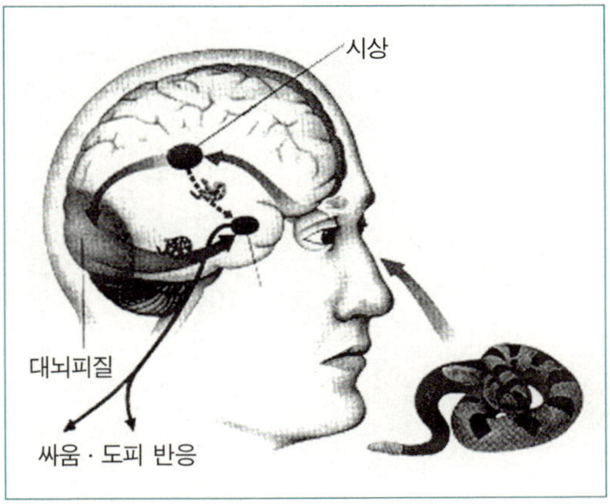

모든 부분은 공통적인 목표를 수행하도록 집단으로 거의 동시에 반응한다. 예를 들어 싸움이나 도주 상황에서 신체는 보다 많은 혈액, 산소 및 에너지를 필요로 한다. 교감신경계가 그것을 어떻게 수행하는지를 살펴보자. 심장의 활동을 증가시키며 심장박동이 늘어나면 더 많은 혈액이 싸움이나 도주행동에 관여하는 신체기관으로 방출된다. 그러나 신체는 위장계통과 같은 스트레스 반응에 절대적으로 필요하지 않은 기관에 있는 혈관을 수축시킴으로써 이용 가능한 혈액을 보다 효율적으로 사용하도록 한다. 이는 불필요한 기관의 기능을 감소시키고 심장과 골격근 같은 꼭 필요한 기관으로 가는 혈류를 증가시켜 준다. 폐에서는 기관지가 확장되고, 호흡이 깊어지며 빨라져 더 효율적으로 된다. 눈동자가 커져서 시각적인 민감성이 증대된다. 타액 분비는 감소된다. 부신선은 아드레날린을 분비하여 교감효과를 강화시키고 지속시켜 간에서 더 많은 글루코스가 방출되도록 자극하여 활동연료를 공급한다. 따라서 교감신경계의 자극은 싸움이나 도주반응에 필요한 활동은 증가시키고 불필요한 기관은 억제한다. 이때 기관의 지속적인 자극이나 억제는 그만큼 그 기관의 기능부전을 일으킬 수 있고 스트레스에 관련된 질병을 유발할 수 있다.

▶ 부교감신경계

대조적으로 부교감신경계(Parasympathetic Nervous System)는 자극에 집단적으로 한꺼번에 반응하지 않는다. 그것은 유기체의 일상기능을 맡고 있으며 비교적 특수하기 때문에 특수 기관들에 영향을 미친다. 부교감 자극 역시 어떤 기관의 활동을 증가시키고 다른 기관의 활동은 억압하는데 이 체계는 교감신경계와 길항적으로 작용한다. 동일한 기관의 부교감 자극은 심장의 활동을 저하시키고 동시에 대부분의 혈관을 확장시키며 위장계의 기능을 증가시킨다. 대부분의 신체기관은 교감과 부교감 양자의 활동에 의해 작용하게 된다.

싸우거나 도주하는 반응만이 스트레스 반응을 일으키는 것은 아니다. 실제로 신체기능을 변화시킬 수 있는 많은 정서들이 각기 다른 신체적 상태를 일으

교감신경계와 부교감신경계

신체기관	교감신경계	부교감신경계
눈동자	확대	축소
피부	소름끼침	이완
침(타액)	감소	분비
허파	확대	축소
기관지	확대	축소
심장	박동증가	박동감소
혈액공급	증가	감소
부신	활동증가	활동감소
땀	분비	감소
방광	이완	수축

킨다. 분노를 느낄 때 우리는 정력이 왕성하고 몸이 화끈하게 달아오르면서 흥분하게 된다. 코와 위의 점막이 붉어지고 부어오르며 충혈이 된다. 흔히 위염의 원인은 이러한 원인에 의해 나타난다.

교감신경계와 부교감신경계는 대개 서로 길항적으로 작용하지만 몇 가지 예

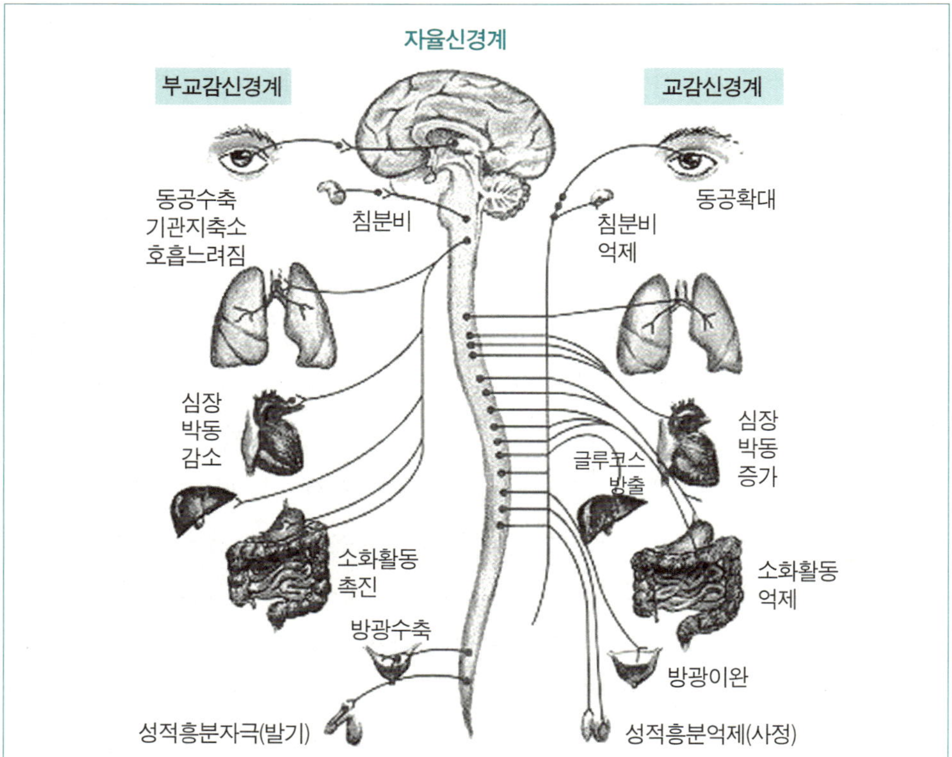

외적인 경우들이 있다. 예를 들면, 공포나 불안 상황 및 흥분상태에서는 교감신경계가 주도적인 역할을 담당하지만 극도의 공포상황에서는 일부 부교감신경계가 활성화되어 불수의적인 소변이나 대변을 방출할 수 있다. 또 다른 예는 성행위 과정에서 찾아볼 수 있는데, 남성기의 발기는 흥분상태임에도 불구하고 부교감신경에 의해 작동되며 사정은 교감신경에 의해 작동된다.

2) 내분비 체계

내분비 체계(Endocrine System)는 호르몬이라고 하는 물질을 혈류 속으로 분비하는 신체 내에 있는 분비선으로 구성되어 있다. 이들 여러 가지 호르몬들은 신체활동에 대단히 많은 영향을 미친다. 모든 분비선들이 스트레스에 관여하고 있음에도 불구하고 가장 주목받는 분비선은 뇌하수체와 부신 선이다.

시상하부의 여러 영역들이 자극되면 그것이 차례대로 뇌하수체에 상응하는 영역을 자극하기 때문에 사고, 예측 및 전반적인 신경계반응이 호르몬의 영향을 받는다. 시상하부의 일부는 부교감신경계를 자극하고 스트레스 반응을 억제한다. 시상하부의 다른 부위는 교감신경계를 활성화하고 반응을 증가시킨다. 두 개의 부신 선은 각각의 신장에 하나씩 자리잡고 있다.

부신은 수질이라고 부르는 내부와 피질이라고 부르는 외부로 구성된다. 수질은 속으로 뻗쳐 있는 교감신경에 의해서 시상하부와 연결된다. 시상하부가 자극되면 흥분은 수질로 전달되고 이 영역은 **에피네프린**(Epinephrine)이라고 하는 호르몬을 즉각적으로 방출한다. 이 호르몬이 영향을 미치는 곳은 일차적으로 심장혈관계이다. 부신피질은 직접적으로 신경흥분을 통하지 않고 뇌하수체에서 분비되는 호르몬에 의해 시상하부와 관련되어 다음과 같이 작용한다. 뇌하수체는 부신피질 자극호르몬이라는 호르몬을 혈류 속으로 분비한다. 그것은 혈류를 통해서 표적 분비선인 부신피질로 전달된다. 부신피질이 한번 자극되면 그것은 차차 핏속으로 호르몬을 흘려보내면서 그 양을 증가시켜 이러한 호르몬들이 스트레스 반응을 형성시킨다. 부신피질의 두 가지 기본적인 분비물은 **당류코르티코이드**(Glucocorticoids: **코티졸**, Cortisol)와 **무기질 코르티코이드**(Mineral-corticoids: **알도스테론**, Aldosterone)이다.

코티졸은 스트레스 반응이나 극단적으로 지나친 활동기간에서의 회복을 위해 에너지를 증가시켜 신진대사에 영향을 미친다. 코티졸은 포도당 신생이라고 하는 간의 신진대사 과정을 열 배 정도 증가시킨다. 이 과정을 통해서 신체는 포도당을 형성한다. 이는 가속화된 활동기간 동안 사용하기 위해 가장 효율적인 에너지원의 적절한 공급을 신체에 보강해 주는 것이다. 포도당 신생과정 동안에 코티졸은 지방과 단백질을 혈액 속으로 유통시킨다. 단백질 신진대사는 그 과정이 일어나는 간과 위장계통을 제외한 모든 체세포의 단백질 저장을 감소시킨다. 만약 지속적인 스트레스 반응 때문에 오랫동안 이 과정이 지속되면, 백혈구와 항체를 신속하게 형성하기 위해 필요한 단백질이 충분하지 않을지 모른다. 이렇게 지속적인 스트레스는 근육소모를 촉진하고 면역성 체계를 손상시킬 수 있다. 지방질을 유통시킬 경우에는 지방세포에서 지방을 취하는 것 자체가 해로울 뿐 아니라 혈류를 통해 그것을 순환시키는 것이 해로울 수 있다. 혈액에서의 높은 지방조직 수준은 동맥경화증을 촉진시키는 것으로 보인다. 게다가 포도당 신생과정에서 코티졸은 근육에 의한 포도당 사용을 감소시키고 그 체계를 인슐린에 저항하게 함으로써 지방조직은 가벼운 당뇨증세를 나타낼 수 있다.

알도스테론 역시 스트레스 반응기간에는 그 양이 증가하여 분비된다. 결국, 신체는 증가된 근육 활동과 노폐물과 열의 더 효율적 소산에 대비하여 특정한 적응을 하게 된다. 신체는 수분보유량, 혈액량, 혈압, 심장이 박동할 때마다 뿜어내는 혈액량 등을 증가시키는데 필요 이상의 나트륨을 보유하게 된다.

2. 스트레스와 신체 반응

우리 몸은 위협 상황에 직면하면 진화과정에서 터득한 복잡한 일련의 신체 반응들로 대처한다. 위급 상황이 종료되면 이러한 신체 반응들은 진정되지만 위협 상황이 지속되면 우리의 몸은 만성적 스트레스에 보다 효과적으로 적응하기 위해 일련의 단계를 거치는 반응으로 작동한다.

1) 위급 반응

갑자기 위급한 상황을 겪게 될 때 신체가 자동적으로 나타내는 반응을 위급

저주의 위력: 부두교의 죽음(Voodoo Death)

아프리카 흑인들, 브라질의 인디언 또는 서인도 제도의 마오리족 등 원시부족들이 믿고 있는 부두교라는 종교가 있다. 이 종교의 제사장(주술사)은 초인간적이고 신비한 힘과 막강한 권위를 가지고 있는 것으로 알려져 왔다. 제사장이 주술을 행하다가 죄를 짓거나 금기시한 행동을 저지른 혐의를 받은 부족 중의 한 사람에게 수 시간 내에 죽을 것이라고 저주하면 격렬하게 몸을 떨다가 수 시간 내에 사망하는 일들이 종종 보고되었다.

이러한 신비한 현상에 대한 과학적 연구를 최초로 시도했던 사람은 미국의 스트레스 연구자인 Walter Cannon이다. 그는 고양이에게 개의 공격을 직면시키는 등의 스트레스로 분노와 공포감을 촉발시켜 교감신경계를 극심하게 흥분시키면서 긴장감을 효과적으로 감소시키지 못하게 했을 때 결국은 고양이가 죽게 된다는 사실을 관찰했다. 이는 부두교 신도가 죽음에 이르는 실제적인 원인이 주술사의 신비적인 저주의 힘이 아니라 극심한 공포로 인한 교감신경계의 과도한 흥분임을 밝혀준 것이다.

그러나 존스 홉킨스 의대의 심리학자인 Richter는 동물이나 인간의 **급사증**(Sudden Death) 원인이 교감신경계의 과도한 흥분만으로 유발되지 않을 것이라는 가정을 쥐를 대상으로 증명해냈다. 그는 30인치 높이의 차가운 물통에 빠뜨린 쥐들을 관찰했다. 대부분의 쥐들은 20분 이내에 죽었다. 그는 쥐들이 죽는 이유가 기진맥진해서도 아니고 물에 가라앉아서도 아니며 과도한 심장박동의 압박, 즉 교감신경계의 흥분임을 발견했다. 그러나 최초 20분을 죽지 않고 견디어낸 쥐들은 1~2시간 이상씩 수영을 하고 있었다. 스트레스를 받고 죽어버린 쥐들이나 오랫동안 살아남은 쥐들 간의 교감신경계의 흥분 정도는 비슷했다. 그러나 전자의 경우는 살아남기 위해 수영하는 것을 금방 포기하는 것이 관찰되었다. Richter는 이러한 결과를 토대로 저주받아 극도의 공포상태에 빠진 부두교 신자가 스스로 죽는 것은 죽음을 피할 수 있는 어떤 가능성도 없다는 "절망" 상태에 빠져 자신의 운명을 포기하기 때문이라고 해석했다.

이러한 결과는 부두교 신자의 사망원인뿐 아니라 나치 수용소에 감금된 유태인들 중 일부가 이유 없이 사망하는 원인을 이해할 수 있게 해주었다. Cannon과 Richter의 연구결과들은 곧이어 Martin Seligman의 개를 사용한 "**학습된 무력감**(Learned Helplessness)" 현상에 대한 연구의 계기를 마련했으며 절망적인 생각이 심리적 및 신체적 건강에 얼마나 막강한 영향력을 미치는지에 대한 수많은 연구들을 촉발시키는 계기가 되었다.

반응(Emergency Response)이라고 한다. 위급 상황의 내용이 각기 다를지라도 신체가 반응하는 양상은 매우 유사하다. 간에서는 포도당을 분비하고, 내분비선에서는 위급 상황에 도움이 될 수 있는 호르몬을 분비하며, 지방과 단백질을 당분으로 전환하게 만들고, 심박, 혈압, 호흡수가 증가하게 된다. 이와 함께 근육긴장, 소화활동 감소, 침분비 억제, 엔돌핀 분비, 피하혈관 수축(출혈감소), 적혈구 방출(비장), 골수에서의 백혈구 방출 등이 일어난다. 이러한 활동들은 자율신경계의 기능과 관련이 있으며 시상하부는 부신수질로 하여금 아드레날린을 방출하도록 한다. 아드레날린은 심박, 혈압 증가, 간장의 혈당 방출을 촉진시킨다.

스트레스가 신체적인 손상효과를 보이는 것은 질병에 대한 저항을 변동시키는 신체과정의 변화와 특정한 스트레스 기관의 지속적이고 지나친 활동으로 인한 기관체계의 피로나 기능부전인 병리적 변화 두 가지로 나눌 수 있다. 실험동물을 스트레스에 오랜 시간 동안 노출시키면 부신선의 확대, 임파 결절, 흉선과 비장의 퇴화 및 수축, 특수한 종류의 백혈구 세포의 소멸, 그리고 위벽에서 출혈성 궤양이 나타난다. Selye는 이러한 반응을 여러 가지 작용에 의해 나타나는 증후군으로 기술하였는데, 이를 일반 적응 증후군이라고 한다.

2) 일반 적응 증후군

H. Selye

Selye는 비엔나에서 태어났지만, 전문가로서의 대부분의 시간을 몬트리올의 McGill 대학에서 보냈다. 1930년대 초에, 그는 동물들에게 다양한 물리적 및 생리학적 스트레스(열, 추위, 고통, 가벼운 충격, 억제 등)를 가하는 실험을 했다. Selye는 동물들에게 나타나는 생리학적 흥분 양상은 스트레스 유형이 달라도 대부분 동일함을 관찰했다. 그리하여, 스트레스 반응은 스트레스 자극 유형에 따라 다르게 나타나는 것이 아니라고 결론을 내리고 이를 일반 적응 증후군(General Adaptation Syndrome)이라고 불렀다. 일반 적응 증후군은 경보, 저항, 그리고 소진의 세 단계를 포함하는 스트레스 반응 모델이다.

(1) 경보 반응 단계

일반적 적응 증후군의 첫 단계인 **경보 반응**(Alarm Reaction)은 유기체가 위협의 존재를 인식할 때 일어난다. 생리학적 각성은 신체가 문제를 없애기 위해 수단들을 모음으로써 증가된다. Selye의 경고 반응은 본질적으로 원래 Cannon에 의해 묘사된 싸움 또는 도주(fight-or-flight) 반응이다. 이 단계에서는 스트레스의 근원이 심리적인 것이든 물리적인 것이든 신체반응은 매우 유사하다. 경보반응은 두 단계로 일어난다. 충격단계(Shock phase)에서는 체온과 혈압이 떨어지는 대신 심장박동은 순간적으로 빨라지고 근육은 이완된다. 이런 반응이 나타난 직후에는 즉각적으로 **반충격 단계**(Countershock phase)가 나타나는데, 이때 신체는 스트레스에 반동적으로 대처하며 방어력을 동원한다. 이때 나타나는 신체반응들이 위급반응이다. 흥분이 급격하게 상승하기 때문에 우리의 신체는 너무 오랫동안 이 상태를 유지할 수 없다. 그래서 신체는 저항단계로 돌입하고 일정한 수준의 흥분을 유지한다.

(2) 저항 반응 단계

Selye는 인간에게 종종 주어지는 만성적 스트레스와 유사한 장기적 스트레스에 실험실 동물들을 노출시켜서 몇 단계의 스트레스에 관한 연구를 했다. 만약 스트레스가 계속된다면, 그 유기체는 **저항 단계**(Stage of Resistance)라는 일반적 적응 증후군의 두 번째 단계로 진행될 것이며, 이 단계 동안 대처노력이 시작되면 생리학적 변화가 일정 수준으로 안정된다. 전형적으로, 생리학적 각성은 비록 유기체가 위협에 익숙해져서 안정을 이루게 되더라도 정상보다 더 높게 지속된다. 예컨대, F학점을 받고 나서 성적을 올려야만 한다고 생각되면 초조감과 긴장감이 지속될 것이며 좋은 성적을 받기 위해 여러 가지 준비를 할 것이다. 이 과정에서 에너지가 많이 소모되므로 위궤양, 천식, 피부병, 요통 등의 정신신체 장애나 불면증 및 성기능 장애 등이 나타날 수 있다.

(3) 소진 반응 단계

만약 스트레스가 상당 기간 이상 계속된다면, 유기체는 세 번째 단계로 들어가며, 이를 **소진 단계** 또는 **탈진 단계**(Stage of Exhaustion)라고 부른다. Selye에 의하면, 스트레스에 저항하는 신체의 자원은 한정되어 있다. 만약 스트레스가 극복되지 못한다면, 신체의 자원은 고갈될 것이고, 생리학적 각성은 감소할 것이다. 결국, 유기체는 소진되어 쇠약해진다. 이 단계에서, 저항이 줄어들어 잠재적으로, Selye가 "적응의 질병"이라고 부르는 궤양이나 고혈압 같은 병에 걸리게 된다. 그리고 심한 경우, 죽음에 이른다. 예를 들어 성적을 올리기 위해 너무 많은 에너지를 소모하게 되거나 면역 능력이 소진되면 신체의 저항능력이 떨어져 탈진 상태에 빠지거나 정신신체 장애가 극도로 악화되어 더 이상의 노력을 포기하고 휴학을 할 수도 있을 것이다.

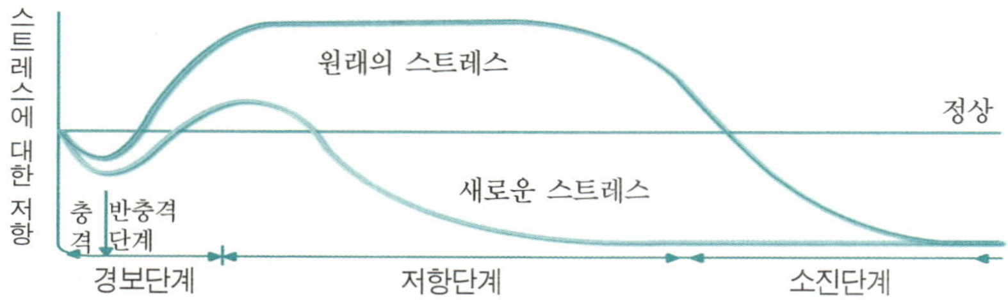

"F" 학점 (스트레스) | 경보단계: 성적만회대책탐색 | 저항단계: 성적만회노력 | 소진단계: 무리한 노력→질병

3. 스트레스와 신체적 질병

앞에서 살펴봤듯이 스트레스는 그것이 심리적인 것이든, 물리적인 것이든 우리의 신체 기능에 다양한 영향을 미친다. 스트레스는 지나치게 과도하거나 만성적이 되면 우리의 몸이 질병에 저항할 수 있는 능력을 저하시키거나 아니면 직접적으로 특정한 신체기관을 과로하게 하거나 기능부전을 유발시켜 다양한 질병의 원인으로 작용한다.

1) 근육반응: 강의가 지겨우면 허리가 아프다

근육은 우리의 유일한 표현수단이다. 우리는 근육운동 없이는 즐거움을 얻으려고 움직일 수 없고 위협을 피할 수도 없다. 말하는 것, 얼굴표정, 눈동자의 움직임, 모든 감정 및 표현의 방식, 그리고 정서의 해결방식 등은 모두 근육을 통해 성취된다. 그런데도 근육은 의지의 지배하에 있어서 명령을 기다리며 의무적으로 그 명령에 따른다. 이상하게도 많은 명령들은 잠재의식적으로 주어지며 반생산적인 것이어서 스트레스와 긴장에 기여한다. 즉, 만성적으로 긴장된 근육은 피드백 고리를 만들어 더 마음을 자극시키므로 결과적으로 엄청난 스트레스 상태를 유발하게 되며, 만성적으로 긴장된 근육은 두통, 요통, 식도와 결장의 경련(설사와 변비를 일으키는), 자세문제, 천식, 인후부와 흉곽의 답답증, 류마티스성 관절염 등 수많은 정신 신체적 질병을 일으킨다.

근육은 긴장이라고 하는 수축의 정도에서는 차이가 있을지라도 수축과 이완이라는 두 가지 형태만을 가지고 있다. 이완될 때는 근육의 수축이나 긴장이 없다. 근육의 수축작용으로 우리는 뼈, 피부 등 다양한 신체기관들을 움직여 일을 수행한다. 근육이 긴장되긴 하지만 아무 일도 수행하지 않은 경우가 근육긴장이며 이것이 정신신체 질환과 연관된다. 통증이란 부분적으로 수축된 근육이 혈관을 폐쇄시켜 부적절한 혈액이 조직으로 흘러 들어가기 때문에 발생되는 것이다. 만성적으로 수축되어 있는 근육이 무리하게 사용될 때 근섬유가 찢기거나 아니면 설사나 변비 또는 식도 경련 같은 평활근 질병을 유발할 수 있다.

2) 위장관 반응: 사촌이 땅을 사면 배가 아프다

'속상해 죽겠다', '속이 뒤집힌다', '비위(비장과 위장)가 상한다'는 표현들은 모두 우리의 부정적인 감정상태를 나타내는 말들이다. 바꿔 말하면 부정적인 감정상태를 유발하는 스트레스는 우리의 소화기관에 부정적인 영향을 미친다는 말이다. Selye가 실험실에서 동물들에게 스트레스를 가하는 실험에서 그 동물들의 위장 내부에 궤양이 나타남을 관찰하였다. 위장계는 음식을 받아들이고 분쇄하며 연동운동이라고 하는 율동적인 운동을 통해 장으로 음식을 통과시킨다. 그리하여 신체가 에너지나 조직형성에 사용하는 혈당, 단순 지방산 또는 아미노산으로 소화시키는 효소들을 공급한다. 위장체계는 고유한 리듬을 가지고 있으며 그 운동을 통제하고 위장을 비우거나 효소의 분비를 통제하는 수많은 자율적 반사가 지배한다. 배고픔과 식욕을 통제하는 중추는 시상하부에 자리잡고 있으며 쾌감과 불쾌감에 밀접하게 관련되어 있다. 정서는 위로 연결되어 있는 근육의 경련성 수축을 유도하는 것으로 알려져 있다. 이러한 경련성 수축은 연동운동에 지장을 주고 삼키는 것을 곤란하게 한다. 분노하고 공격성을 유발시키는 상황에서는 위의 내벽이 염산과 여러 가지 효소들의 분비를 증가시키고 충혈시킨다. 놀람이나 우울함, 피로 및 압도되는 상황에서는 그 반대의 반응을 일으켜 정상적인 수준 이하로 분비한다.

이러한 상황에서는 혈류가 감소되어 위에서 음식물의 분쇄를 돕는 염산과 같은 독한 물질들에 대항하는 부위의 자연적인 보호를 감소시킨다. 장에서도 유사한 패턴이 관찰되었다. 스트레스 촉발이 연동적 율동도 변화시킨다. 대장뿐 아니라 소장의 정상적인 연동운동의 이런 변화는 가장 고전적인 두 가지 스트레스 반응을 일으킨다. 즉 운동이 너무 신속하고 수분흡수를 통한 정상적인 탈수가 일어나지 않은 경우에는 설사가 일어난다. 그러나 내장운동이 너무 느려서 지나치게 수분이 흡수되면 변비가 발생한다. 만성적인 변비는 보다 심각한 장의 폐쇄를 유도할 수도 있다. 췌장의 염증과 마찬가지로 췌액과 담즙의 도관이 봉쇄되는 것은 스트레스 촉발과 관계가 있다.

3) 심장순환계 반응: 부정행위를 하려면 가슴부터 두근거린다

모든 질병이 다 정신신체적(psychosomatic)인 것은 아니며 모든 정신신체 질병을 심인성인 것으로 고려할 수도 없다. 그러나 심장순환계 질환의 경우는 스트레스의 역할을 완전히 제외시키는 것이 거의 불가능하다. 심장순환계의 질환은 심장 그 자체에 관련된 문제들을 내포하고 있다. 그것들이 모두 복잡하게 관련되어 있으며 하나의 기능부전은 다른 것들에게 영향을 미치기 때문에 각각을 다른 것들과는 별도로 분리해서 고찰할 수 없다는 것이 자명하다. 심장이 하는 일은 신체의 세포로 혈액을 뿜어내는 것이다. 근육으로 둘러싸인 공동인 심장은 펌프질을 하기 위해 수축하지 않으면 안 된다. 근육이 수축될 때, 그 공동은 작아진다. 그렇게 되면 심방 내의 압력이 증가된다. 공동의 압력이 그 외부보다 더

클 때, 혈액은 혈관 멀리로 사출되어 신체의 곳곳으로 이동된다.

심장이 혈액 공급기능을 수행하기 위해 수축하거나 박동하는 횟수가 적으면 적을수록, 더 많은 휴식을 취할 것이라는 것은 분명하다. 심장은 속도조절기라고 불리는 우심방에 위치한 특정영역의 막 전압에 의해 결정되는 고유의 리듬을 가지고 있다. 심장이 신경자극을 받지 않을 경우에도, 그것은 독자적인 활동을 할 수 있다. 심장은 대뇌로부터 끊임없이 흥분을 받고 그 고유한 리듬은 계속적으로 중추신경계에 의해 영향을 받는다. 심장은 교감신경계와 부교감신경계 두 가지로부터 자극을 받는다. 심장근육의 수축성을 증가시킬 수 있는 에피네프린이라는 호르몬에 의해서도 영향을 받는다.

심장순환계의 중요한 생존기제는 실제로 필요로 하기 이전에 심장의 활동을 증가시킴으로써 심장이 생리적 요구 및 신진대사상의 요구를 예견할 수 있다는 것이다. 그러한 요구의 예견이 심장체계의 활동을 증가시키기는 하지만 최종적인 활동은 피질에 의해서 어느 정도 통제된다. 또 어떤 활동이 실제로 필요하지 않을 때라도 여러 가지 심리상태에 의해서 심장순환계 활동이 증가될 수 있다. 새롭거나 이상한 경험은 공포, 불안 및 자아를 위협하는 대부분의 상황이 그러하듯이 심장박동을 고양시킨다. 복잡한 현대사회의 스트레스 유발자들은 대개 신체적인 행위를 필요로 하지 않는 상징적인 것들이다. 따라서 만성적으로 스트레스를 받는 사람의 심장은 만성적으로 과로하게 된다.

스트레스와 관련된 또 다른 심장순환계 문제는 만성적으로 높아진 혈압, 즉 고혈압(Hypertension)이다. 심장의 일차적인 작업이 혈액을 흘려 보내야 하는 동맥의 압력을 압도하는 것이기 때문에 혈압의 증가는 심장이 하는 일을 크게 증가시키며 심장순환계 문제를 일으킨다.

심장혈관계에 관한 세 번째 문제영역은 동맥경화증(Arteriosclerosis)이라고 하는 지방성 프라그의 혼화물에 의한 혈관의 파괴와 관련된 것이다. 스트레스와 순환계 간의 관계는 스트레스가 촉발되는 동안 에피네프린과 코티졸이라는 호르몬이 근육에 사용할 지방과 콜레스테롤을 동원하여 그것들이 사용되거나 재흡수될 때까지 이들을 혈류 속으로 순환시키는 것과 관련된다. 그러한 프라그들이 퍼져 있는 동맥은 종국에는 탄력성을 잃고 굳어지는 동맥경화증을 일으킨다.

동맥경화증이 진전된 상태에서 동맥이 탄력성을 잃고 혈압이 상승하며 혈압 상승은 고혈압과 심장 자체의 질병에 기여하게 된다. 또한 혈관의 직경을 줄이는

아빠, 노래는 가슴에서 나와?

필자의 딸아이가 다섯 살 때쯤이었을까? 이모네 식구들이 집으로 놀러와서 함께 노래방을 간 적이 있었다. 각자가 부르고 싶은 노래를 선곡하고 돌아가면서 노래를 부르는데 자기 차례가 돌아오기 직전 딸아이가 내 곁으로 다가왔다. 그리고 심각한 표정으로 "아빠 내 가슴이 이상한 것 같애"라고 했다. 어디가 아픈가 하고 "왜 그러냐?"고 물었다. 그 말에 "아빠, 가슴이 너무 이상해. 한 번 만져봐. 노래를 하려고 하니 너무 두근거려. 근데 노래는 가슴에서 나오는 거야?" 하면서 필자의 손을 잡아끌어 자기의 가슴에 갖다댔다.

그제야 필자는 '아하 그것 때문이구나' 하고 생각했다. 그 아이는 자기 차례가 다가오자 긴장을 하기 시작했던 것이다. 그렇다고 다섯 살 난 아이에게 "우리 몸에는 자율신경계라는 것이 있는데, 그것은 스트레스를 받으면 말야...." 하고 설명을 해 줄 수는 없는 노릇이었다. 그래서 아이에게 '우리 지선이가 노래를 잘 부르고 싶었던 모양이구나. 네가 노래를 잘해야겠다고 생각하니까 가슴이 박수를 쳐주는 거야' 라고 말해주었다. 그즈음 딸아이는 사람들의 눈을 의식하기 시작했고 특히 낯선 사람 앞에서 부끄럼을 타는 행동이 눈에 띄게 심했었다.

동맥경화 프라그는 산소전달을 감소시키는데 관상동맥이 영향을 받을 경우에는 심근경색이나 심장마비를 일으킬 수 있다.

스트레스와 관련된 또 다른 순환계의 문제는 편두통(Migraine)으로 알려져 있는 순환성 두통이다. 편두통은 대뇌 속과 대뇌 주변의 혈관이 지나치게 수축됨으로써 그 혈관들의 반사적 팽창과 확장이 일어나고 이것이 지엽적 신경말단을 자극하는 독성 화학 물질을 분비하게 하여 그로 인해 통증이 수반되는 것이다.

4) 피부반응: 화가 나면 얼굴부터 달아오른다

피부는 신체에서 일어나는 것과 정신에서 일어나는 것을 보여주는 두 가지 기본 반응패턴을 지니고 있다. 신체가 그 자체를 표현할 때 피부의 화학적인 활동은 변화하고 각기 다른 전기적 활동패턴을 일으키게 된다. 이런 이유 때문에 수사기관에서는 거짓말 탐지기(Lie Detector)를 사용하고 건강전문가들은 정서, 동기를 이해하기 위해 피부의 반응을 이용한다.

피부의 두 번째 반응체계는 피부의 온도이다. 피부 밑에는 정서에 따라 반응이 변화하는 미세한 혈관들이 있다. 긴장과 불안을 느끼는 동안에는 그 혈관들이 닫혀 혈액이 적게 흐르게 되므로 피부는 창백하게 보이고 피부온도가 떨어진다. 평소에는 혈관이 열려 피부에 혈액을 흘려보내서 피부온도가 올라간다. 예를 들어 빨갛게 되고 부어오르며 가렵고 진물이 나는 습진은 정서적인 자극과 관련되어 있다. 실험실 연구들은 습진경향이 있는 사람들에게서 정서적인 흥분은 피부세포들이 방출하는 진물의 양을 증가시키고 반면에 이완은 그것을 감소시킨다는 것을 밝혀내었다. 이러한 스트레스의 피부에 대한 부정적인 영향은 원형탈모증이나 젊은 사람들의 백발에도 영향을 미치는 것으로 알려져 있다. 습진환자들이 침착하지 못하며 참을성이 없고 매우 안절부절못하지만 이런 특징들과 피부상태의 관계가 분명하게 밝혀지지는 않았다.

Ⅳ. 스트레스에 대한 심리적 반응

이상에서 살펴본 바와 같이 스트레스는 우리의 신체뿐 아니라 심리적인 측면에서도 다양한 영향을 미친다. 누군가로부터 모욕을 당했을 때, 여러분은 아무리 애써서 책을 읽으려 해도 주의집중이 안되고, 무슨 일을 해도 능률이 오르지 않으며 불안, 분노, 우울감 등 불쾌한 기분에서 빠져나오기가 힘든 경험을 해봤을 것이다. 그러나 때로는 스트레스 때문에 우리는 뭔가 더 열심히 하게 되고 더 분발해서 훗날 돌이켜 생각해 보면 그 일이 자신에게 매우 도움이 되었다는 것을 알게 되었던 경우도 있을 것이다.

1. 인지적 손상

정서적으로 흥분하게 되면 지적 수행상의 손상이 일어난다는 것은 누구나 경험할 수 있는 일이다. 예를 들면, 주의집중이 안 된다거나 자기-파괴적이 되거나 여러 가지 가능성을 포괄적으로 검토할 수 있는 능력이 현저하게 줄어드는 것 등이다. 뿐만 아니라 새로운 해결방법을 찾지 못하고 과거에 익숙하게 사용했던 해결방법을 자동적으로 선택하는 경향이 높아진다. 그래서 스트레스를 받으면 공격적인 사람은 더 공격적이 되고 조심스러운 사람들은 더 위축된 행동을 보일 수 있다. 스트레스로 인한 생리적인 흥분을 경험하게 되면 소위 터널 시야 현상(Tunnel Vision Phenomena)이 나타난다. 터널 안에 들어갔을 때 시야가 갑자기 좁아지는 것과 마찬가지로 가능한 장기적인 부담을 예측하기가 힘들어지고 즉각적이고 강한 단서에 좌우되기 때문에 충동적인 행동이나 모험을 행

터널시야 현상에서 주의의 폭이 점진적으로 줄어드는 과정

할 가능성이 높아진다.

2. 과제 수행의 손상

스트레스가 심해지면 주어진 과제를 효과적으로 수행하는 능력을 방해하는 것이 일반적이다. 예를 들면, Roy Baumeister의 이론(1984)은 잘해야 한다는 수행에 대한 압력을 받으면 사람들은 지나치게 자의식적이 되며, 상승된 자의식(Self-consciousness)이 그들의 주의집중력을 저해할 것이라고 가정한다. 그는 주의집중력이 두 가지 방식으로 왜곡될 수 있다고 주장한다. 첫째는 상승된 자의식 때문에 수행하고 있는 과제수행에 요구되는 주의집중력이 분산된다는 것이다. 둘째는 학습이 너무 잘 되어 있어 자동적으로 수행할 수 있는 과제를 수행할 때도 자의식이 높아지면 과제에 지나치게 주의를 기울이기 때문에 오히려 과제 수행에 방해가 될 수 있다는 것이다. 즉 노련하게 할 수 있는 일에 자기가 어떻게 하는지, 얼마나 잘하고 있는지 등 지나치게 신경을 쓰면 오히려 수행에 방해가 될 수 있다는 것이다.

Baumeister(1984)는 단순 지각-운동 과제를 잘 수행하라는 압력을 조작하는 일련의 연구실 실험들에서 자신의 이론을 증명했다. 보다 더 인상적인 연구는 스포츠 선수들을 대상으로 한 것이었다. 그는 야구의 월드시리즈 같은 선수권 쟁탈전에서 결승 게임일 때, 홈팀이 원정팀보다 더 큰 압력을 받을 것이라고 가정했다.

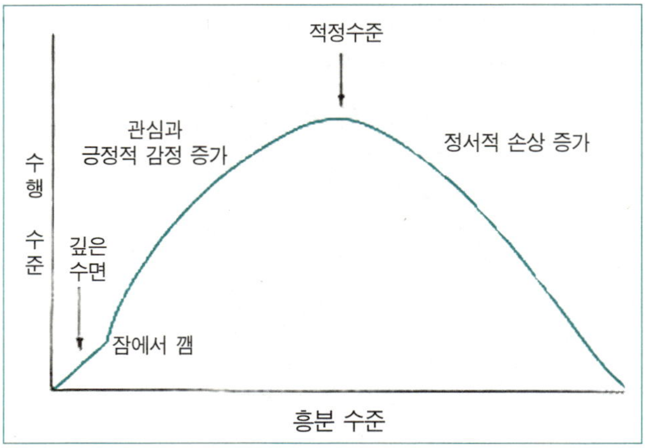

왜냐하면 모든 선수들이 그들이 소속된 지역의 팬들 앞에서 승리하기를 더 갈망하기 때문이다. 그 결과, 그들은 상승된 자의식을 경험할 것이다. 사람들은 보통 운동 경기는 홈그라운드에서 할 때 더 유리할 것이라고 생각한다. 그러나 Baumeister는 홈팀의 경기실적이 결승전일 경우에는 승리에 대한 부담이 증가해서 실적이 저조할 것이라고 예상했다.

이 가정을 증명하기 위해서, Baumeister와 Steinhilber(1984)는 프로야구와 프로농구 팀을 대상으로 몇 년 동안의 경기실적을 분석했다. 자료를 분석한 결과, 그들이 가정했던 대로, 두 가지 경기 모두, 홈팀의 승리하는 비율이 예선전 경기에서보다 결승전에서 유의미하게 더 낮았음을 발견했다. 더욱이, 통계 처리 결과 야구 경기에서 홈팀이 초기 경기에서보다 일곱 번째 경기에서 보다 많은 실수를 저지른다는 사실을 보여주었다. 농구에서는, 홈팀의 자유투구 비율이 마지막 경기에서 낮아졌다. 이와 유사한 결과는 천부적인 프로 육상선수에서조차 일어난다.

3. 정서적인 반응

스트레스 상황에서는 다양한 정서적인 반응양상을 보일 수 있다. 스트레스를 주는 상황이 계속되면 우리의 정서는 자신의 대처노력의 성공도에 따라 여러 가지로 바뀔 수 있다.

1) 불안

정신분석적으로 볼 때 불안(Anxiety)은 우리가 의식하지 못하고 두려워하는 충동(성적 및 공격적)이 어떤 계기에 의해 의식적으로 표출되려고 할 때 느끼는 정서상태이다. 불안은 위험을 경고해 주는 신호로 정의될 수 있다. 우리는 아무 일에서나 불안해하는 것이 아니라, 자아가 위협받는다고 느낄 때 불안을 체험한다. 또한 그 위협의 정체를 제대로 파악하고 거기에 대처할 수 있을 때는 불안이 없어지지만, 그렇지 않을 때는 불안이 지속되거나 커진다. 같은 두려움일지라도 심리학에서는 불안과 공포를 구분한다. **공포**(Fear)는 긴박한 위험이 현존할 때나 실제의 위험이 예기될 때의 두려움으로 어떤 구체적인 대상이 있을 때 경험하는 것이다. 이에 비해 불안은 구체적으로 무엇 때문에 무서워하고 두려워하는지를 모르는 상태이다. 두려움을 느낀다는 것은 그 위험상태에서 도망치고 싶다는 것을 말한다. 도망칠 수 있으면 공포가 없어지겠으나 도망칠 수 없다면 공포가 극에 달하여 졸도를 하기도 하며 이러한 상태를 불안발작이라고 한다.

2) 분노와 공격

공포가 도피욕구와 직결된 감정인 것처럼 분노는 투쟁욕구와 직결된 감정이다. 우리는 좌절을 당할 때 화가 난다. 친구가 약속을 안 지키면 화가 나고 자신이 바보 같은 짓을 할 때도 화가 난다. 정상적으로 분노는 공격행위로 발전되는 정서이다. 나를 좌절시키는 혹은 공격하는 외부근원인 도발자극을 확인하면 공격(Aggression)을 해서 상처를 주거나 다른 식으로 피해를 입히려는 충동이 자연히 일어난다.

많은 경우 분노표현 자체가 공격적이지만 우리 사회에는 분노표현에 대한 금기가 유달리 강하다. 그러나 분노는 스트레스에 대한 가장 흔한 정서적인 반응 중의 하나이다. 쥐를 대상으로 한 실험에서 쥐에게 예측 불가능한 쇼크를 반복해서 주면 쥐들은 별다른 이유 없이 자기들끼리 서로 싸우는 행동을 보인다. 그러나 전기쇼크가 끝나면 이들 간의 싸우는 행동이 현저하게 줄어든다. 이러한 현상은 인간에게도 동일하게 관찰된다. 어린아이들에게 실험실에서 좌절감을 경험하도록 하면 장난감 인형에 대한 분

노감정과 공격적인 행동의 표현빈도가 증가됨을 관찰할 수 있다. 성인들의 경우도 회사에서의 과도한 스트레스가 자녀들에 대한 구타행위의 증가를 유발할 수 있으며 개인적인 좌절감으로 인해 파괴적인 데모행위로 발전할 수도 있다.

3) 우울과 무감동

좌절감 등에 의해 유발된 스트레스 반응의 또 다른 유형으로 **무감동**(Apathy)이나 **우울**(Depression)을 들 수 있다. 어떤 상황이 희망이 없다고 느껴질 때 우리는 우울해진다. 우울감을 경험하도록 하는 가장 전형적인 상황은 사랑하는 사람과 헤어져야 하는 것이나 실패가 거듭되는 것을 들 수 있다. 우울한 사람은 만사에 의욕과 흥미를 잃고 자포자기를 해버리기가 쉽다. 스트레스가 반복되고 이에 대해 효과적으로 대처할 수 있는 능력이 없으면 우울감을 경험하게 되며 무력감에 빠지게 된다. 심한 경우는 아무런 감정표현을 할 수 없는 무감동 상태에 빠지게 된다.

4. 긍정적인 효과

스트레스라고 해서 항상 부정적인 효과만 나타내는 것은 아니다. H. Selye는 심리적 및 신체적 건강 상태나 과제 수행에 긍정적인 영향을 줄 수 있는 스트레스를 **적정 수준의 스트레스**(Eustress : eu-는 희랍어로 기본, 좋은 또는 적당의 의미를 가짐)라고 명명한 바 있다. 스트레스의 긍정적 효과들은 크게 세 가지로 요약될 수 있다.

우선, 스트레스 상황은 자극을 받고 도전을 하려는 우리의 욕구를 자극한다. 여러 가지 연구들은 대부분의 사람들이 그들의 삶에서 아무런 스트레스가 없는 상태보다 적정 수준의 자극과 모험을 선호한다는 사실을 밝혀냈다. 스트레스를 자극과잉이란 의미로 생각하더라도, 자극이 지나치게 적으면 불쾌한 상태에 빠질 수 있다. 그래서 대부분의 사람들은 그들이 만약 스트레스가 없는 상태로 산다면 숨이 막힐 정도로 권태감을 느낄지 모른다. 어떤 의미에서 스트레스는 인간 유기체의 기본적 욕구를 충족시키는 기능을 할 수 있다.

둘째로 스트레스는 개인적 성장이나 자기향상을 증진시키는 기능을 할 수 있다. 스트레스 사건은 사람들로 하여금 새로운 기술을 발달시키고, 새로운 통찰을 하게 하고, 새로운 힘을 얻게 만들기도 한다. 즉, 스트레스에 의해 시작되는 적응과정으로 인해 더 나은 개인적 변화가 일어나기도 한다. 스트레스에 도전하고 이를 극복함으로써 특정한 대처능력을 향상시킬 수 있으며, 자기-개념이 고양된다.

셋째, 스트레스를 경험함으로써 앞으로 닥쳐올 미래의 더 큰 스트레스에 대한 예방접종과 같은 면역기능(Inoculation Function)이 생길 수 있다. 어떤 연구들은 스트레스가 과도하지 않는 한 스트레스에 노출시키는 것이 스트레스에 대한 내성(Tolerance)을 증가시킬 수 있다고 제안한다. 예컨대 작은 액수로 사기를 당한 다음에는 더 큰 액수의 사기에 걸려들지 않게 되는 것도 처음 당한 스트레스로 인한 대비책을 강구했기 때문일 가능성이 있다. 급사증의 원인을 규명하기 위한 Richter의 연구는 쥐들의 경우도 사전 경험이 스트레스에 대한 면역기능을 증진시킴을 보여주었다. 실험에 참여한 쥐들을 물에 빠뜨렸을 때 대부분의 쥐들이 20분 이내에 죽었다. 그러나 잠깐 동안 물에 담기는 경험을 했던 쥐들은 물에 빠뜨려도 오랫동안 수영을 하면서 살아남아 20분 내에 죽는 쥐들은 거의 없었다.

V. 스트레스 강도에 영향을 미치는 요인들

똑같은 스트레스를 받아도 그것의 영향 정도는 상황에 따라서, 그리고 사람에 따라서 다르게 나타난다. 즉 상황 요인들과 개인차 요인들에 의해 스트레스의 부정적 효과는 다르게 나타날 수 있는데, 대표적인 요인들이 예측가능성, 통제가능성, 인지적 해석, 자신감과 친숙성, 사회적 지지 정도 및 성격적 특성들이다.

1. 예측가능성

일반적으로 사람들은 무슨 일이 언제 어떻게 일어날 것인지를 예측할 수 있는 상황에서 스트레스를 덜 받는다. 예측이 가능할 때 효과적인 대처방법을 강구하는 것 역시 가능하기 때문이다. 즉 예측가능성(predictability)이 스트레스의 강도에 영향을 미친다는 말이다. 쥐에게 동일한 횟수와 강도의 전기쇼크를 주더라도 전기불빛으로 사전에 쇼크를 예측할 수 있게 한 조건이 그렇지 않은 조건보다 불안반응과 혈압의 상승이 적게 나타난다. 그래서 매는 먼저 맞는 것이 더 낫고, 낯선 사람보다는 아는 사람이 더 편하다. 행동결과에 대한 합리적인 예측과 이에 대한 대안을 찾는 연습을 할 필요가 있다.

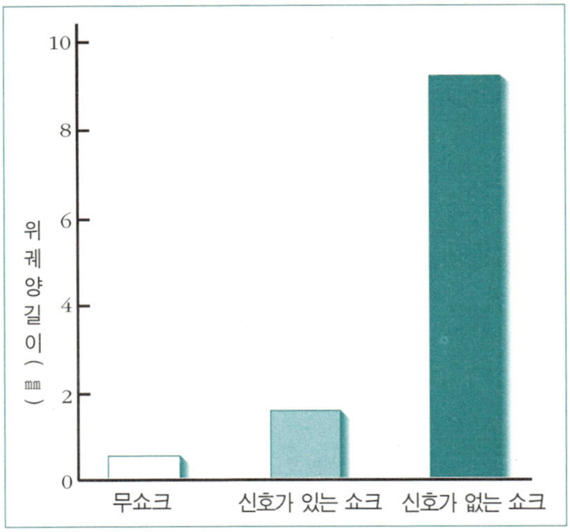

예측가능성이 없는 쇼크 조건에서 위궤양 길이가 가장 길었다.

"I can do it"의 위력: 쥐들의 통제감과 위궤양

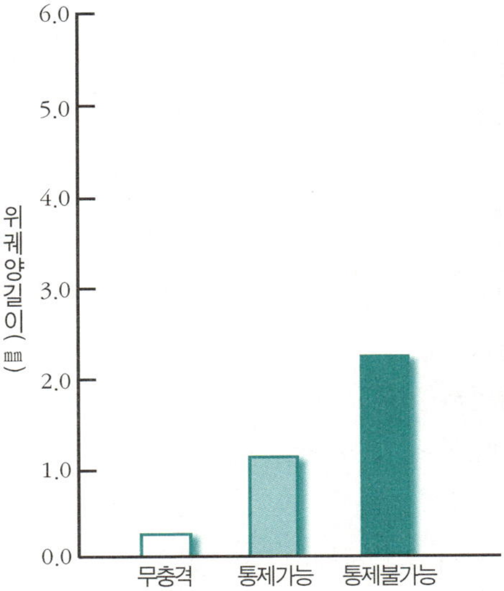

전기 충격을 받지 않은 쥐는 위궤양이 거의 없었으며 동일한 충격을 받아도 회피할 수 있는 쥐는 위궤양 정도가 적었다.

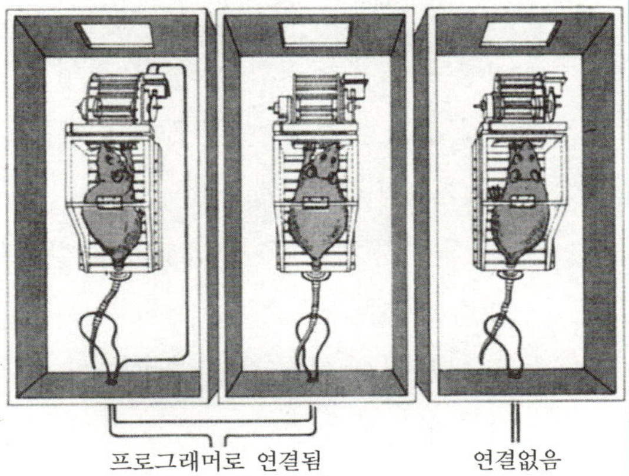

A : 쥐의 앞에 설치된 도르래를 앞발로 건드려 돌리면 전기쇼크를 중단할 수 있다.
B : 쥐의 앞에 설치된 도르래를 돌려도 전기쇼크를 중단시킬 수 없다. 단 A쥐가 도르래를 돌리면 이 쥐에게 주어진 전기쇼크도 중단된다.
C : A, B와 마찬가지로 묶여 있지만 전기쇼크는 받지 않는다.

Weiss(1972)는 동물들도 스트레스를 받으면 위궤양에 걸릴 수 있으며 그것은 통제감 여부에 영향을 받는다는 사실을 밝혀내서 스트레스와 신체적 질병, 그리고 상황에 대한 통제감 간의 관계를 과학적으로 입증한 선구자적 연구자이다. 그는 쥐를 이용한 일련의 실험에서, 꼬리에 경미한 전기쇼크를 줌으로써 스트레스를 가했다. 세 마리를 한 개 조로 실험에 참여한 쥐들을 그림처럼 배치시켰다. 왼쪽 방의 쥐는 코앞에 있는 바퀴를 건드려서 그것이 돌아가면 다음에 주어지는 전기 쇼크를 연기시킬 수 있었다. 중간의 방에 있는 쥐는 왼쪽에 있는 쥐와 전선이 연결되어 있어서 왼쪽의 쥐가 전기쇼크를 받을 때는 항상 전기쇼크를 받아야만 했다. 이 쥐는 바퀴를 돌리더라도 전기쇼크를 피할 수가 없었다. 오른쪽 방의 쥐는 다른 쥐와 똑같은 방에 꼬리를 묶인 상태로 갇혀 있긴 했지만 어떤 경우에도 전기쇼크를 받지는 않았다.

이러한 실험에 몇 번 참여한 후에 이들은 궤양 여부를 검사받았다. 바퀴를 돌려 전기 쇼크를 조절할 수 있었던 왼쪽의 쥐들은 똑같은 빈도와 강도의 전기쇼크를 받았지만 무력한(스스로 통제할 수 없는) 쥐들에 비해 궤양을 보인 정도가 훨씬 적었다. 그리고 쇼크를 받지 않았던 오른쪽의 쥐들은 거의 궤양을 보이지 않았다. 스트레스 자극 자체가 중요한 것이 아니라 스트레스를 통제할 수 있을 때 부작용이 적게 일어날 수 있다는 실험결과이다.

2. 통제가능성

당신은 함께 지내는 친구가 라디오를 틀어놓았을 때 왠지 더 귀에 거슬리고 신경이 쓰이는 경험을 해 본 적이 있는가? 만약 그렇다면 그것은 무엇 때문인가? 가장 중요한 이유는 친구가 틀어놓은 라디오에 대해서는 당신이 틀었던 것만큼 **통제가능성**(Controllability)이 없다고 생각하기 때문이다. 스트레스를 주는 사건을 내가 통제할 수 있다고 생각할 때는 그렇지 않을 때보다 똑같은 상황에서도 훨씬 덜 괴롭다. 경우에 따라서는 오히려 그 일을 즐길 수도 있다. 그래서 시킴을 당하면서 하는 일은 괴롭지만 시키면서 하는 일은 그만큼 괴롭지 않다. 호주머니에 돈이 있으나 절약을 하는 경우와 돈이 없기 때문에 절약을 해야 하는 경우는 전혀 다른 감정을 경험하게 할 수 있다. 그래서 만사를 남의 탓으로 돌리는 것보다 내 손에 달려 있다고 생각하는 것이 스트레스를 줄여준다.

Ranger와 Rodin(1976)은 양로원 노인들을 대상으로 한 집단에게는 음식메뉴를 선택하는 것이나, 화초 가꾸기, 방 꾸미기, 가구배치 등을 스스로 선택하게 했다. 그리고 다른 노인들에게는 이상의 모든 일들을 양로원의 직원들이 처리하게 해서 두 집단을 비교했다. 18개월 동안을 관찰한 결과, 전자의 집단에서는 15%의 노인들이 사망했으며 후자의 경우는 30%가 사망했다. 이 연구자들은 통제가능성이 노인들의 건강과 사망률에도 영향을 미치는 것으로 해석했다.

3. 인지적 평가

일체유심조(一切唯心造)라는 말이 있다. 세상사 마음먹기에 달렸다는 것이다. 똑같은 경험도 사람들마다 제각기 해석하고 나름대로 평가한다. 스트레스는 자극 자체보다는 각 개인이 어떻게 해석하느냐, 즉 **인지적 평가**(Cognitive Appraisal)에 따라 그 강도가 달라진다. 몇 년씩 아이를 학수고대하던 임산부가 겪는 산통과 원치 않은 아이를 낳아야 하는 산모의 고통이 다른 것도 이 때문이다. 자신의 태도나 사고방식을 검토하고 대안적인 사고방식을 탐색하여 좀 더 합리적이고 현실적으로 바꾸어 본다는 것은 그냥 자족하고 모든 꿈을 포기한다는 것과는 다르다. 역경을 헤치고 자기 목표를 훌륭하게 이룩했던 대부분의 사람들은 이 점에서 보통사람들과 다르다.

4. 자신감 및 친숙성

스트레스 상황을 이겨내는 데는 **자신감**(Confidency)이 아주 중요한 역할을 한다. 많은 사람들을 모아놓고 앞에서 이야기를 해야 할 경우, 아무 준비 없이 그리고 경험도 없이 해야 될 때는 상상만 해도 식은땀이 날 것이다. 그러나 경험이 많고 익숙하면, 즉 **친숙성**(Familiarity)이 높으면 보다 스트레스를 적게 받는다. 그래서 자신이 없는 사람은 응급상황에서 평소에 할 수 있었던 것까지도 못하게 된다. 무슨 일이든지 이전에 경험을 한 바가 있고 이 경험에서 자신감을 경험했다면 그렇지 않은 사람들보다 더 침착하게 상황을 처리할 수 있다. 이 때문에 민방위훈련을 하듯이 위기상황이나 예기치 않은 상황 또는 스트레스에 대한 예상훈련을 하는 것이 필요하다. 실제적인 훈련을 통한 자신감의 배양이 어려운 상황에서는 마음속의 상상력을 동원하는 것도 한 가지 방법이다. 언젠이 일어날 사태에 대비해서 마음속으로 리허설을 해본 경험이 있다면 사전대비가 시험과 같은 스트레스를 극복하는 가장 좋은 방법이라는 것을 알 수 있을 것이다.

5. 사회적인 지지

다른 사람의 정서적인 지원과 관심, 즉 **사회적 지지**(Social Support)가 스트레스를 극복해 내는 데 여러 가지로 도움이 될 수 있다. 배우자의 사망이나 이혼 또는 심한 질병을 이겨나가는 데는 자신을 이해해 줄 수 있는 사람이 주변에 아무도 없을 때가 그렇지 않을 때보다 더 어렵다. 때문에 혼자 사는 사람들은 배우자와 같이 사는 사람들보다 수명이 더

자기를 이해해주고 격려해주는
사람이 있으면 고통은 한결 줄어든다.

짧다는 연구결과도 있으며 이는 사회적이고 정서적인 지원을 해주는 배우자가 얼마나 중요한지를 잘 말해준다. 여러 가지 연구들은 결혼, 친구, 친척, 교회의 교우 등과 같은 사회적인 관계를 잘 맺는 사람들이 더 오래 살고 스트레스 관련성 질병 발생률도 낮다고 보고하고 있다.

6. 성격특성 및 소질

스트레스의 영향 정도는 개인의 성격특성에 의해서도 좌우된다. 이 분야에서 널리 알려진 성격 특성 및 기질적 특성은 강인성, 낙관성, 감각추구 성향, 자율반응 및 A-형 성격 등이 있다.

1) 강인성

Suzanne Ouellette(이전의 이름은 Kobasa)는 만약 어떤 사람들이 다른 사람들보다 스트레스의 영향을 적게 받는다면, 그 사람들에게는 스트레스에 대해 강인한 어떤 특성이 있을 것이라고 추론했다. 그리고 스트레스에 취약한 사람들과 구분되는 성격특성을 **강인성**(Hardiness)이라고 명명했다.

Kobasa(1979)는 경영자들이 경험하는 스트레스의 양을 측정하기 위해 Holmes와 Rahe(1967)의 **스트레스 척도**(SRRS) 개정판을 사용했다. 대부분의 다른 연구들에서처럼, 그녀는 스트레스와 신체 질병의 발생 사이에서 적절한 상관을 발견했다. 그러나 그녀는 이전 연구보다 한 단계 더 진보한 연구를 실행했다. 그녀는 스트레스를 많이 받는 경영자들 중 신체질환에 잘 걸리는 사람들과 그렇지 않은 사람들을 비교했다. 그녀는 심리검사 바테리를 실시하여, 18가지 성격차원으로 그들을 분류했다. 그래서 더 강인한 경영자들은 보다 관여정도가 높고, 통제감을 더 많이 느끼며, 도전을 더 즐긴다는 것을 밝혀냈다. 이 특성들은 강인성에 관한 많은 관련 연구들에서도 확인되었다(Ouellette, 1993). **강인성**(Hardiness)은 강한 스트레스 저항과 관련이 있다고 알려진 **관여**(Commitment), **도전**(Challenge), **통제**(Control)로 구성되는 성격구조이다.

강인성이 높은 사람들은 그렇지 않은 사람들에 비해 스트레스 사건을 잠재적으로 덜 위협적이며, 바람직하지 않은 정도가 적다고 평가하는 경향이 있다(Rhodewalt & Zone, 1989). 강인성 성격과 스트레스와의 관계에는 아직도 몇 가지 불확실한 것들이 존재하며, 강인성의 주요 요소들에 대한 논쟁이 계속 이루어지고 있다. 그럼에도 불구하고, Ouellette의 연구는 성격특성이 사람들의 건강이나 적응에 미치는 스트레스의 효과에 어떤 영향을 미치는지에 대한 연구들을 자극하고 있다.

◆ **관여(Commitment)**

관여란 자기 자신과 자신이 하는 일의 중요성과 가치에 대한 믿음을 바탕으로 삶의 다양한 상황에 자신을 몰입시킴을 의미한다. 관여수준이 높은 사람은 수동적이지 않고 사건에 적극적으로 관여하며 일반화된 목적의식과 의미 충만성을 가지고 일을 한다.

◆ **통제(Control)**

통제란 사건의 과정에 자신이 영향력을 미칠 수 있다고 믿는 것을 의미한다. 통제 수준이 높은 사람은 우발적인 사건이나 역경에 처했을 때도 무력감을 느끼기보다는 자신의 상상, 지식, 기술, 선택을 행사해서 생활사건을 통제할 수 있는 것처럼 느끼고 행동하려는 경향이 강하다.

◆ **도전(Challenge)**

도전이란 생활사건을 짊어져야 할 힘겨운 부담으로 지각하기보다는 발전을 위한 기회를 제공해주는 정상적인 생활의 일부로 지각하는 것을 의미한다. 도전 수준이 높은 사람은 변화와 새로운 경험을 두려워하지 않고 융통성을 가지고 접근하며 모호함에 대한 내성이 크다.

강인성 수준과 공부에 대한 태도

강인성요인	높은 학생	낮은 학생
관여	비록 전공이 아닐지라도 내가 선택한 과목이 나름대로 의미가 있으므로 최선을 다해 공부한다.	전공이 아닌 과목은 어쩔 수 없이 선택한 것이다. 그러므로 최선을 다할 필요는 없다.
도전	통계학은 너무 어렵다. 그렇지만 그것에 한번 도전을 할 필요가 있다. 그래야 앞으로 어떤 과목이라도 잘 해낼 수 있을 것이다.	통계는 너무 어렵다. 어려운 과목에 매달릴 필요는 없다. 보다 쉽게 학점을 받을 수 있는 과목을 찾아보자. 어려운 과목은 포기하고 쉬운 과목만 선택한다.
통제	영어회화 과목은 원어민과의 회화를 평가해서 학점을 부과한다. 미국인을 만나본 적이 없지만 노력하면 나는 좋은 성적을 받을 수 있을 것이다.	영어회화 과목은 원어민과의 회화를 평가해서 학점을 부과한다. 나는 천성적으로 미국인을 두려워하기 때문에 아무리 노력해도 좋은 성적을 받지는 못할 것이다.

2) 낙관성

Michael Scheier과 Charles Carver(1985)는 낙관주의(Optimism)를 좋은 결과를 기대하는 일반적 경향으로 정의하면서, 대학생들의 표집에서 낙관주의와 좋은 신체적 건강 사이의 상관을 발견했다. 외과 환자들을 대상으로 한 또 다른 연구에서는 낙관주의가 관상동맥 이식수술 이후의 빠른 회복 및 정상적 활동으로의 더 빠른 전환과 관련이 있음을 발견하였다(Scheier 등, 1989). 연구는 낙관주의자들이 비관주의자들보다 더 적응적인 방법으로 스트레스에 대처함을 시사했다(Aspinwall & Taylor, 1992; Scheier & Carver, 1992). 낙관주의자들은 행동 지향적이고 문제 중심적으로 대처하는 경향이 더 많으며, 사회적 지지를 추구하기 위해 비관주의자들보다 더 자발적이고 스트레스 사건에 대한 평가에 있어 긍정적인 면을 더 강조하는 경향이 있다. 이에 비해 비관주의자들은 포기하거나 부인함으로써 스트레스를 다루려 하는 것 같다.

Christopher Peterson과 Martin Seligman은 사람들이 나쁜 사건들(개인적 실패, 재난, 실망)을 어떻게 해석하는지를 연구해왔다. 그들은 일부 사람들이 실패를 그들의 개인적 단점 탓으로 돌려 비난하는 경향, 즉 "비관적 설명양식(Pessimistic Explanatory Style)"을 가지고 있음을 확인했다. 1940년대에 하버드 대학교를 졸업한 남자들에 대한 회고적인 연구에서, 그들은 "비관적 설명양식"과 나쁜 건강 간에 상관이 있음을 발견하였다(Peterson, Seligman, & Vailant, 1988). 이러한 관련을 설명함에 있어서, 그들은 비관주의가 수동적 대처방법을 주로 사용하며 건강관리를 위한 노력을 소홀하게 할 것이라고 추측한다. 후속연구는 또한 비관주의와 면역 기능의 저하 간에도 관련이 있음을 발견했다.

3) 감각추구 성향

감각추구(Sensation Seeking)는 사람들이 스트레스에 반응하는 데 영향을 끼치는 또 다른 성격특질이다. Marvin Zuckerman(1971, 1979, 1990)에 의해서 처음 기술된 감각추구란 감각 자극의 높거나 낮은 수준에 대한 일반화된 선호 경향성이다. 감각추구 성향이 높은 사람들은 높은 자극 수준을 선호하고 아마도 이를 필요로 할 것이다. 그들은 쉽게 지루해하고 도전들을 즐긴다. 그들은 암벽등

당신은 얼마나 낙관적입니까?
LOT(The Life Orientation Test)

다음의 문항을 읽고 자신과 얼마나 일치하는지를 아래 보기를 보고 번호를 기재해주십시오.

0=전혀 아니다

1=그저 그렇다(중립적이다)

2=그렇다

3=매우 그렇다

1. 불확실한 때에도, 나는 보통 제일 좋은 결과를 기대한다 ....( )
2. 나는 쉽게 긴장을 풀 수 있다 ....( )
3. 내게 뭔가 일이 잘못될 수 있을 때 꼭 그렇게 된다 ....( )
4. 나는 늘 사물의 밝은 면을 본다 ....( )
5. 나는 나의 미래에 관해 항상 낙관적이다 ....( )
6. 나는 내 친구들과 재미있게 지낸다 ....( )
7. 바쁘게 일을 하는 것이 내겐 중요하다 ....( )
8. 내 뜻대로 되리라고는 전혀 기대하지 않는다 ....( )
9. 내가 원하는 대로 일이 결코 이루어지지 않는다 ....( )
10. 나는 쉽게 마음이 상하지 않는다 ....( )
11. 나는 "먹구름 뒤에도 햇빛은 비친다"는 신념을 가지고 있다 ....( )
12. 좋은 일이 내게 일어날 것이라고 거의 생각하지 않는다 ....( )

채점: 2, 6, 7, 10번 문항은 삽입문항이므로 채점하지 마십시오. 그리고 3, 8, 9 및 12번 문항은 점수를 바꿔서 채점(0→3, 1→2, 2→1, 3→0)한 다음 총점을 계산하십시오.

Scheier & Carver(1985)

반, 뗏목 타기, 서핑과 같은 신체적 위협과 관련이 있는 활동들을 좋아한다. 그들은 약물, 수많은 성적 파트너 및 새로운 경험들(이상한 장소를 여행하는 것과 같은)을 시도함으로써 자극에 대한 그들의 욕구를 충족시킨다. 그들은 도박, 미신, 자극적 음식, 열광적 파티, 특이한 친구들을 즐긴다. Zuckerman에 의해 제작된 감각추구 척도는 다음과 같은 내용으로 구성되어 있다.

◆ **스릴과 모험 추구(Thrill and Adventure Seeking)**
고공낙하, 모터사이클, 암벽등반 등 위험이 뒤따를 수 있는 스릴과 모험행동을 추구하는 성향

◆ **경험 추구(Experience Seeking)**
사전에 계획이 없는 여행을 하는 등의 외적인 자극을 통해서든 약물을 복용하고 난 후의 내적 감각 자극 등 보통 사람들이 잘 하지 않는 비동조적인 생활양식을 통해서 흥분을 추구하는 경향

◆ **탈억제 성향(Disinhibition)**
음주, 광란의 파티, 도박 및 자유분방한 성행위 등 보통 사람들이 평소에 억제하는 행동들을 통해서 흥분을 추구하는 경향성.

◆ **권태감에 대한 취약성(Boredom Susceptibility)**
반복적인 일이나 일상적인 일 그리고 재미가 없는 사람들에게 쉽게 싫증을 느끼고 반복되는 일에서 벗어날 수 없을 때는 극도로 불안해하는 경향성.

확실히, 감각추구 정도가 높은 사람들은 보통 사람들에게는 스트레스가 되는 경험들을 추구하는 경향이 있다. 그러나 당신은 스트레스가 얼마나 주관적인지를 알고 있으므로, 감각 추구자들이 다른 사람들에 비해 이러한 경험을 덜 위협적이고, 덜 위험하며, 불안유발을 덜 할 것이라고 평가한다는 사실을 이해할 수 있을 것이다. Zuckerman(1991)은 높은 감각추구 성향은 생물학적 소양과 어느 정도 관련이 있다고 말한다.

비록 감각추구가 스트레스 저항과 관련이 있어도, 우리는 높은 감각추구 성향의 사람들이 적응적이기보다 종종 부적응적인 경우가 많다는 것도 알아둘 필요가 있다. 다른 사람들과의 비교에서, 높은 감각추구 성향의 사람들은 **약물남용(Drug Abuse)**에 탐닉하는 경향이 있고, 학교생활에 적응을 잘 못한다거나, 불건전한 습관(흡연 또는 과속운전)을 보이며, 다른 사람들과 다투는 것을 포함한 충동적인 행동을 나타낸다(Zuckerman, 1979, 1990). 어떤 연구들은 높은 감각추구와 범죄행동 사이의 관련을 발견하기까지 했다(Stacy, Newcomb, & Bentler, 1993; Young, 1990). 따라서 높은 감각추구가 지니는 단점이 장점보다 많을 수 있다.

지루함은 할 일이 없어서 생기는 것이 아니라,
마음이 지나치게 조급하기 때문에 생긴다.
-Richard Carlson-

4) 자율 반응

사람들이 스트레스에 대해 나타내는 것이 생리학적 반응이라는 측면에서 보면, 신체적 표현이 스트레스 내성에 영향을 미친다는 것은 일리가 있다. 이러한 입장에서 보면, 비교적 평온한 자율반응(Autonomic Response)을 가진 사람들은 고도로 민감한 자율신경계를 가진 사람들에 비해 스트레스에 덜 영향받아야만 한다. 그리하여, 자율반응성에 대한 대부분의 연구들은 스트레스에 대한 반응 중 자율적으로 조절되는 심장혈관(심박률과 혈압)에 초점을 맞추어왔다.

실험실 상황에서 스트레스를 주는 과제에 노출된 피험자들은 시간과 과제의 다양성과 무관하게 심장혈관 반응에서 일관된 개인적 차이를 분명히 나타낸다(Manuck 등, 1993; Sherwood, 1993). 심장혈관 반응에 대한 이러한 차이에 대한 유전적인 기초가 있으며, 이는 아이들에게서도 관찰될 수 있다. 그렇지만 그러한 연구들은 대부분 실험실 내의(정신적 과제를 수행하면서) 단순하고 단기적인 스트레스에 집중된 것이며 이는 실제적 삶에서의 스트레스와는 거리가 멀다. 그래서 만성적이며, 진행 중이고, 사회적 관계로부터 발생하는 스트레스 반응에 대한 더 많은 연구들을 할 필요가 있었다. 그럼에도 불구하고, 많은 증거들은 심장혈관 반응의 특정 양상이 스트레스 관련 심장병의 취약성과 관련되어 있음을 시사했다(Blascovich & Katkin, 1993).

5) A-유형 행동

당신은 혹시 스스로를 지극히 경쟁적이고, 성취 지향적이며, 급하게 서두르고, 편하게 쉬지를 못하며 화를 참지 못한다고 생각하지는 않는가? 만약 그렇다면 당신은 A-유형 성격(Type-A Behavior)에 해당하고 전혀 그렇지가 않다면 B-유형 성격의 소유자이다.

A-유형 성격은 미국의 Harold Brunn Institute의 심장 전문의 Meyer

심장병에 걸릴 가능성이 높은 A-type 성격을 가진 사람들은 경쟁적이며 화를 참지 못하는 특성을 갖고 있다.

Friedman과 Ray Rosenman(1959)에 의해서 처음으로 명명된 성격 유형이다. 그들이 심장질환의 원인을 규명하기 위해 연구를 하고 있던 어느 날, 진료소의 접수원이 던진 한마디가 획기적인 연구방향의 길잡이가 되었다. 그 접수원의 말인즉, "왜 우리 진료소 소파의 커버는 앞 가장자리만이 닳는지 모르겠다"는 것이었다. 그 당시는 흘려들었던 말이 환자들을 면접하고 치료하는 과정에서 연구자의 머릿속에 다시 되살아났다. 안절부절못하고, 대화가 항상 시간, 일, 성취 등에 집중되어 있는 심장병 환자들의 행동이 연구자들의 눈에 띄기 시작한 것이다. 그리고 연구자들은 사람의 행동이나 감정적 특성이 관상동맥 심장질환의 원인으로 작용할 수 있을 것이라고 가정했다.

수많은 환자들을 대상으로 체계적인 관찰과 면접을 통해 Friedman과 Rosenman(1959, 1974)은 심장발작에 걸릴 가능성이 매우 높은 특정 행동 양상을 발견하고 이를 A-type이라고 명명했다. 이들은 B-형 성격에 비해 A-형 성격의 소유자들은 스트레스를 받으면 스트레스 관련 호르몬의 분비, 혈압의 상승 및 심장 박동의 증가 등 교감신경계가 훨씬 민감하게 흥분되는 것을 발견했다. 그들은 3,411명의 심장발작 환자들을 조사한 결과, 그중의 72~85%가 심장병이 생기기 전에 A-형 행동 패턴으로 생활해 왔음을 밝혀냈다. 또한 A-형 성격의 소유자들은 직장에서 타인들과의 갈등도 B-형보다 더 많은 것으로 나타났다. Baron(1989)은 대기업의 관리자들을 대상으로 동료나 상사 또는 부하들과의 갈등빈도와 성격유형의 관계를 분석한 결과, A-형 성격의 관리자들에게서 대인관계 갈등

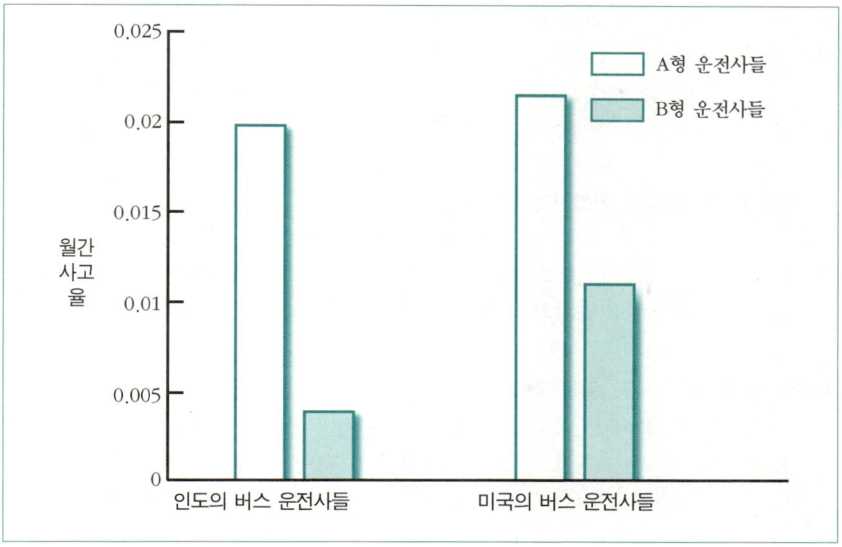

이 현저하게 많았음을 찾아냈다.

심지어 이러한 성격 특성은 교통사고와도 관련이 깊다. Evans 등(1987)은 인도와 미국의 버스 운전사들에게 A-형 성격검사를 실시하고 A-형 성격이 교통사고와 운전행동과 관련이 있는지를 확인했다. 운전자들의 교통사고 자료는 그들에 관한 개인기록을 이용했고 부가적으로 연구보조원들이 승객으로 위장해 운전자들의 행동을 직접 관찰했다. 두 나라 모두 B-형에 비해 A-형 운전자들의 사고율이 몇 배나 높았다. 게다가 이들은 운전 중에 차선변경과 추월행동을 더 많이 했으며 브레이크를 더 자주 밟고 경적을 두 배 이상 누른 것으로 밝혀졌다. A-형 성격의 특징은 다음과 같다.

◆ **시간을 철저하게 지키고, 항상 긴박감을 느낀다.**
제시간에 일을 마쳐야 하며, 단기간에 가능한 한 많은 일을 하려고 하기 때문에 항상 초조하고 바쁘다. 제스처가 많고 발을 흔들거나 손가락을 두드리는 등 초조함을 보이며 안절부절못하고 초조해한다.

◆ **공격적이고 적대적이며, 참을성이 없다.**
자극적인 말을 많이 하며, 줄 서서 기다리는 것을 참지 못하고, 운전할 때 끼어드는 차에 대해 쉽게 화를 내는 등 공격적인 행동을 충동적으로 한다. 하고 있는 일이 성에 차지 않은 사람을 보면 참지 못하고 직접 나서서 해치운다.

◆ **성취 지향적이고 적극적이다.**

야망 수준이 높고 투쟁적으로 일을 한다. 그렇기 때문에 편안히 쉬지를 못한다. 아무것도 하지 않고 있는 것을 견디지 못하며 항상 바쁘게 생활한다. 또 일을 하지 않고 있으면 불안해하고 죄책감을 느낀다.

◆ **경쟁적이고 승부에 집착한다.**

무슨 일에서든 잘해야 하기 때문에 지는 것을 견디지 못한다. 인생 자체가 도전이라고 생각하고 지기를 싫어하기 때문에 심지어는 어린아이들과 게임을 하더라도 이겨야 직성이 풀린다. 자신이나 타인의 승패정도를 숫자로(양적으로) 평가하기를 좋아한다.

◆ **한꺼번에 여러 가지 일을 한다.**

머리 회전이 빠르고, 계단을 두 개씩 건너 걷거나 식사하면서도 신문을 보고, 텔레비전 뉴스를 들으면서 대화를 하는 등 한꺼번에 여러 가지 일을 해야 직성이 풀린다. 따라서 일을 하더라도 여러 가지 일을 벌여놓고 진행하는 것을 좋아한다.

◆ **심미안과 감정이 결여되어 있다.**

그림이나 음악, 시 등 예술과 세상의 아름다움에 대한 진정한 관심이 부족하다. 대화도 개인적인 감정을 표현하거나 다른 사람의 감정에 공감하는 내용보다는 거의 항상 시간, 일, 성취 등에 집중되어 있다.

당신은 A형인가? 아니면 B형인가?

당신의 성격이 A형인지 아니면 B형인지를 알아보고 싶다면 다음의 문항들을 읽고 답하시오.

1. 보다 효율적인 방식으로 일을 하는 방법들을 자주 생각한다.
2. 나는 내 자신이 매우 욕구가 강하고 야심적인 사람이라고 생각한다.
3. 나는 거의 항상 조급하고 서두르는 편이다.
4. 나는 줄 서서 기다리는 것을 지극히 싫어한다.
5. 내 앞에 가는 차가 천천히 가면 화가 난다.
6. 나는 아이들하고 게임을 할 때조차도 이기려고 한다.
7. 나는 한꺼번에 두세 가지의 일을 하거나 그렇게 하려고 생각한다.
8. 나는 다른 사람보다 밥을 빨리 먹는다.
9. 내가 일을 할 때 방해받으면 지극히 싫다.
10. 나는 다른 사람에게 자주 화를 내는 편이다.
11. 나는 질보다는 양을 중요시한다.
12. 나는 내가 쉬고 있으면 왠지 죄책감이 든다.
13. 나는 하루가 24시간 이상이었으면 하고 바란다. 그래서 더 많은 것을 하고 싶다.
14. 나는 다른 사람보다 더 잘하고 싶다.

채점: 이 질문지의 문항들은 모두 A형 성격을 나타내는 것들이기 때문에 채점은 매우 간단하다. “그렇다”고 응답한 문항이 많으면 많을수록 A형에 가깝다.

R. S. Feldman의 「Adjustment」에서

제2장

스트레스: 어떻게 대처할 것인가?

I. 대처의 개념 및 본질

1. 대처방법의 다양성
2. 대처전략의 개인차
3. 적응적 대처와 부적응적 대처
4. 인지적 대처와 행동적 대처
5. 정서 중심적 대처와 문제 중심적 대처

II. 통상적인 대처 방식들

1. 포기하기
2. 공격행동
3. 쾌락의 추구
4. 자신을 비난하기
5. 방어적 대처

III. 건설적인 대처

1. 건설적 대처의 본질
2. 건설적 대처의 유형

· 시험 성적이 예상 밖으로 나쁘게 나왔다.
· 상당히 많은 액수의 용돈과 신분증이 들어있는 지갑을 잊어버렸다.
· 나하고 사귀고 있는 여자(남자)친구가 요즘 들어 다른 사람을 좋아하는 것 같다.
· 친하다고 생각했던 친구가 다른 사람에게 내 흉을 봤다는 사실을 알게 되었다.
· 운전을 하는데 갑자기 어떤 차가 끼어들어 사고가 날 뻔했다.
· 리포트를 제출해야 하는데 해야 할 일들이 너무 많다.
· 학교 식당을 갔는데 너무 많은 학생들이 줄을 서서 기다리고 있다.

위와 같은 일들은 우리가 때때로 겪는 일상적인 스트레스들의 몇 가지 예이다. 당신은 각각의 상황에서 어떤 감정을 느끼며, 그 상황에 대해서 어떻게 생각하고, 어떻게 행동하는가? 예를 들어 시험성적이 예상 밖으로 나쁘게 나와 나도 모르게 눈물이 나왔다. 그리고 그렇게 학점을 낮게 준 교수가 부당하다는 생각이 들어 화가 났다. 그래서 그 교수 연구실로 찾아가 그렇게 나쁜 성적일 리가 없다고 하면서 따지고 장학금을 받아야 하니 성적을 조금만 올려달라고 부탁했다. 눈물을 흘린 행동은 과연 적절한 행동인가? 교수에게 찾아가 따지면서 채점 결과를 보여달라고 하면서 성적을 올려달라고 요구하는 것이 타당한 방법인가? 이러한 일련의 행동들은 당신의 스트레스를 해결하고 보다 바람직한 생활을 하는 데 도움이 되는 행동들인가?

이 질문들에 대한 대답은 결코 단순하지가 않다. 우리들이 겪고 있는 다양한 스트레스들에 대해 효과적으로 대처하는 방법을 결정하는 것은 생각처럼 쉬운 것이 아니다. 이 장은 우리가 스트레스에 어떻게 대처해야 하는가에 초점을 두고 있다. 앞 장에서 우리는 스트레스의 성질과 스트레스의 잠재적 영향들을 논의하였다. 우리는 스트레스가 개인적 성장에 있어 도움이 될 수 있는 자극으로 작용할 수 있다는 것을 배웠다. 그러나 우리는 또한 스트레스가 부정적인 정서적 및 생리적 반응들을 촉발시킬 수 있기 때문에 우리의 심리적 및 신체적 건강에 해

학생들이 공통적으로 겪는 대표적인 스트레스는 시험이다. 그러나 시험을 준비하는 과정에서부터 결과에 대한 대처반응은 개인에 따라 각기 다르다.

가 될 수도 있다는 것을 알고 있다. 스트레스에 대한 이들 정서적 및 신체적 반응들은 대개 자동적인 경향이 있다. 스트레스를 효과적으로 통제하는 것은 우리가 스트레스 상황들에서 나타내는 대처반응들에 달려 있다. 따라서 우리의 정신적 및 신체적 건강은 부분적으로 스트레스에 효과적으로 대처하는 우리의 능력에 달려 있다고 볼 수 있다.

우리는 대처개념에 대한 일반적 논의를 먼저 시작할 것이다. 그러고 나서 우리는 상대적으로 적은 가치를 갖는 경향이 있는 일부 통상적인 대처양상을 검토할 것이다. 이들 대처기법들을 논의하고 난 후에 우리는 보다 더 건전한 "건설적" 대처(constructive coping)에 대해 논의할 것이다. 그리고 이 장의 뒷부분에서 구체적으로 건설적 대처를 설명할 것이다.

I. 대처의 개념 및 본질

대처(coping)란 환경 및 내적인 요구와 요구들 간의 갈등을 다루는 광범위한 노력을 의미한다(Lazarus, 1966). 스트레스에 대한 대처 방법들은 헤아릴 수 없을 정도로 다양하며 개인에 따라 다르다. 이러한 수많은 대처방법들은 그것이 개인에게 적응적인지 부적응적인지, 인지적인 대처인지, 행동적인 대처인지, 그리고 정서 중심적 대처인지 아니면 문제 중심적인 대처인지에 따라 분류될 수 있다.

1. 대처방법의 다양성

사람들은 상황이나 사건에 따라 매우 다양한 방법으로 스트레스에 대처한다. 최근 들어 이 분야의 전문가들은 사람들이 사용하는 수없이 많은 스트레스 대처 방법을 분류하려는 시도를 했으며 그들의 연구는 우리들이 매우 다양한 대처전략(Coping Strategy)을 사용하고 있음을 밝혀주었다. 예를 들어 Cohen, R. J.(1994)가 대학생과 일반인들을 대상으로 스트레스에 대처하기 위해 사용하는 방법들을 조사한 결과는 다음 쪽의 표와 같다. 여기에 제시된 내용 이외에도 사람들은 상황이나 대상에 따라 매우 다양한 선택 메뉴에서 대처전략을 선택한다.

2. 대처전략의 개인차

스트레스에 대한 대처전략이 수없이 다양함에도 불구하고 대부분의 사람들

일상적 대처방법

- 목욕하기(사우나)
- 실컷 울기
- 음주
- TV시청
- 운동하기
- 정원 가꾸기
- 자위행위나 성행위
- 영화감상, 비디오 시청
- 악기 연주
- 서랍이나 장롱 정리
- 재봉질
- 흡연
- 다른 사람과 얘기하기
- 소리 지르기
- 청소하기
- 공상하기(백일몽)
- 맛있는 것 먹기
- 책읽기
- 도박하기
- 뜨개질
- 명상
- 음악 듣기
- 뭔가 치고 차고 던지기
- 자기처벌이나 비난
- 쇼핑하기
- 혼잣말하기
- 일에 열중하기

– Cohen, R. J. (1994)

은 각자가 선호하는 대처전략을 갖고 있다(Folkman, Lazarus, Gruen & Delongis, 1986). 물론 상황에 따라 각 개인이 사용하는 대처전략이 다를 수 있다. 그럼에도 불구하고 대처전략의 사용은 상황의 변화와 상관없이 일관성이 있는 것 같다(Carver & Scheier, 1994). 예컨대, 어떤 학생이 학점이 나쁘게 나왔을 때 기분을 완화시키기 위해 술을 마셨다면 사귀던 이성친구로부터 헤어지자는 말을 들었을 때도 술집을 찾을 가능성이 많을 것이다.

3. 적응적 대처와 부적응적 대처

적응적인 대처(Adaptive Coping)란 스트레스를 효과적으로 다루는 것을 의미하는 것으로서 스트레스로부터 받는 부작용을 최소화할 수 있는 것을 말한다.

반면 부적응적인 대처(Maladaptive Coping)란 스트레스에 대해 비효과적이고 부적절하게 대응해서 부작용을 야기하는 것을 말한다. 어떤 사람이 "대처한다"는 말은 일상적인 의미에서는 그가 그의 문제들을 효과적으로 다루었다는 것을 의미한다. 그러나 대처방법이란 매우 유용한 것에서부터 매우 해로운 것에 이르기까지의 연속선상에 놓여 있다고 할 수 있다. 예를 들어 당신이 다니는 회사에서 권고사직을 당했을 때 이에 대한 대처방법으로 회사의 기밀을 빼내 경쟁회사에 제공해서 경제적인 이득을 챙기고 다니던 회사에 손실을 끼침으로써 보복을 했다면 부적응적인 대처라고 할 수 있다. 그러나 어떤 대처전략들도 완벽하게 성공적인 결과를 보장할 수는 없다. 대처기법들의 적응적 가치는 그 상황의 특성에 달려 있으며 매우 주관적이다.

4. 인지적 대처와 행동적 대처

우리는 스트레스의 부정적인 효과를 감소시키기 위해서 인지적 또는 행동적인 대처방법을 사용한다. 인지적 대처(Cognitive Coping)라는 것은 스트레스와 관련된 부정적 효과를 감소시키거나 제거하고 스트레스 유발 사건 자체를 자신에게 유리하게 만들기 위해서 사고방식을 사용하는 과정을 말한다. 행동적인 대처(Behavioral Coping)는 스트레스의 부정적 효과를 제거하기 위해 행위를 사용하는 과정을 말한다. 인지적 대처와 행동적 대처는 서로 독립적이지 않은 경우가 많다. 왜냐하면 인지과정이 행동에 영향을 미칠 수 있고 반대로 행동 역시 인지과정에 영향을 미칠 수 있기 때문이다.

5. 정서 중심적 대처와 문제 중심적 대처

대처방법의 또 다른 차원은 스트레스로 야기된 부정적 감정의 완화에 초점을 두는 것과 스트레스 원인 자체를 변화시키고자 하는 문제에 초점을 두는 것이다. 정서 중심적인 대처는 부정적인 정서를 유발시킨 문제 자체에 초점을 두기보다는 불안감이나 우울 또는 분노 등의 감정을 경감시키는 데 우선적으로 노력을 기울이는 대처방법이다. 반면 문제 중심적 대처는 스트레스를 유발시킨 상황을 재평가하거나 그것을 변화시키는 데 일차적인 노력을 기울이는 대처방법을 말한다. 예컨대 학사경고를 받았을 때, 대학에서의 학점이 사회에서 별로 중요하지 않다고 합리화시키거나 술을 마심으로써 불안에서 벗어나는 것은 정서 중심적 대처이고 학습방법이나 습관을 검토함으로써 재수강해서 좋은 성적을 받으려고 노력하는 것은 문제 중심적 대처라고 할 수 있다.

사람들은 정서 중심적인 대처와 문제 중심적인 대처 책략을 종합해서 사용하며 각 개인의 독특한 양식으로 스트레스 상황과 이로 인한 부정적 감정 상태에 대처한다. 그리고 두 가지 대처 양식 상황이나 대상 또는 사용방식에 따라 모두 적응적 가치와 부적응적 가치를 지닐 수 있다.

위기 상황에서의 탈출 – 서두를수록 못 빠져나간다

운동장, 공공시설, 지하철 등에서 군중들이 먼저 빠져나가려고 몸부림치다가 밟혀서 목숨을 잃는 일이 흔하게 벌어진다. 1990년 이슬람의 성지인 사우디아라비아 메카의 보행자 터널에서 1,426명이 깔려 죽었다. 이후 겁에 질려 도망치는 군중들의 행동을 컴퓨터로 모의실험할 수 있는 프로그램이 최근 개발돼 공공시설을 안전하게 설계할 수 있는 길이 열렸다. 독일 드레스덴 기술대학 디르크 헬빙 교수와 헝가리 에트보스 대학의 타마스 비첵 교수는 겁에 질려 도망치는 군중들의 행동과 결과를 실험하기 위해 위기 속 개인의 행동을 계산해 집단의 움직임을 파악하는 획기적인 프로그램을 만들었다. 그동안 과학자들은 사람이나 교통의 흐름을 유체로 파악해 모의실험을 해왔기 때문에 예측 결과가 정확하지 않았다.

그림제공 네이처

이들은 논문에서 "사람들이 빨리 출구로 나가려고 몸부림칠수록 빠져나가는 속도는 더 느려진다"고 말했다. 빨리 갈수록 많은 사람들이 부상당해 넘어지면서 장애물이 되기 때문이다. 이들이 만든 프로그램으로 모의실험을 한 결과는 이렇다. 위험이 없는 상태에서 45초 동안 초속 1m로 방을 빠져나갈 때 바깥으로 나가는 사람은 90명이다. 하지만 초속 5m로 나가려고 하면 서로 부딪쳐 65명밖에 못 나간다. 천천히 움직여야 더 빨리 바깥으로 나갈 수 있는 것이다. 여기에 공포 상황이 되면 사태는 더 심각해진다. 치열한 몸싸움 속에 200명 중 5명이 쓰러진다. 부상자는 장애물이 돼 45초 동안 문 밖으로 빠져나가는 사람의 숫자는 44명으로 줄어든다. 군중이 많으면 비극은 더 커진다. 400명이 나가려고 몸싸움을 하게 되면 24명이 깔려 죽게 되고 부상자들 때문에 45초 동안에 3명밖에 빠져나가지 못한다.

연구팀은 비상구 바로 앞에 둥근 기둥 하나를 놓으면 몸싸움을 벌이는 사람들에게 가해지는 압력이 두 갈래로 분산돼 빠져나가는 사람의 숫자가 72명으로 늘어난다는 사실을 밝혀냈다. 또 복도의 너비가 일정해야 탈출에 효율적이란 사실도 알아냈다. 복도가 좁았다가 넓어졌다가 하면 사람들이 앞사람을 제치려 하다가 좁아진 곳에서 더욱 격렬히 충돌하게 돼 탈출구로서의 효율이 떨어진다는 것이다.

Ⅱ. 통상적인 대처 방식들

> "사귄 지 2년 가까이 된 여자친구가 요즘 들어 갖가지 핑계를 대면서 나를 만나주지 않는다. 몇 번의 요구 끝에 그녀를 만나 이야기를 할 수 있었다. 그녀가 상당히 오래전부터 나와 잘 아는 친구와 새로 사귀게 되었고 그렇기 때문에 나하고는 헤어져야 하겠다고 말했다. 눈앞이 캄캄해지고 화가 나서 견딜 수가 없었다. 그녀가 그 친구를 대하는 태도가 좀 지나치다 싶을 때도 있었지만 설마 했었는데.... 두 사람에게서 배신을 당했다고 생각하니 분하고 억울했다. 그러나 그때는 알았다고 하면서 조용히 헤어졌다. 화가 나서 잠을 잘 수가 없다. 거의 날마다 술에 만취해서야 잠이 들 수 있고 공부도 할 수 없다. 기말고사도 완전히 망쳤으며 얼마 전에는 술집 종업원을 때려서 경찰서에 갔다 왔다. 우리는 친구들 앞에서 언약식까지 한 사이이다. 완전히 바보가 된 느낌이고 버림받은 내 자신의 처지가 너무나 불쌍하다. 아무것도 하고 싶은 것이 없다. 죽고만 싶다. 그리고 두 사람을 죽이고 싶은 생각까지 든다."

위의 내용은 내 수업을 들었던 학생이 연구실로 찾아와서 털어놓은 이야기이다. 그는 여자친구가 헤어지자고 해서 날마다 술에 의존하고 학업을 포기하고 있으며 술집 종업원에게 화풀이를 했다. 이 학생의 대처반응은 결코 건설적인 것 같지가 않다. 여기서는 사람들이 흔히 사용하는 대처방법들을 검토할 것이다. 구체적으로 우리는 포기하기, 다른 사람에게 화풀이하기, 쾌락 추구, 자신을 비난하기와 방어기제들을 논의할 것이다. 물론 이들 대처 전략들도 경우에 따라서는 어느 정도 도움이 될 수 있는 것들임을 유념해야 한다.

1. 포기하기

'못 오를 나무는 쳐다보지도 마라'는 말이 있다. **포기하기**(Giving Up)는 우리가 감당하기 힘든 스트레스에 직면했을 때 가장 흔히 보이는 대처방법 중 하나이다. Bruno Bettelheim(1943)은 제2차 세계 대전 중 나치 포로수용소에서 죄수들이 보이는 정서적 반응들을 관찰하였다. 일부 죄수들은 그들을 체포한 사람들에게 싸움을 걸었고, 일부 죄수들은 살아남기 위해 간수들이 시키는 대로 열심히 일했다. 그러나 많은 다른 수감자들은 무감동한 상태로 있으면서 적응하고 생존하려는 노력을 포기한 채 죽어갔다.

Martin Seligman(1974)은 그 원인을 밝혀줄 수 있는 모델을 동물들을 대상으로 한 연구를 통해 개발하였다. Seligman의 초기의 연구에서 동물들은 도망칠 수 없는 전기충격을 받았다. 그리고 그 동물들에게 그 충격을 피할 수 있도록 허용하는 반응을 학습할 기회를 주었다. 그러나 많은 동물들은 너무 무감동하고 무관심하게 되어서 심지어 도피반응을 학습하려고 시도하지도 않았다. 연구자들은 스트레스원으로써 회피할 수 없는 소음을 사용하여 인간피험자들에게 유사한 조작을 하였는데, 동일한 결과들을 얻었다(Hiroto & Seligman, 1975). 이 증후군을 **학습된 무력감**(learned helplessness)이라고 부른다. 무력감은 회피할 수 없는 혐오적 사건들에 노출됨에 따라 유발되는 수동적 행동을 내포한다. 불행하게도 이 포기하려는 경향은 우리가 실제로는 무력해할 필요가 없는 상황들에까지 전이될 수 있다. 따라서 일부 사람들은 일상적으로 스트레스에 대해 운명론과 포기로써 반응하며 효과적으로 다루어질 수 있는 좌절도 수동적으로 받아들인다.

나치 수용소에 수감된 유태인 수용자들의 상당수는 희망이 없다고 생각한 나머지 생존하려는 노력을 포기한 채 죽어갔다.

Seligman은 처음에 학습된 무기력을 조건화의 산물로 간주하였다. 그러나 인간피험자를 대상으로 한 연구는 Seligman과 그의 동료들로 하여금 그의 이론을 수정하도록 만들었다. **수정된 학습된 무력감모델**(Revised Learned Helplessness Model)은 어떤 사람이 학습된 무력감을 발달시킬지 아닐지는 혐오적인 사건에 대한 그 사람의 인지적 해석이 더 중요하다고 제안한다. 특히 무력감은 개개인들이 그 사건을 그들의 통제 밖에 있다고 믿을 때 발생하는 것으로 보인다. 이 신념은 특히 비관적인 설명양식을 드러내는 사람들에게서 나타난다. 무엇보다도 이런 사람들은 문제의 원인을 상황적 요인이 아닌 개인적 부적절성으로 귀인시키려는 경향이 있다(Abramson, Seligman & Teasdale, 1978; Seligman, 1990).

포기하기는 대체로 높은 가치를 부여할 수 있는 대처방법이 아니다. Carver와 그의 동료들(1989, 1993)은 그들이 **행동적 포기**(Behavioral Disengagement)라고 간주한 대처전략의 연구에서 행동적 해방이 고통을 줄이기보다 오히려 증가시킨다는 사실을 밝혀냈다. 더욱이 다른 많은 연구들은 학습된 무기력이 우울증에 기여할 수 있다는 것을 제안하고 있다(Peterson & Seligman, 1984). 보다 적응적 가치를 가질 수 있는 대처방법은 **사회적 철수**(Social Withdrawal)이다. 스트레스에 대한 반응 중에서 많은 사람들은 다른 사람들과의 상호작용을 삼가고 사회적으로 멀어지고 자신에게 몰두하게 된다. 이 대처전략에 대한 연구가 아직 많은 편은 아니다. Repetti(1992)는 사회적 철수가 아마도 스트레스를 유발하는 각성을 감소시키고 그들의 에너지를 다시 보충하기 위해서 사람들이 수용한다는 면에서 단기적으로는 적응적일 수 있지만 장기적 대처반응으로서는 부적절할 것이라고 추측한다.

그러나 포기하기가 일부 예들에서는 적응적일 수 있다. 예를 들어 만약 당신이 준비가 되어있지 않은 일을 맡음으로써 끊임없는 압력에 시달리고 자존심을 손상당하기보다는 오히려 그만두는 것이 더 나을지도 모른다. 정말 감당하기 힘든 일에서는 우리의 한계를 인정할 필요가 있다. 현대사회의 매우 경쟁적인 특성은 우리들이 매우 성취하기가 어려운 고지를 향해 우리 자신을 밀어나가도록 이끈다. 명문 의대에 입학하는 것, 최고의 여배우가 되는 것, 또는 재벌 회장이 되는 것과 같은 목표는 만약 그 목표들이 현실적이지 않다면 포기하는 것이 더 나을 수 있다. 어떤 대처반응의 가치는 그 상황에 달려 있다. 당신도 짐작할 수 있겠지만 생활의 도전들에 대처하는 가장 최선의 방법을 알려주는 정답은 없다.

2. 공격행동

> 서울고법 형사 1부는 2000년 5월 3일 1년 전 강원도 삼척시 문의재 고개에서 자동차 추월시비 끝에 신혼부부를 엽총으로 쏴 살해한 정 모씨(37세)에 대해 살인죄 등을 적용해 1심과 마찬가지로 사형을 선고했다. 사건 경위는 이렇다. 정씨 등은 사냥을 가다 문의재 능선 비포장 도로에서 피해자 김씨 부부가 탄 그랜저 승용차가 먼지를 내며 추월하자 욕설을 하는 것을 시발로 5분 남짓 몇 차례 추월실랑이를 벌였다. 정씨 등은 김씨가 재차 추월해 앞을 가로막자 15m 뒤에서 김씨를 향해 공기총 두 발을 쏘았다. 김씨가 총에 맞아 머리에 피를 흘린 채 의식이 없는 것을 보자 "남편을 병원으로 옮겨달라"고 애원하는 부인 장씨에게도 얼굴과 가슴 등에 총을 쏴 숨지게 했다. 그리고 범행이 발각될 것을 우려, 당시 이곳을 지나던 다른 차의 운전자에게까지도 총을 쏘았다.

살인까지는 가지 않더라도 우리는 도로상에서 매우 흔하게 추월시비로 인한 폭력행동들을 관찰한다. 이러한 추월시비 폭력사건들은 사람들이 공격행동을 통해 스트레스에 반응한다는 사실을 알려준다. 공격행동이란 어떤 사람을 신체적으로나 언어적으로 상해를 주려고 의도한 어떤 행동이다. 고함, 욕설 그리고 모욕은 주먹다툼이나 총격보다 더 흔한 것이지만 어떤 종류의 공격도 문제가 될 수 있다. 오래전에 Dollard 등(1939)은 공격행동이 좌절에 기인할 것이라는 좌절–공격 가설(Frustration-Aggression Hypothesis)을 제안했다. 이후 수많은 연구결과들이 좌절과 공격 간에 인과적 관련성이 있다는 그들의 주장을 증명해주었다.

그러나 어떤 연구들은 좌절과 공격행동이 반드시 일대일로 대응되지는 않음을 보여주었다. 좌절–공격가설에 대한 타당성을 논의하면서 Leonard Berkowitz (1969, 1989)는 (1) 좌절이 반드시 공격행동을 일으키지는 않는다. (2) 좌절에 덧붙여 많은 요인들이(성격과 같은) 공격가능성에 영향을 준다. 그리고 (3) 좌절이 공격이 아닌 반응(예를 들어 무감동)을 유발할 수 있다고 결론지었다. 비록 이러한 요인들이 공격행동의 유발에 영향을 미치기는 하지만 공격행동을 유발시키는 가장 보편적인 요인은 좌절인 것 같다.

좌절감을 유발시킨 실제적인 원인 제공자에게 분노를 터뜨릴 수 없을 때 사람들은 좌절감의 직접적인 원인을 제공하지 않은 제삼자에게 화풀이를 하는 경우가 있다. 예를 들어 직장상사에게 심한 모욕을 당하고 나서도 그에게는 화난 표정을 짓지 않을 수 있다. 그리고 집에 돌아와 아내에게 저녁 식사가 늦다고 지나치게 화를 낼지도 모른다. 이렇듯 분노의 원인제공자가 아닌 다른 사람에게 공격행동을 하는 행위를 **전위된 공격행동**(Displaced Aggression)이라 한다.

Freud는 공격적으로 행동해서 분노감을 발산하는 것이 우울 감정을 경감시킬 수 있기 때문에 적응기능을 갖고 있다고 주장했다. 그는 이렇게 정서적 긴장을 방출시키는 감정적 표현을 **정화**(Catharsis)라고 명명했다. 카타르시스에 대한 Freud의 이론을 지지하는 일부 실험적 증거가 있다. Hokanson과 Burgess(1962)는 좌절감을 겪은 후에 신체적 또는 언어적으로 분노감을 표현하도록 하면 그것을 억제시킬 때보다 혈압이 적게 상승한다는 사실을 발견했다.

그러나 Hokanson과 다른 사람들의 연구결과들을 검토하고 난 후 Carol Tavris(1982)는 공격행동을 하는 것이 반드시 정화효과를 발휘하지는 않는다고 결론지었다. 그녀는 공격적인 행동이 특히, 지속적인 관계에서는 거의 정화효과를 발휘하지 못한다고 주장했다. 왜냐하면 부모, 자녀, 배우자 그리고 상사들에게 공격행동을 하는 것은 거의 예외 없이 어떤 식으로든 보복이 뒤따를 수 있기 때문이다(상호성의 원리: Reciprocity Principle). 그리고 간접적이며 '전위된' 공격을 하더라도 분이 풀리기보다는 더 화가 나거나 더 흥분하게 만들 수 있다. 따라서 많은 경우, 공격행동의 적응적 가치는 생각보다 크지 않다. 더구나 공격행동으로 인해 발생하는 대인관계상의 갈등은 또 다른 새로운 스트레스의 근원이 된다. 만약 당신이 직장에서 힘든 하루를 보내고 난 후 당신의 배우자에게 화풀이를 한다면 당신은 새로운 스트레스를 만들어내는 것이 되며 당신의 배우자로부터 받을 수 있는 공감과 사회적 지지를 상실해서 더욱더 스트레스를 받을 수 있을 것이다.

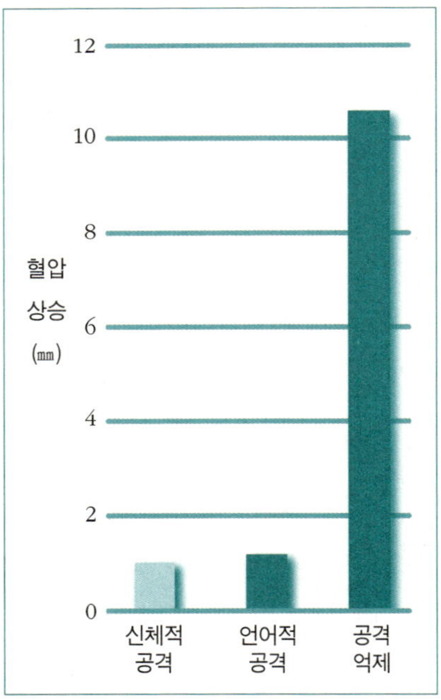

분노를 참고 있으면 혈압이 올라가지만 분노를 공격행동으로 표현하게 되면 혈압이 저하된다.

3. 쾌락의 추구

서울 노원구 상계동에 사는 한 모(주부 · 38) 씨는 1주일에 4~5일 인근 백화점에 들른다. 그녀는 최근 최고급 수영복인 12만 원짜리 아레나 수영복 7벌을 사들였다. 한 씨는 『특이한 제품을 보면 사지 않고는 배길 수 없다』고 토로했다. 그러나 한 씨의 쇼핑벽은 은행원인 남편의 월급으로는 감당하기가 불가능한 상태. 송 모(주부 · 36 · 미국 거주) 씨는 쇼핑중독증 끝에 미국으로 이민까지 떠난 케이스. 서울 송파구 문정동 25평형 아파트에 전세를 살던 그는 과소비 버릇 때문에 건설회사에 다니던 남편 월급과 자신의 피아노 교습 수입만으로는 가계를 꾸릴 수 없었다. 빚이 늘고 해를 걸러 오르는 전세금을 감당할 수 없자 아예 외국으로 떠났다. 이웃에 살았던 김 모(36 · 주부) 씨는 『1주일에 두세 차례는 꼭 쇼핑을 해야만 했고 30만 원 안팎의 재킷도 샀다 하면 두세 벌씩 사는 바람에 이웃 주부들도 함께 쇼핑 가기를 부담스러워했다』고 말했다. 회사원 김 모(36세) 씨는 부인 이 모(34세) 씨가 백화점 등에서 분수에 넘치는 사치품을 사들이고 그로 인해 수천만 원의 빚을 지자 집까지 팔아 이를 청산한 뒤 부인에게 검소한 생활을 호소했으나 부인 이 씨가 다시 과소비를 일삼자 소송을 제기, 결국은 이혼했다.

스트레스를 받을 때 많은 사람들은 괴로움에서 벗어나기 위해 음식을 먹거나, 술을 마시고 담배를 피우며 돈을 쓰면서 나름대로의 쾌감을 주는 행동, 즉 **쾌락추구**(Indulging Yourself)에 몰두한다. 대처반응들에 대한 분류에서 Moos와 Billing(1982)은 스트레스에 대한 일반인들이 전형적으로 나타내는 반응 중의 하나가 **대안적 보상**(Alternative Reward)의 추구임을 밝혀냈다. 우리가 마음먹은 대로 일이 진행되지 않아서 스트레스를 받으면 우리는 욕구를 만족시킬 수 있는 대체 활동을 시도하는 경우가 있다는 것은 쉽게 납득이 가는 것이다. 대안적 보상 행동의 전형적인 예는 물건을 사는 것이다. 그것은 돈만 있으면 얼마든지 가능한 일이며 뭔가 새로운 물건을 사들인다는 것은 일반적으로 즐거운 일이기 때문이다. 이러한 맥락에서 스트레스를 받으면 먹고(Grunberg & Straub, 1992), 담배를 피우며

쇼핑하기는 대표적인 스트레스 해소방법 중 하나이다.

(Cohen & Lichtenstein, 1990), 술을 마시며, 약물을 복용하는 정도(Peyser, 1993)가 증가된다는 사실은 결코 이상한 일이 아니다.

일상생활의 스트레스에 대처하는 방법으로서 대안적인 쾌락을 추구하는 것 자체가 원래 부정적인 것은 아니다. 대안적 보상의 추구는 적절하게 통제할 수만 있다면 여러 가지 장점을 가질 수 있으며 현실적으로도 유용한 대처전략이 될 수 있다. 가볍게 술을 한 잔 한다거나 새 옷을 한 벌 사는 일이 승진심사에 탈락한 당신의 우울한 기분을 가라앉힐 수 있다면 그 얼마나 다행인가? 그러나 만약 당신이 스트레스를 받을 때마다 습관적으로 그리고 과도하게 많은 양의 음주를 한다거나 수입액의 몇 배 되는 돈을 물건 구입에 사용한다면 분명 그것은 또 다른 스트레스(알코올중독으로 인한 신체적 및 심리적 장애나 과소비로 인한 파산 등)를 부과하는 원인으로 작용할 것이다.

4. 자신을 비난하기

> 부산에 있는 모 대형 백화점의 회장이 스스로 목숨을 끊었다. 그는 재벌 소유 백화점들과 경쟁하면서 무리하게 시설투자를 해서 수십억 원의 부도를 내자 법정관리를 신청한 뒤 회사 회생을 위해 250억 원 대의 재산을 내놓기도 했다. 그럼에도 불구하고 채권은행들이 법정관리를 반대하고 매각을 추진하자 이를 비관하고 자살한 것으로 밝혀졌다.

회사가 부도가 난 데는 최고 경영자의 책임이 크다. 그러나 전적으로 최고 경영자의 탓만은 아닐 수도 있다. 그 백화점에 근무하는 수많은 임직원의 근무태도뿐 아니라 당시의 경제 상황과 재벌회사가 운영하는 대형 백화점들이 인근에 입주하는 등 다양한 요인들이 이 백화점의 파산에 영향을 미쳤을 가능성이 있기 때문이다. 그 백화점의 회장이 가졌던 부정적 자기평가는 보통 사람들과 정도 차이가 있을지 모르지만 좌절에 대한 매우 전형적인 반응 중 하나이다. 일반적으로 사람들은 욕구충족의 좌절 상황에서 어느 정도 자기를 비난하는 경향이 있으며 심하면 자살과 같은 극단적 자기 파괴적인 행동을 보일 수도 있다.

스트레스에 대한 반응으로 "부정적인 자기-말"(Negative Self-talk)을 나타내는 경향은 수많은 이론가들에 의해 주목받았다. Albert Ellis(1973, 1987)는 이 현

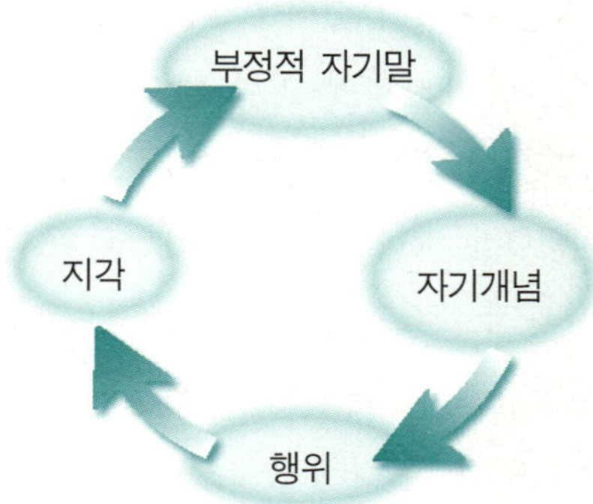

상을 파국적인 사고(Catastrophic Thinking)라고 부르고 그것이 어떤 비합리적 신념들에 근거하고 있는지에 관심을 가졌다. Ellis의 접근을 확장하여 Aaron Beck(1976, 1987)은 사람들이 종종 (1) 타당하지 않게 그들의 실패를 개인적 단점들에 귀인시키고 (2) 호의적인 피드백은 무시하는 반면에 타인으로부터의 부정적 피드백에 초점을 두며, 그리고 (3) 미래에 대해 부당하게 비관적인 투사를 한다고 주장하고 있다. 따라서 만일 당신이 시험을 형편없이 봤다면 당신은 당신의 지독한 우둔함을 비난할 것이고 시험이 공정하지 못했다는 급우의 설명을 인정하지 않고 당신이 학교에서 성적불량으로 퇴학당할 것이라고 예상할지 모른다.

비록 우리가 자신의 문제점을 인정하는 것이 어느 정도 가치가 있을 수 있지만 Ellis와 Beck은 부정적 자기－말이 비생산적인 경향이 있다는 점에 동의한다. Ellis에 따르면 파국적인 사고는 흔히 문제가 되는 스트레스에 대한 정서적 반응들을 유발하고 악화시키며 지속시킨다. 보다 신중한 입장에서 Beck은 부정적 자기 말이 우울증적 장애로의 진전에 기여할 수 있다는 증거를 열거하고 있다. 결론은 어려움을 당할 때 자신을 비난하는 사람들은 그렇지 않은 사람들보다 덜 행복하게 생활하는 경향이 있다는 것이다(Revenson & Felton, 1989; Vitaliano et al., 1989). 일반적으로 자기비난과 자기비판은 스트레스에 대처하는 유용한 방법이 아님이 분명하다.

5. 방어적 대처

Sigmund Freud는 스트레스를 야기할 수 있는 현실을 왜곡해서 불안감에서 벗어나도록 하는 무의식적인 과정이 있다고 가정했으며 이를 **방어기제**(Defense Mechanism)라고 명명했다. 방어기제에 의한 방어적 대처는 위협상황을 직접적으로 변화시키기보다는 그것에 대한 지각이나 사고방식을 변화시킨다. 따라서 모든 방어기제들은 **자기기만**(Self-deception)의 요소를 포함하고 있다. 일반적으로 방어기제들은 무의식적인 과정으로 작동되나 부분적으로는 의식과정에서도 작용한다. 이들은 현실을 왜곡함으로써 불안 등의 부정적 감정을 경감시키면서 자존심을 보호하는 기능을 갖고 있다. 따라서 우리 모두가 어떤 유형이든 방어기제를 사용하며 그것은 정상적인 정신과정일 수도 있다. 그러나 어떤 방어기제든 과도하게 사용되거나 부적절하게 사용된다면 그것은 심리적 장애의 징후로 평가될 수 있다.

1) 반동형성: 좋아하면 더 짓궂게 구는 이유

> 논이 끝난 곳에 도랑이 하나 있었다. 소녀가 먼저 뛰어 건넜다.
> 거기서부터 산 밑까지는 밭이었다. 수숫단을 세워 놓은 밭머리를 지났다.
> "저게 뭐니?"
> "원두막."
> "여기 참외 맛있니?"
> "그럼, 참외 맛두 좋지만 수박 맛은 더 좋다."
> "하나 먹어 봤으면."
> 소년이 참외그루에 심은 무밭으로 들어가, 무 두 밑을 뽑아 왔다. 아직 밑이 덜 들어 있었다. 잎을 비틀어 팽개친 후 소녀에게 한 밑 건넨다.
> 그리고는 이렇게 먹어야 한다는 듯이 먼저 대강이를 한 입 베물어 낸 다음 손톱으로 한 돌이 껍질을 벗겨 우적 깨문다.
> 소녀도 따라했다. 그러나 세 입도 못 먹고,
> "아, 맵고 지려."
> 하며 집어 던지고 만다.
> "참 맛없어 못 먹겠다."
> 소년이 더 멀리 팽개쳐 버렸다.
>
> –황순원의 「소나기」 중에서

소년에게 무는 정말 맛이 없었을까? 그리고 소년이 무를 더 멀리 팽개친 이유는 무엇일까?

여럿이 어울려 식사를 하고 난 다음, 서로 앞다투어 계산대로 가는 모습을 왕왕 본다. 재미있는 것은 돈 많은 사람을 제치고 수입이 적은 사람이 더 적극적인 경우가 많다는 것이다. 흔히 돈으로 사람의 가치가 정해지는 것은 아니라고 생각한다. 그러면서도 많은 사람들은 돈으로 사람을 저울질한다. 물론 다 그런 것은 아니지만, 자기가 가난하다고 생각하면 스스로를 가치가 낮다고 평가하게 되며, 그러한 열등의식을 인정하고 싶지 않기에 공연한 오기를 부려 통 큰 체 행동하는 것이다.

내면의 욕구를 인정하는 것이 죄책감을 수반하거나 자존심을 상하게 할 때는 그 욕구를 은폐하기 위해 정반대로 행동하는 것이 마음을 편하게 한다. 미운 놈에게 떡 하나 더 주는 것과 같이 내면적 욕구와는 상반되는 행동과 태도를 드러냄으로써 욕구나 동기를 은폐하려는 것을 **반동형성**(Reaction Formation)이라고 한다.

거부감과 적대감이 느껴지는 사람에게 오히려 과도하게 정중하고 겸손한 태도를 보이는 것이나, 손꼽아 기다렸던 사람에게서 걸려온 전화를 짐짓 퉁명스럽게 받는 것, 젊은이들이 미팅이나 동아리 모임에서 외설적 주제에는 눈살을 찌푸리고 그 반대로 예술이니 철학이니 하는 것을 주된 주제로 삼는 것도 어찌 보면 숨어 있는 다른 동기를 은폐하려는 무의식적 시도이다.

남자아이들이 좋아하는 여학생이 하는 고무줄 놀이를 방해하는 것과 마찬가지로 성인들도 연모하는 감정이 들통날까 봐 좋아하는 사람에게 더 짓궂게 굴기도 한다. 예쁜 여자 옆의 빈자리를 놔두고 멀찌감치 떨어져 앉는 것이나 골목길에서 낯선 여자가 앞서 가면 왠지 앞질러가야 할 것 같은 느낌이 드는 것도 잠재된 욕구를 은폐함으로써 긴장감에서 벗어나려는 무의식적 시도이다.

2) 합리화: 매를 아끼면 아이를 버린다?

몹시 배가 고픈 여우 한 마리가 있었다. 주린 배를 움켜쥔 여우가 포도나무 아래를 지나게 되었다. 윤이 반지르르하게 도는 포도송이는 아주 탐스럽게 잘 익어 있었다. 여우는 침을 꿀꺽 삼켰다. '참 맛있게 생겼는걸. 어디 한 번 따먹어 볼까?' 여우는 포도를 따기 위해 펄쩍펄쩍 뛰어올랐다. 그러나 포도송이는 너무 높이 매달려 있었다. 여우는 다시 한 번 뛰어올랐다. 그러나 이번에도 실패였다. 몇 번을 되풀이해도 실패였다. 마침내 여우는 녹초가 되었다. 아무리 애를 써도 그것은 불가능했다. 돌아서면서 여우는 못마땅한 표정으로 중얼거렸다. "이 포도는 너무 파란 데다 시어서 못 먹을 거야. 누가 이 포도를 따 준다 해도 난 손도 대고 싶지 않아!"

–「이솝 우화」 중에서

간절하게 원하던 목표의 달성이 불가능해지면 그 목표의 의미를 평가절하하는 경우가 있다. 이처럼 욕구 충족이 어려운 상황에서 **참된 이유**(True Reason)를 받아들이기보다는 **그럴듯한 이유**(Good Reason)를 찾아 자신의 행동을 정당화시킴으로써 괴로움에서 벗어나는 것을 **합리화**(Rationalization)라고 한다. '학교의 우등생은 사회의 열등생', '공부가 인생의 전부는 아니다.'라고 주장하는 학생들이 있다. 공부하기 싫고, 해봐야 좋은 성적을 받기는 어렵다고 생각하면 차라리 공부가 중요하지 않다고 합리화하는 것이 속 편하기 때문이다.

합리화를 통해 우리는 실망감을 감소시킬 수 있을 뿐 아니라 바람직하지 않은 욕구로 인한 죄의식을 덜 수도 있으며 이기적 충동과 욕구를 변명할 수도 있다. 경제적 능력 때문에 경승용차를 모는 사람은 '주차하기가 얼마나 좋은가'라고 합리화하고, 과시욕을 인정하고 싶지 않은 외제차를 타는 사람은 '역시 안전이 제일이지…'라고 정당화한다.

마음에 드는 미인과 결혼하고 싶었으나 그것이 마음대로 안 되었다. 성사가 안 된 진짜 이유는 내가 못났기 때문이다. 그러나 이를 받아들이는 것은 자존심이 상할 뿐 아니라 두고두고 괴롭기 때문에 '미인 박명' 또는 '잘생긴 여자 치고 얼굴값 안 하는 여자 없다'거나 '마음이 고와야 여자지'라고 해석한다. '다 너 잘되라고 하는 거야!'라고 말하지만 숨어 있는 진짜 이유는 내 자식이 남만 못했을 때 내 자존심이 상하기 때문인지도 모른다. 아이들에게 난폭하게 구는 아버지가 '매를 아끼면 아이를 버린다'고 생각하는 것 역시 합리화이다. 합리화를 통해 죄의식에서 벗어날 수 있기 때문이다.

매를 아끼면 아이를 버린다? 사실 여부를 떠나 그렇게 생각함으로써 우리는 아이들을 때릴 때 겪는 죄책감을 감소시킬 수 있다.

우리의 행동이 모두 타당한 이유

가 있다고 생각하고 싶지만 사실은 많은 경우 인정하고 싶지 않은 욕구에 의해서 좌우되며, 행동한 다음에야 그럴듯한 이유를 생각해 낸다. 우리가 어떤 행동을 하건 그것은 여러 가지 동기에 의해서 결정된다. 그중에는 인정하고 싶지 않은 이기적인 욕구나 자존심이 상하는 원인도 포함되어 있다. 합리화란 보다 그럴듯한 동기나 이유를 과장해서 진짜 동기를 은폐시키는 것이다.

3) 투사: 이기적일수록 누가 이기적인지를 더 잘 안다

목에 힘주는 상사 못 봐 주는 자가 아랫사람 앞에서는 더 힘준다. 선배에게 인사 안 하는 사람이 버릇없는 후배 꼴은 더 못 본다. 잘난 체하거나 남을 우습게 보는 사람은 자기의 그런 마음을 보기보다는 다른 사람한테서 그것을 찾으려 하기 때문에 그런 사람이 눈에 더 잘 띈다. 모임에서 돈 내기 싫은 사람은 누가 신발을 늦게 신는지를 가장 먼저 본다. 이기적인 사람의 눈에는 이기적인 사람이 눈에 잘 띈다. 자기가 이기적이 아니라면 이기심이 어떻게 드러나는지를 어찌 알겠는가? 그래서 부처 눈에는 부처만 보이고, 도둑 눈에는 세상 사람들이 모두 도둑으로 보인다.

우리 모두는 스스로도 인정하고 싶지 않은 욕구들을 가지고 있다. 자신의 욕구가 바람직하지 않다는 것을 알게 되면 괴로워진다. 이를 해결하는 한 가지 방법은 타인에게서 이러한 욕구를 찾아내는 것이다. 자신이 인정하고 싶지 않은 성격 특성, 태도, 동기, 욕구를 남에게서 찾고, 일이 잘못되면 남에게 책임을 전가시키는 심리적인 과정을 투사(Projection)라고 한다.

'나 말고는 세상의 모든 남자가 늑대'라고 생각하는 사람은 세상 남자들이 늑대라는 것을 어찌 아는가? 자신의 욕구를 인정하고 싶지 않을 때는 남에게서 찾으면 된다. 이처럼 남을 판단할 때 자기의 성향과 일치시켜 추측하는 것을 추측된 유사성 편향(Assumed Similarity Bias)이라 한다.

용납하고 싶지 않은 욕구를 남에게서 찾아내면 자신에게 향할 수 있는 비난의 화살을 남에게 겨눌 수 있다. 그래서 자신에 대한 죄의식은 줄어든다. 권력욕에 정치를 지망하는 사람도 자신의 욕구를 쉽게 인정하지 않는다. 인정하고 싶지 않은 욕구는 남에게서 찾는 것이 더 마음 편하다. 그래서 자기는 마음을 비웠다고 주장하면서 정적을 '대통령 병'에 걸렸다고 비난할 수 있는 것이다. 진정으로 마음을 비웠다면 누가 대통령이 되려 한들 그것이 무슨 상관인가?

투사가 병적으로 나타나는 예가 바로 피해망상(Persecutory Delusion)이다. 피해망상 환자는 근거 없이 다른 사람들이 자기를 의심하며, 해치기 위해서 음모를 꾸미고 있다고 믿는다. 그러나 그것은 타인에 대한 불신감과 적대감이 내면에 잠재되어 있음을 반영하는 것이다. 타인에 대한 적대감은 죄책감을 유발시키지만 자기를 해치려는 사람에게 적대적으로 대하는 것은 죄책감을 느끼지 않게 만들기 때문이다.

4) 전위: 시어머니 미우면 강아지 배 찬다

'남대문에서 뺨 맞고 한강에 돌 던진다.' 정작 화를 나게 한 당사자에게는 아무 말도 못 하고 있다가 엉뚱한 사람에게 화풀이를 한다는 말이다. '시어머니 미우면 강아지 배 찬다.'는 말도 있다. 화는 시어머니 때문에 났지만 화풀이 대상은 강아지가 되는 것이다. 아이들은 부모에게 야단맞아 화가 나면 만만한 동생을 쥐어박거나, 책상이라도 내리치고, 길가의 깡통이라도 걷어차야 직성이 풀린다. 충족되지 않은 욕구를 다른 대상에게서 채우는 것을 **전위**(Displacement)라고 한다.

상사에게 야단맞은 사람이 부하 직원이나 집안 식구들에게 트집을 잡아 화풀이를 하는 것도 전위이다. 부모와 관계가 원만하지 않은 청소년들이 기성세대에게 버릇없이 굴거나, 성인이 되어서 직장 상사에게 반항하고 끊임없이 마찰을 일으키는 것 역시 전위 행동의 일종이다. 이처럼 분노감정이나 적대감을 유발시킨 대상에게 그것을 해소하는 것이 아니라 만만한 상대를 찾아 분노감을 해소하는 심리적 과정을 **희생양 만들기**(Scapegoating)라고 한다.

전위가 항상 부정적으로만 작용하는 것은 아니다. 첫사랑에 실패한 사람이 그 사람과 비슷하게 닮은 사람을 만나 결혼을 하는 것이나 아이가 없는 사람이 애완동물에게 애정을 쏟는 것도 전위라고 할 수 있다. Freud는 부모에게서 성적인 욕구를 충족시킬 수 없기 때문에 부모와 유사한 특성을 지니고 있는 배우자를 선택하는 경향이 있다고 주장하였다.

5) 억압: 깜빡 잊었어. 그건 정말이야

누구나 자기도 모르게 약속을 잊어버리는 경우가 있을 것이다. 친구에게 노트를 빌려주기로 했던 약속이 학교에 도착해서야 생각날 때가 있다. 의도적으로 약속을 어길 생각은 전혀 없었는데도 말이다. 그때 우리는 이렇게 사과한다. '미안해. 정말로 깜빡 잊었어'라고. 그건 사실이다. 어디까지나 의식수준에서는.

그러나 생각해 보자. 손꼽아 기다렸던 소풍날 아침에는 자명종이 울리기 전에 일어나고, 좋아하는 사람이 부탁한 것은 잊으려 해도 잊을 수가 없지 않은가. 실수로 망각했던 약속들을 검토해 보면 마지못해 했던 것이거나 갈등을 유발하는 경우가 대부분이다. 친구에게 자기가 열심히 공부해 정리한 노트를 빌려주는 것은 우정을 위해서는 바람직한 것이다. 그러나 그것으로 인해 경쟁에서 뒤질 수도 있다는 것은 꺼려지는 것이다. 썩 내키지는 않지만 그렇다고 의도적으로 약속을 지키지 않는다는 것 역시 받아들이기 싫다. 스스로도 졸렬하게 생각되기 때문이다. 그러나 이런 갈등으로 인한 불안감은 무의식적인 과정에서 해결된다.

그것이 바로 의도하지 않은 망각이다. 실수로 약속을 지키지 못하면 스스로 졸렬하다는 생각을 하지 않아도 되기 때문에 자존심을 유지할 수 있을 뿐 아니라 빌려주고 싶지 않은 욕구도 충족된다. 그래서 정말로 깜빡 잊어버리는 것이다. 이처럼 원치 않은 충동이나 경험과 관련된 기억, 정서, 욕망, 공상 등을 의식이 자각하지 못하게 해서 불안감을 회피하는 것을 억압(Repression)이라고 한다.

사람들은 수치심이나 죄책감을 일으키거나 자존심이 상했던 일들은 잘 기억하지 못하는 경향이 있는데, 이것 역시 무의식적인 억압이 작용한다는 증거다. 했던 말 중 부담스러운 것에 대해서 '내가 언제?'라는 식으로 망각하거나 내키지 않은 숙제를 잊어버리는 것과 같이 일상적인 건망증뿐 아니라 병적인 기억상실증도 억압의 결과인 경우가 많다. 강간과 같은 치욕스런 일을 당한 후, 또는 전쟁에 참가한 병사가 민간인을 학살한 다음 기억상실증(Amnesia)에 걸리는 것이 그 예이다. 견딜 수 없는 수치심과 죄책감은 차라리 잊고 사는 것이 편하기 때문이다.

6) 보상: 카사노바 콤플렉스

카사노바는 훌륭한 가문에서 태어난 것도 아니고 부모가 돈이 많은 것도 아니었다. 그러나 그는 어렸을 때부터 머리가 좋고 기억력이 매우 뛰어났었다. 독학으로 호머의 서사시를 원어인 그리스어로 읽었으며, 호라티우스의 시를 라틴어로 암송했다. 훌륭한 가문이나 재산을 갖지 못한 카사노바는 일찌감치 자수성가하지 않으면 안 된다는 것을 깨달았다.

그는 도박과 사기로 큰돈을 벌었다. 결투도 하고 왕의 고문으로도 지냈으며 호화롭게 살았다. 돈을 잘 쓰고 신사적이었기 때문에 어디에 가든 여자들이 몰려들었다. 그에게 헌신적인 사랑을 바치려는 여인들이 부지기수였지만 그는 결혼하지 않으려고 갖은 수단을 동원했다. 만년에 그는 모두 122명의 여자를 유혹했다고 주장했다.

카사노바라는 그의 이름에서 유래한 **카사노바 콤플렉스**(Casanova Complex)는 한 여자와의 관계를 지속하지 못하고 파트너를 끊임없이 바꾸는 남자의 심리상태를 뜻한다. 카사노바는 왜 수없이 많은 여자들과 사랑을 나누면서도 한 여자에게 안주할 수 없었는가? 그것은 성장과정에서 경험한 열등감과 남자로서의 자신감이 없었기 때문이며 인정과 사랑이 언제나 자기에게 향하고 있음을 확인할 필요가 있었던 것이다. 그리고 그것은 계속적인 성적 정복으로 증명될 수 있었다.

'작은 고추가 더 맵다'는 말이 있다. 몸집이 작은 사람이 큰 사람보다 당차고 오히려 재주도 뛰어나다는 말이다. 사고로 시력을 상실한 사람들은 보통 사람들보다 촉각과 청각이 매우 예민해진다. 환경에 적응하기 위해서는 상실된 시력을 보완할 수 있어야 하기 때문이다.

심장판막이 무력하면 혈액을 순환시키는 기능을 보상하기 위해 심장근육이 상대적으로 비대해지는 것과 같은 이치이다. 자신의 지능이나 외모, 또는 성격상의 열등한 점을 메우기 위해 자신의 장점이라고 생각하는 부분을 과장하거나, 뭔가 내세울 수 있는 점을 개발하는 것을 **보상**(Compensation)이라고 한다.

성장과정에서 키가 작은 것 때문에 수모를 당했거나 열등감이 있었던 사람이 사회적 상황에서 지나치게 공격적이거나 주도권을 잡으려 노력하는 것을 **나폴레옹 콤플렉스**(Napoleon Complex)라고 한다. 실제로 세계 역사상 독재적인 영웅 중 상당수는 키가 작은 사람들이었다. 보상과정의 동기가 되는 단점이나 열등감은 신체적인 것일 수도 있고 심리적인 것일 수도 있다. 실제로 신체장애를 극복하고 훌륭한 업적을 이룬 사람은 수없이 많다.

7) 동일시: 아이들이 부모를 흉내내는 이유

두세 살쯤 되면 아이들은 특히 동성 부모의 흉내를 많이 낸다. 다리를 꼬고 앉는다거나 볼펜으로 담배 피는 모습을 흉내내는 것처럼, 자신보다 강하거나 우월하다고 생각하는 사람을 닮아 가거나 가까이함으로써 그 사람의 능력을 공유하여 욕구를 충족하는 것이 동일시(Identification)이다. 프로이트는 엄마를 욕구충족 대상으로 생각했던 어린아이가 엄마를 차지하고 있는 아버지를 닮아감으로써 갈등을 회피하고 오이디푸스 콤플렉스를 해결하는 과정으로 동일시 개념을 사용하였다. 아버지 입장에서 보면 자기를 따라 하는 아들을 볼 때 대견스럽겠지만 정신분석가들은 그것이 사실은 아이가 어머니를 차지하고자 하는 욕구의 발로라고 본다. 어디까지나 무의식적인 과정임을 전제하지만.

아들이 아버지의 면도하는 것을 흉내내고, 딸들이 소꿉놀이에서 엄마놀이를 하거나 설거지를 따라 하며 엄마의 행동을 닮아 가는 것도 일종의 동일시 행동이다. 성장하면서 부모와의 동일시뿐 아니라 좋아하는 교사의 말투나 취향을 따라 하기도 하며 또래 친구들 중 마음에 드는 친구의 행동을 닮아 가기도 한다.

10대 청소년들이 인기 있는 연예인의 옷차림이나 헤어스타일을 모방하는 것도 일종의 동일시다. 인기스타들처럼 남들의 주목을 끌거나 애정을 받을 만한 재주가 없는 청소년들은 자신들에게는 없는 재능을 가진 연예인을 모방함으로써 우월감과 자아도취를 맛볼 수 있다.

▶ 기타의 방어기제들 -

• 퇴행(Regression)

퇴행이란 현재가 만족스럽지 못하다고 느껴질 때 관심과 애정을 받았던 과거로 돌아가는 것을 말한다. 동생이 태어나면 오줌을 못 가린다거나 아기처럼 젖을 빠는 등 갑자기 더 어린 행동을 하는 것도 성장과정에서 보이는 일시적인 퇴행의 예이다. 유아기 아이들처럼 행동하는 정신분열증의 경우도 극단적인 퇴행의 일종이다.

• 주지화(Intellectualization)

정서적으로 위협이 되는 상황을 추상적이고 논리적이며 지적인 개념으로 취급함으로써 감정을 회피하고 초연해지려는 시도를 주지화라고 한다. 의사들은 환자의 죽음을 대하면서 감정적인 반응으로 대처하기보다는 병리학적으로 분석함으로써 괴로움에서 벗어날 수 있다. 사람에 대한 불신감과 적개심을 사회의 구조적인 문제를 분석하고 따짐으로써 해소하는 것 역시 주지화에 해당된다.

• 부정(Denial)

내면적 욕구나 외부의 현실을 받아들이는 것이 너무 엄청나고 불쾌할 때 사람들은 자신의 욕구나 현실을 부정함으로써 위안을 찾을 수 있다. 암 선고를 받은 환자가 최종적인 진단에도 '설마'라고 생각하는 것이나 담배의 해악을 무시하는 흡연자의 행동도 그것을 받아들인다는 것이 괴롭기 때문이다. 누구나 겪어야 하는 것이 죽음이라는 것을 알면서도 평소에는 '난 아니겠지'라고 생각하는 것도 일종의 부정이다.

• 수동-공격행동(Passive-Aggressive Behavior)

분노감을 유발시킨 대상에게 직접적인 공격행동을 표현하는 것이 아니라 간접적인 방식으로 상대를 괴롭히는 것을 말한다. 수동-공격적 행동은 뒷전에서 일을 방해하거나, 대답을 요구할 때 침묵을 지키는 것, 상대가 요구하는 일에 늑장을 부리는 행위 등이 포함된다. 수동-공격적 행동은 직접적인 공격에 수반될 수 있는 상대의 보복을 피하면서 상대를 괴롭힐 수 있다.

• **고립(Isolation)**

고립이란 감정적인 상처를 받지 않기 위해서 갈등이나 스트레스가 예상되는 상황을 피하는 것을 말한다. 데이트를 신청해서 거절당하는 것을 견딜 수 없는 사람이 이성관계를 회피하고 초연한 척 행동하는 것이 여기에 해당된다. 어떤 일이든 실패할 가능성이 있는 상황에서는 일정한 선을 그어놓고 더 이상 관여하지 않음으로써 자존심의 손상을 방지할 수 있다.

• **승화(Sublimation)**

용납되기 어려운 성적 또는 공격적 욕구가 개인과 사회 모두에게 긍정적으로 작용한 경우가 있다. 승화란 성적 및 공격적 충동 등 용납하기 어려운 욕구가 사회적으로 바람직한 방식으로 표현되는 것을 말한다. 성적인 에너지를 그림, 문학, 영화, 음악 등의 창조적 활동으로 표현하거나 공격적 충동을 스포츠를 통해 해소하는 것이 그 예이다. 동성애적인 충동이 금욕적인 문학 작품으로 승화될 수 있으며 공격적인 충동이 훌륭한 외과의사가 되는 것으로 승화될 수도 있다.

• **취소(Undoing)**

죄책감을 유발시키는 행동을 하고 난 다음 그것을 무효화시키기 위해서 상징적인 행동이나 관념을 반복적으로 행하는 것을 취소라고 한다. 자위행위로 인한 죄책감과 불안감을 제거하기 위해서 반복적으로 손을 씻는 강박증도 일종의 취소이다.

• **상환(Restitution)**

사랑하는 배우자가 사망했을 때 스스로 불행하게 사는 것처럼 죄책감으로 인한 마음의 부담을 줄이기 위해 실제적 또는 상징적인 배상행위를 하는 것을 상환이라 한다. 죄를 저지른 다음 불우한 이웃을 돕기 위해 헌신하는 것이나 아내를 구타한 후 선물을 하는 것도 일종의 상환행위이다.

III. 건설적인 대처

지금까지 우리는 사람들이 흔히 사용하는 여러 가지 대처방법과 자기 기만적인 요소를 포함한 방어적인 대처 전략들을 검토했다. 물론, 사람들은 스트레스를 다루는 데 있어 많은 건전한 전략들을 사용한다. 우리는 비교적 건전한 것으로 판단되는 스트레스 사건들을 다루기 위한 노력들을 언급하기 위해 **건설적 대처**(Constructive Coping)라는 용어를 사용할 것이다.

1. 건설적 대처의 본질

어떠한 대처 전략도 항상 성공적인 결과를 보장할 수는 없다. 심지어 가장 건전한 대처반응이라고 생각되는 것조차도 어떤 경우에는 비효율적일 수 있다. 때문에 건설적 대처의 개념은 단지 건전하고 긍정적이라는 의미이지, 성공을 보장하는 것은 아니다. 건설적 대처란 전통적인 의미에서의 지능수준에 전적으로 의존하는 것 같지는 않다. 건설적 대처 전략이 무엇인지 그리고 건설적 대처에 영향을 미치는 것이 무엇인지에 대한 학자들의 의견은 분분하다. 그럼에도 불구하고 스트레스와 그 대처 방법을 연구하는 전문가들 사이에 의견일치를 보이고 있는 몇 가지 점들을 정리해 보면 다음과 같다.

① 건설적 대처란 일반적으로 문제를 회피하기보다는 문제에 직면하는 것을 뜻한다. 그것은 일반적으로 과제와 관련이 있고 행위 지향적이다. 여기에는 문제를 해결하기 위한 여러 가지 대안들을 합리적으로 평가하는 의식

적 노력이 포함된다.

② 건설적 대처는 스트레스와 대처자원들에 대한 합리적이고 현실적인 평가들에 근거를 둔다. 어느 정도의 자기기만이 적응에 도움이 될 수 있으나 지나친 자기기만과 매우 비현실적으로 부정적인 사고를 하는 것은 적응과정에 해를 끼친다.

③ 건설적 대처는 스트레스에 직면했을 때 잠재적으로 파괴적인 효과를 보일 수 있는 정서적 반응들을 인식하고 때로는 이를 효과적으로 억제하는 것에 대한 학습과정을 포함한다.

④ 건설적 대처는 잠재적으로 해가 되거나 파괴적인 습관적 행동들에 대해 어느 정도 통제력을 발휘할 수 있는 것에 대한 학습을 포함한다. 그것은 행동적 자기통제의 획득을 필요로 한다.

여기서는 이러한 점들을 고려하여 Rudolph Moos와 Andrew Billing(1982)이 제안한 세 가지의 건설적 대처방법을 소개한다.

2. 건설적 대처의 유형

1) 평가 중심적 건설적 대처

동일한 사건을 겪고도 사람들이 느끼는 스트레스 정도는 각기 다를 수 있다. 스트레스와 관련된 사고방식이나 평가방식이 다르기 때문이다. 스트레스를 보다 효과적으로 다루기 위해 스트레스의 부정적인 효과를 증폭시키는 부정적인 사고방식을 인식하고 이를 보다 합리적이고 유용한 방식으로 바꾸는 전략을 평가 중심적 건설적 대처(Appraisal-focused Constructive Coping)라고 한다. 여기서는 Aron Beck과 Albert Ellis가 주장하는 부정적인 인지적 왜곡과 비합리적인 신념을 소개하고 긍정적인 재해석 과정을 논의할 것이다.

(1) Aron Beck의 부정적 인지 삼제와 인지적 왜곡

우리는 흔히 우울해지니까 비관적인 생각을 하게 된다고 믿는다. 그러나 정신과 의사 Aron Beck은 사고방식이 부정적이고 비관적이기 때문에 우울증에 빠진다고 주장한다. 우울증에 걸린 사람들은 자신과 세상 그리고 미래를 부정적으로 생각하며, 여기에는 다양한 유형의 인지적 왜곡이 관여한다고 주장한다. 그의 주장에 따르면 이러한 부정적인 사고방식을 긍정적인 사고방식으로 전환하는 것이 스트레스 해소의 지름길이다.

▶ 부정적 인지 삼제

우울증에 쉽게 빠지는 사람들은 자신과 타인(세상) 및 미래를 부정적으로 왜곡시켜 해석하는 경향이 있는데 이를 **부정적 인지 삼제**(Negative Cognitive Triad)라고 한다.

- 자신: 외모든, 성격이나 행동이든 자기 자신을 결점이 많고, 부적절하며, 무가치하게 평가한다. 불쾌한 경험을 하면 그것은 자신의 문제 때문이라고 생각하며 자신을 평가절하하고 스스로를 비난한다.
- 타인(세상): 주변 사람이나, 가정, 또는 사회 등 세상 모든 것을 삶의 목표를 방해하는 장애물로 생각한다. 시련을 통해 성장할 수 있다고 생각하기보다는 세상이 자기를 버린 것으로 간주하거나 자기가 처한 여건들은 자기를 괴롭히기 위해 존재하는 것처럼 생각한다.
- 미래: 우울한 사람들은 자신이 처한 어려움이나 고통이 현재로 그치지 않고 영속적으로 지속될 것으로 믿는다. 실수를 하면 다른 사람들이 두고두고 기억할 것 같고, 거절을 당한 다음에는 앞으로도 계속 실패할 것 같아 포기한다.

▶ 부정적 인지 왜곡

우울한 사람들에게서 통상적으로 관찰되는 사고체계의 오류, 즉 부정적 인지적 왜곡(Negative Cognitive Distortion)은 다음과 같다.

- 임의적 추론: 누가 웃어도 비웃는 것처럼 생각된다

뒷받침할 만한 증거가 없거나 상반된 증거가 있음에도 불구하고 우울한 사람들은 타인의 행동을 부정적으로 해석하는 경향이 있는데 이를 임의적 추론(Arbitrary Inference)이라고 한다. 이런 사람들은 남들이 칭찬을 해도 비웃는다고 생각한다. 임의적 추론은 두 가지 과정에 의해서 일어나는데 그중의 하나가 증거를 확인하지 않고 남들이 자기를 무시하거나 멸시한다고 생각하는 부정적 독심술(Negative Mind Reading)이다. 또 하나는 부정적 예언(Negative Fortune-Telling)으로 시도해 보지도 않고 일이 잘못될 것으로 지레 짐작하는 것이다. 예컨대, '가난하니까 아무도 나를 좋아하지 않을 거야'라는 식이다. 우울한 사람들은 근거 없이 결론을 도출하지만 낙관적인 사람들은 끊임없이 증거를 모색하면서 대안적인 해석을 탐색한다.

• 과잉일반화: 하나를 보고 열을 판단한다

우울한 사람들은 잘못되거나 실패한 어떤 일을 전반적인 자기평가로 확대시키는 경향이 있다. 중간고사 영어과목에서 성적이 나쁘게 나온 것을 영어성적이 나쁘니, 공부에 소질이 없는 것 같고, 능력이 없는 사람이며, 그것은 곧 쓸모없는 인간이라고 생각을 비약시킨다. 그렇기 때문에 이런 사람들은 데이트 신청에서 한 번이라도 거절당하면, 앞으로도 거절당할 것이고, 어떤 여자도 자기를 좋아하지 않을 것이기 때문에 다시는 연애라는 것을 하지 않겠다고 생각하게 된다. 한 가지 결점이나 실패 또는 문제를 모든 일에 그리고 언제든지 실패할 것이라고 확대하는 것을 과잉 일반화(Overgeneralization)라고 한다. 낙관적인 사람은 낭패감을 실패 사건 자체에 한정시키지만, 비관적인 사람은 자신의 단점이나 실패를 모든 것에 일반화시킨다.

• 과잉극화: 단점은 크게, 장점은 작게

우울하고 불만이 많은 사람들은 자신의 장점이나 잠재력은 무시하면서도 자신이 처한 어려움이나 결점은 과대평가한다. 반면, 다른 사람들이 갖고 있는 한계나 어려움은 안중에 없고 그들의 성공이나 재능만 눈에 띄고 그것을 과대평가하고 부러워한다. 이렇게 단점을 극대화하고 장점을 극소화하는 것을 과잉극화(Polarization)라고 한다. 내가 상담했던 한 남자 대학생은 머리도 좋을 뿐 아니라 예의도 바르고 외모도 수려했다. 그러나 이 남학생은 친구를 사귀지 못했고 특히 여학생 앞에서는 주눅이 들어 아예 접근하는 것조차도 피했다. 이유를 알아본

즉, 자신의 성기가 너무 작다고 생각하기 때문이었다. 학업 성적이나 외모는 중요한 것이 못 될 뿐 아니라 살아가는 데 아무런 도움도 되지 않는다고 결론짓고 있었던 것이다.

• 흑백논리: 뛰어나게 성공하지 못한 것은 실패다

우울한 사람들이 '실패와 성공', '사랑과 미움' 등 자신이나 타인을 평가할 때 극단적으로 양분해 평가하는 것을 **실무율적 사고**(All-or-none Thinking) 또는 흑백논리라고 한다. 성공하지 못한 자는 실패자이고, 성자가 아니면 타락한 자이고, 사랑하지 않는 것은 곧 미워하는 것이다. 이들에게는 어중간한 상태가 없다. 모든 것이 실패 아니면 성공일 뿐이다. 성공하는 사람이 되기 위해서는 완벽해야만 하며, 완벽하지 못하면 실패자라고 생각하기 때문에 자긍심을 가질 수가 없다. 모든 것을 잘하거나 언제나 사랑을 베푸는 사람이 있기는 불가능하기 때문에 자기는 실패자요, 다른 사람들은 믿을 수가 없다고 생각한다.

• 부정적 색안경: 세 개나 틀렸군, 큰일 났네

모 학습지 광고에 '어머, 세 개밖에 안 틀렸네. 조금만 더 열심히 하면 다 맞을 수 있겠다!'는 카피가 있다. 학생들을 고무시키는 교사가 되기 위해서는 학생들의 긍정적인 점을 찾아 칭찬해 주어야 한다는 의미이다. 우울한 사람들은 타인뿐 아니라 자신을 평가할 때도 부정적인 쪽으로만 본다. 실제로 20개의 문제에서 3개가 틀렸는데, 이것 때문에 노심초사하는 학생이 있는가 하면 6개를 틀리고도 희희낙락하는 학생이 있다. 전자의 경우는 틀린 답 3개에 매달리기 때문이며 후자는 맞은 답 14개를 생각하기 때문이다. 이처럼 실패한 한 가지 사건이나 부분적인 결함에 집착해서 나머지 잘된 일이나 전체적인 모습을 보지 못하는 것을 **부정적 색안경**(Negative Mental Filter) 현상이라 한다.

• 감정적 판단: 우울해, 남편이 날 사랑하지 않나 봐

비행기 공포증이 있는 사람은 비행기가 추락할 가능성을 높게 평가한다. 그것은 '비행기를 타면 불안해. 그것은 항공여행이 위험하기 때문이야'라는 논리가 적용되는 것으로 자신의 감정을 통해 객관적인 사실을 추론하기 때문이다. 마찬가지로 비관적인 아내는 남편의 행동과는 상관없이 '우울한 기분이 들어. 아마

도 이것은 남편의 사랑이 식었기 때문이야'라고 판단한다. 그렇게 되면 화가 나고, '화가 나는 것은 뭔가 부당한 대우를 받고 있기 때문이야'라고 생각을 비약시킨다. 일견 그럴듯해 보이지만 이것은 잘못된 논리이다. 우울한 기분이나 화가 나는 것은 전혀 다른 이유 때문일 수도 있으며, 감정이란 사고방식의 결과로 나타나는 경우가 훨씬 많기 때문이다. 이처럼 부정적인 감정을 느끼는 것만으로 사실을 부정적으로 왜곡시켜 해석하는 것을 **감정적 판단**(Emotional Reasoning)이라 한다.

(2) Ellis의 비합리적 사고

Albert Ellis(1977, 1985)는 정서장애를 유발하는 것은 생활사건 자체가 아니라 사건에 대한 왜곡된 지각 때문이라고 주장한 인지치료 전문가이다. 그는 이러한 왜곡된 지각의 근저에는 비합리적이고 자기패배적인 신념이 깔려 있다고 본다. **합리적-정서적 치료**(Rational Emotive Therapy: RET)라고 명명된 그의 치료법에서는 부적응적 정서들과 행동을 감소시키기 위해서는 내담자의 비합리적 사고 패턴들을 보다 합리적으로 변경시키는 것이 무엇보다도 중요하다고 강조한다.

Ellis는 부정적인 감정을 유발하는 스트레스에 대한 비현실적 평가들이 우리가 갖고 있는 비합리적 가정이나 신념에서 나온다고 주장한다. 정서장애를 유발할 수 있는 대표적인 **비합리적인 신념**(Irrational Belief)과 이에 대한 대안으로 제시될 수 있는 **합리적 신념**은 다음의 표와 같다.

표와 같은 비합리적인 신념의 내용을 자세하게 살펴보면 "나는 또는 세상은 반드시... 해야만 된다"라고 강요하거나 요구하는 생각이 지배적이라는 것을 알 수 있을 것이다. 위와 같은 생각을 **당위적 사고**(Must, Should 적인 사고)라고 한다. 또 "내가 실수를 했으니 나는 쓸모없는 인간임에 틀림없다"고 하는 **독단론적 사고**(To Be) 또는 단정적 사고(결코 또는 절대로)가 강하게 내포되어 있음을 알 수 있을 것이다. 위와 같은 당위적 사고를 "...하고 싶다"라고 하는 Wish적 사고나 "...할 수도 있다"는 May적 사고로 바꿀 때 보다 합리성을 획득할 수 있다.

당신이 겪는 스트레스로 인한 괴로움을 줄이기 위해서는 우선 그 저변에 깔려 있는 비합리적인 신념을 검토할 필요가 있다. Ellis는 당신이 (1) 파국적인 사고를 탐지하는 방법과 (2) 파국적인 사고를 일으키는 비합리적 가정들을 논박하는 방법을 배워야만 한다고 주장한다. 탐지는 당신의 생각에서 비현실적 비관주

비합리적 신념	합리적 신념
알고 있는 모든 중요한 사람들로부터 사랑과 인정을 받고 이해를 받을 수 있어야만 가치가 있는 사람이다.	자기를 존중하고, 실제적인 일에 대해 인정을 받고, 사랑받기보다는 사랑하는 것에 신경을 쓰는 것이 보다 바람직하고 생산적이다.
어떤 사람들은 나쁘고 사악하며 반드시 엄하게 비난받고 처벌받아야만 한다.	사람들은 비윤리적으로 행동하는 경우가 흔하며 이들을 비난하고 처벌하기보다는 그들의 행동을 변화시킬 수 있도록 도와주는 것이 좋을 것이다.
일이 뜻대로 진행되지 않는다면 이는 무시무시하고 끔찍한 일이다.	일이 내 뜻대로 된다면 좋겠지만, 내가 원하는 대로 되지 않는다고 해서 끔찍할 이유는 없다.
위험하거나 두려운 일이 일어날 가능성을 늘 생각하고 있어야만 한다.	걱정한다고 해서 어떤 일이 저절로 사라지는 것은 아니다. 나는 일어날 가능성이 있는 괴로운 일을 처리하기 위해 최선을 다할 것이며, 만약 다루기가 불가능하다면 그 일이 어쩔 수 없다는 것을 받아들이겠다.
완벽한 능력이 있고 성공을 해야만 가치 있는 인간이다.	자신이 인간적인 제한점이 있고, 실수를 범하기도 하는 불완전한 존재라는 것을 받아들인다.
인간의 문제는 완전한 해결책이 있고 만약 그 해결책을 발견할 수 없다면 이는 끔찍한 일이다.	세상은 불확실한 세계이다. 나의 삶을 즐기기 위해 나는 아무런 보장이 없더라도 결정을 내리고 위험을 무릅쓰겠다.
세상은 반드시 공평해야 하며 정의는 반드시 승리해야 한다.	세상에는 불공평한 경우가 자주 있다. 불공평한 경우에 불만을 갖는 것보다 이를 시정하도록 노력하는 편이 낫다.
나는 항상 고통이 없이 편안해야만 한다.	고통이 없이 얻을 수 있는 것은 아무것도 없다. 그러므로 내가 비록 이것을 좋아하지 않아도 이런 불편감을 참아내고 견딜 수 있다.
인생에서 어려움은 부딪치기보다 피해 가는 것이 편하다.	소위 쉬운 방법은 궁극적으로는 피할 수 없으며 더욱 어려운 방법이다.
우리는 다른 사람에게 의지해야만 하고 의지할 강한 누군가가 있어야만 한다.	다른 사람들과 친밀하게 지내는 것을 즐기지만, 내 생활을 도와줄 사람을 원하지는 않는다. 나는 내 자신을 믿고 의지할 수 있다.
행복이란 외부 사건들에 의해 결정되며 우리는 그것을 통제할 수 없다.	현재 내가 겪고 있는 정서적인 문제는 주로 나의 책임이며, 내가 사건들을 보고 평가하는 방식을 변화시킴으로써 나의 감정을 조절할 수 있다.
나의 과거 사건들은 현재의 행동을 결정한다.	나는 과거의 일들에 대한 나의 지각과 과거의 영향에 대한 해석을 재평가함으로써 과거의 영향을 극복할 수 있다.

의와 지나친 과장을 찾아내는 능력을 획득하는 것을 말한다. 당신의 **자기 말**(Self Talk)을 자세하게 검토해 보고 자신에게 당신이 흥분하는 이유를 물어 보라. 당신 스스로 당신이 걱정하는 내용들을 언어적인 방식으로 나타내 보라. 그리고 "-해야만 한다", "-하지 않으면 안 된다(Should, Must, Ought)", "결코(Never)" 또는 "절대로(Absolutely)"와 같이 흔히 **파국적 사고**(Catastrophic Thinking)를 나타내는 핵심적인 단어들을 찾아 보라.

당신의 비합리적 가정들을 논박하기 위해서는 당신의 추론과정 전체를 정밀하게 조사할 필요가 있다. 당신이 내린 결론으로 유도한 가정들의 비합리성을 찾아보고 그것을 논박한 다음 보다 합리적인 신념으로 대치시켜야 한다. Ellis가 제안한 비합리적인 신념의 수정과정(ABCDE 코스)을 검토해 보자.

- A(Activating Events): 불쾌한 감정을 유발시킨 촉발사건을 찾는다

실망, 분노, 좌절, 우울감이 생기는 데는 반드시 그것을 유발시킨 사건이 있게 마련이다. 사고 방식을 변화시키기 위해 가장 먼저 해야 할 일은 우리를 불쾌하게 만든 사건, 즉 **촉발사건**(Activating Events)을 찾아내는 것이다. 이성에게 프로포즈를 신청했다가 거절당한 일, 시험에서 낙방한 일, 상사에게 질책을 당했던 일, 아내가 다른 사람과 비교해서 자신을 무시했던 일 등 헤아릴 수 없이 많은 일들이 우리를 불쾌하게 만든다. 계기가 된 사건들을 기록하는 것이 발상전환의 첫 단계, 즉 A단계이다.

- B(Belief): 사건에 대한 당신의 신념을 찾아라

크고 작은 수많은 사건들이 우리를 불쾌하게 하지만 여기서는 한 가지만 예를 들어 생각해 보자. 기분 좋게 출근했었는데 오후에 상사에게 일을 못한다고 호되게 질책을 받았다. 그리고 이런 생각이 들었다. '난 능력이 없나 봐. 제대로 하는 것이 없어. 승진도 어려울 거야. 쓸모가 없는 인간임에 틀림없어.' 내면적인 언어를 자세히 분석해 보면, 비합리적인 **신념**(Belief)이 포함되어 있음을 알게 될 것이다. 자신의 탓으로 받아들이며, 전반적인 것으로 확대하고, 장래까지도 비관적으로 생각하고 있음을.

• C(Consequence): 그 일을 겪고 난 결과를 찾아라

상사에게 혼나고 난 다음 그 원인을 자신이 무능하기 때문이라고 돌리고 그래서 아무것도 할 수 없을 것 같고, 장래도 암울하게 생각한다면 어떤 결과가 일어날 수 있는가. 신념의 결과(Consequence)는 괴로움에서 벗어나지 못하고 포기하고 절망하는 것이다. 아무리 잊으려 해도 하루 종일 그 일이 머릿속에서 떠나지 않고, 일이 손에 잡히지 않으며, 의욕이 사라질 것이다.

• D(Dispute): 사고방식을 논박(Dispute)하라

직장에서 상사에게 칭찬받는 것이나 학교에서 성적이 올라가는 것, 더 크게는 좋은 대학에 합격하는 것, 직장에서 승진하는 것 모두 우리가 살아가는 데 중요한 일들이며 우리에게 기쁨을 준다. 그리고 이것들이 제대로 안 됐을 때 우리는 실망한다. 비관적인 사람들은 실패사건을 비현실적으로 과장하는 경향이 있다. 자신의 사고방식에 부적절한 점이 있다면 그것을 찾아내고 스스로에게 다음과 같은 질문을 던지면서 그것을 논박(Dispute)해야 한다.

• 질문 1. 내가 갖고 있는 신념을 지지하는 증거가 있는가?

상사에게 질책을 받은 것이 내가 무능하며 쓸모없는 인간이고, 장래가 암울하다는 충분한 증거인가? 한 번의 질책으로 무능한 인간이라는 생각을 확인할 수 있단 말인가? 설사 두 번, 세 번, 열 번을 당했다고 할지라도 그것이 내가 쓸모없는 인간이라는 충분한 증거인가?

• 질문 2. 대안적인 해석을 무시하지는 않았는가?

이성에게 프로포즈를 해서 거절을 당했다. 비관적인 사람은 몹시 자존심이 상하고 우울했을 것이며 아마도 '내가 못나서 아무도 좋아할 것 같지가 않고, 앞으로도 사랑은 불가능할지 모른다'는 생각에서 벗어나지 못할 것이다. 그러나 낙천적인 사람은 거절당하는 것이 유쾌한 일은 아니지만, 그 사람이 그럴 기분이 아니든지, 다른 사람은 자기를 좋아할 수 있을 것이라는 대안적인 해석을 찾아낸다.

• 질문 3. 그렇게도 끔찍한 일인가?

대학에서 낙방한 것이 자신의 무능함을 증명하는 일이라고 할지라도 그것

이 그렇게 끔찍한 일인가? 또 사랑했던 사람이 배신했다고 해서 자살해야 할 만큼 끔찍한 일인가? 많은 사람들이 대학입시에서 떨어지고 또 프로포즈에서 거절당한다. 그러면서도 새롭게 사람을 사귀고, 대학을 가지 못한 사람이 성공한 사례는 얼마든지 있지 않은가? 사소한 일로도 기분이 쉽게 풀리지 않는다면 마음속으로 물어보라. 그것이 그리도 끔찍한 일인지를.

• 질문 4. 나의 생각과 행동이 내게 도움이 되는가?

인생이 언제나 공평한 것은 아니다. 그리고 누구나 바라던 대로 인생을 살아갈 수는 없다. 거절당했기 때문에, 시험에 낙방했기 때문에 고민하고, 괴로워하며, 포기하는 것이 과연 내 인생에 도움이 되는가? 아무 생각 없이 사는 사람보다 때론 심각하게 고민도 할 수 있는 사람이 더 성공적이다. 그러나 지금의 고민과 포기가 내 인생에 도움이 되지 않는다면 가능한 한 빨리 중단하고 대책을 찾는 것이 더 낫지 않은가.

• E(Effect): 합리적인 신념으로 바꾸면 정서적 상태가 달라지는 효과를 경험할 것이다.

지금까지 사건, 그에 대한 신념, 그 결과를 확인하고 부적절한 신념에 스스로 도전해서 논박하는 과정을 살펴보았다. 이제는 어떻게 생각하고, 어떻게 행동할 것인지 계획을 세워서 실행에 옮길 단계이다. 생각과 행동이 낙관적이고 적극적으로 바뀌면 암울했던 기분과 여태까지 떨쳐 버리지 못했던 생각에서 벗어날 수 있을 것이다. 보다 적극적인 발상전환을 시도하기 위해서 불쾌한 일이 있을 때 그것을 기록하고 검토하는 것도 한 가지 방법이다.

(3) 유머의 스트레스 절감효과

'유머야말로 현대 정신건강의 가장 위대한 발명이다.' 옥타비오파스의 말이다. 웃음은 다른 사람의 적대감을 약화시킬 뿐 아니라 웃는 사람의 분노감과 긴장감도 줄여 준다. 분노감과 적대감을 유머러스하게 표현할 수 있는 사람은 냉담하고 유머감각이 없는 사람보다 불안감이나 공격성을 적게 경험한다. 정신분석학자 프로이트는 웃음과 유머가 억압된 적대감을 해롭지 않은 방식으로 정화(Catharsis) 시키기 때문에 심리적 긴장을 완화시키는 기능을 갖고 있으며 유머야말로 인간이

제2차 세계대전 당시, 유대인 수용소의 참혹한 현실로부터 아들을 지키기 위해 유머감각을 잃지 않고 눈물겨운 사투를 벌이는 아버지의 이야기를 그린 이탈리아 영화 "인생은 아름다워".

가지고 있는 가장 우아한 방어기제 중 하나라고 주장했다.

웃음은 심리적인 긴장뿐 아니라 신체적 긴장도 이완시킨다. 배꼽을 잡고 웃다 보면 온몸의 긴장이 풀린다. 유머와 건강 간의 관계를 장기간 연구해 왔던 프라이 박사는 사람들이 웃을 때 혈액순환이 증가되며 상체의 근육활동을 증진시키고 호흡수를 늘려 산소공급이 증가됨을 확인했다. 그리고 10분 동안 배꼽을 잡을 정도로 웃는 것은 10분간 노를 젓는 것과 같은 운동량이기 때문에 우리는 웃고 난 다음에 적당히 운동을 하고 나서 느끼는 편안감, 즉 긴장이완상태를 경험한다고 주장했다.

웃음과 유머가 대인관계를 원만하게 하고 긴장감을 완화시키는 데만 기여하는 것은 아니다. 'Creativity and humor are identical: 창의성과 유머는 같다.' 프라이 박사의 주장이다. 유머란 고정관념에서 벗어나 사물과 세상을 새로운 각도로 볼 수 있을 때 발생하며 창조성도 마찬가지이기 때문이다. 창의적인 사람들 중에는 유머감각이 뛰어난 사람들이 많다. 그것은 유머와 창의성에 공통점이 있기 때문이다. 유머는 서로 어울리지 않거나 모순되는 두 가지 이상의 이미지나 아이디어 혹은 사건을 다른 사람들이 예상하지 못한 방식으로 연결시킬 수 있을 때 발생된다. 이처럼 상식적으로 생각할 때 모순되거나 무관한 것처럼 보이는 것들이 절묘하게 연결될 때 웃음이 발생한다는 이론을 유머의 **모순성 이론**(Incongruity Theory)이라 한다. 창의성 역시 보통 사람들이 생각하지 못하는 사물이나 아이디어들의 연결고리를 찾아내는 것이다. 따라서 유머감각이 풍부한 사람들은 그만큼 창의성도 높다.

「즐거운 심장은 만병통치약」 즐거운 마음과 웃음은 만병을 치료할 수 있는 약과 같다는 고대성서의 격언이다. 최근의 과학적인 연구 결과들은 이 말이 그저 그럴듯한 교훈에 그치는 것이 아님을 증명해 냈다. 최근 일본의대 제1병원 연구팀은 관절 류머티즘 환자 26명을 대상으로 '웃음과 체내물질 변화의 함수관계'에 관한 실험을 실시해 연구결과를 보고했다. 일본의 저명한 만담가를 초청해 공연 전후로 환자들의 혈액을 채취해 성분변화를 분석했다. 그 결과, 관절염을 유발하는 물질(인테로이겐 6)의 수치가 공연 후 1/3 정도로 줄어든 것을 확인했다.

웃음이 질병의 치유에 얼마나 막강한 영향력을 발휘하는지에 대한 책 『질병의 해부』 저자인 노만 커전스는 원래 잡지사 편집장이었다. 1964년 그의 나이 50세 때 그는 강직성 척수염이라는 일종의 관절염에 걸려 의사로부터 회복불능이라는 진단을 받았다. 그는 의사의 진단에도 불구하고 부정적 사고가 건강에 얼마나 해로운지에 대한 심리학책을 읽고 나서 즐거운 감정이 자기의 병을 치료할 수 있을 것이라고 생각했다. 주치의에게 부탁해서 익살스럽기로 유명한 '몰래카메라' 같은 코미디물을 병실에서 보고 배꼽을 잡고 웃기 시작했다. 진통제와 수면제 없이는 잠을 잘 수 없었던 그가 10분 정도 배꼽을 잡고 웃은 다음에는 두 시간 정도 편안한 잠을 잘 수 있었다. 그리고 일주일이 지난 다음에는 엄지손가락을 통증 없이 사용할 수 있게 되었다. 그렇게 웃기를 몇 년 동안 한 결과, 그는 테니스나 골프뿐 아니라 승마까지 즐길 수 있게 되었다.

관절염이 완치된 1968년, 그는 자신의 체험을 근거로 한 『질병의 해부』라는 책을 출간했고, 그 책은 미국에서 연 40주 동안이나 베스트셀러 자리를 지켰다. 커전스는 75세까지 건강하게 살았으며 여러 병원에 폭소 치료 팀을 두게 했다. 웃음과 질병 간의 연구를 인정받아 말년에는 UCLA의과대학 교수로 재직하면서 일반인과 학생들을 대상으로 웃음이 건강에 미치는 영향을 가르쳤으며 유머학 분야의 가장 우수한 학자 중의 한 사람으로 기록되고 있다.

웃음은 면역체계도 강화시킨다. 로마린다 대학의 버크 교수는 웃음이 인체의 면역체계에 미치는 영향을 다년간 연구한 이 분야의 전문가이다. 그는 성인들에게 아주 재미있는 한 시간짜리 비디오를 보여 준 다음 이들의 혈액을 채취해서 분석했다. 비디오를 보기 전에 비해 감마 인터페론이 200배 이상 증가한 사실을 확인했다. 이것은 해로운 바이러스를 공격하고 세포의 성장을 촉진시키는 호르몬이다. 그는 여러 번의 실험을 통해 웃음이 통증을 경감시키고 기분을 좋게 하는 엔돌핀, 종양과 바이러스를 파괴하는 자연살상세포(Natural Killer Cell) 및 호흡기관에서 염증을 막아 주는 항체면역글로빈 A를 증가시킨다는 사실을 확인했다.

유머의 스트레스 경감효과들을 분석하면서 Dixon(1980)은 스트레스 평가에 대한 유머의 영향력을 강조하고 있다. 스트레스 상황에서 유머러스한 측면을 발견하는 것은 그 상황을 덜 위협적인 방식으로 재평가하게 할 뿐 아니라 스트레스로 유발될 수 있는 부정적인 감정과 양립 불가능한 상태를 유도해서 감정반응 자체도 변화시킨다. Martin과 Lefcourt(1983)는 좋은 유머감각이 정서에 대한 스트레스의 부정적 영향을 감소시키는 완충기로서 기능한다는 것을 발견하였다.

(4) 긍정적인 재해석

생활하면서 어떤 일로 인해 괴로움을 겪을 때 우리는 "누구에게나 그런 일이 일어날 수 있다"고 인정함으로써 스스로를 위로할 수 있다. 우리가 겪고 있는 문제가 아무리 심각하게 느껴져도 조금만 노력을 기울이면 그보다 더 큰 문제가 있는 사람을 찾아낼 수 있을 것이다. 우리들이 겪는 고통을 다른 사람들의 더 심한 고통과 비교해 봄으로써 우리는 우리의 고통을 긍정적인 시각으로 재평가할 수 있다. McCrae(1984)는 사람들이 자신을 긍정적으로 재해석하기 위해 자기의 처지보다 못한 다른 사람들과 비교하는 전략을 매우 폭넓게 사용하고 있음을 밝혀냈다. 이 전략이 현실을 왜곡하지 않고도 스트레스에 대해 보다 침착하게 재평가할 수 있도록 해준다는 점에서 비교적 건전한 전략인 것 같다.

긍정적 재해석을 하는 또 다른 방식은 나쁜 경험으로부터 긍정적인 점을 찾아내는 것이다. 대부분의 좌절경험이 고통을 수반할 수 있다. 그럼에도 불구하고 우리의 좌절들 대부분은 긍정적 요소들 역시 포함하고 있다. 그것이 이혼, 질병, 파면, 또는 재정적 손실이건 간에 그와 같은 일을 경험한 후에 상당수의 사람들은 "그런 일을 겪고 난 후 나는 많은 것을 배웠다"고 말한다. 개인적 실패의 긍정적인 측면은 당신이 스트레스 사건을 겪고 난 다음에 예전에 몰랐던 점을 알게 해준다는 것이다. 도전이란 당신이 실패와 싸우는 과정에서 긍정적인 어떤 점들을 찾아내고 결국 스트레스를 보다 효과적으로 다룰 수 있게 되는 것을 말한다. 여러 가지 연구들은 긍정적인 재해석이 효과적인 대처방법의 일종임을 밝혀냈다(Folkman, Lazarus, Gruen, & DeLongis, 1986).

위의 그림의 위아래를 뒤집어서 보라. 뭔가 다르게 보일 것이다. 생각을 바꾸면 끔찍한 일에서도 뭔가 얻을 수 있는 것이 있다.

모기는 왜 나만 무냐고?

늦가을로 접어드는 어느 날 아침, 잠에서 깬 둘째 아이인 딸이 내게 여기저기 모기가 문 자국이 남아있는 다리를 보이면서 짜증을 냈다. "아빠! 어제 저녁에 모기 때문에 잠을 제대로 잘 수가 없었단 말야! 지금도 가려워 죽겠어." 요즘은 모기도 철 지난 줄을 모르는 모양이다. 전문가들의 말에 의하면 외부 기온이 떨어지면서 모기들이 따뜻한 도심의 아파트로 찾아든다는 것이다. 어쨌든, "아빠는 하나도 안 물렸는데?"라는 말에 "왜 모기가 나만 무는지 모르겠어!"라고 더욱 짜증을 부렸다. 자기 말고 다른 사람들은 멀쩡하다는 것에 더욱더 화가 난 모양이다. 그래서 나는 그 아이에게 이렇게 말해 주었다. "지선아, 너 '오체 불만족' 이라는 책 읽어봤지? 그 주인공처럼 모기가 물 수 있는 다리도 없는 게 낫겠니? 아니면 모기가 물 수 있는 다리를 가지고 있는 게 낫겠니?"라고. 잠시 머뭇거린 후 아이의 표정이 달라졌다. 뿐만 아니라 말투까지 공손해졌다. "물론 다리가 없는 것보다야 낫죠."

2) 문제 중심의 건설적 대처

문제 중심의 건설적 대처(Problem-focused Constructive Coping)는 스트레스를 유발시킨 문제 자체를 경감시키거나 제거하는 노력을 포함하고 있다. 이러한 범주에서 우리는 체계적 문제 해결, 도움 구하기의 중요성, 효과적인 시간 관리, 그리고 자기 통제의 향상에 대해서 논의할 것이다.

(1) 체계적 문제해결의 사용

인생의 문제를 다루는 데 있어서, 가장 분명한 행동의 과정은 그 문제에 정면으로 부딪치는 것이다. Carver, Scheier, 그리고 Weintraub의 대처에 관한 연구에서, 이러한 접근을 반영하는 두 개의 대처 방략, 즉 적극적 대처(Active Coping)와 계획(Planning)을 쓰는 사람들은 자긍심 수준이 높고 반대로 불안 수준은 낮다는 사실이 관찰되었다. D'Zurilla와 Sheedy의 다른 연구는 문제해결과 스트레스의 관계에 더 초점을 맞추고 있다. 그들은 피험자의 사회적 문제해결 능력의 주요 측면을 평가하는 두 개의 척도를 사용하였다. 하나의 척도는 피험자의 문제 지향, 즉 그들이 문제에 대해 긍정적 태도로 접근하는지 여부와, 그것들을 도전과 기회로 보는지의 여부에 대한 것이다. 다른 척도는 한 세트로 이루어진 네 개의 문제해결 기술을 평가하는 것이다. 여기에는 (1) 문제를 정의하고 공식화하는 것 (2) 대안적 해결을 창출하는 것 (3) 결정하기 (4) 해결책을 수행하고 그것이 타당한지를 검증하는 과정이 포함된다. 문제해결 능력을 평가한 지 세 달 후 피험자들의 다양한 스트레스 증상을 측정한 결과, 스트레스 증상 수준이 문제지향성과 –.53의 상관을 가지며 문제해결 기술과는 -.23의 상관을 가짐을 발견했다. 다시 말하면, 체계적인 문제해결 능력을 많이 갖고 있을수록 스트레스를 적게 겪는다는 것이다. 이러한 발견과 일관되게 체계적인 문제해결 기술을 획득하는 것은 우울증 환자들의 우울증을 감소시켜 줄 수 있음이 밝혀졌다.

D'Zurilla와 Sheedy에 의해 측정된 네 개의 문제해결 기술과 밀접하게 병행하는 네 단계는 다음 사항을 포함한다. (1) 문제의 명료화 (2) 행동의 대안적 과정 산출 (3) 대안의 평가와 행동과정의 선택 (4) 융통성을 가지고 행하기.

① 문제를 명료화하라

문제가 무엇인지 정확히 확신하지 못하고서는 문제에 정면으로 부딪칠 수 없다. 따라서, 체계적 문제해결 노력의 첫 번째 단계는 문제의 성질을 명료화하는 것이다. 때로 그 문제는 매우 명백할 수 있다. 어떤 경우에는 문제의 원천을 정확히 집어내기가 어려울 수도 있다. 어떤 경우든, 당신은 문제를 구체적이고 명확히 기술할 필요가 있다. 두 가지 일반적인 경향성이 문제의 명료한 기술을 얻어내려는 노력을 방해한다. 첫째, 사람들은 자주 자신들의 문제를 애매하고 일반적으로 묘사한다(예를 들면, "어떻게 살아야 할지 모르겠다" 혹은, "시간이 없다"). 둘째, 사람들은 부정적인 감정에 지나치게 주의를 기울이는 경향이 있다. 이러한 경향은 문제의 결과("나는 언제나 너무 우울해 있다." "나는 너무 과민해서 집중할 수가 없다.")와 문제 그 자체를 혼동하게 만든다.

② 대안적 행동 과정을 창출하라

체계적 문제 해결의 두 번째 단계는 대안적인 행위 과정들을 창출하는 것이다. 이것을 대안적 해결이라고 하지 않는 것에 주의하라. 많은 문제들은 그 문제를 완전히 해결할 수 있는 손쉬운 해결책을 가지고 있지 않다. 만약 당신이 완벽한 해결을 찾으려고만 한다면 당신은 많은 유용한 행위 과정들을 고려하지 못할 것이다. 그 대신, 당신이 처한 상황을 어느 정도라도 개선할 수 있는 여러 가지 대안들을 찾는 것이 더 현실적일 것이다. 해결책을 고집하는 경향에서 벗어나는 것과 더불어 당신은 마음에 떠오른 첫 번째 대안을 따르려는 유혹에서 벗어날 필요가 있다. 많은 사람들은 즉각적으로 행하려 한다. 그들은 여러 가지를 고려하지 않고 그들에게 떠올랐던 첫 번째 반응을 따르려고 시도한다. 다양한 일련의 증거들은 문제에 대해 브레인스토밍(Brainstorming)에 착수하는 것이 현명하다고 제시한다. 브레인스토밍은 비평과 평가를 억제하고 가능한 많은 아이디어를 창출하는 것을 포함한다. 다시 말해서, 당장에는 실용성이 확실히 보장되어 있지 않다고 생각되는 대안들도 염두에 둘 필요가 있다. 이러한 접근은 아이디어의 창조적 산출을 촉진한다.

③ 대안들을 평가하고 행위 과정을 선택하라

가능한 한 많은 대안을 산출하고 난 다음에는 그것들의 가치를 평가해야 한다. 대안들 간의 상대적 이득을 평가할 수 있는 기준이 단순하지는 않다. 그렇기는 하지만, 다음과 같은 세 가지의 물음으로 대안들의 가치를 평가할 수 있을 것이다. 첫째, 스스로에게 각각의 대안이 얼마나 현실적인 계획인지 질문하라. 다시 말해서, 의도된 행동 과정을 성공적으로 수행할 확률은 얼마나 되는지, 예상치 못한 장애물은 없는지 생각해 보라. 이러한 평가를 함에 있어 어리석은 낙관주의나 불필요한 비관론을 피해야 한다. 둘째, 각 대안에 관련된 부담이나 위험을 고려하라. 때로는 문제를 "해결"하고자 시도한 것이 문제 자체를 악화시킬 수도 있다. 당신이 의도한 행동과정을 성공적으로 수행했을 때 발생할 수 있는 부정적 결과가 무엇인지를 찾아 보라. 마지막으로, 각 대안의 예상되는 결과의 바람직성을 비교해 보라. 비현실적인 가능성들을 제거한 후에, 각각의 대안이 갖고 있는 가능한 결과(좋은 점, 나쁜 점)를 나열하라. 그러고 나서 이러한 잠재적 결과의 바람직성을 검토하고 비교하라. 결정할 때는 스스로에게 "무엇이 나에게 가장 중요한가? 어떤 결과에 가장 가치를 두는가?"를 질문해야 한다.

④ 융통성을 가지고 실행하라

행동과정을 결정했다면 이번에는 여러분의 계획을 실행에 옮겨야만 한다.

그리고 이때 융통성을 유지하는 것이 중요하다. 특정한 행동과정에만 얽매이지 말라는 말이다. 결코 바꿀 수 없는 선택이란 없다고 생각해야 한다. 행동 결과들을 면밀히 살펴보면서 필요하다면 기꺼이 당신의 전략을 수정할 수 있어야 한다. 행동과정을 평가함에 있어서 흑백논리를 사용해서 실패와 성공으로 구분하지 말라. 당신은 어떤 점에서든 개선된 것이 무엇인지를 찾아야 한다. 만약 계획이 효과를 발휘하지 못했다고 생각된다면 당신이 미처 예상하지 못했던 상황적 요인이 작용했는지를 살펴보라. 마지막으로 당신은 실패로부터 배울 수 있다는 사실을 기억하라. 왜냐하면 제대로 되지 않았다고 할지라도 당신은 실패를 통해 문제에 다시 도전할 수 있는 새로운 정보를 얻었으니까.

(2) 효과적인 시간관리

필자가 보았던 영화 중 가장 감명을 준 것은 「빠삐용」이다. 주연 배우의 연기도 연기려니와, 역경에 굴하지 않고 도전하는 모습이 매우 깊은 감명을 주는 영화였다. 그보다 필자의 마음을 더 사로잡았던 것은 영화의 이면에 깔려 있는 시간남용에 관한 경고였다. 1852년 나폴레옹 3세는 7년 이상의 형을 선고받은 죄수를 격리시키기 위해 남미 프랑스령인 기아나에 수용소를 만들었다. 앙리 샤리에르는 프랑스 파리의 금고털이범이었다. 가슴에 나비문신을 새겨 '빠삐용(나비)'이라는 별명이 붙은 그는 1931년, 악덕 포주를 살해한 혐의로 종신형을 선고받고 기아나로 이송된다.

탈출에 성공하는 것이 불가능한 것으로 여겨진 악마의 섬에서 그는 아홉 번씩이나 탈출을 시도한 끝에 결국은 성공한다. 샤리에르는 62세 때인 1968년 자신의 경험을 정리해서 소설 빠삐용을 출간하고 5년 후인 1973년에는 그것이 영화로 만들어졌다. 주인공의 친구 드가가 몰래 넣어 준 코코넛이 발각되어 빠삐용은 식사량이 반으로 줄고 낮에도 빛을 볼 수 없는 징벌방에 6개월간 감금당하게 된다. 구타와 굶주림에 시달리다 잠에 빠진 빠삐용은 꿈속에서 저승의 심판자들에게 재판을 받는다. 자신은 누명을 썼다고 절규하지만 그 심판자들의 대꾸는 얼음처럼 차갑기만 하다.

징벌방에 갇혀 인생을 낭비한 죄를 깨닫게 된 빠삐용

빠삐용: 전 결백합니다. 죽이지 않았어요. 증거도 없이 뒤집어씌운 거요.
심판자: 그건 사실이다. 넌 살인과는 상관없어.
빠삐용: 그렇다면 무슨 죄로?
심판자: 인간으로서 가장 중죄. 인생을 낭비한 죄!
빠삐용: 그렇다면 유죄요. 유죄... 유죄... 유죄... 유죄…….

절해고도의 감옥에 갇히게 된 죄목은 금고털이가 아니라 젊은 날을 아무렇게나 보내버린 것임을 인정하게 된 것이다. 꿈에서 깨어난 그는 인생을 다시 살기로 결심한다. 그리고 탈출에 성공한다.

「시간은 재생 불가능한 자원이다」 탁월한 시간 관리 연구자인 R. Alec Mackenzie(1972)의 말이다. 이것은 돈이나 음식 혹은 다른 값진 자원들처럼 저장해 두었다가 사용할 수가 없다. 이 세상의 어떤 사람도 시계를 거꾸로 돌려 제대로 사용하지 못했던 시간을 찾아 쓸 수도 없다. 게다가 부자이건 가난한 사람이건, 모두가 일주일에 7일, 하루 24시간이라는 동일한 시간을 공유하고 있다. 시간이라는 것은 그 어떤 것보다도 우리에게 공평하게 분배된 자원이다. 그럼에도 불구하고 어떤 사람들은 다른 사람들보다 훨씬 더 현명하게 그 자원을 사용한다. 시간관리를 보다 효율적으로 하기 위해서는 무엇보다도 먼저 시간을 낭비하게 만드는 이유들을 찾아보는 것이 중요하다.

▶ 시간을 낭비하는 사람들의 특성 -

① 우선순위를 설정하지 못하거나 그것을 지키지 못한다

시간관리 자문의 전문가인 Alan Lakein(1973)은 시간을 효율적으로 쓰지 못하는 사람들의 특성에는 중요한 과제를 앞에 두고도 일상적이고 사소한 일의 유혹에서 벗어나지 못하는 성향이 있음에 주목했다. 이들은, 기말 리포트를 준비해야 하는 상황에서도 편지를 읽거나, 설거지를 하고, 옷가지나 책상을 정리하며, 가구를 손질하는 등의 일에 많은 시간을 쓰는 경향이 있다. 왜냐하면 이러한 일상적이고 사소한 일들은 하기가 쉽고, 그런 일들은 정말 중요하고 어려운 과제를 하지 않음으로 생기는 불안감이나 부담에서 벗어날 수 있는 합리화를 제공해주기 때문이다.

② 남의 부탁을 쉽게 거절하지 못한다

주변의 많은 사람들이 우리에게 끊임없이 우리가 갖고 있는 시간을 요구한다. 후배들이 잡담을 걸어오기도 하고, 세일즈맨들이 상품을 소개하거나, 동문들이 동창회 모임에 참석해주기를 권유하고, 여러 종교의 전도사들이 종교와 관련해 함께 이야기하기를 원하기도 한다. 어떤 사람들은 그들에게 시간을 요구한 다른 사람들의 불필요한 부탁조차도 거절하지 못한다. McDougle(1987)은 "당신 자신을 시간의 낭비로부터 보호하는 가장 성공적인 방법은 'No'라고 말하는 것이다."라고 결론지었다.

③ 다른 사람에게 쉽게 일을 맡기지 못한다

우리가 떠맡고 있는 많은 일들은 사실 다른 사람들에게 위임할 수 있는 일들이다. 그런데도 정작 자기에게 중요한 일을 하는 데 시간을 쓰지 못하는 사람들 중에는 '약방의 감초'처럼 모든 일을 도맡아야 하고 남의 일에조차 매사 끼어들어야 직성이 풀리는 사람들이 있다. 어떤 과제는 비서나, 부하, 위원회의 동료, 다른 지도자, 배우자, 아이들, 기타 등등의 사람들에게 책임을 넘겨주어야만 한다. 남에게 책임을 위임하지 못하는 이유는 통제감을 포기하지 못하기 때문에, 복종에 대한 확신이 부족해서, 다른 사람이 싫어할까 봐, 남들에게 자신이 필요한 사람임을 인식시키고 싶은 욕구, 그리고 "혼자서도 잘 할 수 있다"는 태도 등

죄의식을 갖지 않고 "NO"라고 말하기 위한 10계명

1. 당신은 자신의 행동, 생각 및 정서를 판단하고 그것들을 주도적으로 처리하고 그것이 당신 자신에게 미치는 결과를 받아들일 수 있는 책임을 질 수 있는 권리가 있다.
2. 당신은 다른 사람들에게 굳이 당신의 행동에 대해 이유를 대거나 변명을 하지 않을 권리가 있다.
3. 당신은 다른 사람들의 문제에 대한 해결책을 찾아주어야만 한다는 책임이 있는지 여부를 판단할 권리가 있다.
4. 당신은 당신의 생각을 언제든지 바꿀 수 있는 권리가 있다.
5. 당신은 실수를 할 수 있으며 그것에 대해 책임을 질 수 있는 권리가 있다.
6. 당신은 "잘 모르겠는데요"라고 말할 권리가 있다.
7. 당신은 다른 사람들의 선의에 대처하기 전에 그들의 선의와 상관없이 생각하고 행동할 권리가 있다.
8. 당신은 때로 비논리적인 방식으로 의사결정을 할 수 있는 권리가 있다.
9. 당신은 "이해가 잘 안 되는데요"라고 말할 수 있는 권리가 있다.
10. 당신은 "나는 관심이 없어요"라고 말할 수 있는 권리가 있다.

Smith, M. J.의 「When I Say No, I Feel Guilty」 중에서

이 관여한다.

④ 뭐든 모아놓고 버리지를 못한다

시간을 효율적으로 쓰지 못하는 사람들의 또 다른 특성은 불필요한 물건도 버리지 못하는 성향이다. 그들의 책상 속과 책상 위에는 온갖 우편물, 신문, 잡지, 보고서, 책이 흩어져 있다. 그들의 문서 보관 상자에는 옛날 강의 노트나 지난 메모가 넘쳐난다. 집에서 그들의 부엌 서랍은 거의 사용하지 않는 기구들이 가득하고 벽장은 입지 않는 옷들로 가득하며, 다락에는 버려진 잡동사니로 가득하다. 이들은 최소한 두 가지 방법으로 시간을 허비한다. 첫째, 그들은 그 모든 난장판 속에서 어떤 것을 찾으려고 시간을 허비하고, 둘째, 그들은 결국 같은 문서를 다시 뒤섞는 것, 문서를 다시 읽는 것, 같은 문서를 다시 분류하는 것 등을 하게 된다.

이것이 내 인생이란 말인가?

어느 날 이발사 푸지 씨는 이발소 문 앞에 서서 손님을 기다리고 있었다. 조수는 휴가를 가고 푸지 씨 혼자였다. 비가 억수같이 쏟아지는 거리를 내다보면서 상념에 젖어 있었다. 그는 잡담을 좋아했다. 손님들에게 자기의 생각을 늘어놓고 상대방의 의견을 듣는 것을 몹시 좋아했다. 하는 일도 재미있었고 이발 솜씨에도 자신이 있었다. 그렇지만 모든 것이 무의미하게 여겨지는 때가 종종 있었다. 그런 순간은 누구에게나 있는 법인가 보다. 푸지 씨는 생각했다. '나란 존재는 대체 뭐란 말인가? 기껏 하찮은 이발사가 아닌가? 만약 내가 다시 태어난다면, 나는 지금과는 전혀 다른 인간이 될 텐데!'

이때, 잿빛 고급 승용차가 미끄러져 와 바로 푸지 씨 이발소 앞에 멈추었다. 온통 잿빛으로 된 신사 한 사람이 차에서 내리더니 이발소로 들어섰다. 그는 푸지 씨에게 한평생을 가위 소리와 쓸데없는 잡담으로 무책임하게 낭비하고 있다고 말한다. 그리고 그것을 증명해 보이겠다고 한다. 그 사나이는 인생을 70년이라 친다면 22억 7백 52만 초가 인생의 전 시간이라고 말해준다.

"푸지 씨, 당신 나이가 몇 살이죠?" 푸지 씨는 더듬거리며 말한다. "마흔두 살입니다." "푸지 씨 당신은 잠자는 시간을 매일 8시간, 일하는 시간도 8시간, 밥 먹는 시간 2시간, 거기에다 노모와 이야기를 나누는 데 한시간, 앵무새를 보살피는 데 매일 15분씩을 헛되이 쓰고 있습니다." 잿빛 사나이의 계산은 여기서 끝나지 않는다. "매주 한 번씩 영화를 보러가고 매주 두 번 정도는 술집에 가며, 그 밖에 친구를 만나고, 주일마다 합창대에 참석하고, 책을 읽을 뿐 아니라 비밀리에 만나는 여자도 있죠? 요컨대 당신은 불필요하게 시간을 낭비하고 있단 말입니다." 잿빛 사나이가 이발소 거울 위에 계산한 결과는 다음과 같았다.

잠	441,504,000초
일	441,504,000초
식사	110,376,000초
어머니와 대화	55,188,000초
앵무새 돌보기	13,797.000초
시장보기	55,188,000초
친구 만나기, 합창 등	165,564,000초
여자 만나기	27,594,000초
하루 일과 회상하기	13,797,000초
합계	1,324,512,000초

"푸지 씨 당신도 아셨겠지만, 이건 당신이 애당초 갖고 있던 전체 시간의 절반이 넘습니다. 그럼 당신이 살아온 42년 중에서 얼마나 남아 있는지 계산해 봅시다. 1년은 앞서 계산했던 것처럼 31,536,000초입니다. 그리고 그걸 42배 하면 1,324,512,000초가 됩니다." 그는 이 숫자 밑

에다 이미 써버린 시간의 합계를 썼다.

주어진 시간	1,324,512,000초
써버린 시간	1,324,512,000초
나머지 시간	0,000,000,000초

푸지 씨는 실의에 빠진 사람처럼 중얼거렸다. '저것이 ...이제까지의 내 인생의 총 결산이란 말인가?'

미하엘 엔데의 「모모」 중에서

⑤ 불완전한 것을 받아들이지 못한다

기준을 높게 갖는다는 것이 나쁜 것은 아니다. 그러나 완벽주의를 추구하는 사람들은 지나치게 완벽한 결과만을 기대하고 작은 결점이라도 용납하지 못하기 때문에 그들의 과제를 마치는 데 어려움을 갖는다. 너무 꼼꼼하게 준비하는 것 때문에 일을 시작하기도 전에 진을 빼는 사람들이 있다. 숙제를 할 때도 거의 모든 시간을 참고자료를 찾는 데 쓰고, 산더미 같은 자료들을 뒤지느라 녹초가 된다. 논문을 써 나가는 과정에서도 문구나 단어의 선택에 너무 많은 신경을 쓰기 때문에 진도가 나갈 수 없다. 완벽을 추구해서 일의 진도가 나가지 못하는 것을 완벽의 마비상태(Paralysis of Perfection)라고 한다.

▶ 효과적인 시간 관리의 요령

어떻게 하면 시간을 보다 효율적으로 관리할 수 있을까. 시간을 보다 효과적으로 사용하는 것에 대한 전문가들의 제안을 살펴보도록 하자.

① 당신의 시간 사용 내역을 감찰하라

보다 효과적인 시간관리를 향한 첫 번째 단계는 당신의 시간 사용 내역을 구체적으로 확인하는 것이다. 적어도 일주일 정도 당신이 매일 어떤 일에 얼마나 많은 시간을 쓰고 있는지 기록하라. 그리고 각각의 활동을 바람직한 활동과 그렇지 않은 활동으로 범주화해서 각각의 활동에 소요된 시간과 함께 일별 소요시간을 기록하라. 몇 주간 시간사용 내역을 감찰한 결과들을 검토해 보면 당신이 시간을 어디에 어떻게 사용하고 있는지를 알게 될 것이다. 이러한 분석결과는 시간 관리를 어떻게 해야 할 것인지에 대한 지침을 제공해 줄 것이다. 만약에 시간관리 프로그램을 사용해서 시간사용 습관을 변화시키기로 작정했다면 이러한 감찰 결과들이 당신의 프로그램 효과 여부를 비교할 수 있는 **기저선**(Base Rate)을 제공해 줄 것이다.

② 목표를 명료화하라

자신의 시간을 투자해서 성취하려고 하는 것이 무엇인지를 분명히 하지 않고서 시간을 현명하게 사용하는 것은 불가능하다. Lakein(1973)은 당신 스스로에게 "내 인생의 목표는 무엇인가?"에 대한 질문을 던질 것을 제안한다. 당신이 생각해 낼 수 있는 모든 목표를 샅샅이 찾아내라, 아주 중요한 것부터 아주 사소한 것까지. 당신이 찾아낸 목표 중의 어떤 것들은 다른 목표와 서로 상충할 수도 있을 것이다. 따라서, 당신에게 가장 중요한 목표가 무엇인지를 결정해야만 한다. 그리고 목표들을 우선순위에 따라 배열해야만 한다. 이러한 우선순위는 일간, 주간, 월간 단위로 당신이 활동을 계획할 수 있는 지표가 되어 줄 것이다.

③ 일정표를 사용해 활동을 계획하라

사람들은 시간이 걸리기 때문에 계획 세우기를 주저하지만 장기적으로 보면 이것은 시간을 절약하는 것이다. 계획을 거치는 것이 효과적인 시간 관리의 핵심이다. 매주 초에, 당신은 단기 목표의 목록을 작성해야 한다. 이 목록은 계획된 활동에 대한 매일의 실천목록으로 전환되어야 한다. 방대한 계획을 연기하는 경향을 피하기 위해 그것들을 다룰 만한 크기의 요소들로 나누고 그 요소들을 완료하는 데 필요한 최종기한을 설정한다. 계획된 활동은 기록된 일정표에서 다양한 시간대에 할당되어야 한다. 당신의 가장 중요한 활동은 당신이 가장 활동적이고 생산적인 경향이 있는 시간대에 정하도록 한다.

④ 당신의 가장 중요한 시간을 보호하라

아무리 계획을 잘 짠다고 해도 예상치 않았던 일로 방해를 받을 수 있다. 방해요인을 완벽하게 제거할 수 있는 방법이 존재하지는 않는다. 그러나 당신이 가장 생산적으로 일할 수 있는 시간을 정해놓고 그 시간에는 중요한 일만을 하자고 작정하는 것이 효과적이다. 그 시간대에는 다른 일을 하지 않고, 전화나 방문을 사절하며 중요한 일만을 할 것이라고 당신의 가족, 친구, 그리고 동료들에게 알리는 것도 한 가지 방법이다.

⑤ 효율성을 증가시켜라

Klassen(1987)이나 Schilit(1987) 등의 시간관리 전문가들이 시간관리의 효율성을 증진시키기 위해 제안한 내용들은 다음과 같다.

• 가능한 한 즉시 처리한다

메모, 편지, 보고서, 전화연락 등 당장 할 수 있는 일들은 가능한 한 즉시 처리해야 한다. 왜냐하면 미루고 있으면 잊어버리지 않기 위해서 반복해서 생각하고 책상 위에 처리되지 않은 채로 남겨두어야 하기 때문이다.

• 한 번에 한 과제씩 처리한다

여러 가지 일을 놓아두고 함께 처리하려고 하면 능률이 오르지 않는다. 그렇기 때문에 가능하면 한 가지 일을 끝내고 다른 일에 착수하는 것이 효과적이다.

• 비슷한 일은 함께 처리한다

비슷한 작은 과제들을 함께 묶는 것은 좋은 생각이다. 책을 빌리고 문구를 사야 하며 친구를 만날 일을 계획하고 있다면 각각 따로 하기보다는 도서관 앞에서 친구를 만나 책을 빌리고 도서관 지하에서 학용품을 사고 매점에서 친구와 차를 마시면서 이야기하는 것이 시간을 절약하게 만들어 줄 것이다.

• 자투리 시간을 효과적으로 사용하라

우리는 버스를 타기 위해 또는 식당에서 줄을 서서 기다릴 때, 강의와 강의 사이의 공강 시간, 지하철에서 통학하는 시간 등 수없이 많은 자투리 시간을 갖고 살아간다. 이러한 자투리 시간에 할 일을 미리 생각해 놓거나 일거리를 가지고 다닌다면 보다 많은 시간을 당신을 위해 쓸 수 있을 것이다.

3) 정서 중심의 건설적 대처

평가 중심의 대처와 문제 중심의 대처만으로는 부정적 감정을 효과적으로 완화시킬 수 없는 경우들이 있을 수 있다. 어떤 문제는 너무도 심각해서 인지적 재평가 과정에 의해서도 기분이 변화되지 않을 수 있으며 매우 효과적인 문제 중심적 대처전략도 정서적 긴장이 가라앉기 전에는 그 힘을 발휘하지 못할 수도 있다. 따라서, 정서적 자극을 경감시키는 데 유용한 대처 기제를 개발하는 것 역시 효과적인 스트레스 대처에는 중요하다. 여기서 우리는 네 가지 정서 중심의 건설적 대처 전략(Emotion-Focused Constructive Coping)의 장점에 대해 논의할 것이다. 그것은 억압된 정서의 발산, 자신으로부터 주의를 분산시키기, 명상, 이완 훈련의 이용 등이다.

(1) 억압된 정서의 발산

감정을 있는 그대로 표현하는 것이 여러 가지 부정적 결과를 나타낼 수 있기 때문에 우리는 분노하거나 우울할 때 이를 억압하는 경향이 있다. 그러나 Spielberger 등(1985)은 분노감정을 억압할 때 혈압이 증가된다는 사실을 밝혀냈다. 실연을 당했을 때처럼 슬픈 일이 있을 때는 실컷 우는 것 역시 감정의 순화에 도움이 될 수 있다.

최근의 연구는 억압된 감정이나 생각을 언어화하는 것이 불안을 해소하고 다른 스트레스 관련 정서를 진정시키는 데 상당한 가치가 있다고 제시하고 있다. James Pennebaker와 그의 동료들은 외상적 사건에 대해 말하고 쓰는 것은 유익한 효과가 있을 수 있다는 것을 보여줬다. Pennebaker(1990)에 따르면 충격적 사건에 대해 다른 사람과 대화하지 않는 사람은 다른 사람에게 문제를 털어놓는 사람들보다 더 많은 건강상의 문제를 가지고 있다고 한다.

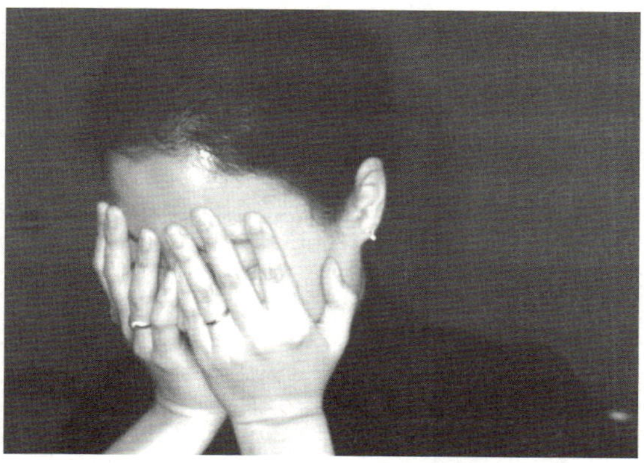
때로는 실컷 우는 것도 감정을 정화시키는 데 도움이 된다.

Pennebaker, Kiecolt-Glaser, 그리고 Glaser(1988)는 대학생들에게 대학 적응의 어려움에 대한 짧은 네 개의 수필을 적도록 했다. 자신들의 개인적 문제와 외상적 경험에 대해 썼던 피험자들은 피상적 주제에 대해 기술한 피험자들보다 더 나은 면역 기능을 보였다. 결과적으로, 비슷한 연구에서, 개인적인 문제에 대해 썼던 피험자들은 다른 피험자들보다 이후의 몇 개월간 더 좋은 건강 상태를 영위했다(Pennebaker, Clder & Sharp, 1990).

따라서, 감정을 털어놓고 얘기를 잘 들어줄 사람을 찾을 수 있다면, 당신의 비밀스런 두려움, 불행, 그리고 의심을 솔직한 대화를 통해 털어놓는다면 부정적인 감정에서 벗어나기가 보다 쉬울 것이다. 분명히, 자신의 내밀한 문제나 감정을 다른 사람에게 털어놓는다는 것은 당혹스러운 일이기도 하고 쉬운 일이 아니다. 그것이 단기적으로는 부담이 되고 불안과 다른 부정적인 감정을 유발할 수 있지만 다른 사람들에게 마음을 열고 감정을 털어놓을 수 있는 사람은 그것을 감추고 있는 사람보다 심리적 및 신체적으로 더 건강하게 살 수 있는 것 같다.

(2) 주의를 다른 데로 돌리기

스트레스를 받았을 때 경험하는 부정적인 감정을 완화시키는 한 가지 방법은 다른 일들을 생각하거나 다른 활동에 몰입해서 그 문제로부터 당신의 주의를 전환하는 것이다. Stone과 Neale(1984)는 60쌍의 기혼 부부들이 스트레스에 대처하기 위한 노력 중의 하나가 이 전략임을 확인했다. 예컨대 영화를 보러 가거나, 괜찮은 추리소설을 읽거나, 볼링 모임에 나가보는 것 등이다. 주의 집중을 요구하는, 즉 몰두할 수 있는 활동을 하는 것이 이 전략을 사용하는 최선의 방법이다.

전환의 적응적 가치는 논란의 여지가 있다. 왜냐하면 주의를 다른 데로 돌리는 것이 문제에 직면해서 그 해결방법을 찾는 문제 중심적인 대처보다는 못할 수 있기 때문이다. 그렇지만 주의 전환은 분명하게 자기 탐닉, 타인에 대한 비난 혹은 부정적 자기 말에 빠져들어 부정적인 정서상태에서 빠져 나오지 못하는 것보다 훨씬 가치가 있는 전략일 수 있다. 따라서, 이는 직접적인 방법이 문제를 개선할 수 없는 상황에서 단기적으로 사용할 수 있는 임시 전략으로 가치를 갖고 있는 것으로 보인다.

(3) 명상

최근 스트레스 해소를 위한 방법으로서 명상이 많은 사람들의 관심을 받고

있다. 명상이란 비분석적 방법으로 주의를 집중하게 하는 의식적 시도에 대한 심적 훈련의 집합을 지칭한다. 명상에 대한 여러 가지 접근이 있다. 미국에서 가장 널리 실용화된 접근은 요가(Yoga), 선(Zen), 초월명상(TM: Transcendental Meditation)에 관련된 것들이다. 이 세 가지 모두가 동양 종교(힌두교, 불교, 유교)에 뿌리를 두고 있지만 명상을 훈련하는 대부분의 미국인들은 이것의 종교적 유의성에는 별 생각을 가지고 있지 않다. 우리들의 관심을 끄는 것은 명상이 내부적 감정 동요를 진정시킬 수 있다는 것이다.

대부분의 명상은 믿을 수 없을 만큼 단순하다. 예를 들어, TM에서는 눈을 감은 채 편안한 자세로 앉아 공명음을 만들어내는 특별히 선정된 산스크리트어인 만트라(mantra)에 조용히 집중하게 되어 있다. 이 심적 자기 훈련의 연습은 하루에 두 번 정도 약 20분 정도 실시한다. 그 기술은 "활동적인 마음의 표면에서 고요한 내부로 뛰어드는 것" 이라고 묘사된다(Bloomfield & Kory, 1976, p. 49).

TM의 지지자들은 이것이 학습과 에너지 수준, 작업 생산성, 신체적 건강, 정신적 건강과 일반적 행복감을 증진시키며, 그리고 스트레스에 의해 생기는 긴장과 불안을 감소시킬 수 있다고 주장한다(Alexader et al., 1990; Bloomfield & Kory, 1976). 이것은 정확히 말해서 실없는 주장은 아니다. 게다가, TM 지지자들은 그들의 주장을 과학적 증거로서 설명할 수 있다고 주장한다. 그 증거들을 검증해보자.

명상 상태에 도달할 때의 생리적 효과는 어떠한가? 몇몇 연구는 이것이 뇌의 전기 화학적 활동을 변화시킨다고 제안한다. 대부분의 연구는 피험자의 심장 박동률, 호흡률, 산소 소비 그리고 이산화탄소의 배출의 감소를 발견했다. 많은 연구자들은 또한 피부저항의 증가와 혈내 유산염-이완에 관련된 생리적 지표-의 증가를 발견했다. 종합해 보면, 이러한 신체적 변화는 명상이 이완과 자극의 억제로 특징화되는 잠정적으로 유익한 생리적 상태로 이끌 수 있음을 시사한다

(Carrington, 1993; Frenwick, 1987).

명상의 생리적인 효과에 대한 발견은 유망하긴 해도 논쟁의 여지가 있다. 어떤 연구에서는 명상이 기분을 향상시키고, 더 적은 피로, 그리고 불안과 약물 남용을 감소시킬 수 있음을 발견했다(Carrington, 1987. Eppley, Abrams, & Shear, 1987; Gelderloos et al, 1991). 연구들은 또한 명상이 향상된 신체적 건강(Orime-Johnson, 1987), 더 나은 정신적 건강(Alexander, Rainforth, & Gederloos, 1991), 심지어는 노인들의 장수(Alexander et al., 1987)와도 관련이 있음을 제시했다. 그러나 몇몇 심리학자들은 최소한 이러한 효과의 어떤 것은 체계적인 이완훈련이나 다른 정신집중 과정에도 포함될 수 있다고 반박하고 있다(Holmes, 1984; Shpirio, 1987).

(4) 이완 절차의 이용

많은 증거들은 체계적 이완 훈련이 정서적 동요를 누그러뜨리고 문제가 될 만한 심리적 자극을 감소시킬 수 있음을 제안한다(Lehler & Woolfolk, 1984, 1993). 한 연구에서는 이완 훈련이 면역능력도 향상시킬 수 있음을 밝혀냈다(Kiecolt-Glaser et al, 1985). 신체적인 이완을 유도하기 위해 개발된 여러 가지 절차들이 있다. 가장 널리 알려진 절차는 Jacobson(1938)의 점진적 이완, Schultz와 Luthe(1988)의 자율훈련법, 그리고 Benson(1975)의 이완반응이다. 우리는 Benson의 접근에 대해 논의할 것인데 그 이유는 누구나 배워서 실제적으로 사용할 수 있는 단순한 것이기 때문이다.

명상에 대한 다양한 접근들을 연구한 후에, 하버드 의과대학의 심장병 전문의인 Hervert Beson은 정교한 종교적 의식과 믿음은 명상으로부터 이득을 얻어내는 데는 필요치 않다고 결론을 내렸다. 그는 또한 명상이 유용할 수 있는 것은 명상이 유도한 이완 때문이라고 결론을 내렸다.

(5) 신체적 운동

심리학자들은 에어로빅이나 조깅과 같은 신체적 운동이 우울이나 불안과 같은 부정적인 정서에 미치는 효과에 대해 많은 관심을 기울였다. 우울증은 의욕의 저하와 무력감이 특징적인 증상인데, 신체를 움직이는 운동은 이와 반대로 활동 수준을 의도적으로 증가시키는 행위이고 이로 인해 무력감이 경감될 수 있다.

에어로빅과 같은 운동을 규칙적으로 하면 신체적인 건강뿐 아니라 우울증과 불안감 같은 부정적인 정서를 경감시키는 효과가 있음이 많은 연구에 의해 밝혀졌다.

McCann과 Holes(1984)는 경미한 우울증을 겪고 있는 여자 대학생들을 에어로빅 운동과, 점진적 이완 및 무처치 집단에 무선 할당하고 그 효과를 비교했다. 이완훈련 집단의 경우는 약간의 호전을 보였으며 에어로빅 훈련 집단은 극적인 우울증의 경감을 보였다.

Buffone(1980)은 인지-행동적 치료 방법과 달리기를 병행한 8주간의 프로그램을 사용한 결과 병원에서 치료를 받고 있는 우울증 환자의 증상이 현저하게 감소함을 확인했다. Reuter와 Harris(1980)는 달리기와 상담을 병행하는 것이 상담만 하는 것보다 우울증을 경감시키는 데 훨씬 효과적임을 밝혀냈다. Greist(1984)는 우울증 환자들을 에어로빅, 이완훈련, 또는 집단치료에 할당한 다음 그 효과를 비교했다. 모든 집단에서 우울증의 감소를 관찰했지만 에어로빅 운동집단과 이완훈련 집단이 언어적인 집단치료만 실시한 집단에 비해 훨씬 좋은 결과를 보였으며 3개월간의 추적 조사에서도 그 효과는 여전했다. 다른 연구들은 계속적으로 운동을 하면 불안감이 감소될 뿐 아니라(Long, 1984), 자기-존중감이 증가한다는 연구를 밝혀내기도 했다(Sonstroem, 1984). 그래서 어떤 심리학자들은 소위 "달리기 치료" 같이 운동으로 심리적 장애를 치료하는 프로그램을 개발하기도 했다(Greist, 1984).

운동이 이처럼 부정적인 정서상태를 완화시킬 수 있는 이유 중의 하나는 운동과 관련된 대뇌의 생물학적인 변화이다. 많은 사람들은 조깅이나 에어로빅 같은 운동을 하면 흥분수준이 증가하면서도 더 침착해진다고 말한다. 이들이 말하는 편안하면서도 어느 정도는 흥분을 느낄 수 있는 이 상태는 엔돌핀과 노르에피네프린의 작용에 기인할 수 있다. 많은 연구자들은 운동을 하면 엔돌핀과 노르에피네프린의 분비가 증가된다는 사실을 확인했다. 그리고 운동을 하고 난 다음에 느낄 수 있는 긍정적인 기분이 엔돌핀 분비를 차단하는 나록손을 투여했을 때는 나타나지 않는다는 사실은 운동과 대뇌의 생리적 변화와의 관계를 지지하는 증거이다(Hopson, 1988).

스트레스에 대한 대처방법으로 사용할 수 있는 여러 가지 신체적인 운동은 앞에서 논의한 부정적인 정서의 경감효과와 함께 다음과 같은 부수적인 효과가 있다.

◆ 신체적 건강과 스트레스에 대한 내성을 증진시킨다

건강하지 못한 사람들은 건강한 사람들에 비해 스트레스의 근원에 상관없이 스트레스에 취약한 경향이 있다. 규칙적이고 적절한 운동은 신체적인 건강 자체에 도움이 될 뿐 아니라 스트레스에 대해 견디는 힘을 증진시킨다.

◆ 성취감과 자기 통제감을 증진시킨다

규칙적인 운동은 많은 노력과 인내심을 요구하는데 규칙적인 운동에 대한 목표를 설정하고 이를 달성하면 성취감을 느낄 수 있다. 운동에서의 성공 경험과 자기 통제감은 다른 좌절 상황에서도 긍정적인 효과를 발휘한다.

◆ 사회적 지지 세력을 확보하게 도와준다

에어로빅이나 테니스 등과 같이 누군가와 함께 해야 하는 신체적인 운동은 다른 사람들과 사귈 수 있는 기회를 제공해준다. 친밀감을 느낄 수 있는 사회적 지지 세력이 많은 사람일수록 우울감이나 불안감 수준이 낮다는 많은 연구결과들이 있다.

제3장

자기개념과 그 영향

I. 자기개념

1. 자기 복잡성
2. 자기 불일치
3. 자기개념의 형성에 영향을 미치는 요인들

II. 자기-지각의 기본 원리들

1. 자기-귀인
2. 귀인 양식
3. 자기개념의 유지에 대한 욕구
4. 자기-고양에 대한 욕구와 인지적 전략들

III. 자기 효능감

1. 자기 효능감의 영향
2. 자기 효능감의 개발

IV. 자기-제시

1. 인상 관리
2. 자기-감찰

V. 자기 존중감

1. 자기 존중감의 중요성
2. 자기 존중감의 결정요인들
3. 자기 존중감의 결여로 나타나는 행동들
4. 자기 존중감의 증진방법

- 정신건강 과목에서 F를 받았다. 그러나 처참한 기분이 들지는 않는다.
- 좋아했던 여자에게 거절당했다. 내가 너무 불쌍하다.
- 나는 키가 작고 얼굴도 못생겼다. 아무도 나를 좋아하지 않을 것 같다.
- 남들 앞에서 발표할 때는 얼굴이 빨개지고 말을 더듬는다. 남 앞에서 하는 일을 피하고 싶다.
- 입시에 낙방했다. 그러나 재수를 하면 더 좋은 점수를 받을 것이다.
- 다른 사람들이 내게 무관심한 것 같다. 그러나 별로 신경 쓰지 않는다.

위와 같은 내용에 당신은 얼마나 동의하는가? 당신이 동의하는 정도는 주변의 친구들과 같은가? 물론 사람들마다 다를 것이다. 만약 그렇다면 그 이유는? 그것은 각자의 자기개념이 다르기 때문이다. 위의 내용은 자기개념이 당사자의 감정과 다른 사람들에 대한 태도에 그리고 목표 설정에 얼마나 많은 영향을 미치는지를 이해하게 해준다. 우리는 앞 장에서 스트레스에 대한 대처방식과 스트레스의 부정적 영향 정도에서 개인차가 있음을 살펴보았다. 중요한 개인차 요인 중 하나는 자기개념이다. 이 장에서는 자기개념의 정의, 형성 과정 및 적응에 미치는 영향을 다룰 것이다.

1. 자기개념

자기개념(또는 자아개념: Self Concept)은 개인의 기본적인 본성, 독특한 속성들 및 전형적인 행동에 대한 신념의 집합체라고 할 수 있다. 자기개념은 "키가 작다", "사람들과 어울리기를 좋아한다", "쉽게 긴장한다", "IQ가 높다" 등의 수없이 많은 자기에 대한 신념들을 포함하고 있다. 이러한 예들에서 볼 수 있듯이, 자기개념은 별개인 것처럼 분리되어 있으면서도 상호 관련되어 있는 여러 가지 차원들을 포함하고 있다. 우리는 대개 자기개념을 하나의 속성으로 이야기하지만, 한 사람에게서도 상황별로 작용하는 수없이 많은 특정적인 자기개념이 있다고 말하는 것이 보다 정확할 것이다. Don Hamachek(1992)는 자기개념을 크게 네 가지 범주로 분류할 수 있다고 주장한다. 그것들은 **신체적, 사회적, 정서적** 및 **지적인 자기**이다.

이러한 다양한 자기개념들은 상대적으로 독특한 사고와 감정에 의해 특성화된다. 다시 말해, 당신은 자신의 사교술이 좋다는 정보를 많이 가지고 있기 때문에 사교적인 측면에서는 자신이 있지만, 특정 분야의 운동능력이 있는지 여부에 대한 정보가 적다면 운동에 대한 자신감은 별로 느끼지 못할 것이다. 따라서 특정상황에서는 종합적인 자기개념 중의 일부만이 작용할 수 있다. 현재 작용하고 있는 자기개념을 '**작동하고 있는 자기개념**(Working Self-concept)'이라고 하는데, 특정한 자기개념

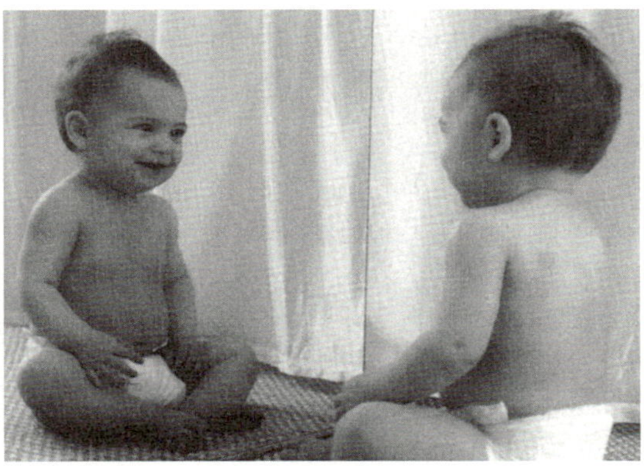

나는 누구일까? 자기개념은 생의 초기부터 형성되기 시작한다.

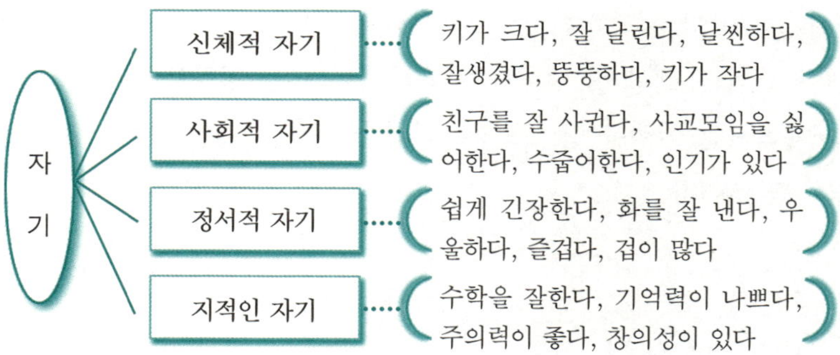

이 작용하게 되면 그때 수반되는 생각과 감정은 특정 자기개념과 관련된 정보를 처리하는 데 강력한 영향을 미친다. 예컨대, 공부를 할 때는 신체적 자기개념이나 사회적 자기개념보다는 지적 자기개념과 연관되어 있는 사고와 신념이 주로 당신의 정보처리 방식을 지배할 것이다. 마찬가지로 데이트를 할 때는 지적인 자기개념보다는 사교적 자기개념이 정보처리 방식을 지배할 것이다.

자기개념은 현재의 행동뿐 아니라 미래의 행동에도 영향을 준다. '가능한 자기(Possible Self)'라는 개념은 미래에 되어 있을 모습에 대해 자기 스스로가 가지는 개념을 의미한다. 만일 인사관리자와 심리학자를 선택하는 것으로 자신의 직업을 좁혀놓았다고 한다면, 이는 직업 영역에서 두 개의 「가능한 자기」가 있음을 의미한다. 「가능한 자기」는 과거의 경험, 현재의 행동, 미래의 기대로부터 발달된다. 「가능한 자기」는 사람들이 목표와 관련된 정보 및 역할모델에 더 주의를 기울이게 해 주고, 목표와 관련된 기술을 실행하기 위한 욕구에 더 집중하게 한다. 이것은 그 자체로서 개인들로 하여금 바람직한 미래 목표를 구상하게 할 뿐 아니라 구상한 목표를 성취할 수 있도록 돕는다. 그러나 이것은 때때로 부정적으로 작용해서, 그가 두려워하는 사람이나 그렇게 될지도 모르는 사람을 표상하기도 한다. 이 경우, 「가능한 자기」는 회피하고자 하는 상(Image)으로 기능한다.

자기개념들은 변화 불가능한 것도 아니지만 그렇다고 쉽게 변화되는 것도 아니다. 앞으로 알게 되겠지만 사람들은 자기에 대한 일관성 있는 관점을 유지하려는 동기를 가지고 있다. 따라서, 사람들은 일단 자기개념이 확립되면 그것을 보존하고 방어하려는 경향을 갖고 있다. 안정성이 있는 자기개념들도 역동적인 속성을 가지고 있다. 하루아침에 달라지는 경우는 거의 없지만, 자기개념은 점차적으로 변화될 수 있다.

자기개념은 자기와 관련된 정보 처리를 안내하기 때문에, 자기 자신과 타인들에 대한 관점과 감정 및 행동하는 방식에 강력한 영향을 미친다. 예컨대, 당신이 아주 매력적인 이성을 만났을 때, 어떻게 행동할 것인지는 당신의 자기개념에 의해 좌우될 것이다.

1. 자기 복잡성

각 개인이 갖고 있는 자기개념은 그 복잡성 수준에서 매우 다양할 수 있다. 자기 복잡성(Self Complexity)이란 개인의 자기개념이 얼마나 단순한가 혹은 복잡한가를 의미한다. 자기 복잡성 정도가 큰 사람은 서로 다른 여러 가지 자기개념을 갖고 있으며 각각의 구성요소는 전체적인 자기개념의 작은 부분을 구성하고 있다. 반대로, 자기 복잡성이 낮은 사람들은 적은 구성요소들을 가지고 있기 때문에 각각의 구성요소들이 자기개념의 큰 부분을 구성하고 있다. Patricia Linville(1985, 1988)은 긍정적이든 부정적이든 어떤 사건은 그 사건과 관련되어 있는 자기 구성요소에 직접적으로 영향을 준다고 가정한다. 따라서 소수의 요소들만으로 구성된 자기개념을 갖고 있을 경우, 그중의 한 요소가 영향을 받으면 많은 요소로 구성된 자기개념을 가지고 있을 때보다 전반적인 자기개념에 더 큰 영향을 줄 것이다. 예를 들어 당신이 자기 복잡성이 높은 사람이라면, 파트너와 싸울 때 자기 복잡성이 낮은 사람에 비해 불쾌함을 적게 느낄 것이다. 마찬가지로, 테니스시합에서 이기는 것과 같이 기분 좋은 일이 있을 때도 보다 적은 자기 복잡성을 가진 사람들보다 덜 흥분할 것이다. 그러므로 Linville이 주장한 바와 같이, 자기 복잡성이 낮은 사람들은 높은 사람들보다 자기 존중감이나 정서의 변화가 심할 것이다.

Linvile(1987)은 이러한 가정을 지지해주는 연구결과를 보고했다. 그는 자기 복잡성 수준이 다른 대학생들에게 적성검사를 실시한 다음 수행수준에 상관없이 사전에 계획된 결과를 알려주었다. 자기 복잡성이 낮은 사람들은 자기 복잡성이 높은 사람들에 비해 성공했을 땐 더욱 긍정적인 기분을 느꼈고 실패했을 땐 더욱 부정적인 기분을 느꼈다고 보고했다. 즉, 자기 복잡성이 낮은 사람들은 높은 사람들보다 기분의 동요가 더 크다. Linville은 또한 자기 복잡성이 낮은 대학생들은 높은 사람들보다 2주 동안 더 큰 정서적 상승과 하강을 경험했다고 했다.

자기 복잡성은 정서와 자기 존중감을 안정적으로 유지시키기 때문에 바람직한 속성인 듯하다. 그렇다면 자기 복잡성의 개발도 가능한가? Linville(1987)에 따르면, 자기 복잡성은 다양한 역할, 관계, 상황(학생, 노동자, 친구, 형제자매, 아들이나 딸, 음악인, 테니스 선수, 낭만적인 파트너, 지역사회 지원자)에 관여하도록 해 준다. 그녀는 또 이런 다양한 역할과 관계에서의 폭넓은 경험이 자기 복잡성을 촉진시켜 준다고 믿는다. 자기 복잡성이 높은 사람들은 다른 자기 구성요소들에 영향을 주는 긍정적인 사건을 새롭게 만들어내기 때문에 부정적 사건을 겪더라도 그 영향을 상쇄시킬 수 있다는 연구 결과들이 보고되었다. 예를 들어, 동료와의 불화가 있을 때(직무 자기: Work Self에 대한 부정적인 면을 경험하면) 친구와 어울림으로써(친구 자기: Friend Self에 대한 긍정적인 면을 경험한다.), "직무 자기"에 영향을 미치는 부정적 경험을 감소시킬 수 있을 것이다.

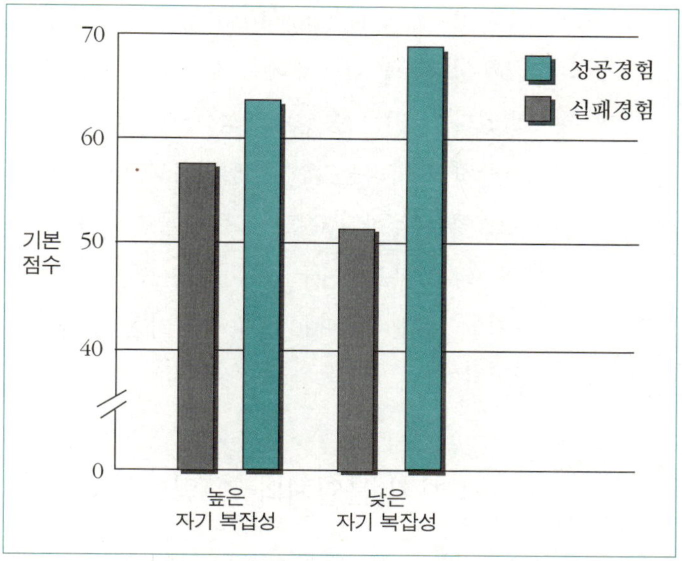

실패한 일과 성공한 일 모두에서 자기 복잡성이 높은 사람은 낮은 사람에 비해 감정의 기복이 적다.

2. 자기 불일치

어떤 사람들은 실제적인 자기의 모습을 바람직한 자기의 모습과 일치되게 지각한다. 그러나 어떤 사람들은 그들이 실제로 보는 자기 모습과 원하는 자기 모습과는 차이가 있는 것으로 지각한다. 예를 들면, 실제적 자기에 대해 "수줍어한다"고 평가하면서, "사교적인" 자기를 이상적인 것으로 생각할 수 있다. 이처럼 자기를 지각함에 있어 불합치감을 느끼는 것을 **자기 불일치**(Self-Discrepancy)라고 한다. E. Tory Higgins(1980)에 따르면, 사람들은 세 가지 유형의 자기지각을 가지고 있다. 즉 **실제적 자기**(Actual Self: 당신 또는 타인 등이 당신이 실제로 가지고 있다고 믿는 속성), **이상적 자기**(Ideal Self: 당신 또는 타인 등이 당신이 가졌으면 하고 바라는 속성), **당위적 자기**(Ought Self: 당신 또는 타인 등이 당신이 가지고 있어야 한다고 믿는 특질들). 자기 불일치 이론은 개인적인 자기지각 및 중요한 타인(부모, 친구, 혹은 연인)들이 자기를 어떻게 지각하는지 둘 다에 관심을 가지고 있다. 그러나 여기서는 자신의 자기지각과 관계된 자기 불일치만을 다룰 것이다.

1) 자기 불일치와 그 영향

Higgins에 따르면, 사람들은 자신의 개인적 기준(이상적 자기 혹은 당위적 자기)에 맞추어 생활할 때 높은 자기 존중감(또는 자존감)을 경험한다고 한다. 바꾸어 말하면 자신의 기대를 충족시키지 못할 때 사람들의 자기 존중감이 손상된다는 것이다. Higgins는 또한 특정 자기 불일치 유형은 특정한 정서와 연관되어 있을 것이라고 주장한다. 예컨대, 실제적 자기와 이상적 자기 간의 불일치가 크면 실망하고, 낙담하며 슬픔을 느끼게 되고 우울증에 걸릴 가능성이 많다. 예를 들어 실제적인 자기는 "비만상태"이며 이상적인 자기는 "매우 날씬한 상태"라면 현재의 상태에 불만족하고 비애를 느낄 수 있다고 예언할 수 있다. 실제로 Strauman 등(1991)의 연구는 몸매에 관한 실제적 자기와 이상적 자기 간의 불일치 정도가 섭식장애와 연관되어 있다는 것을 보여주었다.

불일치의 두 번째 유형은 실제적 자기와 당위적 자기가 불일치할 때이다. 당

실제적 자기 이상적 자기

신의 자기개념이 당신이 느끼는 책임감과 일치하지 않는 경우를 생각해 보라. 예를 들어 부모님을 자주 찾아 뵙고 효도를 해야 된다고 생각하지만 그만큼 자주 효도를 하지 못한다고 생각되는 경우가 여기에 해당될 것이다. Higgins의 이론에 따르면, 당신의 실제적 자기와 당위적 자기 간의 불일치가 심할수록 긴장, 불안, 죄책감을 많이 느낄 것이라고 예언한다. 만약 불일치 정도가 극단적으로 심하다면 불안과 관련된 심리적 장애를 유발할 수 있을 것이다.

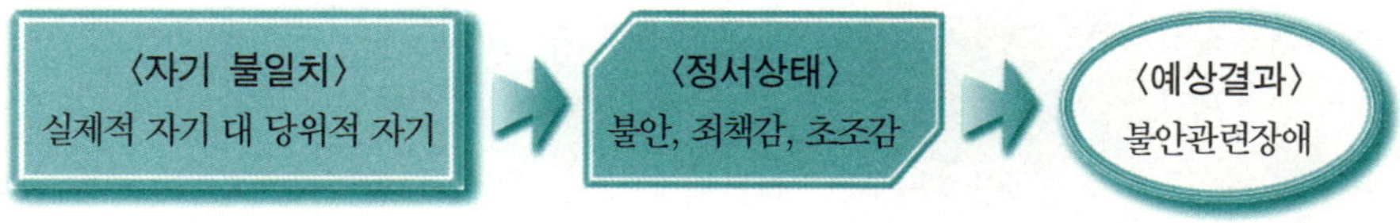

모든 사람들은 어느 정도 자기 불일치를 경험한다. 그럼에도 불구하고 대부분 자기 자신에 대해 대체로 긍정적으로 느끼는 것 같다. 이것이 가능한 이유는 무엇인가? 두 가지 중요한 요인들이 있다. 그중 하나는 경험된 불일치의 정도이고 또 다른 하나는 불일치의 인식 정도이다. 따라서 자기 불일치를 많이 경험하는 사람들은 그렇지 않은 사람들에 비해 정서적인 문제를 더 많이 겪을 것이다. 이와 유사하게, 자기 불일치를 더 많이 자각하는 사람들은 그렇지 못한 사람들에 비해 부정적인 감정에 빠질 가능성이 많을 것이다.

2) 자기 불일치에 대한 대처

자기 불일치와 관련해서 우리가 부정적 감정을 완화시키고 자기 존중감을 높일 수 있는 일은 무엇일까? 그중 한 가지는 개인적 기준, 즉 이상적 자기나 당위적 자기와 일치하는 방향으로 행동을 변화시키는 것이다. 예를 들어, 당신의 이상적 자기는 좋은 성적을 받는 것인데 실제적 자기는 시험결과, D를 받았을 때 다음 시험에서 더 좋은 성적을 받기 위해 효과적인 공부방법을 찾는 것이다. 그럼에도 불구하고 결과가 당신의 이상적 기준들과 일치하지 않을 때는? 그러한 불일치와 관련된 불편감에서 벗어나는 한 가지 방법은 이상적 자기를 실제적 능력과 조화가 되도록 만드는 것이다. 또 다른 방법은 자기 인식을 둔감하게 만드는 것이다. 이를 위해 우리는 때때로, 자기 인식을 증가시킬 수 있는 상황을 회

때로 우리는 자의식을 줄이기 위해(괴로운 일을 잊어버리기 위해) 술의 힘을 빌린다.

피한다. 예를 들면, 거절당하는 자기에 대한 자각을 피하기 위해 데이트 신청을 아예 하지 않는 것이 여기에 해당된다.

어떤 사람들은 자기 인식에 둔감해지기 위해 술을 마신다. Hull과 Young(1983)은 대학생들을 시험점수를 근거로 해서 높은 자기 인식집단과 낮은 자기 인식집단으로 구분했다. 그런 다음 양 집단에게 지능검사를 실시하고 그들의 시험 결과에 대해 사전에 계획된 거짓 피드백을 주었다. 높은 자기 인식 집단의 절반에게는 검사결과가 좋다고 말해 주었지만, 나머지 절반은 엉망이었다고 말해 주었다. 그런 다음 이 연구와 관계가 없는 실험인 것처럼 속여서 15분 동안 와인을 맛보고 맛을 평가하게 했다. 연구자들은 IQ테스트 결과가 나쁘게 나왔다고 알려준 자기 인식 수준이 높은 집단의 참여자들이 다른 집단의 참여자들보다 더 많이 마실 것이라고 예측했다. 연구 결과는 예언했던 대로 나왔다. 자신에 대한 부정적 정보를 회피할 수 없었던 피험자들이 자기 인식을 감소시키기 위해서 알코올을 더 많이 마신 것이다.

자기 인식이 높아진다고 해서 항상 자기 불일치와 자기의 부정적인 측면에만 주의를 집중하는 것은 아니다. 아시다시피 자기개념은 여러 가지 자기에 대한 신념들로 이루어져 있는데, 그중 많은 부분은 긍정적인 자기 신념들이며 일부가 부정적인 신념들이다. 사람들은 자신을 좋게 느끼고 싶어하기 때문에, 나쁜 점보다는 긍정적인 특징들에 초점을 맞추는 경향이 있다.

3. 자기개념의 형성에 영향을 미치는 요인들

많은 요인들이 자기개념에 영향을 준다. 그중에서 중요한 요인들은 자기 자신의 관찰, 타인들과의 비교, 타인들의 피드백, 문화적 가치이다.

1) 자기의 행동에 대한 관찰

사람들은 자기가 갖고 있는 태도가 자기의 행동을 결정할 것이라고 생각한다. 그러나 심리학의 재미있는 발견 중의 하나는 우리의 행동이 태도를 변화시킨다는 것이다. 물론 상당히 많은 경우 우리는 분명한 태도를 갖고 있으며 자기의 태도에 따라 행동을 선택한다. 그러나 우리가 하는 수없이 많은 행동 중에는 이와 관련된 태도가 무엇인지 모르면서 하는 것들이 있다. 생각보다 많은 경우 우리가 했던 행동을 정당화시키기 위해 우리는 태도를 새롭게 형성하거나 기존의 태도를 행동에 걸맞게 변화시킨다. 사람들에게는 행동과 태도의 일관성을 지니려는 막강한 동기가 있기 때문이다. 이러한 행동과 태도의 일치성에 대한 이론이 Festinger(1957)에 의해 주도된 인지부조화 이론(Cognitive Dissonance Theory)이다.

인지부조화 이론은 인지들 간의 균형과 정서와 인지 간의 균형 등에도 적용될 수 있지만 행동과 태도 간의 균형을 이해하는 데 주로 적용된다. 이 이론에 의하면 태도의 각 요소들은 서로 세 가지 상태 중의 하나의 관계에 있다. 즉, 조화상태, 부조화 상태, 그리고 무관한 상태이다. 부조화는 우리가 수행한 행동이 우리의 태도와 일치하지 않을 때에 생기게 된다. 신념들 간에, 또는 신념과 행동 간에 부조화가 있으면 사람들은 불편감을 느끼며 이 경우 조화로운 상태를 회복하려는 동기가 생긴다. 부조화 상태에 의해서 유발되는 조화로운 상태로 회복하려는 동기는 다른 충동들과 유사한 방식으로 작용한다. 배가 고프면 우리는 배고픔을 줄이려고 노력한다. 두려우면, 공포심을 감소시키려고 애쓴다. 마찬가지로 부조화 상태를 경험하면 우리는 그것을 감소시키기 위해 노력한다. 부조화를 감소시키는 것은 일관성이나 조화(Consonance)를 회복시키는 것을 의미한다. 그 과정에서 동원되는 방법 중의 하나는 태도에 일치하지 않는 행동을 취소하는 것이다. 그러나 행동이 취소되거나 변경될 수 없다면, 우리는 자신의 태도를 행동에 일치시킴으로써 부조화를 감소시킨다. 많은 경우, 이미 저지른 행동을 취소하기보다는 태도를 행동에 맞추는 것이 더 용이하다. 이 불편감의 정도는 신념의 중요성과 부조화를 이루는 요소들의 양이 많을수록 커지며 부조화를 감소시키려는 동기와 정비례한다.

부조화를 감소시키는 방법을 예를 들어 검토해 보자. 만약 십수 년 동안 습관적으로 담배를 피워온 사람이 담배가 해롭다는 정보를 접하고 그 내용을 신뢰한다면 그는 자신의 흡연행위와 흡연에 대한 태도 간의 부조화를 경험할 것이다. 부조화 상태로 인한 괴로움을 감소시키기 위해서 그는 담배를 끊거나 흡연의 해독 효과를 부정할 수 있다. 실제로 많은 흡연자들은 담배가 해롭다는 정보를 받고도 "윈스턴 처칠은 골초였지만 장수했다"거나, "담배 한 대 피워보지 못한 사람이 폐암에 걸려 사망했다"는 등의 사례를 떠올리면서 여전히 담배를 즐기고 있다. 부조화 상태로 야기된 불편감을 감소시키는 또 다른 방법은 부조화의 의미를 감소시키는 것이다. 흡연의 해독은 금연 시 겪는 스트레스의 해독보다 경미하다고 생각하거나, 건강을 염려하면서도 해가 되는 흡연을 하면서 겪게 되는 모순의 중요성을 저하시키려고 건강을 증진시키는 보완책으로 등산을 하거나 헬스클럽에 나갈 수 있다. 가장 흔히 사용되는 방법은 말할 것도 없이 자기가 하고 있는 행동에 걸맞게 태도를 변화시키는 것이다. 흡연을 혐오하던 사람이 흡연을 하게 되면서 흡연을 예찬하거나, 골초가 금연에 성공하면서 흡연을 세상에서 가장 어리석은 행동으로 여기게 되는 것이다.

인지부조화 이론은 태도변화에 대한 행동의 영향들에 관한 최초의 연구였다. 수년 후에 Bem(1967)은 사람들이 자신의 태도가 무엇인지를 진정으로 알지 못하는 경우가 많으며, 그 경우 단순하게 자신의 행동과 행동이 일어나는 상황들을 관찰해서 자기의 태도를 추론한다는 자기지각 이론(Self Perception Theory)을 제안했다. 인지부조화 이론이나 자기지각 이론은 행동이 태도에 영향을 미칠 수 있다고 주장하는 점에서 공통점이 있다. 그러나 전자의 경우는 인지적인 과정, 즉 부조화라는 보이지 않는 심리적 과정을 가정하는 데 반해, 후자는 그 과정이 없이도 행동은 태도에 영향을 미친다는 행동주의적인 입장을 취한다. 또 전자의 경우는 확고한 태도를 가지고 있는 상황에서 적용되는 이론이며 후자의 경우는 자신의 태도가 모호하고 애매하거나 사전의 태도가 확고하지 않은 경우에 적용될 수 있다.

2) 타인과의 비교

자기 자신의 행동을 관찰하는 것은, 당신에 대한 주된 정보의 근원이다. 초기 아동기에, 사람들은 자신의 행동을 관찰함으로써 자신에 대한 결론을 이끌어

내기 시작한다. 어린 아동들은 누가 제일 키가 큰지, 누가 가장 빨리 달릴 수 있는지 또는 누가 가장 높이 그네를 뛸 수 있는지를 이야기할 것이다. 그러나 자기를 관찰하는 것만으로는 부족하다. Leon Festinger(1954)의 **사회비교이론**(Social Comparison Theory)은, 사람들이 자신의 행동을 평가하기 위해 타인들과 자신을 비교한다고 제안한다. 사람들은 자신이 얼마나 매력적인지, '정신건강'과목의 시험을 얼마나 잘 봤는지 사회적 기술이 얼마나 좋은지 등등을 결정하기 위해 자신과 타인을 비교한다. 지능이니 미모니 하는 것은 모두 절대적인 개념이 아니라 상대적인 개념이다. 따라서 타인과의 비교가 당연히 일어난다.

Festinger의 초기 이론에서는, 사람들은 자신의 능력을 정확히 평가할 목적으로 사회적 비교를 한다고 주장했었다. 그러나 최근의 연구에서는 자기상을 유지하고 자신의 기술을 향상시키기 위해서도 사회 비교를 한다고 본다. 사람들은 사회 비교를 할 때 비교대상을 선택한다. **준거집단**(Reference Group)이란 사람들이 그들 자신과 비교하고자 하는 일단의 사람들을 뜻한다. 예를 들어, 정신건강 과목의 중간고사 성적이 어느 정도인지를 알기 위해서는(능력을 평가하기 위해) 그 과목을 듣는 동료 수강생들이 준거집단이 될 것이다. 반대로, 당신이 영어회화를 잘 하기를 원한다면(회화술을 발전시키기 위해), 당신보다 다소 우월한 능력을 가진 사람이 준거집단이 될 것이다. 왜냐하면, 준거집단의 기술들은 당신으로 하여금 더욱 노력하게 만드는 무언가를 주기 때문이다. 그리고 자신의 자기존중감을 고양시켜야 할 필요가 있을 때는 당신보다 잘하는 사람보다는 다소 못하다고 지각되는 사람들과 당신 자신을 비교하면 된다.

사회 비교의 잠재적 영향은 Morse 등(1970)이 "Mr. Clean/Mr. Dirty" 연구라고 알려진 고전적 연구를 통해 증명해냈다. 피험자들은 구직 면접에 참여한 사람들이었다. 이들 중 절반가량은 말쑥하게 옷을 차려입어 매우 유능하게 보이는 또 다른 지원자들과 함께 면접을 봤다. 나머지 절반은 단정치 못하고 횡설수설하는 지원자들과 함께 면접에 임했다. 모든 피험자들을 대상으로 구직 면접 전과 면접 후 자기 존중감 검사를 실시했다. 그 결과, 말쑥하고 말도 잘하는 지원자들과 함께 면접시험을 봤던 피험자들은 면접 후 자기 존중감이 낮아졌으며, 허술한 복장에 말도 잘 못하는 지원자들과 함께 면접시험을 봤던 피험자들은 면접 후 자기 존중감이 높아졌다. 따라서, 타인과의 비교는 사람들의 자기개념에 즉각적인 영향을 끼칠 수가 있다.

잘난 자와 함께 있으면 자존심이 상한다

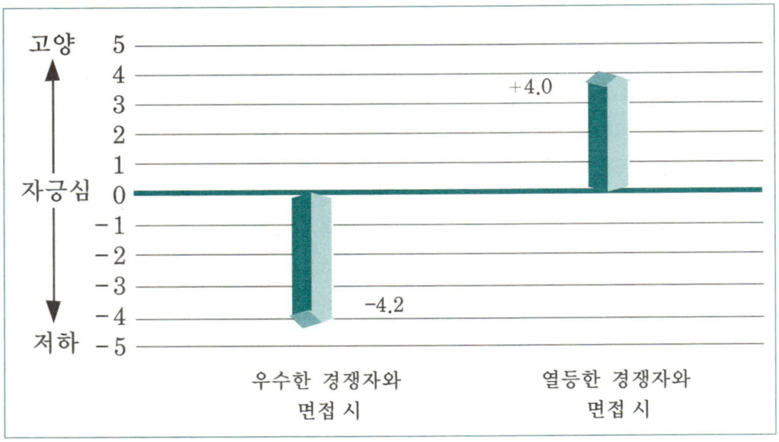

자기보다 못한 사람과 함께 면접을 받으면 자긍심이 고양되지만, 우수한 사람과 함께 경쟁할 때는 열등감을 느낀다.

스스로 자신의 행동을 관찰하는 것은 객관적이지 못한 경우가 많다. 일반적으로 자신을 평가할 때는 긍정적인 방향으로 왜곡하는 경향이 있기 때문이다. 연구 결과는, 대부분의 사람들이 자신의 실제 장점보다 더 긍정적인 쪽으로 자신을 평가하는 경향이 있다는 견해를 지지한다. 이런 추세는 829,000명의 고등학교 상급생들을 대상으로 실시한 SAT의 일부분으로 수행된 큰 규모의 조사를 통해 설득력을 갖추게 되었다. 이 조사에서 70%의 학생들은 자신의 "리더십"이 평균 이상이라고 평가를 했고, 단지 2%만이 평균 이하라고 평가를 했다. 만약 모든 사람들이 객관적으로 자신을 평가한다면 당연히 50%는 평균 이상이어야 하고 50%는 평균 이하이어야 한다. 그럼에도 불구하고, "타인과 잘 지내는 능력"에 대해서는 100%의 피험자들이 자신을 평균 이상으로 간주했다.

긍정적인 방향으로 현실을 왜곡하는 것이 일반적 추세이긴 하지만, 대부분의 사람들은 긍정적인 방향뿐 아니라 부정적인 방향으로도 왜곡한다. 예를 들어, 당신은 자신의 신체적 매력 정도는 과소평가를 하면서도 사회적 기술과 정서적 안정성이나 지적 능력은 과대평가할지 모른다. 또 일부 소수의 사람들은 그들 스스로를 계속해서 비현실적으로 부정적인 쪽으로 평가한다. 따라서, 전체적으로는 자신을 호의적인 쪽으로 보는 경향이 강하긴 하지만 이것이 보편적인 것은 아니다.

3) 타인의 피드백

당신의 자기개념은 분명히 당신의 행동에 대하여 타인들이 주는 피드백에 영향을 받았을 것이다. 물론, 모든 사람이 당신의 인생에 똑같이 영향을 주는 것은 아니다. 인생 초기에는 부모나 가족 구성원들이 제공하는 피드백이 지배적인 역할을 한다. 성장함에 따라, 피드백을 주는 중요한 타인의 수는 증가한다.

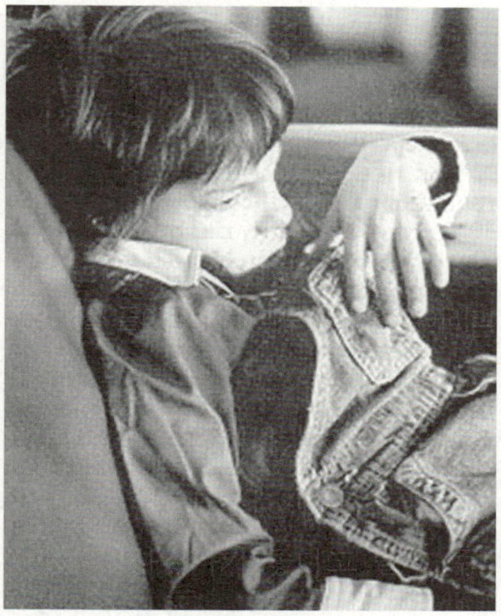

부정적인 자기상을 가진 아이들은 비난이나 거절을 당할 때 자신에 대한 무가치감을 확인하고 더욱더 부정적 자기상을 키워나갈 것이다.

부모는 자식들에게 직접적인 피드백을 많이 준다. 부모는 "난 네가 자랑스럽다" 또는 "너는 게을러"와 같은 말로 끊임없이 칭찬을 하거나 비난을 한다. 대부분의 사람들은 특히 젊었을 때 이런 유형의 피드백을 많이 받는다. 따라서 부모들이 보이는 자녀들에 대한 관점과 아동들의 자기개념이 관련되어 있다는 것은 너무나도 당연하다. 부모가 자신을 대하는 태도에 관한 아동의 지각과 아동 자신의 자기 지각 간에 밀접한 관계가 있다는 강력한 증거가 있다.

재미있는 것은 사람들은 특정한 어떤 사람이 자신을 어떻게 평가하는지에 대해서 정확하게 알지 못하며 그보다는 일반적인 수준에서 다른 사람들이 자신을 어떻게 보는지 더 잘 판단한다는 것이다. 또한, 사람들은 학점과 같이 객관적인 정보를 수집할 수 있을 때는, 신체적 매력과 같이 사회적으로 정의된 기준에 전적으로 의존해야만 하는 영역과 관련된 평가를 할 때처럼 타인의 평가에 비중을 많이 두지는 않는다.

아동기 동안 부모와 가족들만이 피드백을 주는 것은 아니다. 교사나 친척 등 주변의 사람들 역시 의미 있는 피드백을 제공한다. 동료집단의 영향력이 점점 증가하는 청년기에는 친구들이 자기개념 발달에 중요한 역할을 한다. 물론, 타인들의 피드백은 자신의 사회적 지각체계를 통해 여과된다. 그렇기 때문에 타인들의 피드백은 자기 자신의 관찰과 마찬가지로 왜곡될 수 있다.

4) 문화적 지침들

자기개념은 문화적 가치에 의해서도 영향을 받는다. 당신이 속한 사회는 무엇이 바람직한 성격과 행동인지, 무엇이 바람직하지 못한 성격과 행동인지에 대해 정의를 내려놓고 있다. 예컨대, 미국인의 문화에선 개인주의, 경쟁을 통한 성공, 힘, 기술에 비중을 두는 경향이 있다. 사람들은 문화적 기대에 합치할 때 자기 자신을 좋게 느끼고, 자기 존중감은 높아지며, 그 반대인 경우, 즉 문화적 기대에 부응하지 못하면 자기 존중감이 줄어들 수 있다.

최근 이루어진 비교 문화적 연구결과들은 문화가 다르면 자기개념을 다르게 형성시킬 수 있음을 시사한다. 문화의 차이를 구분하는 중요한 방식 중의 하나는 개인주의 대 집단주의 차원이다. **개인주의**(Individualism)는 집단의 목표보다는 개인의 목표를 달성하는 것에 비중을 두며, 개인의 정체감을 집단의 구성원으로서보다는 개인적인 속성에 의해서 규정짓는다. 반대로, **집단주의**(Collectivism)는 개인적인 목표보다는 집단의 목표 달성에 우선권을 부여하며 개인의 정체감을 그가 속한 집단(가족, 종족, 일터, 사회계층 등등)에 의해 규정짓는다. 집단주의적 문화는 개인주의적인 문화에 비해 가치나 자원을 공유하고, 협동하며, 상호의존하는 것에 우선권을 부여하며 개인의 행위가 다른 집단 구성원들에게 어떤 영향을 끼칠 것인지에 우선적으로 관심을 둔다. 이 문화에서의 아동 양육 패턴은 복종, 신뢰성, 적절한 행동의 중요성을 강조한다. 반면에 개인주의적인 문화에서는 독립심, 자기 존중감, 자기 신뢰의 발달을 강조한다.

사회가 집단주의보다는 개인주의를 추구하게 되는 데는 여러 가지 요인들이 영향을 미친다. 그중에서도 문화적 풍요로움, 교육, 도시화, 사회 변동성의 증가는 개인주의를 부추긴다. 현대의 여러 문화권의 사회가 변화하고 있지만, 일반적으로 북아메리카와 서유럽의 문화는 개인주의적인 성향이 강한 반면, 아시아, 아프리카, 라틴아메리카의 문화는 집단주의적인 경향이 많다.

개인주의적 문화에서 자란 사람들은 독립된 자기관을 가지며, 자신을 독특하고 독립적이며 타인과는 다른 사람으로 지각한다. 반면에 집단주의 문화권에서 자란 사람들은 자기에 대한 상호의존적 관점을 지니고 있다. 그래서 그들은 스스로를 타인과 복잡하게 연결되어 있는 것으로 간주하며, 타인과의 조화로운 관계가 가장 중요하다고 믿는다.

자기에 대해 독립적인 관점을 가지고 있는 사람들은 타인과 뭔가 다른 사람으로 자신의 자기관을 유지하려는 쪽으로 사회화되고, 집단이 성공했을 때는 자신이 기대 이상의 몫을 했기 때문이라고 주장하며, 집단이 실패했을 때는 자신의 책임을 부인하는 경향이 있다. 자기에 대해 상호의존적인 관점을 가지고 있는 사람들은 소속되어 있는 집단의 요구에 맞춰 자기 자신을 조절하며, 사람들 간의 상호의존을 유지하는 쪽으로 사회화된다. 그렇기 때문에 그들은 사회적 의무와 책임을 가장 중요한 것으로 보며, 집단의 실패에 자신의 책임이 있다고 본다.

여러 연구자들은 개인주의와 집단주의 문화에서 조장되는 자기관이 많은 북아메리카 남성과 여성들의 자기관과 같다고 주장한다. 다시 말해, 많은 미국 남성들은 독립된 자기관을 가진 듯하고, 많은 미국 여성들은 상호의존적인 자기관을 가지는 경향이 있다. 이런 가설적인 자기개념의 성차는 호기심을 자극케 하며 많은 연구들이 이루어지게 했다. 예를 들면, 이러한 연구는 낭만적인 사랑의 경험 및 친밀감에 대한 포용력과 관련된 성차를 규명하는 계기를 만들어줄 수도 있을 것이다.

문화적 가치는 또한 자기개념을 형성할 수 있는 많은 고정관념에 영향을 줄 수 있다. 예를 들어, 성 고정관념은 남성과 여성의 자기지각과 행동에 영향을 미칠 것이다. 한 연구는 대학생들의 성 고정관념이 그들이 하고자 하는 활동이 무엇인지 그리고 그것을 얼마나 즐기는지를 예측해 준다는 것을 발견했다. 이와 유사하게, 인종, 계급, 성 지향, 종교에 대한 고정관념들은 자기개념에 영향을 줄 수 있다.

자기-개념 검사

다음은 당신이 스스로를 어떻게 평가하고 있는지를 알아보고자 하는 질문입니다. 주위에 있는 사람들과 비교하여, 자신은 어떤지를 표시해 주십시오.

	전혀 그렇지 않다	약간 그렇다	대체로 그렇다	매우 그렇다	전적으로 그렇다
1. 외모가 준수하다	1	2	3	4	5
2. 아는 것이 많다	1	2	3	4	5
3. 욕심이 많다	1	2	3	4	5
4. 유머감각이 있다	1	2	3	4	5
5. 머리가 좋다	1	2	3	4	5
6. 인기가 많다	1	2	3	4	5
7. 일을 깔끔하게 한다	1	2	3	4	5
8. 지금의 내 모습은 성공적이다	1	2	3	4	5
9. 기억력이 좋다	1	2	3	4	5
10. 성적 매력이 있다(이성에게 호감을 준다)	1	2	3	4	5
11. 불친절하다	1	2	3	4	5
12. 성격이 좋다	1	2	3	4	5
13. 게으르다	1	2	3	4	5
14. 신체 건강하고 활동적이다	1	2	3	4	5
15. 이기적이다	1	2	3	4	5
16. 책을 보면 이해가 잘 간다	1	2	3	4	5
17. 얼굴이 잘생겼다	1	2	3	4	5
18. 본성이 착하다	1	2	3	4	5
19. 독립심이 강하다	1	2	3	4	5
20. 무슨 일이든 시작하면 끝을 보고야 만다	1	2	3	4	5
21. 내 자신에 대해 지나치게 신경을 쓴다	1	2	3	4	5
22. 무엇이든 쉽게 배운다	1	2	3	4	5
23. 질투심이 많다	1	2	3	4	5
24. 주어진 일을 성실하게 하는 편이다	1	2	3	4	5
25. 냉혹하다	1	2	3	4	5

채점방법

먼저 3, 11, 13, 15, 21, 23, 25번 문항은 거꾸로 채점하고(예: 1은 5, 2는 4, 4는 2, 5는 1로), 합산을 하십시오. 점수가 높을수록 자기개념은 긍정적입니다.

II. 자기-지각의 기본 원리들

지금까지 우리는 자기개념과 관련한 몇 가지 주요 측면들을 논의했다. 지금부터는 사람들이 자기에 관한 일관적 견해를 구성하고 유지하기 위해 사용하는 몇 가지 과정들을 살펴볼 것이다. 우리는 자기-귀인, 귀인 양식, 자기-지각에 영향을 끼치는 중요한 두 가지 동기들, 그리고, 자기에 대한 긍정적 감정을 유지하기 위해 사람들이 사용하는 몇 가지 흥미로운 전략들을 살펴볼 것이다.

1. 자기-귀인

당신이 심리학 과목의 성적을 아주 잘 받았다고 가정해 보자. 당신이 좋은 성적을 받게 된 이유는 어디에 있는가? 당신이 사용했던 학습방법 때문인가? 교수가 시험을 쉽게 냈기 때문인가? 아니면 당신의 심리학에 대한 적성이 높기 때문인가?

당신이 마음에 둔 사람에게 차라도 한잔 같이 하자고 프로포즈를 했다. 그런데 유감스럽게도 당신은 거절당했다. 상대방은 왜 거절했을까? 당신이 못생겨서인가? 상대방의 기분이 나빠서인가? 아니면 당신이 너무 잘생겨 상대가 부담을 느꼈기 때문인가? 이런 일상적인 예들은 자기-귀인과 타인-귀인 과정의 특성을 예시해 준다. 자기-귀인(Self-Attribution)이란 사람들이 그들 자신의 행동에 대한 원인을 이끌어 내는 추론을 말한다. 사람들은 일상적으로 그들의 경험들을 이해하기 위해 귀인을 한다. 이런 귀인들은 궁극적으로 그 개인의 어떤 부분에 대해 추측하는 추론들을 포함한다.

Fritz Heider(1958)는 최초로, 사람들이 행동의 원인을 개인 내부에 위치시켜, 그것을 개인적 요인으로 귀인시키거나, 개인 외적 요인에 위치시켜, 그것을 환경적 요인에 귀인시키는 경향이 있다고 주장하였다. 그 결과, 그는 귀인과 관련되는 중요한 차원들을 찾아냈다. 그의 이론은 자기-귀인과 관련될 뿐 아니라, 사람들이 타인의 행동이나 사건의 원인을 설명하기 위해 형성하는 타인-귀인이나 사건들에 대한 귀인들과도 관련되는 일반적인 이론이다. 그러나 이 장에서는, 자기-귀인에 적용되는 Heider의 이론만을 개관할 것이다. 우리는 다음 장에서 다르게 적용된 그의 이론을 살펴볼 것이다.

1) 내적 또는 외적 차원

내적 귀인(Internal Attribution)은 행동의 원인을 개인의 기질, 특질, 능력, 그리고 감정으로 돌리는 것이다. **외적 귀인**(External Attribution)은 행동의 원인을 상황적 요구와 환경적 조건 등 외부적 요인에 돌리는 것이다. 예를 들어, 만약 당신이 통계학에서 'F'를 받고 그 이유를 적절한 시험 준비를 하지 못했던 것이나 시험 동안 너무 불안했던 것에서 찾는다면, 당신은 내적 귀인을 하고 있는 것이다. 반면, 당신이 낮은 점수를 받은 이유를 교수님의 출제방식이나 날씨, 또는 그날의 운세에서 찾는다면 외적인 귀인을 하고 있는 것이다.

귀인이 내적인지, 또는 외적인지의 여부는 개인의 적응에 많은 영향을 끼친다. 예컨대 우울한 사람들은 그들이 외로움을 느끼는 원인을 안정적이고, 내적인 원인("나는 사랑받을 수 있는 점이 없는 사람이다")으로 돌리는 경향이 있다. 비슷하게, 연구들은 실패의 원인을 외부적, 상황적 요인으로 돌리기보다는 내적 및 개인적 원인으로 돌리는 사람들이 그렇지 않은 사람들보다 더 우울증에 걸리기 쉽다고 제안한다.

2) 안정적 또는 불안정적 차원

사람들이 원인 귀인을 할 때 사용하는 두 번째 차원은 행동의 저변에 깔린 원인들의 안정성이다. **안정적 귀인**(Stable Attribution)은 다소 영속적이고 시간에 따라 쉽게 변하지 않는 것으로 귀인하는 것이다. 예를 들어, 유머감각과 지능은 행동의 안정적, 내적 원인들이다. 행동의 안정적, 외적 원인들은 법과 규칙(속도 제한, 금연지역) 같은 것들을 포함한다. **불안정적 귀인**(Unstable Attribution)은 변화가 가능한 어떤 것에 귀인을 하는 것을 말한다. 행동의 불안정적이고, 내적인 원인은 정서(좋은, 또는 나쁜)와 동기(강한 또는 약한) 같은 것들을 포함한다. 불안정한 외적 원인들은 날씨와 타인의 존재 여부와 같은 것을 말한다. Bernard Weiner(1974)에 따르면, 귀인의 안정-불안정 차원은 내적-외적 차원에 걸쳐 나타나며, 성공과 실패에 대한 네 가지 귀인 유형을 만들어 낸다.

구체적인 사건에 Weiner의 모델을 적용해 보자. 당신이 원했던 직장에 취업을 하게 된 이유에 관해 생각하고 있다고 상상해 보라. 당신의 취업을 안정적(훌륭한 능력) 또는 불안정적(눈길을 끌 수 있는 이력서를 작성한 것)인 내적 요인에 귀인시킬 수 있다. 또한 그 결과를 안정적(낮은 경쟁률)이나 불안정적(좋은 운)인 외적 요인들에 귀인시킬 수도 있다. 당신이 취업에 실패한 이유를 설명할 때도 다음과 같이 네 가지 요인으로 귀인할 수 있을 것이다. 내적-안정적(능력의 부족), 내적-불안정적(이력서에 대한 부적절한 노력), 외적-안정적(당신의 분야에 너무 높은 경쟁률), 외적-불안정적(나쁜 운) 범주로 말이다.

데이트 신청이 거절당한 이유는?

귀인 차원	내적 귀인	외적 귀인
안정적 귀인	지능, 성격, 키, 체구	사주팔자, 상대의 취향
불안정적 귀인	당시의 복장, 기분, 동기	상대의 기분, 그날의 날씨

3) 통제가능성 또는 통제불가능성 차원

귀인과정의 세 번째 차원은 개인의 행동 저변에 깔린 원인들의 **통제가능성**(Controllability)이다(Weiner, 1986). 예를 들어, 당신이 어떤 과제에 들인 노력의 양은 전형적으로 당신의 통제하에 있는 것으로 지각되지만, 음악에 대한 재능이나 IQ는 선천적으로 가지고 태어나는, 즉 **통제 불가능한**(Uncontrollable) 것으로 간주된다. 이 차원은 행동이 때로는 개인의 통제하에 있지만, 때로는 그렇지 않다는 사실을 알려준다. 통제 가능성은 다른 두 요인, 즉 내적 및 외적 차원과 안정적 및 불안정적 차원에 따라 각기 다르게 나타난다.

이런 세 가지 차원들이 귀인과정의 중심적인 차원이다. 연구결과들은 자기-귀인이 장래에 대한 기대(성공이나 실패), 정서(자존감, 절망감, 죄책감)에 영향을 줄 수 있고, 이들 간의 조합이 후속적인 수행 정도에 영향을 미친다고 보고한다.

2. 귀인 양식

프로포즈해서 거절당했을 때, 대학입시에서 낙방했을 때, 직장에서 쫓겨났을 때 등, 크고 작은 불행한 일이 닥쳤을 때 어째서 어떤 사람은 포기하고 절망하며, 어떤 사람은 불행에 굴복하지 않고 다시 일어설 수 있는가? 쉽게 포기하는 사람들은 마음속으로 이렇게 중얼거린다. '할 수 없지. 나는 그런 사람이야. 되는 일이 없는데 난들 어떡해.' 그러나 역경에 도전하고 불행에 굴복하지 않는 사람들은 이렇게 말할 것이다. '그럴 수도 있지. 기회는 많아. 내가 할 일이 어디 이것뿐이겠어?'라고.

전자의 경우처럼 비관적인 생각을 갖고 있는 사람들은 자신에게 좋지 않은 일이 일어날 때마다 최악의 경우를 예상한다. 그에 반해 낙관주의자들은 불행한 일이 생기더라도 그 영향을 최소화해서 생각하고 그런 일들은 극복할 수 있는 일이며 인생의 역경은 오히려 도전거리를 만들어 준다고 생각한다.

무력감과 절망감 분야의 독보적인 연구자였던 Martin Seligman은 어느 날 맨해튼에 있는 메트로폴리탄 생명보험회사 사장으로부터 한 가지 부탁을 받았다. 성공적인 세일즈맨을 선발할 수 있는 방법을 찾아 달라는 것이었다. 보험회사 사장은 매년 6만 명 정도의 지원자들 중에서 5천 명 정도의 신입사원을 선발한다고 했다. 그런데 혹독한 수습기간을 거친 사원들 중 절반이 1년 이내에 회사를 그만둔다는 것이다. 4년이 지나면 80%가 중도 탈락하기 때문에 매년 7천 5백만 달러 정도의 비용이 허비된다고 했다.

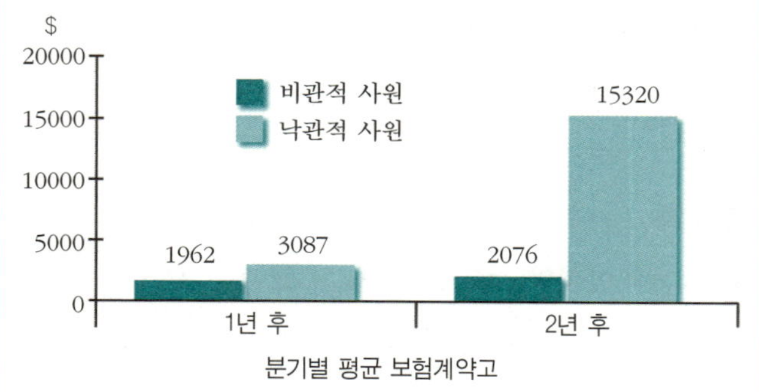

분기별 평균 보험계약고

Seligman은 성공적인 세일즈맨과 실적이 형편없는 세일즈맨 간에는 보험가입의 권유를 거절당했을 때 자기 자신에게 말하는 방식이 다르다는 것을 확인했다.

실적을 많이 올리는 직원은 '이 사람은 너무 바빠', '이 사람은 이미 다른 보험에 가입했지만, 부분보험일 거야.' 또는 '저녁식사 중에 전화를 걸었나 봐'라는 식으로 생각한다. 그러나 비관적인 사람들은 '난 안 되나 봐', '재주가 없나 봐', '이러다간 밥값도 제대로 못 하겠어'라는 식으로 속으로 중얼거린다. 이처럼 사고방식을 반영하는 혼잣말을 심리학에서는 **자기 말**(Self-Talk) 또는 **내면적 언어**라고 한다. 망설임 없이 다시 전화기를 들 수 있는 사람이 어떤 사람인지는 너무나 자명하다.

Seligman은 낙관주의와 비관주의를 구분할 수 있는 검사도구를 만들었다. 그는 세일즈맨들에게 검사를 실시해서 그들이 입사한 지 1년이 되었을 때와 2년이 되었을 때의 보험 계약고를 비교했다. 분기별 평균 계약실적을 비교한 결과, 입사 후 1년째에는 낙관적인 사원의 경우 3,087달러인 반면 비관적인 사원은 1,962달러를 계약해서 낙관적인 사원들이 비관적인 사원에 비해 57.33%나 더 많은 계약실적을 올렸다. 입사 후 2년째에는 차이가 더 심해졌다. 낙관적인 사원들이(15,320 달러) 그렇지 않은 사원(2,076 달러)에 비해 무려 637.95%나 더 많은 계약실적을 올린 것이다. 또 비관적인 사원은 1년이 지나도 계약고가 거의 달라지지 않은 반면(1,962 달러 : 2,076 달러), 낙관적인 사원은 1년 전의 계약고에 비해 무려 4.96배나 증가했다(3,078 달러 : 15,320 달러). 낙관성이 제공하는 가장 막강한 힘은 역경에도 포기하지 않게 만드는 것이다.

우리는 살아가면서 크고 작은 성공, 그리고 실패를 경험한다. 쉽사리 포기하는 사람들은 실패했을 때 습관적으로 이렇게 말한다. '나는 매사가 이 모양이야. 앞으로도 희망이 없어. 그건 내가 못났기 때문이야'라고. 그러나 삶에 긍정적으로 도전하는 사람들은 다르게 생각한다. '이 일은 잘 안 풀리는군. 기회는 많아. 상황이 별로 좋지 않았어'라고.

귀인 양식(Attributional Style) 또는 **설명양식**(Explanatory Style)이란 일생에 걸쳐, 광범위하게 다양한 사건들에 대해서 유사한 인과적 설명을 사용하는 경향성을 말한다. Martin Seligman(1990)에 의하면, 사람들은 정도의 차이는 있지만, 두 가지 귀인 양식 중 하나를 보이는 경향이 있다. **낙관적 설명 양식**(Optimistic

Explanatory Style), 또는 **비관적 설명 양식**(Pessimistic Explanatory Style). 낙관적 설명 양식을 가지고 있는 사람은 실패를 외적, 불안정적, 그리고 특정적 요인들에 귀인시키는 경향성을 지닌다. 예를 들어, 바라던 직업을 얻지 못한 어떤 사람은 이 불행을 개인적 단점보다는 면접에서 운이 나빴기 때문이라고 귀인할 것이다. 이런 양식은 사람들로 하여금 괴로움을 적게 경험하게 하며, 그로 인해 미래를 더 긍정적으로 예상하게 할 뿐 아니라 자기상을 긍정적으로 유지하게 도와준다.

반대로, 비관적 설명 양식을 지닌 사람들은 그들의 실패를 내적, 안정적 그리고 전반적 요인들에 귀인시킨다. 이런 귀인은 그들이 그들 자신을 나쁘게 느끼도록 하고, 미래에 도전들을 다루는 그들의 능력에 대해 비관적으로 느끼도록 한다. 연구들은 그런 양식이 수동적 행동을 강화시키고, 개인을 학습된 무기력과 우울증에 더 취약하도록 만든다는 것을 보여준다. 설명양식의 세 가지 귀인 차원을 검토해 보면서 세상과 자신을 바라보는 태도를 확인하고 보다 낙관적인 태도로 바꾸기 위해서 어떻게 해야 하는지를 살펴보자.

안정성(Stability: Stable vs. Unstable): 비관적인 사람들은 실패했을 때의 원인이 지속적이라고 믿으며, 낙관적인 사람들은 일시적이라고 믿는 경향이 있다. 좋은 일이 일어난 원인에 대해서는 반대로, 비관적인 사람은 일시적인 것으로 낙관적인 사람들은 지속적으로 작용한다고 생각한다.

실패나 불쾌한 일	비관주의	낙관주의
① 아내의 잔소리	허구헌날 잔소리야	늦었더니 잔소리하는군
② 상사의 질책	성격이 괴팍해서	오늘은 저기압이군

전반성(Globality: Global vs. Specific): 앞에서 언급한 지속성이 시간적인 개념이라면 전반성이란 공간적인 개념이다. 한 가지 예를 들어보자. 영어시험을 잘못 치렀다. 그런데 그는 스스로 '나는 머리가 나쁜가 봐'라고 생각했다. 그것 때문에 마음에 드는 여자에게 데이트를 신청할 수도 없었다. 비관적인 사람들은 한 부분에서 실패하면 모든 것에 무력감을 느끼고 다 포기해 버린다. 그러나 낙관적인 사람들은 어떤 일에 실패하더라도 다른 부분에서는 여전히 정열적으로 도전할 수 있다.

실패나 불쾌한 일	비관주의	낙관주의
① 거절당했을 때 ② 후배가 인사 안 할 때	여자들은 날 싫어해 요즘 애들은 버릇이 없어	영자는 날 싫어해 철수는 인사성이 없어

개인화(Personalization: Internal vs. External): 설명양식의 마지막 차원은 어떤 일의 원인을 자기의 탓으로 돌리는지 아니면 상황이나 외부요인으로 돌리는지이다. 뭔가 잘못된 일이 있을 때 자기 자신을 비난하는 사람이 있는가 하면, 외부상황에서 그 원인을 찾으려 하는 사람이 있다. 실패에 대해서 자신을 탓하는 사람은 쉽게 무력해지며 도전을 포기한다.

실패나 불쾌한 일	비관주의	낙관주의
발표 시 불안할 때 취업시험에서 낙방했을 때	난 너무 겁쟁이야 난 구제불능이야	사람들이 많으니까 당연해 그 면접관의 평가방법이…

3. 자기개념의 유지에 대한 욕구

사람들은 가능한 한 자기상을 일관성 있게 유지하려는 욕구를 가지고 있다. 사람들은 여러 가지의 미묘한 방식으로 일관적인 자기-지각을 유지하지만, 많은 경우 그 과정 자체를 인식하지 못한다. 예를 들어, 개인들은 현재의 자기개념에 맞추어 과거의 개인적 역사를 재구성하는 경향이 있다. 따라서, 그들은 현재의 자기개념과 일치하지 않는 과거 기억들을 지워 버리거나 왜곡시켜서 과거와 현재의 행동 간의 일관성을 유지할 수 있다. Ross와 Conway(1986)는 과거에는 수줍어했지만, 나중에 외향적으로 된 사람들은 과거에도 외향적이었던 것처럼 지각한다는 사실을 밝혀냈다. 현재에 맞추어 과거를 수정하려는 경향성은 우리가 종종 듣는 부모의 잔소리를 통해서도 이해할 수 있는 사실이다. "내가 네 나이였을 때는……" 이라고 시작되는 자녀에 대한 부모의 훈계는 그들이 자녀들과 같은 나이에 했었던 그들의 행동(현재의 자기개념과 일치하지 않는)에 대한 기억을 지워 버리거나 현재의 자기개념과 일치시켜 왜곡했기 때문일 가능성이 있다.

사람들이 자기-일관성(Self-consistency)을 유지하는 또 다른 방법은 그들의 현존하는 자기개념과 일치하는 피드백이나 상황을 찾아내고, 불일치하는 상황이나, 피드백을 회피하는 것이다. William Swann의 자기-검증 이론(Self-verification Theory)에 따르면, 사람들은 자기개념을 검증하기 위해 두 가지 전략을 취한다. 하나는 사람들과의 교류에서 자기개념을 확인시켜주는 피드백이나 정보를 더 잘 기억하고 모호한 정보는 그들의 자기개념을 확인시켜주는 것으로 해석하는 것이다. 또 다른 하나는 자신이 지닌 자기상(Self Image)을 확인시켜줄 증거를 찾으므로 자신과 비슷한 생각을 가진 사람들과 교류하는 것을 선호하는 것이다.

예를 들어, 긍정적 자기개념을 가지고 있는 사람들은 타인들로부터 긍정적 피드백을 받는 것을 더 선호할 것이고, 부정적 자기개념을 가지고 있는 사람들은 부정적 피드백을 더 선호할 것이다. 그리고, 여러 연구들은 이것이 일반적인 현상임을 발견했다. 한 연구에서, 검사 점수에 근거해서 대학생들을 긍정적 자기개념 집단이나, 부정적 자기-개념 집단 중 하나에 할당했다. 그런 다음, 앞으로 두세 시간 동안 상호작용을 할 파트너를 선택하도록 했다. 실험자는 참가자들이 미래의 파트너들 중 하나가 그의 자기-개념과 일치하는 그에 대한 견해를 갖고 있으며, 나머지 한 사람은 그의 자기-개념과 불일치하는 그에 대한 견해를 가지고 있다고 믿도록 했다. 예언했듯이, 긍정적 자기-견해를 가지고 있던 피험자들은 긍정적인 자기개념을 갖고 있는 파트너를 더 선호했던 반면, 부정적 자기-견해를 가지고 있던 피험자들은 부정적 자기개념을 갖고 있는 파트너를 더 선호했다 (Swann 등, 1992).

4. 자기-고양에 대한 욕구와 인지적 전략들

사람들은 일반적으로 자기를 긍정적인 방향으로 지각하려는 경향을 갖고 있다. 자기에 대한 긍정적 감정을 유지하려는 경향성을 자기-고양(Self-Enhancement)이라 한다. 예를 들어 자기에게 일어나는 생활사건에 대한 통제력을 과대평가한다거나, 타인들보다 자신의 미래가 더 밝은 것이라고 예측하고, 자신을 타인보다 더 낫게 보며, 자신의 약점보다는 강점에 대한 더 많은 정보를 구하며, 자기가 잘하는 일들을 못하는 일들보다 더 중요하다고 지각하는 것 등이 여기에 속한다. 자기-고양은 매우 일반적인 현상이긴 하지만 모든 사람들에게서 관찰되는 보편적인 현상은 아니다. 자기 존중감이 높고, 우울감을 적게 느끼는 사람들은 그렇지 않은 사람들에 비해 자기를 더 긍정적으로 보는 경향이 있다. 반면에, 자존감이 결여되어 있고 우울한 사람들은 자기-고양 성향이 적은 것 같다. 사람들이 자기에 대한 긍정적 감정을 유지하기 위해 흔히 사용하는 몇 가지 인지적 전략들을 살펴보자.

1) 하향 비교: 나보다 못한 사람도 있다

앞에서 우리는 사람들이 자신에 대해 더 많이 알기 위해 자신을 타인과 비교하는 사회적 비교 과정을 논의한 바 있다. 개인들은 그들이 받는 정보에 의해 위협을 느낄 것으로 기대하든지, 그렇지 않든지 간에 사회적 비교를 한다. 그러나 일반적으로 위협상황이 되면, 자신과 비교하기 위해 선택하는 준거집단이 달라지게 된다. 즉, 사람들이 위협을 느낄 때, 그들은 종종 그들 자신을 그들보다 더 못한 사람들과 비교하려는 경향이 있다. 자신보다 더 심각한 문제를 가지고 있는 사람과 비교하려는 방어적 경향성을 **하향적 사회 비교**(Downward Social Comparison)라 한다. 여러 가지 연구들은 하향적 사회 비교가 이루어질 때, 정서와 자존감 모두가 긍정적으로 변화함을 입증해냈다.

만약 고속도로에서 당신의 차가 완전히 망가진 교통사고를 당했다면, 당신은 교통사고로 일가족이 모두 사망한 사건을 떠올리면서 심각하게 다친 사람이

이 정도면 그래도…

엄마: 도대체 공부를 하는 거냐, 안 하는 거냐? 54명 중 50등이라니… 남 보기 창피해서 원…

영수: 엄마는 참! 내가 뭐 꼴찌야?

엄마: 뭐라고? 뭘 잘 했다고 말대꾸야! 창피한 줄도 모르고!

영수: 옆집 철민이는 52등이란 말야! 그 애보다는 낫잖아?

없다고 스스로를 위안시킬 수 있을 것이다. 유사하게, 다리에 만성 피부병을 앓고 있는 사람은 팔다리가 절단된 장애자를 생각하면서 자신은 피부병이라도 걸릴 수 있는 팔다리를 갖고 있음에 안도할 수도 있을 것이다. 힘들게 살아가는 사람들을 출연시키는 「인간 승리」 같은 TV 프로그램은 많은 시청자들로 하여금 하향적 사회 비교를 할 수 있게 만들기 때문에 시청자들의 사랑을 받을 수 있다.

2) 자기-본위적 편파: 잘되면 내 탓, 못되면 조상 탓

자기–본위적 편파(Self-Serving Bias)란 성공했을 때는 개인적 요인에 귀인을 시키고, 실패했을 때는 상황적 요인에 귀인시키는 경향성을 말한다. 일반적으로 학생이 좋은 성적을 받았을 때는 학생 자신의 능력이나 노력의 탓으로, 그리고 성적이 나쁘게 나왔을 때는 교수의 수업방식이나 시험문제 탓으로 돌린다. 성공과 실패는 개인의 스스로에 대한 평가에 중요한 영향을 미친다. "못된 것은 조상 탓"이란 말이 있듯이, 사람들은 실패 시 그 책임을 상황 탓으로 돌림으로써 자존심의 손상을 막을 수 있고 성공을 했을 때는 그 이유를 자신에게 돌림으로써 자존심을 고양시킨다.

자기 본위적 편파의 두 가지 요소, 즉 성공은 내 탓, 실패는 남의 탓 중에서도 더욱 확실히 나타나는 것은 '성공은 내 탓'이라는 요소이다. 그럼에도 불구하

"이 영광을 감독님과 제작진에게 돌립니다. 그분들이 없었다면 오늘의 제가 없었을 것입니다."

고 흥미 있는 것은 사람들이 항상 그들의 성공을 자기 탓이라고 주장하지 않는 경우들이 있다는 것이다. 예를 들어, 성공에 대한 당신의 역할이 확실한 경우조차도 사람들은 성공할 수 있는 이유를 겸손하게 다른 사람의 덕으로 돌리는 경우들이 있다. 물론 이러한 현상은 다른 사람들 앞에서 특히 현저하다. 왜? 이런 전략 역시 자기-고양 효과를 지니고 있기 때문이다. 왜냐하면 우리가 성공했을 때 그 이유를 순전히 자신의 능력 탓으로 돌린다면 많은 사람들이 우리에게 등을 돌릴 수 있다는 사실을 알고 있기 때문이다.

자기-본위적 편향이 매우 보편적인 현상이므로 최근에는 그 현상의 순기능적인 측면이 탐색되고 있다. 성공하게 된 이유를 자신의 노력이나 능력 탓으로 여기는 경우 사람들은 장래와 관련된 일에 대해 보다 긍정적인 결과를 기대하고 노력하는 경향이 있다. 실직자들을 대상으로 한 연구에서도 해고 사유를 경기불황 등 외적인 요인으로 귀인하는 사람들이 내적인 귀인을 하는 사람들에 비해 구직활동을 열심히 하며 새로운 직장을 더 빨리 찾는다는 연구결과가 있다.

3) 자기-중심적 편파: 네가 한 것이 뭐 있어?

당신과 당신의 룸메이트에게 지난 일 개월 동안 방을 청소하는 데 기여하는 정도를 평가하게 하면 결과가 어떻게 나올까? 아마도 당신은 당신이 기여한 정도를 친구는 그가 기여한 정도를 더 과장해서 평가할 것이다. 왜 이런 현상이 생기는 것일까? 사람들은 공동의 활동에 대해 자기 자신의 공헌을 더 과장하는 경향이 있으며 이를 **자기-중심적 편향 또는 편파**(Self-Centered Bias)라고 한다.

자기중심적 편향은 앞서 다루었던 자기-본위적 편향과 어떤 점에서 다른가? 몇 가지 차이가 있다. 먼저, 자기-본위적 편향은 한 개인의 수행과 관련되며 자기-중심적 편향은 공동 작업과 관련된다. 둘째, 자기-본위적 편향은 성공의 이유를 자기 탓으로 돌리고 실패의 원인을 외부에서 찾음으로써 영예를 차지하고 책임을 모면하는 것이다. 반면 자기-중심적 편향이란 결과가 성공적이든 실패한 것이든 상관없이 공동으로 만들어낸 어떤 결과에 대해 자기가 기여한 몫 이상을 취하려고 하는 것이다.

결혼한 부부들의 공동활동에 대한 상대적 기여들의 추정, 대학 농구선수들의 최근 경기들에서 자기 자신의 기여에 관한 추정 및 대학생들의 공동연구에서의 기여에 대한 추정에 관한 몇 개의 연구들 모두에서 사람들은 자기 자신의 기여를 과장하는 것으로 나타났다.

자기-중심 편파의 배후에는 무엇이 존재할까? 직관적으로 명백한 한 가지 설명은 공동작업에서 더 많은 기여를 했다고 주장하는 것은 그것이 개인의 자존감을 증가시킬 수 있기 때문이다. 게다가 타인들의 기여보다 자기 자신의 기여들을 인식하기가 쉽다는 점이다. 즉 우리는 타인의 기여에 대해 주의를 기울이지 못하거나 상대방이 공동과제의 자기 몫을 수행하고 있을 때 그 자리에 없기 때문에 관찰하지 못할 수 있다는 것이다. 또 다른 설명은 사람들이 타인들의 행동보다, 자신의 행동이 더 명백하기 때문에 상대방의 기여보다는 자신의 기여를 더 잘 회상한다는 것이다.

자기-지각의 기본적 원리들에 대한 이런 광범위한 논의를 집약해서 한 문장으로 요약한다면, 자기-지각 과정이 매우 주관적이라는 것이다. 우리들의 귀인은 궁극적으로 우리들의 사고, 감정 그리고 행동의 원인에 대한 추측이다. 그리고 자기-지각은 자기-보호적 동기에 의해 영향을 받으며 사람들은 자기에 대한 긍정적 감정을 유지하기 위해 수많은 책략들을 사용한다.

4) 통제감의 착각: 난 행복할 거야

필자는 몇 년 전에 대학생들에게 자신과 남들이 겪게 될 미래의 사건들의 발생 가능성을 조사한 바 있다. 긍정적인 사건들은 행복한 부부생활, 좋은 직장, 우수한 자녀를 낳는 것, 사회적 명성, 경제적 성공, 무병장수 등이었다. 불행한 사건들은 이혼, 암과 같은 중병에 걸리는 것, 교통사고, 정신병, 집에 불나는 것 및 자살과 같은 것들이었다. 다음의 그림에 제시된 것처럼, 한결같이 긍정적인 사건들은 남들에 비해 자기한테 더 많이 일어날 것이고, 불행한 사건들은 더 적게 일어날 것이라고 추정하였다. 고속도로에서 방금 교통사고 장면을 목격하고도 사람들은 속도를 줄이지 않는다. 그런 불행한 일이 나에게는 일어나지 않을 테니까.

실제로는 우연에 의해 결정되는 일도 대부분의 사람들은 마치 자신이 영향력을 행사할 수 있는 것처럼 믿고 있다. 이렇듯 우연상황에서도 자신이 통제력을 행사할 수 있다고 생각하는 것을 심리학에서는 **통제감의 착각**(Illusion of Control)

난 행복할꺼야

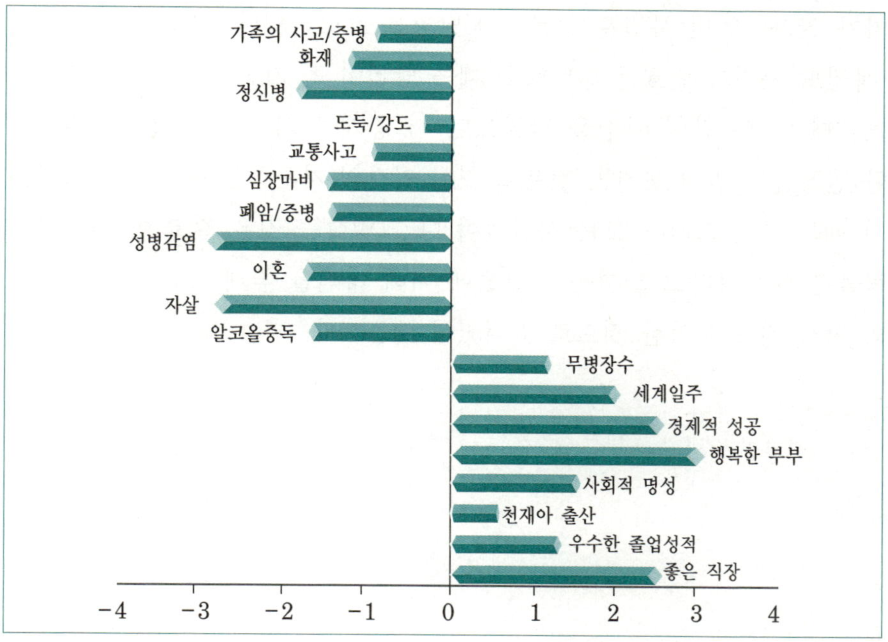

*0을 중심으로 좌측 방향은 평균적인 사람보다 자신에게 적게 일어날 정도이고, 우측 방향은 많이 일어날 정도를 나타낸다.

이라고 한다. 한 연구자는 미식축구 결승전에서 판매하는 복권을 되팔게 하여 통제감의 착각 현상을 밝혀 내었다. 1달러짜리 복권을 두 가지 방식으로 판매하였다. 한 가지 방법은 복권을 사는 사람이 번호를 스스로 골라잡는 것이었다. 다른 방식은 구입자의 의사와는 상관없이 판매자가 마음대로 번호를 골라 나누어주는 것이었다.

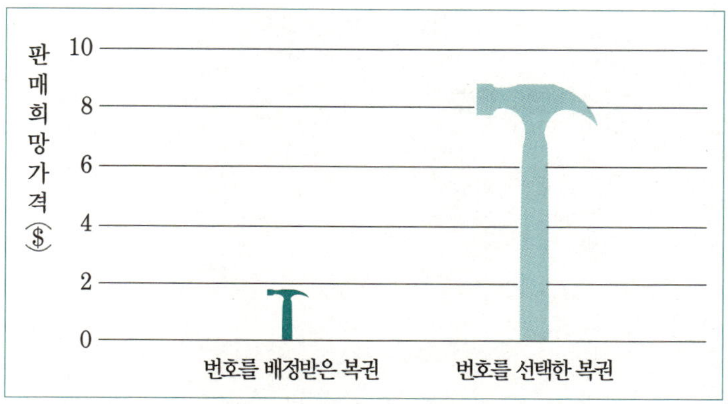

내가 골랐으므로…: 자신이 번호를 고른 복권은 평균 8.67달러를 요구했지만 판매원이 골라주었던 복권은 1.96달러를 요구했다.

번호배정 방식에 따라 사람들은 당첨가능성을 다르게 판단하는 것으로 밝혀졌다. 추첨 직전에 구매자들에게 가지고 있는 복권을 되팔라고 부탁하면서 얼마를 받고 싶은지를 물었다. 스스로 번호를 선택했던 복권은 평균 8.67달러, 판매자가 골라주었던 복권은 평균 1.96달러를 요구하였다. 우연에 의해 결정되는 복권도 자기가 번호를 선택했을 때는 당첨이 될 가능성을 높게 판단한다는 증거이다. 이와 같이 자신을 남들보다 더 좋게 평가하려고 하거나 통제감에 대한 환상을 버리지 못하는 것은 그것이 인간의 자존심을 유지하는 데 필수적이기 때문이다. 그러나 모든 사람들이 다 그렇다는 것은 결코 아니다. 우울한 사람들은 행복하다고 느끼는 사람들에 비해 자신을 좋게 보는 성향이나 통제감의 착각 정도가 약한 것으로 밝혀졌기 때문이다.

III. 자기 효능감: "I can do it"

> 너를 둘러싼 그 모든 이유가
> 견딜 수 없이 너무 힘들다 해도
> 너라면 할 수 있을 거야
> 할 수가 있어 그게 바로 너야
>
> –강산에의 "넌 할 수 있어" 중에서–

무엇을 해야 할 때, 사람들은 누구나 자신이 그 일을 어느 정도로 잘 할 수 있을지를 예측하게 될 것이다. 이처럼 목표를 달성하기 위해 필요한 행위 과정을 조직화하고 실행할 수 있는 자기의 능력에 대한 신념을 **자기 효능감**(Self-Efficacy)이라고 한다. 목표 달성 정도는 가지고 있는 기술 자체보다는 자신이 실제로 그것을 실행할 수 있을 것이라고 믿는 정도, 즉 자기 효능감에 의해서 더 많이 좌우된다. 말할 것도 없이 자기 효능감은 개인이 가지고 있는 기술에 따라 달라질 수 있으며 컴퓨터와 관련된 자기 효능감이 높은 사람도 대인관계에서 경험하는 자기 효능감은 낮을 수 있다.

1. 자기 효능감의 영향

수많은 연구들은 자기 효능감이 개인의 목표에 대한 개입, 그들의 과제 수행, 그리고 장애에 직면했을 때 목표로 향하는 끈기 또는 인내심에 영향을 준다고 보고한다(Bandura, 1990b). 더 나아가, 높은 자기 효능감을 가지고 있는 사람들은 미래 결과에 대한 성공을 예상하며, 실패를 이끌 수 있는 부정적 사고들을 "전환시킬 수" 있다. 또한 연구들은 자기 효능감이 직업 선택, 건강 습관, 그리고 스트레스에 대한 반응과도 관련됨을 보여준다.

그것이 심리적 적응에 중요하기 때문에, 자기 효능감을 배우고, 바꿀 수 있다는 것은 주목할 만한 가치가 있다. 연구들은 개인의 자기 효능감을 증가시키는 것이 시험불안, 성폭행에 대한 공포, 외상후 스트레스 장애, 그리고 약물 중독과 같은 심리적 문제를 치료하기 위한 효과적 방법이라고 보고한다.

Collins(1982)는 수학 능력이 동등한 아이들이라고 할지라도 효능감이 높은 아이들이 낮은 아이들에 비해 수학성적이 유의하게 높다는 사실을 발견했다. 이러한 경향은 수학능력이 낮은 집단이나 아주 뛰어난 집단 또는 중간 정도의 집단에서 모두 공통적으로 관찰되었다. 따라서 효능감이 개인이 가지고 있는 어떤 인지적 잠재력 이상으로 수행수준을 예언한다고 할 수 있다.

2. 자기 효능감의 개발

A. Bandura

자기 효능감은 목표에 개입하고, 목표를 달성하는 데 중요한 역할을 한다. Bandura(1986)가 주장하는 자기 효능감에 기여하는 몇 가지 요인들을 살펴보자.

1) 통달 경험

자기 효능감의 가장 영향력 있는 근원은 성공 경험, 즉 어떤 문제를 해결해서 **통달 경험**(Mastery Experience)을 하는 것이다. 왜냐하면 그것은 우리가 성공을 하기 위해서 행하는 것이 무엇이든 그것을 성공적으로 수행할 수 있을지 여부에 대한 가장 신뢰로운 증거를 제공해주기 때문이다. 성공은 개인의 효능감에 대한 강한 신념을 형성한다. 반면에 실패는 개인 효능감을 약화시킨다. 탄력성 있는 효능감을 지니기 위해서는 지속적인 노력을 통해 어려움을 극복한 경험이 있어야만 한다. 어려움은 사람들이 사건에 대해서 더 나은 통제를 할 수 있는 능력을 연마시킴으로써 실패를 성공으로 전환시키는 방법을 배울 수 있는 기회를 제공해 준다.

만약 당신이 무슨 일인가를 시도했다가 너무 어려워 포기를 한다면, 그것은 당신으로 하여금 자기-회의나 낮은 자기 효능감을 갖게 만들 것이다. 그러나 만약 어려움을 극복하고 성공 경험을 한다면, 당신의 자기 효능감은 증진될 것이다. 따라서 부모나 교사들이 아동들로 하여금 자기 효능감을 갖도록 하려면 쉽지는 않지만 달성 가능성이 있는 목표를 설정하도록 해야 하며 그들이 실수로부터 배우도록 격려하고, 그들이 성공할 때까지 견디도록 고양시켜야 한다. 이런 접근은 아동들에게 자기 효능감을 형성하기 위해 필요한 통달 경험을 제공하고, 미래의 도전에 자신감을 가지고 접근할 수 있도록 할 것이다.

2) 대리 경험

자기 효능감을 향상시키는 또 다른 방법은 당신이 배우기 원했던 기술을 효과적으로 수행하는 타인을 관찰하는 것, 즉 대리적인 경험(Vicarious Experiences)을 이용하는 것이다. 당신이 선택한 모델이 그 과제에 유능하다는 사실은 중요하다. 그리고, 만약 그 모델이 당신과 유사하다면(나이, 성, 그리고 인종에서) 더 도움이 될 것이다. 예를 들어, 만약 당신이 자기 주장을 잘 하지 못하는 사람이라면, 상대방의 기분을 거스르지 않고도 자기 주장을 효과적으로 하는 사람의 행동을 관찰함으로써 자신감을 발달시킬 수 있을 것이다. 또한 당신이 마음에 드는 사람을 보고도 말 한마디 붙이지 못할 정도로 숙맥이라면, 낯선 사람과도 쉽게 친해질 수 있는 노련한 사교술을 가진 친구의 행동을 관찰하는 것이 도움이 될 것이다. 대리 경험은 반드시 모델을 직접 경험함으로써만 가능한 것은 아니다. 영화나 책 속의 주인공을 모델로 효능감을 증진시킬 수 있다.

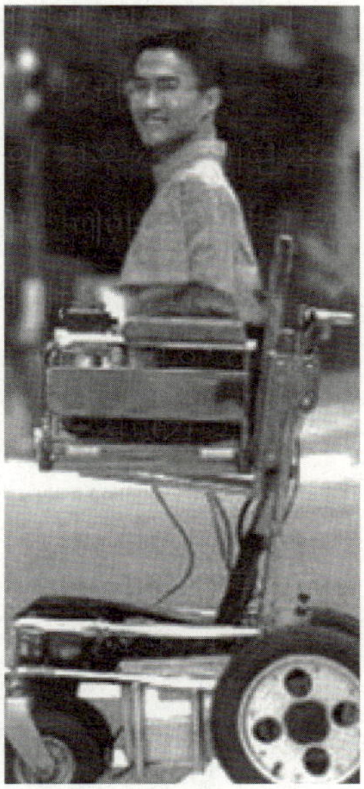

우리는 역경을 극복한 사람들에 대한 책을 읽어서 자기 효능감을 증진시키기도 한다.

3) 설득과 격려

앞의 두 접근보다는 효과가 적을지라도, 자기 효능감을 발달시키기 위한 세 번째 방법은 당신이 특정한 과제를 잘 할 수 있다고 격려하며 그것을 수행하도록 하는 주변 사람들의 **설득과 격려**(Persuasion and Encouragement)이다. 예를 들어, 만약 당신이 어떤 사람에게 데이트 신청하는 것을 주저하고 있다면, 친구의 격려가 당신이 그 일을 할 수 있도록 하는 데 도움이 될 수 있다. 물론, 설득이 항상 효과적인 것은 아니다. 그리고, 만약 설득이나 격려가 구체적인 방법이나 제안을 포함하지 않는다면 성공적이지 않을 가능성이 많다. 또한 효과가 없을 것이라고 의심이 되는 방법을 시도해서 수행을 제대로 하지 못한다면 이는 자기 효능감에 부정적인 영향을 미칠 것이다.

4) 정서적 흥분의 해석

정서적 흥분과 심리적 반응에 대한 해석은 자기 효능감의 또 다른 원천이다. 시험지를 배포할 감독자를 기다리면서 강의실 안에 앉아 있다고 상상해 보라. 그 시험이 매우 중요한 것이라면, 손바닥에서 식은땀이 나고, 가슴이 심하게 두근거릴 것이다. 만약 당신이 이러한 신체적인 반응을 두려워하기 때문이라고 해석한다면, 당신의 자기 효능감은 일시적으로 더 낮아져서 시험을 망칠 가능성은 그만큼 커질 것이다. 그러나 손바닥에서 나는 식은땀과 가슴에서 쿵쾅거리는 심장의 소리를 시험을 잘 보려고 하는 사람들이 모두 경험하는 자연스러운 반응이라고 해석한다면, 당신은 자기 효능감을 증대시켜서 그만큼 시험결과도 좋게 나올 것이다.

다음부터는 좀 더듬거리게!

20세기의 대표적인 웅변가라고 하면 단연 윈스턴 처칠이 손꼽힌다. 언젠가 그가 아끼던 초선 의원이 처녀연설을 했다. 정말 청산유수같이 유창한 연설이었다. 그러나 처칠은 그에게 이렇게 충고했다. "다음부터는 좀 더듬거리게." 그가 이런 충고를 하게 된 것은 말이 너무 매끄러우면 자칫 경박스럽고 진실성이 없어 보일 수 있다는 이유에서였다.

이민규의 「발상을 바꾸면 인생이 달라진다」에서

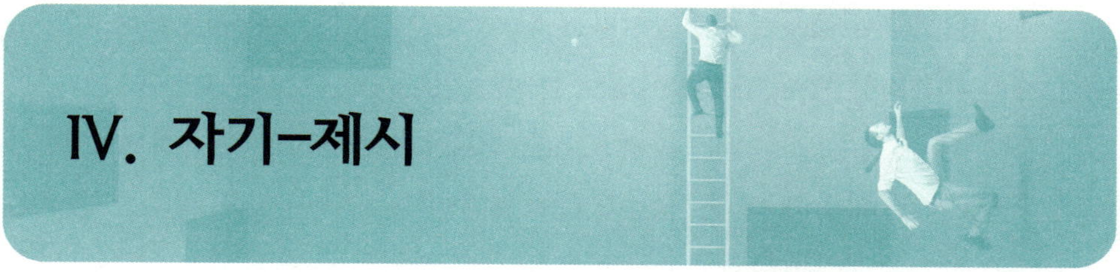

IV. 자기-제시

자기-개념은 스스로가 자신을 어떻게 보는지와 관련되는 반면, 당신의 공적 자기(Public Self)는 다른 사람들이 당신을 어떻게 봐주기를 원하는지와 관련된다. 공적 자기는 사회적 상호작용에서 타인에게 제시하는 모습을 말한다. 사람들이 전적으로 자기가 느끼는 대로 자발적으로 행동하는 경우는 드물다. 대부분의 다른 사람들은 당신이 제시하고 싶어 하는 바람직한 모습을 갖고 있기 때문에 어느 정도 꾸며진 행동만을 보게 된다. 이런 공적 자기의 제시는 어느 정도 기만적인 속성을 지니고 있지만, 그것은 정상적인 것이며, 모든 사람들에게 공통적으로 관찰되는 현상이다. 실제로, 대부분의 사람들은 하나만의 공적 자기를 갖고 있지는 않다. 다시 말하면, 사람들은 상황이나, 대하는 상대에 따라 각기 다른 공적 자기를 가질 수 있다는 것이다. 예를 들어, 당신은 부모를 대할 때의 공적 자기와 교수를 대할 때의 공적 자기를 별도로 가지고 있을 수 있다. 당신은 동성 친구들, 이성 친구들, 배우자, 상사, 동료, 고객 및 이웃들을 대할 때 역시 또 다른 공적 자기를 가지고 있을 수 있다.

1. 인상 관리

인상 관리(Impression Management)란 사람들이 자신에 대한 타인들의 평가에 긍정적인 영향을 주기 위해 시도하는 의식적인 노력을 말한다. 사람들이 인상 관리를 하는 이유는 무엇일까? 말할 것도 없이 그것이 필요하기 때문이다. 사회적 규범은 모든 사람으로 하여금 주의 깊은 자기-제시를 할 것을 요구한다. 다시 말해, 사람들은 부모, 동료, 동업자 등과 상호작용을 할 때, 상황이나 대상에 맞춰 자신을 특정한 방식으로 드러내야 한다는 암묵적인 요구를 받는다.

타인에게 긍정적인 인상을 주려고 하는 것은 지극히 정상적인 행위이다. 다른 사람들로부터 사랑받고, 존경받고, 고용되길 원한다면 이것은 확실히 중요하다. 취업면접 행동에 대한 연구를 검토함으로써, 사람들이 어떻게 인상관리를 하는지 살펴보자. 이 연구에서, 여성 지원자들에게 면접자가 매우 전통적인 여성상을 선호한다거나 아니면 개방적인 여성상을 선호한다는 식의 귀띔을 해주었다. 면접자가 전통적인 여성상을 선호한다고 믿었던 취업지원자들은 개방적인 여성상을 선호한다고 믿었던 사람들에 비해 그들 자신을 훨씬 "전통적인 여성의 모습"으로 제시하였다. 그들은 외모뿐만 아니라 의사소통 양식(말을 적게 하고, 결혼과 아이에 관한 질문에 대해서도 전통적인 여성들이 생각하는 방식으로 대답을 함) 모두 면접자가 좋아하리라고 생각하는 방향으로 자기모습을 제시했다.

아무튼 인상 관리 행위는 일상적 상호작용에서 관찰되는 정상적인 현상이다. 사람들이 항상 인상관리를 하는 것은 아니지만, 우리가 의식하고 있는 것보다 훨씬 더 인상관리를 하는 것 같다. 사람들은 타인에게 우호적인 인상을 주기 위해서 수많은 전략들을 사용한다. 지금부터 우리는 일반적으로 사용되는 몇 가지 인상관리 전략들을 살펴볼 것이다.

1) 환심 사기

이미 살펴보았듯이, 사람들은 타인들이 그들을 좋아하길 원하고, 타인들로부터 호의적인 평가를 받을만한 행동을 적극적으로 하는 경향이 있다. 타인들에게 호감을 사려는 이러한 노력을 **환심 사기**(Ingratiation)라 한다. 다른 사람들의 환심을 사기 위해 흔히 사용하는 전략은 칭찬, 호의 베풀기, 동조 및 호의적인 자기상의 제시 등이 있다.

◆ 칭찬하기(Compliment)

가장 일반적인 환심 사기 책략은 칭찬하기이다. 아첨을 하는 것조차도 전혀 효과가 없는 것은 아니지만 칭찬에는 진실성이 무엇보다도 중요하다.

이보다 더 좋을 수 없는 칭찬

영화 「이보다 더 좋을 순 없다(As Good As It Gets)」의 남자 주인공 잭 니콜슨은 강박증 환자이며 소설가이다. 사랑을 찬미하는 소설을 쓰면서도 아무에게나 심한 독설을 퍼붓기 때문에 아무도 그를 좋아하지 않는다. 오직 그가 즐겨 찾는 레스토랑의 종업원 헬렌 헌트만이 인내심을 갖고 그를 상대해줄 뿐. 그녀의 인내와 친절에 감동한 그는 드디어 그녀에게 구애를 하는데 그 여자는 자기를 사랑하는 남자로부터 찬사를 듣고 싶어 한다.

여: 칭찬 한 가지만 해봐요.
남: 정신과적인 문제가 있는데.... 얼마 전부터 약을 먹기로 했어요. 약을 먹으면 좋아질 수 있대요.
여: 그게 무슨 칭찬이에요?
남: 당신은 내게 더 좋은 남자가 되고 싶게 만들었어요(You make me want to be a better man).
여: 제 생애 최고의 칭찬이에요.

골든 글로브 작품상과 남우주연상 여우주연상 등을 차지한 이 영화는 '이보다 더 좋을 순 없다(As Good As It Gets)'는 주인공 잭 니콜슨의 이 한 마디로 끝난다.

◆ 호의 베풀기(Favor)

사람들이 타인들로 하여금 그들을 좋아하도록 하는 또 다른 방법은 그들에게 호의를 베푸는 것이다. 일반적으로, 사람들은 이런 사람들을 거의 무조건적으로 좋아하는 경향이 있다. 그러나 호의의 정도가 지나쳐 상대방에게 부담을 주면 효과가 없을 수 있다.

◆ 동조(Conformity)

세 번째 전략은 상대방과 뭔가를 함께 하는 것이다. 타인이 당신을 좋아하게 하기 위해서, 그들이 원하는 것을 하는 것도 도움이 된다.

◆ 호의적 자기상 제시(Presentation of Favorable Self-Image)

마지막으로, 당신의 강점을 부각시키면서 호의적인 자기상을 제시하는 것도 타인이 당신을 좋아하도록 하는 한 가지 방법일 수 있다. 상황에 따라, 거짓 겸손을 보이는 것도 유용할 수 있다.

2) 대리적 영광

당신이 사는 지역의 야구팀이나 다니고 있는 학교의 축구팀이 전국대회에서 우승을 했을 때 왠지 우쭐해지고 다른 사람들에게 자랑하고 싶은 생각을 해본 적이 있는가? 만약 그렇다면 그 이유는? 물론, 만약 당신이 속한 팀의 성공에 어떤 역할을 했다면, 그 결과에 대해 일정한 몫의 영광을 나눠 가지고자 하는 것은 당연하다. 그러나 사람들은 소속팀의 성공과 아무 관련이 없을 때조차도, 그 영광을 공유하려고 한다. Robert Cialdini와 그의 동료들(1976)은 성공적인 사람과의 관계를 공식적으로 공포함으로써, 자신의 이미지를 증가시키려는 경향성을 '반사된 영광 입기(대리적 영광: Basking in Reflected Glory)'라고 기술하였다. 우리 주위의 사람들이 성공하면 비록 우리가 그들의 성공과는 아무런 관계가 없더라도 그 일로 인해 자존감이 향상된다고 믿기 때문이다.

Cialdini와 그의 동료들은 이러한 현상이 사실인지를 알아보기 위해 재미있는 실험에 착수했다. 이들의 연구는 전통적으로 미식축구의 강호로 인정되는 7개 대학에서 동시에 진행되었다. 그들이 상정했던 가설은 앞서 소개한 대학 중 미식 축구팀이 주말의 경기에서 승리를 하면 그 다음 월요일에 그 대학의 학생들이 자기 대학의 로고나 이름이 새겨진 T-셔츠를 입고 등교할 확률이 높아지리라는 것이었다. 흥미롭게도 연구 결과는 예측한 대로 나타났다. 그것뿐만이 아니었다. 자기 대학이 일방적인 승리를 거둘수록, 그 대학의 보다 많은 학생들이 학교의 T-셔츠를 입고 학교에 나타난 것이다. 상대방 팀에 대한 일방적인 승리는 그만큼 그들의 탁월한 우수성에 대한 증거가 되었기 때문이다.

더 재미있는 결과가 있다. 애리조나 주립대생들을 대상으로 연구자들은 최근에 개인적 실패를 경험했던 학생들이 개인적 성공을 경험했던 학생들보다 더 많은 대리적 영광과 관련된 행동을 보일 것이라고 추론했다. 그들은 대학생들에게 다양한 테스트를 실시해서 가설을 검증했다. 학생들 중 절반에게는 검사 결과가 아주 좋다고 말해주었고 나머지 절반에게는 검사결과가 나쁘다고 말해줬다. 그 후, 참가자들에게 최근 학교 축구팀의 결과를 기술하도록 요청하였다. 예언했듯이, 학생들은 그들의 팀이 졌을 때보다 이겼을 때, 더 많은 대리적 영광과 관련된 태도를 보였다. 게다가 검사 결과가 좋지 않았다는 피드백을 받은 학생(실패자)들은 검사결과가 좋다는 피드백을 받은 학생들보다 "우리가 이겼다"란 말

효과적인 칭찬 방법 8가지

• 구체적으로 한다.

모호하고 추상적인 칭찬에 비해 구체적이고 분명한 칭찬이 상대의 마음을 움직인다. "자네는 괜찮은 사람이야" 보다는 "자네의 기안문은 간결하고 설득력이 있어. 특히 이런 문장에서…"가 더 효과적인 칭찬이다. 모호한 칭찬은 자신이 무엇 때문에 칭찬을 받는지를 분명히 알 수 없기 때문에 신뢰성이 떨어진다.

• 간결하게 한다.

말이 길어지면 처리해야 할 정보가 많아진다. 그것이 비록 칭찬일지라도 말이 많아지면 사람을 짜증 나게 한다. 진지하고 간결하게 칭찬하는 것이 더 깊은 인상을 주며 기억에도 오래 남는다.

• 남 앞이나 제삼자에게 칭찬한다.

사람들은 누구나 자기를 자랑하고 싶어 한다. 단지 쑥스럽고 어색해서, 그리고 속보일까 봐 자제할 뿐이다. 남 앞에서 칭찬을 하거나 제삼자에게 간접적으로 칭찬을 전달하는 것은 상대의 칭찬받고 싶은 욕구와 자랑하고 싶은 욕심 두 가지를 모두 충족시킬 수 있다.

• 사소한 것을 칭찬한다.

칭찬에 인색하게 되는 것은 사소한 장점을 무시하기 때문이다. 큰 일에 대해서만 칭찬하려고 작정하면 칭찬할 일을 한 번도 만들지 못할 수도 있다. 남들이 보지 못하는 사소한 장점들을 찾아 칭찬을 해주었을 때 의외의 효과가 있다. 따라서 칭찬을 효과적으로 하기 위해서는 상대의 좋은 점을 발견할 수 있는 감수성이 있어야 한다.

• 당사자 주변의 인물을 칭찬한다.

집에서는 미워하던 가족도 남이 욕하면 듣기 싫다. 자존심은 자신의 능력이나 외모뿐 아니라 자신이 속한 집단이 가치 있다고 여겨질 때도 고양된다. "내가 거래했던 사람 중 한 명이 자네와 같은 고등학교 출신이던데, 보기 드물게 신뢰감이 가고 호감이 가는 사람이야." 또는 "지난번 부장님 댁에 갔을 때 사모님께서 참 자상한 분이라는 것을 느꼈어요."라는 말은, 듣는 사람은 분명 자신이 칭찬받지 않았음에도 흐뭇한 기분을 느끼게 한다.

• 우연 그리고 의외의 상황에서 칭찬한다.

대인관계를 원만하게 유지하는 사람들은 필요할 때만 사람을 찾지는 않는다. 평소에는 인사 한 번 공손하게 하지 않던 부하 직원이 진급심사 직전에 찾아와 무엇을 부탁하거나 공치사를 했을 때 기분 좋아할 사람은 아무도 없다. 속셈이 들여다보이는 칭찬을 하는 사람보다는 "지난 번 사보에 실린 글을 보고 느낀 바가 많았어요."라는 말을 우연히 마주칠 때 진솔하게 전할 수 있는 사람이 더 호감을 산다.

• 상대에 따라 칭찬 내용이나 방법을 달리한다.

말단 신입사원이 상사에게 "전무님 참 똑똑하네요. 어떻게 그런 생각을 할 수 있어요?"라고 말하는 것을 듣고도 기분 좋은 사람은 별로 없다. 이런 칭찬을 들으면 "감히 네가 나를 똑똑하다고 할 자격이 있어?"라고 불쾌한 생각부터 든다. 상대나 상황에 따라서 칭찬의 내용이나 표현방식을 달리해야 한다.

• 결과뿐 아니라 과정과 노력을 칭찬한다.

칭찬을 효과적으로 하지 못하는 사람들의 공통적인 특성 중의 하나는 일의 결과에만 집착하는 것이다. 이전보다 나아진 결과가 있을 때만 칭찬하려고 마음먹으면 칭찬거리를 찾기가 어려울 뿐 아니라 상대의 부담만 가중시킨다. 설령 뛰어난 실적을 올리지 못했다 해도 일을 하는 과정에서 쏟은 열정과 노력에 대해 칭찬할 때 상대는 용기를 갖고 더욱 열심히 노력한다.

이민규의 「생각을 바꾸면 세상이 달라진다」 중에서

을 더 많이 사용하는 경향이 있었다.

자기들의 팀이 졌을 때는 오직 17%만이, 반대로 팀이 이겼을 때는 41%가 '우리'라는 대명사를 사용하는 것으로 나타났다. 그러나 테스트에서 높은 점수를 받은 학생(성공자)들은 경기 결과를 설명할 때 '우리'라는 단어를 승패에 관계없이 거의 대동소이하게 사용했다. 즉, 그들의 팀이 이겼을 때는 25%가 팀이 졌을 때는 24%가 '우리'라는 대명사를 사용해서 경기 결과를 설명했다. 이러한 결과는 테스트에서 형편없는 점수를 받은 학생(실패자)들은 손상된 자기 이미지를 만회하기 위해 자기 팀의 승리와 자신을 연결시켜야 하는 필요성을 절박하게 느꼈음을 시사한다.

대리적 영광과는 달리 주위의 실패와 관련되는 것을 애써 외면하려는 정반대의 현상(**반사된 실패 차단하기**: Cutting Off Reflected Failure)도 흔히 관찰할 수 있는 일들이다. Cialdini는 대학생들에게 전화를 걸어 몇 주 전에 있었던 미식축구 경기 결과에 대해 설명해 주기를 요청했다. 학생들 중 절반은 자기 대학이 승

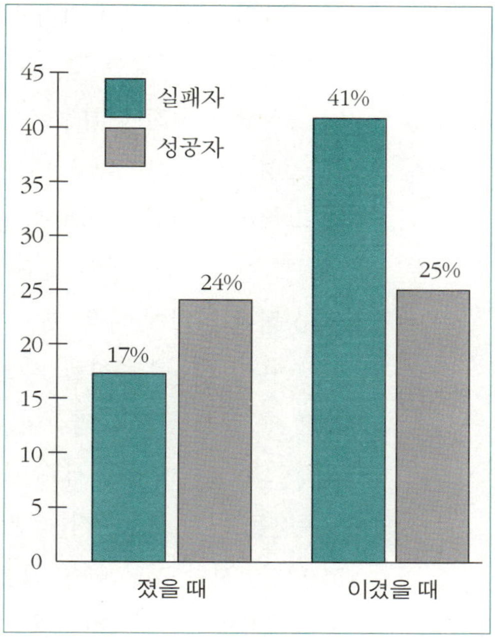

리했던 경기에 대해서, 그리고 나머지 절반에게는 패배한 경기에 대해 설명해 주기를 요청했다. 그들의 설명을 녹음한 다음 녹음 내용을 분석했다. 승리결과를 설명해달라고 요청을 받은 학생들은 "우리가 휴스턴 대학을 17 대 14로 이겼습니다"는 등 "우리"라는 단어를 많이 썼다. 그러나 패배한 경기를 설명해달라고 요청 받은 학생들은 "점수는 기억나지 않지만 그들이 졌습니다"라는 식의 표현을 더 많이 사용했다. 때로는 화가 난 목소리로 "그들(They) 때문에 우리가 전국 챔피언이 될 기회가 사라져 버렸어요"라고 덧붙이는 경우도 있었다. 자기 팀이 이겼을 때는 가능한 한 거리를 가깝게 하기 위해 "우리(We)"라는 단어를 많이 쓰고 졌을 때는 거리를 두기 위해 "그들(They)"이라는 단어를 선택한 것이다.

위의 연구결과들은 우리가 의도적으로 우리를 승자와 연결시켜 자존감을 고양시키고 실패자들을 멀리함으로써 자신의 이미지를 보호하고 보다 긍정적인 우리의 모습을 타인에게 보여주어 그들로 하여금 우리를 좋아하게 만들려고 노력한다는 사실을 말해주고 있다.

3) 자기-불구화

당신이 받은 시험성적이 매우 좋지 않다면 당신은 이 사태에서 손상된 자존감을 어떻게 극복하는가? 흔히 사용하는 전략 중의 하나는 실패할 수밖에 없었던 그럴듯한 구실을 찾는, 즉 변명거리를 찾는 것이다(Snyder & Higgins, 1988). 앞에서 배웠듯이 사람들은 자신의 실패를 외부적이고 통제 불가능한 원인들에 기인한 것으로 변명한다. 예컨대, 시험이 공정치 못했다거나 당신의 친구들 역시 그 과목에서 좋은 성적을 받지 못했다고 변명하는 것이 지능이 낮아서라거나 공부방법을 잘 모른다는 것보다 자존감을 보호해준다. 이처럼 어떤 결과가 일어나고 난 다음에 변명을 제시하는 것보다 더 교묘한 전략은 결과가 나쁘게 나올 가능성이 있다고 생각되는 상황에서 미리부터 변명거리를 스스로 만들어내는 것이다.

지금부터 설명할 또 다른 인상 관리 전략은 중요한 과제에서 실패해서 체면이 손상당할 처지에 처할 가능성이 있을 때 관찰할 수 있는 것이다. 때때로 사람들은 성공가능성이 없을 때 미리부터 실패의 구실을 스스로 만들고 실패했을 때는 그것이 자신의 능력부족이 아니라 스스로 만들었던 구실에 귀인시킬 수 있는 행위를 한다. 학교 앞의 술집에는 중요한 시험 전날에도 학생들로 북적거린다. 시험 성적이 나쁘게 나올 때는 전날 술을 많이 마셨기 때문이라고 변명할 수 있기 때문이다. 이처럼 중요한 일을 앞두고 있지만 자신이 없는 경우에는 실패를 정당화할 수 있는 구실을 만들어(실제로는 실패를 자초하게 만드는) 실패를 하더라도 스스로의 능력에 귀인시켜 자존감을 손상당하지 않고, 뜻밖의 성공을 했을 때는 자존감을 더욱 고양시키는 행위를 **자기불구화 전략**(Self-handicapping Strategy)이라고 한다. 시험 전날 술을 많이 마신 학생들이 자신의 나쁜 성적은 술을 많이 마셔서 준비를 제대로 하지 않았기 때문이지, 능력이 없기 때문이 아니라고 자위할 수 있는 것은 자명한 사실이 아닌가? Kelly의 **절감원리**(Discounting Principle)에 따르면 능력에 대한 귀인은 다른 그럴듯한 원인, 즉 불구화 행위(이 경우, 술마시기)가 존재하면 절감된다.

Berglas와 Jones(1978)는 어려운 일을 앞두고 왜 사람들이 술을 마시는 등의 해로운 행동을 선택해서 스스로 불구화시키는지를 재미있는 실험을 통해 검증했다. 그는 참가자들 중 절반에게는 해결하기 쉬운 문제 나머지는 해결하기 어려운 문제들을 풀게 할 것이라고 이야기해주었다. 잠시 후 지적인 능력을 촉진시키는 약과 방해하는 약의 효과를 시험해보겠다고 이야기한 후, 실험에 참여해줄 것을 부탁했다. 그리고 두 가지의 약 중 한 가지를 마음대로 선택할 수 있게 했다. 선택 결과는 판이했다. 어려운 문제를 풀 것이라고 기대한 사람들 중 70%는 지적 기능을 방해하는 약물을 선택했다. 그러나 쉬운 문제를 풀어야 한다고 기대하는 사람들은 13%만이 이 약물을 선택했다. 실패를 자신의 능력보다는 약물 탓으로 돌릴 수 있기 때문이다.

수많은 연구들은 사람들이 그들의 수행을 방해하기 위해 술이나 약물 복용, 미적거리기, 주의를 분산시키는 자극, 불안감, 우울증 및 여러 가지 일에 관여하는 것을 포함하는 다양한 책략들을 사용한다고 밝히고 있다. 사람들이 자기-불구화 전략을 사용하는 데에는 성차가 있는 것 같다. 예를 들어, 남성들은 태만하거나, 술을 마시는 등의 전략들을 더 많이 사용하는 반면, 여성들은 종종 신체적 증상이나 스트레스를 더 많이 보고한다. 또 연구들에 의하면 자존감이 낮은 사람들이 일반적으로 자기불구화 전략을 많이 쓰는데, 자존감이 높은 사람 역시 이 전략을 사용하는 것으로 나타났다. 그러나 그 이유는 약간 다른 것 같다. 자존감이 낮은 사람들은 실패를 변명함으로써 자존감을 유지하기 위해서 자기-불구화를 사용하는 반면, 자존감이 높은 사람들은 그들의 긍정적인 이미지를 더욱 고양시키기 위해 자기-불구화를 사용하는 경향이 있다. 즉, 최소한의 준비만으로도 훌륭한 수행을 했다면, 그들이 특별히 유능하다는 증거를 확보한 셈이 되는 것이다.

한 실험에서, 검사 점수에 근거해서 대학생들을 자존감이 높은 집단과 낮은 집단으로 나누었다(Tice, 1991). 그런 다음 그들에게 그들이 곧 비언어적 지능 검사(그들의 자존감에 중요한 과제)나 눈과 손의 협응 검사(그들의 자존감에 중요하지 않은 과제) 중 하나를 할 것이라고 말하였다. 마지막으로, 각 검사를 실시한 피험자들 중 절반에게는 그것이 지적 결함이 있는 사람들만을 진단하게 해준다고(그들이 실패를 피함으로써 그들의 자존감을 보호하길 원하도록 동기화시킴) 이야기했고, 나머지 반에게는 그 검사가 영재인지 여부만을 확인시켜준다고(그들의 이미지를 증진시키길 원하도록 동기화시킴) 말했다. 이런 정보를 들은 후에, 모든 피험자들에게 그들이 원하는 만큼 연습을 하도록 해서 연습시간을 측

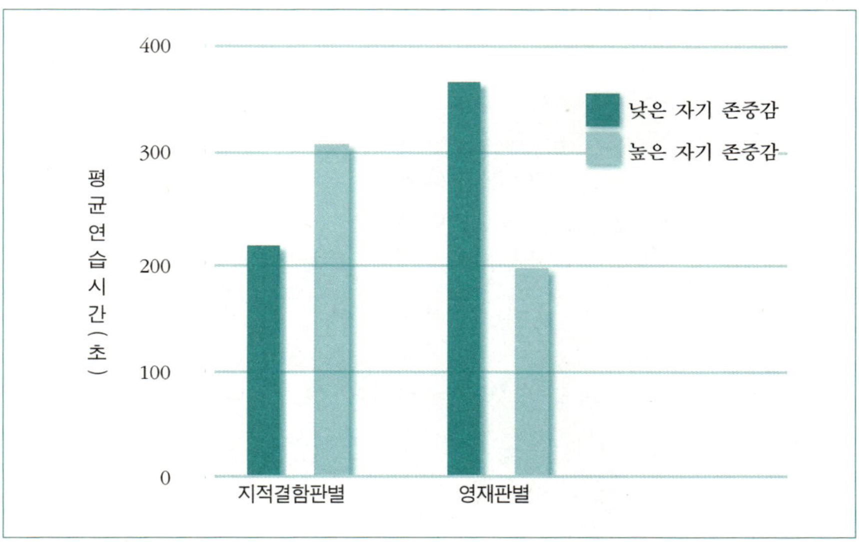

정했다. 연구자들이 예언한 바와 마찬가지로, 자존감이 낮은 사람들은 지적 결함을 진단하는 검사에서 연습을 적게 했고, 자존감이 높은 사람들은 영재를 진단하는 검사에서 연습을 적게 했다.

그러므로 자기-불구화는 "승-승(win-win)" 전략인 것 같다. 즉 만약 당신이 실패하면, 그것을 구실로 체면을 지킬 수 있고 재수가 좋게도 성공적인 결과를 만들어 낸다면, 당신이 특별히 재능이 있다고 생각하면서 자존감을 고양시킬 수 있기 때문이다. 그러나 이 대목에서 주의할 것이 있다. 그것은 자기불구화 전략이 위험부담이 큰 전략이라는 것이다. 즉, 실패했을 경우를 대비해 실제로 수행을 저하시킬 수 있는 구실을 만드는 자기-방어 행동은 결국 당신을 실패하게 만들 공산이 크기 때문이다. 더 나아가, 자기불구화가 당신의 실패가 당신의 능력이 부족하기 때문이라는 타인들의 평가를 어느 정도 방지할 수는 있을지라도, 그들이 당신에 대해 부정적으로 평가하는 것 자체는 막지 못한다. 예를 들면, 어떤 사람이 자기-불구화를 사용했을 때는, 그렇지 않았을 때보다 그들을 덜 유능하다고 믿는다는 연구결과가 있음에 주의할 필요가 있다. 또한 만약 당신이 자기-불구화를 습관적으로 사용한다면, 다른 사람들은 당신이 사용한 자기불구화 전략을 통해서 당신이 게으르거나, 알코올 중독자라거나, 정서적으로 불안한 사람으로 평가하기 때문에 이러한 인상 관리 책략은 결코 권장할 만한 것이 못 된다.

2. 자기-감찰

모든 인간 세계는 무대.
그리고 모든 남자와 여자들은 단지 배우에 불과하며,
사람들은 자신의 출구와 입구가 있고,
그의 시간에 맞는 배역을 연기하네.

-셰익스피어의 "당신의 뜻대로" 중에서-

우리 모두는 타인들에게 제시하는 인상을 연기하는 사회적인 배우들이다. 그러나 어떤 사람들은 연극배우들처럼 자신의 모습을 주어진 역에 맞추어 변화시키는 재주를 갖고 있는가 하면 어떤 사람들은 거짓말을 하려면 얼굴이 먼저 빨개질 정도로 서투른 연기를 한다. 이렇게 자기 제시 능력에 있어서 개인차가 있다는 것이 Mark Snyder(1979, 1986)에 의해 자기 감찰 이론으로 정립되었다. **자기—감찰(Self-Monitoring)**이란 자신이 타인에 의해 어떻게 지각되는지를 인식하고 타인에게 주는 인상에 주의를 기울이고, 자신의 행동을 효과적으로 조절하는 정도를 말한다.

자기-감찰 능력이 뛰어난 사람들은 그들이 타인들에게 끼치는 영향에 민감하다. 그들은 상황적 단서에 민감하고 상대방이 무엇을 원하는지를 판독하는 기술이 뛰어나다. 그리고 상황에 적절한 행동이 무엇인지를 찾아내려 애쓰고 상대방의 행위나 반응에 주의를 기울이며 상대방에 관한 정보에 더 많은 관심을 기울인다. 또한 그들은 상황의 요구에 부합시키기 위해 자신의 행동을 조정하는 경향이 강하고 인상관리에 능하며 이러한 능력을 여러 상황에서 구사할 뿐 아니라 인상관리에 필요한 다양한 행동 레퍼토리를 갖고 있다. 또한 그들은 진짜 감정과 태도보다는 상황적 기대와 더 일치하게 행동하는 경향이 있다. 높은 자기-감찰자들은 정서를 잘 통제하고, 타인들 속에서는 더 자발적인 비언어적 신호들을 신중히 조절한다. 게다가, 그들은 타인들의 감정을 더 정확하게 판단하는 것으로 밝혀졌다. 따라서 이들은 보다 적극적인 자기제시 전략을 선호하고 남과의 대화를 먼저 시작하고 자기노출을 적절하게 하는 경향이 있다. 반대로, 낮은 자기-감찰자들은 상황의 요구나 상대방의 반응에 관심을 덜 기울이고 인상관리 능력도 떨어진다. 또한 내적 감정과 일관되게 행동하도록 더 동기화되어 있기 때문에, 진짜 신념을 더 많이 표현하는 경향이 있다. 이들은 자신의 태도, 의견에 비중을 많이 두기 때문에 외적인 행동과 태도 간에 일관성이 높은 경향을 보인다.

자기 감찰에 관해 읽으면서, 당신은 당신 자신이나 주변의 친구들이 어느 쪽에 해당되는지를 짐작해 볼 수 있었을 것이다. 그러면서 어느 쪽이 더 유용하고 좋은지에 대해서도 생각해 보았을 것이다. 실제로 자기 감찰 수준에서 높거나 낮은 것은 모두 장단점을 갖고 있다. 자기감찰 수준이 높은 사람들은 자기 자신을 사회적 상황들에서 최선을 다하는 현실적인 자세의 사람이라고 간주할 수 있다. 그들의 통찰성과 사회적 민감성은 그들로 하여금 다양한 상황들에서 효과적으로 상호 작용하게 해줄 것이다. 그러나 극단적인 경우에는, 상황에 적합하게 하기 위해서 자기 자신과 자신의 의견을 변화시키는 이기적인 기회주의자로 낙인찍힐 수도 있다. 이와 비슷한 딜레마가 자기감찰 수준이 낮은 사람에게도 존재

자기감찰 검사

아래의 문항들은 여러 가지 상황들에서 우리가 행할 수 있는 행동들을 나타냅니다. 문항들을 하나씩 읽어보고 당신을 잘 나타내면 "예" 그렇지 않으면 "아니오"에 ○표 해 주십시오.

문항	예	아니오
1. 나는 다른 사람의 행동을 모방하기가 어렵다.	( )	( )
2. 내 행동은 대개 나의 내적 태도나 신념 및 감정을 그대로 반영하는 것 같다.*	( )	( )
3. 사교적인 모임에서, 나는 다른 사람들이 좋아할 말이나 행동을 하려고 노력하지 않는다.*	( )	( )
4. 나는 내가 옳다고 믿고 있는 생각들에 대해서만 논쟁할 수 있다.*	( )	( )
5. 나는 잘 알지 못하는 주제들에 대해서도 즉흥적으로 이야기할 수 있다.*	( )	( )
6. 나는 다른 사람들에게 인상 깊게 하거나 그들을 즐겁게 만들려고 행동을 꾸미는 것 같다.	( )	( )
7. 사회적 상황에서 어떻게 행동해야 하는지 모를 때는 다른 사람들이 하는 행동을 참고한다.	( )	( )
8. 나는 훌륭한 연기자가 될 수 있었을 것이라고 생각한다.	( )	( )
9. 나는 영화나 책, 또는 음악을 고를 때에 친구들의 조언을 별로 필요로 하지 않는다.*	( )	( )
10. 나는 때때로 다른 사람들에게 실제보다 더 많은 감정을 드러내 보일 때가 있다.	( )	( )
11. 나는 코미디 프로를 볼 때 혼자 있을 때보다는 다른 사람들과 함께 있을 때 더 많이 웃는다.	( )	( )
12. 여러 사람들과 함께 있을 때 내가 관심의 초점이 되는 경우는 거의 없다.*	( )	( )
13. 다른 상황에 따라, 그리고 만나는 사람에 따라 아주 다른 사람처럼 행동한다.	( )	( )
14. 나는 특히 다른 사람들로 하여금 나를 좋아하게 만드는 재주가 없다.*	( )	( )
15. 나는 즐겁지 않을 때라도, 즐거운 것처럼 행동한다.	( )	( )
16. 겉으로 드러난 내 모습과 실제의 내가 항상 같지는 않다.	( )	( )
17. 나는 어떤 사람을 기쁘게 하거나 그들의 호감을 사기 위해서 내 의견이나 행동 방식을 바꾸지는 않는다.*	( )	( )
18. 나는 분위기를 재미있게 만들 수 있는 사람이라고 생각한다.	( )	( )
19. 다른 사람들과 잘 지내기 위해, 나는 사람들이 내게 기대하는 식으로 행동하는 경향이 있다.	( )	( )
20. 나는 결코 제스처 게임이나 즉흥 연기 같은 게임을 잘하지 못한다.*	( )	( )
21. 나는 다른 사람들이나 상황에 적절하게 내 행동을 잘 바꾸지 못한다.*	( )	( )

22. 사람들과 어울리면, 나는 다른 사람들이 우스갯소리나 이야기들을 계속하도록 내버려둔다.* ( ) ( )
23. 나는 여러 사람 앞에 나서면 다소 어색해지고 자연스럽게 행동하지 못한다.* ( ) ( )
24. 나는 목적이 옳다면, 상대방의 눈을 똑바로 쳐다보면서도 태연하게 거짓말을 할 수 있다. ( ) ( )
25. 나는 실제로는 싫은 사람에게도 좋아하는 척 할 수 있다. ( ) ( )

채점방법

문장의 끝에 * 가 표시되어 있는 문항을 채점할 때는 "아니오"에 ○ 표시한 번호에 1점씩, 그리고 *가 없는 문항들은 "예"에 ○표한 번호에 1점씩을 부여해서 총점을 계산하십시오. 이 점수가 당신의 자기-감찰 점수이다. 점수가 높을수록 자기-감찰 성향이 높다.

한다. 그들은 자기 자신을 사회적 영향에도 불구하고 자신이 믿고 있는 바를 고수하고 자신의 목표를 확고하게 유지시키는 원칙이 서 있는 사람이라고 간주할 수 있다. 그러나 극단적인 경우, 낮은 자기 감찰자들은 민감성이 부족하고, 융통성이 없으며 비타협적인 사람으로 주변에서 배척당할 수 있다. 다행스러운 것은 대부분의 사람들이 이 양 극단 사이를 오간다는 것이다.

V. 자기 존중감

자기 존중감(Self-Esteem)이란 한 개인으로서 그가 가지는 가치에 대한 종합적인 평가를 의미한다. 자기 존중감은 개인의 자기개념에 대한 평가적인 구성 요소이다. 자기 존중감은 한 개인이 갖고 있는 수많은 역할에 대한 개개의 평가가 한데 어우러진 전체적인 평가이다. 당신이 기본적으로 당신 자신을 좋게 느끼면 높은 자기 존중감을 가지고 있다고 할 수 있다. 때때로, 긍정적인 자기개념(Positive Self Concept)이란 용어가 자기 존중감과 동의어로 쓰이곤 한다.

자기 존중감을 연구하기 어려운 이유가 두 가지 있다. 첫째, 자기 존중감에 대해 이루어진 많은 측정들의 타당도가 의심스럽다. 문제는 연구자들이 피험자들의 자기 보고에 의존하는 경향이 있다는 것이다. 이것은 분명히 편향될 수 있다. 많은 사람들의 경우, 그들이 진정으로 느끼는 자기 존중감과, 질문지에 보고한 자기 존중감 수준이 다를 수 있을 것이다. 둘째, 자기 존중감과 관련된 연구를 할 때 인과관계를 확인하는 것이 쉽지가 않다. 다량의 상관자료는, 어떤 행동특성이 긍정적 혹은 부정적 자기 존중감과 연관되어 있음을 시사한다. 예를 들어, 자기 존중감이 행복감과 상관이 높다고 했을 때 자기 존중감 수준이 행복감의 원인인지 아니면 결과인지를 판단하기는 쉬운 일이 아니다. 우리는 자기 존중감의 결정 요인과 그 영향을 고찰할 때 이 점을 염두에 두어야 한다.

1. 자기 존중감의 중요성

자기 존중감이 낮은 사람들은 높은 사람들보다 더 많은 정서적 문제를 가지

일반적으로 자기 자신을 좋아하는 사람들이 다른 사람에게 더 너그럽고 협조적이다.

는 경향이 있다. 그중에서도 특히 불안, 우울, 긴장, 공격, 분개함, 소외감, 불행, 불면증, 정신신체 증상들을 겪는다. 또, 낮은 자기 존중감은 수줍음과도 연관이 있다. 낮은 자기 존중감을 가지는 사람들은 종종 사회적으로 어색함을 느끼며, 자의식이 강하다. 특히 거절하는 것에 취약하다. 그들은 타인들로부터 인정받고자 하는 욕구가 강하지만, 그것을 성취할 수 있는 시도를 하지 못한다. 따라서, 그들은 공식적인 모임에 좀처럼 참여하지 않으며, 사교적인 모임에도 활동적으로 참여하지 않는다. 그 결과로 외톨이가 되는 경우가 많다.

자기 존중감은 기대에 영향을 주기 때문에, 기대한 바의 결과를 야기할 수 있다. 예를 들어 자기 존중감 수준이 낮은 사람들은 자신의 수행 결과에 대해 부정적인 기대를 하게 될 것이다. 그 결과로 그들은 불안해하고 도전할 준비를 갖추지 못해 실패하게 될 것이다. 실패를 경험하면 자기 자신을 탓하게 되고 그러면 자기 존중감 수준은 더 낮아질 것이다. 똑같은 원리가 자기 존중감 수준이 높은 사람에게도 작동할 것이다. 그들은 긍정적인 기대를 할 것이고 그것은 노력을 많이 하게 하는 반면, 불안 수준은 낮게 만들 것이다. 그 결과로 얻어진 성공적 결과는 자기 존중감을 더욱 고양시킬 것이다.

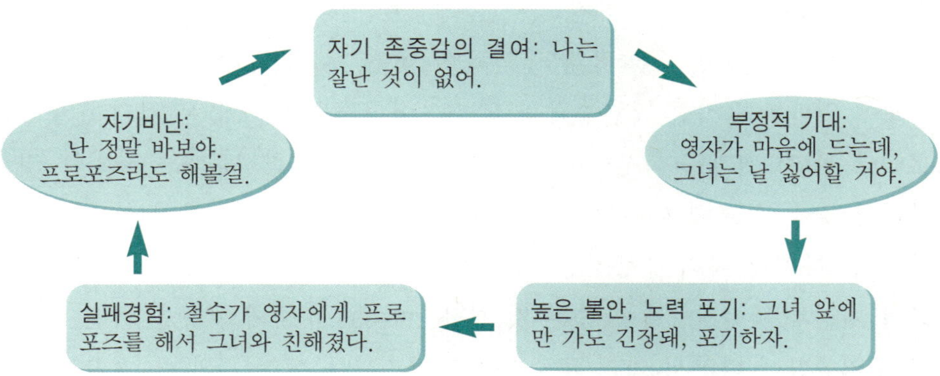

2. 자기 존중감의 결정요인들

높거나 혹은 낮은 자기 존중감은 인생 초기부터 형성되는 것 같다. 그리하여 심리학자들은 자기 존중감이 발달에 미치는 부모의 영향에 관심을 기울였다. 실제로, 부모의 관여, 인정, 지원 등이 아동들의 자기 존중감에 영향을 준다는 증거가 많다. Stanley Coopersmith(1967, 1975)가 어린 소년들에게 실시한 고전적인 자기 존중감 연구 결과를 재검토해 보도록 하자. 그는 자기 존중감이 높은 소년들의 어머니가 갖고 있는 아동양육방식과, 낮은 자기 존중감을 가진 소년들의 어머니가 사용하는 아동양육방식을 비교하였다. 그 결과, 높은 자기 존중감을 가진 아동들의 어머니는 (1) 아이들에게 애정표현을 많이 하였으며, (2) 아이들의 활동에 관심이 많았고, (3) 아이들을 인정하였으며, (4) 건전하면서도 일관성 있는 훈육 절차를 보였고, (5) 어머니 자신의 자기 존중감이 비교적 높았다는 것을 발견했다. 특히, 아이들에게 진지한 관심을 갖는 것은 긍정적인 자기개념의 발달과 가장 강력하게 관련되어 있는 듯이 보인다.

자기 자신에 대한 스스로의 판단 역시 자기 존중감에 영향을 미친다. 자기 판단의 중요한 기초는 자신이 준거집단으로 선택한 사람들과 비교해서 얼마나 긍정적으로 평가하느냐이다. 청년기 이전의 자기 존중감은 학교에서 그들이 함께 생활하고 있는 경쟁자들의 속성에 의해 영향받는다는 연구 결과(Marsh & Parker, 1984)가 있다. 이 연구는 사회경제적 수준이 높은 지역에서 우수한 경쟁자들(우수한 준거집단)과 함께 지낸 아동들과 사회경제적인 수준이 낮은 지역의 우수하지 못한 경쟁자들(열등한 준거집단)과 함께 생활한 아동들을 비교했다. 놀랍게도, 수준이 낮은 학교의 아동들은 수준이 높은 학교에 입학한 유사한 학업능력을 보이는 아동들보다 더 높은 자기 존중감을 보였다. 이런 결과는 학생들이 전국에 있는 우수한 학생들과 비교하는 것이 아니라 같은 학교에 다니는 누군가와 자신을 비교한다는 사실을 나타낸다. 따라서, 자기의 자기 존중감을 고양시킨다는 측면에서는 "소의 꼬리보다는 닭의 머리가 낫다"는 말이 옳은 것 같다. 비슷한 수준의 재능을 가진 아이들도 준거집단에 따라서 자기 존중감이 달라진다는 이런 결과는, 자기 존중감이 발달하는 데 있어 **사회적 비교**(Social Comparison)가 중요하다는 것을 증

어떻게 해야 자기 존중감을 지니는 아이로 키울 수 있는가?

자녀들 자신이 자기를 좋아할 수 있게 키우는 확실한 방법이나 정답이 있는 것은 아니다. 그럼에도 불구하고 많은 부모들은 이에 대한 관심을 갖고 있으며 여러 심리학자들은 자기 존중감이 높은 자녀들로 양육하기 위해 필요하다고 생각되는 부모들의 태도에 대해 연구했다. 이들 중 한 사람인 Stanley Coopersmith(1967)는 10세에서 12세 사이의 백인 소년들을 대상으로 실시한 연구에서 부모의 양육 방식이 자녀의 자기 존중감과 상당히 높은 관련이 있다고 지적했다. 그것은 아동에 대한 인정과 수용, 제재와 훈육 및 민주적인 태도 등, 세 가지로 요약된다.

◐ 인정과 수용:

부모들이 따뜻하게 대해주고 사랑으로 인정해주는 아이들은 부모들의 수용과 인정을 자신의 모습으로 받아들여 높은 자기 존중감을 형성하는 경향이 있다. 사랑받고 인정받는 아이들은 비록 부모가 엄하게 훈육을 하더라도, 그리고 자신이 원치 않는 것을 부모가 강요하더라도 그것을 부모가 자신을 사랑하고 걱정하기 때문이라고 해석하는 경향이 있다. 그러나 부모로부터 인정이나 사랑을 받지 못하는 아이들은 부모들의 부정적인 태도를 자기개념에 통합시키기 때문에 부정적인 자기개념을 형성하고 자신에게 도움이 되는 것을 부모가 요구하더라도 자신을 위한 것이라고 해석하지 못한다.

◐ 제재와 훈육:

Coopersmith의 연구 결과 중 재미있는 것은 자기 존중감이 높은 아이들도 낮은 아이들만큼이나 자주 처벌을 받는다는 것이다. 그러나 처벌의 속성과 시기에서는 차이가 있었다. 낮은 자기 존중감을 갖고 있는 자녀들의 부모는 처벌에 대한 지침이 별로 없었고 잘못한 일이 있을 때도 부모들이 참을 수 있을 때까지는 내버려두는 경향이 있었다. 또 처벌을 하게 되면 지나치게 가혹하거나 수치감을 유발시키고 사랑을 드러내지 않는 훈육방식을 사용했다. 그러나 높은 자기 존중감을 갖고 있는 아이들의 부모는 행동에 대한 엄격한 기준을 갖고 이를 철저하게 지키도록 요구해서 아이들이 자신의 행동을 판단하고 통제할 수 있게 했다. 이러한 기준을 위반할 때는 처벌을 가하지만 그것은 아이의 행동에 국한시키고 인격 전체를 모독하지는 않는다. 따라서 자기 존중감이 높은 아이들은 그들에게 가해지는 부모들의 제약에 불평을 하면서도 부모의 요구를 이해하는 경향이 있으며 자기가 받은 처벌이 부당하다는 생각을 하지 않는 경향이 있다.

◐ 민주적 태도:

높은 자기 존중감을 갖고 있는 아이들의 부모는 아이들에게 제시하는 엄한 행동지침을 갖고 있으면서도 아이들의 주장을 주의 깊게 듣고 그것들에 대해서 심사숙고해서 생각하며, 행동지침과 관련된 제약의 목적을 자상하게 설명해준다. 이들 역시 필요할 때는 아이들을 처벌하지만 아이들의 행동을 변화시키기 위해 처벌을 사용하기보다는 보상을 사용하려는 노력을 기울인다. 그러나 낮은 자기 존중감을 갖고 있는 자녀의 부모들은 분명한 행동 지침도 없고 아이들의 주장에 귀를 기울여 주의 깊게 듣지도 않는다. 아이들의 의견에 대해 깊이 생각하지 않을 뿐 아니라 아이들과 함께 보내는 시간도 적다. 그리고 이들은 아이들로 하여금 자기에게 복종하도록 할 때는 칭찬과 인정 등의 보상보다는 위협이나 처벌을 더 자주 사용하는 경향이 있다.

결론적으로 말하면, 부모가 아이들을 사랑하고 인정해주는 동시에 엄격한 행동지침을 갖고 훈육하며 아이들의 행동에 제약을 가할 때는 그 이유와 목적을 알아듣게 설명해주고, 민주적인 태도로 자녀를 한 개인으로 존중해줄 때 자녀들은 높은 자기 존중감을 갖는 사람으로 성장할 가능성이 높다.

명한다. 최근 교육부의 조사 연구에서 비평준화 지역과 평준화 지역의 고교에 진학한 같은 점수대 학생들의 학업수행을 3년간 비교한 결과, 평준화 지역의 고교생이 더 높은 상승폭을 보였다는 사실을 확인한 것도 이러한 주장을 뒷받침한다.

3. 자기 존중감의 결여로 나타나는 행동들

지금까지 우리들이 자기 존중감의 손상을 보호하고 자존감을 고양시키기 위해서 얼마나 비상한 능력을 가지고 있는지를 검토해 왔다. 이제는 일상적인 상황에서 자기 존중감이 결여된 사람들이 그것을 보상하기 위해 어떻게 대응하고 반응하는지를 살펴볼 것이다. 그중에서 어떤 것은 자존감의 결여로 인한 고통을 회피하기 위한 방법이고 어떤 것은 다른 사람의 사랑과 인정을 끌어내기 위한 수단들이다. 김중술(1998)은 그의 책 '사랑의 의미'에서 자기 존중감이 부족할 때 흔히 드러내는 행동 유형을 다음과 같이 소개하고 있다. 자기 존중감이 부족한 사람들에게서 관찰되는 이러한 행동들의 한 가지 공통적인 현상은 본인 자신은 그와 같은 행동이 자기 존중감의 부족 때문이라는 사실을 잘 모른다는 것이다.

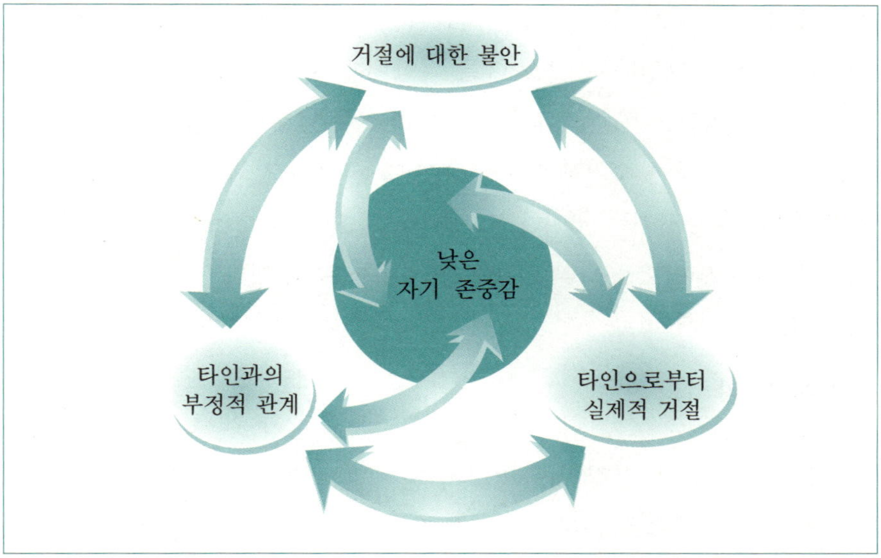

1) 허풍이나 과장

허풍이란 자신의 눈이나 남의 눈에 사람들로부터 인정받고 있고 자기가치가 높아진 것처럼 보이게 할 목적으로 자신을 치켜세우는 행위를 의미한다. "빈 깡통이 요란하다"는 말이 있듯이, 이런 사람은 자신의 능력이나 가치를 다른 사람들에게뿐만 아니라 자기 자신에게까지 과장하여 믿게 하려 애쓴다. 그러나 다른 사람들의 눈에는 그 진의가 금방 드러나 보이므로 흔히 경멸이나 동정의 대상이 될 수 있다. 이런 경우 그 사람은 사랑이나 인정을 조건부라고 생각하며, 자신에게 어떤 특출한 장점이 있어야만 그것 때문에 다른 사람들이 자신을 사랑해 줄 것이라고 생각하는 것이다.

유난히 돈을 자랑하고 싶어 하는 사람, 유난히 미모를 과시하려는 사람, 유난히 학식을 드러내고 싶어 하는 사람, 이런 사람들이 실제로는 마음속에서 사랑받고 있지 못하다거나 인정받을 만하지 못하다는 느낌으로 괴로워한다.

2) 헐뜯기

자신을 사랑하지 않는 사람은 다른 사람의 허물을 찾아내어 꼬집어 남을 비판함으로써, 그와 같은 상태를 이겨내려 한다. 자신은 잘 깨닫지 못하고 있기는 하지만, 실제로는 다른 사람에 대한 비난이 자기 자신에 대한 비난인 것이다. 그런 사람은 자기가 그렇다는 것을 다른 사람에게 투사하고 있는 것에 불과하다. 즉 자신이 무가치하고 흠이 많다는 것을 스스로 인정하는 것은 너무나 괴로운 일이므로, 그것을 다른 사람에게 투사하여 그를 나쁜 사람으로 만듦으로써 자신의 자기혐오를 분출시키는 것이다. 이렇게 하지 않으면 그는 깊은 우울증에 빠질지 모르며, 다른 방법으로 다른 사람들을 괴롭힐 수도 있다.

3) 자기 합리화

자기 사랑이 없는 사람이 유일하게 자기 가치감을 발견할 수 있는 방법은 어떤 일을 잘하는 능력을 통해서이다. 따라서 어떤 일을 그가 잘못했을 경우에는 즉각 변명하고 자신의 실패를 합리화한다. 자기가 틀렸다는 것을 용인하는 것, 자기의 실수나 실패를 인정하는 일은 그로서는 너무나 고통스러운 일이다. 그는 어떤 자리에서 언쟁에 진다거나, 자기가 잘못 알고 있다는 사실이 밝혀지는 것을 도저히 참을 수 없다. 왜냐하면 그의 가치란 조건부인데, 만일 그가 틀렸다거나 실패했다는 사실은 그의 자존심의 마지막 보루를 파괴해 버리는 것과 같기 때문이다. 실패나 과오는 자신의 무가치감과 같다고 생각할 때, 그 사람은 결사적으로 때로는 현실지각의 왜곡이나 논리의 왜곡을 통해서라도, 자신의 과오를 부인하고, 자기의 정당성을 확인시켜야 한다.

4) 완벽주의

완벽성을 갈구하는 사람은 무슨 일을 하든 아주 꼼꼼하게 완전하게 하지 않으면 안 된다. 어떤 일을 잘 수행한다는 것이 그의 사랑이나 인정에 대한 조건이므로, 어떤 결함도 없이 무슨 일을 수행하는 것이 그에게는 그의 존재 가치를 좌우하는 중요성을 띠게 된다. 자기를 인정하거나 거부할 수 있는 사람들의 기대에 부응하기 위하여 그는 끊임없이 노력하지 않으면 안 되는 것이다. 아주 자그마한 실수라도 발견되면 그것은 그의 체면이나 위신에 결정적인 타격이라고 생각하며, 항상 이 같은 손상에 대한 걱정으로 불안해한다. 완벽성을 추구하는 사람이 내면적으로는 자긍심이 부족하다는 사실을 보통 사람들은 잘 모르고 지나간다.

5) 수줍음

수줍어하는 사람은 자기 주장에 소극적이며 근본적으로 자기에게는 사랑받을 만한 가치가 적다고 생각하고 있으므로 사람에 대한 그의 기본적인 반응은 두려움이다. 그는 사람들의 비판을 두려워하고 자신에 대한 평가를 두려워하며, 궁극적으로는 타인의 거부를 두려워하는 것이다. 이러한 모험을 피하기 위하여 그는 자기 주위에 담을 쌓고 수줍음이라는 장막으로 자신을 보호하려 한다. 특히 자기가 매우 자신이 없는 상황에서 그는 아주 수줍어하고 위축되는데, 이런 의미에서 수줍음이란 실패에 대한 심리적 보호막과 같은 것이다. 또 이것은 그의 존재가치의 평가와 관련된 것으로 심각한 것이다.

6) 자기 평가절하

내적 공허감의 괴로운 상태에 적응하는 한 가지 방법은 자신을 매우 가련한 모습으로 사람들 앞에 내놓음으로써, 다른 사람들로 하여금 기대를 적게 하게 하고 비판을 자제하도록 하며 때로는 동정심까지 유발하게 만드는 것이다. '다 털린 희생자'와 같은 모습은 다른 사람들에게 위협이 되지 않으며, 따라서 희생자에 대한 타인들의 태도에는 그를 격려하는 노력까지도 있을 수 있다. 실제로 그가 내심 기대하는 것은 자기 존중감 상실에 대한 타인들의 부정이며, 그것을 통하여 스스로 부족하게 느끼는 가치감의 상승과 같은 효과를 노리고 있는 것이다.

7) 방어적 순응

자긍심의 결여에 적응하는 또 한 가지 방법은 모든 규칙이나 법규에 기계적인 정확성을 가지고 순응하는 것이다. 이 사람은 세상에 태어나 매우 어렸을 때부터 그렇게 순응하면 보상이나 미소나 포옹을 받을 수 있음을 배웠을 것이다. 그는 완전히 착하고 말 잘 듣는 사람이 되기로 작정한 것이다. 이렇게 함으로써 그의 자기는 법규준수의 뒤에 숨겨 놓고 다른 사람들로부터 비난받지 않는 안전한 삶을 살 수 있게 된다. 그에게 있어서는 타인으로부터 받는 인정이 그의 가치를 결정짓는 척도처럼 되어 있는 것이다.

8) 외톨이 되기

마음의 상처가 깊은, 즉 자기 존중감이 낮은 사람의 입장에서 볼 때 사람들과 가까운 관계를 맺는다는 것은 마치 권투시합에 나가 이미 상처가 난 곳을 계속 얻어맞는 것과 같다. 따라서 가장 안전한 방법은 사람들과 가까이하지 않는 것이다. 만일 가까이하면 그가 사랑스럽지 못한 사람이라는 것이 탄로날 뿐이다. 사람들은 그들의 인정과 사랑의 대가로 한결같이 고루하고 피곤한 조건들을 제시할 것인데, 이렇게 힘겨운 시합을 하기보다는 차라리 모두 회피하고 혼자 지내는 것이 더 쉽고 편하다. 그는 겉으로는 사교적인 척하지만 근본적으로는 고독한 사람이다.

9) 과잉 성취 욕구

사람은 누구나 뭔가 성취해 내면 그것이 자신의 부족한 점을 보상해 줄 수 있다고 생각한다. 다시 말하면 사람들은 위대한 일을 성취하거나 많은 재산을 소유하면 다른 사람들의 주의와 인정을 받을 것이라 기대하고 그렇게들 하려 한다. 이런 생활태도를 가지고 있는 사람들에게 성취나 소유는 자신의 확장을 의미하며, 그들은 되도록 이와 같은 확장을 극대화하고 싶어 한다.

10) 절대적으로 좋은 사람

자신을 사랑할 수 없는 사람들이 흔히 하는 가장 슬픈 적응양식의 한 가지는 전천후로 좋은 사람 노릇을 하는 것이다. 이 같은 사람들은 타인으로부터 작은 인정이나 수용을 얻기 위해 언제 어떤 문제에 대해서도 동의하고 나선다. 그들은 자기 자신에게 진실하지 못하다. 그러나 철저하게 고독하기보다는 철저하게 좋은 사람이 되는 것이 그에게는 더 견딜만하다.

11) 냉소적 태도

이런 사람은 근본적으로 자기 자신에게 어떤 가치를 발견할 수 없으므로 우선 자신을 믿지 않는다. 그는 다른 사람들도 모두 자기와 똑같다고 생각하기 때문에 자기불신을 다른 사람들에게까지 확대하고 투사한다. 따라서 그는 아무도 믿지 않으며 신뢰하지 않는다. 믿지 않는 곳에 사랑이 있을 리 없고, 그러므로 이와 같은 사람은 항상 고독하다.

4. 자기 존중감의 증진방법

· 남들의 비판에 매우 예민하다.
· 칭찬을 받으면 매우 어색하다.
· 능력이 없다는 생각이 들고 자신감이 부족하다.
· 남들과 같이 있는 사회적 상황에서는 거북하고
  어떻게 해야 할지 모르겠다.
· 남들이 못마땅하다는 생각을 많이 하고 타인에게 비판적이다.

위의 질문에서 "예"라는 답을 많이 하게 되면, 당신은 Alfred Adler가 말하는 열등감에 시달리고 있는 사람이다. 자긍심이 결여되어 있는 이러한 상태는 매우 흔한 것이지만 참으로 불행한 것이기도 하다. 자긍심이 부족한 사람들은 정서적인 문제를 많이 드러내며, 자신의 목표수준도 낮고, 사회적인 문제도 많을 수 있다.

짐작할 수 있듯이 자긍심이란 자기개념의 중요한 요소이다. 지나치게 부정적인 자기개념을 갖고 있으면 여러 가지 문제행동을 드러낼 수 있다. 과도하게 긍정적인 자기개념 역시 문제를 일으킬 수 있으나 자기비난을 심하게 하는 사람처럼 스스로 상처를 심하게 받지는 않는다. 이런 연유로 우리는 자긍심을 고취시킬 수 있는 방법들을 고려할 필요가 있다.

1) 자기의 모습은 자기가 통제할 수 있음을 인식하라

"나는 미래가 어떻게 전개될지는 모르지만, 누가 그 미래를 결정하는지는 안다. 우리가 무슨 생각을 하느냐가 우리가 어떤 사람이 되는지를 결정한다."

–오프라 윈프리–

당신이 해야 할 첫 번째의 일은 당신 자신이야말로 궁극적으로 자신의 모습을 어떻게 볼 것인가를 통제할 수 있다는 것을 인식하는 것이다. 당신은 당신의 자기상을 변화시킬 수 있는 힘을 갖고 있다. 앞에서 우리는 타인으로부터 받은 피드백이 당신의 자기개념 형성에 어떻게 영향을 미치는지 살펴본 바 있다. 우리가 타인으로부터 받는 피드백을 전적으로 무시하는 것도 결코 현명한 것은 아니다. 그러나 그러한 피드백을 받아들일 것인지 말 것인지를 최종적으로 결정하는 것은 당신 자신에게 달려 있다. 당신의 자기상은 당신의 마음에 달려 있으며 당신이 어떻게 생각하는가에 좌우된다. 타인도 당신의 자기개념에 영향을 미칠 수가 있지만 어디까지나 당신의 주인은 당신이다.

2) 남들을 당신의 기준에 끌어들이지 말라

많은 사람들은 우리가 자신을 평가하는 기준을 설정할 때 타인들을 끌어들인다. 주변에 있는 사람들은 끊임없이 우리에게 무엇인가를 요구한다. 예를 들면 우리는 '컴퓨터를 배워야 한다'거나 '체중을 줄여야 한다' 또는 '이사할 때는 이웃이 어떤 사람인지를 살펴야 한다'는 등의 말을 듣게 된다. 이들 대부분의 사람들은 좋은 의도로 말을 하며 이야기의 내용들이 아주 좋은 것일 수도 있다. 그렇지만 앞서의 정체감을 논의할 때 다룬 것이지만 당신 자신이 무엇을 하고 무엇을 믿을 것인가에 대한 결정은 스스로 하는 것이 중요하다. 예컨대, 40대 초반의 회사원이 높은 자리에 승진을 하지 못해 매우 부정적인 자기상을 갖고 있다고 생각해 보자. 중요한 의문점은 그가 진정으로 그렇게 험난한 승진을 원하고 있는가이다. 그는 높은 자리에 승진하기 위해 그렇게 고생해야 하는 것을 바라지 않을지도 모른다. 그 자신이 원하기보다는 오히려 주변에서 그에게 기대하는 바나 사회가 부여하는 기준에 맞추려고 하기 때문에 그런 성공을 추구할지도 모른다. 이런 점에서 당신은 당신이 가지고 있는 기준이 어디에서 기인하는지를 생각해 볼 필요가 있다. 그러한 기준이 정말로 당신이 가치를 두고 있는 목표나 생각을 나타내는 것인가? 아니면 당신 자신의 생각이 무시되고 단지 타인들이 요구하는 바의 기준을 수동적으로 수용하는 것인가?

3) 비현실적인 목표를 인식하라

당신이 비록 이상적인 것을 추구하고 목표를 성취하기를 원한다고 할지라도 또 다른 문제점이 남는다. 그 목표가 현실적인가이다. 많은 사람들은 자신에게 너무 많은 것을 요구하는 경향이 있다. 항상 최고가 되어야 한다고 생각하지만 그것은 불가능하다. 예컨대, 어떤 사람이 최고의 배우가 되기를 희망할 수는 있지만 현실적으로 불가능한 경우가 많다. 자신의 처지를 현실적으로 판단해야 실패로 인한 자책을 면할 수 있다. 어떤 사람들은 자신과 유사한 사람들과 비교하기보다는 주변에서 가장 나은 사람들과 비교하려 한다. 별 볼 일 없이 생긴 사람이 유명한 모델과 비교하거나 부모의 덕으로 호화롭게 살고 있는 친구와 자신의 처지를 비교하기도 한다. 그러한 비교는 비현실적이며 이러한 비현실적인 비교에 의해서 자긍심은 손상된다.

4) 부정적인 속엣말(자기-말)을 변화시켜라

당신의 생활을 분석해 보는 방식은 당신이 자신을 어떻게 보는지에 영향을 미칠 수 있다. 자긍심이 낮은 사람들은 여러 가지 비생산적인 사고방식을 갖고 있다. 예컨대, 성공 경험을 했을 때는 운으로 돌리고 실패했을 때는 자신의 잘못으로 돌리는 것이 그 예이다. 반대로 성공했을 때는 자신의 공으로 돌리고 실패했을 때는 자신의 탓이 아니라고 생각할 수도 있을 것이다. 자신에게 어떻게 말하느냐에 따라 자긍심이 손상될 수 있다는 이야기다. 취업시험에서 떨어진 사람이 스스로 무가치하다고 생각하는 것도 비합리적인 자기 말에 해당한다. 그 직장에 취업을 하지 못했다고 해서 가치가 없는 것은 아니기 때문이다.

5) 자신의 강점이나 장점을 찾고 이를 부각시켜라

자긍심이 낮은 사람들은 자신이 하는 일이나 자신이 갖고 있는 덕목에 만족하지 못하는 경향이 있다. 그들은 자신을 바보 같고 가치가 없으며 쓸모없다고 평가한다. 그들은 자신이 갖고 있는 좋은 점들을 무시하며 끊임없이 자신의 문제점을 찾는 데 몰두한다. 우리 모두는 어떤 식으로든 장점을 가지고 있을 뿐 아니라 단점도 가지고 있다. 문제점들을 수용하고 이것을 변화시키기 위해 노력하는 것이 좋지만 이것에 강박적으로 집착하는 것은 바람직하지 않다. 그리고 자신의 강점들을 찾아내고 그것의 진가를 인정하는 것을 배워야 한다.

6) 끊임없이 자기 개발을 위해 노력하라

앞에서 언급한 바 있듯이 개인적인 단점들 중 상당수는 극복될 수 있다. 자신의 목표를 재평가하고 그것이 비현실적이라고 판단되면 무시하는 것이 중요하다는 말은 무사 안일하게 자기 만족하는 것을 합리화해도 좋다는 것은 아니다. 개인적인 문제를 극복할 수 있는 것은 자기통제와 자기개발에 의해서 가능하다. 자기를 개발하려는 노력 자체가 자긍심을 고양시킬 수 있다.

7) 긍정적인 시각으로 타인을 대하라

자긍심이 결여된 사람들은 자신을 비난하는 것과 같은 방식으로 타인을 비하하는 경향이 있다. 상상할 수 있듯이 대인관계에서 상대의 결점만을 찾고 부정적인 태도로 대하게 되면 타인들과의 관계가 원만해질 수 없다. 부정적인 태도는 상대로 하여금 긴장감을 겪게 하고 반항하게 하며 결국은 자신을 거부하게 한다. 상대에게 거절당하면 자긍심은 더 저하될 수밖에 없다. 자긍심을 형성하는 것은 이러한 자기 패배적인 성향을 인식하고 이를 바꿈으로써 촉진될 수 있다. 다른 사람에게 긍정적인 태도로 대하고 지지적인 인상을 주게 되면 원만한 관계가 유지되며 상대로부터 인정과 수용을 받게 되는 것이다. 타인으로부터 받는 인정이나 진정한 애정에 의해서 자긍심은 고양될 수 있다.

보려고 해야 보인다

당신은 이 풍경화에서 사람의 얼굴을 볼 수 있는가? 보인다면 몇 개나 보이는가? 모두 13개의 얼굴이 숨겨져 있다. 얼굴 찾기와 마찬가지로 상대의 잠재력도 찾으려 노력해야 눈에 띈다.

제 4 장

효과적인 의사소통과 원만한 대인관계

I. 의사소통 과정

1. 의사소통관계의 요소들
2. 의사소통의 중요성

II. 비언어적 의사소통

1. 일반적 원리
2. 비언어적인 의사소통 수단들
3. 비언어적 의사소통의 중요성

III. 언어적 의사소통

1. 효과적인 의사소통이란?
2. 효과적 의사소통의 걸림돌
3. 원만한 대인관계
4. 효과적인 언어표현
5. 효과적인 청취방법
6. 타인에게 자신을 드러내기: 자기-개방

IV. 갈등을 효과적으로 다루는 법

1. 대인갈등의 속성과 가치
2. 갈등을 다루는 통상적인 방식들
3. 건설적인 갈등해소의 지침

낮에 일어났던 일을 집에 가서 얘기하고 싶었는데 집에는 아무도 없었던 일을 경험해 본 적이 있을 것이다. 그 일이 무슨 대단한 일도 아니며 꼭 해야 할 정도로 절실한 내용이 있는 것도 아닐 수 있다. 단지 누군가와 함께 이야기를 나누고 싶었을 뿐이다. 그럼에도 불구하고 내 이야기를 들어줄 사람이 아무도 없다는 것을 알게 되면 몹시 실망이 된다. 이러한 경우처럼 우리 모두는 자기가 관심을 가지고 있거나 중요하다고 생각하는 어떤 이야깃거리를 누군가와 함께 나누고 그들의 반응을 확인하려는 욕구를 가지고 있다.

대인관계의 의사소통이란 인간이 경험할 수 있는 것들 중 매우 중요하고 필수적인 것이다. 그리고 이러한 대인관계 기술은 행복과 성공적인 삶에 결정적인 역할을 하기 때문에 적응과정에도 많은 영향을 미친다. 이 장에서는 먼저 의사소통의 주요 요소와 중요성을 살펴볼 것이다. 그리고 효과적인 의사소통뿐 아니라 비효과적인 의사소통에 관여할 수 있는 비언어적 및 언어적 요인들을 검토할 것이다. 마지막으로는 대인관계에서 흔히 경험하는 대인 간 갈등의 속성과 이를 보다 건설적으로 대처하는 방안들을 모색해볼 것이다.

Ⅰ. 의사소통 과정

의사소통이란 어떤 식이건 의미가 담겨 있는 메시지를 주고받는 과정이라고 정의할 수 있다. 마음속의 생각도 의미를 포함하고 있지만 이것이 외부로 드러나지 않으면 의사소통에 포함될 수 없다. 이 장에서는 두 사람 이상이 함께하는 상황에서 서로 간의 의미를 전달하는 과정에 초점을 맞출 것이다.

이러한 정의는 몇 가지 점에서 중요한 측면을 가지고 있다. 우선 의사소통이란 적어도 두 사람 이상이 관여되며, 둘째는 일련의 행위들로 구성되는 과정이고, 이러한 과정은 일방적이 아니라 어떻게든 서로 영향을 미치게 되는 상호작용이라는 점이다. 인간의 의사소통 과정의 주된 매체가 언어라고 생각하고 있지만 사실은 비언어적인 매체가 훨씬 더 자주 사용되며 대인관계에서 비중 있게 다루어진다는 사실도 염두에 둘 필요가 있다.

1. 의사소통관계의 요소들

대인관계 의사소통 과정을 이해하기 위해서는 여기에 포함되는 요소들이 무엇인지를 먼저 살펴볼 필요가 있다. David Berlo(1960)는 대인관계의 의사소통을 네 가지 기본적 요소로 구분한 바 있다. 이 요소는 메시지의 근원, 메시지 자체, 메시지가 전달되는 채널 및 메시지를 전달받는 수신자이다.

1) 메시지의 근원 또는 전달자

메시지의 근원 또는 전달자(Source/Communicator)는 생각이나 감정 또는 정보 등의 메시지를 언어적 또는 비언어적 수단을 동원해서 상대방에게 전달하고자 시도하는 자이다. 전형적인 양방향 대화에서, 두 사람은 다 함께 전달자이기도 하고 수용자이기도 하다. 염두에 두어야 할 점은 두 사람 모두 각각의 욕구나 감정상태를 지니고 있으며 의사소통 상황에 대한 기대와 이해를 하는 방식이 다를 수 있다는 것이다.

2) 전달 내용

의사소통 과정의 전달내용(Message)은 한 사람이 다른 사람에게 전달하고자 하는 정보 또는 의미이다. 메시지는 의사소통의 내용이며 우리가 다른 사람에게 전달하고자 하는 생각일 수도 있으며 느낌일 수도 있다. 의사를 전달하는 데 가장 기본적인 수단은 말이지만 말 이외의 비언어적인 방식으로 메시지를 전달하는 경우도 많다. 비언어적 의사소통에는 표정, 제스처, 목소리 등이 포함되며 이런 비언어적인 메시지에 의해서 언어적 메시지의 내용이 완전히 달라지기도 한다. 예를 들면 '잘했다'라는 언어적인 내용도 표정이나 시선 및 억양을 달리하면 칭찬이 아닌 비난이나 경멸 조로 바뀌어 버릴 수 있다.

3) 전달 방식

의사소통의 전달 방식(Channel)이란 메시지를 전달하고자 하는 사람으로부터 메시지를 받아들이는 사람에게 전달되는 중재과정이다. 말로 하는 메시지는 당연히 청각적인 채널로 전달이 된다. 우리는 메시지의 언어적 내용뿐 아니라 청각 채널에 포함된 말하는 사람의 억양까지도 함께 파악한다. 전화통화를 할 때는 청각 채널로만 정보를 전달한다. 그러나 대면상황에서는 다양한 감각 채널을 통해 동시적으로 정보를 전달받는다. 예컨대 말뿐 아니라 얼굴 표정이나 제스처, 시선, 복장 등을 통해서 정보를 파악하며 경우에 따라서는 신체적인 접촉 여부나 강도 및 공간적 거리에 의해서도 정보가 전달된다. 이렇듯 메시지가 다양한 채널을 통해 전달되고 어떤 경우에는 이 여러 가지 채널에서 전달되는 의미들이 서로 일치하지 않기 때문에 상대방으로부터 전달된 언어적 메시지를 어떻게 해석해야 할지 혼란스러울 때가 있다.

4) 수신자

수신자(Receiver)는 정보가 전달되기를 바라는 표적 대상이다. 앞에서도 거론했듯이 두 사람 간의 상호작용에서 두 사람은 각기 정보의 전달자가 되기도 하고 수신자가 되기도 한다. 우리는 모두 각기 다른 성장 배경을 가지고 있으며 의사소통 과정에 영향을 미칠 수 있는 신념과 기대 또는 감정 상태 역시 서로 다를 수 있다. 따라서 상대방이 전달하고자 한 메시지와는 다른 내용으로 파악할 가능성은 얼마든지 있다. 예컨대 관공서에서 민원서류를 신청하고 난 다음 '얼마나 걸리느냐?'는 물음에 30분 정도 걸릴 것이라고 생각하면서 '금방 된다'고 했을 때 수신자는 5분 정도 걸릴 것이라고 기대해서 화를 낼 수도 있으며, 상대가 별 생각 없이 한 말도 고깝게 들리거나 오해할 수도 있다. 짐작할 수 있듯이 관점이나 기대 및 신념이 유사할수록 의사소통은 효과적으로 이루어진다(Clark, 1985).

"돼지"라고!! 이 못된 X!!

한 남자가 오픈카를 운전하고 있었다. 커브 길에서 어떤 여자가 운전하는 차가 갑자기 중앙선을 침범해 그가 운전하고 있는 차선으로 돌진해왔다. 두 차는 하마터면 충돌할 뻔했지만 그 남자가 순간적인 판단으로 핸들을 꺾어서 피했기 때문에 다행히 화를 면할 수 있었다. 상대방 여자 운전자는 격렬한 속도로 S자 운전을 하면서 그에게 "돼지!"라고 소리쳤다. 화가 머리끝까지 난 남자는 "이 못된 X!"이라고 가차 없이 반격했다. 그리고 모퉁이를 기세 좋게 돌아서는 순간 길 한가운데 있던 돼지를 들이받고 말았다. 아까 그 여자는 「돼지가 있다」는 경고를 해 주었던 것인데 남자는 화가 나 있었기 때문에 그 말을 알아듣지 못하고 자기에게 욕을 하는 것으로 들었던 것이다.

Colin Turner의 「The Eureka Principle」 중에서

2. 의사소통의 중요성

의사소통과정에서 일어나는 일들을 구체적으로 알아보기 전에 의사소통의 중요성이 무엇인지를 알아볼 필요가 있다.

1) 행복감과 만족도

친구나 부모, 배우자와 자녀 및 직장동료나 상사 또는 부하와의 관계에서 만족감을 경험하기 위해서는 효율적으로 의사소통을 해야 하는 것은 필수적이다. 우리가 살아가는 과정에서 좌절감을 경험하거나 쓰라린 경험을 하고 또 행복감을 경험하는 과정에 의사소통이 많은 비중을 차지하고 있다. 예를 들면 결혼생활에서 배우자와 의사소통이 잘 된다는 부부는 그렇지 않은 부부에 비해서 훨씬 많은 행복감을 경험하는 것으로 나타났다(Yelsma, 1984).

2) 심리적 장애

많은 사람들이 적절한 의사소통 기술을 갖고 있지 못한데, 정신분열증이나 우울증 환자의 경우가 대표적이다(Argyle, 1983). 특히 정신분열증 환자는 폭력적 범죄자들과 마찬가지로 비언어적인 신호들을 해독하는 능력이 결여되어 있다(Williams, 1974). 알코올 중독자들(Orford & O'Reilly, 1981)과 학교에서 인기가 없거나 따돌림을 당하는 학생들(Furman, 1984) 및 직장에서 낙오된 사람들(Argyle, 1983) 역시 의사소통 기술의 결함을 보이는 것으로 밝혀졌다.

이 장의 상당 부분은 의사소통의 가장 중요한 두 가지의 채널, 즉 언어적 채널과 비언어적 채널을 다루고 있다. 실제로 언어적인 채널의 의사소통보다 더 중요하다고 간주되는 비언어적인 채널을 통한 의사소통과정을 먼저 살펴보기로 하겠다.

11. 비언어적 의사소통

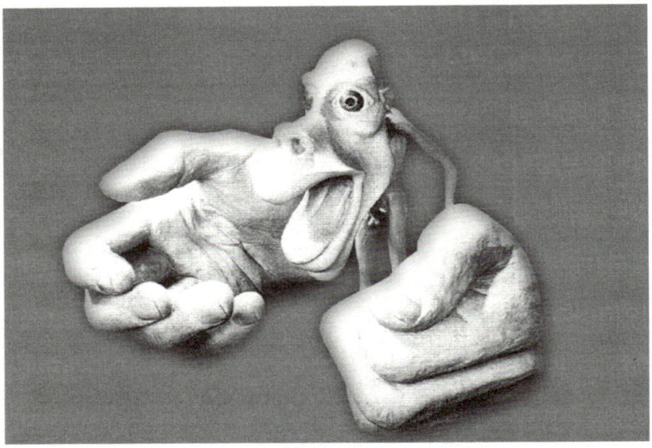
인간은 손과 입 그리고 얼굴표정을 관장하는 체감각 피질이 가장 넓다.

강아지는 꼬리를 흔들어 반가움을 표시하며, 고슴도치는 털을 세워 적대감을 전달한다. 인간의 경우, 꼬리를 흔들거나 털을 곧추세워 감정을 표현하는 능력은 잃어버렸지만 그 대신 기가 막힐 정도로 정교한 얼굴 근육과 어떤 동물보다도 유연하게 움직일 수 있는 손을 사용해서 훨씬 많은 것들을 표현한다.

도서관에서 열심히 책을 보고 있었다. 잠시 고개를 들고 책의 내용에 대해 생각하고 있을 때 후배 여학생이 지나가면서 가볍게 고개 숙여 인사를 했다. 이때 거의 반사적으로 고개를 숙여 인사를 할 것이다. 만약 그 후배가 마음속으로 동경하던 사람이라면 다정한 시선을 함께 보내게 될 것이다. 얼굴 표정은 그저 그런 사람을 대했을 때와는 다르게 온화한 미소를 띠고 있을 것이다. 순식간의 일이며 한마디의 말도 주고받지 않았다. 그러나 이 짧은 순간에도 세 가지 이상의 방식으로 메시지는 전달된다.

비언어적 의사소통이란 말이나 글이라는 수단을 사용하지 않고 어떤 사람이 상대에게 의미를 전달하는 것을 말한다. 비언어적 수준의 의사소통은 표정, 시선, 자세, 제스처, 신체적 접촉 정도, 거리, 목소리의 변화 등 다양한 행동으로 나타난다. 전철에서 앵벌이 아이가 볼펜과 자신의 처지를 글로 적은 때묻은 종이 조각을 당신의 무릎 위에 놓을 때 그 물건을 사고 싶지 않다면 그와 어떤 방식으로 의사소통을 하는가? 당신이 만약 그와 눈을 맞추면서 호주머니에 손을 집어넣는다면 그것은 "사주고 싶다"는 메시지일 것이다. 그러나 만약 눈을 감거나 신문을 들여다보면서 모른 체한다면 그것은 "나는 살 생각이 없다"는 메시지를 전달하는 것이다.

실제로 사람과 사람이 마주 대했을 때 전달되는 메시지는 언어적인 측면보다는 비언어적 방식에 의해서 훨씬 더 많이 좌우된다(Mehrabian, 1971; Philpott, 1983). 따라서 효율적인 의사소통이 어떤 것인지를 이해하기 위해서는 비언어적인 의사소통에 대해서 더 많이 알고 있어야 한다. 비언어적 의사소통의 일반적 원리를 살펴보고 난 다음 표정이나 시선 등 비언어적 의사소통 양식들을 검토할 것이다.

1. 일반적 원리

비언어적인 의사소통은 여러 가지 점에서 언어적인 의사소통과는 다른 특성을 갖고 있다.

1) 다양한 채널로 표현된다

비언어적 의사소통은 일반적으로 다양한 채널에 의해 동시다발적으로 나타난다. 예컨대, 제스처, 표정, 시선, 말투 등이 한꺼번에 어떤 정보를 전달하는 데 동원된다는 것이다. 우리가 싫어하는 사람과 함께 있을 때 어떻게 자신의 감정을 전달하는지를 검토해 보자. 가능한 한 침묵을 지키고, 그 사람과 거리감을 유지하며, 미소를 거두고 딴 곳을 응시하거나 때로는 억지 하품을 하는 것으로 메시지를 전달할 수 있을 것이다. 이럴 때 우리들 대부분은 "당신과 말하고 싶지 않아요"라고 말하지는 않는다. 말로 전달되는 메시지보다 비언어적인 메시지가 파악하기 어려운 한 가지 이유는 그것이 너무나 많은 채널들을 통해 전달된다는 것이다.

정치 9단의 표정관리: 누구보다도 표정관리에 능하다고 할 수 있는 정치가들도 언제나 완벽하게 표정을 관리하지는 못한다.

2) 비교적 자발적으로 표현된다

언어적 의사소통에 비해 비언어적 의사소통은 훨씬 더 자발적이다(Verderber & Verderber, 1989). 다시 말하면, 비언어적인 표현은 의도적인 노력의 영향을 적게 받는다는 것이다. 말로 표현하는 것도 항상 미리 의도한 바대로 되는 것은 아니지만 비언어적인 의사소통에 비해 훨씬 의식적 통제를 많이 받는다. 비언어적인 것이 의식적 통제를 적게 받기 때문에 사람들은 상대방의 진정한 마음상태를 파악할 필요가 있을 때는 말보다 비언어적인 메시지에 더 주의를 기울인다. 집들이를 하기 위해 집으로 초대한 손님들이 밤이 늦도록 돌아가지 않는 경우에 초대한 주인이 "이젠 자야 할 시간이 되었으니 모두들 집으로 돌아가 주십시오"라고 말하지는 않을 것이다. 메시지를 말로 표현하는 것은 그만큼 의도적인 통제가 쉽다는 것이다. 그러나 피곤한 표정이나 기지개 켜기, 시선의 응시가 줄어드는 것을 통제하는 것은 상대적으로 훨씬 어려운 일이다. 비언어적인 신호는 많은 경우 무의식적이며 자발적으로 나타나기 때문이다.

3) 비교적 모호하다

비언어적인 메시지는 언어적으로 표현된 것보다 훨씬 덜 분명하다. 언어적인 메시지 역시 모호한 측면이 분명히 있기는 하지만 비언어적 메시지에 비해 비교적 의미가 더 분명하다. 낯선 사람이 당신을 지긋이 바라본다고 가정해보자. 당신은 그것을 어떤 의미로 받아들일 것인가? 내게 관심이 있는 것일까? 내 얼굴에 뭐가 묻었나? 아니면 음흉한 생각을 하고 있는 것은 아닐까? 비언어적인 메시지는 그 자체가 워낙 모호하고 다양한 의미를 시사할 수 있기 때문에 그 속에 어떤 의도가 숨어 있는지 확실하게 감을 잡기가 힘들다.

4) 언어적 메시지와 일치하지 않는 경우도 있다

우리는 가끔 상대의 몸은 화를 참고 있는 모습이 역력한데도 '난 별로 화나지 않았어'라는 말을 듣게 된다. 이러한 경우는 언어적인 메시지와 비언어적인 것이 상호 모순된 대표적인 예이다. 이럴 때 어떤 메시지를 더 믿어야 하는가? 거기에는 확실한 정답이 있을 수 없다. 그러나 대부분의 경우, 언어적인 메시지보다는 비언어적인 메시지에 더 비중을 두게 된다. 상담을 받기 위해 찾아온 내담자가 자신의 아버지에 대해 말할 때 '성실하고 좋은 분이다'고 말하면서 주먹을 쥐고 있다면 상담자는 그 의미를 어떻게 파악할 것인가? 아마도 아버지에 대한 분노감이 숨겨져 있다고 해석할 것이다. 아내가 남편에게 '아직도 나를 사랑하느냐?'고 물을 때 남편이 '물론이지'라고 말하면서 아내의 얼굴은 거들떠보지도 않으면서 신문만 보고 있다면? 당연히 그 말을 듣는 아내는 흡족해하지 않을 것이다. 왜냐하면 언어적인 메시지와 비언어적인 메시지로 전달된 무시(쳐다보지 않기)가 일치하지 않으며 이럴 때는 비언어적 메시지에 더 비중을 두기 때문이다. 거짓말을 하도록 지시 받으면 그렇지 않은 경우와는 다른 비언어적인 메시지들을 드러낸다는 실험증거들이 많이 있다(DePaulo, Lanier & Davis, 1983).

5) 문화에 따라 달라진다

사용하는 말이 문화에 따라 다르듯이 비언어적인 표현들도 문화권에 따라 다소간의 차이를 보인다(Hall, 1959). 예를 들면, 북유럽사람들은 라틴계 주민들에 비해 상호 간의 신체적 접촉을 덜 하는 경향이 있다. 따라서 영국계 사람들은 브라질 사람들처럼 그의 개인적 공간에 별 생각 없이 선의를 갖고 가깝게 다가오는 것에 몹시 당황하게 된다. 문화적인 배경이 다른 사람들과 만나서 비언어적으로 의사소통을 하다 보면 극적인 오해를 경험하기도 한다. 예컨대 티벳 사람들은 친구를 만났을 때 인사를 하는 표시로 혀를 날름 내민다(Ekman, 1975). 그러나 우리 문화권에서는 혀를 날름 내미는 행동은 놀리는 것으로 해석될 소지가 많다.

대인관계에서 비언어적인 신호가 많은 정보를 제공해 줄 수 있다. 비언어적인 의사소통의 구체적인 유형들을 살펴보면서 사회적 친화(타인을 좋아하는 것)나 상호작용하는 사람의 지위와 관련된 내용들을 검토할 필요가 있다.

6) 정서를 전달하는 수단으로 사용된다

말로 하는 언어적인 표현을 통해서도 감정이나 내적인 정서를 전달할 수 있다. 그러나 우리는 말 한 마디 하지 않으면서도 얼마든지 자신의 감정을 전달할 수 있다. 예를 들어 교무실에 불려갔을 때, 한동안 아무 말씀도 없이 인상을 쓰면서 가만히 노려보시는 선생님을 보고 우리는 선생님께서 뭔가 크게 화나신 일이 있음을 간파할 수 있다. 긍정적인 감정 역시 수많은 비언어적인 수단으로 표현된다. 누군가가 자기를 보면서 가까이 다가오려고 하며, 더 많이 쳐다보고, 미소를 지으면 그 사람이 자기를 좋아하고 있음을 알 수 있다.

2. 비언어적인 의사소통 수단들

1) 표정

얼굴 **표정**(Facial Expression)은 어떤 것보다도 많은 정서적 표현을 한다. 광범위한 연구를 통해서 Ekman과 그의 동료들은 사람들의 얼굴에 표현되는 서로 다른 기본적인 정서가 일곱 가지임을 찾아내었다. 이 일곱 가지 정서는 **분노**(Anger), **경멸**(Contempt), **메스꺼움**(Disgust), **두려움**(Fear), **행복**(Happiness), **슬픔**(Sadness), **경악**(Surprise)이며 이들 정서를 표현하는 얼굴 표정은 인종에 상관없이 보편적임이 밝혀졌다. 동양인과 서양인 등 다양한 문화권의 사람들에게 얼굴을 찍은 사진을 보여주고 감정상태를 나타내는 단어들과 연결하게 한 결과, 문화가 서로 다른 사람이라고 할지라도 기본적인 정서를 정확하게 판단함이 밝혀졌다(Ekman & Friesen, 1984, 1986).

몇 가지의 기본적인 얼굴표정이 문화의 차이에도 불구하고 유사하게 인식될

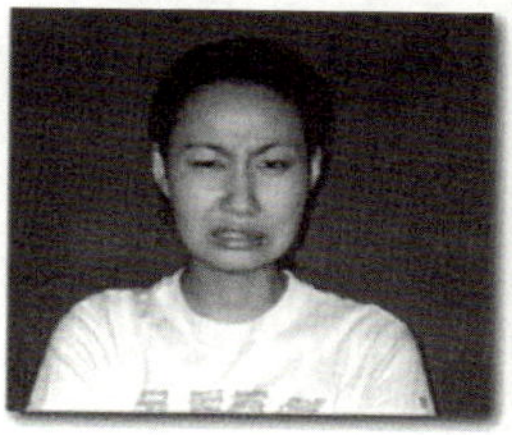
메스꺼움

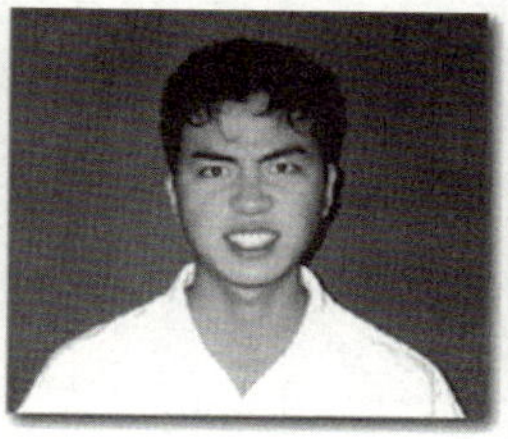
분 노

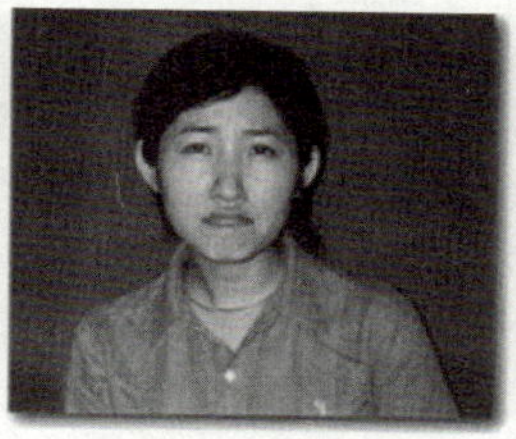
슬 픔

행 복

수는 있지만 모든 문화권에서 감정을 표현하는 방식이 항상 일치하지는 않는다. 만약 중국에 가서 혀를 내밀면 그 사람들은 당신이 매우 놀라고 있다고 해석할 것이다(Klineberg, 1938). 또 북미에서 그런 행동을 하면 전혀 다른 의미로 받아들여질 수 있다. 정서를 적절하게 얼굴 표정으로 나타내는 방식은 그 사회의 규범에 의해서 영향을 받는다.

가끔은 우리가 느끼고 있는 감정을 아무에게도 드러내고 싶지 않을 때가 있다. 얼굴 표정으로 우리의 감정을 숨기는 것이 가능한가? 그럴 수 있다. 신체의 다른 부위보다는 표정으로 감정을 위장하는 것이 보다 용이한 것으로 밝혀졌다(Ekman 등, 1982). '포커 페이스'라는 말을 들어보았을 것이다. 포커 판에서 자기의 손에 있는 카드가 좋아서 흥분하거나 반대로 좋지 않을 때 실망하는 표정을 드러내는 것은 게임에 매우 불리하게 작용하기 때문에 노련한 도박사들이 자신의 감정을 얼굴에 표현하지 않은 데서 기원한 말이다.

2) 응시와 시선

'눈치', '눈매', '눈썰미', '눈엣가시', '눈요기', '눈칫밥', '눈웃음' '눈익다', '눈짓', '눈 맞았다' 등 눈과 관련된 수없이 많은 단어들이 우리의 감정상태나 심리상태를 표현하는 의미로 사용된다. 우리는 외부 정보의 80% 이상을 눈을 통해 받아들인다. 그리고 '눈으로 말해요'라는 말도 있듯이 수없이 많은 우리의 감정과 생각을 눈으로 전달한다.

표정과 함께 응시(Gaze)와 시선(Eye Contact)은 비언어적으로 메시지가 전달되는 중요한 채널 중의 하나이다. 두 사람이 서로 마주 보고 있는 시간은 매우 중요한 의미를 갖고 있다. 시선으로 전달되는 의사소통에 관한 연구들이 많이 있지

최고 도박사들의 표정관리 기법

D. Morris(1994)는 라스베가스의 국제 포커 대회에 참석한 최고 도박사들의 표정을 세 가지 유형으로 분류했다. 이들은 하나같이 좋은 패를 쥐었을 때의 흥분감이나 나쁜 패가 나왔을 때의 실망감을 훌륭하게 감출 줄 아는 사람들이다.

석고상 전략: 얼굴에 나타날 수 있는 모든 표정이 제거되고 눈은 선글라스 등으로 가려져 있으며 몸은 뻣뻣하게 경직되어 있다. 단지 손으로 카드를 집어서 들춰보고 배팅을 하는 데 필요한 최소한의 절제된 동작만을 할 뿐이다. 카드를 잡아 들춰보는 동작 역시 마치 기계처럼 수행된다. 그래서 이들을 보면 치밀하게 프로그래밍된 로봇이 게임을 하는 것 같다.

가짜 광대 전략: 석고상 전략과는 완전히 반대되는 전략인데, 이 전략의 특징은 쉴 새없이 여러 가지 동작을 하는 것이다. 이 전략의 기본 발상은 수많은 신체 언어를 구사해서 저변의 기분을 상대가 추적하려는 시도를 차단하는 것이다. 난폭한 행동, 익살, 성적인 농담, 의도적으로 상대를 자극하기 등의 작전을 구사해 상대가 오히려 냉정을 잃게 한다.

엉뚱한 신호 보내기 전략: 가장 큰 노력이 요구되는 전략이다. 패를 쥐었을 때의 기쁨이나 실망을 노골적으로 드러내기는 하지만, 정작 자신이 쥔 패와는 아무런 관계도 없는 고도로 계산된 속임수를 쓴다. 상당히 위험한 전략이기 때문에 고도의 연기력이 필요하기는 하지만 제대로 적중하기만 하면 상대를 엄청난 혼란에 빠뜨릴 수 있는 전략이다.

만 그중에서 몇 가지 흥미 있는 연구결과만을 살펴보기로 하자(Kleinke, 1986).

응시하는 시간이 긴 사람은 그렇지 않은 사람에 비해 상대에게 더 주의를 기울이고 있는 것으로 평가받는다는 사실이 밝혀졌다. 그리고 강연자나 면접자 또는 교사들을 대상으로 연구해 본 결과 상대와 오랫동안 시선을 유지하고 있는 사람은 그렇지 않은 사람에 비해 상대방으로부터 더 유능한 사람이라는 평가를 받았다. 유사하게 서로의 눈을 응시하는 시간이 긴 사람들에 대해서는 사교술이 좋고 신뢰감이 많은 것으로 평가한다. 응시하는 것은 감정의 강도(정적 또는 부적 성질이 아니라)를 전달하는 수단이기도 하다.

성별이나 종족에 따라 시선 유형이 달라질 수 있다. 예컨대, 여자들은 일반적으로 남자들에 비해서 다른 사람과 함께 있을 때 시선을 유지하는 시간이 긴 것으로 나타났다(Giles & Street, 1985). 또 백인들은 흑인들에 비해 이야기하는 상대방을 응시하는 시간이 길다(Scheflen & Scheflen, 1972). 이러한 차이를 고려하지 않는다면 시선의 유지정도를 보고 관심이 없다거나 아니면 정직하지 못하다고 오해를 할 수가 있다.

응시하는 시간이 너무 길어지게 되면 상대는 불편감을 느끼게 되며 이를 피하려 한다. 원숭이들도 싸우려는 공격적 의도를 노려보는 것으로 전달한다(Henley, 1986).

시선을 마주치지 않는 것도 무엇인가를 전달하는 데 사용된다. 예컨대, 불쾌하거나 당황한 상황에서 또는 자신의 개인적인 공간이 침범을 당했다고 생각될 때 우리는 시선을 마주치는 것을 현저하게 줄이게 된다. 그리고 속이려는 의도가 있을 때도 역시 눈을 마주치는 일이 적어지는 것으로 믿는 경향이 있다(Hemsley & Doob, 1978). 거짓말을 하게 되면 시선을 피하는 것으로 알려져 있으나 노련한 사람들은 거짓말을 하면서도 자연스럽게 시선을 유지할 수가 있다(DePaulo, Stone & Lassiter, 1985). 따라서 시선만으로 거짓을 탐지해낼 수는 없다.

사랑이 깊으면 눈길도 깊다: 사랑하는 사람을 볼 때는 그렇지 않은 사람보다 더 오래, 그리고 더 그윽하게 쳐다본다.

어떤 연구는 시선의 형태는 그 사람의 지위를 반영한다는 결과를 보고하였다. 일반적으로 아랫사람은 윗사람이 이야기할 때 상대방을 더 오래 쳐다보며 윗사람은 아랫사람이 이야기할 때 덜 쳐다본다(Berger, 1985). 또한 남녀가 만날 때 남자보다는 여자가 상대방을 더 오래 쳐다본다. 그리고 여자는 남자에 비해 뚫어

상대방에게 말을 할 때와 상대방의 이야기를 듣고 있을 때, 여자들은 남자들에 비해서 상대를 더 오랫동안 쳐다본다.

지게 응시하는(지배적인) 일이 적으며 다른 사람이 뚫어지게 쳐다볼 때 이를 피하는 행동(복종적)을 많이 한다(Henley, 1986).

끌리는 사람과 만나게 되면 시선부터 달라진다. 서로 간에 지긋이 바라보고 있는 모습을 보이면 사람들은 이들을 서로 좋아하는 사이라고 판단하게 된다. 사람들은 눈을 너무 오랫동안 응시하는 것이나 또는 전혀 쳐다보지 않는 것보다는 적당한 정도로 응시하는 것을 좋아한다. 그리고 사랑에 빠져 있다고 하는 사람들은 그렇지 않은 연인들에 비해 서로 더 많이 응시하는 것으로 나타났다. 응시하는 시간이 비슷하게 길더라도 상황에 따라 다른 의미를 전달한다. 즉 연인들이

시선의 종류

- 노려보기: 상대를 위협하기 위해 시선을 고정시키는 것으로 싸우기 직전에 나타나며 노려보기에서 승부가 나기도 함.
- 두리번거리기: 호기심을 반영하며 타인의 집이나 방에서는 상대의 환심을 사기 위해 일부러 부러운 눈으로 두리번거리기도 함.
- 곁눈질하기: 들키지 않고 뭔가 볼 때, 그리고 부끄럽다는 계산된 수줍음 신호로 사용된다.
- 눈 내리깔기: 윗사람에 대한 겸손의 신호. 절을 하는 암시가 담겨 있기도 하며 복종심을 나타냄.
- 눈 들어올리기: 반항이나 설득과정에서 이의를 제기하거나 무죄임을 주장할 때.
- 눈 부라리기: 눈썹을 찡그려 눈을 크게 하는 것으로 상대의 기를 꺾을 필요가 있을 때.
- 멍하게 먼 산 보기: 초점을 흐리는 눈으로, 뭔가 상상하고 있을 때 그리고 상대에게 뭔가 상상하고 있는 듯한 환상적인 인상을 심기 위해.
- 토끼 눈 뜨기: 놀랄 때나 상대방에게 놀랐다는 시늉을 전달할 때.
- 눈짓(윙크): 상호 간에 공모 상태에 있음을 알리고 남들보다 가까운 사이임을 나타낼 때.
- 가늘게 뜨기: 원래는 눈이 부실 때 나타나지만, 피로감이나 지속적인 고민이 있음을 표현하기도 하고 상대의 측은지심을 발동시키기 위한 의도로도 사용됨.
- 안 쳐다보기: 상대를 경멸하거나 무시하고 있음을 나타내기 위해 시선을 거두는 것.
- 깔보기: 안 쳐다보기보다 더 적극적으로 경멸감을 표현하기 위해 곁눈질로 위쪽에서부터 훑어보다 아래쪽에서 멈추는 시선.
- 째려보기: 미간에 주름을 잡아 인상을 쓰면서 시선을 옆으로 돌려 경멸감과 분노감을 표시하는 시선.

이민규의 「생각을 바꾸면 세상이 달라진다」에서

오래 응시하는 것과 싸울 때 오래 응시하는 것은 판이하게 다른 의미를 전달할 수 있으며 이러한 차이는 얼굴 표정 등 시선 이외의 단서들에 의해 파악된다.

3) 동작

많은 동물들은 **동작**(Movement)으로 의사소통을 하며 인간 역시 여러 가지 동작으로 자신의 감정과 생각을 표현한다. 그리고 우리는 주변 사람들의 동작을 통해 그에 관한 온갖 것들을 읽어낸다. 몸을 긁는 동작을 통해 상대방의 몸이 가렵다는 것을 알며 서둘러 걷는 것을 보고 그 사람이 몹시 바쁘다는 사실을 알아낸다. 우리는 동작을 통해 그 사람의 감정뿐 아니라 성격까지도 알아낸다. 어떤 사람이 항상 서성거린다면 초조감과 긴장감을 경험하고 있으며 정서적으로 불안한 사람이라고 추측한다. 필자와 함께 근무하는 교수님 한 분은 수업 중에 학생들이 다리를 떠는 것을 극도로 싫어한다. 이 교수님뿐 아니라 많은 어른들은 아이들이 식사시간이나 강의시간에 다리를 떨고 있으면 그 행동이 "복 나가는 짓"이라고 그만두기를 경고한다. 왜냐하면 그러한 행동은 정서적으로 불안정하거나 침착하지 못한 사람에게서 관찰되는 행동이고 그러한 성격의 소유자는 어떤 분야에서건 성공적으로 일할 수 없다고 믿기 때문이다.

대화를 할 때도 우리는 여러 가지 동작으로 상대방과 의사소통을 한다. 상대방의 말을 이해하거나 동조할 때는 머리를 위아래로 끄덕인다. 대신 상대방의 의견에 동조하지 않을 때는 머리를 좌우로 흔들고 이해가 가지 않을 때는 머리를 갸우뚱하는 것으로 의사를 전달한다.

4) 자세

수업을 듣는 학생이 턱을 앞으로 쭉 빼고 양손으로 턱을 고이고 있다면 대부분의 경우 수업을 하고 있는 교수는 그가 수업에 대한 지겨움을 나타내는 신호를 보내고 있다고 해석할 것이다. 그러고는 "똑바로 앉지 못해!"라고 언어적으로 메시지를 전달하거나 인상을 찌푸리며 학생을 응시함으로써 못마땅함을 전달할 것이다.

그러나 눈을 똑바로 뜨고 가끔은 고개를 끄덕이면서 얼굴에는 미소를 짓고

상체를 약간 앞으로 숙이는 자세를 취한다면? 교수는 아마도 자기의 강의가 재미있으며 열심히 듣고 있다는 메시지로 해석해서 흐뭇해할 것이다. 흥미로운 사실은 상당히 많은 예의바른 학생들이 재미없는 강의를 들으면서도 재미있음을 나타내는 자세를 의도적으로 취한다는 것이다.

이처럼 우리는 머리나 몸통, 팔, 다리 등 몸의 움직임을 사용해서 여러 가지의 의미를 전달한다. 특히 몸의 자세(Posture)는 그 사람이 어느 정도 긴장을 하고 있는지를 알려줄 수 있다. 예컨대 몸을 뒤로하고 손이나 다리를 적당하게 벌려 늘어뜨리고

좋아하는 사이, 따라 하는 사이

카페나 술집 등에서 연인들이 담소를 하고 있는 모습을 관찰해보면 그들이 취하고 있는 자세나 동작에서 일치하는 점들이 많다는 사실을 알 수 있다. 여자가 다리를 꼬면 남자도 다리를 꼬고, 창 밖을 쳐다보면 따라서 쳐다보고, 스푼으로 커피 잔을 저으면 상대도 따라 젓는다.

친한 친구들끼리 술을 마실 때도 마찬가지다. 한 사람이 안주에 손을 대면 잠시 후 상대도 그것에 젓가락질을 하고, 한 사람이 술잔을 비우면 곧이어 상대가 술잔을 비운다. 그래서 급하게 마시는 사람과 있으면 권하지 않아도 급하게 마시게 된다. 좋아하는 사람이 웃으면 우습지 않은 일에도 흔쾌히 따라 웃는다. 이처럼 한 사람의 자세나 동작이 상대방의 자세에 반향되는 현상을 **자세반향**(Postural Echo) 또는 **동작의 합치**(Movement Synchrony)라고 한다.

특히 친밀감이 높은 사이일수록 이런 행동의 일치가 많고 즉각적으로 일어나며 싫어하는 사람과 있을 때는 서로 따라 하는 일도 적을 뿐 아니라 마지못해 따라 하더라도 시간이 많이 지난 다음에야 같은 행동을 한다. 재미있는 것은 사람들이 자기도 의식하지 못하는 과정에서 자기가 행한 동작을 자연스럽게 따라 하는 사람들을 더 좋아한다는 것이다. 그러나 너무 모든 행동을 의도적으로 따라 하는 행동은 호감을 사기보다는 분노감을 유발할 수 있음을 유념해야 한다.

상하관계의 대화: 두 사람의 관계는 누가 봐도 대등한 관계가 아니다. 아랫사람은 보다 경직된 자세를 취함으로써 복종적인 태도와 감히 대등한 관계라고 생각도 하지 않는다는 메시지를 전달한다.

있으면 그 사람은 긴장하지 않고 편안한 상태(개방된 자세)에 있을 것이다.

몸의 자세를 보면 나에 대한 태도를 어느 정도 짐작할 수 있다. 만약 내 쪽으로 약간 기울이고 있다면 그렇지 않은 경우에 비해 비교적 관심을 보이고 있는 것이다. 가능한 한 멀리 떨어져 있으면서 팔짱을 끼고 있는 모습은 부정적인 태도를 갖고 있거나 방어적인 태도를 보일 때 나타난다.

게다가 신체적인 자세를 통해 사람들 간의 지위를 확인할 수 있다. 일반적으로 우월한 위치에 있는 사람은 아랫사람에 비해 이완된 모습을 보인다. 상대적으로 아랫사람은 경직된 자세를 보이며 단정한 자세를 보이기 일쑤이다(폐쇄적 자세). 이러한 현상은 대학병원에서 레지던트와 교수들이 함께하는 컨퍼런스에서도 쉽게 관찰된다. 과장이나 교수들은 비교적 자유스럽고 편안한 자세를 취하지만 수련 중인 레지던트들이나 간호사들은 보다 경직되고 긴장된 모습을 보이기 마련이다. 시선과 마찬가지로 자세에서도 지위나 성별에 따라 차이가 있다. 일반적으로 남자들은 우위자세인 개방적인 자세를 많이 취하는 반면 여자들은 아랫사람의 자세인 폐쇄적인 자세를 많이 보인다(Hall, 1984).

5) 손짓

손짓(Hand Gesture)은 대화를 할 때 대화의 방향을 조정하고 말의 의미를 보조하는 기능을 갖는다(Scheflen & Scheflen, 1972). 손짓 중 가장 흔하게 보이는 것 중의 하나는 어떤 사람을 향해 방향을 알려주거나 대상을 주목하게 할 때 사용되는 참조기능 손짓(Referencing Gesture)이다. 예컨대 여러 대의 차 중에서 어떤 차를 타

도록 요청할 때 차를 가리키는 행동이 여기에 속한다.

또 하나의 손짓은 이야기를 하면서 강조해야 할 내용이 나올 때 표현되는 것으로서 **강조 기능 손짓**(Gesture of Emphasis)이다. 정치가들이 유세를 하면서 청중들에게 가장 강조하고 싶거나 박수를 유도하고 싶은 때 책상을 주먹으로 치는 행동 등이다. 또 다른 유형의 손짓은 **시범적 손짓**(Demonstrative Gesture)이다. 예를 들면 요리사가 재료나 도구가 없이 어떤 요리를 만드는 과정을 설명할 때 반죽이나 칼질을 하는 모습을 보이면서 설명을 하는 것이 여기에 해당된다. 배가 고플 때 배를 만지거나, 밥을 먹자고 할 때 숟가락질을 하는 제스처를 쓰거나 소주를 한잔하자는 의미로 소주잔을 들이키는 손짓을 사용하는 것 역시 시범기능에 해당된다.

6) 신체적 접촉

신체적 접촉(Physical Contact)은 수없이 많은 방식으로 이루어질 수 있으며 그것이 갖는 의미도 매우 다양하다. 접촉행동이 지니고 있는 의미를 해석하는 데는 두 사람의 관계와 상대방의 접촉에 대한 요구 정도에 의해서 달라진다. 그래서 신체적 접촉에 대한 연구를 수행하는 데 어려움이 따르며 연구가 된다고 할지라도 그것을 일반화하는 데 한계가 많다.

그럼에도 불구하고 여러 가지 연구결과들이 다음과 같은 내용들을 지지하는 것으로 밝혀졌다. 우선 여자는 남자들에 비해 동성 간 신체적 접촉을 많이 한다는 것이다. 둘째, 이성 간에 비해 동성 간에서 접촉을 많이 한다(아주 친밀한 접촉이 아닐 때). 셋째, 일반적으로 남자가 여자를 접촉하는 것보다는 여자가 남자를 접촉하는 경우가 많다(Eagly, 1987). 넷째, 상대방의 접촉을 허용하는 범위와 관련된 암묵적인 규범이 매우 강력하다는 점이다. 문화권에 따라 약간 다를 수도 있지만 그림에서처럼 상대가 누구냐에 따라 접촉이 허용되는 신체 부위가 있으며 이는 성별에 따라 상당히 다르다.

대부분의 다른 비언어적 의사소통과 마찬가지로, 접촉 역시 상호 간의 지위에 따라 다르게 나타난다. 접촉을 먼저 시도하는 사람이 일반적으로 더 우위에 있는 경우가 많다. 접촉에 대한 반응 역시 남녀 간에 다른 것 같다(Henley & Freeman, 1981). 남자들에 비해 여자들이 대체로 접촉에 대해 호의적이다. 이러한 성별 차이도 지위에 따라 달라질 수 있다. 여자도 남자와 마찬가지로 아랫사람이 먼저 접촉을 시도했을 때보다 윗사람이 접촉을 시도했을 때 더 좋아한다는 연구결과가 이러한 해석을 뒷받침한다(Major, 1981).

D. Morris(1978)는 신체적인 접촉을 통해 두 사람 간의 관계를 전달하는 방식을 14가지로 정리한 바 있다.

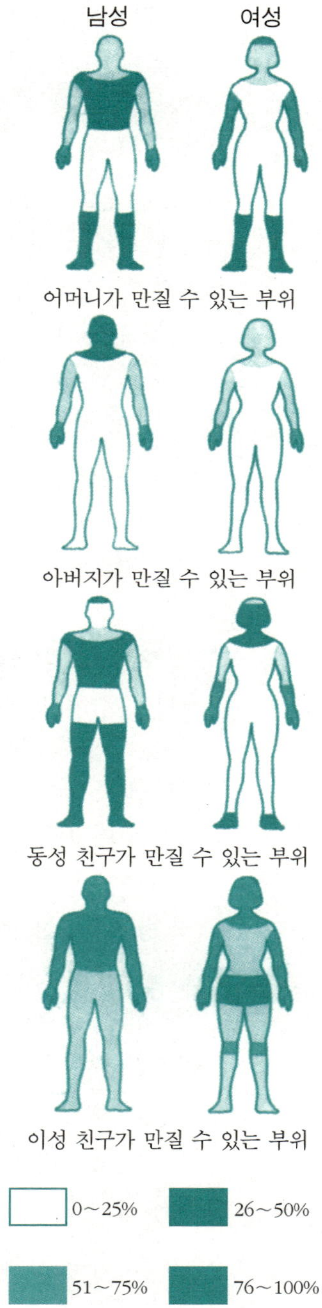

(1) **악수**: 악수는 개인적인 관계가 없거나, 약하거나, 또는 이별이 길었던 친밀한 사람들 사이에서 인사를 하는 수단으로 사용된다. 보다 강한 관계임을 전달하기 위해서는 양손으로 손을 맞잡거나 왼손으로 상대방의 오른팔을 붙잡거나 어깨를 잡거나 감싸안는 부수적인 동작이 뒤따른다.

(2) **신체 유도**: 특정한 방향으로 상대를 이끌기 위해 사용되는 신체적 접촉으로 손으로 가볍게 등을 밀거나 팔목을 잡아끄는 행동을 취한다. 일반적으로 열등한 위치에 있는 사람이 윗사람에게, 손님이 집주인에게 유도를 위해 신체적 접촉을 하는 경우는 드물다. 우위를 나타내는 부드러운 방법이기 때문이다.

(3) **가볍게 두드리기**: 손을 사용해서 상대방의 신체를 가볍게 두드림으로써 인사, 축복, 위로, 애정을 표시할 수 있다. 성인, 특히 친하지 않은 이성의 경우는 손, 팔, 어깨 등에 국한해야 하며 머리나 엉덩이, 허벅다리, 무릎 등을 두드리는 경우는 교만하게 지각되거나, 성적인 태도를 암시할 수 있기 때문에 조심해야 한다.

(4) **팔짱끼기**: 대부분의 경우 여성이 의지와 보호를 구하는 것처럼 남성의 구부린 팔에 손을 걸게 된다. 많은 경우 두 사람 간의 정서적인 결합을 남에게 보이기 위해 사용되기 때문에 사람들이 많은 장소에서 관찰된다. 그것은 친밀감을 나타내는 결합 사인이기도 하지만 서로의 소유권을 나타내는 신호로도 작용한다.

(5) 어깨 감싸안기: 일반적으로 남자가 여자의 어깨를 감싸안으며 남성들 간에 우정을 나타내기 위해서도 사용된다. 이 행위는 주로 남자들이 하는 행위이며 여자가 남자를 또는 아랫사람이 윗사람에게 행하는 경우는 드물다.

(6) 포옹: 어른들 사이에서는 감정이 격렬해질 때 행해진다. 성적인 친밀감을 나타낼 때뿐 아니라 오랫동안 이별해야 하는 순간이나 재회하는 순간에 아쉬움과 반가움을 표시하기 위해 행해진다. 예외적으로 축구선수들이 승리를 했을 때 득점자와 소속팀 선수들 간에 포옹을 하기도 하며 이는 강한 감동을 함께 나누자는 표현이다.

(7) 손잡기: 청년기가 되면 부모-자녀간의 손잡기는 감소하는 반면 연인들 간의 손잡기가 증가한다. 팔짱을 끼는 동작이 한 쪽이 보호자 역할을 한다면, 손잡기는 서로 동등한 관계로 친밀한 관계임을 드러내는 동작이다.

(8) 허리 감싸안기: 손잡기보다 훨씬 친밀한 결합 신호이며 연인으로서의 결합이 보다 강하고 보다 깊다는 것을 나타낸다. 이성 간에 '어깨를 감싸안는 것'이 친구 사이임을 드러내는 것이라면, 허리를 감싸안는 것은 연인 간의 관계로 바뀌었음을 나타낸다. 왜냐하면 허리는 엉덩이와 허벅다리와 마찬가지로 성 기관과 가까운 거리에 있어서 성적 접촉 부위로서의 의미가 부여되기 때문이다.

(9) 키스: 입술로 상대방을 접촉하는 행위는 부위에 따라 각기 다른 종류의 신호로 작용한다. 키스 가운데 가장 친밀한 형태는 말할 것도 없이 입술과 입술 간의 접촉이다. 몸을 낮추고 손에 하는 키스는 존경이나 복종을 반영하며 볼이나 이마에 키스를 하는 것은 성적인 의미를 배제하는 친밀감을 전달하는 신호이다.

(10) 머리에 손대기: 머리에 손을 대는 것은 생각보다 훨씬 친밀감을 전달하는 메시지로 파악된다. 손은 상대방에게 가장 손상을 줄 수 있는 부위이기 때문에 신뢰감이 없는 사이에서는 경계심과 불쾌감 및 분노감을 유발할 수 있다. 그래서 우리는 아주 오래된 친구나 연인, 부부에 한해서만 머리에 손을 대는 것을 허용한다.

(11) 서로 머리대기: 이것은 머리에 손을 대는 것처럼 부모와 자녀 간 또는 연인들 사이에서 행해지는 접촉행위로 "다른 어떤 일보다 서로 간의 접촉이 중요하다"고 말하는 것이다. 이 행위는 둘 간의 교류 이외의 다른 세계를 제외시키는 배타적

인 사랑을 나타내며 눈을 감음으로써 강화된다.

(12) **애무**: 손으로 얼굴이나 입 또는 가슴과 배 등 상대방의 몸을 부드럽게 쓸어 주거나 더듬는 것으로 성적인 의미를 포함하고 있는 행위이다. 이 행위는 강한 유대감을 전달하는 메시지이기 때문에 나이 든 부부가 배우자의 신체부위를 건성으로 애무하는 형태를 취해 다른 사람들에게 아직도 두 사람의 관계가 건재함을 과시하는 데 사용되기도 한다.

(13) **무릎에 앉히거나 안아서 옮기기**: 어린 손자나 지친 아이를 조부모나 부모가 무릎에 앉히는데 이는 그들의 친밀감을 전달하기 위한 한 가지 방법이다. 성인이 되면 사랑한다는 것을 전달하고 확인하기 위해 무릎에 앉히거나 무릎을 베기도 한다. 신혼여행에서 남편이 아내를 안고 사진을 찍는 경우가 많은데 이것 역시 부모가 아이들을 안아주는 것처럼 사랑과 보호를 해주겠다는 메시지를 전달하는 것이다.

(14) **공격 흉내내기**: 어른들 사이에서는 손으로 때리거나, 볼을 깨물고 귀를 잡아당기거나 몸을 밀치거나 팔꿈치로 찌르는 등 본질적으로는 공격적인 행위에 해당되지만 상대방이 다치지 않을 만큼 조심스러운 공격동작을 볼 수 있다. 이 경우 공격행동을 해도 오해받을 걱정은 없으며 상대방도 그것을 아무렇지도 않게 생각한다는 것을 알 수 있을 정도로 스스럼이 없는 친밀한 관계임을 전달하는 신호로 작용한다.

7) 개인적 거리

사람들은 자기가 자유스럽게 사용할 수 있으며 침범당하고 싶지 않은 만큼의 공간을 필요로 하며 이러한 공간을 개인적 공간(Private Zone)이라고 한다. 사회적인 관계에서는 '우리'라고 하는 말로 심리적인 거리를 표현하기도 한다. 개인적 공간이라는 것은 어디까지나 마음속의 상상적인 거리이기 때문에 물리적인 거리로 표시하기는 힘들다. 이러한 공간은 문화적인 배경, 사회적 지위, 성격, 연령 및 성에 따라 달라질 수 있다. 유사하게 동물들도 이러한 개인적 공간을 가지고 있으며 이를 이름하여 영토라고 한다.

짐작할 수 있는 바와 같이 대인관계 상황에서 사람들이 필요로 하는 개인적 공간은 주변의 사람들과 어떠한 관계에 있느냐에 따라 달라진다. 미국의 인류학자인 Edward Hall(1966)은 미국 문화권에서 사람들이 상황에 따라 편안하게 느낄 수 있는 개인적 거리는 대충 네 가지 정도로 나눌 수 있다고 하였다.

(1) 공적 거리(Public Distance Zone: 4m 이상)

사람들이 무례한 행동을 하지 않으면서 적당히 딴전을 부리고 상대방을 무시할 수 있을 정도의 거리이다. 보통 공식석상에서 연설이나 강의를 들을 때 강사와 청중 간에 유지되는 거리로 이 정도 떨어져 있어야 청중들이 편하게 느낀다.

(2) 사교적 거리(Social Distance Zone: 1m~4m)

친하지 않은 사이이지만 서로 안면이 있는 경우, 이 정도의 거리가 편하다. 약간 큰 소리를 내야 하며 손을 뻗어도 서로 닿지 않을 정도이다. 사교적인 모임에서 불특정 다수와 이야기를 할 때나 사무실에서 업무상으로 공식적인 대화를 할 때 편안하게 느껴지는 거리이다.

(3) 개인적 거리(Personal Distance Zone: 50cm~1m)

친한 친구들끼리 대화를 할 때의 거리이다. 상대방에게 손을 뻗으면 손이 닿을 수 있으나 신체적인 접촉을 원하지는 않는 거리이다. 파티에서 악수를 하고 서로 대화하는 것을 귀담아들을 수 있는 거리이기 때문에 처음 만나 친해지고 싶을 때 이 정도의 거리를 유지한다. 그러나 불편해지면 쉽게 멀어진다.

(4) 친밀 관계의 거리(Intimate Distance Zone: 0~50cm)

서로 밀착시키거나 거의 밀착될 정도의 거리는 매우 친밀한 관계에서만 관찰할 수 있다. 부모-자녀 관계나 연인들 간에는 이 정도의 거리에서도 불편해하지 않을 수 있다. 물론 러시아워 때의 지하철 내에서나 비좁은 길거리에서는 예외적으로 어쩔 수 없이 거리감을 좁히게 되지만 이런 경우에 사람들은 스트레스를 받는다.

도서관에서 옆 좌석에 옷을 걸어놓는 까닭

Sommer와 Becker(1969)는 도서관에서 혼자 앉아 공부를 하고 있는 여학생들이 모르는 사람이 접근할 때 어떤 반응을 보이는지를 관찰했다. 주변에 학생이 없는 상황에서 낯선 실험자가 그 여학생의 바로 옆자리에 앉으면 70%의 여학생이 30분 이내에 자리를 옮겼다. 그러나 비슷한 상황이라도 낯선 사람이 옆에 앉지 않으면 10%만이 자리를 떴다.

자신의 개인적 공간을 침범해 오는 사람을 만나게 되면 불편해지기 때문에 어떻게 해서든지 적절한 거리를 유지하려는 노력을 하게 된다. 도서관에서 공부할 때 학생들이 자기 책을 옆 책상에 놓아두거나 신문으로 가리는 행동 등이 그것이다. 잘 모르는 사람이 내 옆에 바짝 붙어 있게 되면 신경이 쓰이기 때문이다. 그러한 방어 노력에도 불구하고 낯선 사람이 옆에 앉으면 어떤 반응을 보이게 될까? 신경이 쓰이고 긴장되기 때문에 자세를 고쳐 앉거나 시선을 마주치지 않고, 그것도 부족하면 양손으로 얼굴을 가려 시선을 차단하는 등의 비언어적인 신호를 사용해 거부감을 전달할 것이다.

그래도 효과가 없으면 눈을 내리깔고 책상을 바라보거나 찡그리는 것으로 달갑지 않음을 표현할 것이다. 여전히 상대가 옆자리를 차지하고 있으면 드디어 빈자리를 찾아 자리를 옮김으로써 개인적 공간을 확보하여 불편감에서 벗어난다. 자리를 옮기지 않고 개인적인 공간을 유지하는 또 다른 방법은 가방을 놓거나 책을 쌓음으로써 장벽을 치는 것이다. 취하는 행동이 어떤 것이건 개인적인 공간이 침범당하는 데 대해 사람들은 상당히 예민하며 그에 대한 반응은 매우 다양하다.

자리를 잠깐 비울 때에 비어 있는 옆자리에 낯선 자가 침입할 가능성은 언제든지 있다. 이를 방지하기 위해 가장 흔히 사용되는 수법이 서류 등을 놓아두는 것이다. 머리를 잘 써서 개인적 공간임을 표시해 두면 그것이 영역의 소유자가 없을 때도 효과를 발휘할 수 있다.

도서관의 대학생들을 대상으로 한 실험에서, 책상 위에 잡지들을 놓아 둔 좌석의 경우 평균 77분 정도가 지나서도 주인이 나타나지 않으면 사람들은 그것을 치우고 그 좌석에 앉았다. 그러나 책과 함께 의자에 옷을 걸어 놓으면 점유 효과가 2시간 이상 지속되었다. 개인적 공간을 나타내는 데는 책보다는 옷이 더 강력한 신호 효과를 갖고 있는 것이다.

가려놓은 종이와 얼굴을 감싼 손바닥은 영역 침해에 대한 일종의 경고이다. 그래도 안심이 되지 않으면 옆자리에 옷을 걸어 놓는다.

이민규의 「생각을 바꾸면 세상이 달라진다」에서

사람들 간의 적절한 거리는 사회적인 규범에 의해서 결정이 되며 이러한 규범은 사람들 간 관계의 성질과 상황에 따라 크게 영향을 받는다. 비언어적인 의사소통의 다른 측면과 마찬가지로 개인적인 거리 역시 사람들 간의 지위를 반영하기도 한다. 지위가 서로 다른 사람들이 만날 때보다는 유사한 지위에 있는 사람들이 서로 가까운 거리를 유지한다. 게다가 일반적으로 아랫사람보다는 윗사람이 편안하게 느낄 수 있는 거리가 우선적으로 유지되는 경향이 있다(Henley, 1977).

당신은 오락실에서 오락을 할 때 누군가 뒤에서 지켜보고 있거나 지하철 안에서 다른 자리를 다 놔두고 당신 곁에 누군가가 바짝 붙어 앉는 경험을 해 본 적이 있는가? 도서관에서 낯선 사람이 내 곁에 바짝 붙어서 내가 편하게 느끼는 거리보다 더 가까이 상대방이 접근해 왔을 때 어떤 느낌이 들까? 기대 이상으로 자신의 개인적 공간을 침범해 오는 사람을 만나게 되면 불편해지기 때문에 어떻게 해서든지 적절한 거리를 유지하려 노력할 것이다.

8) 부언어

부언어(Paralanguage)라는 것은 말로 표현된 것 이상을 전달하는 그 무엇을 말한다. 따라서 부언어는 언어적 메시지 그 자체가 갖고 있는 내용 이상의 모든 말의 단서들을 포함한다. 이 단서들에는 목소리의 크기, 부드러움, 속도, 리듬, 질적인 특성 등이 포함된다(Burgoon, 1985). 이러한 발성과 관련된 모든 요소들이 전달되는 메시지에 영향을 미칠 수 있다.

개가 짖을 때도 두려울 때, 아플 때, 반가울 때, 공격할 때 각기 다른 방식으로 짖는다. 사람들이 일련의 단어들로 구성된 말을 할 때 역시 발성과정에서 어디에 강조를 하는가와 소리의 고저나 크기, 리듬 등에 따라 그 의미가 확연하게 달라질 수 있다. '아' 다르고 '어' 다르다는 말이 있듯이 같은 말을 하더라도 어떻게 표현하느냐에 따라 언어적인 메시지와는 전혀 반대의 의미를 전달할 수 있다. 예컨대 '자-아-알 한다'라고 이야기하면서 말끝을 올렸다 내리면 몹시 못마땅함을 나타낼 수 있으며 전혀 잘하지 못하고 있음을 표현하는 것이다.

한 가지 예로, 우리는 상대방이 "그래 잘 했어"라고 말하는데 왠지 불쾌한 느낌을 받을 때가 있다. 즉 언어적 메시지와는 달리 기분 나쁘게 말할 수 있다는 것이다. 그래서 그 말을 듣고 우리가 화를 낸다면 상대방은 “왜 화를 내니? 네가 잘 했다고 했잖아?”라고 오히려 반격할 수 있을 것이다. 그래서 이런 말을 들으면 우리는 확실한 근거(즉, 언어적 메시지)가 없어 화가 나도 속으로 삭이기 때문에 둘 사이의 관계가 악화되기가 쉽다. 이런 경우, 무작정 화를 내거나 또는 속으로 삭이기보다는 비언어적인 메시지의 중요성을 알려주고 해명을 요구하는 것이 더 도움이 될 수도 있다.

발성은 또한 정서상태를 반영할 수도 있다. 말이 빨라지면 행복감이나 놀람 또는 신경질적인 상태임을 짐작할 수 있다. 불확실한 상태나 뭔가 강조를 하고 싶을 때는 말을 천천히 하게 된다. 말이 느리며 목소리가 작고 저음이 되면 슬픔을 반영하기도 한다. 그래서 상대방의 진정한 감정을 파악하기 위해서는 말의 내용보다는 발성 상태를 단서로 삼는 경우가 많다.

사람들은 목소리를 특정한 의미와 관련시키는 경우가 많은데 사실 타당성이 부족한 경우가 많다. 예컨대 저음 목소리를 가지고 있는 사람들은 더 남자답고 성숙하며 고음은 여성적인 성격특성을 가지고 있을 것이라고 생각하는 것 등이다. 그러나 목소리 유형과 성격적 특성 간에는 특별한 관계가 없는 것으로 나타났다(Heun & Heun, 1978).

3. 비언어적 의사소통의 중요성

비언어적인 의사소통을 항상 의식하는 것은 아니지만 확실히 우리의 생활에서 매우 중요한 역할을 한다. 최근의 많은 연구자들은 의사소통 과정에서 사람들이 비언어적인 단서들에 보다 더 많은 비중을 두며 언어적인 커뮤니케이션을 거의 무시하는 경향이 있다고 주장한다. Birdwhisetell(1970)은 대화 중 사회적 의미의 고작 30%에서 35%만이 단어들에 의해 전달된다고 진술한 바 있다. Mehrabian(1972)은 정서적 의사소통의 7%만이 언어채널에 의해 전달되며, 55%가 시선이나 표정 제스처 등의 가시채널에 의해 이루어지고 나머지 38%는 부언어 채널에 의해서 이루어진다고 추정했다. 비언어적 의사소통의 중요성에 대한 연구 중의 하나로서 결혼생활에서 이것이 얼마나 중요한지에 초점을 맞춘 연구가 있다(Noller, 1980). 이 연구에서는 부부간에 말을 하지 않고 비언어적인 방식으로만 애매한 내용의 메시지를 전달하도록 지시하였다. 실험자는 이들 부부들이 어느 만큼 비언어적 의사소통 기술이 좋으며 성공적인지를 평가하였다. 그리고 이를 부부간의 적응정도와 관련시킨 결과, 비언어적인 의사소통 기술과 적응정도는 정적 상관관계를 보였다. 즉 비언어적인 의사소통을 효과적으로 하는 사람들은 결혼 생활에서도 잘 적응하는 것이다.

또 다른 연구는 비언어적 표현력에서 개인차가 있는지를 알아본 것이다(Friedman, Prince, Riggio & Di Matteo, 1980). 이 연구는 주로 표정, 제스처, 동작 등 말에 앞서 나타날 수 있는 비언어적 표현의 사용능력에 대한 개인차에 관심을 가졌다. 이 연구에서 얻어낸 흥미로운 결과 중의 하나는 이러한 비언어적 표현성의 정도와 우리가 흔히 '카리스마'라고 부르는 특성이 깊이 관련되어 있다는 것이다. 카리스마라는 말은 사람들 앞에서 이끌고 선동하고 휘어잡는 것을 말한다. 따라서 카리스마적인 지도자가 되기 위해서는 비언어적인 자질이 아주 중요할지 모른다. 물론 지도자들은 다음에 다루게 될 언어적 의사소통 능력에 더 많이 좌우된다.

III. 언어적 의사소통

· 말 한마디로 천냥 빚을 갚는다.
· 말이 고우면 비지 사러 갔다 두부 사온다.
· 세 치 혀가 다섯 자 몸을 망친다.
· 가는 말이 고와야 오는 말이 곱다.

위의 속담들은 우리가 살아감에 있어 말이 얼마나 중요한지를 알려주는 것들이다. 이제 언어적 의사소통 방식에 대해 검토해 보겠다. 우선 효과적인 의사소통이 무엇인지를 정의할 필요가 있다. 그러고 난 다음 효과적인 의사소통의 걸림돌이 될 수 있는 문제들을 고찰해 보겠다. 마지막으로 보다 효율적으로 의사소통을 하기 위한 제안들을 제시할 것이다.

1. 효과적인 의사소통이란?

전달하고자 하는 메시지가 왜곡되지 않고 있는 그대로 전달되었을 때 의사소통이 효과적이라고 할 수 있을 것이다. 그러므로 메시지의 정확한 전달뿐 아니라 정확한 이해 두 가지 모두가 중요하다.

2. 효과적 의사소통의 걸림돌

의사소통의 장애물이란 의사소통 과정에서 메시지의 정확한 전달과 수용을 억제하거나 차단시키는 것이다. 의사소통의 걸림돌은 전달자나 수용자에게 있을 수 있으며 어떤 경우에는 두 사람 모두에게 있을 수도 있다. 효과적인 의사소통을 저해하는 요인에는 방어성, 의도적 왜곡, 부주의, 자기-집착, 공모 및 불필요한 갈등의 야기 등이 있다.

1) 방어성

효과적인 의사소통을 방해하는 가장 기본적인 장애물은 **방어성**(Defensiveness), 즉 자신을 지나치게 보호하는 것이다. 우리는 위협을 받는다고 생각될 때 방어적으로 반응한다(Gibb, 1961). 대부분의 사람들은 상대방이 자기를 평가하거나 조정하려 한다고 믿게 되면 방어적이 된다. 또한 상대방이 자신의 우월함을 지나치게 드러낼 때도 방어적이 된다. 지위나 부, 재능이나 권력을 지나치게 내세우는 사람들을 만날 때 방어적인 태도가 나온다. 항상 자기만이 옳다고 주장하는 독단적인 사람도 상대를 방어적으로 만든다.

실제로 위협을 받든 아니면 마음속으로 위협을 상상하건 간에 위협은 방어적 행동을 유발시키는 가장 중요한 요인이다. 이런 점에서 다른 사람들로 하여금 방어적이 되지 않도록 하는 의사소통 방식을 개발해야 할 뿐 아니라 내 이야기를 듣는 다른 사람의 지각이나 반응을 완벽하게 통제할 수는 없다는 것을 염두에 두어야 한다.

2) 동기적 왜곡

앞 장에서, 사람들의 바람이나 요구 또는 기대가 사람들의 지각을 어떻게 왜곡시킬 수 있는지를 다루었다. 동일한 과정이 의사소통과정에서도 일어난다. 즉 사람들은 대인관계에서 상대방이 정말로 말하고 있는 바를 듣기보다는 자기가 바라거나 기대하는 방식으로 듣고 해석하는 경우가 많은데 이를 **동기적 왜곡**(Motivational Distortion)이라고 한다.

우리 모두는 태도나 가치 및 기대 등 나름대로의 참조준거를 가지고 있다. 사람들은 자신의 관점과 다른 내용의 이야기를 들을 때 정서적으로 불편한 마음이 생긴다. 이때 불편한 마음을 피하기 위해서 흔히 사용하는 방법 중의 하나가

코끼리는 널빤지?

북송열반경(北宋涅槃經)의 사자후보살품(獅子吼菩薩品)에 코끼리를 평가하는 맹인들(群盲評象)의 이야기가 있다. 어느 나라에 왕이 있었다. 어느 날 왕은 대신에게 코끼리를 끌어 내 맹인들에게 만져 보고 그것이 어떻게 생겼는지를 말하도록 명령했다. 왕의 명령대로 맹인들은 한 사람씩 나와 코끼리를 만져 보았다. 그러자 왕은 맹인들에게 코끼리가 무엇과 같다고 생각하는지를 물었다. 그러자 코끼리의 상아를 만져 보았던 맹인이 대답했다. "코끼리는 무와 같습니다." 머리를 만져 본 맹인은 "돌과 같습니다"라고 말했다. 코를 만져 본 맹인은 "방아공이와 같습니다", 그리고 다리를 만져 본 맹인은 "나무토막과 같습니다"고 했으며 등을 만져 본 맹인은 "통나무와 같습니다"고 말했다. 맹인들은 각자가 경험했던 것에 비추어 주관적으로 판단했으며 코끼리의 있는 그대로를 보지 못한 것이다.

선택적으로 주의를 기울이는 것이다. 즉 자신의 생각과 일치하는 정보를 위주로 처리하고 상반되는 정보는 무시한다는 것이다. 유사하게 우리는 상대방이 의도하지 않은 방향으로 해석하여 잘못된 결론으로 비약하기도 한다. 이러한 정보왜곡 성향은 토의석상에서 자신이 관심을 갖고 있는 방향으로 정보를 왜곡시키는 방향으로 많이 일어난다. 정치, 인종 문제 또는 낙태 등 개인의 가치관과 관점이 첨예하게 대립될 수 있는 주제를 다루는 상황에서는 정보 전달자나 이를 받아들이는 수용자들 간의 의사소통이 어려운 이유가 바로 여기에 있다.

3) 부주의

의사소통 과정에서 문제를 일으키는 가장 흔한 이유 중의 하나가 사소한 부주의이다. 전달자 측의 부주의 중 가장 통상적인 것은 마음속에 먼저 떠오르는 생각을 말하는 것이다. 대부분의 사람들은 말하기 전에 떠올랐던 생각을 별 생각 없이 말한 것 때문에 뜻하지 않게 상대방의 기분을 상하게 만들었던 경험이 있을 것이다.

전달자 측의 부주의보다는, 이야기를 듣는 사람이 전달된 메시지의 의미를 정확하게 파악하지 못하는 수신자 측의 부주의가 더 흔할지 모른다. 사람들이 파악할 수 있는 단어는 대충 분당 600단어나 되지만 대부분의 사람들이 말하는 것을 들어보면 분당 100~140단어 정도만을 말한다. 그래서 듣는 사람들이 지루해하거나 주의가 산만해지고 다른 생각을 할지도 모른다. 잘 듣는 것, 즉 적극적인 청취는 많은 노력을 요한다.

4) 자기 도취

여러분은 양방적 대화를 즐길 수 없을 정도로 자기중심적인 사람과 이야기를 해본 적이 있을 것이다. 그런 사람들은 상대에게 자신의 얘기만을 듣기 바라며 남의 이야기에는 귀를 기울이지 않는다. 다른 사람들이 말을 할 때에도 다음 번 자기가 이야기할 때가 되면 무슨 이야기를 해야 할지에 대해서만 생각한다. 이러한 자기 도취적인 사람들은 자신이 대화에 어떤 문제를 갖고 있는지도 잘 깨닫지 못한다.

자기 도취(Self-preoccupation)적인 사람들은 다음과 같은 이유 때문에 다른 사람들이 싫어한다. 우선 그들이 말하는 내용은 주로 자랑을 하거나 동조하기만을 바라는 등 자기 입장만을 생각하는 것이다. 또 다른 문제는 이런 사람들은 공정하게 공유할 수 있는 시간보다는 자기 이야기를 하는 데 더 많은 시간을 쓴다. 이러한 사람들과 이야기를 했을 때 공통적으로 느끼는 것은 무시당했다는 느낌이다. 그래서 가능하면 이런 사람을 피하고 싶어 한다. 피할 수 없는 경우에는 가능한 한 대화를 빨리 끝내기 위해 될 수 있으면 반응을 하지 않는다. 말할 필요도 없이 대화를 할 때는 서로 간에 공유할 수 있는 것이 있어야 한다는 사회적 규범을 준수하지 않으면 결국 남에게 피해를 주는 것이다.

5) 공모

효과적인 의사소통과 관련된 다른 장애물과는 다르게 공모(Collusion)라는 것은 적어도 두 사람 이상의 공모자가 필요하기 때문에 적어도 세 사람 이상일 때 일어난다. 이 파트너들은 통상적으로 친밀한 관계에 있는 사람들이다. 공모에서는, 두 사람 이상이 그들의 관계를 유지하기 위해 현실의 어떤 문제점들을 인정하지 않는 것을 암묵적으로 동의한다. 이러한 부정을 실행하기 위해서 사람들은 문제영역에 대한 모든 논의를 억제한다. 공모의 고전적인 예는 알코올 중독자들에게서 관찰되며 알코올 중독자들은 서로가 갖고 있는 음주문제를 부정하는 데 서로를 끌어들인다. 관계를 유지하기 위해 암묵적으로 서로 동의를 하며 그들은 오랫동안 음주 관련 문제를 이야기하지 않게 된다. 시간이 지나 음주문제가 점점 더 심각해지면 관계가 깨지는 경우가 생기며 그 때문에 공모관계를 유지하기가 어렵게 되는 경우도 있다. 공모란 현실의 어떤 측면을 부정하는 데 두 사람이 서로 동의하는 것이므로 공모 역시 효과적인 의사소통을 방해한다.

6) 불필요한 갈등의 유발

주변에 항상 다른 사람과 불필요하게 부딪치는 사람이 있게 되면 이 사람과 효과적으로 의사소통을 한다는 것이 어려워진다. 그러한 행동들은 여러 가지 형태로 나타날 수 있다(Nye, 1973). 어떤 사람은 상대방을 노골적으로 약올리거나 화나게 하는 일을 습관적으로 한다. 또 항상 경쟁적으로 사람을 대하거나(타인에게 손해를 입혀 이득을 취하려는 등), 타인을 지배하려고 해서 문제가 되기도 한다. 어떤 경우에는 공동 목표가 달성되지 않았을 때 습관적으로 남에게 탓을 돌리는 사람도 있다. 이러한 유형의 문제행동들은 불신감을 조장하게 되고 상대방으로 하여금 보복하고 싶은 마음을 충동질하기 때문에 효과적인 의사소통을 저해하게 된다.

3. 원만한 대인관계

원만한 대인관계라는 것은 사람들이 경계하거나 방어적으로 대할 필요가 없다고 생각하는 분위기에서 생긴다. 그러한 분위기를 만들어 내기 위해서는 다음과 같은 점들을 검토하고 연습할 필요가 있다.

1) 공감할 수 있고 공감한 내용을 전달할 수 있어야 한다.

공감이란 타인이 느끼고 생각하는 바를 수용하여 상대방의 입장이나 관점에서 이해하는 것이다. 공감을 할 수 있을 때 비로소 상대방의 감정이나 그가 갖고 있는 문제를 진지하게 받아들일 수 있다. 그래서 공감은 타인의 요구와 감정을 수용하는 데 대한 민감성이 요구된다. 공감하고자 하는 의도가 있더라도 이러한 민감성이 결여되어 있으면 공감이 불가능해진다. 공감의 의미를 보다 분명히 하기 위해서는 어떤 사람과 그 사람의 행동 간의 차이를 구분하는 것이 필요하다. 어떤 사람을 수용하고 이해하는 것이 꼭 그 사람의 행동을 용인하는 것은 아니다. 예컨대, 친한 친구 중의 한 명이 음주문제를 갖고 있다고 치자. 그와 음주문제를 이야기할 때 그가 왜 그렇게 과음을 해야 하는지를 이해하는 것하고 그의 과음행동을 당연시하고 용인하는 것과는 별개의 것이다. 당신은 그 친구와 함께 술을 마셔주거나 아니면 과음을 격려하지 않고도 그의 친구가 되어 주면서 그의 심정을 이해해주는 등 다른 방식으로 그를 지원해 줄 수 있을 것이다.

2) 판단을 유보한다

상대방의 이야기에 대한 판단을 하지 않게 되면 의사소통에서 개방적인 분위기가 조성된다. 판단을 유보한다는 것은 독자적인 의견이나 판단을 할 수 있는 권리를 포기하는 것과는 다르다. 단지 상대방의 생각을 그 즉시 옳거나 그른 것으로 판단하여 자존심을 상하게 하거나 저항을 유발하여 효과적인 의사소통을 해칠 필요가 없다는 것이다.

3) 정직하게 행동한다

상호 간에 믿음이 있고 존중받고 있다고 생각하면 진지해지고 정직해진다. 거짓된 행동과 말은 조만간 거짓임이 밝혀지게 되어 있다. 속마음을 상대방이 정확하게 모른다고 할지라도 대부분의 사람들은 막연하게나마 그것이 진실이 아님을 눈치챌 수 있다. 여기서 정직하다는 것은 마음속에 있는 모든 생각들을 아무에게나 어디서나 숨김없이 드러내라고 하는 것은 아니다. 경우에 따라서는 정직하게 대하는 것 때문에 다소의 고통이 따를 수 있다. 그렇지만 남녀 간의 이별에서 볼 수 있듯이 자신의 감정을 솔직하게 드러내지 않음으로써 피차 불필요하고 불쾌한 관계를 더 오래 지속하거나 더 큰 상처를 경험할 수 있는 것이다.

4) 평등한 입장에서 대한다

대부분의 사람들은 친구가 자신보다 우월하다거나 더 능력이 있다고 생각하는 것을 좋아하지 않는다. 그러므로 대화를 할 때 자신이 우위에 있다고 생각하지 않는 것 자체가 효과적인 의사소통 가능성을 증진시킨다. 특히 사회적인 지위가 높은 사람이 아랫사람을 자신과 동등하게 대할 때 의사소통은 보다 원만해질 가능성이 높다.

5) 융통성을 가지고 잠정적으로 이야기한다

모르는 것이 없는 것처럼 말하거나 확고부동한 인상을 주기보다는 당신의 생각이나 태도가 융통성이 있고 상황이나 조건에 따라 달라질 수 있음을 전달하라. 이러한 의사전달 방식은 개인의 태도뿐 아니라 평소의 말투에 의해서도 영향을 받는다. 예컨대, '우리가 해야 하는 일은 이런 문제점을 제거하는 일이며 그렇지 못하게 되면 자멸하는 것이다'라는 말 대신에 '내가 생각하기에 몇 가지 방법으로 해결할 수 있다고 본다. 우선 문제점을 제거하는 것이고, 또 다른 대안으로는 ...도 있을 수 있다. 그렇지 않습니까? 당신 생각은 어떤가요?'라고 표현하는 것이 의사소통을 촉진시킨다.

4. 효과적인 언어표현

말을 효과적으로 한다는 것은 결코 쉬운 일은 아니며, 많은 시간을 살아가면서 개발이 된다. 따라서 몇 마디의 조언이 극적인 변화를 유발시키지는 못한다고 할지라도 다음과 같은 지침을 참조한다면 효과적인 의사소통에 도움이 될 수 있을 것이다.

1) 이야기를 듣는 사람의 입장을 고려하라

대부분의 상황에서는 내 이야기를 듣는 사람에 대해서 어느 정도의 정보를 가지고 있기 마련이다. 상대방의 배경, 즉 지능, 태도, 교육 수준 등을 고려해서 용어나 단어를 선택하려는 마음가짐이 중요하다. 특히 전문직에 있는 사람들은 자신들이 많이 사용하는 전문용어를 사용하는 데 주의를 해야 한다. 이야기할 때 사용하는 구체적인 예들은 이야기를 듣는 사람들이 그들의 일상경험과 관련시킬 수 있는 것들을 제시하는 것이 효과적이다.

2) 구체적으로 말하라

모호하고 추상적인 수준의 이야기가 반복되면 사람들은 지루함을 느끼고 주의가 산만해진다. 명료하지 않고 모호한 이야기를 듣는 사람들은 혼란스럽고 짜증 나기 마련이다.

3) 부담스러운 단어를 피하라

효과적으로 말을 하기 위해서는 듣는 사람으로 하여금 불쾌감을 겪도록 하는 부담스러운 말은 피해야 한다. 공부를 못하는 아이들에게 성적이야기만을 한다거나 노인들을 상대로 이야기할 때 '노인네'들이라는 말을 반복해서 사용하게 되면 아무리 좋은 내용의 이야기도 전달되지 않는다.

4) 언어적인 메시지와 비언어적인 메시지를 일치시켜라

앞에서 비언어적인 메시지의 중요성을 다룬 바 있다. 비언어적인 메시지와 언어적인 메시지가 일치하지 않을 때 이야기를 듣는 사람들은 혼란을 겪게 되며 말하는 내용의 신빙성은 떨어진다. 비언어적인 표현행동이 매우 자발적이기 때문에 항상 일치한다는 것을 기대하기는 어렵지만 자신의 비언어적 신호에 대해 보다 민감해짐으로써 말하고자 하는 것을 효과적으로 전달할 수 있다. 그리고 정직한 태도로 이야기를 하게 되면 언어적 메시지와 비언어적 메시지 간의 불일치

정도가 감소하기 마련이다.

5. 효과적인 청취방법

사람들에게 호감을 사는 일은 간단하다. 말을 들어주는 것이다.

– 디즈 데일리 –

앞에서 강조한 바 있듯이 잘 듣는 것 역시 효과적인 의사소통에서 매우 중요한 요소로 작용한다. 효과적인 듣기란 상대방이 전달하고자 하는 의미를 정확하게 듣는 능력을 말한다. 효과적인 대인관계나 대화를 거론할 때 사람들은 듣는 것보다 어떻게 말을 할 것인지에 관심을 기울이기 때문에 효과적인 듣기의 기능을 평가 절하하는 경향이 있다. 그러나 실제의 관계에서는 말하는 것보다는 듣는 것이 더 중요한 비중을 차지할 수 있다.

말하는 기술을 하루아침에 변화시키기는 어려워도 듣는 방법은 노력에 의한 변화가 훨씬 쉽게 나타난다. 앞에서 지적한 바 있듯이 대화과정에서 듣기가 얼마나 중요한지에 대해 별로 생각하지 않기 때문에 사람들이 효과적으로 듣는 것에 대해 신경을 별로 쓰지 않는다. 효과적으로 잘 듣는 것은 그 사람의 태도에 크게 좌우된다. 관심이 있는 주제나 대상에 대해서는 잘 들을 수 있다.

효과적으로 듣기의 핵심은 적극적인 노력을 기울이는 것이다. 적극적이고 효과적인 청취를 위해서는 다음과 같은 지침들을 고려할 필요가 있다.

1) 말하는 사람에게 몸으로 주의를 기울인다

적극적인 청취의 첫 단계는 말하는 사람을 잘 보고 잘 들을 수 있는 자세를 취하는 것이다. 대면하여 자연스럽게 시선을 응시한다. 그렇게 함으로써 말하는 사람에게 들을 준비가 되어 있음을 알린다. 그리고 상대 쪽으로 상체를 약간 기울이고 개방적인 자세를 취함으로써 상대의 이야기에 관심이 있음을 나타내는 비언어적인 신호를 보낸다.

2) 언어적인 메시지에 적극적으로 주의를 기울이고 처리한다

앞에서 지적한 바 있듯이 이야기를 하는 사람에 비해 듣는 사람들이 보다 많은 단어를 처리할 수 있다. 이때 남아도는 시간 때문에 듣는 사람들의 주의는 말하는 사람에 비해 더 산만해질 가능성이 많다. 효과적으로 들으려면 이렇게 남는 시간을 상대의 이야기와 무관한 다른 것을 생각하는 데 쓰기보다는 지금 이야기가 되고 있는 내용을 이해하는 데 사용해야 한다. 예를 들면 앞에서 이야기했던 내용과 관련시키거나 앞으로 이야기될 내용들을 예상해 보고 말로 표현된 내용의 이면에 있을 수 있는 의미들을 탐색해 보는 것이다.

3) 비언어적 신호에 주의를 기울인다

앞에서 사람들이 비언어적인 채널에 의해 여러 가지 정보를 전달하고 있음을 이야기한 바 있다. 언어적인 메시지와 비언어적인 메시지가 일치하지 않으면 사람들은 비언어적인 메시지에 비중을 더 많이 두는 경향이 있다. 게다가 언어적인 메시지는 공식적이고 객관적인 의미를 전달하고 비언어적인 메시지들은 그 사람의 정서적인 상태나 상대에 대한 느낌을 전달하는 경우가 많다(Burgoon, 1985). 상대방을 전적으로 이해하기 위해서는 언어적인 내용뿐 아니라 비언어적인 메시지에도 충분한 관심을 기울여야 한다.

4) 메시지를 이해하고 있는지 확인한다

가장 유용한 듣기 습관 중 하나는 당신이 이해하고 있는 내용이 적절한지를 말하는 사람에게 간간이 확인하는 것이다. 이것을 가능하게 하는 여러 가지 방법이 있다. 가장 간단한 방법은 이해되지 않은 부분을 상대에게 직접 묻는 것이다. 또 다른 방법은 지금까지 들었던 내용을 요약해서 제시해 보고 오해가 있었는지 여부를 확인하는 것이다. 또 상대방의 생각을 당신 자신의 생각이나 의미로 변환시켜서 당신의 해석에 상대가 동의하는지를 확인하는 것도 한 가지 방법이다.

적극적 경청의 장점 6가지

• 들어주어야 마음을 연다.

상대방이 잘 들어준다고 생각할 때 안심하고 마음속의 고민이나 소망을 이야기한다. 사람들이 쉽게 마음을 털어놓지 못하는 것은 상대가 자신의 이야기를 수용하지 못할 것이라고 짐작하기 때문이다. 안 들어줄 이야기는 아예 안 하는 것이 나으니까.

• 들어주면 호감이 생긴다.

들어주기보다 말하기에만 열중하는 사람을 좋아하는 경우는 없다. 들어주면 이해받았다는 느낌이 생기기 때문에 사람들은 자기 얘기를 잘 들어주는 사람을 좋아한다.

• 감정적인 정화(카타르시스: Catharsis)가 된다.

모든 이야기를 참을성 있게 들어주면 슬픔이나 분노감도 해소된다. 고해성사를 하고 난 다음이나 자기를 이해해 주는 친구에게 속상한 것을 실컷 털어놓으면 마음이 후련해지는 것도 이 때문이다.

• 잘 들어주는 사람과 있으면 그것을 보고 배운다.

잘 들어주어야 상대방도 역시 내 이야기를 잘 들어준다. 자기 주장만 하는 부모들 밑에서 자란 아이들은 남의 이야기를 듣지 못한다. 자녀의 말에 귀를 기울일 줄 아는 부모 밑에서 자란 아이들이 친구들의 이야기도 잘 들어준다.

• 들어주는 사람에게는 반항하지 않는다.

아무리 좋은 이야기라도 말하는 것에만 열중하면 상대방이 싫어한다. 설득이나 조언만 하는 사람에게는 반발심이 생기지만, 들어주는 데 최선을 다하는 사람에게는 반항할 구실이 없다.

• 후회를 만들지 않는다.

좋은 말 한다고 이 얘기 저 얘기 다 하다 보면 뒤끝이 개운치 않을 때가 많다. 그러나 열심히 들어준 다음에는 후회할 것이 남지 않는다.

이민규의 「생각을 바꾸면 세상이 달라진다」에서

말이 입힌 상처는 칼이 입힌 상처보다 깊고 오래 간다

-모로코 속담-

6. 타인에게 자신을 드러내기: 자기-개방

사람들은 항상 자발적으로 자기의 생각이나 태도를 자연스럽게 드러내지는 않는다. 오히려 우리 모두는 나름대로의 인상관리 차원에서 행동하는 경우가 많다. 즉, 각자의 행동을 조심스럽게 짜 맞추고 남에게 어떻게 행동하고 있는지를 수시로 검토한다는 것이다. 그러나 때로는 자신에 관한 어떤 것을 드러내려고 하며 이것을 자기-개방 또는 자기-공개(Self-Disclosure)라고 한다.

자기-개방이란 남에게 자신에 관한 개인적인 정보를 전달하려는 의도적인 행동이라고 할 수 있다. '개인적'이라는 것은 보통의 상황에서는 잘 드러내지 않는 어떤 부분이다. 비밀스러울 수 있지만 항상 대단한 비밀이 포함되지는 않는다. 일반적으로 자기-개방이 포함되는 대화는 그렇지 않은 경우보다 더 깊이가 있고 보다 더 개인적으로 가깝다는 느낌을 준다.

자기-개방은 우리가 생활을 해나가는 데 있어서 매우 중요한 요소 중의 하나이다. 자기-개방은 정서적으로 친밀감을 형성하는 데 있어서 핵심적인 요소이다(Taylor & Altman, 1987). 친밀감이라는 것은 피상적인 관계를 하고 있는 사람들과는 다르게 의미가 있고 지속적인 관계를 유지하고 싶어 할 때 경험하는 것이기 때문이다.

자기-개방이 무엇인지를 보다 잘 이해하기 위해서는 자기-개방의 범위와 깊이를 검토할 필요가 있다(Altman & Haythorn, 1965). 범위라는 것은 타인과 공유하는 자신에 대한 정보의 수이다. 반면 깊이라는 것은 자신을 상대방에게 드러내는 정도에 해당한다. 예컨대 잘 모르는 사람들하고도 날씨나 스포츠 게임을 이야기하면서 편안한 느낌을 가질 수 있다(자기-개방의 넓이나 깊이가 별로 없다). 반면 친한 친구와는 당신의 개인적인 관심사나 생각 여러 가지를 이야기할 수 있다(넓은 범위). 또 동생에 대한 질투심이나 비만에 대한 고민을 어느 정도 심각하게 하는지를 말할 수 있다(깊이).

자기-개방이 친밀감을 경험하는 데 필수적인 요소이긴 하나 상당한 모험이 수반될 수 있다. 자신에 대한 중요하고 극히 개인적인 내용을 누군가에게 털어놓는다는 것은 상대에게 그만큼 약점이 잡힌 꼴이다. 그래서 우리는 자기-개방을 망설이는 것이다. 자기-개방을 했을 때 거절을 당하거나 무시당할 수도 있으며 비웃음을 살 수도 있다.

1) 자기를 열어 보이는 이유

자기-개방이 그렇게 위험스럽다면 사람들은 왜 이런 도박을 하는가? 자기-개방이 일종의 모험이긴 하지만 이 때문에 얻을 수 있는 이득도 만만치 않다. 자기-개방은 우리의 개인적 및 사회적 삶에 있어서 여러 가지 중요한 기능을 가지고 있기 때문이다.

첫째, 자기-개방은 자신의 감정을 표현할 수 있게 해준다. 감정을 드러내는 것은 스트레스를 감소시킨다. 대부분의 경우 좌절감이나 긴장감을 해소하지 않고 억압하는 것은 여러 가지 부작용을 낳기 때문이다.

둘째, 자기-개방을 하게 되면 자신의 생각이나 감정상태를 보다 명확하게 알 수 있다. 살아가면서 가끔은 자신이 겪는 문제에 압도되어 혼란에 빠지게 된다. 이러한 상태에서 자신의 감정이나 생각을 누군가에게 말함으로써 스스로 정리할 수 있는 기회를 갖게 된다. 단지 누군가에게 말을 하는 것만으로도 그 문제나 그와 관련된 감정을 더 명확하게 분석할 수 있다.

셋째, 자기-개방을 하면 사회적인 비교가 가능하게 되고 자신을 보다 잘 이해하게 된다. 우리는 자신을 더 정확하게 알기 위해서 수시로 자신의 상태를 다른 사람들과 비교하려는 욕구를 가지고 있다(Festinger, 1954). 즉, 남들과 비교를 해서 얻을 수 있는 정보를 찾기 위해 자기-개방을 할 수 있다. 시험을 볼 때 자신이 겪는 불안감이 정상적인 것인지를 알아보기 위해 다른 사람의 행동을 관찰하거나 자신의 상태를 이야기해서 상대방의 경험과 비교해보는 것도 여기에 속한다.

넷째, 자기-개방은 친밀한 대인관계를 형성하는 데 매우 중요한 구실을 한다. 그저 알고 지내는 친구 관계에서 단짝관계로 발전하기 위해서는 필연적으로 자기-개방이 요구된다. 상대방을 보다 잘 알기 위해서는 상대방에게 자신에 관한 것을 더 많이 알려줘야 하기 때문이다. 타인에게 자신의 내면을 공개하는 것은 상대방을 믿고 있음을 상대에게 알리는 신호이다. 즉 상대방에게 보다 가깝고 친밀한 관계를 원하고 있음을 전달하는 메시지로 작용하는 것이다. 그러나 단순히 자신의 고민만을 무차별적으로 공개하는 것은 친밀감 형성에 부정적으로 작용한다.

2) 잘못된 자기-개방

자기-개방을 거의 하지 않거나 전혀 자신의 개인적인 정보를 드러내지 않는 사람은 사회적 관계에서 만족감을 경험할 수 없을 것이다. 반면 자신에 관한 모든 것을 어떤 사람에게나 함부로 공개하게 되면 이것 역시 역효과를 낳는다.

언제 자기-공개를 하는 것이 적절한가? 상대와의 거리와 관계없이 자신의 거의 모든 것을 공개하고 난 다음 나중에야 실수를 저질렀다는 것을 알았던 경험이 있을 것이다. 또 누군가 별로 친하지도 않은데 느닷없이 자신의 비밀스러운 이야기까지 모조리 털어놓게 되면 사람들은 당황하게 된다. 개인적인 내용을 공유하는 것이 인간관계에서 중요하지만 누구나 나의 개인적 정보에 관심을 가지고 있지는 않다는 것을 염두에 두어야 한다.

자기-공개를 하려는 대상을 잘못 선택해서 낭패를 보는 경우도 있다. 어렵사리 자신을 공개했을 때 상대방은 그것에 관심이 없을 수도 있으며 관심을 보이다가도 그것을 남에게 공개하여 곤경에 처하도록 할 수도 있다.

3) 자기개방의 주체, 내용, 대상 및 상황

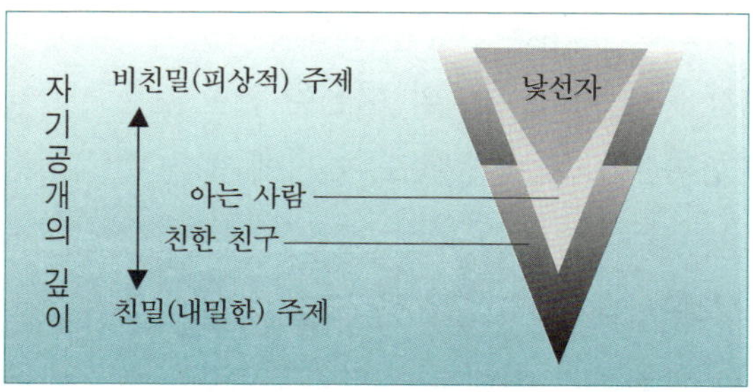

자기공개의 깊이와 범위

앞에서 논의했듯이 자기-공개를 하는 것이 인간관계에서 여러 가지 도움을 주기도 하지만 잘못하게 되면 해가 될 수도 있다. 적절한 자기-공개의 지침을 살펴보기 전에 자기-공개의 주체, 내용 및 상황에 관한 연구 결과들을 검토해 보겠다.

(1) 주체

어떤 사람은 다른 사람들에 비해 자기를 공개하는 것에 대해 더 개방적이며 더 적극적이다. 그러나 성격적인 특성과 자기-공개 정도 간의 관계를 확인하기 위한 여러 가지 연구들은 이 두 가지가 분명하게 연관되어 있음을 밝히지 못했다. 이러한 연구 결과들은 성격적 특성보다는 자기-공개가 상황적 특성에 더 많은 영향을 받을 가능성을 시사한다(Archer, 1979).

자기-공개의 정도는 성별에 따라 다소 다른 것 같다. 그러나 이 역시 상황 요인에 더 많이 좌우되는 것 같다. 일반적으로 여자들이 남자들에 비해 자신에 대해 더 공개적인 경향이 있다(Gerdes, Gehling, & Rapp, 1981). 이러한 차이는 성 역할과 관련된 사회화 과정에 기인하는 것으로 보인다. 서구나 동양 문화권에서 남자들에게는 자신의 감정이나 약점을 쉽게 노출하지 않도록 가르치는 경향이 있다.

(2) 내용

확실히 어떤 주제는 다른 주제에 비해 털어놓기가 부담이 적을 수 있다. 사람들은 성장과정이나 나이 및 교육배경 등 전기적인 정보는 비교적 수월하게 털어놓지만 자신의 내면적인 두려움이나 죄책감 등에 대해서는 잘 얘기하지 않는다. 또 자신과 관련된 내용이라고 할지라도 사회적으로 바람직한 것이나 비난받지 않을 가능성이 높은 것은 잘 털어놓지만 탈세나 도덕적 문제행동 등은 잘 공개하지 않는다.

(3) 대상

자기-공개의 가장 핵심적인 요소는 공개를 하고자 하는 대상이다. 남자들에게보다는 일반적으로 여자들에게 공개를 하는 경우가 많다. 그러나 이것도 이야기의 주제에 의해서 좌우되며 자기가 좋아하는 사람과 잘 아는 사람에게 공개를 많이 한다. 비슷한 처지나 지위에 있는 사람들 간에는 자기-공개가 많으며 서로 지위가 다를 때는 아랫사람이 윗사람에게 공개를 더 많이 한다.

나이가 들어 청소년이 되면 부모에게 자기-공개를 하는 것보다 친구나 애인에게 공개하는 정도가 증가된다. 일반적으로 남들보다는 배우자에게 공개하는 내용이 많다. 그리고 자기-공개가 높은 부부들은 결혼생활에서 경험하는 만족

정도도 높은 것으로 나타났다(Hemdrick, 1981). 또 부부 생활에서는 자기-공개를 얼마나 많이 하느냐보다는 자기-공개를 어떻게 하느냐, 즉 질적인 측면이 부부들의 스트레스와 더 깊은 관련이 있는 것으로 나타났다(Bowers, Metts & Duncanson, 1985).

어떤 사람들은 다른 사람들로 하여금 더 쉽게 자기-공개를 할 수 있게 해주며 그 상황에 잘 적응하는 것 같다. 사회성, 자긍심, 공감능력이 많고 수줍어하지 않는 사람들이 상대로 하여금 자기-공개를 더 잘하게 만든다(Miller, Berg & Archer, 1983).

(4) 상황

자기-공개를 함에 있어서 중요한 요인으로 작용하는 원리 중의 하나가 **상호성의 원리**(Reciprocity Principle)이다. 즉 내가 내 자신에 대해서 공개를 하면 상대방도 자기-공개를 할 것이라는 믿음이 생기는 상황에서 대체로 자기-공개가 이루어진다. 일반적으로 한 사람이 자기 공개를 하면 상대방도 비슷한 수준으로 자기 공개를 한다. 이처럼 상호성의 원리에 따른 자기 개방의 교환이 이루어지면 다음 단계에서는 좀 더 넓고 깊은 범위의 자기 개방이 교환되면서 관계가 친숙해진다. 이러한 상호성은 관계가 형성되는 초기과정에서 매우 활발하게 일어난다. Altman과 Taylor(1973)는 이러한 관계의 진전을 자기 개방의 상호 교환과 관련시켜 두 사람 사이의 벽이 서로에 의해 침투당하는 과정, 즉 **사회적 침투**(Social Penetration)라고 기술했다. 사람들은 일반적으로 자기가 상대에게 개방하는 정도로 상대가 개방할 때 가장 편하게 느낀다. 어느 정도 친밀관계가 형성되면 상호성의 원리가 미치는 영향은 감소한다. 어느 만큼 친해지면 사람들은 친구나 연인에게 상대가 개방한 만큼 자기 개방을 하기보다는 공감을 하거나 지지하는 행동을 더 많이 보인다. 이러한 행동은 사람들이 친해지면 상대로부터 심리적 지지를 받고 싶은 욕구와 프라이버시를 보호하고자 하는 욕구가 커지기 때문이다. 친한 사이에서 상대가 개방한 만큼 자기 개방을 하기보다 공감과 지지 행동으로 답례하는 것은 사람들로 하여금 자기의 프라이버시를 보호하면서도 상대방과 원만한 관계를 유지하도록 도와준다. 자기 개방과 프라이버시를 보호할 수 있는 능력의 원만한 조화는 친밀관계 유지에 매우 중요한 요소로 작용한다.

두 사람 간의 관계가 악화될 때 일반적으로 자기 개방은 줄어든다. 예를 들어 연인들 간에 불화가 생기면 자기 개방의 폭뿐 아니라 깊이도 줄어들며 이는 대개 두 사람이 불쾌한 감정상태에 있음을 시사한다. 불화상태에서도 자기 개방의 깊이가 증가될 수 있는데 이는 주로 상대방에 대한 부정적 감정이나 사고에 한정되며, 이 경우 자기 개방의 폭은 감소된다.

4) 적절한 자기개방의 시기

공개를 하느냐 아니면 마느냐, 그것이 문제다. 여기에 대한 답을 명확하게 하는 것은 어떻게 보면 매우 쉬운 것 같지만 결코 쉬운 일이 아니다. 자기-공개는 상대방이 진정으로 내가 말하는 바에 관심을 보이고 듣고자 하는 마음의 준비가 되어 있을 때가 적절하다. 그러나 상대방이 그런 준비가 되어 있는지 여부를 아는 것이 결코 쉽지 않다. 부적절하게 자기를 공개하는 것을 피하기 위해서는 상대방의 반응에 서두르지 않고 주의 깊게 관심을 기울여야 할 것이다. 욕조에 들어갈 때, 물이 뜨거운지 아니면 너무 차가운지를 사전에 점검해 보는 것과 같다.

상대방의 반응을 평가하기 위해서는 언어적인 것뿐 아니라 비언어적인 단서들도 주의 깊게 관찰해야 할 것이다. 언어적인 채널을 통해서 공감과 상호성의 가능성이 표현된다. 이야기하는 과정에서 상대가 자기-공개를 하기 시작하는 것은 상대방도 친밀한 수준에서의 의사소통을 바라고 있다는 신호이다. 물론 자신에 대해 공개하는 것은 꺼리면서도 상대의 자기-공개에 대해서는 매우 진지하게 받아들이는 사람들도 있다. 그래서 상호성만으로 상대방이 가지고 있는 나의 자기-공개에 대한 관심정도를 평가할 수는 없다.

그래서 비언어적인 신호가 결정적으로 중요하게 된다. 갑작스러운 자기-공개에 의해서 당황되는 사람들은 이러한 기분을 말로 표현하기보다는 비언어적인 메시지로 자기의 생각을 상대에게 보낼 것이다. 예컨대, 시선을 피한다거나 얼굴 표정을 바꾸고 자세를 바꾸어 돌아앉거나 자리에서 일어서는 등 다양한 방식으로 이를 전달한다. 반대로 상대방이 마주 앉아 몸을 이쪽으로 숙인다거나 시선을 유지하게 되면 당신의 자기-공개를 진지하게 들을 용의가 있음을 표현하는 것이다.

홍미롭게도 자기-공개의 정도와 심리적인 적응 정도 간에는 역전된 U-형태를 그린다(Archer, 1980). 즉 자기-공개를 지나치게 하지 않는다거나 반대로 너무 많이 하는 사람들은 적당하게 하는 사람들에 비해 잘 적응을 하지 못한다는 것이다. 다시 말하면 건전하게 잘 적응하는 사람들은 자기-공개를 할 때 공개 내용이나 대상 또는 시기를 적절하게 선택해서 한다는 것이다.

Ⅳ. 갈등을 효과적으로 다루는 법

사람들이 살아가는 과정에서 서로 갈등을 경험한다는 것은 어떻게 보면 피할 수 없는 일인지 모른다. 갈등이 전혀 없을 수 없기 때문에 갈등이 생겼을 때 당사자들 모두에게 가능하면 보다 바람직하고 긍정적인 방향으로 해결할 수 있는 방법을 찾아보아야 할 것이다.

1. 대인갈등의 속성과 가치

사람들이 만나 관계를 맺게 되면 어쩔 수 없이 크고 작은 갈등을 겪게 된다. 갈등이란 두 사람 이상의 관계에서 서로 무엇인가에 동의를 할 수 없을 때 일어난다. 그래서 갈등은 적이나 경쟁자뿐 아니라 친구나 애인 및 배우자 관계에서도 나타난다. 갈등은 함께할 수 없는 목표나, 가치관, 태도 및 신념들에 의해 야기된다.

사람들은 갈등 자체를 부정적으로 생각하는 경향이 있으며 가능하면 이를 억제하는 것이 좋다고 생각한다. 실상 갈등이란 전적으로 나쁜 것도 그렇다고 좋은 것도 아니다. 갈등이란 매우 자연스러운 것이며 그것을 어떻게 다루느냐에 따라 좋은 결과를 낳을 수도 있고 나쁜 결과를 낳을 수도 있다. 갈등을 회피하는 것은 갈등을 다루는 방법 중에서 최악의 대안일 수도 있다. 갈등을 경험하면서도 이를 없는 것처럼 억제하는 관계는 그 억제 노력에도 불구하고 결국은 좋지 않은 결과로 끝난다.

마음을 열고 그리고 건설적으로 대인관계 갈등을 다루게 되면 여러 가지 가치 있는 결과를 만들어 낼 수 있다(Johnson & Johnson, 1975). 다른 것과 마찬가지로 건설적인 직면이란 (1) 문제를 해결할 수 있도록 끌어내고, (2) 그 관계를 만족스럽게 유지하지 못하게 하는 만성적 불만요인을 제거하여, (3) 관점을 넓혀 새로운 통찰력을 찾는 것이다.

2. 갈등을 다루는 통상적인 방식들

당신은 갈등장면에서 어떻게 문제를 다루는가? 대부분의 사람들은 갈등상황을 처리하는 나름대로의 방식을 가지고 있다. 다음은 Black과 Mouton(1964) 및 Thomas(1976)의 이론을 기초로 사람들이 흔하게 사용하는 다섯 가지의 대처 방법들을 소개하겠다.

1) 회피

어떤 사람들은 갈등이 생기면 이를 회피하는 것이 상책이라고 생각한다. 문제를 무시하면 다시 원만한 상태로 되돌아갈 것이라는 비현실적인 희망을 갖고 있기 때문이다. 갈등상황에 직면하게 되면 이 유형의 사람들은 주제를 바꾸거나 급한 일이 있는 것처럼 자리를 피하거나 뭔가 다른 일에 주의를 돌린다. 이러한 사람들은 갈등을 극단적으로 불쾌하게 생각하거나 파국적인 것으로 생각한다. 아무리 없었던 것으로 치더라도 해결되지 않은 문제는 여전히 남게 된다. 이런 사람들은 갈등에 직면하는 것을 연기하고 회피하기 때문에 종국에는 더 큰 갈등을 겪게 된다.

2) 굴복: 화해: 적응

갈등을 회피하는 사람과 마찬가지로 갈등상황에 적응하려는 사람들도 갈등을 불편한 것으로 생각한다. 그러나 의견이 일치되지 않는 것을 무시하는 대신에 이들은 갈등상황을 빨리 끝내고 쉽게 포기한다. 이런 대처방식을 쓰는 사람들이 주로 경험하는 것은 불안전감이다. 다른 사람들에게 인정받고 수용받기를 지나치게 갈망하게 되면 이러한 방법을 많이 사용하게 된다. 갈등과 화해를 하는 것은 창조적인 방식과 진솔한 방식으로 갈등을 해결할 수 없게 하기 때문에 문제가 된다. 게다가 갈등상황에서 먼저 적응하는 사람이 희생자 역할을 하기 때문에 분한 마음이 점점 커질 수 있다.

3) 지배

지배하려는 마음은 모든 갈등을 흑백논리로 보게 하거나 승패상황으로 보게 한다. 지배함으로써 갈등을 해결하려고 하는 사람은 갈등상황에서 항상 이기지 않으면 견디지 못한다. 그래서 공격적인 행동과 기만적인 행동을 하게 된다. 지배하려는 자는 자기의 입장을 고집스럽게 지키려 하며 위협을 하거나 강제로라도 상대방을 굴복시켜야 한다. 이기기 위해 무자비하게 공격을 하거나 개인적 약점을 잡고 비겁한 수단을 동원하기도 한다. 이러한 유형은 상호 간의 문제해결책을 찾지 못한다는 점에서 화해유형과 비슷한 문제점을 갖고 있다. 게다가 갈등에 따른 긴장, 분노 및 적대감을 유발시킨다.

4) 타협

타협형은 갈등을 해결함에 있어서 양자가 함께 관여해야 한다는 점에서 상당히 실용적이다. 타협으로 갈등을 접근하는 것은 협상을 필요로 하며 상대방과 절충을 하겠다는 의지가 포함되어 있다. 이 방법이 합리적이긴 하지만 자신의 욕구를 최대한으로 만족시키기에는 어려움이 많다. 타협적 접근 방법은 어떤 식이든 처치가 필요하며 자신의 욕구를 제대로 반영하지 못할 수 있다. 타협이 매우 건설적이기는 하지만 마지막 접근 방법인 통합보다는 못하다.

5) 통합

타협이 반반씩 양보하는 것이라면 통합은 두 사람이 모두 최대한으로 만족할 수 있는 해결책을 진지하게 찾아내는 것이다. 이러한 접근방법을 사용할 때 갈등은 가능한 한 두 사람이 함께 노력해서 해결해야 하는 서로 간의 문제로 인식된다. 따라서 통합적 접근은 마음을 열고 정직한 태도가 있어야 한다. 또 통합적 접근 방법을 하기 위해서는 상대방과 맞지 않는다고 생각하는 것이 아니라 상대방의 생각과 내 생각이 맞지 않는다고 생각할 수 있어야 한다. 그래서 통합은 서로의 차이점과 공통점을 분명히 하고 상호 간의 유사성을 찾아내는 데 매우 많은 노력을 기울여야 한다. 이 접근방법을 사용했을 때 분노감이나 적개심 및 긴장감이 가장 적고 상호 간의 신뢰감이 증가되기 때문에 이 방법이 갈등해결의 가장 좋은 방법이다.

3. 건설적인 갈등해소의 지침

앞에서 갈등을 해결할 때 가장 바람직한 방법이 통합적 접근임을 강조하였다. 여기서는 대인관계 과정에서 겪게 되는 갈등을 통합적 접근으로 해결하기 위해서 고려해야 하는 구체적인 행동지침들을 살펴보겠다(Johnson & Johnson, 1975).

(1) 갈등의 존재를 받아들이고 상대방도 나름대로의 요구나 목표를 가지고 있음을 인정하라.
(2) 갈등이 생기면 지고 이기는 문제로 보지 말고, 두 사람의 문제라고 생각하고 함께 해결해야 한다는 것을 받아들여라.
(3) 차분히 앉아 함께 갈등을 해결할 수 있는 시간이 언제인지를 찾아라. 갈등이 일어나자마자 이것을 다루는 것이 최선은 아니다.
(4) 상대방의 입장을 존중하고 있음을 보여라. 상대방의 관점에서 전적으로 이해하려고 노력하는 것을 보여라.
(5) 정직하고 열린 마음으로 의사소통을 하라. 자신의 입장을 감추거나 잘못 드러내는 일을 하지 마라. 속임수를 쓰거나 상대방을 조정하려는 태도를 버려라.
(6) 갈등이 표면화될 때, 상대방의 우매함에 대해서 얕잡아보는 말투를 쓰지 않으면서 그 사람의 생각에는 동의하지 않을 수 있음을 자유롭게 느껴라.

(7) 갈등에 접근할 때 두 사람 간에는 동등한 자격을 부여하라. 만약 부모나 지도교수 등 우위에 있다면 이러한 차이를 무시하려고 노력하라.

(8) 각자의 입장을 보다 명료하게 하는 데 많은 노력을 기울여라. 각자가 상대에게 동의하지 않은 이유를 정확하게 알아야 하기 때문이다.

(9) 융통성이 있음을 전달하고 당신의 입장을 수정할 용의가 있음을 표현하라.

(10) 당신의 입장이 갖고 있는 차이점보다는 공통점이 있음을 강조하라. 이러한 공통점들을 이용하여 서로 만족할 수 있는 해결책을 찾으려고 노력하라.

I am OK, You are OK

교류분석 심리학자들은 사람들이 다른 사람들과 교류하는 방식을 네 가지로 나누고 있다. 자신만을 인정하고 타인은 부정하는 방식, 자신은 부정하고 타인을 인정하는 방식, 자신과 타인을 모두 부정하는 방식, 그리고 자신과 타인을 다 함께 인정하는 방식이 그것이다. 각 유형의 특성을 검토해 보면서 자신은 어디에 속하는지를 살펴보자.

• I am OK, You are not OK(자기긍정-타인부정: 자아도취형)

자신은 옳고 타인은 틀렸다는 생각이 지배적인 사람이다. 여기에 속하는 사람들 중에는 외모나 능력이 뛰어나며 야심적인 경우가 많다. 이런 사람들은 자신을 과대평가하는 경향이 있기 때문에 남의 이야기를 듣지 않으려 하며 상대를 경멸하고 다른 사람의 능력을 비하한다. 경쟁에서 항상 이겨야 하기 때문에 다른 사람들이 잘되는 것을 보지 못하며, 자기만 못한 사람들을 가차없이 비난한다. 남의 이야기를 들을 때도 냉소적인 경우가 많으며 갈등상황에서는 책임을 상대에게 전가시킨다.

• I am not OK, You are not OK(자기부정-타인부정: 염세포기형)

자기도 별 볼 일 없지만 남들도 제대로 된 사람이 없다고 생각하는 사람의 특성이다. 매사에 의욕이 없으며 비관적이다. 일이 생기면 뒤로 빠지면서 앞장서 나서는 사람들에 대해서도 못마땅해하는 사람들이 여기에 속한다. 주위 사람들에게는 자포자기한 사람이라는 인상을 준다. 세상에 대한 원망과 자신에 대한 불신감으로 주변 사람과 자신을 파멸로 몰아간다. 이들은 자신을 믿지 못할 뿐 아니라 다른 사람들도 마찬가지라고 생각하기 때문에 아무도 믿지 못하고 항상 고독하다.

• I am not OK, You are OK(자기부정-타인긍정: 패배형)

패배형의 사람들은 열등감이 많으며 실수에 대해서 과도하게 걱정한다. 남들에게도 가련한 모습을 보여 줌으로써 다른 사람들이 자기를 비판하는 것을 방지하고, 기대를 갖지 않게 하거나 측은지심을 발동하도록 유도한다. 주변 사람들이 모두 자기보다 더 나은 것처럼 생각되기 때문에 평가에 민감하며 인정과 사랑을 받기 위해 자기주장을 포기하고 맹목적으로 순종할 수 있으며 진정한 행복감이나 자긍심을 경험하기가 어렵다.

• I am OK, You are OK(자기긍정-타인긍정: 원만형)

자기와 타인에게서 장점과 잠재력을 발견할 수 있는 사람이며 자신감이 있다. 타인의 평가나 비난을 수용할 수 있기 때문에 쉽게 자존심이 상하지 않는다. 남들이 자기와 다른 주장을 하더라도 그럴 만한 이유가 있음을 인정한다. 자신이나 세상을 긍정적으로 바라보기 때문에 유머감각이 있으며 주변 사람들로부터는 너그럽고 융통성이 있는 사람이라는 평가를 받는다. 이들은 누구나 소중하다는 것을 인정하기 때문에, 사람을 대할 때 지위고하를 가리지 않아서 청소부, 수위 아저씨, 식당 종업원들과도 좋은 사이를 유지할 수 있다. 이들은 수많은 사람에게서 많은 정보와 도움을 받을 수 있기 때문에 어떤 상황에서나 쉽게 문제를 해결할 수 있다.

이민규의 「발상을 바꾸면 인생이 달라진다」에서

제5장

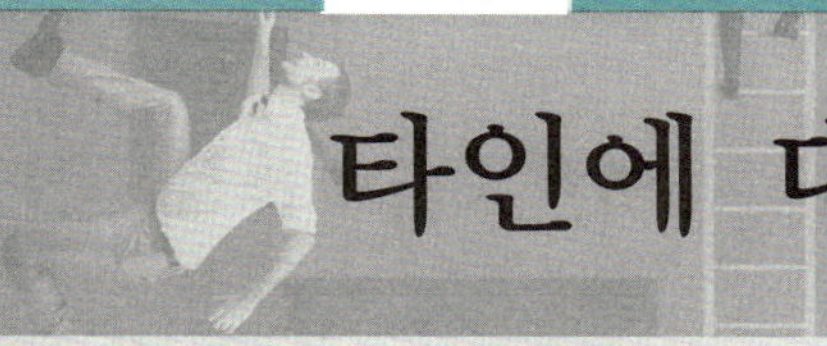

타인에 대한 판단과 사회적 영향

친구가 여자를 소개해준다고 해서 약속된 시간에 카페에 들어섰다. 두리번거리다가 당신의 친구를 찾아낸다. 그리고 앞자리에 앉아 있는 여학생을 소개받는다. 한마디의 말을 주고받기도 전에 이미 당신은 상대에 대해 상당히 많은 평가를 내렸을 것이다. 그리고 몇 마디를 주고받으면서, 상대방의 행동을 관찰하면서, 당신의 평가가 옳은지 그른지를 검증해 나갈 것이다. 그리고 아주 마음에 들거나, 웬만큼 호감이 가거나 경우에 따라서는 아주 싫지만 않다면 당신은 그 사람에게 애프터를 신청하고, 만나서 먹고, 대화하고, 놀며 공부하면서 상대방에 대해 더 많은 것을 알려고 할 것이다. 그 사람의 성격이 어떤지, 가치관이 무엇인지, 무엇을 좋아하고 무엇을 싫어하는지, 그것이 당신의 욕구와 어느 만큼 조화를 이룰 수 있는지를 판단하려고 할 것이다. 그리고 관계를 지속시키고 보다 가까운 사이로 발전시키고 싶은 대상이라고 판단되면 이를 위해 다양한 노력을 할 것이다.

이 장에서는 우리가 사람을 처음 만나 인상을 어떻게 형성하는지, 인상형성 과정에서 작용하는 편향들이 무엇인지, 그리고 어떤 정보들을 사용하는지와 함께 타인들에 대한 판단을 할 때 관여하는 귀인과정과 여러 가지 오류들을 검토할 것이다. 그리고 대인관계에서 우리가 상대방의 신념이나 태도를 바꾸기 위한 사회적 영향을 어떻게 주고받는지를 살펴볼 것이다.

1. 인상형성

앞에서 제시한 바와 마찬가지로 우리는 아주 짧은 시간에 상대방에 대해 나름대로의 인상을 형성한다. 길을 지나가는 사람을 언뜻 보고도 우리는 그 사람이 어떤 부류의 사람인지를 판단할 수 있으며 심지어는 한 장의 사진만으로도 그 사람에 대한 대체적인 인상을 파악할 수 있다. 만나는 기회가 증가할수록 더 완전하고 풍부한 인상을 형성하기는 하지만 우리는 개인의 성별이나, 인종, 신체적 외모나 복장, 말투 같은 몇 가지 안 되는 관찰 가능한 정보를 사용해서 놀라울 정도로 신속하게 그 사람의 내면적 성격이나 취향 또는 지적인 능력 등을 추론해서 그 사람에 대한 인상을 만들어낸다.

1. 첫인상의 중요성

본론으로 들어가기 전에 간단한 실험을 하나 해 보자. 먼저 아래의 글을 천천히 읽어 보라.

루소(1712~1778)

장 자크 루소. 그는 프랑스의 작가이며 사상가로서, 우리에게는 '자연으로 돌아가라'고 외친 사람으로 잘 알려져 있다. 교육소설 「에밀」의 작가이며 당시 계몽주의 사상가들과 함께 프랑스 혁명의 정신적 지주였으며 감정의 해방을 주장하여 페스탈로치에게도 많은 영향을 준 사람이다.

다 읽었으면 다음의 네 개 문항을 읽고 "루소"의 성격을 추측해서 답해 보고 총점을 계산해보라.

	매우 그렇다	약간 그렇다	그저 그렇다	그렇지 않다	전혀 안 그렇다	
1. 이 사람은 헌신적이다	5	4	3	2	1	
2. 이 사람은 점잖다	5	4	3	2	1	
3. 이 사람은 따뜻하다	5	4	3	2	1	
4. 이 사람은 도덕적이다	5	4	3	2	1	총점=(　　)

루소에 대한 성격을 추측했듯이 다음의 네 개 문항을 읽고 앞에서 읽어 본 "제임스"의 성격을 추측해서 답해 보고 총점을 계산해 보라.

제임스는 다섯 명의 사생아를 고아원에 버렸다. 또한 연상의 과부뿐 아니라, 자기 집의 가정부와 자기가 부렸던 아랫사람, 그리고 하숙집 딸 등, 닥치는 족족 성희롱을 했던 사람이다.

	매우 그렇다	약간 그렇다	그저 그렇다	그렇지 않다	전혀 안 그렇다	
1. 이 사람은 헌신적이다	5	4	3	2	1	
2. 이 사람은 점잖다	5	4	3	2	1	
3. 이 사람은 따뜻하다	5	4	3	2	1	
4. 이 사람은 도덕적이다	5	4	3	2	1	총점=(　　)

자, 결과가 어떻게 나왔는가? 두 사람의 점수는 같은가? 아니면 다른가? 아마도 대부분의 경우 '루소'에 비해서 '제임스'의 성격을 나쁘게 평가했을 것이다. 그런데 놀라운 사실은 위에 적은 '제임스'와 '장 자크 루소'가 다른 사람이 아니라 동일한 사람이라는 것이다. 편의상 필자가 가명을 써서 제시했을 뿐이다. '제임스'에 대한 내용은 루소의 책 「고백」에서 그가 고백한 내용이다. 당신이 뒤의 내용을 미리 읽고 그것이 루소에 대한 이야기라는 사실을 알게 된다면 루소에 대한 당신의 평가는 많이 달라졌을 것이다.

일반적으로 우리는 다른 사람으로부터 전해 들은 소수의 정보나 관찰 가능한 몇 가지의 정보로부터 매우 신속하게 어떤 사람의 내면까지도 추측하는 경향이 있다. 우리가 상대에 대해 아는 정보가 많을수록 그 사람에 대해 설명하기 쉬울 지라도 우리는 타인을 처음 보는 순간 그 사람에 대한 성격적인 묘사를 할 수 있다(Park, 1986). 실제로, 사람들의 외모와 행동으로부터 성격 특성을 추론하는 경향은 심지어는 당사자 자신은 그렇게 한다는 사실조차도 인식하지 못할 정도로 신속하게 그리고 자동적으로 일어나는 것 같다(Trope, 1986).

몇 가지 행동이나 외모 등을 근거로 해서 첫인상이 형성되거나 성격 특성이 추론되면 이들은 스스로 유지되는 경향이 있다. 당신이 대학에 입학할 때 처음 만난 친구가 당신에게 매우 불쾌하게 대해 좋지 않은 인상을 갖고 있다면 몇 달이 지난 다음에 그 친구가 누군가에게 친절한 행동을 보이더라도 당신이 갖고 있는 그 친구의 인상이 쉽게 바뀌지 않을 것이다.

2. 초두효과와 신근성 효과

적어도 첫인상의 효과와 관련해서는 고전으로 여겨지는 한 가지 실험 연구를 살펴보자. Asch(1946)는 두 집단의 사람들에게 어떤 인물을 소개하면서 여섯 가지의 성격적 특성을 나열하여 설명해 주었다. 여섯 가지의 성격 특성을 제시하는 순서가 다른 것을 제외하고는 두 집단 모두 똑같은 내용을 들었다.

집단 1: 똑똑하다 → 근면하다 → 즉흥적이다 → 비판적이다 → 고집 세다 → 시기심이 많다

집단 2: 시기심이 많다 → 고집 세다 → 비판적이다 → 즉흥적이다 → 근면하다 → 똑똑하다

가상 인물에 대한 소개를 끝내고 사람들에게 조금 전에 소개했던 사람에 대한 인상을 쓰게 해서 그 결과를 분석했다. 결국은 동일한 내용이지만 처음에 제시된 정보가 무엇이었느냐에 따라 상반되는 인상을 형성하고 있었다.

첫 번째 집단의 사람들이 두 번째 집단의 사람들보다 소개받은 인물을 더 성공적이고 사회적으로 원만한 사람으로 평가하였다. 이것은 처음 접한 인상이

그 사람의 전체적인 인상을 좌우함을 보여주는 증거이다. 이처럼 먼저 제시된 정보가 나중에 들어온 정보보다 전반적인 인상형성에 강력한 영향을 미치는 것을 **초두효과**(Primacy Effect)라고 한다.

> 민수는 볼펜을 사기 위해 집을 나섰다. 두 명의 친구와 함께 햇볕이 환한 거리로 나왔으며 걸어가면서 햇볕을 쬐었다. 문방구에는 사람들이 붐볐다. 점원이 자기를 쳐다볼 때까지 아는 사람과 이야기를 하였다. 문방구에서 나올 때 그는 막 그 상점에 들어서는 학교 친구를 만나 갈 길을 멈추고 이야기를 하였다. 학교로 가는 길에 며칠 전에 소개받은 여자를 만나 잠시 함께 지내다 학교로 갔다. 수업이 끝나 그는 혼자서 교실을 나서 집을 향해 먼 길을 걸었다. 거리는 햇볕으로 가득 찼으나 그는 그늘진 곳으로 고개를 숙이고 걸어갔다. 길을 가다 전에 알고 있었던 예쁜 여학생을 만났으나 모른 체하고 지나갔다. 다과점에 들어갔는데 거기는 사람들로 붐볐고 아는 얼굴도 눈에 띄었다. 점원이 자기를 바라볼 때까지 조용히 기다리고 있다가 주문을 하였다. 먹을 것을 가지고 구석진 테이블에 앉았다.

당신은 위에 적힌 〈민수〉라는 사람에 대해서 어떤 인상을 가졌는가? 〈민수〉는 사교적인 사람인가? 아니면 내향적인 사람인가? 자세히 읽어보면 앞부분의 명조체 내용은 사교적인 성격 특성이며, "수업이 끝나…"로 시작되는 뒷부분의 필기체로 된 내용은 비사교적인 특성을 암시한다.

위의 내용은 인상형성에서 처음에 들어오는 정보가 후기 정보보다 막강한 영향력을 행사한다는 초두효과를 증명했던 고전적인 연구 중의 하나에서 사용되었던 것이다. 연구자는 대학생들에게 민수라는 사람에 대한 글의 앞부분만을 읽게 하거나, 앞부분을 먼저 읽거나 혹은 나중에 읽게 하거나 아니면 뒷부분만을 읽게 하였다.

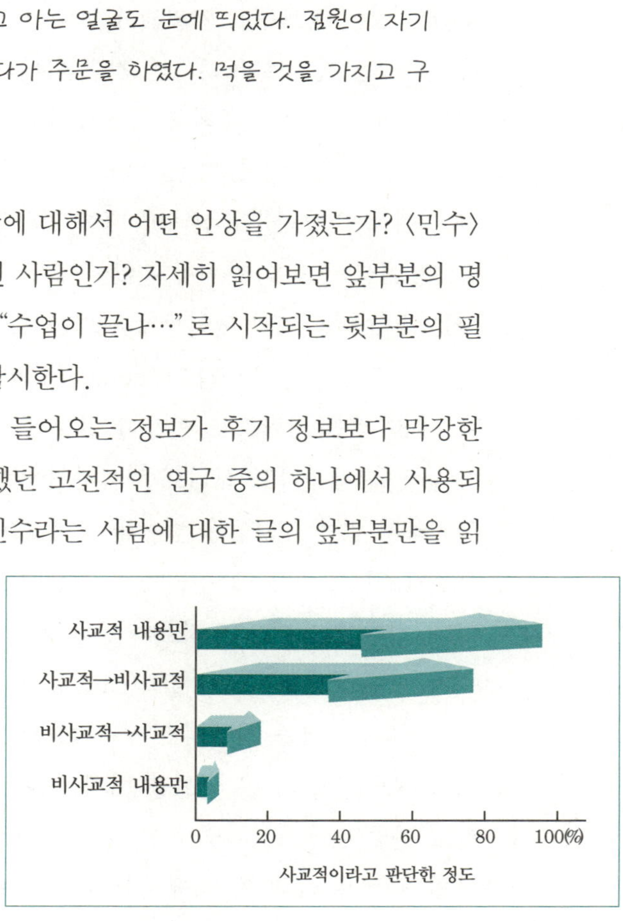

사교적인 내용을 먼저 읽고 내향적인 내용을 나중에 읽게 한 집단의 학생들 중 78%가 민수를 사교적이라고 판단하였다. 그러나 같은

내용이라도 비사교적인 내용을 먼저 읽고 나중에 사교적인 특성을 읽었던 사람은 18%만이 그를 사교적이라고 평가하였다.

첫인상이 이렇게 강력한 효과를 발휘하는 이유가 무엇인가? 첫 번째 이유는 처음에 들어온 정보가 나중에 들어오는 정보들을 해석하는 지침을 만들어주기 때문이다. 어떤 사람이 '머리가 좋다'는 것을 알기 이전에 '성실한 사람'이라는 첫인상을 가지고 있었을 때와 '이기적인 사람'이라는 인상을 가졌을 때는 머리 좋은 것을 전혀 다른 방식으로 해석한다. 성실한 사람이 머리가 좋으면, 머리 좋은 것을 '현명하고 지혜로운 것'으로 해석한다. 하지만 이기적인 사람이 머리 좋은 것은 '교활한 것'으로 해석한다. 이처럼 처음에 제시되었던 정보가 나중에 들어오는 정보들의 처리지침을 만들고 전반적인 맥락을 제공하기 때문에 이를 첫인상의 **맥락효과**(Context Effect)라고 한다.

또 한 가지 이유는 그 사람이 어떤 사람인지를 제대로 평가하기 위해서는 수없이 많은 정보들을 처리해야 한다는 것과 관련된다. 사람에 대한 정보는 말이나 행동 등 겉으로 드러나는 것뿐 아니라 상호 모순적인 내용들이 수없이 많기 때문에 모든 정보에 주의를 기울일 수는 없다.

인상을 형성해 놓지 않으면 상대방을 판단하기 위해 매번 모든 정보에 신경을 써야 하지만, 일단 상대에 대한 첫인상이 형성되면 그 후에 들어오는 정보들은 더 이상 주의를 기울이지 않아도 된다. 따라서 나중에 들어오는 정보는 무시되는 경향이 있는데 첫인상이 강력한 효과를 발휘하기 때문에 후기 정보에 주의가 줄어드는 것을 **주의감소**(Attention Decrement) 현상이라 한다.

이기적인 사람으로 인상이 형성된 사람에 대해서는 그가 남을 도와주는 행동을 했을 때조차도 선의로 해석하지 않는 경향이 있다. 즉, 일단 형성된 인상과 일치하지 않는 정보들을 받아들여 새로운 인상을 다시 만들어야 하는 것 자체가 스트레스이기 때문에 우리는 첫인상에 부합되지 않은 정보는 무시하는 경향이 있다. 나중에 들어오는 정보의 중요성이 처음 들어오는 정보에 비해 가볍게 취급되기 때문에 이를 **중요성 절감**(Discounting) 현상이라 한다.

초두효과와는 정반대로 시간적으로 나중에 제시된 정보가 잘 기억되고 따라서 인상형성에 더 큰 영향을 미칠 수도 있는데 이를 **신근성 효과**(Recency Effect)라고 한다(Luchins, 1957). 이 효과는 아주 제한적인 경우에만 나타난다. 예컨대, 초기 정보가 너무 일찍 제시되어 이미 망각된 상태이거나 최근의 정보가 아주 현저하게 부각될 경우에만 나타난다. Stwart(1965)는 한 실험에서 피험자들로 하여금 어떤 인물에 대한 새로운 정보를 제시해주면서 그때마다 그 사람에 대한 인상을 구성해보라고 함으로써 신근성 효과를 확인했다.

또 Kluglanski & Freund(1983)는 피험자들에게 그들이 내리는 판단이 자신의 능력을 나타내며, 초기의 정보와 모순된 정보 등 다양한 정보들을 종합적으로 참고해서 시간여유를 갖고 판단하라고 했을 때 초두효과가 감소됨을 관찰했다. 이상과 같은 몇 가지 예외적인 경우를 제외하면 첫인상의 위력은 우리가 상상하는 것보다 막강한 것 같다.

3. 인상형성에 사용되는 정보

'열 길 물 속은 알아도 한 길 사람 속은 모른다'는 말이 있듯이 우리는 다른 사람의 마음을 들여다볼 수 없다. 당신이 누군가를 만났을 때 그 사람의 외면보다는 내면을 중시한다고 할지라도 우리는 다른 사람의 마음을 읽을 수가 없기 때문에, 결국 관찰되는 정보에 의존해야 한다. 다른 사람의 인상을 형성하기 위해 우리는 감각기관을 통해 전달되는 관찰 가능한 몇 가지의 정보에 의존한다. 외모, 언어적인 진술, 행위, 비언어적인 메시지가 주된 정보의 원천이며 행동이 발생하는 상황 역시 상대방을 이해하는 데 유용한 정보를 제공한다.

1) 외모

어떤 사람에 대해서 알려고 할 때 가장 먼저 사용되는 정보는 그 사람의 신체적 외모이다. "책표지로 책을 판단하지 마라"와 같은 말이 있기는 하지만 우리에게 체격이나 체형, 키, 몸무게, 피부색, 머리색, 건강상태 등의 신체적인 특성들은 그 사람에 대한 인상을 형성하는 과정에서 매우 중요한 단서로 작용한다.

4~5세 정도의 아이들도 사람의 얼굴이 잘생기고 못생긴 것에 대해 판단할 수 있으며 그들의 판단은 매우 일치율이 높은 것으로 나타났다. 아울러 얼굴 생김새에 근거하여 개인의 지능이나 성격과 같은 내면적 특성에 대한 인상을 형성한다. 차재호(1995)는 성적이 비슷하지만 외모에서 차이가 나는 두 학생을 교사

들에게 평가하게 했을 때, 잘생긴 학생이 그렇지 못한 학생보다 더 똑똑하고 상급학교에 진학할 가능성이 높은 것으로 평가받음을 확인했다. 얼굴의 생김새 뿐 아니라 표정 역시 인상형성에 중요한 기능을 한다. 정확성과는 상관없이, 신체적인 특징에 대한 신념은 다른 사람의 인상을 형성하는 데 사용된다. 예를 들면, 미국인들은 빨간 머리는 "다혈질적"이고, 안경 낀 사람은 그렇지 않은 사람에 비해 보다 학구적이라고 생각한다.

우리는 종종 신체적 외모를 기초로 타인의 성격을 추정한다. 특히, 신체적으로 매력적인 사람이 바람직한 성격특질을 가지고 있다고 믿는 많은 증거들이 있다. '보기 좋은 떡이 먹기도 좋다'거나 '이왕이면 다홍치마'라는 말이 있듯이 사실, 이런 지각은 너무 널리 퍼져 있어서 사회심리학자들이 "what is-beautiful-is-good(아름다운 것이 좋은 것) 고정관념"이라는 용어를 만들어냈다(Dion, Berscheid, & Walster, 1972). 즉, 비매력적인 사람과 비교할 때, 아름다운 사람은 항상 좀 더 사회적으로 능력 있고, 자기 표현을 잘 하고, 적응력이 좋으며, 지적으로 유능하다고 보여진다는 것이다. 아직도 여러 연구들은 이들 지각의 대부분이 사실에 별로 근거하지 않음을 발견했다. 매력적인 사람은 사회활동무대에서 이익을 얻는다. 예로서, 그들은 좋은 사회적 기술을 갖고 있고, 더 인기 있고, 사회적 불안(특히, 이성과의 상호작용에 관한)이 적으며, 덜 외롭고, 많은 성적인 경험을 가진다. 그러나 그들은 지능, 성격특징, 정신건강, 또는 자존심에서 다른 사람들과 차이가 없다(Feingold, 1992b).

사회지각은 또한 신체적 외모의 다른 측면에 의해서 영향을 받는다. 키가 큰 사람은 섬세하고, 내성적이고, 이지적이라고 지각되며, 반면에, 키가 작은 사람은 다부지며, 인색하고, 부정적이라고 판단되는 경향이 있다. 미국과 한국 모두 젊어보이는 얼굴, 즉 동안을 가진 성인은 따뜻하고, 친절하고, 순박하고, 유순하다고 판단되며, 성숙한 얼굴을 가진 성인은 강하고 거칠고, 지배적이라고 판단된다.

2) 옷차림과 치장

나는 어린 왕자가 살던 별이 소혹성 B612호라고 믿을 만한 상당한 근거를 가지고 있다. 그 혹성은 딱 한 번, 1909년에 터키 천문학자에 의해

망원경에 잡힌 적이 있었다.

그 당시 그는 국제 천문학회에서 자신의 발견을 훌륭히 증명해 보였었다. 그러나 그가 입은 옷 때문에 아무도 그의 말을 믿지 않았었다. 어른들이란 모두 이런 식이다.

터키의 한 독재가가 국민들에게 서양식 옷을 입지 않으면 사형에 처한다고 강요한 것은 소혹성 B612호의 명성을 위해서는 다행스러운 일이었다. 그 천문학자는 1920년에 매우 멋있는 옷을 입고 다시 증명을 했다. 그러자 이번에는 모두들 그의 말을 믿었다.

생텍쥐페리의 「어린왕자」 중에서

영화 「귀여운 여인」에서 주인공 줄리아 로버츠가 고급 의상실에 허름한 옷을 입고 갔을 때 그녀를 무시했던 종업원이 며칠 뒤 멋진 옷을 입고 다시 가자 이전과는 달리 깍듯하게 대우하는 장면이 나온다. 우리 속담에 '옷이 날개'라는 말이 있다. 옷이란 사람의 몸을 가장 넓게 덮고 있는 것으로 어떻게 입느냐에 따라 그 사람의 인상을 다르게 형성하도록 만든다. 복장은 그 사람의 사회경제적인 지위, 교육 수준, 직업뿐 아니라 성격이나 가치관 또는 흥미와 같은 심리적인 특성의 판단에도 영향을 미친다. 이처럼 옷의 스타일이나 색깔, 유행을 따르는 정도, 깨끗하고 단정한 정도, 품질이나 추정가격, 유명제품인지 아니면 싸구려인지 등은 그 옷을 입고 있는 사람에 대한 인상형성에 중요한 영향을 주게 된다.

동일한 사람도 헤어 스타일과 복장을 바꾸면 달라 보인다.

차격은 곧 인격?

아주 잘 차려입은 최고급 의상은 보석이나 자동차와 마찬가지로 우리의 사회적 지위와 권위를 대변해주며 첫인상의 형성에 매우 중요하다. 특히 고급 자동차에 대한 사람들의 반응은 상당히 흥미롭다. Doob & Gross(1968)가 샌프란시스코 지역에서 행한 한 연구는 사람들이 고급 승용차를 갖고 있는 사람에 대해 특별한 경의를 표한다는 사실을 증명했다. 연구자들은 교차로에서 빨간불이 파란 신호로 바뀌었어도 앞의 차가 바로 출발하지 않고 있을 때 뒤차들이 보이는 반응을 관찰했다. 그 결과, 앞차가 최고급 신형 승용차인 경우에는 값싸고 낡은 소형차일 때보다 훨씬 참을성 있게 기다렸다가 경적을 울린다는 사실을 관찰했다.

대부분의 운전자들은 앞차가 소형차인 경우 거의 인내심을 보여주지 않았다. 소형차들에 대해서는 신호가 바뀌자마자 경적을 울려댔고, 심지어 두 명의 운전자는 앞차의 뒤 범퍼를 그들의 차로 받으면서 빨리 움직이라고 겁을 주고 있었다. 그러나 값비싼 고급 차의 뒤에서 기다리고 있던 차의 운전자들 중 절반은 앞차가 움직일 때까지 전혀 경적에 손을 대지도 않았다.

나중에 이 연구자들은 대학생들을 대상으로 이러한 상황에서 어떻게 행동할 것인지를 설문을 통해 연구했다. 설문을 분석한 결과, 값싼 소형차와 값비싼 자동차가 출발할 때까지 기다리겠다는 시간에 대한 응답의 차이는 실제 거리에서 관찰한 결과보다 현저히 과소평가되었다. 특히 남자 대학생들의 경우에 이러한 차이가 컸다. 그들은 설문에서는 값싼 자동차보다 값비싼 자동차에 대해 더 빨리 경적을 울려댈 것이라고 응답했지만 실제 결과는 오히려 정반대로 나타났다.

특정한 상황에 얼마나 걸맞게 옷을 입는지 역시 그 사람의 인상을 좌우한다. 예컨대, 장례식에 참석한 사람 중 흰색 셔츠에 검은 색 넥타이를 매고 검은 색 정장을 하고 온 조문객과 찢어진 청바지에 색깔이 현란한 하와이식 셔츠를 입고 온 사람은 상주로부터 전혀 다른 인상을 형성하게 할 것이다. 산뜻한 옷을 입은 사람은 양심적이라고 평가받는 경향이 있다. 옷차림뿐 아니라 헤어스타일이나 화장, 또는 체취(또는 사용하는 향수의 종류) 역시 그 사람이 어떤 사람인지를 판단하는 단서로 작용한다.

안경 낀 사람은 상대적으로 지적이고, 성실하고, 믿을 만하다고 지각된다. 그렇지만 그들은 안경을 안 낀 사람보다 더 매력적이고, 외향적이며, 건강하다고 판단되지는 않는다(Harris, Harris & Bochnre, 1982).

3) 언어적 진술

다른 사람에 대한 또 다른 명확한 정보는 그들이 말하는 내용과 방식이다. 사람들은 상대방이 스스로에 대해 어떻게 말하는지에 따라 다른 인상을 형성할 수 있을 것이다. 예컨대, 자신은 날마다 도서관에 가서 공부를 하며 주말이나 쉬는 날에도 집에 있으면 학교가 그리워진다고 말하는 사람과 학교에서 하는 공부보다는 여행이나 아르바이트를 하는 것이 인생에 더 도움이 된다고 말을 하는 사람이 있다면 당신은 두 사람에 대해 전혀 다른 인상을 형성할 것이다.

자신에 대한 것뿐 아니라 다른 사람이나 사물에 대해 말하는 내용 역시 그 사람의 인상 형성에 영향을 미친다. 예컨대, 당신의 친구 한 사람은 입만 열면 그가 알고 있는 대부분의 사람의 흠을 잡고 헐뜯으며 주변의 일들도 못마땅하다고 말한다. 반면 또 다른 친구는 사람에 대해서든 주변에서 일어나는 일에 대해서든 웬만하면 좋은 점들만을 말하거나 '그럴 수도 있다'고 말한다. 그렇다면 당신은 이 두 친구에 대해 전혀 다른 평가를 내릴 것이다. 즉 전자의 경우는 비판적이며 불평불만이 많은 사람이고 후자의 경우는 낙천적이며 호의적인 사람이라고 결론지을 것이다.

말의 내용뿐 아니라 말하는 방식 역시 그 사람의 인상에 영향을 미친다. 말을 더듬고 말의 속도가 빠르며 높은 톤의 말을 하는 사람들은 성격이 급하거나 정서적으로 불안정하다고 판단되는 대신, 말을 또박또박 천천히 하면서도 조용히 말하는 사람에 대해서는 침착하고 정서적으로 안정된 사람이라고 평가할 것이다.

4) 행동

우리는 어떤 사람이 어떤 행동을 하면서 시간을 보내는지를 관찰하고 그 사람을 판단한다. 사람들이 항상 자신의 내면을 말로 표현하지는 않기 때문에, 우리는 그 사람이 어떻게 행동하는지를 보고 상대방을 판단한다. 친구가 어떤 사람인지를 알고자 한다면 당신은 그 사람이 일주일을 어떻게 보내는지를 관찰해서 그 사람을 평가할 수 있다. 한 친구는 노숙자 보호소에서 자원봉사를 하는 일, 신체장애 아동들을 돌보는 일, 그리고 교수의 연구를 돕는 일에 여가시간의 대부분을 보내고 있다. 그리고 또 한 친구는 당구 치기, 술 마시기, 오토바이 타기, 그리고 나이트 클럽에서 춤추기와 컴퓨터 채팅하는 것으로 대부분의 여가를 보낸다. 친구들이 당신에게 자신에 대해 아무 말을 하지 않더라도 당신은 전자의 경우 헌신적인 사람이며 후자의 경우는 향락적이라고 쉽게 추론할 것이다.

행동의 내용뿐 아니라 행동 방식 역시 인상 형성에 영향을 미친다. 예를 들어, 몸의 움직임이 매우 빠르며 일 처리가 신속한 사람과 매사가 느리고 느긋한 사람은 다른 인상을 갖게 한다. 움직임이 빠른 사람은 성격이 급하고 일 처리도 능숙하다는 인상을 주지만, 행동이 느린 사람은 성격이 느긋하다거나 태만하다는 인상을 줄 것이다.

5) 비언어적 메시지

타인에 대한 정보의 또 다른 핵심적 원천은 비언어적인 의사소통이다. 얼굴 표정, 시선, 신체적 언어, 제스처 등은 언어적인 표현보다 훨씬 많은 정보를 제공하며 더 비중 있게 다루어지는 경향이 있다. 왜냐하면 언어적인 표현이나 행동단서에 비해 비언어적인 메시지들은 상대적으로 의도적인 조작이 힘들기 때문이다. 또한, 사람들은 언어적인 행동은 비언어적인 행동보다 더 쉽게 조작할 수 있다는 것을 알고 있기 때문에, 종종 상대방이 말한 것에 대한 진실 여부를 결정하기 위해서 비언어적인 단서에 의존하는 경향이 있다. 이들 비언어적인 단서는 사람의 정서상태, 기질이나 성향에 대한 많은 정보를 제공한다. 예를 들어, 밝은 미소와 부드러운 시선은 우호성과 개방성을 나타내는 신호로 작용한다.

또한, 대화를 하면서 눈을 맞추고 간간이 고개를 끄덕이는 사람과 두리번거리면서 손톱을 물어뜯거나 하품을 하는 사람에 대해서는 당연히 다른 인상을 형성할 것이다. 대화가 끝난 후 두 사람 모두 유익한 대화였다고 말하더라도 우리는 그 사람이 표현한 말의 진실 여부에 대해서 각기 다른 평가를 내릴 것이다.

6) 상황

특정한 행동이 발생하는 상황은 그 사람의 행동을 어떻게 해석할지에 대해 결정적인 정보를 제공한다. 예를 들면, 어떤 친구가 쉬는 시간에 잔디밭에서 농담을 하고 크게 웃는다면, 아무도 그것 때문에 그를 이상하게 생각하지 않을 것이다. 그러나 만약 그가 수업시간에 모든 학생들이 진지하게 토론을 하고 있는데, 유행하는 농담을 건네면서 큰 소리로 웃는다면, 다른 학생들은 눈살을 찌푸리며 그를 뭔가 이상한 사람으로 취급할 것이다.

만약 신혼의 신부가 집에서 남편에게 말하고 행동하는 방식으로 직장의 동료나 부하에게 행동한다면 사랑스럽고 귀여운 여자로 평가받기보다는 뭔가 부족한 여자로 평가받을 것이 뻔하다. 이런 예를 보면, 사람들은 상대방을 평가할 때, 그 행동이나 외관상의 특징 자체뿐 아니라 그것이 특정한 상황과 어느 만큼 부합되는지 여부를 중요한 정보로 사용함을 알 수 있다.

4. 인상 정보의 통합

앞에서 살펴본 바와 같이 사람들은 다른 사람들에 대한 여러 가지 관찰결과를 토대로 생각보다 훨씬 신속하게 그 사람의 전체적인 인상을 형성한다. 수없이 많은 관찰결과들은 어떻게 어떤 방식으로 통합되는가?

1) 가산 원리

당신이 방금 미팅에서 어떤 여자를 만났다. 그 여자는 키가 크고, 얼굴이 곱상하며, 수다스럽고, 입고 있는 옷을 보니 왠지 촌스러웠다. 아니면, 미술을 전공하고 테니스를 잘 치며 내성적이고 얼마 전에 결혼을 한 여자를 만났다고 가정하자. 당신은 이러한 여러 가지 정보들을 가지고 어떻게 전반적인 인상을 형성하는가?

심리학자들은 이에 대해 여러 가지 관점을 갖고 있다. 그중 한 가지는 사람들이 다른 사람들에 대한 정보들을 복잡하게 생각하지 않고 다소 기계적으로 가산해서 종합한다고 보는 견해, 즉 **가산원리**(Additive Principle)이다. 이 원리는 사람들이 상대방에 대한 별개의 정보들을 단순하게 더해서 인상을 형성한다고 주장한다. 예를 들면, 당신이 여자친구를 처음 만났을 때 '매우 정직하다(+6)'는 인상을 받았다고 치자. 잠시 후 '신중하다(+1)'는 정보를 접한다면 여자친구에 대한 당신의 인상은 약간 더 좋아졌을 것이다(6+1=7). 결론적으로 말하면 이 이론은 이미 긍정적으로 형성된 어떤 인상이 존재하는 상황에서 새로운 부수적인 정적 정보를 첨가하게 되면 인상이 보다 호의적인 방향으로 바뀐다는 것이다.

2) 평균 원리

평균 원리(Averaging Principle)는 어떤 사람에 대한 인상은 단순히 각각의 정보 가의 합산이 아니라 각각의 정보가 갖는 값(호오도)을 합산해서 평균을 내는 것으로 결정된다고 본다. 예를 들어, 당신이 새로 남자 친구를 만나 얼마 동안 시간을 보냈다고 가정하자. 그 친구는 유머감각이 있고(+10), 지적이며(+10), 정중한(+4) 반면, 복장이 지저분하고(-5), 못생겼다(-9)고 생각한다. 그러면 당신의 남자친구에 대한 인상은 평균치가 +2밖에 안되기 때문에 약간만 긍정적으로 생각할 것이다(10/5=+2).

앞서 가산원리에서 소개했던 예를 들어 평균원리와 가산원리의 차이를 비교해 보자. 가산원리에 따르면 처음 만났을 때 '매우 정직하다(+6)'는 인상을 주었던 여자친구로부터 추가적인 정보, '신중하다(+1)'를 접한다면 그녀의 인상은 약간 더 긍정적으로 바뀔 것이다. 그러나 평균원리는 상당히 다른 결론을 도출한다. 즉 정직하다(+6)는 정보에 '신중하다(+1)'는 약간의 긍정적 정보가 추가되면 그녀에 대한 긍정적인 인상은 약간 감소된다. 왜냐하면 (6+1)/2=3.5가 되기 때문에 원래의 인상 +6에 비해 호감도가 줄어들었기 때문이다.

이러한 두 가지 원리들은 인상관리 측면에서 우리에게 각기 다른 행동지침을 제공한다. 만약에 가산 원리가 옳다면 되도록 많은 긍정적인 점들을 부각시키는 것이 효과적일 것이다. 그러나 평균원리가 옳다면 여러 가지 사소한 장점을 제시하는 것보다는 뛰어난 몇 가지의 장점을 부각시키는 것이 훨씬 효과적일 것이다. 여러 가지의 연구결과들(Anderson 1959, 1965)은 가산원리보다 평균원리를 지지하는 쪽으로 나타났다. Anderson(1965)은 약간 호의적인 하나의 정보가 이전의 매우 호의적인 정보와 결합하게 되면, 전체 평가는 증가되지 않고 감소될 가능성조차 있음을 밝혀냈다.

3) 가중 평균 모델

가중 평균 모델(Weighted Average Model)은 사람들이 모든 특성들을 평균해서 인상을 형성하기는 하지만 그들이 중요하다고 생각하는 어떤 특성들에 대해서는 훨씬 비중을 많이 두어 인상을 통합한다고 주장한다. 예컨대, 연구소에서 연구원을 선발할 때는 '매력적이다'라는 긍정적인 정보보다는 '지적이다'라는 정보에 더 비중을 둔다는 것이다. 그러나 비서를 선발할 때나 고객지원 업무 또는 화장품 광고모델을 선발할 때는 '지적이다'라는 정보보다 '매력적이다'라는 정보가 상대적으로 중요한 비중을 차지할 수 있다. 전반적인 연구결과들은 정보들을 통합해서 인상을 형성하는 원리 중 가장 효과적인 것은 가중 평균 모델임을 시사한다.

4) 일관성 원리

사람들은 설사 소수의 정보만을 가지고 있을지라도, 타인들에 대해 비교적 일관성 있게 인상을 유지하려는 경향을 갖고 있다. 이는 우리가 다른 사람들을 내적으로 일관성이 있는 존재로 보려는 경향이 있기 때문이다.

만일 어떤 사람이 호감이 간다면, 그 사람은 또한 매력적이고, 관대하고 이타적일 것이라고 생각하는 경향이 있다. 우리는 어떤 사람이, 정직하면서 동시에 부정직하고, 온정적이면서도 잔악하고, 신중하면서도 성급하다고 판단하지는 않는다. 다시 말하면, 우리는 어떤 사람에 대해 상호 모순된 정보가 있을 때라도, 그 사람은 대개 일관성이 있게 좋거나 나쁘거나, 혹은 호감이 가거나 싫은 것으로 지각하는 경향이 있다는 것이다. 그래서 우리는 기존의 인상과 일치되지 않는 정보들에 접하더라도 비일관성을 최소화하거나 제거시키기 위해 정보를 왜곡하거나 재편집하는 방법들을 동원한다. **후광효과**(Halo Effect)나 **부정적인 후광효과**(Negative Halo Effect) 역시 **일관성의 원리**(Consistency Principle)에 기인한 것이다.

5. 인상형성의 인지과정과 대인지각의 오류들

우리는 다른 사람들을 평가할 때 복사기처럼 있는 그대로를 객관적으로 파악하지는 않는다. 어떤 측면에서는 매우 단순한 방식으로 다른 사람들에 대해 평가하지만 또 한편으로는 적극적이고 다양한 방식으로 정보들을 조직화한다. 인간은 지구상의 어떤 다른 동물보다 정보처리 능력이 뛰어난 존재이기 때문이다. 그렇다고 할지라도 그것은 제한된 용량만을 갖고 있기 때문에 우리는 어떤 순간에 입력되는 다른 사람에 대한 모든 정보를 처리할 수는 없고 또 그럴 필요도 없는 경우가 많다.

어떤 일을 할 때 누구나 가능한 한 최소한의 에너지를 투자해서 최대의 효율성을 얻으려고 하듯이, 우리는 Taylor(1981)가 명명한 것처럼 타인들에 대한 지각과정에서도 가능한 한 경제적인 방식을 택하려는 **인지적 구두쇠**(Cognitive Misers)들인지 모른다. 앞에서 언급했듯이 우리는 한정된 정보처리 용량만을 갖고 있기 때문에 인지적인 지름길을 선택하게 되고 이것들은 효율성을 증대시키는 대신 여러 가지 편향과 판단 오류의 근원이 되기도 한다.

1) 의미의 추구

사람들에 대한 정보를 처리할 때 우리는 상대의 어떤 물리적 또는 심리적 정보들을 무의미하게 기계적으로 처리하는 것이 아니라 그 사람의 행동에 대한 전반적인 의미를 파악하려 노력한다.

(1) 맥락

당신이 미팅에서 어느 여학생(또는 남학생)을 만났다고 치자. 첫인상이 좋아서 다시 만나게 된 상대가 처음과는 달리 말을 많이 한다면 당신은 어떻게 생각하겠는가? 아마도 '발랄해서 좋다'고 생각할 것이다. 그런데 첫인상이 좋지 않았던 상대가 말을 많이 한다면? 전자의 경우와는 달리 "얘가 왜 이러나?" 하면서 못마땅한 생각이 들 것이다.

비슷하게 당신과 상담을 해주는 카운슬러가 "온정적인 치료자"라는 것을 알

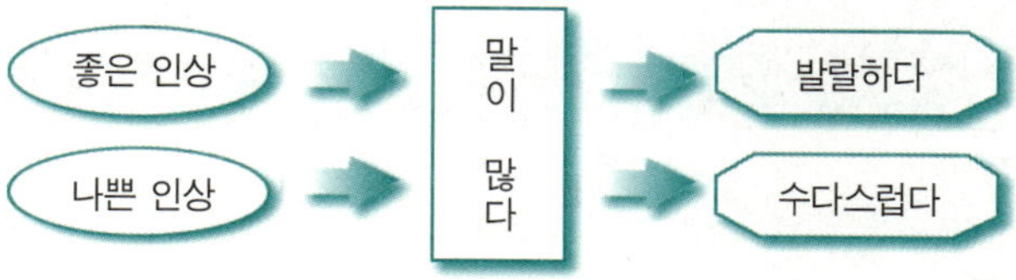

고 있는 상태에서 그 사람이 "박식하다"는 정보를 접하면 매우 긍정적인 의미로 전달될 것이다. 그러나 사기전과가 있는 어떤 사람에 관한 "박식하다"는 정보는 매우 경계해야 할 대상이라는 의미로 변질된다. 이처럼 어떤 특정 정보가 그 사람의 인상에 기여하는 정도는 그 정보가 포함된 맥락에 영향을 받는다. 그리고 우리는 개별적인 정보를 있는 그대로 기계적으로 처리하는 것이 아니라 맥락에 따라 달리 해석한다.

(2) 핵심적 성격 특질

개인에 대한 어떤 성격적 특성은 다른 특질보다 확실히 인상형성에 중요한 영향을 미치며 이것을 핵심적 특질(Central Traits)이라 한다. 예컨대, "다정하다-냉정하다"와 같은 성격적 특질차원은 "정중하다-무뚝뚝하다"차원의 지엽적 성격특질에 비해 다양한 다른 특성들과 관련되어 있으며 전반적인 인상형성에 중요한 영향을 미친다.

Kelly(1950)는 핵심특질이 갖는 영향력을 강의실의 학생들을 대상으로 재치 있게 확인해냈다. 그는 학생들에게 강의가 시작되기 전에 심리학 초청 강사에 대해 소개해 주었다. 소개 내용은 한 가지를 제외하고 똑같은 것이었다. 즉, 어떤 강의실에서는 '따뜻한' 사람이라고 소개했고, 다른 강의실에서는 '냉정한' 사람이라고 소개했다. 강사는 20분 남짓 동일한 내용과 동일한 방식의 강의와 토론을 진행했다. 강의가 끝난 다음에 각각의 학생들에게 강사에 대한 평가를 해주도록 부탁했다. 똑같은 강사에 똑같은 강의내용과 방식이었음에도 불구하고 강의평가는 판이했다.

강사가 다정하다고 소개받았던 학생들은 냉정하다고 소개받았던 학생들에 비해 강사를 좋게 평가했을 뿐 아니라 토론에도 활발하게 참여해서, 강사의 성격에 대한 소개는 강사에 대한 인상형성뿐 아니라 강사와의 상호작용에도 영향을 미쳤다.

강사에 대한 평가 문항	사전 소개 내용	
	따뜻한 강사	냉정한 강사
자기중심적이다	6.3	9.6
비사교적이다	5.6	10.4
인기가 없다	4.0	7.4
형식적이다	6.3	9.6
불안해 보인다	9.4	12.0
유머가 없다	8.3	11.7
인정이 없다	8.6	11.0

대개의 경우, 우리에게 어떤 사람이 온정적인지 여부는 다른 특질보다도 매우 중요하다. 그 사람이 높이뛰기를 잘하는지 여부나 말수가 적다는 것 등은 온정성 여부보다 덜 중요하다는 말이다. 왜냐하면 높이뛰기나 말수 정도는 그 사람과 함께할 때 우리가 느끼는 즐거움의 정도에 크게 영향을 미치지 않기 때문이다. 그러나 어떤 특질이 항상 핵심적인 역할을 하지는 않는다. 예컨대, 올림픽 국가대표 선수를 선발하는 맥락에서는 온정성 여부보다는 얼마나 빨리 뛰는가와 같은 특질이 더 핵심적인 특질로 작용하기 때문이다.

2) 특출성

만약에 개강 첫날 어떤 남학생이 스커트를 입고 강의실에 등장한다면? 또는 어떤 여학생이 머리를 빡빡 밀어 여승의 머리를 하고 나타난다면? 그 남학생 또는 그 여학생은 모든 학생들의 기억 속에 오래도록 남아 있을 것이다. 그리고 그들에 대한 인상 형성에는 얼굴 생김새나 말투, 그 어떤 것보다 복장과 머리 모양이 더 강한 영향을 미칠 것이다. 어떤 상황에서 특이하게 보이는 어떤 특성은 다른 특성에 비해 확실히 인상형성에 더 중요한 영향을 미치는 것을 **특출성의 효과**(Salience Effect)라고 한다.

대인지각에서 사람들은 타인이 제시하는 모든 면들에 공평하게 주의를 기울이지 않고 현저하게 부각되는 면에 의해서 인상을 형성하는 경향이 있다. 이와 관련된 주요 지각 원리는 소위 **도형-배경 원리**(Figure-ground Principle)이다. 이 원리에 따르면, 사람들은 상황의 뒷부분, 즉 배경보다도 눈에 확 뜨이는 지각적장, 즉 도형(또는 전경)에 주의를 지향시킨다. 대상지각의 게슈탈트 원리에 의하면 명도, 화려함, 운동 또는 신기성이 가장 강력한 조건들이 된다.

주위 사람들에 비해 현저하게 지각되는 사람들은 그렇지 않은 사람들에 비해 주의를 많이 끌며, 긍정적이든 부정적이든 큰 영향력을 행사하고 있는 것으로 여겨지고, 남들보다 더 극단적인 평가를 받기도 하며 보다 더 많은 판단의 일관성을 유발시키는데 이를 **홀로 효과**(Solo Effect)라고 한다(Taylor, 1981).

인상형성의 평균원리에 위배되는 한 가지 예외는 사람들이 타인에 대한 전반적인 인상을 형성하는 과정에서 긍정적 정보보다는 부정적인 정보에 더 비중을 둔다는 것이다. 대인관계에서 우리들은 상대방으로부터 아주 예외적인 경우를 제외하고는 대체로 부정적인 정보보다 긍정적인 정보를 더 많이 접하게 된다. 그러므로 어쩌다 눈에 띄는 부정적인 정보는 비록 그 수가 적을지라도 돌출해 보이는 특출성 때문에 주의를 끈다.

인상형성 과정에서 긍정적인 정보보다 부정적인 정보가 더 중요하게 취급되는 것을 **부정성 효과**(Negativity Effect)라고 한다. 사람들은 긍정적인 정보를 바탕으로 내린 판단보다 부정적인 정보를 바탕으로 내린 판단에 대해 보다 강한 확신감을 갖고 있으며(Hamilton & Zanna, 1972), 부정적 인상은 변화시키기가 힘든 데 반해 긍정적인 인상은 쉽게 부정적으로 바뀔 가능성이 있다(Hodges, 1974). 극단적으로 부정적인 특성은 그 사람이 어떤 긍정적인 측면을 추가로 보이더라도 부정적인 인상에서 벗어나기가 쉽지 않다(Anderson, 1965). 예컨대, 청렴결백하기로 소문난 어떤 대통령 후보가 자식들을 위해 병역비리를 저질렀다고 알려졌을 때 그의 명망은 땅에 떨어지고 부정적인 평가를 받을 가능성이 있다.

이러한 부정성 효과에 대한 한 가지 설명은 도형-배경원리에 근거한다. 사람들은 일반적으로 부정적인 면보다는 긍정적인 면들을 더 많이 드러내며, 이와 관련해서 사람들은 타인들에 대한 평가에서 부정적인 평가보다는 긍정적인 평가를 더 많이 하는 경향이 있다. 따라서 부정적인 특성들은 긍정적인 특성들에 비해 더욱 특이하다. 즉 단순한 지각적 의미에서 보면 부정적 특성들은 도형에 해당하며 특이한 헤어스타일이나 튀는 행동과 같이 더 많은 주의를 끌고 더 비중 있게 처리된다.

3) 긍정성 편파

이제 우리나라에서도 많은 대학이 수업평가 제도를 실시하고 있다. Sears(1983)는 대학생들이 수업을 들으면서 여러 가지 불쾌한 경험을 할 수도 있고 교수나 수업에 대해 불만이 있을 수 있음에도 불구하고, 학생들은 97%의 교수들을 "평균 이상"으로 평가함을 확인했다. 당신이 알고 있는 주변 사람들을 머릿속에 떠올리면서 이들을 좋은 사람과 나쁜 사람으로 구분해 보라. 그리고 그 수를 비교해 보라. 아마도 좋은 사람들이 더 많다는 것을 알 수 있을 것이다. 이처럼 우리가 주위 사람들을 부정적으로 평가하기보다는 긍정적으로 평가하는 경향성을 **긍정성 편파**(Positivity Bias)라고 한다.

사람들이 주변에 있는 다른 사람들에 대해 왜 이렇게 관대하게 긍정적으로 평가하는 것일까? 그럴듯한 가설 중의 하나는 Boucher와 Osgood(1969)이 제안한 **폴리아나 효과**(Pollyanna Effect)라는 것에서 기인한다. 폴리아나 효과란 사람들은 일반적으로 좋은 일이나, 즐거운 경험, 좋은 사람, 좋은 날씨 등에 둘러싸이게 될 때, 즉 좋은 사람과 좋은 세상에 살고 있다고 생각될 때 기분이 좋아진다는 것이다. 좋은 세상에서 좋은 사람과 살고 있다고 생각될 때 행복감을 느낄 수 있기 때문에, 사람들은 중병에 걸리고 천재지변으로 집을 잃는 경우에서조차도 상황을 긍정적으로 봄으로써 고통을 감소시키는 것 같다.

또한 사람들은 일반적으로 나쁜 일보다는 좋은 일을 더 많이 경험하고 싶어 하며, 나쁜 말보다는 희소식을 전하기를 좋아한다. 사람들이 나쁜 소식을 전해야 할 때는 입을 다무는 것을 **함구효과**(Mum Effect)라고 한다. 앞에서 언급했던 부정성 효과도 알고 보면, 긍정성 편향과 깊게 관련되어 있다. 부정성 효과는 긍정성 편향이 있기 때문에 나타날 수 있다. 일반적으로 사람들은 주변의 여러 사람들에 대해서 가급적 긍정적으로 평가하는 경향이 있으며 나쁜 사람보다는 좋은 사람이 많다고 평가하는 긍정성 편향이 있기 때문에 한 개인이 드러내 보이는 부정적인 특성의 영향력이 더욱 중요해진다.

4) 범주화

당신이 서울역 앞에서 서성거리는 어떤 중년 남자와 마주쳤다고 가정하자.

그 사람은 다 떨어진 구두를 신고, 머리는 헝클어져 있으며, 얼굴은 부시시하고 담요를 옆구리에 끼고 있다. 이와 같은 여러 가지 관찰결과를 토대로 그 사람의 독특한 인상을 형성하려고 노력하기보다는 즉각적으로 그 사람이 부랑자라고 범주화(Categorization)시켜버릴 것이다. 마찬가지로 우리는 어떤 사람을 남자나 여자, 학생이나 교수, 또는 미혼자인지 기혼자인지로 분류한다. 경기장에서는 선수나, 심판, 치어걸, 또는 관중의 한 명으로 즉각적으로 분류한다. 범주로 묶는 과정은 즉각적이고 자연적이며 거의 무의식적 수준에서 일어난다.

우리는 사람들의 신체적인 특성들, 외모의 차이들(머리의 길이, 화장, 의복)을 기초로 해서 남자 또는 여자로 분류하며 피부의 색을 통해 인종적 범주로 분류한다. 범주화를 하게 되는 가장 기본적인 이유는 앞에서 언급한 바 있듯이 정보처리의 시간을 단축하기 위함이다. 범주화의 문제는 정보처리의 효율성을 증진시킬 수 있는 반면, 이 때문에 상대가 갖고 있는 다양한 정보가 생략될 수 있어서 상대에 대한 정확한 판단을 저해할 수 있다는 것이다.

5) 확증적 편파

당신이 어떤 사람과 만나면 거의 즉각적으로 그 사람이 어떤 사람인지에 대한 가설을 형성하기 시작할 것이다. 일단 어떤 가설이 만들어지면 이들 가설들은 타인에 대한 당신의 기대를 확증하는 방식으로 당신의 행동에 영향을 미칠 것이다. 그래서 당신의 가설에 맞는 증거는 채택하고 그렇지 않은 정보는 무시할 것이다. 타인들에 관한 당신의 가설을 확증시키는 방식으로 다른 사람에게 행동하는 경향을 **확증적 편파**(Confirmatory Bias) 또는 확증적 가설검증이라고 한다.

확증적 가설검증 연구를 살펴보자. 이 실험에서, 남학생은 여학생과 짧은 전화통화를 하도록 요청받는다. 통화 전에 남학생들에게 그들의 전화 상대방에 대한 배경정보와 사진첩을 준다. 남자의 반은 매력적인 여자의 사진을 보고, 나머지 반은 매력적이지 않은 여자 사진을 본다(실제로 사진 속의 여자는 연구에 참여하지 않았고 실제 여자 전화 파트너의 매력정도는 차이가 없다). 전화통화를 하기 전에 남자들은 다양한 영역에서 그들 파트너가 될 여자들을 평정하도록 요청받았다. 파트너가 매력적이라고 믿고 있는 남자들은 그들이 침착하고, 유머감각이 있고, 개방적이고, 사교적이라고 판단하였다. 파트너가 비매력적이라고 믿고 있는

의심하면 왠지 수상해 보인다

'疑心生暗鬼(의심생암귀)', 이 말은 의심하면 암귀가 나타난다는 말로 선입견을 가지고 의심을 하면 사물을 제대로 보지 못함을 의미한다. 어떤 사람이 가지고 있던 도끼를 잃어버렸다. 그는 틀림없이 누군가가 훔쳐갔을 것이라고 생각해서 이웃집 아이를 의심했다. 그 아이의 표정이 어딘가 미심쩍어 보였으며 자기를 보고 뭔가 겁에 질린 것 같고 힐끔거리며 피하는 것처럼 느껴졌기 때문이다. 그러나 어느 날 그는 밭을 갈다 그 도끼를 발견했다. 도끼를 찾아 집에 돌아오는 길에 이웃집 아이의 거동을 보니 조금도 이상해 보이지 않았다.

「열자(列子)의 설부편(說符篇)」에서

남자들은 그들을 어색하고, 심각하고, 내성적이며, 비사교적이라고 판단하였다.

기억과정 또한 대인지각의 확인편파에 기여한다. 종종 사람들은 선택적으로 그들이 다른 사람에게 적용하는 도식에 맞는 사실만 기억한다. 이런 경향의 증거는 Cohen(1981)의 연구에서 발견할 수 있다. 이 실험에서 참가자는 고전음악 듣기, 맥주 마시기, 텔레비전 보기를 포함하는 다양한 활동을 하는 여자가 나오는 비디오 테이프를 보았다. 참가자의 절반에게는 여자가 웨이트리스라고 이야기하고, 나머지 반에게는 도서관 사서라고 믿도록 한다. 여자들이 필름 속에서 무엇을 하였는지 회상하도록 하였을 때 참가자들은 그들의 고정관념인 웨이트리스와 사서에 일치되는 활동을 기억하는 경향이 있었다. 예를 들면 여자가 웨이트리스라고 생각하는 참가자들은 그녀가 맥주 마시는 것을 회상하였고, 그녀가 사서라고 생각하는 참가자들은 그녀가 고전음악을 듣는 것을 회상하였다.

6) 자기-이행적 예언

때때로 확증가설검증은 실제 상대방으로 하여금 그들에 대한 자신의 가설과 일치하는 행동의 변화를 유발시킨다. 예로서, Snyder와 그의 동료들의 연구에서, 남자들은 그들 파트너에 대한 평정을 한 다음에, 10분 동안 파트너와 전화통화를 했다. 이를 녹음한 테이프를 무슨 연구를 위한 것인지를 전혀 모르는 사람들에게 들려주었다. 녹음 테이프를 들었던 사람들은 매력적인 파트너라고 생각하면서 통화를 했던 남자들의 이야기 내용이 매력적이지 않는 여자라고 생각하며 통화했던 남자들의 이야기 내용에 비해 더 사교적이며 개방적이라고 평정하였다. 여성의 이야기 내용만을 평가하게 했을 때도 남자들이 매력적이라고 상상했던 여성은 매력적이지 않다고 생각했던 여성보다 더 자신감이 있으며, 활동적이라고 평정했다. 그들은 또한 매력적이지 않은 여자보다 매력적이라고 생각된 여자들이 대화를 즐겼으며, 그들과 이야기하는 남자들을 좋게 생각하는 것 같다는 평가를 내렸다.

이처럼 어떤 사람에 대한 기대가 그 사람으로 하여금 그 기대들을 확증하는 방식으로 행동하게 하는 과정을 **자기 충족적**(또는 이행적) **예언**(Self-fulfilling Prophecy)이라고 한다. 이 용어는 원래 불경기 동안에 발생하는 은행에 대한 예금인출이 쇄도하는 현상을 설명하기 위해 사회학자 Robert Merton(1948)이 처음으로 사용했다. 즉 어떤 은행이 잔고가 바닥나 망할지 모른다는 사실무근의 소문이 떠돌면, 사람들은 너도나도 은행으로 달려가 그들의 돈을 모조리 인출할 것이다. 그러면 정말로 은행의 잔고는 바닥이 나고 그래서 결국은 처음에는 단순한 루머였던 것이 현실로 나타나서 그 은행이 망할 수도 있다는 것이다.

자기 충족적 예언은 세 가지 단계를 거쳐 일어날 수 있다. 첫째, 지각자는 어떤 사람에 대한 첫인상을 형성한다. 두 번째 단계에서, 그 사람은 상대방에게 그의 기대에 일치하는 행동을 취한다. 세 번째 단계에서, 상대방 역시 그 행동과 걸맞는 반응을 보일 것이고 그러면 가설을 확증하는 증거가 수집된다. 많은 경우, 이 같은 과정은 거의 무의식적으로 일어난다. 또한 지각자가 상대방에게 하는 기대와 이에 따른 효과가 무의식적이기 때문에, 그로 인한 상대방의 행동을 우연이나 실수와 같은 외적인 원인(지각자의 행위나 기대)보다 내적인 원인(그 사람의 성격)에 귀인시키는 경향이 있다.

자기 이행적 예언의 긍정적 효과에 관해 가장 잘 알려진 실험은 교사들의 기대가 학생의 학업수행에 결정적일 수 있다는 Rosenthal(1985)의 연구이다. 그는 교사가 학생들에 대해 긍정적으로 기대하면 긍정적인 결과가 나타날 수 있음을 증명했다. 이처럼 긍정적으로 기대하면 기대에 부응하는 행동을 하게 되는 것을 심리학에서는 **피그말리온 효과**(Pygmalion Effect)라 한다. 피그말리온이란 그리스 신화에 나오는 주인공의 이름이며, 그 신화의 내용은 다음과 같다.

신이시여! 원컨대 상아 처녀를 제 아내로....

피그말리온은 여성에게서 너무 많은 결점을 보았기 때문에 마침내 여성을 혐오하게 되고 그래서 평생 독신으로 지내기로 한 조각가였다. 한번은 상아로 여자를 조각하게 되었는데 그 작품의 아름다움은 살아 있는 여자 따위와는 비교할 수 없을 정도로 완벽하였다. 그는 스스로 자신의 작품에 경탄한 나머지 이 작품과 사랑에 빠졌다. 가끔씩 살아있는지 아닌지를 확인하기 위해 손을 대보고 소녀들이 좋아하는 것들을 선물로 주고 안아보기도 하였다. 그는 조각에 옷을 입히고 손가락에 보석 반지를 끼우고 가슴에는 진주목걸이를 달아주었다. 심지어는 보드라운 소파에 눕히고 보들보들한 깃털을 넣어 만든 베개를 받쳐주고 아내라고 부르기도 했다. 아프로디테 제전이 가까워 이 제전에서 자기의 임무를 끝낸 피그말리온은 제단 앞에서 머뭇거리면서 말했다. "신들이여! 원컨대 나에게 나의 상아 처녀와 같은 여인을 아내로 점지하여 주소서." 아프로디테 신은 그의 소원을 들어주겠다는 표시로 제단에 타오르는 불꽃을 세차게 공중에 세 번 오르게 했다. 집으로 돌아온 피그말리온은 소파에 뉘인 조각을 보았다. 생기가 도는 것 같았다. 손이 부드럽게 느껴졌다. 착각이 아닐까 의심하면서 사랑하는 사람의 정열로 여러 번 어루만졌다. 피부를 누르면 들어가고 손을 떼면 다시 원상태로 돌아왔다. 자기의 입술을 처녀의 입술에 갖다 대자 그 처녀는 수줍은 듯 얼굴을 붉혔다. 바라고 원하는 바대로 이루어진 것이다.

Rosenthal은 초등학교 교사들을 대상으로 피그말리온 효과를 확인해보기로 했다. 학년 초에 초등학교 1학년과 2학년 담임교사들에게 몇 명의 학생들 명단을 주면서 이 아이들은 여러 가지 심리검사 결과 잠재력이 매우 우수한 것으로 확인되었다고 말해주었다.

사실 이 아이들은 검사 결과나 학업 성적과는 상관없이 무선적으로 선택된 아이들이었다. 일 년이 지나 학년 말에 학생들의 학업 성적과 행동을 평가

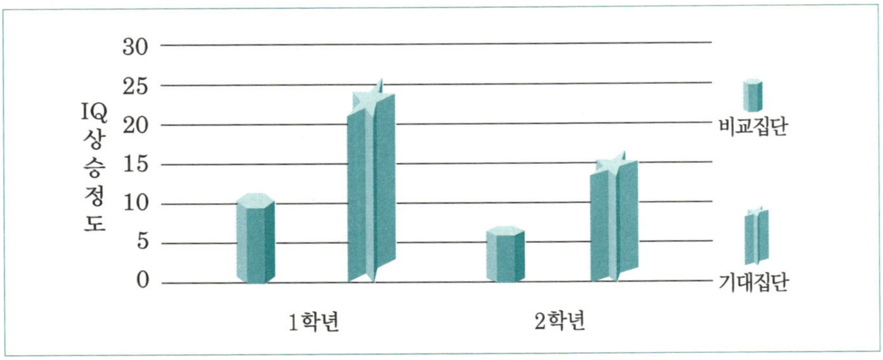

믿는 바대로 이루어지나니…

자기가 믿고 있는 바대로 사람들이 행동하게 만드는 자기 이행적 예언이 실현되는 과정을 가상적인 예를 사용해서 좀 더 구체적으로 확인해 보자. 부정적 또는 긍정적 신념에 의해서 자기 이행적 예언이 실현되는 단계는 다음과 같다. 먼저, 상대에 대한 부정적인 선입견을 갖고 있을 때, 어떤 일들이 일어날 수 있는지를 살펴보자.

▶ 부정적 신념

1. 우리 부서 아무개 남자 사원이 새로 입사한 여사원에게 커피를 타달라고 부탁하고 있다.
2. 그 남자는 여자들을 무시하는 사람이다.
3. 남자들은 모두 여자를 무시한다.
4. 남자들은 아무 여자나 자기 마음대로 하려고 할 것이다.
5. 저기 또 다른 남자가 있다. 이 남자가 나를 무시하기 전에 내가 먼저 무시하는 것이 선수를 치는 것이다(영문도 없이 무시당한 남자는 자신을 방어하기 위해 되받아친다).
6. 그것 봐라. 그것이야말로 남자들이 여자들을 함부로 대한다는 증거다.
7. 남자들은 여자들을 무시하기 때문에 잘 대해주어서는 안 된다.

이번에는 사람들을 긍정적으로 기대하고 신뢰감을 갖고 대할 때 어떤 결과가 나타날 수 있는지를 검토해 보자.

▶ 긍정적 신념

1. 우리 부서 아무개 남자 사원이 새로 입사한 여사원에게 커피를 타달라고 부탁하고 있다.
2. 그 남자는 여자들이 친절하게 대해주는 것을 좋아하며 그는 여자들이 힘들어하는 일을 잘 도와준다.
3. 남자들은 여자들이 친절하게 대해주기를 원하며, 여자들과는 다른 방식으로 여자들에게 호의를 베풀려고 한다.
4. 남자들은 아무 여자에게나 사랑받고 싶어 할 뿐 아니라 여자들을 도와주고 싶어 할 것이다.
5. 저기 또 다른 남자가 있다. 이 남자가 나에게 원하기 전에 내가 먼저 그가 원하는 것을 챙겨주고 싶다(느닷없이 호의를 받은 그 남자는 보답을 하기 위해 내가 어려워하는 일을 도와준다).
6. 그것 봐라. 그것이야말로 남자들은 여자들에게 호의를 받으려고 하지만 다른 방식으로 여자들을 도와주고 싶어 한다는 증거다.
7. 남자들은 여자들에게 호의적이므로 잘 대해줄 필요가 있다.

이민규의 「생각을 바꾸면 세상이 달라진다」에서

했다. 평가 결과, 잠재력이 뛰어난 것으로 기대되었던 아이들은 그렇지 않았던 아이들과 비교했을 때 전년도에 비해 지능검사의 점수와 학업성적이 현저하게 증진되었을 뿐 아니라 호기심이 많은 아이들로 평가받게 되었다. 이러한 피그말리온 효과는 자녀와 부모, 상사와 부하, 동료 간의 관계 및 부부관계에서도 폭넓게 관찰되는 현상이다.

다행스럽게도, 여러 가지 연구들은 부정적인 자기 이행적 예언의 한계를 지적하고 있다. 두 가지 조건이 지각자의 기대가 표적대상의 행동에 영향을 주는 것을 최소화시킬 수 있다. 첫 번째, 만약 표적대상이 지각자의 기대나 신념이 무엇인지를 깨닫고, 그들의 신념이 자신의 생각과 반대될 때, 지각자의 지각을 변화시키려고 노력하는 것이다. 두 번째, 자기-관점에 대해 확신을 가지고 있는 표적대상은 상대방의 기대나 그에 따른 행위에 의해 자신의 반응이 좌우되는 것을 통제할 수 있을 것이다. 그러나 지각자가 상대에 대한 신념이 확고하고, 표적대상이 그들의 신념에 대해 불분명한 태도를 갖는다면 상대적으로 자기 이행적 예언의 효과는 크게 나타날 것이다.

7) 고정관념

고정관념(Stereotypes)은 특별한 집단의 성원이라는 이유만으로 그들이 어떤 특징들을 가지고 있을 것이라고 믿는 광범위한 신념이다. 예를 들면, 많은 사람들은 유대인은 영리하고 야망적이며, 아프리카계 미국의 흑인들은 특별히 운동능력과 음악적 소질이 있고, 여성은 의존적이고 그들의 외모에 관심이 많고, 남성은 정서적 감수성이 부족하고, 지배적이라고 가정한다. 비록 고정관념의 근거가 되는 사실들이 있을지라도, 모든 유태인, 아프리카 미국인, 여성 등등이 그런 모습을 보이지는 않는다. 집단 내의 행동들은 많은 다양성을 가진다. 고정관념화는 부정확한 판단을 내리게 하는 일종의 과잉 일반화 과정이다.

고정관념의 가장 흔한 예는 성, 종족, 나이에 근거한 고정관념이다. 성 고정관념은 비록 변화가 있지만, 만연되어 있다. 예로, 30개국의 성 고정관념연구에서 남성은 전형적으로 모험적이고, 힘이 세고, 독립적인 것으로 특징지어지며, 반면에 여성은 감성적이고, 순종적이며, 미신적으로 특징지어진다. 인종과 종족 고정관념 또한 다소의 변화를 겪지만 일반적으로 남아 있다.

왜 고정관념이 지속될까? 그들이 기능적이라는 것이 한 가지 이유이다. 우리는 우리가 처리할 수 있는 것보다 더 많은 정보에 압도당하고 있다. 이들 경향성은 복잡성을 단순하게 감소시킨다. 앞에서 보았듯이 이런 단순성을 통한 홍정은 부정확하지만, 대부분의 사람들이 깨닫지 못한다. 고정관념은 확증적 편파 또는 사회적 지각의 선택성에 의해 유지된다. 그래서 우리에 대한 편견을 가지고 있는 집단의 성원과 만날 때, 그들은 그들이 기대한 것만 보기 쉽다. 자기 이행적 예언은 고정관념을 유지시키는 세 번째 이유이다. 즉, 타인에 대한 신념은 예상과 행동을 도출시키며, 편향된 기대를 확인시킨다. 이 과정의 불행한 결과는 고정관념이 타인에 대한 불공평한 취급을 야기한다는 것이다.

8) 편견과 차별

여기서, 우리는 어떻게 편견이 지각과정의 왜곡에 기여하는지에 대해서 살펴볼 것이다. 예를 살펴보면, 우리는 종족, 성, 인종, 성적 지향에 근거한 편견의 예들을 갖고 있다. 그러나 이런 주제를 설명하기 전에 우리는 혼동을 가져오는 한 쌍의 용어들을 명백히 할 필요가 있다. 편견(Prejudice)은 집단의 성원에 대한 부정적인 태도이다. 차별(Discrimination)은 집단의 성원에 대해 불공평하게 대하고, 다르게 행동하는 것이다. 편견과 차별은 함께하는 경향이 있지만, 두 개가 항상 일치하는 것은 아니다. 예를 들면, 음식점 주인은 멕시코계 미국인들에 대한 편견을 가질 수 있지만, 사업에 필요하기 때문에 그들을 다른 사람과 같이 취급한다. 이것은 차별 없는 편견이다. 그리고 일반적인 현상은 아니지만, 편견 없는 차별 역시 발생할 수도 있다. 예를 들면, 아프리카 미국인에게 좋은 태도를 가지고 있는 중역은 사장이 싫어하기 때문에 그들을 고용하지 않을 수도 있다.

공공연한 인종 우월주의는 지난 50년 동안 사라져갔다. 그러나 아직도 많은 사람이 인종집단 사이의 사회적, 경제적 불평등을 감소시키도록 계획된 프로그램을 반대하고 있다. 이런 모순에서 알 수 있듯이, 연구자들은 인종 편견의 새롭고 미묘한 형태가 나타난다고 제안하고 있다. 현대판 인종 우월주의자들은 소수집단의 성원이 사회적, 법률적 변화로부터 불공평한 혜택을 받고 있다는 편견을 갖고 있다.

여성에 대한 성차별 역시 존재한다는 증거가 있다. 그래서, 비록 많은 사람들이 주의 깊게 편견적인 태도를 공공연히 표현하는 것을 피하지만, 그들은 소수 집단에 대한 부정적인 견해를 개인적으로 숨길 수도 있다. 만약 편견적인 견해가 사회적으로 수용되거나, 그렇게 하는 것이 안전하다고 믿게 되면, 그들은 그들의 견해를 표현하고, 차별적인 행동에 관여할 것이다. 대인지각의 부정확성은 편견의 원인으로 작용할 수도 있으며 편견의 결과일 수도 있다. 편견이나 차별에 기여할 수 있는 대인지각의 오류들은 다음과 같다.

(1) 범주화

우리가 종족, 성, 나이, 성적 지향에 근거해서 타인을 **범주화**(Categorization)할 때, 외집단의 동질성효과를 증진시킨다. 이것은 범주화된 성원이 그들의 실제보다 더 동질적이라고 지각되게 하며, 우리가 아마도 외집단을 구별하는 특징들과 연합된 고정관념에 근거해서, 외집단 성원의 행동을 설명하려고 시도할 것임을 의미한다. 그래서 그들은 아마도 권리를 가진 개인으로서 보다는 그들 집단의 증거로 보여질 것이다. 그래서, 남성조직 속의 한 여성은 더 많은 성-균형을 가진 여성집단 속의 여성보다 더 고정관념화되기 쉽다.

(2) 고정관념

아마도 **고정관념**(Stereotype)보다 더 편견에 커다란 역할을 하는 요인은 없을 것이다. 많은 사람들은 다양한 인종에 따른 고정관념의 타파에 찬성한다. 인종과 관련된 고정관념은 지난 50년 넘게 감소하고 있지만, 현재도 여전히 존재한다. 불행히도, 대인지각의 선택성은 그들이 편견을 가지고 있는 소수 집단과 실제적으로 접촉할 때, 우리가 보려고 기대한 것만 보기 쉽게 만든다. 예를 들면, Duncan(1976)은 백인 참가자에게 실제로 일어나고 있는 어떤 일을 TV모니터를 통해 보면서 그에 대해 평정하도록 하였다. 참가자들은 그들 중에 한 사람이 다른 사람을 가볍게 미는 동안 벌어지는 논쟁을 보았다. 미는 사람의 인종은 참가자 집단에 따라 달라졌다. 행위자가 흑인일 때 백인 참가자의 73%가 폭력을 휘두른 사람이라고 지각하였다. 그러나 행위자가 백인일 때는 단지 13%만이 그렇게 여겼다. 게다가 몇 가지 연구들은 고정관념이 거의 무의식적으로 작용하고, 편견이 거의 없다고 생각되는 사람에게도 영향을 미친다는 것을 보여준다. Patricia Devine(1989)에 따르면, 편견화된 고정관념은 이미 마음에 내재해 있고, 종종 자동적으로 활성화된다.

(3) 기본적 귀인오류

기본적 귀인오류(Fundamental Attribution Error)는 행위자의 내적 성향으로 사건의 원인을 설명하는 경향성이라고 언급한 바 있다. Pettigrew(1979)는 사람들은 특히 편견의 대상을 평가할 때 이런 기본적 귀인 오류가 강하게 나타난다고 주장한다. 그래서 사람들은 범죄에 관여한 특정 종족의 사람들을 설명할 때 그들의 문제를 그 종족의 개인적인 성향으로 탓하는 경향이 있다. 대신 편견을 갖고 보는 소수민족과 관련된 직업적인 차별이나 보호정책의 부재 등 상황적인 요인을 강조하는 다른 설명들은 경시되거나 무시된다. "가난은 나라님도 구제할 수 없다"는 말은 가난하게 사는 사람들에게는 다 그 나름대로 그럴만한 이유가 있으며 그것은 사회구조적인 문제라기보다는 그 사람의 노력이나 태도의 문제라고 보는 일반적인 시각을 반영한다.

(4) 방어적인 귀인

우리는 앞에서 다른 사람이 겪는 유사한 재앙을 쉽게 경험하지 않을 것이라고 스스로를 안심시키기 위해, 때때로 불공평하게 불행에 대해 희생자를 비난한다는 것을 논의한 바 있다. 많은 사람들이 편견과 차별에 의해 희생되는 사람과 만날 때, 이런 방어적인 귀인(Defensive Attribution)을 한다. 예를 들면, 유태인을 박해하는 나치시대에 산 많은 독일인들은 유대인들이 집단 수용소에 수감될 수 밖에 없는 운명을 갖고 태어났다고 생각했다(Hallie, 1971). AIDS를 반대한다고 말하는 사람들 역시 그들이 그 병에 걸리지 않을 것이라고 스스로를 안심시키기 위해 "희생자 비난하기"를 할 것이다.

6. 대인지각의 특성

지금까지 살펴본 바와 같이 우리의 대인지각 과정은 어떤 면에서는 매우 단순하지만 어떤 측면에서는 매우 복잡하다. 그럼에도 불구하고, 우리는 이 과정에서 세 가지의 반복되는 특성을 확인할 수 있다. 그것은 효율성과 선택성 및 안정성이다.

1) 효율성

다른 사람의 인상형성을 할 때, 사람들은 가능한 한 시간이나 노력을 적게 투자하려는 경향이 있다. Susan Fiske(1993)에 따르면, 관공서의 관료들처럼, 사람들은 '알아야 할 필요'가 있는 모든 정보를 수집하는 것 자체를 귀찮아한다. 다시 말하면 우리 모두는 다른 여러 가지 중요한 일에 주의를 기울여야 하는 바쁜 사람들이다. 만약에 우리가 살아가면서 만나는 모든 사람들에 대해 항상 주의 깊게 관찰하고 판단해야 한다면 우리의 삶은 정말로 괴로울 것이다. 확실히 효율성(Efficiency)을 기하는 것은 매력적인 것이고 그러한 인간의 능력은 찬사를 받을만하다. 사람들은 아주 신속하게 판단하고, 일들을 간단하게 처리할 수 있다. 그러나 때로는 이 때문에 커다란 불이익을 감수해야 할 때도 있다. 왜냐하면 효율성을 추구하는 과정에서 판단의 오류가 발생할 수 있기 때문이다.

2) 선택성

"사람들은 그들이 보려고 기대하는 것을 본다'라는 옛말이 있다. 앞에서 지적했듯이, 기대가 지각에 영향을 준다는 이 상식은 많은 사회과학자들의 연구에 의해 계속적으로 확인되었으며, 이를 대인지각의 선택성(Selectivity)이라 한다. 앞에서 소개한 바 있듯이 Kelley(1950)는 MIT대학생들을 대상으로 강사에 대한 소개를 듣게 해서 그들의 기대가 강사를 평가하는 데 어떻게 영향을 미치는지를 확인했다. 이미 알고 있는 바와 마찬가지로 강사를 온화한 사람이라고 기대하는 학생들은 냉정한 사람이라고 기대했던 학생들에 비해 더 사려 깊고, 사교적이며, 유머러스하고, 성품이 좋고, 인간적이라고 평정하였다. 왜냐하면 강의 도중에 그들의 기대와 일치하는 정보들을 선택적으로 처리했기 때문이다. 특히, 상대방의 행동이 애매한 경우에는 그 행동을 더욱더 자신의 기대에 일치하는 것으로 보는 경향이 있다(Jones, 1990).

3) 안정성

많은 연구들은 어떤 사람에 대한 첫인상이 그 사람에 대한 지각에 안정적이며 강력한 영향을 준다고 제안한다. 초두 효과는 초기 정보가 후기 정보보다 더 비중 있게 처리되는 것을 말한다. 초기 인상이 특히 강력하게 되는 경향에는 두 가지 이유가 있다. 이런 **안정성**(Stability) 경향은 사람들이 보고 싶거나 기대한 것만 본다는 사실에 기인한다. 게다가, 확증적 편파는 그들의 첫인상과 상치되는 정보의 발생 자체를 감소시킨다. 특히 부정적인 인상이 긍정적으로 바뀌기보다는 긍정적인 첫인상이 부정적인 인상으로 바뀌기가 쉽다. 물론 초두효과가 무시될 수 있는 가능성은 있다. 만약 당신이 능동적으로 사람의 변화를 찾거나, 당신의 초기 인상에 반대되는 증거들을 강압적으로 받아들인다면 당신의 견해를 변화시킬 수 있을 것이다. 그러나 일반적으로 사람들은 다른 사람이 쉽게 달라지지 않는다고 기대하기 때문에, 그들이 갖고 있는 누군가에 대한 첫인상은 생각처럼 쉽게 달라지지 않는다.

잘못 심어진 첫인상을 바꾸려면

이유가 무엇이든 어떤 사람과의 처음 만남에서 좋지 않은 첫인상을 주었다면? 지금까지는 첫인상이 얼마나 중요한지, 왜 첫인상이 중요한지에 대해 여러 가지 측면에서 살펴보았다. 한 번의 구겨진 인상을 회복할 수 없다면 그처럼 절망스러운 것도 없을 것이다.

다행히 나중에 들어오는 정보가 더 잘 기억되고 전반적인 인상형성에 더 중요하게 작용하는 경우도 있다. 권태기 부부들도 남편이 출장이라도 가서 며칠 못 보다 만나면 전보다 훨씬 다정해진다. 초기의 정보가 제시된 후 오랜 시간이 지나서 처음의 정보와 다른 내용의 정보들이 제시되면 앞서 다루었던 초두효과가 감소한다. 초기 정보가 너무 일찍 제시되어 망각되면 나중에 들어오는 정보의 중요성이 그만큼 커진다는 얘기다.

기분 나쁜 일을 경험하고도 잠을 자고 나면 기분이 한결 가벼워진다. 이렇듯 초기에 제시된 정보도 시간이 지나고 난 다음에는 점차 망각되는 현상을 **수면자 효과**(Sleeper Effect)라고 한다.

이러한 원리는 처음 만나 좋지 않은 인상을 준 사람과의 관계를 개선하고자 할 때 적용할 수 있다. 당분간 만나지 않거나 거리감을 유지하고 있다가 새로운 모습과 마음가짐으로 만남을 시도하면 첫인상의 효과가 감소되기 때문에 새삼 관계가 좋아질 수 있다. 같은 사람이 어떤 특징을 반복적으로 나타낼 때 우리는 그것에 점차 주목을 하게 되고 반복되는 특징으로 인상을 변화시킨다. 처음에는 내성적이고 소심한 인상을 주었던 사람도 웃기는 행동을 자주 하면 점차 낙관적인 인상으로 바뀌게 된다. 첫인상이 좋지 않게 형성되었다고 할지라도 반복해서 제시되는 행동이나 태도가 첫인상과는 다르게 진지하고 솔직하게 되면 점차 좋은 인상으로 바뀌는 것이다. 이러한 현상을 **빈발효과**(Frequency Effect)라고 한다.

이민규의 「생각을 바꾸면 세상이 달라진다」에서

II. 행동의 이유를 찾는 과정: 귀인

따분한 금요일 저녁이었다. 텔레비전을 켜봤으나 별 재미가 없었다. 해야 할 공부가 있었지만 왠지 책이 손에 잡히지 않았다. 두 명의 친구에게 전화를 걸어 영화나 보러 가자고 했다. 그러나 두 친구 모두 일이 있다고 하면서 전화를 끊었다. 통화를 마친 다음 당신의 머릿속에서는 몇 가지 생각들이 스쳐지나갈 것이다.

왜 그들은 모두 내 부탁을 거절했을까? 그들에게 정말로 중요한 일이 있었을까? 그들이 외출하기를 싫어하기 때문인가? 선약이 있었다는 말은 정말일까? 나와 함께 있는 것이 재미가 없을 것이라고 생각해서일까? 그렇다면 나는 따분한 사람인가? 아니면 그들이 그렇게 생각하는 것일까? 또 다른 예를 들어보자. 새로 산 옷을 입고 친구를 만났는데 당신의 친구가 당신에게 오늘따라 멋있어 보인다고 칭찬을 했다. 이 경우 역시 당신은 일련의 몇 가지 생각을 할 수 있다. 그가 왜 멋있다고 했을까? 헤어스타일 때문인가 아니면 옷 때문인가? 옷 때문이라면 그가 좋아하는 스타일을 입었기 때문인가 아니면 단지 내가 새 옷을 입고 왔기 때문에 던지는 인사말에 불과한 것인가?

다른 사람의 행동에 관한 이러한 질문들은 살아가면서 스스로에게 매번 던지는 질문들이다. 우리는 스스로의 행동이나 남이 하는 행동을 이해하기 위해 끊임없이 이런 질문을 던지며 이에 대한 답을 찾아나가는 과정을 통해 내 자신과 남의 행동을 이해한다. 귀인은 사람들이 그들 자신의 행동과 타인의 행동, 사건의 원인에 대해서 추정하는 인지과정이다. 자기지각을 다룬 장에서도 귀인문제를 다루었지만 거기에서는 주로 자신의 행동이나 감정의 원인을 추론하는 자기-귀인 과정에 초점을 맞추었다. 여기서는 우리가 타인의 행동을 해석하기 위해 거치게 되는 귀인에 초점을 맞출 것이다.

1. 귀인이 촉발되는 시기와 중요성

인간이 아무리 호기심이 많은 동물이라고 할지라도 주변에서 일어나는 모든 잡다한 일에 언제나 "왜?"라고 묻지는 않는다. 아침에 일어나 식사준비를 하는 아내의 행동을 보면서 그 이유를 찾지는 않으며 강의가 시작되는 시간에 교수가 왜 강의실에 들어오는지 그 이유를 생각하지도 않는다. 다시 말하면 사람들은 모든 잡다한 일의 이유를 찾는 데 그들의 소중한 에너지를 사용하지 않으며, 원인을 찾으려고 시도하는 데는 반드시 이유가 존재한다는 것이다.

1) 귀인과정의 촉발시기

여러 가지 연구들은 사람들이 주변의 사건이나 사람들의 행동원인을 찾으려고 하는 노력은 기계적이 아니라 선택적임을 암시하고 있으며 다음과 같은 몇 가지 상황에서 뚜렷하다. 우리는 (1) 일상적이지 않는 특이한 일이 발생할 때 (2) 사건이 개인적인 중대성을 가질 때, (3) 다른 사람이 예상할 수 없는 방식으로 행동할 때, (4) 불쾌한 일이 발생할 때 더욱 귀인을 하려고 한다.

(1) 특이한 일이 발생할 때

사람들은 아침에 해가 뜨는 일이나 사과가 아래로 떨어지는 일처럼 일상적인 일에 대해서 "왜?"라는 질문을 하는 경우는 별로 없다(Hastie, 1984). 물론 뉴턴 같은 사람은 예외이고. 일들이 평상시처럼 잘 돌아갈 때는 관심이 없던 사회구조적인 문제들도 성수대교 붕괴사건이나 끔찍한 살인 사건이 일어나면 거의 모든 신문은 그 사건의 원인이 무엇인지에 대해 많은 지면을 할애한다.

(2) 개인적인 중대성을 지닌 일이 발생할 때

저 멀리 떨어진 아프리카의 어떤 국가가 내전으로 많은 목숨을 잃었다는 기사를 보면서 그 이유를 찾는 데 시간과 정열을 쏟는 사람은 거의 없다. 특이한 일이 발생하더라도 자신에게 개인적으로 중대하지 않은 일의 원인을 찾는 데는 대부분 관심을 기울이지 않는다. 그러나 낯선 사람이 자기에게 시간이 있느냐고 묻는다면 반드시 우리는 그 이유를 찾는다.

(3) 다른 사람이 예상할 수 없는 방식으로 행동할 때

강의를 듣는 학생이 수업에 열중하는 모습을 보면서 "왜?"라는 의문에 대한 답을 찾느라 강의에 몰두하지 못하는 교수는 거의 없다. 그러나 맨 앞에 앉은 학생이 노트 필기도 하지 않으면서 턱을 고이고 빈정대는 표정을 짓고, 창밖을 응시하고 있다면 대개의 경우, 교수들은 신경이 쓰일 것이다. 왜냐하면 그런 행동은 예상 밖의 일이고, 그래서 그 이유를 찾아야 하기 때문이다. 우리는 예상할 수 없는 일이 발생할 때 그리고 다른 이의 행동에 깔려 있는 동기가 의심스러울 때 그 원인이 무엇인지 찾고 싶어 한다.

(4) 불쾌한 일이 발생할 때

일이 순조롭게 풀릴 때나 기분이 좋을 때보다는 나쁘고 고통스러우며 불쾌한 일들이 발생할 때 귀인과정을 촉발시키는 경향이 있다(Bohner 등, 1988). 결혼한 부부들에게 그들이 경험한 여러 가지 긍정적 및 부정적 일들에 대해 질문해서 얻은 자료를 분석한 한 연구(Holtzworth-Munroe & Jacobson, 1985)에서 긍정적인 내용보다 부정적인 내용에 귀인과정을 나타내는 진술이 많이 포함되었음이 확인되었다. 놀랄 것도 없이 인생에서 극심한 고통을 주는 사건은 그렇지 않은 사건에 비해 인과적 탐색을 자극한다. Taylor 등(1984)은 암 환자의 95%가 병의 원인이 무엇인지 찾으려 노력한 반면, 암보다 덜 고통스러운 질병을 앓고 있는 환자가 병의 원인을 찾으려 시도한 경우는 70%에 불과함을 확인했다.

2) 귀인의 중요성

귀인과정은 몇 가지 측면에서 우리에게 매우 중요하다. 그것은 첫째, 환경의 예측과 통제를 위해, 둘째, 자신의 감정이나 태도 및 행동을 결정하기 위해, 셋째, 미래에 대한 기대를 좌우하기 때문에 중요하다.

(1) 환경을 예측하고 통제하는 데 도움이 된다.

예기치 못한 사건이나 부정적인 일들에 대한 인과적 설명이 더 흔하게 일어나는 이유는 사람들이 장차 이런 일들을 피하거나 방지하거나 적어도 예상하는 것만이라도 가능하기를 원하기 때문이다. 따라서 귀인은 환경을 예측하고 통제하려는 보다 더 일반적인 욕구들과 합치된다(Kelley, 1967).

(2) 감정, 태도 및 행동을 좌우한다.

만일 당신이 대학에 갓 입학한 여학생이라고 치자. 같은 전공의 남자 선배 중 한 사람이 당신의 수강신청을 도와주었다. 그 선배는 외모도 출중하려니와 매너도 정말 훌륭했다. 그런데 얼마 후 당신에게 호감이 간다고 말했다. 물론 기분이 좋을 것이다. 시간이 지나면서 그 선배가 거의 모든 후배 여학생들에게 그렇게 한다는 사실을 알았다면 당신은 그의 행동을 어떻게 해석하고 어떤 기분을

빈 배

한 사람이 배를 타고 강을 건너다가
빈 배가 그의 작은 배와 부딪치면
그가 아무리 성질이 나쁜 사람일지라도
그는 화를 내지 않을 것이다.
왜냐하면 그 배는 빈 배이니까.

그러나 배 안에 사람이 있으면
그는 그 사람에게 피하라고 소리칠 것이다.
그래도 듣지 못하면 그는 다시 소리칠 것이고
마침내는 욕을 퍼붓기 시작할 것이다.
이 모든 일은 그 배 안에 누군가 있기 때문에 일어난다.
그러나 그 배가 비어 있으면
그는 소리치지 않을 것이고 화내지 않을 것이다.

세상의 강을 건너는 그대 자신의 배를 빈 배로 만들 수 있다면
아무도 그대와 맞서지 않을 것이다.
아무도 그대를 상처 입히려 하지 않을 것이다.

-장자의 외편-

느끼겠는가? 당신의 기쁨은 반감되고 어쩌면 불쾌감까지 들지도 모른다.

(3) 미래에 대한 기대에 영향을 미친다.

당신이 지난 학기에 받은 장학금을 당신의 노력에 귀인시킨다면 다음 학기에도 노력을 하면 장학금을 받을 수 있으리라고 예상할 것이다. 그러나 운이 좋아서 받았다고 생각한다면 노력할 필요가 없다고 생각할 것이다. 이처럼 과거의 어떤 성공적인 일을 자신에게 귀인시킨다면 장차의 성공에 대한 기대도 높게 가질 것이다(Weiner, 1986). 귀인은 기대와 정서뿐 아니라 확실히 장차의 수행에 대해 영향을 준다. Dweck(1975)은 아동들에게 성공과 실패에 대해 과제에 투입한 노력의 양 등 내부귀인을 하도록 훈련시키면 더 열심히 공부해서 성적이 올라감을 증명했다.

2. 귀인의 차원

귀인이란 사람들이 어떤 사건이나 타인의 행동 및 자신의 행동의 원인을 추론하는 것이다. 예컨대 어떤 사람이 당신의 옷차림이 잘 어울린다고 칭찬을 했다고 치자. 이러한 칭찬은 어디서 기인하는가? 그 사람이 당신의 옷이 정말 멋있다고 생각했기 때문인가? 아니면 단지 인사말인가? 당신의 환심을 사고자 하기 때문인가? 이런 예들은 일상생활에서 우리가 늘 겪고 있는 귀인과정을 설명하는 한 가지 예이다. 타인의 행동을 보다 분명하게 이해하기 위해서는 귀인과정을 거치지 않으면 안 된다. 우리는 자기지각을 다루는 장에서 이미 귀인의 3가지 핵심적 차원을 살펴보았다. 그것은 외적/내적, 안정적/불안정적, 통제가능성/통제불가능성 차원이다.

1) 내적 차원과 외적 차원

Fritz Heider(1958)는 귀인과정의 중요한 차원들에 대해 기술한 바 있다. 그는 사람들이 행동의 원인을 내적 요인이나 외적 환경요인 중에서 찾으려는 경향이 있다고 주장하였다. 내적 귀인은 행동의 원인을 개인의 성향이나 특질, 능력 및 감정에서 찾는 것이다. 반면 외적 귀인은 행동의 원인을 상황적 요구나 환경적 제약에서 찾는 것이다. 친구가 사업에 실패했을 때 그 사람의 사업수완이 부족했기 때문이라고 생각했다면 내적 귀인을 하는 것이고 경기가 불황이기 때문이라고 생각한다면 외적 귀인을 하는 것이다.

내적인 귀인을 하느냐 아니면 외적 귀인을 하느냐에 따라서 사회적인 상호작용의 방식이 달라질 것이다. 사업에 실패한 친구가 당신에게 사업자금을 빌려달라고 요구했을 때 무사 안일한 태도 때문이거나 사업수완이 없다고 생각했을 때와 단지 운이 없었기 때문이라고 생각했을 때 당신의 행동은 전혀 다르게 나타날 수 있다. 결혼한 부부들이 배우자들의 행동에 대한 원인을 추론하는 방식은 결혼생활의 만족도와 관련이 된다는 연구 결과도 있다(Bradburry & Fincham, 1988).

2) 안정성 차원과 불안정성 차원

다른 심리학자들은 앞에서 이야기한 내적-외적 차원 이외의 귀인차원이 있음을 찾아내었다. 사람들이 성공과 실패경험을 했을 때 그 원인을 추측하는 과정을 연구했던 Bernard Weiner와 그의 동료들(1974)은 행동의 원인을 추측할 때 그 원인의 안정성 여부가 중요한 역할을 할 수 있음을 밝혀내었다. 즉 내적인 원인이든 외적인 원인이든 어떤 것은 일시적이고 어떤 것은 비교적 지속적으로 영향을 미친다고 판단하는 것이다.

예컨대, 당신이 원하는 회사에 취직을 하지 못했다고 하자. 입사시험에서 낙방한 이유를 내적인 차원에서 찾더라도, 능력이 없기 때문이라고 귀인할 수도 있으며(내적-안정적), 아니면 이력서를 작성하는 데 대충 했기 때문(내적-불안정적)이라고 귀인할 수도 있다. 외적인 요인에서 찾을 때도 당신이 원하는 분야에는 항상 너무 많은 지원자가 몰리기 때문(외적-안정적)이라고 생각할 수도 있으며 면접관의 기분(외적-불안정적) 때문에 떨어졌다고 생각할 수도 있다. 마찬가지로 입사시험에 합격을 해서 그 원인을 추론할 때도 네 가지의 귀인 차원 중의 하나에서 원인을 찾을 것이다(내적-안정적, 내적-불안정적, 외적-안정적, 외적-불안정적).

학업 성적에 대한 당신 친구의 성공이나 실패는 능력(내적이며 안정적), 노력(내적이며 상당히 불안정적), 운(외부적이고 불안정적) 또는 과제곤란도(외적이고 안정적)에 귀인될 수 있으며 당신이 어떻게 귀인하느냐에 따라 그에 대한 평가는 달라진다.

3) 통제 가능성 차원과 통제 불가능성 차원

Weiner(1986)는 귀인의 세 번째 요인을 찾아냈다. 행동의 원인으로 작용할 수 있는 내적-외적, 안정적-불안정적 차원 이외에 통제가능-통제불가능 차원이 있다는 것이다. 우리는 다른 사람들이 하는 어떤 일에 대해서는 그 사람의 통제력 내에 있는 것으로, 그리고 다른 일에 대해서는 개인의 통제력 밖에 있는 것으로 지각한다. 통제가능성 여부에 대한 지각은 원인의 소재(내/외)와 안정성 여부의 조합으로 이루어질 수 있다.

예컨대, 일시적 노력과 같은 내적이고 불안정한 원인은 일반적으로 통제 가능한 것으로 간주된다. 그러나 지능이나 능력과 같은 안정된 내적 원인은 대개 통제 불가능한 것으로 간주된다. 유사하게 외부적이며 안정적인 요인인 팔자나 운(운명)은 대개 통제 불가능한 것으로 간주되는 반면, 외적이고 불안정적인 요인인 타인의 도움은 아마도 그 사람의 통제력하에 있다고 여길 것이다.

3. 대인지각과 귀인과정의 오류들

귀인과정의 어떤 면들은 비교적 논리적이다. 그러나 대부분의 사람들은 우리가 그들의 행동을 정확하게 해석할 수 있는 정보나 증거를 충분히 제공해주지 않는다. 다시 말하면 우리는 사람들이 자신이 진정으로 느끼고 믿고 있는 바를 항상 말하거나 행하지는 않으며 그 이유를 정확하게 설명해주지도 않는다는 사실을 알고 있다. 따라서 다른 사람을 이해할 필요가 있는 대부분의 경우, 우리는 그 이유를 추론한다. 여러 가지 연구들은 대인지각과정이 때때로 비체계적이고, 비논리적이며 편향될 수 있음을 보여준다.

1) 기본적 귀인 오류

예를 들어, 당신이 수강신청을 하기 위해 교학과의 직원에게 몇 가지 내용을 물어볼 일이 있었다고 가정하자. 그런데 그 직원은 당신을 쳐다보지도 않고 퉁명스럽게 수강신청 요령에 관한 책자를 건네주었다고 하자. 당신은 아마도 그 사람이 냉정하고 불친절한 사람이기 때문이라고 생각할 것이다. 왜냐하면 우리 대부분은 그러한 상황에서 교직원들이 뻔한 일조차도 시시콜콜 질문해오는 학생들을 얼마나 많이 만나야 하는지를 모르거나 무시하는 경향이 있기 때문이다. 이처럼 우리는 타인의 행동에 대한 원인을 찾을 때 성격이나 태도와 같은 내적인 차원에 기초한 귀인은 증가시키고, 상황요인의 중요성은 감소시킨다. 비록 이런 경향이 언제나 보편적인 것은 아니지만, **기본적 귀인오류**(Fundamental Attribution Error)라고 부를 만큼 강력하다. 기본적 귀인오류는 타인의 행동을 상황적인 요인보다는 개인적인 요인의 결과로 설명하려는 경향이다.

기본적 귀인오류는 상황적 요인의 중요성을 과소 추정하기 때문에 우리는 실제적으로 어떤 사람들이 가지고 있지 않은 동기나 특질에 잘못 귀인하고 그 때문에 잘못된 결론을 내릴 수가 있다. 왜 우리는 외부 상황에 관한 정보를 무시하고 상대방의 내적인 차원과 관련된 원인에 비중을 두는가?

그중의 하나는 개인이 보이는 행동의 특출성 때문이다. Heider에 의하면 "행동이란 특출성을 지니고 있어서 주변의 상황(즉, 場)을 압도해 버리는 경향이 있다." 즉 우리는 주변 상황보다는 상대방의 행동에 너무 주목을 하기 때문에 그 행동에 영향을 미치는 상황을 무시하게 된다는 것이다. 다시 말하면 행동은 도형-배경 원리에서 도형이 되고 상황은 배경으로 작용하기 때문에 주목을 받지 못한다는 것이다.

타인들의 행동을 그들의 성향에 귀인시키는 또 다른 이유는 너무나 많은 정보들을 간단하고 유의미한 형태로 단순화시킬 필요가 있기 때문이다. Hoffman 등(1984)이 지적한 바와 같이, 사람들은 어떤 사람들에 대해 설명하도록 요구받으면 그를 둘러싸고 있는 모든 상황요인들을 제시하기보다는 "그는 정서적으로 불안정해"라는 식으로 설명하는 경향이 있는데 이것이 기능적이기 때문이다.

우리가 예상할 수 있듯이 사회 문화적 가치나 규범 역시 이러한 귀인상의 오류를 자극하는 것 같다. 현대 사회에서는 사람을 그들의 행동에 대해 책임을

지는 자율적인 존재라고 보는 경향이 있다. 특히 개인주의의 서구인들은 개인의 행동을 성격특질이나 독특한 능력 또는 사고방식에 좌우하는 것으로 설명한다. 반대로, 집단주의 사회성원은 상호의존적이고 복종적인 가치를 가진다. 그래서, 그들은 개인의 행동이 집단 내의 규범을 지지함을 반영한다는 것을 가정하기 쉬울 것이다. 이런 분석과 일치하게, 연구자들은 미국 피험자들은 일본 피험자보다 다른 사람의 행동을 내적인 귀인에 의해 설명한다는 것을 발견하였다. 최근 연구에서, 같은 범죄에 대해서 영어로 된 신문은 성격적인 설명을 많이 사용하고, 중국어로 된 신문은 상황적인 설명을 더 많이 사용한다는 것을 발견하였다.

2) 행위자–관찰자 편향

기본적 귀인 오류의 가장 흥미 있는 측면 중의 하나는 이것이 다른 사람들, 즉 행위를 하고 있는 사람을 관찰하고 있는 사람들에게는 적용이 되지만, 자신의 행동(특히, 바람직하지 않은 행동)을 지각하는 행위자들에게는 적용되지 않는다는 것이다. 똑같은 행동도 자신이 행위자일 때와 다른 사람이 그 행위를 하고 있는 것을 관찰할 때 이유를 다르게(편향되게) 찾는 것을 행위자–관찰자 편향(Actor- Observer Bias)이라고 한다. 이에 따르면 신호위반의 경우, 운전자 자신은 주로 외적인 귀인(보행자가 없으니까, 다른 사람도 위반하니까, 또는 배차 시간 때문에)을 해서 자신의 행위를 정당화할 것이다. 반면, 보행자나 승객의 입장이 되면 운전자가 처한 상황을 고려하기보다는 운전자의 성향(습관 때문에, 준법 정신이 없어서, 또는 성격이 나빠서), 즉 내적인 귀인을 하면서 비난하게 될 것이다.

행위자–관찰자 편향을 처음 연구한 Nisbett 등(1973)은 남학생들에게 여자친구를 사귀는 이유와 자신의 전공을 선택한 이유를 기술하게 했다. 아울러 자신이 가장 좋아하는 친구의 입장에서 그 친구의 여자친구와 전공 선택 이유를 기술하게 해서 비교했다. 그 이유들을 내적 귀인과 외적 귀인으로 분류해서 그 숫자를 평균한 결과, 친구가 한 선택에 대해서는 내적인 귀인을("같이 지내고 싶은 사람이 필요해서", "돈을 많이 벌고 싶어서"), 자기의 선택은 외적 귀인을("그녀가 멋있으므로", "전공분야의 전망이 좋아서") 더 많이 하는 것으로 나타났다.

범죄자들은 자신들의 범죄행위를 불공평한 사회, 자신이 처해 있었던 열악한 환경, 주위 사람들로부터 받은 모멸감, 도저히 희망을 가질 수 없는 미래 등 외적인 요인들로 귀인하는 경향이 있다. 실제 캐나다의 교도소 재소자들과 교도소에서 재소자들을 도와주는 자원봉사자들이 생각하는 재소자들의 범죄행위의 원인을 비교한 연구가 있다(Sauliner & Perlman, 1981). 연구결과, 재소자들은 상황 귀인을 많이 했고, 자원봉사자들은 재소자들의 성향에 귀인을 많이 한 것으로 나타났다.

이 같은 차이가 나타나는 이유가 무엇일까? 그중 하나는 관찰자와 행위자는 각기 지각적 초점이 다르기 때문이다. 우리의 감각기관 중 특히 중요한 눈은 외부를 향해 있다. 따라서 관찰자의 입장에서는 행위자의 행위에 초점이 맞추어지는 반면 동일한 행위를 하더라도 자신이 할 때는 자신의 행위보다는 외부 상황에 주목하므로 상황적 정보가 중요하게 부각된다.

또 다른 설명은 행위자와 관찰자가 가지고 있는 정보에 차이가 있기 때문이라는 설명이다. 행위자는 스스로에 대해 다양한 상황에서 어떠한 행위를 취했는지 잘 알고 있다. 그러한 상황들에서 상황적 압력이 어떠했으며 자신이 취한 행동이 각 상황에서 허용되는 범위 내에서 취해진 것임을 잘 알고 있으므로 행위자는 자신의 행위를 설명할 때 외적 귀인을 많이 하게 된다는 설명이다(Eisen, 1979).

행위자-관찰자 편향은 자신이 보고 있는 행동의 행위자에 대해 공감을 느낄 때는 역전될 수 있다. Regan & Totten(1975)은 만일 관찰자가 공감적 태도를 가지고 행위자가 했던 일을 생각하려고 노력하면 관찰자는 행위자가 자신의 행위를 귀인하는 식으로, 즉 상황적 귀인을 함을 발견했다. 또 사람들은 만약 그들 자신이 장차 그와 비슷한 상황에 처하게 될 것이라고 믿게 되면, 행위자처럼 행동의 원인을 추론하는 경향이 있다.

3) 허구적 일치성

사람들은 자기 자신이 어떤 행동을 할 때와 마찬가지의 이유로 다른 사람도 행동할 것이라고 상상하는 경향이 있다. 사람들이 자신의 의견이나 행동 이유의 보편성을 과장하는 경향을 **허구적 일치성**(False Consensus) 효과라고 한다. 이 효과를 확인한 초기의 한 연구에서는(Ross 등, 1977) 대학생들에게 샌드위치맨이 걸치고 다니는 광고판을 메고 캠퍼스를 30분 동안 돌아다니는 일을 하겠느냐고 질문했다. 어떤 학생들은 동의했고 또 어떤 학생들은 동의하지 않았다. 그리고 이에 동의한 사람들과 동의하지 않은 사람들에게 각각 다른 학생들은 몇 %나 자신과 같이 응답할 것인지를 물었다.

연구자의 부탁에 동의했던 학생들 중 62%는 다른 사람들도 자기들처럼 부탁을 들어줄 것이라고 했다. 그러나 연구자의 요구에 응하지 않겠다는 학생들 중 67%는 남들도 자기와 마찬가지로 연구자의 요구에 동의하지 않을 것이라고 생각하고 있었다. 이러한 현상은 상당히 다양한 상황에서 관찰된다. 예컨대, 중·고등학교에 재학하는 학생들 중 흡연자들은 비흡연자들에 비해 청소년뿐 아니라 전체 인구 중 흡연자 수를 더 높게 추정하는 경향이 있다(Sherman 등, 1983). 이러한 현상은 사람들이 대부분 자신의 행동과 판단을 대표성을 지닌 것으로 여기며, 자기와 다른 행동을 취하는 사람들은 극단적인 사람들로 여길 수 있음을 시사한다.

허구적 일치성에 대한 몇 가지 가능한 설명들이 있다. 첫째, 사람들이 자기와 유사하고 자기처럼 행동하는 타인들과 함께 어울린다는 사실이다. 결과적으로 행동에 대한 타인들의 신념에 대한 추정은 우리가 사용 가능한 편향된 표본에 기인할 수 있다. 두 번째 가능성은 우리 자신의 의견이 특히 특출하고 우리가 특정의 의견에 초점을 둘 때는 그 입장이 의식 속에 있는 유일한 것이기 때문에 일치성이 증가한다는 것이다(Marks & Miller, 1987). 따라서 우리가 다른 입장의 타당성을 고려한다면 일치성의 추정은 그렇게 과대평가되지 않을 것이다. 세 번째 설명은 사람들은 일반적으로 자기 자신의 신념과 행동을 훌륭하고 적절하며 전형적인 것이라고 보려는 욕구를 갖고 있기 때문에 높은 자존심을 유지하기 위해 타인들도 자신과 같은 생각을 갖고 있을 것이라고 판단한다는 것이다.

4) 허구적 독특성

> 내가 CC면 낭만, 남이 CC면 꼴불견.
> 내가 땅 사면 투자, 네가 땅 사면 투기.
> 내가 하는 공상은 순진한데, 네가 꿈꾸는 백일몽은 한심하다.
> 내가 입은 분홍은 찬란한데, 네가 입은 노랑은 촌스럽다.
> 내가 꿈꾸는 사랑은 청순하지만, 네가 말하는 사랑은 유치하다.
> 내가 치는 카드는 오락, 네가 치는 화투는 도박.

사람들에게는 자기의 못된 점이나 한계점은 남들에게도 있다고 생각하면서 바람직한 점들은 희한하게도 남들에게는 없을 것이라고 생각하는 경향이 있다. 남이 공부 안 하는 것은 멍청해서이고, 내가 공부 안 하는 것은 공부에 초연하기 때문이다. 똑같이 공부를 안 하더라도 공부 안 하는 이유를 남들과는 다른 데서 찾고 싶은 게 사람의 마음이다. 사람들이 자신이 갖고 있는 재능이나 소질이 남들에게는 적을 것이라고 추정하는 것도 그러한 이유에서이다. 그래서 젊은이들은 자기들이 술 마시고 악써대는 것은 낭만이고, 어쩌다 한 번 날 잡아 가는 여행길 버스 속에서 춤추는 아줌마들을 주책이라고 비난하는 것이다.

자신이 하는 모난 짓은 개성으로 보고 남들의 유별난 행동은 주책이라고 볼 수 있는 것 역시 왜곡되고 편파적인 추론에 기인한다. 이렇게 자신은 남들과는 다르다고 생각하고 독특한 개성을 갖고 있다고 보려는 것을 **허구적 독특성**(False Uniqueness) 현상이라 한다. 예컨대, 사람들에게 자신의 가장 좋은 능력들을 열거하고 타인들이 이들 능력상에서 어떤 위치에 있는지를 추정하게 하면 대개 자신의 동료들의 능력을 과소평가한다. 자기가 갖고 있는 어떤 능력을 높이 평가하고 이것이 자기에게만 특유한 것이라고 간주하기 위해서는 자신이 그 능력상에서 독특하고 특유하게 훌륭하다고 느끼는 것이 필요한 것 같다(Tesser, 1988).

허구적 독특성은 세대 차에서도 관찰된다. 이집트의 피라미드에도 "요즘 젊은 것들은 버릇이 없다"는 말이 쓰여 있다고 하지 않는가? "우리 때는 그러지 않았다"는 말은 기성세대들이 신세대에게, 선배들이 후배들에게, 부모들이 자녀들에게 가장 흔하게 쓰는 말 중의 하나이다.

과거 젊었을 때는 기성세대들도 그들의 선배, 부모, 스승에게 버릇없이 굴었던 적이 있었겠지만, 그것은 기억에서 지워지고 긍정적인 점들만 머릿속에 남아 있기 때문이다. 기성세대의 눈에는 신세대들의 못된 점들이 눈에 더 잘 띄기 때문에 세월이 아무리 많이 지나가도 "요즘 애들은 버릇이 없어"라는 말이 사라지지 않는 것이다.

5) 방어적 귀인

당신 친구가 사업을 하다 부도를 냈다고 가정하자. 항상 그런 것은 아니지만 대부분의 경우 친구의 사업실패를 운이 나빠서라고 해석하기보다는 그의 경영

능력이나 부주의 또는 사업적 안목의 결여에 귀인할 것이다. 왜 그럴까? 만약 당신 친구의 불행을 운이 나쁘기 때문이라고 귀인한다면, 당신은 당신에게도 그것이 쉽게 일어날 것이라는 비참한 사실에 직면해야 하기 때문이다. 이와 같은 생각을 피하기 위해서, 우리는 종종 사고를 당한 희생자들을 대할 때 그들의 잘못으로 귀인시킨다.

방어적 귀인(Defensive Attribution)은 타인의 불행에 대해 희생자를 비난하는 경향으로 작동되며, 이는 유사한 방식으로 자신이 희생될 가능성이 적다는 것을 확신하기 위해서이다. 그들의 재난을 당한 희생자 비난은 또한 '뿌린 대로 거둔다', '사필귀정', '권선징악' 등과 같은 신념과 관련한 "공정한 세상에 관한 가정(Just World Hypotheses)"에 근거한다. 세상이 공정하지 않다고 스스로 인정하는 것, 즉 불행이 우연요인에 의해 일어날 수 있다는 것을 인정하는 것은 타인에게 발생한 재난이 자신에게도 발생할 수 있다는 가능성을 인정하는 것이다. 방어적인 귀인을 통해, 우리는 이런 불안한 생각을 피할 수가 있다. 불행히도, 우리들 대부분은 희생자들의 고통을 그들의 부주의, 무능함, 멍청함, 게으름, 탐욕과 같이 바람직하지 않은 특질로 불공평하게 귀인한다. 그래서, 방어적인 귀인은 종종 불행한 희생자들로 하여금 추가적인 고통을 안겨준다.

"희생자 비난하기"의 예는 강간 희생자들에게 "강간을 유발시켰다(asked for it)"는 말에서도 반영된다. 유사하게, 여성이 남자친구나 남편에게 학대를 받을 때, 우리는 종종 그의 공격적 행동을 비난하기보다는 '멍청한 그녀가 그 남자와 함께 살기 때문'이라고 희생자를 비난한다. 짐작할 수 있듯이, 타인에 대한 우리의 지각은 매우 주관적이다. 대인지각에서 나타나는 여러 가지 경향성은 지각자의 부정확한 지각에 기여한다. 많은 경우, 이런 부정확한 지각이 심각한 영향을 미치지는 않는다. 그러나 가끔 그러한 왜곡된 지각은 상보적인 사회상호작용을 방해하는 경우가 있으며 다음에 보게 되는 편견의 경우에 확실히 그렇다.

6) 귀인과 관련된 편향들의 근원

지금까지 우리는 귀인과정과 관련된 몇 가지 편향들을 살펴보았다. 이것들이 일어나는 이유는 몇 가지로 정리할 수 있다.

(1) 인지적 요인: 효율성을 증대시키기 위해

앞에서 살펴본 바와 마찬가지로 사람들은 인지적 처리 용량의 한계를 가지고 있다. 우리가 만약 사건의 원인을 분석하는 데 모든 에너지를 사용한다면 당연히 보다 중요한 어떤 일에 시간과 인지적 에너지를 사용하는 것은 그만큼 줄어든다. 따라서 한정된 정보를 사용해서 보다 신속하고 효율적으로 귀인을 해야 할 필요가 생기며 이 과정에서 편향이 일어난다.

(2) 동기적 요인: 개인적 욕구를 충족시키기 위해

어떤 편향들은 자신의 욕구와 동기를 충족시키려는 사람들의 노력에 의해 생긴다. 사람들은 사랑받고, 자존심을 고양시키고, 권위를 유지하고, 물질적인 소유를 하고 싶은 욕구를 갖고 있다. 동기 요인 중 가장 중요한 것은 자존심을 고양시키는 것이고 통제력을 소유하고 싶은 것이며 귀인 편향들이 이에 기여할 수 있다.

(3) 자기제시 요인: 좋은 인상을 주기 위해서

사람들은 대개 타인들에게 호의적인 인상을 심어주고 싶어 한다. 따라서 자기제시 책략으로 자신의 행동 중 어떤 것을 선택해서 제시한다. 몇 가지의 편향들은 호의적인 자기제시와 밀접하게 관련되어 있다.

III. 타인의 태도를 변화시키기: 설득

당신은 당신의 태도를 바꾸려는 수없이 많은 설득과 직면하면서 하루하루를 살아갈 것이다. 아침에 일어나라는 어머니의 말을 듣게 될 것이고, 침대에서 일어나 라디오나 텔레비전을 켜면 음료수나 소화제부터 컴퓨터나 자동차 선전광고에 이르기까지 수없이 많은 설득 메시지를 접할 것이다. 학교에 가면 강의실에서는 교수가, 동아리에서는 동아리 멤버들이, 친구를 만나면 친구가 함께 놀자고 하거나 공부를 하자고 당신을 설득할 것이다. 당신 역시 누군가를 설득시키기 위해 하루 중 많은 시간을 사용할 것이다. 아침에 집을 나설 때 용돈을 요구하는 것부터 시작해서 이성친구나 교수 또는 친구나 선후배를 만나면 당신에 대한 태도를 보다 호의적으로 변화시키기 위해서 헤아릴 수 없는 노력을 할 것이다.

설득(Persuation)은 타인의 태도를 변화시킬 의도로 정보를 전달하는 것이다. 태도란 사람, 사물, 생각에 대한 감정과 신념이라고 정의할 수 있다. 이런 정의에서 두 개의 용어를 매우 밀접하게 살펴보자. 우리는 사람, 사물, 사고에 대한 판단을 의미할 때 신념이라는 용어를 사용한다. 예를 들면, 당신은 동일한 일에는 동일한 급료를 받는 것이 공평한 정책이라고 믿거나, 벌금형은 범죄를 방지하는데 효과적이지 않다고 믿을 수도 있다. 태도의 "감정" 요소는 어떻게 주제에 대해 부정적으로, 긍정적으로 느끼는지 그리고 이를 얼마나 강하게 느끼는지를 포함한다. 예를 들면, 당신은 동일한 일에 동일한 보수를 받는 것은 매우 좋아할 수 있지만, 벌금형이 범죄비율을 감소시킬 것이라는 생각은 별로 좋아하지 않을 수 있다.

1. 설득효과의 결정 요인

설득의 과정은 네 가지 기본적인 요소를 포함한다. **설득자 또는 설득의 근원(Source)**은 정보를 보내는 사람이고, **수신자(Receiver)**는 보내진 메시지를 받는 사람이다. 예컨대, 강의실에서 수업을 듣고 있다면 교수는 설득 근원이고, 당신을 포함한 모든 학생들은 설득 메시지를 전달받는 수신자에 해당한다. **설득 내용(Message)**은 설득자가 내보내는 정보이다. **전달방식(Channel)**이란 메시지를 전달하는 매개물이다. 우선 설득 효과를 결정하는 몇 가지 요인들을 검토해 보자.

1) 설득자 요인

우리는 똑같은 내용의 말도 하는 사람에 따라 다르게 평가한다. 그리고 상대방이 어떤 사람인가에 따라 우리의 태도나 행동의 변화 여부나 정도 역시 달라진다. 태도변화를 좌우하는 설득자 요인은 크게 신빙성(전문성), 진실성 및 호감으로 구분된다.

(1) 신빙성

당신이 당신의 자녀가 껌을 너무 자주 씹는 것을 걱정한다고 가정하자. 그리고 이웃집 아주머니가 그것은 건강에 좋을 수 있다는 말을 했을 때와 치아교정 전문의 유명 치과의사가 고른 치열을 갖기 위해서는 씹는 활동을 많이 해야 된다고 했을 때를 비교해 보자. 말할 것도 없이 당신이 갖고 있는 껌의 부작용에 대한 태도는 후자의 경우에 더 변화될 것이다. 일반적으로 설득자가 그 분야의 권위자이거나 전문가일 때 설득효과가 높다.

이 분야의 고전적인 연구 중의 하나인 Aronson 등(1963)의 연구를 살펴보자. 연구에 참여한 피험자들에게 몇 개의 모호한 현대시를 읽게 했다. 그리고 시에 대한 평가를 요구했다. 그런 다음 노벨 문학상 수상자인 엘리엇이나 미시시피 주립대 어떤 학생이 작성한 것이라고 하면서 그 시에 대한 평가를 보여주었다. 그것을 읽고 난 피험자들에게 시에 대해 재평가해주도록 요구했다. 결과는 판이했다. 똑같은 내용이라도 높은 **신빙성(Credibility)**을 가진 사람이 작성했다는 평가를 읽고 난 다음에 더 많은 변화가 일어났다.

그래서 많은 광고와 선전, 심지어는 사기꾼들조차도 지위, 훈련, 경험을 언급하거나, 전문가들의 평가를 제시함으로써 설득효과를 높이려고 한다.

(2) 진실성

전문성은 설득에 도움이 되지만, **진실성**(Trustworthiness)은 좀 더 중요한 문제이다. 교육환경을 개선하기 위해서는 학생들의 등록금을 인상해야 한다는 말을 대학 총장과 학생대표로부터 들었다. 당신은 누구의 말에 더 영향을 받겠는가? 전문성으로 치자면 당연히 대학총장일 것이다. 그러나 아마도 당신은 학생의 말에 더 귀를 기울일 것이다. 왜냐하면 대학의 총장은 자기의 이익과 관련된 입장을 취하고 있기 때문이다. 따라서 설득효과를 증가시키는 한 가지 방법은 전달자가 이해관계가 없거나, 자기 이익에 반하는 의사를 표시함으로써 진실성을 획득하는 것이다. 이 효과는 왜 판매원들이 종종 "솔직히, 제가 파는 물건이 최고는 아닙니다. 그러나...."라고 표현하는지를 이해하게 해준다.

'범죄행위에 대한 처벌을 더욱 강화해야 한다.' 이 말을 검사와 범죄자가 했을 때 누구의 말이 더 설득력이 있을까? 말할 것도 없이 후자이다. Walster 등(1966)의 재치 있는 실험을 살펴보자. 그들은 범법행위에 대한 현행 처벌 규정을 완화해야 한다는 메시지와 더욱 강화시켜야 된다는 메시지를 보여주면서 한 집단에게는 그것이 어떤 검사의 주장이라고 하고, 다른 집단에게는 범법자의 글이라고 소개했다. 예상할 수 있듯이 처벌을 완화해야 한다는 주장은 검사의 글이라고 생각했던 집단에서, 그리고 강화시켜야 한다는 주장은 범법자의 글이라고 생각했던 집단에서 효과가 큰 것으로 나타났다.

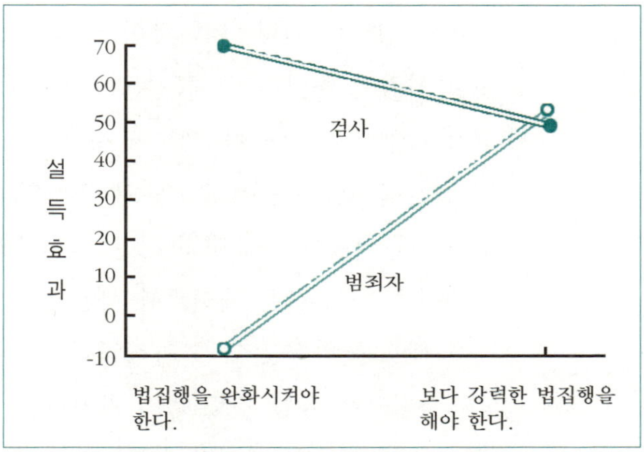

검사는 형량을 낮춰야 한다고 주장할 때, 그리고 범죄자는 중형을 선고해야 한다고 주장할 때 설득효과가 크다.

너를 최고로 좋아하지는 않아

필자의 수업을 듣고 있는 남학생 한 명과 이야기할 기회가 있었다. 사귄 지가 꽤 된 자기의 여자친구에게 사랑을 고백하자, 그 여학생이 하는 말이 "나는 널 좋아하지만 최고로 좋아하지는 않아. 나는 우리 엄마를 세상에서 가장 좋아하거든"이라고 했다는 것이다. 이 말을 들은 그 남학생은 상대가 분명 자기를 세상에서 제일 좋아하지 않는다고 했음에도 불구하고 자기를 이 세상에서 최고로 좋아한다는 말보다 기분이 좋았다고 했다. 왜 이 남학생은 기분이 좋아졌을까? 그리고 그 여학생의 말속에 숨어 있는 의도가 무엇일까?

(3) 호감도

상대방에 대해 갖고 있는 **호감도**(Likability) 역시 설득효과를 증가시킨다. 호감도는 여러 요인들에 의해 좌우된다. 대표적인 요인은 신체적 매력이다. 설득과정에서의 신체적 매력의 효과는 탄원서에 서명을 받아오게 한 Chaiken(1979)의 연구에서 명쾌하게 입증되었다. Chaiken은 똑같은 내용의 탄원서임에도 불구하고 매력적인 학생이 매력적이지 않은 학생에 비해 훨씬 많은 수의 서명을 받아왔음을 밝혀냈다.

우리는 또한 설득자의 태도가 우리의 태도와 유사할 때 그들의 요구에 더 따르는 경향이 있다. 왜냐하면 우리는 우리와 태도가 정반대인 사람보다는 비슷한 사람을 좋아하기 때문이다. 예컨대, Brock(1965)은 페인트 소매점의 판매원들에게 그들 자신이 고객이 사용하는 페인트를 사용하고 있다고 하는 것이 고객의 태도변화를 유도하는 데 얼마만큼 영향을 미치는지에 대한 실험을 실시했다. 이 실험에서 고객이 사용하는 페인트와는 다른 것을 사용한다고 말하는 판매원에 비해 같은 페인트를 사용하고 있다는 판매원이 고객이 원하는 상표에 대한 태도를 바꾸는 데 효과적임이 밝혀졌다.

사람들은 말할 것도 없이 자기를 좋아하는 사람을 좋아하며 이를 **상호성 호감**(Reciprocal Liking)이라 한다. Wood와 Kallgren(1988)은 환경보존을 주장하는 대학원생의 연설을 들은 대학생들을 대상으로 상호성 호감 효과를 확인했다. 최근에 그 대학으로 전학을 왔다고 자신을 소개하면서 한 집단에게는 이전에 다니던 대학이 좋다고 하면서 전학 온 대학을 혹평했다. 그리고 다른 집단에게는 전학 온 이 대학이 매우 마음에 든다고 하면서 연설했다. 결과는 똑같은 내용의 환경보존과 관련된 연설을 들은 학생들임에도 불구하고 재학 중인 대학을 좋아하는 사람에 의해 태도변화가 더 많이 일어났음을 보여주었다.

2) 메시지 요인

앞에서는 설득자가 어떤 사람인가에 따라 설득의 효과가 달라질 수 있음을 살펴보았다. 그러나 똑같은 설득자라도 어떤 방식으로 메시지를 전달하는가에 따라 그 효과는 다르게 나타난다. 몇 가지의 대표적인 요인들을 살펴보자.

(1) 태도와 메시지 간의 차이

태도 변화에 영향을 미치는 한 가지 요인은 설득대상자가 갖고 있는 원래의 태도와 설득자가 제시하는 메시지의 입장 차이(Discrepancy)이다. 일반적으로 차이가 클수록 변화에 대한 압력이 크다. 만일 매일 8시간씩 자는 사람에게 어떤 수면 전문가가 보통 사람의 경우 6시간이면 충분하다는 주장과 4시간만으로도 충분한 수면을 취할 수 있다는 메시지를 전달했다면 후자의 경우가 태도변화를 증가시킨다(Hovland & Pritzker, 1957). 그러나 만약 1시간만 자도 충분하다고 주장한다면 엉뚱한 주장으로 여겨 이를 듣는 사람이 설득자의 신빙성을 격하시켜 태도변화가 일어나지 않을 수 있다. 그러나 전문성이 뛰어난 설득자가 주장하면 일반적으로 원래의 태도와 설득메시지의 입장 차이가 클수록 그 효과가 증가하는 경향이 있다.

(2) 동기유발

동기유발(Motivating)은 가장 흔하게 사용되는 선동 기법이다. 태도변화를 유발시키려는 동기유발 방법에는 흔히 기분을 좋게 하거나 적대감의 유발과 공포감의 유발이라는 책략들이 사용된다.

① 유쾌감의 촉발

긍정적 감정을 유발시키는 것이 또한 사람들을 설득하는 데 효과적인 방식이다. 그러한 책략의 친숙한 예에는 TV광고의 음악 사용과 잠재적인 고객들을 위한 시식 및 작은 선물(열쇠고리나 연필 등)을 제공하는 책략 등을 포함한다. 연구는 사람들을 끌어들이기 위해 긍정적인 감정을 유발하는 것이 효과적일 수 있다는 것을 보여주었다. 하지만 만일 그들이 그 주제에 대해 관심을 가지고 있다면, 그들을 움직이게 하기 위해서는 좋은 감정을 가지게 하는 것보다 더 많은 것이 필요하다. 예를 들어, 한 연구는 TV광고의 음악 사용이 시청자를 설득하는 데 효과적이지만, 단지 그 메시지가 사소한 주제와 관련 있을 때만 그렇다는 것을 보여주었다(Park & Young, 1986).

② 적대감 유발

전쟁 시 국민들의 태도를 전쟁의 필요성 쪽으로 변화시키기 위해 지도자들이 흔히 사용하는 정치적 캠페인이 상대국가에 대한 적대감을 조성하는 일이다. 노조에서 임금투쟁을 해야 할 때 그들의 경영주들의 부도덕성과 탈법행위들을 들춰냄으로써 조합원들로 하여금 경영주들에 대한 태도를 변화시킨다. 공격성을 유발하는 것은 공격적 행위를 하도록 하는 설득메시지를 전달하는 데 매우 효과적이다. Weiss와 Fine(1956)은 일단의 피험자들로 하여금 매우 성가신 일을 해서 좌절감을 겪게 했다. 다른 집단의 피험자들에게는 유쾌한 경험을 하도록 했다. 그리고 청소년 비행에 대한 처벌에 대해 온건하거나 강경한 메시지를 제공했다. 결과적으로 좌절감을 경험해서 화가 나 있는 피험자들은 강경한 처벌 메시지 쪽으로 태도를 변화시켰다.

③ 공포감 유발

공포감을 유발시키는 것은 다른 사람의 태도를 변화시키기 위해 가장 흔하게 사용해온 방법 중의 하나이다. Janis와 Feshbach(1953)는 고등학생들에게 하루에 세 번 식후에 이를 닦아야 한다는 필름을 보여주었다. 공포감 유발 조건에서는 끔찍하게 삭아버린 치주들과 썩은 이들, 그리고 그 때문에 묘하게 찌그러진 입을 클로즈업해서 보여주었다. 약한 공포 조건에서는 그보다 덜 험한 사진들을 보여주었다. 통제 조건에서는 사진을 보여주지 않았다. 높은 공포 조건의 경우 더 깊은 인상을 받았고 메시지에 가장 많이 동의했다. 그러나 일주일이 경과한 다음 세 집단을 비교한 결과, 통제조건의 피험자들이 두 공포조건의 피험자들보다 자신의 행동을 더 많이 변화시켰다. 너무 많은 공포는 방어적 회피를 유발하

공포감 유발이 파상풍 예방 주사에 대한 태도와 주사 맞는 행동에 미치는 효과

조건	주사를 맞겠다는 의도	주사를 맞은 %
높은 공포	5.17	22
낮은 공포	4.73	13
통제 집단	4.12	6

기 때문이라고 연구자는 해석했다.

그러나 그 후의 많은 연구들은 공포 유발이 태도와 행동 모두를 변화시킴을 증명했다. 한 예로 Dabba와 Leventhal(1966)은 예일대학에서 대학생들에게 파상풍 예방주사를 맞도록 하는 실험을 실시했다. 높은 공포조건에서는 파상풍의 증상과 효과를 매우 극적으로 묘사함으로써 공포감을 고조시켰다. 중간의 공포조건과 통제조건은 이보다 공포감을 적게 유발시켰다. 예방주사의 중요성에 대한 평가와 실제로 한 달 동안에 예방주사를 맞은 학생들의 수를 비교한 결과, 공포감 유발 효과가 뚜렷하게 나타났다.

그러나 너무 심한 공포를 유발하는 것은 오히려 효과를 줄일 수 있다. 너무 무서워지면 행동의 마비가 일어날 수도 있으며 위협이 너무 크면 그 효과를 부정하고 설득 메시지를 거부하는 경향이 있기 때문이다.

(3) 양방적 주장

"자장면 먹으러 가지"라는 말보다는 "자장면 먹을래? 우동을 먹을래? 나는 자장면을 먹고 싶은데"라고 말하는 것이 더 효과적일 수 있다. 일반적으로 의사전달자가 한 가지 의견만을 제시하는 것보다는 어떤 문제의 다른 측면과 함께 자신의 의견을 제시하는 것이 더 설득력이 있다. 연설을 할 때 어떤 문제에 대한 두 가지 측면을 언급하는 것만으로도 청중에 대한 당신의 신뢰성을 증진시킬 수 있다(Jones & Brehm, 1970). 이 분야에서 최초의 연구자인 Hovland 등(1949)은 양방적 주장이 의사전달자의 견해에 애초에 반대의 입장을 취하고 있는 교육수준이 높은 사람들에게 특히 효과적임을 밝혀냈다. 왜냐하면 설득 메시지에 포함된 내용을 잘 알고 있는 사람들은 일방적인 주장을 편향된 것으로 보기 때문이다. 일방적 메시지는 그 문제에 대해 무지하거나(Chu, 1967), 그들이 이미 당신의 관점에 대해 아주 호의적일 때만 유용하다(Lumsdaine & Janis, 1953). 또한

양방적 주장이 더 효과적이라는 것은 **심리적 반발**(Psychological Reactance)과 관련이 있다(Brehm, 1970). 반발 이론에 따르면 사람들은 자신의 자유의지를 지키기 위해 일방적 설득 메시지에 강하게 반발한다는 것이다.

(4) 메시지의 강도와 수사적 질문

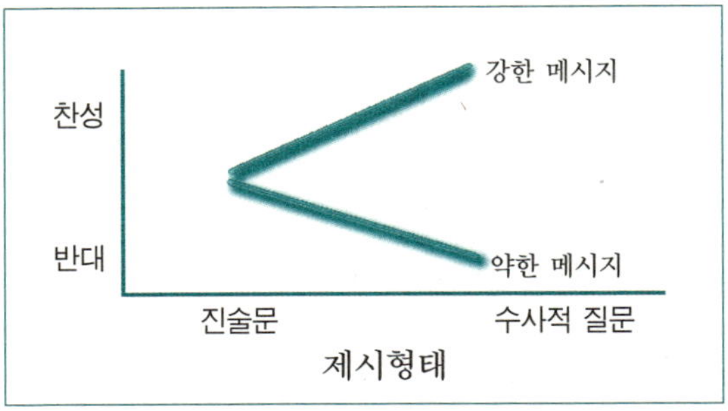

강도 높은 설득 메시지는 수사적인 질문형식이 단순한 진술형태보다 효과적이다.

"저와 함께 춤을 추시겠습니까?" 또는 "저는 당신과 춤을 추고 싶습니다"라는 말을 들었다고 가정하자. 매력정도가 동일하다면 어떤 말이 당신의 마음을 더 동하게 하는가? 우리는 대개 강한 주장들이 약한 주장보다 항상 더 좋은 결과를 낼 것이라고 생각한다. 그러나 강경한 주장은 수신자가 메시지의 호소에 귀를 기울이고 관심을 보이는 경우에 특히 설득력이 높고 그렇지 않은 경우에는 메시지의 강도에 따른 차이가 없다. Burnkrant와 Howard(1984)는 대학생들에게 졸업시험을 시행하겠다는 총장의 신문사설을 읽게 했다. 신문 사설은 졸업시험의 필요성을 명백한 근거를 제시하면서 강한 어조로 쓴 것(강한 메시지)과 의구스러운 주장들을 포함시키고 설득력도 약하게 쓰여진 것이었다(약한 메시지). 한편 이 사설들은 수사적 질문형태("졸업시험이 학생의 취업이나 교수의 질을 진작시키지 않겠습니까?")로 제시하거나 단순한 진술문 형태("졸업시험은 학생의 취업이나 교수의 질을 진작시킬 수 있다")로 제시되었다. 그리고 이를 읽은 학생들이 사설에 얼마나 찬성 또는 반대를 하는지 분석했다.

연구결과, 수사적 질문들이 강한 메시지 속에 포함될 때는 매우 찬성 정도가 강했다. 그러나 약한 메시지에서는 수사적 질문들이 들어가면 역효과가 나타났다. 단순한 진술문들은 그것이 강한 어조의 메시지에 포함되든 약한 메시지에 포함되든 차이가 없었다. 수사적 질문들은 메시지에 대해 더 많이 생각하도록 하며 강한 주장에 대해 더 호의적으로 생각하도록 동기화시켰기 때문이다.

(5) 반복

어떤 사람을 자주 만나면 **노출효과**(Exposure Effect)로 친숙성이 증가한다는 사실을 우리는 이미 배웠다. 설득 메시지 역시 자주 접하면 친숙성이 증가하고 태도변화가 유발되는 경향이 있다. 그렇지만 설득 메시지의 반복(Repetition) 효과는 한계가 있는 경우가 많다. 즉 어느 정도의 반복은 친숙성을 높여준다는 점에서 설득에 긍정적인 효과를 미치지만 적정수준을 넘어서면 지루함이나 반발심을 초래하기 때문에 역전된 U형을 그린다. 메시지 내용이 복잡하지만 체계적으로 구성되어 있다면 반복되어 제시해도 지루함이 덜하고 태도변화를 유발하는 데 긍정적인 효과를 보일 것이다. 그러나 메시지가 단순하고 엉성하다면 반복이 태도변화에 영향을 미치지 못한다.

Cacippo와 Petty(1985)는 졸업시험의 필요성을 주장하는 메시지를 학생들에게 전달할 때 짜임새 있는 내용을 반복해서 제시하면 설득효과가 증가하지만 엉성한 내용의 경우 반복할수록 태도변화 효과가 감소함을 확인했다. 이런 결과는 설득할 때 단순 메시지를 반복하기보다는 내용을 체계적으로 변화시켜 전달하는 것이 효과적임을 시사한다. 따라서 아이들에게 공부가 필요하다는 메시지를 똑같은 말로 반복하는 것은 효과가 없을 뿐 아니라 오히려 반발심을 일으킬 가능성이 있다.

(6) 결론의 제시

흡연의 해독과 이득에 대해 말하면서 금연을 하는 것이 확실히 좋다고 단정적인 결론을 내리는 것이 효과적인가? 아니면 해독과 이득에 대한 자료들을 제시하고 그것을 근거로 상대방이 결론을 내리도록 하는 것이 효과적인가? Hovland와 Mandell(1952)은 사람들에게 두 개의 메시지를 제시했다. 그중의 하나는 의사전달자가 구체적인 결론을 내린 내용을 포함하고 있었다. 다른 하나는 그것을 본 사람이 스스로 결론을 내리도록 작성되었다. 결과는 결론이 분명하게 제시된 메시지를 본 사람들의 태도가 현저하게 변화되었다. 이런 현상은 의사전달자가 이득을 얻기 위한 메시지에서도 나타났다.

결론의 제시가 설득에 미치는 영향은 또 다른 어떤 요인에 의해서 영향을 받을 수 있다. 그것은 메시지의 명백성과 메시지를 받아들이는 사람의 지적 수준이다. Cooper와 Dinnerman(1951)은 결론이 분명하지 않은 메시지는 지능이 낮은 사람들을 설득하는 데는 효과가 별로 없었음을 확인했다. 반면, 명백성이 결여되어 있고 과잉 일반화된 결론 중심의 메시지는 지적인 사람들에게 효과가 없었다.

3) 수신자 요인

어떤 특정한 사람으로부터 특정한 양식의 설득 메시지가 수신자에게 도달했다고 할지라도 그 효과가 항상 일정하게 나타나는 것은 아니다. 왜냐하면 설득 대상의 개인적인 특성이 복잡한 방식으로 다른 요인들과 상호작용하기 때문이다.

(1) 개입

태도를 변화시키기 위한 설득 메시지는 설득 대상이 갖고 있는 개인적 입장에 따라 그 효과가 달라진다. 설득 메시지에 대한 저항의 대부분은 이러한 입장에 대한 개입(Commitment)의 강도에 좌우되며 몇 가지 근원이 있다.

① 태도에 기초한 행동

당신이 만약 방금 어떤 차를 구입했다면 그 차를 구입하기 전보다 그 차의 좋은 점에 대한 믿음에 더 많이 개입되어 있을 것이다. 따라서 당신이 선택한 차가 좋은 차가 아니라는 설득 메시지에 쉽게 동의하지 않을 것이다.

② 공식적인 선언

이전의 어떤 태도에 대해 공식적으로 선언하는 것은 단지 속으로만 그렇게 생각했던 경우보다 설득 메시지에 더 저항을 유발한다(Hovland 등, 1957). 당신이 만약 절대로 담배를 피우지 않겠다고 여러 친구들 앞에서 선언했다면 마음속으로만 생각한 경우보다 흡연의 유혹에 더 저항할 것이다.

③ 자유로운 선택

어떤 입장에 대해서 스스로 선택한 것은 강요를 당한 경우보다 더 큰 개입감을 유발시킨다. Freedman과 Steinbruner(1964)는 피험자들에게 대학원 입시생에 대한 정보를 제공하면서 스스로 마음을 결정해서 평가를 한다는 생각이 들도록 한 조건과 강제로 평정을 택한다고 느끼게 한 조건의 학생들에게 시초의 평정 내용과 상치되는 정보를 제공했다. 그리고 원한다면 자신의 평가를 수정할 수 있게 했다. 예상했던 대로 후자의 경우가 태도 변화를 더 많이 보여주었다.

④ 직접 경험

어떤 일을 직접 경험해서 형성된 태도는 그렇지 않은 태도에 비해 쉽게 변화되지 않는다. Wu와 Shaffer(1987)는 땅콩버터의 상표들에 직접 접촉되었던 피험자들이 간접적으로 접촉되었던 피험자들보다 반대되는 메시지에 대해 더 저항적이었음을 밝혀냈다.

이러한 모든 결과들은 개입 정도가 강할수록 태도변화의 정도가 적을 수 있음을 시사한다.

(2) 면역 효과

기존의 태도와 반대되는 설득 메시지를 접했을 때, 그것들에 대해 저항하고자 한다면 현재 지닌 태도의 근거를 확고히 하거나, 아니면 반대되는 태도의 근거를 알고 이에 대비되는 논리를 지니고 있는 것이 효과적이다(McGuire, 1964). McGuire는 설득에 대한 중요한 저항력은 그것에 관한 과거의 경험으로부터 나온다고 주장한다. 특정 주제에 대한 자신의 의견과 상치된 메시지를 이전에 받아본 적이 있는 사람은 바이러스나 질병에 의해 공격받고 있는 사람과 비슷하다고 가정했다. 즉 바이러스(설득 메시지)가 위력적일수록 질병에 걸릴 가능성이 많고(태도변화), 저항력이 강할수록 질병(설득)에 저항할 능력이 크다는 것이다.

의학에서 질병에 대한 저항력을 증가시키는 한 가지 방법은 약한 병균을 체내에 주입해서 질병에 대한 저항력, 즉 면역력을 기르게 하는 것이다. 설득에 대한 저항 역시 동일한 방법이 효과적일 수 있다. McGuire와 Papageorgis(1961)는 세 집단의 피험자들을 대상으로 **면역 효과**(Innoculation Effect)를 확인했다. 첫 번째는 자신의 입장을 지지하는 메시지만을 들어서 반박의 필요성을 느끼지 못하는 집단이었다. 두 번째는 자기 입장을 약하게 공격하는 내용을 듣고 적절하게 반박을 했던 집단이었다. 그리고 세 번째는 아무런 공방 메시지를 듣지 않는 집단이었다. 추후의 설득과정에서 태도변화가 가장 적게 일어난 집단은 말할 것도 없이 두 번째 집단이었다.

2. 태도변화와 설득 책략들

우리는 지금까지 설득자의 특성, 메시지 및 수용자 변인들이 설득효과에 미치는 영향들을 검토했다. 이를 통해 우리는 다른 사람들과 대중 매체들이 우리를 설득하는 방식들을 개관하면서 현명한 설득자가 되기 위해, 또는 부당한 설득에 저항하기 위해 어떤 노력들을 해야 하는지를 검토해 보았다. 사람들이나 대중 매체 또는 판매 담당자들은 지금까지 검토하지 못한 다양한 설득 전략을 구사하고 있다. 흔하게 사용되는 매혹적인 책략들 몇 가지만을 검토해보자.

1) 문간에 발 들여놓기: 일단 한 번 써보세요

가정방문 세일즈맨들은 고객들에게 물건을 팔기 전에 부담 없는 아주 작은 협조를 얻어내는 것이 효과적이라는 것을 오래전부터 알고 있다. 문간에 발 들여놓기 기법(Foot-in-the-Door)은 사람들에게 부담 없는 요구에 응하게 해서 나중에 큰 부탁을 들어주도록 만드는 기법이다. 예를 들어, 장애인을 위한 기부금 모금이 필요하다면 우선 장애인을 돕는 것이 필요하다고 생각하는지에 대한 의견을 물을 필요가 있다. 판매사원들은 사람들에게 사기에 부담스러운 상품을 내놓기 전에 "사야 할 의무가 없는" 상품을 한 번 써 보라고 권한다.

Freedman과 Fraser(1966)는 소비자 단체의 직원이라고 소개하는 남자 실험자로 하여금 가정주부들에게 전화를 걸게 하였다. 첫 번째 전화를 걸었을 때는

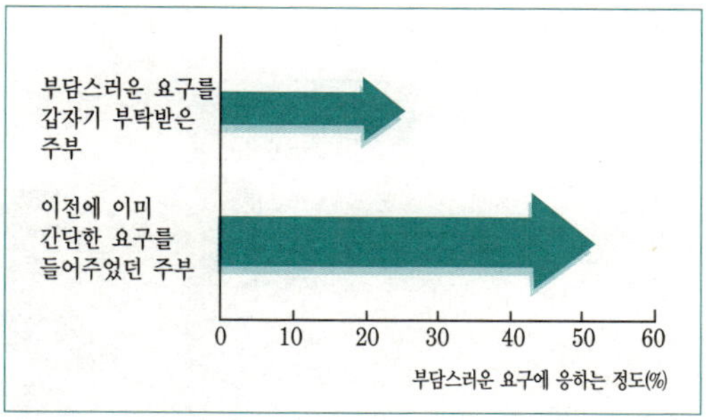

집에서 사용하고 있는 비누의 종류가 어떤 것인지와 같이 몇 가지의 간단한 질문들을 하고 조사에 응해준 것에 대해 정중하게 고맙다는 말을 하였다. 며칠이 지난 다음에 동일한 사람이 다시 전화를 걸어 보다 부담스러운 부탁을 하게 하였다. 이번에는 대여섯 명의 소비자 단체 직원들이 집으로 찾아가 그 집에서 사용하고 있는 생활용품들을 분류하고 기록할 수 있게 해달라고 부탁하였다. 아울러 이것을 하는 데는 약 두 시간 정도가 소요될 것이라는 설명도 해주었다.

말할 것도 없이 이러한 부탁은 매우 성가시고 부담스러운 것이다. 그러나 처음의 전화에서 간단한 질문에 응했던 주부들 중 무려 52.8%가 두 번째의 부담스러운 부탁을 들어주었다. 반면 처음부터 두 번째의 부담스러운 부탁을 요구받았던 주부들 중에는 22.2%만이 그 요구에 응하였다.

또한 많은 다른 연구들에서도 문간에 발 들여놓기 기법이 효과적인 전략이란 것을 보여주었다. 물론, 어떤 전략도 언제나 성공하지는 않는다. 문간에 발 들여놓기 기법 역시 마찬가지다. 만약, 처음 부탁이 너무 사소해서 책임감을 이끌어내지 못하거나, 두 번째 부탁이 터무니없이 크다면 비효과적일 것이다(Foss & Dempsey, 1979; Zuckerman, Lazzaro, & Waldgeir, 1979).

2) 면전의 문 기법: 이보전진, 일보후퇴

부담이 큰 요구를 먼저 한다고 해서 항상 설득력이 없는 것은 아니다. 처음부터 작은 요구를 하는 것보다, 먼저 몹시 부담스러운 요구를 하여 상대가 일단 거절을 하게 한 다음에 작은 요구를 하는 것이 더 효과적일 때가 있다. 낯선 사람이 부탁을 했을 때는 부담스러운 것을 먼저 제시하면 처음부터 거절당할 가능성이 크다. 그러나 부탁을 거절하기 어려운 처지에 있는 사람에게 부탁을 할 때는 부담이 큰 것을 요구한 다음에 작은 요구를 하는 것이 더 효과적이다. 부담이 큰 요구라고 할지라도, 모처럼의 부탁에 거절을 하면 죄책감이나 미안한 감정이 생기기 마련이다. 큰 요구를 거절해서 느끼는 미안함이나 죄책감은 작은 요구를 들어줌으로써 경감될 것이다. 무리한 부탁을 먼저 해서, 나중에 제시한 작은 요

먼저 부담스러운 요구 나중에 부담 없는 요구

구를 들어주게 하는 방법을 심리학에서는 면접의 문 기법 또는 머리부터 들이밀기 기법(Door-in-the-Face Technique)이라고 한다.

거절당할지 알면서도, 세일즈맨들은 고객을 설득하기 위해 부담스러울 정도로 비싼 물건을 먼저 소개하기도 한다. 그 다음에는 비싼 상품을 거절한 고객에게 다소 부담이 적은 물건을 소개하는 것이다. 그 물건의 효용성과 경제성을 잘 설명하면 비싼 물건을 거절했기 때문에 싼 물건은 더 잘 산다. 바겐세일 기간 동안에 백화점 부근은 교통이 마비될 정도로 복잡해진다. 고가의 제품들이 반값으로 팔린다고 생각해보자. 소비자들은 아마도 반값 정도는 벌었다고 생각할 것이다. 사실 세일 가격 자체가 비싼 것인데도, 사람들은 세일 전의 가격과 비교해서 차액만큼을 벌었다고 생각한다. 그래서 평소에 고액의 정가가 붙은 상품일수록 세일 기간에는 많이 팔리는 것이다.

면전의 문 기법은 두 가지 이유로 작동한다(Cialdini, 1993). 첫 번째로, 모든 것은 상대적이고, 사람들은 대비효과(Contrast Effect)로 인해 쉽게 동요된다. 키가 180cm인 농구선수는 190cm 이상의 동료 선수들에 의해 둘러싸였을 때 작아 보인다. 이와 유사하게, 2만 불짜리 차는 3만 불짜리 차에 비해 상대적으로 싸 보인다. 둘째로, 사람들은 상대방이 부탁 정도를 감소시켜서 양보했을 때, 대부분 자신의 양보를 통해 보답해야 한다는 의무감을 느낀다. 그러므로, 그들은 더 작은 부탁에 동의한다. 사람들이 다른 사람들의 친절에 보답해야 한다는 상호성의 원리(Reciprocity Principle)는 어느 사회에서나 존재하는 강력한 사회적 규범이다. 사회적 영향 노력에서 사용되는 다른 방식들 중 몇 가지를 검토해보자.

3) 상호성의 규범: 오는 말이 고와야 가는 말도 곱다

대부분의 사람들은 **상호성의 원리 또는 규범**(Reciprocity Norm), 즉 받는 만큼 되돌려 주어야 한다는 사회적인 규범을 따르는 것 같다. Robert Cialdini(1993)는 상호성 규준이 사회적 영향 노력에서 어떻게 사용되는지에 관해 광범위하게 개관한 바 있다. 자선행위는 종종 상호성 원칙을 사용하게 한다. 불구자들과 집 없는 사람 등등을 위한 기부금을 모으려는 집단들은 관례적으로 기부에 대한 그들의 탄원과 함께 우표와 열쇠고리, 그리고 다른 것들을 함께 보낸다.

상호성 원칙을 사용하는 판매원들은 미래의 소비자들에게 무료 견본을 나누어준다. Cialdini(1993)는 세제와 마루왁스 및 살충제 같은 가정용품을 파는 Amway 회사가 사용하는 상호성 규범의 책략을 소개했다. Amway의 호별 방문 판매원들은 주부들에게 그 회사 제품들을 대량으로 "무료 사용"할 수 있도록 나누어준다. 판매원이 며칠 후에 다시 왔을 때, 주부들은 상품들 중에 몇 개는 사야겠다는 의무감을 느낀다.

상호성 규칙은 사회적 상호작용에서의 공평한 교환을 촉진하는 데 중요하다. 하지만 사람들이 상호성 규칙을 교묘하게 조작할 때, 그들은 대개 훨씬 더 많이 돌아올 것이라고 기대하는 최소한의 가치를 가진 어떤 것을 준다. 예를 들어, 대형 전산처리 시스템을 팔기 위해 고급 호텔에서 잠재 고객들에게 만찬을 베풀기도 한다. Cialdini에 의하면, 상호성 규범은 매우 강력해서 심지어 (1) 관심이 없는 선물이거나, (2) 싫어하는 사람이 선물을 하거나, 아니면 (3) 선물 때문에 다소 손해를 볼 수 있다고 생각될 때조차도 위력을 발휘할 수 있다고 한다.

4) 미끼 기법: 좋은 소식은 먼저, 나쁜 소식은 나중에

상호성 규범도 약간의 속임수가 가미될 수 있지만, **미끼 기법**(Lowball Technique)은 훨씬 더 기만적인 기법이다. 이 기법은 소비자에게 엄청나게 싸게 판다는 제안을 하는 자동차 판매에서 흔하다. 자동차 판매원은 일단 아주 싼 가격을 제시해서 소비자를 유인한다. 그리고 한 묶음의 서류를 작성하게 하고 시운전을 해보도록 권고해서 차를 구입하는 활동에 개입하게 한다. 그리고 최종적인 계약 직전에 몇 가지 선택사양이 있음을 밝힌다. 에어컨 100만 원, 파워 스티어

링 120만 원… 이런 식으로 가격이 올라가더라도 순진한 소비자들은 별로 저항하지 않는다.

일단 차를 사기로 계약한 고객은 대부분 그 거래를 취소하지 못한다. 왜냐하면 그렇게 하더라도 경쟁회사의 가격과 크게 차이가 나지 않기 때문이다. 무엇보다도 이 차는 내가 선택한 차가 아닌가? 고객은 열심히 자기 합리화를 하면서 즐거운 마음으로 계약서에 도장을 찍게 된다. 따라서, 미끼 기법은 어떤 사람에게 어떤 물건의 숨겨진 비용이 밝혀지기 전에 매력적인 제안에 계약하도록 이끄는 것을 포함한다. 미끼 기법은 알고 보면 매우 부정직한 기법이다. 그러나 한편으로는 매우 효과적인 전략이다(Burger & Petty, 1981).

이성 친구를 처음 사귈 때 거의 누구나 자신의 단점은 감추고 장점을 부각시킨다. 그리고 관계가 어느 정도 깊어져야 자기 자신의 개인적인 고민거리나 가족의 문제점을 털어놓는다. 많은 경우, 모든 문제를 처음부터 상대에게 공개하지는 않는다. 이런 점에서 미끼 기법은 누구나 흔하게 사용하는 심리적 전략 중 하나다.

5) 심리적 반발심: 멍석 깔면 하던 짓도 안 한다

오래전에, Jack Brehm은 사람들로 하여금 어떤 일을 하지 말라고 했을 때 더 하고 싶어한다는 것을 증명해냈다. 심리적 반발심(Psychological Reactance)은 어떤 방식으로 행동하려는 개인의 자유의지가 방해받았을 때 일어나고, 사람들은 자유를 위협받으면 그것을 회복하기 위해 노력한다는 것이 그의 이론이다.

한 연구에서는 대학교 화장실에 낙서를 하지 말라는 경고문을 부착하고, 강경하고 엄하게 쓴 화장실과 부드러운 톤으로 쓴 화장실을 비교하였다. 비교 결과, 강경하고 엄한 경고문이 써 있는 화장실에서 학생들의 낙서가 더 많이 발견되었다. 말리는 정도가 심해지면 반발심도 그만큼 늘어난다. 그래서 '청소년 관람불가'를 강조해서 홍보하는 영화를 청소년들은 기를 쓰고 보려고 하는 것이다.

고급 옷가게의 점원들은 알게 모르게 고객들의 청개구리 심리를 자극한다. 점원이 권하는 옷을 선뜻 사는 사람은 별로 없다. 점원이 권하는 대로 옷을 산다는 것은 나의 자유를 포기하는 것이며, 점원의 요구에 복종하는 것을 의미하기 때문이다. 어떤 점원이 "사모님. 이 옷은 기가 막히게 좋은 제품이기는 하지만

왜 그래! 먹겠다는데…

필자의 첫째 아이는 두세 살 때쯤 밥을 안 먹는 것으로 아내를 힘들게 했다. 달래고 겁주고 해 봐도 별 효과가 없었다. 한번은 아내와 짜고 "밥 먹어라"에서 "안 먹을 거지?"로 태도를 바꿔보았다. 안 먹겠다고 했으니, 빵이나 다른 간식도 먹지 않겠다는 다짐을 받아냈다. 두 끼, 세 끼가 지나자 태도는 달라졌다. 먹으라고 할 때는 안 먹겠다고 버티더니, 먹지 말라고 하니까 서서히 입맛이 동했던 모양이다. 다섯 살인 필자의 둘째 아이는 콩 먹기를 싫어해서 밥에 든 콩을 일일이 골라내는 행동을 보였다. 아이에게 콩을 먹게 하기 위해 다음과 같은 과정을 거쳤다.

아이: 콩은 싫어(콩을 골라냄).
필자: 그래 먹지 마라. 오빠 그릇에다 담아라.
아이: (열심히 골라내서 오빠의 밥그릇에 담음).
필자: 넌 난쟁이가 되고 싶은 모양이구나. 콩을 안 먹으면 키가 안 크거든. 먹기 싫으면 안 먹는 거지 뭐.
아이: (의아하게 쳐다보며 약간 망설임).
필자: 아빠가 도와줄게(아이의 밥에 있는 콩을 골라내 오빠의 그릇에 담음). 오빠는 난쟁이가 싫대. 넌 앞으로도 콩을 먹지 마라.
아이: 아니야, 나도 콩 먹을 거야.
필자: 안 먹는다고 했잖아(계속 골라내서 오빠의 그릇에 담아줌).
아이: 왜 그래! 먹겠다는데(화를 내면서 필자의 밥그릇에 있는 콩까지 골라감).

-이민규의 「생각을 바꾸면 세상이 달라진다」 중에서 -

가격이 좀 비싸서 웬만한 사람들은 사기가 좀 힘들겠죠?"라고 했다고 치자. 점원이 노골적으로 자기의 자존심을 건드리면, 불쾌해진 고객은 가게를 나가고 말 것이다.

그러나 "비싸기 때문에 사기가 어려울 것"이라는 암시를 은근하게 그리고 정중하게 전달했다고 치자. "비싸니까 안 사는 것이 좋다고?" "나를 뭘로 보고…" 하는 반발심이 발동하여 순간 마음에도 없는 물건을 카드를 써서라도 무리하게 구입할 수 있다.

6) 희귀성의 효과: 지겨운 장마비도 그치면 섭섭하다

이런 반발심 효과와 관련된 또 하나의 전략이 희귀성의 효과(Scarcity Effect)를 이용하는 것이다. 회사들이 왜 그들의 상품 양이 희귀하다는 인상을 창조해내기 위해 노력하는 것일까? 희귀성은 상품을 선택할 당신의 자유를 위협하고, 따라서 반발심과 희귀한 상품에 대한 증가된 욕구를 만들기 때문이다. 광고 제작자는 종종 상품에 대한 수요를 높이기 위해 희귀성이 있는 듯이 꾸민다. 우리는 항상 "한정 수량 판매", "한정된 시간 내에만", "그것들이 마지막입니다.", 그리고 "기한이 거의 끝나갑니다"라고 말하는 광고들을 본다.

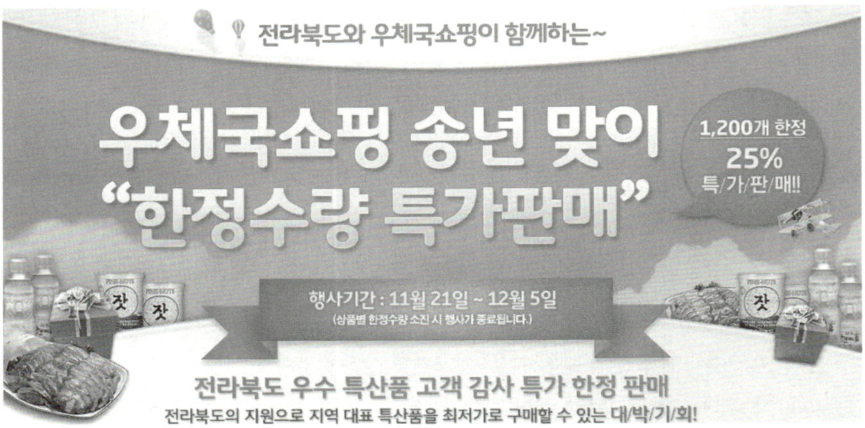

7) 타인의 모방: 친구 따라 강남 간다

관찰학습 또는 본뜨기(Modeling)는 사람들의 행동이 모델이라 불리는 타인들의 행동을 관찰하고 태도나 행동을 바꾸는 것을 말한다. Albert Bandura(1986)에 의하면, 많은 행동들은 모방이나 모델링 효과의 산물이다. 이러한 모델링 효과는 때때로 사회적 영향을 미치려는 노력에 사용된다.

모델링의 힘은 크리스마스 휴일 동안 구세군 상자에 돈을 넣는 사람이 늘어나도록 하기 위해 설계된 실험에서 입증되었다(Bryan & Test, 1967). 이 연구에서, 지나가는 사람인 것처럼 가장한 실험 보조자들로 하여금 구세군 상자에 돈을 집어넣게 했다. 다시 말하면 그들로 하여금 길거리를 지나가는 행인들의 자선행위를 유발시키기 위한 모델의 역할을 하도록 한 것이다. 예언된 대로, 이러한 관대한 모델들을 목격한 행인들은 모델이 없었던 통제조건보다 더 많은 자선행위를 하였다.

광고 전문가들은 누구보다도 설득에 영향을 미치는 요인들을 잘 알고 있다. 그래서 어떤 경우에는 유명인사를, 또 어떤 경우에는 "보통 사람"을 TV 광고에 등장시킨다. 또한 모델링 효과는 TV 제작자들이 그들의 코미디 쇼에 가짜 웃음을 집어넣는 이유를 설명해준다. 연구자들은 녹음된 가짜 웃음소리를 끼워 넣으면 시청자들이 더 자주 그리고 더 길게 웃는다는 사실을 밝혀냈다(Fuller & Sheehy-Skeffington, 1974; Smith & Fuller, 1972). 이 외에도 모델링 효과의 이점을 추구하는 사람들은 수도 없이 많다. 예를 들어, 일식 집의 주방장들은 이전 손님으로부터 많은 팁을 받은 것처럼 꾸미기 위해 만 원짜리 몇 장을 그들의 호주머니에서 꺼내 팁 통에 미리 집어넣는다.

결론적으로 말하면, 사람들은 다른 사람의 태도를 변화시키기 위해 상상할 수 없을 만큼 다양한 방법들을 사용한다는 것이다. 이런 영향을 미치는 기법들 중 다수가 다소 부정직하다는 사실에도 불구하고, 여전히 그것들은 널리 사용된다. 우리에게 영향을 미치려는 부당한 설득 전략에 넘어가는 것을 완전하게 피하는 방법은 없다. 하지만 이런 여러 가지 책략들을 이해함으로써 당신은 도처에 산재한 설득계의 명수들로부터 받을 수 있는 피해를 줄일 수 있을 것이다.

제6장

호감 형성과 사랑

미숙한 사랑은 말한다. "당신을 사랑해요. 왜냐면 당신이 필요하기 때문에",
그러나 성숙한 사랑은 말한다. "당신이 필요해요,
왜냐면 당신을 사랑하기 때문에"

-Erich Fromm-

"나는 당신을 사랑해요"라고 말할 때 우리는 너무나 자주 '나'라는 말은 크게, 그리고 '당신'이란 말은 작게 말한다.

-Archbishop Antony-

가장 오래 지속되는 사랑은 다시는 돌아오지 않는 사랑이다.

-Somerset Maugham-

결혼 전에는 눈을 크게 뜨고, 결혼 후에는 눈을 반쯤 감아라.

-Benjamin Franklin-

결혼에서의 성공이란 단순히 좋은 상대를 만남으로써 오는 것이 아니라 좋은 상대가 됨으로써 온다.

-Bernett Brickner-

성공적인 결혼이란 매일같이 개축해야 하는 건물과 같은 것이다.

-Andre Maurois-

우리가 누군가 새로운 사람을 만나게 되었을 때 가장 흔히 갖게 되는 관심 중의 하나는 상대방이 내가 좋아할 만한 사람인가이다. 그리고 조금이라도 그렇다고 판단될 때 갖게 되는 두 번째 관심은 그들이 얼마나 나를 좋아할 것인가이다. 그리고 어떻게 하면 좀 더 상대방으로 하여금 나를 좋아하게 할 수 있는지도 부수적으로 뒤따르는 의문이 될 것이다. 특히 이성 간의 관계에 있어서는 초기 단계의 만남을 통해 호감을 형성하면 사랑하는 사이로 관계를 조성하고 이끌어 가기 위해 어떻게 해야 하는지에 관심이 집중될 것이다. 이 장에서는 대인 간의 호감 또는 매력을 결정하는 요인이 무엇인지, 호감에서 발전되는 이성 간의 사랑 및 결혼과 관련된 심리학적인 연구결과들을 살펴보게 될 것이다.

1. 대인매력에 영향을 미치는 요인들: 그대가 좋아지는 이유들

낯선 사람들이 만나 서로 또는 일방적으로 끌리거나 친밀감을 느끼게 만드는 이유가 무엇일까? 개인마다 다른 사람들에 대한 평가기준이나 기호가 다르기 때문에 누가 어떤 사람에게 매력을 느끼는가는 극도로 복잡한 주제이다. 개인적 취향이나 문화적 요인이 호감형성에 영향을 줄 수 있기는 하지만 사람들 간의 호감 형성에 영향을 미치는 몇 가지 보편적인 요인들이 존재하는 것은 사실이다.

여기서는 이러한 다양한 요인들을 세 가지의 범주로 구분해서 소개할 것이다. 첫 번째 부분에서는 우리에게 호감을 주는 사람들의 개인적 특성들을 살펴볼 것이다. 둘째로, 내 자신과 관련된 특성들이 타인에 대한 호감을 경험하는 데 어떻게 영향을 미치는지를 논할 것이다. 마지막으로, 우리는 상호작용 요인들을 분석할 것인데, 이는 두 사람이 갖고 있는 특성들이나 양자 간의 관계 양상이 두 사람 사이에서 경험되는 호감에 어떤 영향을 미치는지를 검토하는 것이다.

1. 상대방의 특성

호감과 관련된 개인적 특성을 찾아내는 것은 간단하다. 그것은 당신의 친구가 누군가를 소개시켜 준다고 했을 때 당신의 머릿속에 떠오르는 생각들을 점검해 보면 된다. 상대방의 중학교 성적? 그 사람이 결석을 잘 하는지 여부? 아니면 좋아하는 음악? 아마도 이런 것들은 아닐 것이다. 내놓고 말하기는 쑥스러울지 몰라도 가장 먼저 그 사람이 어떻게 생겼는지가 궁금할 것이다. 그리고 상대방의 성격, 능력 또는 지위나 나이 등에 대해 알고 싶어할 것이다. 여러 가지 연구 결과들은 실제로 이러한 요인들이 대인 간, 특히 이성관계에서 호감 형성을 좌우하는 중요한 개인적 특성임을 밝혀냈다.

1) 신체적 외모: 보기 좋은 떡은 먹기도 좋다?

어떤 사람의 신체적인 외모가 다른 사람들이 얼마나 좋아할지를 결정하는 요인으로 작용한다는 것은 다소 비민주적인 측면이 있다. 성품이나 매너, 또는 성실성과 같은 개인적 특성과는 달리 신체적 외모는 자신의 의도와는 상관없이 타고나는 통제 불가능한 요인이기 때문이다. 따라서 이것으로 상대방에 대한 호감을 결정한다는 것은 매우 "불공평한" 것처럼 보인다. 그래서 그런지 설문지를 통한 많은 연구들에서는 신체적 외모의 매력정도가 사랑의 대상이나 배우자를 선택하는 기준 중 상위 기준에 해당되지 않는 것으로 나타났다.

그러나 사람들이 보여주는 실제적인 행동을 관찰한 연구 결과들은 그렇지가 않다. '아무리 좋은 꽃도 열흘을 넘기지 못한다(花無十日紅)'는 말이나 '한 까풀 벗기면 모두 똑같다'는 말 또는 '겉표지로 책을 판단할 수 없다'는 말은 사람들로 하여금 신체적 아름다움에 현혹되지 말라는 경고들이다. 그러나 여러 가지 연구결과들은 '이왕이면 다홍치마' 또는 '보기 좋은 떡이 먹기도 좋다'는 속담이 더 설득력이 있음을 시사한다. 외모의 매력정도가 호감형성에 실로 막강한 위력을 발휘한다는 증거들을 살펴보자.

(1) 후광효과: 매력적인 사람은 성격도 좋아 보인다

어떤 사람에 대한 전반적인 매력 정도에 신체적인 외모가 미치는 영향은 실로 막강하다. 신체적인 외모가 사람들의 성격 특성을 반영하는 것으로 믿는다는 것은 많은 연구 결과들에 의해서 지지되었다. 매력적인 사람들은 그렇지 않은 사람들에 비해 더 재미있고, 안정되어 있으며, 사교적이고 독립적일 뿐 아니라 신나고 성격이 온화한 것으로 평가받는 경향이 있다. 뿐만 아니라 잘생긴 사람은 더 지능이 우수하고, 더 유쾌하다고 평가받는다(Dion 등, 1972).

소개팅에서 사진과 같은 매력적인 여자를 만났을 때 당신은 그 사람을 좋아하겠는가? 아니면 거부감을 느낄 것인가? 심리학자들은 이구동성으로 매력적일 때 더 호감을 사기가 쉽다고 주장한다.

심지어는 똑같은 내용의 에세이를 보여주고 글 쓴 사람의

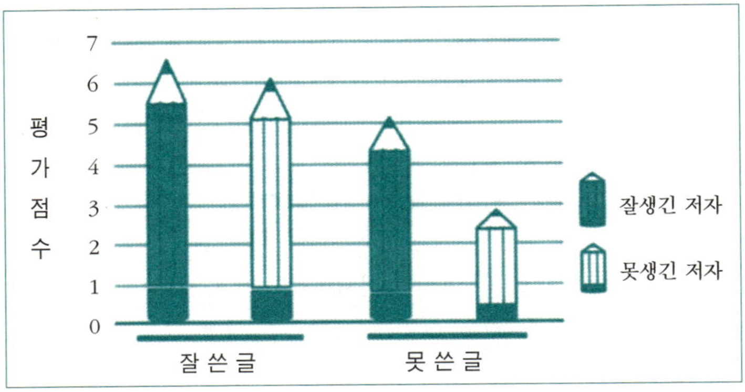

같은 내용의 글도 매력적인 저자가 썼을 때 더 잘 써 보인다.

사진이라면서 매력적인 여성과 비매력적인 여성의 사진을 제시하면 매력적인 여성이 더 잘 썼다고 평가한다. Landy와 Sigall(1974)은 남자 대학생들에게 "TV의 역할과 사회적 영향"이라는 제목의 글을 읽고 평가하게 하였다. 그 글에는 저자의 사진이 부착되어 있었는데, 아주 매력적인 여자의 사진이 붙어 있거나 아니면 못생긴 여자의 사진이 붙어 있었다. 명료하고 문법적으로 틀리지 않으며 체계적으로 구성되어 있는 글과 문법과 철자가 틀리고 산만한 내용 두 가지에 대한 평가를 분석한 결과, 전반적으로 매력적인 사람이 저자라고 생각했을 때 더 후한 점수를 주는 것으로 밝혀졌다. 그러나 잘 쓴 글과 못 쓴 글을 비교해보면, 잘 쓴 글에 비해 못 쓴 글에서 외모의 매력 정도에 의한 평가점수의 차이가 더 크게 나타났다.

이처럼 외모나 지명도 또는 학력과 같이 어떤 사람이 갖고 있는 한 가지 장점이나 매력 때문에 관찰하기 어려운 다른 성격적인 특성들도 좋게 평가하도록 만드는 것을 **후광효과**(Halo Effect)라고 한다. 한 심리학자는 학생들을 모의재판

쉬면서 해보는 간단한 실험 한 가지

신체적 외모의 영향력을 파악하기 위해 간단한 실험을 하나 해보자. 당신의 고등학교 졸업앨범을 꺼내 놓고 당신과 다른 고등학교를 나온 친구에게 당신의 반 친구들의 사진을 보여 주라. 그리고 그중에서 가장 사귀고 싶은 상대 10명만을 골라보라고 하라. 물론 이때 사진 이외의 이름과 같은 다른 정보를 모두 가려야 할 뿐 아니라 고등학교 동창들에 대한 어떤 얘기도 해줘서는 안 된다. 그리고 다른 친구에게도 똑같은 실험을 해 보라. 그리고 그들을 선택하게 된 이유를 물어보고 두 친구들이 선택한 동창들과 선택하지 않은 동창들의 외모를 비교해 보라. 그리고 두 친구들이 선택한 10명 중에 공통적으로 포함된 사람들이 몇 명이나 되는지 세어 보라. 두 사람 모두가 선택한 인물이 있는가? 만약 있다면 당신도 그 사람이 가장 사귈만한 성격을 가진 사람이라고 생각하는가?

에 참여시켜 후광효과가 나타나는지 관찰했다. 동일한 범죄 내용의 공소장에 각기 다른 여자의 사진을 부착했다. 판사 역을 담당했던 남학생들은 한결같이 매력적인 사진이 부착되어 있는 공소장을 보았을 때 그 범인에게 더 가벼운 형량을 선고했다.

이런 후광효과는 어린아이들을 대상으로 했을 때도 나타난다. Dion 등(1972)은 어린아이들이 저지를 수 있는 잘못을 기술하고 귀엽게 보이는 아이와 그렇지 않은 아이의 사진을 부착했다. 이 내용을 본 성인들은 귀여운 아이들의 잘못에 대해 더 관대한 태도를 보였다. 매력적이고 귀여운 아이의 잘못은 일시적인 실수로 해석한 반면, 못생긴 아이들이 저지른 잘못은 우연적인 실수보다는 고의적이며 성격이 나쁘기 때문이라고 보았다.

이렇듯 못생긴 외모 때문에 그 사람의 다른 측면까지 부정적으로 평가하는 경향을 악마효과(Devil Effect)라고 한다. 만화나 텔레비전 연속극의 주인공은 대부분 잘생긴 사람이고, 범죄자, 깡패, 간신이나 사기꾼 등 악역을 맡은 사람들은 거의 별 볼 일 없이 생기거나 험상궂게 생긴 사람들이다. 그것은 후광효과와 악마효과를 최대한 이용해야 보는 사람에게 혼란을 주지 않고 감동을 줄 수 있기 때문이다.

(2) 방사효과: 매력적인 사람과 있어야 주가가 올라간다

사람들이 매력적인 사람들을 좋아하는 데에는 또 다른 이유가 있다. 잘난 사람과 함께할 때 사람들은 자신이 더 좋은 평가를 받는다고 생각하기 때문이다. 사교 모임에서 짝 관계에 있는 두 사람의 외모가 너무 차이가 날 때 사람들이 떠올리는 생각이 있다. "어머 저 두 사람 너무 비교된다" 또는 "한쪽이 너무 기운다" 같은 것이 그 예이다. 그리고 이런 생각을 하면서 사람들은 두 사람의 관계를 추측한다. 짝 관계인 남녀의 외모를 보고 사람들이 그들의 관계를 어떻게 추측하는지에 대해 시중에 떠도는 유머를 하나 소개하겠다.

> 미남과 미녀: 천생연분이군, 그러나 왠지 오래 못 갈 것 같애.
>
> 추녀와 추남: 죽도록 사랑하나 봐(정말 사랑하나 봐).
>
> 미남과 추녀: 그 여자 돈 많은가 봐.
>
> 추남과 미녀: 그 남자 능력 있나 봐.

한 쌍의 남녀가 매력 정도에서 현저하게 차이가 나면 사람들은 못생긴 쪽이 뭔가 외모 이외의 장점을 갖고 있을 것이라고 추측한다. 「미녀와 야수」에서 야수인 빈센트는 잘생긴 용모가 아니기 때문에 은연중에 그가 친절하고, 신사다우며 용감해서 미모인 캐더린의 사랑을 받았을 것이라고 생각케 한다.

사람들은 이성 파트너가 잘생기고 미모인 여자나 남자를 보면 파트너가 못생긴 경우에 비해서 더 괜찮은 사람으로 평가한다. 외모가 수려한 사람과 사귀려고 하는 이유 중의 하나는 그런 사람과 같이 있음으로 해서 자신의 주가가 올라간다는 것을 알기 때문이다. 사람들에게 외모의 매력 정도에 차이가 나는 부부가 함께 찍힌 사진을 보여주면서 남편을 평가하게 한 연구가 있다. 연구 결과 '못생긴 남자와 미모의 아내가 짝이 된 커플'이 잘생긴 남자와 못생긴 여자, 남녀 모두 못생긴 경우, 둘 다 잘생긴 쌍들과 비교했을 때 여러 가지 점에서 가장 높은 점수를 받았다. 반면 매력이 없는 여자와 함께 있는 남자에 대해서는 사회적 지위나 명성을 낮게 평가하는 것으로 나타났다. 매력적인 여성을 아내로 갖고 있는 초라해 보이는 남자는 지위가 높거나 가진 것이 많을 것이라고 사람들이 추측했기 때문이다.

매력 있는 짝과 함께 있을 때 사회적인 지위나 자존심이 고양되는 것을 방사효과(Radiation Effect)라고 한다. Sigall은 대학생들을 대상으로 조사한 결과, 어떤 사람과 함께 있는 애인이나 동료가 매력이 없을 때보다는 매력이 있을 때 그 사람을 더 호의적으로 평가함을 관찰했다.

재미있는 것은, 파트너가 아니라 두 사람이 서로 잘 모르는 경우에는 이런 방사효과가 나타나지 않는다는 것이다. 낯선 사람과 있을 때는 오히려 매력 없는 사람과 함께 있는 것이 더 유리하다는 것이다. 너무 매력적인 상대와 함께 있으면 그 사람과 비교가 되어 평가 절하되는데, 이 현상을 대비효과(Contrast Effect)라 한다. 애인이나 배우자를 선택할 때는 가능한 한 매력적인 상대를 고르려고 한다. 그러나 평소에는 자기에 비해 너무 잘나고 매력적인 사람을 피하고 비슷하거나 아니면 좀 못한 사람들과 어울리는 경향이 있다. 왜 그럴까? 대비효과 때문에 자신이 더 못나 보일 수 있기 때문이다.

(3) 매력적 외모의 한계: 잘생긴 것도 죄?

이쯤에서 별로 잘생기지 못한 대부분의 여러분은 심한 좌절감을 느낄지 모른다. 그러나 외모가 매력적이라고 해서 항상 혜택을 누릴 수 있는 것은 아니다. Sigall과 Ostrove(1975)는 범죄자가 그의 매력을 이용했을 경우에는 모의 재판에서 더 중형을 선고받을 것이라고 가정하고, 실험을 통해 이를 확인해 보기로 했다. 공소장의 내용도 사기죄와 절도죄로 달리하고, 공소장에다 매력적인 여자 사진과 비매력적인 여자 사진을 부착했다. 모의 재판의 판사 역할을 맡게 된 사람들은 절도죄의 경우에는 인상이 좋지 않고 못생긴 여자에게 더 중형을 선고했다. 그러나 미모를 이용해서 저지를 수 있는 사기죄의 경우에는 매력적인 여자에게 더 중형을 선고했다. 못생긴 사람이 외모를 이용해서 범죄를 저질렀다는 것은 왠지 신빙성이 없어 보이기 때문이다. 다행스럽게도 잘생기지 못한 사람들에게도 희망은 있다. 신체적 매력의 영향정도는 결혼상대를 선택하는 데는 그다지 큰 영향을 주지 못한다는 연구결과들이 있기 때문이다(Stroebe 등, 1971).

또한 아름답고 멋지게 생긴 사람들에 대한 부정적인 편견도 있다. 매력적인 여자들은 비매력적인 여자들에 비해 허영심이 강하고, 더 돈을 밝히며 자기의 남편에 대해 불성실할 것이라고 판단하는 경향이 있다(Cash & Duncan, 1984). 우리 속담에 "일색소박은 있어도 박색소박은 없다"는 말이 있다. 잘생긴 여자가 소박맞는 경우는 있어도 못생긴 여자가 소박맞는 경우는 없다는 이야기다. 매력적인 사람은 성장과정에서 별다른 노력 없이 외모만으로도 타인의 관심과 애정을 받아왔을 가능성이 높다. 그러나 결혼생활과 같이 장기적으로 유지되어야 하는 관계에서는 외모보다 상대에 대한 공감능력이나 성실성과 같은 성격적인 요인들이 더 중요하게 작용할 것은 자명한 사실이다. 아름다움의 영향력은 지금까지 살

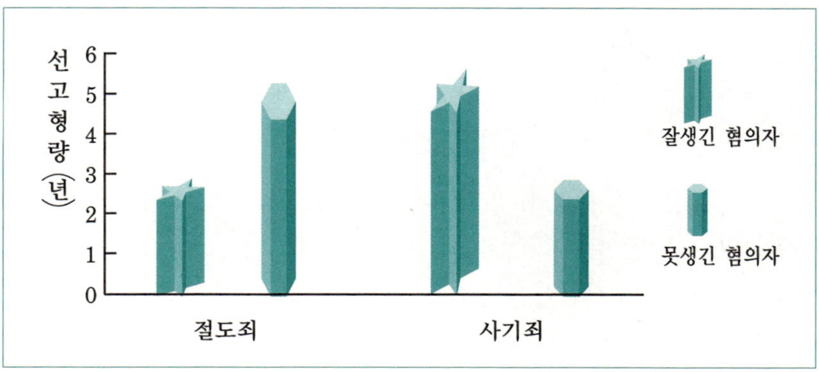

펴보았던 증거만큼 크지 않을 수도 있다. 37개국 사람들을 대상으로 행해진 비교문화적 연구의 결과(Buss, 1985)는 친절함과 이해심 같은 성격적 특성들이 신체적 매력보다 더 중요함을 시사하고 있다. 신체적 외모로 인한 손실을 보상할 수 있는 이 같은 성격적 특성들을 살펴보자.

2) 바람직한 성격 특성들: 마음이 고와야....

성격 특성들은 대인 매력에 영향을 미치는 또 다른 중요한 요인임이 분명하다. 사람들은 소란스럽고, 기만적이며, 불쾌한 태도를 보일 때보다는 성실하고, 정직하며, 신뢰할만한 사람에게 더 호감을 느낀다. 이상적인 남성과 여성에 대한 사람들의 지각에 관한 대규모의 설문 조사는 대부분의 사람들이 신용, 성실, 따뜻함, 관대함 및 사랑에 대한 능력과 같은 특성들을 높이 추구한다는 것을 나타내었다(Tavris, 1977). 유사한 결과들이 영국의 대학생들과 데이트 중인 사람들을 대상으로 한 낭만적 상대에서의 선호하는 성격 특성들에 관한 최근 연구에서 보고되었다(Goodwin, 1990). 즉, 대부분의 사람들이 선호하는 특성들은 친절함, 사려 깊음, 정직, 유머였다. 데이트 상대를 선택할 때의 선택기준을 조사한 또 다른 연구에서, 미국 대학생들은 정서적으로 안정되고, 편안하고, 친절하고, 재미있으며, 유머감각이 좋은 특성들에 높은 점수를 주었다(Kenrick 등, 1993).

또 다른 연구에서는 대학생들에게 그들의 이성관계에서 상대방에게 찾고자 하는 바람직한 신체적 및 심리적 특성들을 평가해달라고 요청했다(Nevid, 1984). 당신이 기대할 수 있듯이, 의미 있는 낭만적 관계에서는 성격특성이 신체적 특성들보다 더 중요하게 평가되었다. 또한, 남성들이 장래의 낭만적 상대의 신체적 특성들에 대해 여성들보다 더 큰 중점을 둔 반면, 여성들은 성격적 특성들을 강조했다. 그러나 자기보고에 기초한 연구이기 때문에 아마도 이러한 성 차이들은 십중팔구 과장되었을 가능성이 있다. 그럼에도 불구하고 확실히 사람들이 보편적으로 호감을 느끼는 성격적 특성이 존재하는 것은 사실이다.

(1) 성실성

Anderson(1968)은 사람을 기술하는 데 사용되는 555개의 형용사 목록을 만들었다. 그는 대학생들에게 각 특성을 가진 사람들을 얼마나 좋아할 것인가를 평가하게 했다. 이 연구결과에서 '성실성'이 가장 호감도가 높은 점수를 받았다. 반면, 호감도가 가장 낮은 형용사는 '거짓말쟁이'였다. 호감도가 높게 평가된 또 다른 형용사는 온정성과 유능성이었다.

IQ 75밖에 안 되는 검프를 주인공으로 내세워 뜻이 있고 성실하게 노력하는 사람들에게는 사랑과 성공의 길이 있다는 메시지를 전해주는 영화 「포레스트 검프」

(2) 온정성

무엇이 어떤 사람을 온정적이고 친절하다고 생각되게 만들거나 냉정하다고 생각되게 만드는가? 온정성과 관련된 중요한 요소 중의 하나는 긍정적인 조망을 갖고 있다는 것이다(Folkes & Sears, 1977). 사람들은 사물들을 좋아하고, 칭찬하고, 인정할 때, 즉 타인들과 사물들에 대해 긍정적인 태도를 가질 때 온정성이 있다고 판단한다. 이에 반해, 사물을 싫어하고, 비방하고, 그것들이 불쾌하다고 말하거나, 비판적일 때 냉정할 것이라고 판단한다.

(3) 유능성

일반적으로 우리는 사교술이 좋고, 지적이며, 유능한 사람들을 좋아한다. 특정한 형태의 유능성은 그 사람과 어떤 관계에 있느냐에 따라 다소 달라진다. 예컨대, 대화를 잘하는 친구들에게, 차를 잘 고치는 정비공에게, 강의를 잘하는 교수에게 매력을 느낀다. 왜 그럴까? 말할 것도 없이 무능한 사람들보다도 유능한 사람들과 함께 있을 때 우리는 그들로부터 보상을 더 많이 받을 수 있기 때문이다.

(4) 허점과 실수

일반적으로 사람들은 영리하고 유능한 사람들을 그렇지 않은 사람들보다 더 좋아한다. 일류대학 졸업이나 높은 지위로 상징되는 유능성은 배우자 선택의 중요한 기준이 될 수 있다. 그러나 때때로, 지나치게 유능한 사람들은 위협적일 수 있으며, 다른 사람들이 종종 그들을 좋아하지 않을지도 모른다. 흥미롭게도, 매우 유능한 사람들은 자신들이 실패할 수 있고 그리하여 보다 "인간적인 면"이 있다는 것을 보여줌으로써 그들의 매력을 높일 수 있다.

소녀들이 남자 가수에게 열광하는 한 가지 이유

'노래를 잘 부르면 여자한테 인기가 있다?' 사람한테는 모르지만 최소한 휘파람새의 경우는 사실이다. 한국 교원대 박시룡 교수 팀은 최근 연구 결과 휘파람새 특유의 '짝짓기'노래가 있으며, 이 노래를 잘 부르는 수컷이 암컷을 잘 유인하는 경향이 있다고 밝혔다. 휘파람새는 노래를 시작할 때 '휘-익'(알파음)과 '호르륵'(베타음)의 두 가지 특성을 지니는데 알파음은 짝짓기를 위해 암컷을 유인할 때 내는 소리이고, 베타음은 침입자에 대한 경보라고 한다. 휘파람새의 노래 타입은 도입부 음의 특성과 중간 부분 주파특성 등에 따라 많게는 네 개까지 분류가 가능하다. 그러나 중부지방 휘파람새의 경우 이 중 둘 정도, 특히 알파음을 제대로 구사하지 못하는 것으로 나타났다. 남부지방의 경우 휘파람새의 서식 밀도가 중부지방보다 3-4배가량 높아 경쟁이 치열하다 보니 노래 수준이 상향 평준화될 수밖에 없다는 설명이다.

미국 듀크대학 동물행동학자 스티븐 노위키 교수는 "새는 태어나자마자 둥지에서 아버지로부터 노래를 배우게 된다"며 "이는 노래를 잘하는 수컷이 어렸을 때 영양을 잘 공급받고 잘 길러졌다는 것을 뜻한다"고 말했다. 조사 결과 실제로 레퍼토리가 다양한 수컷이 깃털도 길고 몸집도 컸다. 그렇다면 암컷 휘파람새가 '음치' 수컷을 만나면 어떻게 생각을 할까. 레퍼토리가 적은 것은 일반적으로 뇌 발달이 잘 안됐다는 것을 의미한다고 연구팀은 생각한다.

노위키 교수는 "수컷의 노래 배우기 결과를 평가함으로써 암컷은 상대가 먹이는 제대로 장만할 수 있는지, 천적을 피하고 가족의 영역을 지켜낼 수 있는지를 판단한다"며 "잘 양육된 수컷이 커서도 좋은 아버지가 된다는 것을 암컷은 잘 알고 있는 셈"이라고 말했다.

이런 생각을 검증하기 위한 연구에서, 남학생들로 하여금 캠퍼스 내에서의 중요한 문제에 대해 다른 남학생을 인터뷰한 것처럼 꾸며진 녹음 테이프를 듣게 했다. 인터뷰 내용은 네 가지 조건에서 다르게 기술되었다: (1) 매우 유능한 경우, (2) 매우 유능하지만 당황해서 실수를 한 경우(자신에게 커피를 쏟음), (3) 다소 무능한 경우, (4) 다소 무능하면서 앞에서와 같은 실수를 한 경우(Aronson, Willerman & Floyd, 1966). 피험자들은 인터뷰한 사람들 중 누구를 가장 좋아할까? 그들은 실수를 저지른 매우 유능한 학생을 선호했다. 그렇다면 자주 실수를 저지르는 것이 이성 친구로부터 호감을 살 수 있는 효과적인 작전일까? 실수를 저지르기 전에 우선 당신 자신을 돌아볼 필요가 있다. 그리고 사람들은 아주 유능한 사람이 어쩌다 실수를 저지르면 그를 더욱 좋아하지만 무능한 사람이 실수를 저지르면 가장 싫어했다는 실험결과를 상기해야 할 것이다.

3) 나이와 사회적 지위

많은 연구들은 미국 여성들이 보통 그들보다 다소 나이 든 남성과 결혼하며, 미국 남성들은 그들보다 다소 나이 어린 여성들을 좋아한다고 지적한다. 이러한 발견들은 다른 문화들에서도 마찬가지로 발견되었다. 사회적 지위와 관련하여, 몇 가지 연구들은 데이트 중인 남성들이 자신의 사회적 지위를 여성의 신체적 매력과 그리고 여성들은 자신의 신체적 매력을 남성들의 사회적 지위와 "교환한다"는 것을 보여준다. 이 발견은 많은 다른 문화에서도 사실로 나타난다. 어느 나라에서나 대부분 남성들은 여성들의 신체적 매력을 중요하게 생각하는 반면, 여성들은 남성들의 재산, 학력, 권력 등의 "소득능력(경제력)"을 더 중요하게 여긴다. 더욱이, 몇 가지 연구들은 보다 매력적인 여성들은 덜 매력적인 여성들보다 데이트 상대를 고를 때 지위가 더 높은 남자들을 선택하는 경향이 있음을 보여주었다.

최근 연하의 남자와 연상의 여자가 결혼하는 사례가 급증하고 있다.

Arnold Buss(1988)와 같은 진화론적인 사회 심리학자들은 나이와 지위, 그리고 신체적 매력과 관련한 이러한 현상은 우리의 유전된 생식 전략에 기인한다고 주장한다. 이러한 관점에 의하면, 여자가 생식할 수 있는 기간은 몇 년으로 제한되어 있기 때문에(남자는 그렇지 않음), 남성은 출산 능력이 있는 여성에게 끌리게 된다. 그래서 남자는 여자의 생식 능력을 나타내는 특성(젊음, 매력, 건강)에 더욱 관심을 표명한다. 반면에 여성은 남성보다 자식에게 더 많은 자원들을 투자하며, 부양할 수 있고 그녀와 그녀의 아이들을 보호할 수 있는 배우자를 특히 바란다. 그래서 여성은 남성의 자원 획득(성숙, 수입 능력, 지위)에 초점을 둔다. 물론, 매력과 배우자 선택에서의 성 차이에 대한 다른 설명들도 있다. 이들 중 주요한 것들은 전통적인 성 역할 사회화와 여성들의 열등한 경제적 기회이다.

4) 보상: 사람은 베푸는 자를 좋아한다

사람들은 자신에게 뭔가 베푸는 자를 좋아한다. 앞에서 다룬 바 있는 신체적 외모와 유능성과 같은 성격 특성들이 호감에 미치는 영향도 알고 보면 그것들이 모두 보상 기능을 갖고 있기 때문이다. 유명한 배우 스티븐슨은 그가 그의 아내와 결혼하게 된 결정적 이유는 그녀의 '당신이 좋아요'라는 한마디 때문이라고 고백했다. '아낌없이 칭찬하라. 그것이 호감을 사는 지름길이다'라고 카네기는 말한다.

사회적 관계에서 경험하는 대표적인 보상 중의 하나는 사회적 인정이다. 많은 연구들은 자신을 긍정적으로 평가하는 사람을 좋아하는 경향이 있음을 입증해냈다. 이 분야의 고전적 실험(Aronson & Linda, 1965)에서 순진한 피험자들은 가짜 피험자들과 잠깐 동안 상호작용하게 되었다. 그리고 가짜 피험자들이 연구자와 주고받는 대화를 우연인 것처럼 가장해서 엿듣게 했다. 한 조건에서는 자신을 칭찬하고 인상이 좋다는 얘기를 들었다. 다른 조건의 순진한 피험자들은 자신에 대해 비판적으로 말하는 내용을 엿들었다. 가짜 피험자에 대해 평가할 기회가 주어지자 두 조건의 평가 결과는 판이했다. 예상대로 피험자들은 자기를 칭찬하는 가짜 피험자를 훨씬 긍정적으로 평가했다.

일반적으로 우리는 우리를 칭찬하는 말이 진실이라고 믿는 경향이 있으며, 그 칭찬이 사탕발림이라는 사실을 아는 경우조차도 그런 칭찬을 하는 사람을 좋아한다.

대인관계에서 경험하는 보상의 또 다른 형태는 정신적 또는 물질적 도움이다. 어느 사회에서나 맨입으로 부탁할 때보다는 뭔가를 제공할 때 더 잘 도와주며, 상대방을 좋아한다. 또 다른 보상 형태는 함께 있을 때 즐거움을 느끼게 해주는 것이다. 앞에서 제시한 사회적 인정(칭찬)이나 정신적 및 물질적 도움뿐 아니라 우리는 유머감각이 있는 사람을 좋아하는 경향이 있다. 그들은 우리에게 즐거움을 선사하기 때문이다. 결론적으로 **사회적 교환이론**(Social Exchange Theory)에서 제시하는 바와 같이 사람들은 의식하지는 않을지라도 어떤 식으로든 인간관계에서 득실을 계산하며 득을 보는 경우 상대방에게 접근하고, 손실이 득보다 크다고 생각될 때는 멀리하는 경향이 있다.

2. 우리 자신의 특성

이제까지, 우리는 어떻게 타인의 특성들이 당신으로 하여금 그들에게 끌리게 할 수 있는지에 대해 논의했다. 이제 우리는 사회적 동기, 자기 존중감 및 자기 지각과정 같은 우리 자신이 갖고 있는 내적 요인들이 다른 사람에 대해 호감을 느끼는 정도에 어떻게 영향을 미치는지 알아볼 차례이다.

1) 사회적 동기: 찾으려고 해야 찾아진다

사회적 동기(Social Motivation)들은 사람들을 사회적 상호작용 및 관계로 참여시키는 것들이다. 분명히 이러한 동기들의 강도에는 개인차가 존재한다. 결국, 어떤 사람들은 많은 사람들과 친구들을 찾아 나서고, 반면 다른 사람들은 단지 몇 명의 가까운 관계들에 완전히 만족한다. Dan McAdams(1982)는 두 가지 중요한 사회적 동기들 사이에서 어떤 흥미로운 차이들을 발견했다. 만약 당신이 강한 유친 욕구를 가지고 있다면, 당신은 아마도 집단에 결합하고 참여하는 것은 물론, 가치가 있다고 생각되는 많은 대인관계를 형성하고 유지하기를 즐길 것이다. 이 욕구가 낮은 사람들은 다른 사람들과 상호작용을 하고 그들과 호감을 형성하는 데 관심과 흥미가 적을 것이다. 만약 당신이 몇 명의 가까운 관계들을 선호한다면, 당신은 아마도 약한 친밀성 욕구를 가지고 있을 것이다. 여러 연구들은 높은 친밀 욕구를 가진 사람들이 낮은 친밀 욕구를 가진 사람들보다 속마음을 더 잘 털어놓고, 안녕감을 더 많이 경험한다고 주장한다.

2) 자기 존중감: 자기를 사랑하는 자가 남도 사랑한다

자기 개념을 다루는 장에서 언급했듯이, 당신의 자기 존중감은 당신이 타인과 관계 맺는 방법에 많은 영향을 준다. 예를 들면, 낮은 자기 존중감을 지닌 피험자들은 높은 자기 존중감을 지닌 사람들이 선택하는 것보다 덜 매력적인 상대를 고르는 경향이 있다(Kiesler & Baral, 1970). 또한, 호의적인 자기개념을 가진 사람들은 비호의적인 자기개념을 가진 사람들보다 자신이 더 넓은 범위의 데이트 기회를 가질 것이라고 가정한 것이다.

자기 존중감은 당신에 대한 타인의 평가와 관련된 당신의 반응에도 영향을 미친다. 낮은 자기 존중감을 가진 사람들은 높은 자기 존중감의 사람들보다 호의적인 평가자들에게 더 긍정적으로 반응하는 경향이 있고, 비호의적인 평가자들에게는 더 부정적으로 반응하는 경향이 있다. 따라서 만약 자기 존중감이 낮다면, 사람들은 자신에 대한 타인의 관점에 더 취약할 것이다—더 좋게 혹은 더 나쁘게.

3) 오귀인과 정서: 낭만적 사랑은 역경 속에서

Stanley Schachter(1964)의 정서이론은, 사람들이 보통 정서와 연합된 생리적 흥분을 경험할 때, 그들이 처해있는 상황을 바라봄으로써 흥분의 원인을 설명하려 한다고 제시한다. 연구자들은 이 이론을 설명하기 위해 자연상황을 사용했다(Dutton & Aron, 1974). 참가자들은 예쁜 젊은 여자(실제로는 실험 공모자인)와 만날 다리를 건너가는 젊은 남자들이었다. 그 여자는 다리 위에서 남자들을 멈추게 하고, 그들에게 그녀가 하고 있는 학급 연구과제를 위한 질문지를 완성하도록 요청했다. 그 남자가 질문지를 돌려주었을 때, 여자는 언젠가 연구를 설명해 주겠다고 말하고, 그녀의 전화번호를 건네주었다. 실험의 핵심은 이 과정이 두 개의 다른 다리에서 행해졌다는 것이다. 하나는 230피트 높이 이상의 위험스럽게 흔들리는 긴 출렁다리였다. 다른 다리는 작은 물줄기 위로 10피트밖에 안 되는 높이의 견고하고 안전하게 구성된 견고한 다리였다.

실험자는 매우 긴장되는 다리를 건너는 남자들이 정서적 흥분을 경험할 것이며 그들 중 몇 명은 자신들의 흥분을 위험한 다리 때문이라기보다 여자 때문에 일어난 것으로 잘못 해석할 것이라고 추론했다. 그래서 그들의 생리적인 흥분을 여자 때문이라고 귀인한다면, 그녀를 매우 매력적으로 평가하리라고 가정했다. 이 연구에서 종속변인은 후에 그 여자에게 데이트 신청을 하려고 전화한 남자의 수였다. 예상한 대로, 흥분된 상태(위험한 다리)에서 여자를 만난 남자들은 정상적인 정서 상태(안전한 다리)에서 여자를 만난 사람들보다 여자에게 데이트 신청을 더 했다.

이것은 정서적 각성을 잘못 귀인하는 오귀인(Misattribution)이 사랑에 빠지는

스톡홀름 신드롬(Stockholm Syndrome)

기억 속에 남는 소설이나 영화 속의 사랑은 한결같이 비극적이다. 역경이나 고난 없이는 낭만적 사랑이 불가능하다는 것인가? '러브 스토리'의 주인공이 그렇고 '라스트 콘서트'의 주인공이 그렇다. 학생들의 경우도, 한가하고 스트레스가 없을 때보다, 공부할 것이 너무 많거나 고민이 많을 때 사랑의 가슴앓이를 더 많이 한다. 전투에 참가하기 직전이나 전투 상황에서 군인들이 사랑을 갈구하듯이. '로미오와 줄리엣'의 경우처럼, 양가 부모들이 반대를 하거나 그들의 사랑을 방해하는 연적이 나타났을 때 더 정열적인 사랑을 하게 되는 이유도 생리적 흥분과 관련된다. 상대가 중병에 걸려 안타까울 때도 역시 생리적인 흥분을 경험하게 될 것이고, 천재지변을 당하거나 사회계층의 벽이 있을 때도 좌절감을 경험한다. 내버려둬도 가능한 사랑은 재미가 없다. 안될 수밖에 없는 사랑을 쟁취해야 더 진한 사랑을 느낀다. 그래서 아름답고 낭만적인 사랑은 전쟁, 불치병, 부모의 반대 등 역경 속에서만 꽃을 피우는 것인지도 모른다.

영화 '섬머타임 킬러'는 주인공이 납치범과 사랑에 빠지는 내용을 담고 있다. 영화뿐 아니라 실제의 사례가 있다. 몇 년 전 한 여자가 스웨덴의 스톡홀름에서 은행강도의 인질로 붙잡혔다. 131시간 동안 잡혀 있던 그녀는 마침내 은행강도 중의 한 명과 사랑에 빠졌다. 그때 이후로 납치범에 대한 사랑을 스톡홀름 신드롬(Stockholm Syndrome)이라고 한다. 여기에는 두 가지의 효과가 관여하기 때문이다.

인질로 잡힌 피해자가 납치범에게 호감을 느껴 사랑에 빠지는 경우가 있다.

첫째, 두려운 상황에서 겪는 생리적 흥분의 원인을 잘못 해석하기 때문이다. 무서울 때는 근육이 긴장되고 심장 박동수가 빨라지는 등 사랑할 때와 아주 유사한 생리적 흥분이 일어난다. 그래서 공포 상황에 처해 있을 때의 생리적 흥분을 인질범에 대한 호의적 감정 때문이라고 해석하기 때문이다. 둘째, 극단적인 공포와 위협 상황에서는 판단력이 흐려지고 어린애처럼 의존적인 상태가 된다. 그 상황에서 공포감을 줄여주는 사람이 있으면 그 사람에게 긍정적인 호감을 형성하기 마련이다. 꼼짝없이 죽었다고 생각하고 있는데, 상대가 예상 외로 인간적인 모습을 보인다거나 호의적으로 대하면 보다 쉽게 사랑을 느낀다. 공포감을 줄여주는 사람에게 호감을 형성하기 때문에 이런 현상을 심리학에서는 사랑의 **공포감소 모델**(Fear Reduction Model)이라고 한다. 안정된 상태에서 보상을 주는 것보다, 공포상황에서 공포감을 줄여주는 사람에게 더 호감을 느끼는 것이다.

이민규의 「생각을 바꾸면 세상이 달라진다」 중에서

이유를 잘못 해석하게 할 수 있음을 시사한다. 낭만적인 사랑의 감정이 좌절에 의해서 고양될 수 있다는 증거가 있다. Driscoll 등(1972)은 부모의 간섭정도와 데이트 중인 커플의 낭만적 사랑의 정도를 평가했다. 그 결과, 부모의 반대가 심할수록 낭만적 사랑 정도를 더 크게 평가하는 것으로 나타났다. 이들 연구대상들을 추적 조사한 연구에서는 부모가 두 사람의 관계를 허용할수록 커플들은 열정이 줄어들었음이 밝혀졌다. 연구자들은 부모가 간섭할수록, 즉 좌절감을 경험할 때 더 열정적인 사랑을 하게 되는 현상을 **로미오와 줄리엣 효과**(Romeo and Juliet Effect)라고 명명했다.

3. 상호작용 요인들

사람들 간의 호감을 유발시키는 몇몇 요인들은 당신이나 상대방 한 사람에게만 존재하는 것이 아니다. 대신, 그것들은 당신과 타인 사이의 독특한 상호관계에서 나타난다. 그러므로 이들을 "상호작용 요인들"이라고 부른다. 이 요인들로는 근접성, 유사성, 그리고 상호 관계가 포함된다.

1) 근접성: 자주 보면 정들고, 안 보면 멀어진다

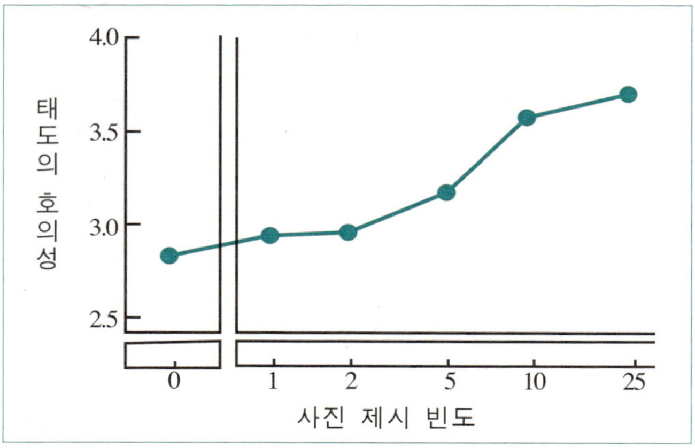

사람들은 단순히 자주 만났다는 것만으로도 친근감을 느끼고 호감을 경험하는 경향이 있으며 이를 **근접성 효과**(Proximity Effect)라 한다. Zajonc 등(1968)은 대학생들에게 사람들의 사진을 보여주었다. 어떤 학생들에게는 25회나 보여주었고 어떤 학생들에게는 한 번만 보여주었다. 그런 다음에 학생들에게 사진 속의 인물들이 얼마나 마음에 드는지 그리고 만나게 되면 얼마나 좋아할 수 있을지를 판단하게 했다. 매우 흥미로운 결과가 관찰되었다. 학생들은 자주 볼수록 더 좋아했으며 앞으로도 좋아할 것이라고 대답했다. 이와 동일한 결과는 실제의 인물들을 대상으로 연구한 결과(Saegert 등, 1973)에서도 반복 검증되었다. 이처럼 단지 자주 접촉하는 것만으로 호감이 증가하는 것을 **단순노출의 효과**(Mere Exposure Effect)라고 한다.

자기 얼굴을 보고, 거울에 침 뱉는 사람은 없다.

대체적으로 우리는 우리에게 익숙한 것을 좋아하는 경향이 있다. 사실 여부를 확인하기 위해 간단한 실험을 해보자. 그것은 녹음된 자신의 목소리와 육성을 비교해 보는 것이다. 아마도 여러분은 이전에 이미 이 같은 경험을 해봤을 것이다. 그런 적이 없다면 먼저 당신의 목소리를 녹음 테이프에 담아보자. 그리고 그것을 들어보고 자신의 육성과 비교해 보자. 어떤 목소리가 더 좋게 들리는가? 만약 녹음된 목소리가 더 어색하고 좋지 않게 들린다면 그 이유는 무엇인가?

당신이 전혀 만난 적이 없는 사람과 우정을 키우기란 어려울 것이다. 그런 일이 가끔 일어나기는 하지만(예를 들어, 펜팔, 컴퓨터 통신상에서), '이웃사촌', '안 보면 멀어진다'는 말이 있듯이 서로 간에 호감을 느끼려면 일단은 함께 있는 기회가 많아야 한다. 근접성이란 지형적, 거주지역상, 그리고 공간적으로 가까운 것을 의미한다. 일반적으로 사람들은 가까이에서 살고, 일하며, 함께 물건을 사거나 행동하는 사람들과 사귀게 되고 끌리게 된다.

근접성이 얼마나 중요한지를 밝히기 위해 우선, 대학 기숙사 단지에 사는 결혼한 대학원생들 간의 우정에 대한 고전적인 연구(Festinger, Schachter & Back, 1950)를 살펴보자. 연구결과, 문들이 가까이 있는 사람들이 친구가 되는 경향이 가장 높았다. 더욱이 중앙의 정원을 마주하고 있는 집들의 사람들은, 정원 밖을 향하고 있는 집들의 사람들보다 그 집합체 내에서 2배 이상의 많은 친구를 사귀었다. 중앙 정원을 사용하는 것이 사람들로 하여금 다른 사람들과 만나게 하고, 친해지도록 하는 것을 분명히 증진시키는 것 같다.

근접성 효과는 메릴랜드 주의 경찰 학교에 대한 연구에서도 발견되었다

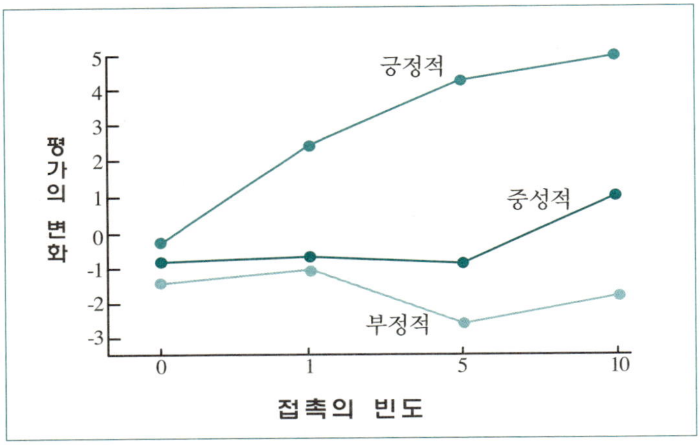

(Segal, 1974). 훈련 학교에서, 기숙사 방과 수업시간의 자리를 모두 알파벳 순서로 정했다. 그들이 도착한 지 6개월 후, 참가자들에게 훈련집단 사이에서 그들과 가장 가까운 세 명의 친구 이름을 물어보았다. 알파벳에서 성이 가까운 훈련생들이 알파벳에서 더 멀리 떨어져 있는 이름을 가진 훈련생들보다 훨씬 더 친해지는 경향이 있었다. 근접성 효과는 우정과 사랑이 좌석배치, 사무실에서의 책상 배열과 기숙사에서의 층 배치에 의해 영향받을 수 있음을 시사해준다. 교통수단이 엄청나게 발달한 현대사회에서도 사람들은 여전히 같은 지역에서 성장한 누군가와 결혼하는 경향이 있다(Ineichen, 1979). 이러한 근접성의 효과는 두 가지 요인들을 내포하고 있다. 첫째, 근접성은 일반적으로 친숙성을 증가시킨다는 것이다. 둘째, 근접성이 높은 사람일수록 유사성이 높을 가능성이 많다. 예컨대, 자주 마주치는 사람들은 같은 전공이거나 같은 일을 하는 사람들일 경우가 많다.

호감의 형성에 이처럼 강력한 영향을 미치는 단순접촉의 효과도 한계점이 있다. 만약 첫인상이 좋거나 적어도 중성적인 경우에는 효과를 발휘하지만 부정적인 인상을 갖고 있는 대상은 만날수록 오히려 호감이 감소할 수 있을 것이다. 이러한 가정을 확인하기 위해 Perman과 Oskamp(1971)는 자극 인물의 사진을 과학자나(긍정적), 스포츠 셔츠를 입은 사람(중성적) 또는 수갑을 찬 수배인(부정적)으로 묘사하면서 제시했다. 사진을 본 사람들의 평가 결과는 긍정적 및 중성적인 인물은 볼수록 호감이 증가되었으나 부정적인 인물은 볼수록 호감이 줄어들었음을 보여주었다.

> 우리가 어떤 대상에 익숙해지면
> 우리도 모르는 사이에 그 대상을 좋아하게 된다.
>
> –로버트 치알디니–

2) 유사성: 類類相從—끼리끼리 좋아한다

"유유상종"이 사실일까 아니면, "반대가 끌리는가?" 이와 관련된 연구들은 후자보다 전자를 훨씬 더 지지하며 이러한 현상을 **유사성의 효과**(Similarity Effect)라고 한다. 이성애의 결혼한 커플들 및 데이트하는 커플들은 나이와 인종, 종교, 사회적 계층, 교육, 지성, 신체적 매력 그리고 태도에서 비슷한 경향이 있다. 이성애자뿐 아니라 동성애자 및 양성애자들을 비교한 연구에서, 세 집단의 모든 구성원들은 애인이 유사한 관심을 갖는 것이 중요하다는 것에 동의했으며, 같은 종교적 신념을 공유했고, 유사한 가치관을 가졌다. 집단들이 차이가 나는 요소는 인종적 배경에서의 유사성이었다. 즉, 이성애자들은 동성애자나 양성애자들보다 유의미하게 더 동일한 인종적 배경의 상대를 찾는 경향이 있다.

또한 유사한 성격을 가진 사람들이 유사하지 않은 성격을 가진 사람들보다 서로에게 더 끌리는 경향이 있다. 예를 들면, 전통적인 성역할 특성에 강하게 동일시하는 남성과 여성은 고정관념화된 성역할에 약하게 동일시된 사람들보다 서로에게 더 끌리는 경향이 있다. 유사하게, "A-유형 성격" 사람들은 자기와 같은 성격을 가진 사람들을 좋아한다. 결혼한 커플들에 있어서, 성격의 유사성은 부부

사람들은 자신과 비슷한 취향과 비슷한 태도를 가진 사람들을 좋아한다.

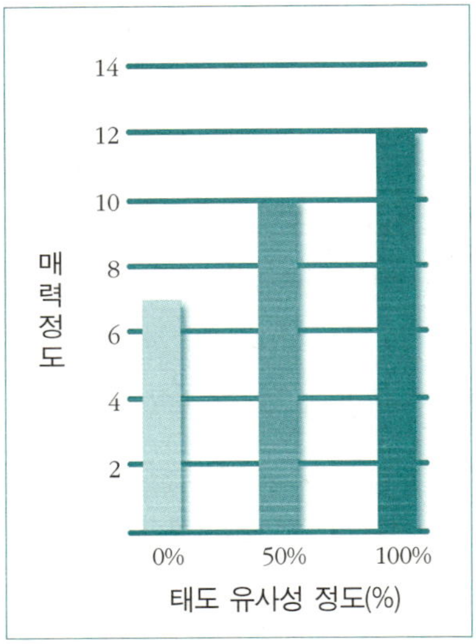

행복감과 밀접한 정적 상관이 있다고 밝혀졌다. 유사성은 친구 사이에서도 중요하다. 예를 들면, 청년들 사이에서 가장 친한 친구는 나이, 성별, 인종, 교육적 목표와 수행, 정치적 및 종교적 활동, 불법 약물사용에 있어서 유사하다. 성인에서의 친구도 교육, 직업적 지위, 인종, 종교에서 비교적 유사한 경향이 있다.

이러한 관계들에 대한 가장 명백한 설명은 유사성이 매력을 유도한다는 것이다. Donn Byrne과 그의 동료들에 의해 행해진 "태도의 유사성"에 대한 실험실에서의 연구는, 유사성이 호감을 일으킨다고 제시한다(Byrne, 1971; Byrne, Clore & Smeaton, 1986). 이 연구들에서, 자신의 태도에 대한 정보를 이미 제공한 피험자들은 그들이 낯선 사람을 만나게 될 것이라고 믿도록 유도되었다. 그들은 자신의 관점과 다양한 유사성을 나타내도록 조작된 생소한 사람의 관점에 대한 정보를 받았다. 태도의 유사성이 증가할수록, 낯선 사람에 대한 피험자의 호감도는 증가했다. 이 증거는 유사성이 매력을 촉진시킨다는 개념을 지지한다. 그렇지만 이것은 Rosenbaum(1986)의 다소 다른 설명과도 일치한다.

Rosenbaum은 유사성이 호감을 만들기 때문이 아니라, 비유사성이 타인을 좋아하지 않도록 하기 때문에 유사성 효과가 일어난다고 하는 증거들을 정리했다. 그리고 그는 이 현상을 **반감 가설**(Repulsion Hypotheses)이라고 명명했다. 이 가설에 대한 한 연구에서, Rosenbaum(1986)은 민주당원이 공화당원(유사하지 않은 타인)을 통제집단보다 더 낮게 평가한 만큼, 다른 민주당원(유사한 타인)을 통제집단보다 더 좋게 평가하지 않았다는 것을 발견했다. 그러므로, Rosenbaum은 비유사성이 경멸을 일으킨다는 대안을 논하면서 태도 유사성의 중요성을 깎아내렸다. 더 최근의 증거는 호감도가 태도에서 유사성과 비유사성 양자에 의해 영향을 받는다고 제안하고 있다(Singh & Tan, 1992; Smeaton, Byrne & Murnen, 1989).

3) 상보성: 머리가 나쁜 미인은 못생겨도 똑똑한 남자를 좋아한다?

뛰어난 미모의 무용가 이사도라 던컨이 당대의 천재 버나드 쇼에게 말했다. "당신의 두뇌와 나의 미모가 합쳐진다면...."하고. 이에 버나드 쇼는 말했다. "당신의 두뇌와 나의 빈약한 체구가 합쳐진다면...."

사람들 간의 유사성이 호감을 형성하는 데 막강한 위력을 발휘함에도 불구하고 때로는 상반되는 어떤 특성이 서로를 이끌리게 만드는 경우들이 있다. 가장 분명한 예 중의 하나는 지배적이고 권위적인 남편과 수동적이고 복종적인 아내 간의 관계일 것이다. 또 다른 예는 말하기를 좋아하는 사람은 말하기보다는 들어주기를 잘하는 사람을 좋아하는 경우이다. 이처럼 유사한 성격보다는 자신의 욕구를 충족시킬 수 있는 성격을 가지고 있는 사람들을 좋아하는 현상을 **욕구상보성 가설**(Need Complementarity Hypotheses)이라고 하며 "Jack Sprat" **규칙**이라고도 한다.

그러나 상보적 특성들의 경우에서라도 친밀 관계에 있는 두 사람의 기본적인 태도들의 유사성이 있는 경우가 많다. 예컨대, 남편이 지배적이고 아내가 복종적이면서도 좋은 관계를 유지하고 있는 사람들은 둘 다 '남성은 권위적이어야 하고 여자는 복종적이어야 한다'는 전통적인 성역할이 바람직하다고 의견일치를 보이는 경우에 한할 것이다. 매우 상보적인 특성을 가지고 있는 것처럼 보이는 관계에서조차도, 두 사람 모두가 좋아하는 어떤 기본적인 태도의 유사성을 갖고 있는 경우가 많다.

결론적으로 말한다면, 친밀 관계를 돈독하게 하는 가장 좋은 비법 중의 하나는 서로의 욕구를 보완시켜주는 특성을 가지고 있으면서도 유사성을 공유할 수 있는 것이다. 예컨대, 지배적인 남편과 순종적인 아내가 취향과 인생관 등에서 유사성을 갖고 있을 때 보다 친밀한 관계가 유지될 수 있다는 것이다.

4) 상호성: 가는 말이 고와야 오는 말이 곱다

타인에 대한 당신의 호감도를 결정짓는 결정적인 요인은 그들이 당신을 좋아한다고 믿는 정도이다. 우리는 상대가 진실하다고 믿을 때, 상대방이 우리를 좋게 평가하고, 호의를 베풀며, 우리에게 관심을 보이는 시선을 보이거나 몸을 당신을 향해 기울일 때 상대방을 더 좋아한다. 단순하게 좋아할 뿐 아니라 상대로부터 받은 만큼 우리도 그에게 베풀려고 노력한다. 대인관계에서 사람들은 자기를 좋아하는 사람을 좋아한다는 것이 상호성의 원리(Reciprocity Principle)이다. 상호성의 원리에 따르면 호감은 호감을 낳고, 사랑은 사랑을 촉진시킨다.

당신은 여기에서 자기 이행적 예언(Self-fulfilling Prophecy)이 어떻게 작용하는지를 볼 수 있을 것이다. 만약, 누군가가 당신을 좋아한다고 믿는다면, 당신은 상대에게 보다 친절한 행동을 할 것이다. 당신의 친절한 행동은 상대로 하여금 보다 긍정적으로 반응하게 자극하고, 이는 당신의 초기기대를 확증시킨다. Rebecca Curtis와 Kim Miller(1986)에 의한 한 연구는 이 자기 충족적 예언이 작용함을 보여준다. 서로 낯선 대학생들은 두 명씩 짝을 이루어, 5분 동안 "서로를 소개하는" 대화를 가졌다. 그 후, 각 쌍의 한 명으로 하여금 다른 학생이 그들을 좋아하거나 좋아하지 않는다고 믿게 만들었다. 그러고 나서, 두 사람이 다시 만나게 하여, 10분 동안 현재의 사건들에 대해 얘기하라고 했다. 그것이 실험적 상황이라는 사실을 모르는 평가자들로 하여금 실험에 참가한 사람들의 대화를 10분 동안 녹음한 내용을 듣고, 참가자들에 대해 평가하게 했다. 예상대로, 상대방이 자신에 대해 호감을 느끼고 있다고 믿는 사람들은, 자기를 싫어한다고 하는 상대와 함께할 때보다 스스로를 더 개방하고, 더 따뜻하게 행동하며, 상대의 의견에 동의를 더 많이 했으며, 보다 긍정적인 톤의 목소리로 말하고, 보다 관대한 태도를 보이는 것으로 평가되었다.

앞에서 우리는 친절을 베풀고 관심을 가져줄 때 사람들은 상호성의 원리에 따라 상대에게 더 친절해지며 관심을 가지게 될 수 있음을 검토했다. 그러나 예외적으로 "비싸게 굴 때, 즉 쉽게 넘어가지 않을 사람"이라고 인식시키는 것(hard to get)이 호감을 증가시킬 수도 있다. '튕기기 전략'이라고 할 수 있는 이 전략은 이성으로부터 받는 관심이나 호감 같은 사회적 제의에 비교적 관심이 없는 것처럼 보일 때, 즉 상호성의 원리를 위반할 때 상대방을 더 안달하게 만들 수 있음을 시사한다. 그러나 이러한 전략은 자신이 아주 매력적이라고 평가받는 경우가 아니면 별 도움이 안 된다는 점을 간과해서는 안 된다. 경험적 증거는 "함부로 할 수 없게, 즉 도도하게" 행동해서 만만한 상대가 아님을 과시하는 것은 그다지 권할만한 것이 아니라고 말해준다. 여러 연구들은 사람들이 다른 사람

자동차 판매 왕의 비결- "I Like You - Girad-"

미국의 자동차 판매 왕으로 선정된 지라드는 그 비결을 묻는 기자들에게 다음과 같이 말했다. "고객들은 정당한 값으로 차를 사고 싶어하고, 자기를 좋아하는 사람에게 사고 싶어 한다는 사실을 받아들이면 됩니다", 그는 매달 13000명이 넘는 고객에게 자신의 개인적 메시지가 담긴 축하카드를 보낸다고 한다. 축하의 내용은 신년 축하 카드인가, 추수감사절 카드인가에 따라 달라지지만 그의 개인적 메시지는 항상 변함이 없다. 그의 카드에는 항상 "I Like You"라고 적혀 있었다. 그의 말을 빌리면 '카드에는 내 이름 이외에는 아무것도 적지 않아요. 그저 나는 그들에게 내가 그들을 좋아한다고 말할 뿐입니다.'

그는 인간 본성에 관한 매우 중요한 사실 하나를 터득하고 있는 것 같다. 그것은 사람들이 칭찬이나 호의에 너무 굶주려 있다는 점이었다. 즉, 상대방이 우리를 칭찬하는 이유가 너무나 속이 들여다보이는 경우를 제외하고는 일반적으로 우리는 우리를 좋아한다고 하거나 칭찬하는 말을 진실이라고 믿는 경향이 있다. 그 칭찬이 인사말에 지나지 않는다고 생각되는 경우조차도 우리는 그런 말을 듣고 싶어 하며 그런 사람을 좋아한다. 어떤 사람이 우리를 좋아한다고 말하는 것은 우리를 설득하고 태도를 변화시키는 데 거의 황홀할 정도로 막강한 영향력을 미친다.

- R. B. Cialdini의 「Influence: Science and Practice」 중에서

에게는 도도하게 행동하면서도, 자신들에게만은 아주 수용적인 이성을 좋아하는 경향이 있다고 제안한다.

5) 공평성: 사람들은 합당하게 나눠 가질 수 있는 자를 좋아한다

누군가와의 관계의 만족도, 즉 좋아하는 정도는 두 사람 간의 관계가 공평하다고 느낄 때 높아지고, 불공평하다고 느낄 때는 저하되는 경향이 있다. 공평성(Equity)은 무엇에 의해 결정되는가? 많은 학자들은 형평의 원칙을 들고 있다. 이 원칙은 성원들이 각자가 기여한 만큼 얻는 경우에 지켜진다고 본다.

Homans(1961)나 Walster 등(1978)의 형평이론에 따르면 상호의존적 관계에 있는 사람들은 성원 전체의 만족을 최대화시키기 위한 나름대로의 규범을 가지

고 있으며, 이 규범에 위배되는 불형평적인 상황이 도래하면 어떤 식으로든 형평 상태를 회복하기 위한 조치를 취한다. 두 사람의 동료가 공동 작업을 해서 어떤 소득을 얻었을 경우 이 소득을 분배함에 있어서 둘 사이의 불만을 최소화해야 한다. 만약 그렇지 못한 경우 두 사람 간의 관계는 순조롭지 못하게 될 것이다.

형평의 원칙에 어긋난다고 느끼는 상황에서 형평을 회복하는 방법은 형평회복 행위를 취하는 법과 심리적인 조정법 두 가지가 있다. 전자의 경우는 자신이 받아야 한다고 생각하는 몫을 추가로 받아 내거나 아니면 상대방이 더 받은 만큼 보상을 하게 하는 것이다. 심리적 조정행위는 불형평의 상태, 예를 들어 상대가 더 많은 몫을 챙긴 경우, 상대방이 기여한 바를 더 크게 인정하는 인지적 과정을 통해 형평성을 인정하는 것이다.

연인 관계나 부부관계의 경우, 예외적인 경우가 있을 수도 있지만, 대부분의 상호의존관계에 있는 사람들은 할당된 몫을 분배할 때 각자는 최대한으로 자기 몫을 취하려고 하며, 최소한 형평의 원리에 어긋나지는 않아야 한다고 생각하는 것이 일반적이다. 그리고 이러한 욕구를 충족시켜 줄 수 있는 사람들을 좋아한다. 불형평 상황에서 갈등을 효과적으로 모면하는 사회적 규범 두 가지를 소개한다.

◆ **균등의 원리(Equality Principle)**

이는 두 사람이 똑같은 몫으로 나누는 방식이다. 흔히 두 사람의 관계가 부부나 연인에서처럼 친밀하거나 대등한 위치의 관계에서 선택되는 방식이다.

◆ **형평의 원리(Equity Principle)**

이는 각자의 기여도에 상응하는 몫으로 배분하는 방식이다. 일반적으로 사업의 동업자나 직장에서와 같이 정서적 상호의존성이 적은 관계에서의 분배방식이다.

II. 낭만적 사랑

서점을 들러보면 '사랑의 기술', '화성남자 금성여자의 사랑의 365일', '실연으로부터 살아남는 법', '젊은 베르테르의 슬픔' 등과 같은 사랑을 주제로 한 책들이 수없이 나열되어 있는 것을 발견할 수 있다. 라디오를 틀어 보면 '사랑 그 쓸쓸함에 대하여', '사랑, 그 이름 하나로', '사랑이 떠나가네', '사랑했어 너만을' 등등 사랑을 노래하는 수없이 많은 유행가들을 들을 수 있다. 부모님의 사랑이나 정신적 사랑과 같은 다른 유형의 사랑이 존재함에도 불구하고 이러한 책들과 노래들은 모두 낭만적인 사랑에 대한 것이며, 이것은 거의 모든 사람들의 관심 주제이다. 사람들은 지극히 오래전부터 낭만적 사랑에 관심을 가져 왔었다. 하지만 사랑에 대한 과학적인 연구는 겨우 1970년에 시작된 짧은 역사를 가지고 있을 뿐이다. 사랑은 연구하기에 어려운 주제임이 판명되었다. 그럼에도 불구하고 심리학자들은 사랑에 대한 연구에서 일말의 진전을 이루기 시작했다. 사랑에 대한 혼란스러운 것 가운데 먼저 사랑에 대한 신화를 파헤쳐 보도록 하겠다.

1. 사랑에 대한 미신들

낭만적인 사랑은 우리 문화에서 매우 이상화된 개념이다. 흥미롭기도 하고 문제도 있는 신화들이 TV와 영화는 물론 그러한 이상주의에 의해 만들어졌다. 따라서 우리들의 첫 번째 과제는 사랑에 대한 현실적인 관점을 취하고 이러한 의심스런 개념들을 헤쳐 없애는 것이다. 우리들의 논의의 대부분은 그 누구보다도 사랑에 대해 많은 연구를 수행해온 Elaine Hatfield와 Ellen Berscheid의 글에 기초하고 있다. 비록 그들이 사랑의 과학적 연구에 있어서 중요한 공헌을 한 연구자들이긴 하지만, Berscheid와 Hatfield는 사랑의 본질에 대한 현실적이고 실제적인 통찰 역시 제공하려 해 왔다. 다음은 그들이 확인해 낸 몇 가지 미신들이다.

▶ 미신 1: 사랑에 빠지면 그것을 알 수 있다.

사람들은 종종 그들이 진실한 사랑을 경험하고 있는지 혹은 단순한 심취를 경험하는지에 대해 고민하며 많은 시간을 보낸다. 이런 사람들이 다른 사람과 상담할 때, 그들은 자주 "만약 그것이 진실한 사랑이었다면, 내가 그것을 알았을 거예요"라고 말한다. 그러나 그녀가 진실로 사랑한 것이 아니었다고 말하는 것과 마찬가지로 이러한 진술은 아주 정확한 것이 아니다. 대부분의 사람들은 분명히 그리고 정확히 사랑을 인식할 수 있다. 그러나 우리들 대부분은 사랑하게 될 때 어느 정도 혼란과 갈등을 경험하게 된다. 분명한 사랑의 시작을 표시하는 "기적 같은 하늘의 계시"는 없다. 일반적으로 사랑은 점차적으로 발전되며, 그것이 진실한 사랑인지를 때때로 의심하는 것은 정상적인 현상이다.

▶ 미신 2: 사랑에 빠지면 나도 내 행동을 어찌할 수 없다.

이 미신은 사랑이 너무나 강력하여 일단 우리에게 그것의 마법 안에 걸려들면 현명하게 행동하지 못한다고 말한다. 우리가 감정에 대해 통제할 수 없다고 우리 스스로에게 말하는 것은 위안이 될 수 있기 때문에 이런 합리화는 심각한 실수를 하게 할 수 있다. 이 미신은 사람들이 그들의 삶에 중요한 영향을 줄 수 있는 행동에 대한 책임감을 갖는 것을 회피하도록 한다. 로맨틱한 사랑의 초기단계에서 우리의 감정에 대해 명백해지는 것은 어렵다. 어쨌거나 이것은 사실이기 때문에 우리는 성행위나 지속적 관계에 대한 중요한 결정, 즉 언약식이나 약혼 또는 결혼에 대한 결정을 내릴 때 특별히 주의를 기울일 필요가 있다.

▶ 미신 3: 사랑은 명백히 긍정적 경험이다.

사랑에 대한 우리의 이상향은 사랑이 외적으로 즐거운 경험이어야 한다는 비현실적 기대를 만든다. 실제로, 사랑은 부정적 정서와 큰 고통을 낳을 수 있다. 사랑에 있어서 양가적인 감정은 꽤 공통적이다. 부분적으로 이것은 우리가 사랑하는 누군가에게 많은 것을 요구하고 기대하는 경향이 있기 때문이다. 연구들은 우리가 연인이나 배우자를 대할 때 친구보다 더 참을성 없고 비판적인 행동을 하는 경향이 있음을 알려준다(K, E, Davis, 1985). 종종 "사랑하는 사이에도 미워할 수 있나?"라고 묻는다. 이런 흔한 질문은 많은 사람들이 서로 사랑하면서 미워할 수 있다는 사실을 말해준다. 사랑의 열정적 요소는 우리로 하여금 부정적인 감정을 겪게 할 수 있다는 것이다.

▶ 미신 4: 진실한 사랑은 영원히 지속된다.

사랑은 영원할 수도 있는 것이지만, 불행히도 우리는 그것을 증명할 수 없다. 사람들은 흥미로운 방법으로 이런 미신을 행한다. 만약, 그들이 실제로 붕괴된 로맨틱한 관계를 가진다면, 그들은 그것이 진실한 사랑이 아니었다고 결론지을 것이다. 그래서 헤어져야만 했던 사랑은 진실한 사랑이 아니라고 취급해버린다. 이런 합리화는 사람들로 하여금 완전한 행복을 가져다줄 수 있는 이상적인 파트너를 끊임없이 찾아 헤매게 만든다. 이보다는 오히려 사랑이란 때론 아주 아름답지만, 때론 좌절감을 유발시키며 진실한 사랑은 일생 동안 단 한 번이 아닌, 여러 번 경험할 수도 있다고 생각하는 것이 더 현실적이다.

▶ 미신 5: 사랑은 모든 문제를 해결해준다.

이런 미신은 많은 실패한 결혼의 근원이 된다. 그들의 관계에서 문제(예를 들어, 빈약한 경제여건, 성역할의 불만)를 잘 알고 있는 수많은 커플들이 어쨌든지 결혼하는 쪽으로 문제를 날조하고 있다. 그들은 스스로에게 말한다. "우리가 서로를 사랑하는 한 우리는 잘 해 나갈 수 있을 거야." 분명, 굳건한 사랑은 결혼 문제를 바로잡는 데 일조할 수 있지만 성공에 대한 보장은 될 수 없다. 사실, 당신이 연인을 얼마나 좋아하는가가 연인을 얼마나 사랑하는가보다 더 중요할 수 있다는 증거가 있다. 무수한 변인들과 로맨틱한 관계의 "성공"간의 상관관계를 분석해 볼 때, 어떤 사람이 파트너에게 호감(Liking)을 갖는 정도(.62)는 파트너에 대한 사랑(Love)을 느끼는 정도(.50)보다 더 높은 상관이 있었다(Sternberg & Crajek, 1984). 어쨌거나, 좋아하는 것은 사랑보다 연인들 간의 관계에서 파생되는 문제를 해결하는 데 더 도움이 될 가능성이 있다.

2. 사랑에서의 성차

남성과 여성이 우리 사회에서 어떻게 사회화되어 가는지의 차이는 사랑에 대한 그들의 태도에 영향을 주는 것으로 보인다. 전통적 고정관념은 여성이 남성보다 더 낭만적이라고 시사한다. 그럼에도 불구하고 연구에 의한 증거들은 정반대, 즉 남성이 더 낭만적임을 제안한다. 예를 들어, 많은 연구들에서 남성이 여성보다 더 많은 낭만적 믿음을 가지고 있음이 발견되었다. 다른 연구자들은 여성이 남성보다 더 쉽게 사랑에서 헤어나오는 데 반하여 남성들은 여성보다 더 쉽게 사랑에 빠지는 경향이 있음을 보고한다. 게다가, 이러한 연구들은 낭만적 연애 관계가 깨졌을 때 여성이 남성보다 감정적인 상처를 덜 받는다는 것을 발견했다.

따라서, 전체적으로, 그러한 증거는 남성이 여성보다 더 낭만적임을 제시한다. 하지만 사랑을 표현하는 면에 있어서는 여성이 남성보다 더 낭만적으로 보인다는 것을 주목해야 한다. 즉, 여성은 남성들에 비해 그들의 애정을 더 언어화하고 표현하는 경향이 있다. 연애 관계에서 발생한 문제에 대해 여성이 남성보다 더 민감하다는 증거도 있다. 이러한 성차는 여성이 의존적인 자아상을 가지고 있는 것에 반해 남성은 독립적인 자아상을 가지고 있다는 발견과 동일 선상에 있는 것으로 보인다. 물론, 경험적인 자료 없이는, 이러한 가능한 연결은 단지 더 생각해 볼만한 생각에 불과하다.

남성이 여성보다 더 낭만적이라는 사실의 다른 가능한 설명은 경제력에 바탕을 두고 있다. 이성애적인 여성은 그렇지 않은 경우보다 여전히 자신의

너 정말 돈 있니?

-Ronald Chu-

배우자에게 경제적으로 의존적이다. 이러한 관점에 따르면, 파트너를 고를 때 남자들이 여자들보다 더 낭만적인 입장을 취하는 것은 남자들의 경제능력이 보편적으로 여자들보다 많은 데에 기인한 것으로 보인다.

3. 사랑의 이론들

사랑의 경험은 어떤 주요 구성요소들로 나뉠 수 있을까? 다른 것들보다 더 중요한 어떤 요소들이 있는 것인가? 낭만적 연애 관계는 다른 친밀한 관계와 어떻게 다른가? 이것들은 최근에 폭발적으로 나타난 사랑에 대한 연구로부터 등장한 사랑에 대한 새로운 이론들에 의해 제기된 질문들이다. 이 부분에서는 사랑에 대한 두 가지의 두드러진 이론에 대해 살펴볼 것이다.

1) 사랑의 삼각형 이론

사랑의 기본적인 요소를 상정하고 이 요소들로 구성된 사랑의 여러 가지 유형을 비교적 명확하고 논리적으로 설명한 이론이 Robert Sternberg에 의해 주장된 **사랑의 삼각형 이론**(Triangular Theory of Love)이다. 이 이론은 모든 사랑의 경험을 친밀감, 열정 그리고 개입이라는 세 가지의 구성 요소의 조합으로 설명할 수 있다고 가정한다. 이 이론은 다양한 연령층의 사람들을 대상으로 한 설문지와 면접을 자료로 만들어졌다.

(1) 사랑의 3요소

① 친밀감

친밀감(Intimacy)이란 서로 가깝게 느끼고 편하게 느끼며, 따뜻하게 대하고, 상대방을 존중하고 잘 이해하며, 자신과 자신이 소유하고 있는 것을 공유하며, 의사소통이 원활하고 긍정적으로 지지해줄 뿐 아니라 상대방의 행복감을 증진시키고자 하는 욕구와 자신의 인생에서 상대방의 가치를 높게 부여하는 것을 포함한다. 친밀감은 사랑의 '따뜻한' 측면을 반영하는 것으로 사랑이 따뜻하고 푸근하게 느껴지는 것은 이러한 친밀감 때문이다. 사랑의 정서적 차원이라고 볼 수 있는 친밀감은 만남의 횟수와 교제기간에 비례하여 서서히 증가된다. 일반적으로 친밀감은 어느 수준 이상으로는 증가되지 않으며 서로 친밀하다는 사실을 의식할 필요가 없는 상태로 발전한다.

② 열정

열정(Passion)은 신체적 매력, 성적인 흥분 및 욕망을 유발시키는 충동들로 애정관계 경험에서의 강렬한 느낌(긍정적이고 부정적인)을 지칭하는 것으로 사랑의 '뜨거운' 측면을 반영한다. 사랑의 생리적 차원이라고 할 수 있는 열정은 연인들을 흥분시키고 들뜨게 하며 사랑하는 사람과 함께 있고 싶고 일체가 되고 싶은 강렬한 욕망을 불러일으킨다. 열정은 친밀감과 달리 비교적 빠른 속도로 급상승하는 경향이 있다. 때로는 상대방을 처음 만난 순간부터 강렬한 열정을 느끼기도 한다. 그러나 친밀감처럼 오래 지속되기는 어렵다. 연인과의 교제 기간이 길어짐에 따라 열정의 강도는 감소하거나 다른 형태로 변화되는 것이 일반적이다. 성적인 욕구들이 주로 열정 정도를 좌우하기는 하지만 친애욕구나 자기 존중감, 지배 욕구 등도 열정의 경험에 영향을 미친다.

③ 개입

개입(Commitment)은 발생할지도 모르는 대가와 어려움에도 불구하고 상대방과 관계를 유지하겠다는 결정과 행동적 표현 그리고 책임의식을 의미한다. Sternberg에 따르면 개입에는 단기적인 것과 장기적인 측면이 있다. 단기적인 측면은 누군가를 사랑한다는 의식적인 결정이다. 장기적 측면은 관계를 지속하겠다고 공언하고 투자하거나 책임을 지며 지속적인 관계에 자신을 구속시키는 것이다. 이러한 개입은 사랑의 '차가운' 측면을 반영하며 또한 사랑의 인지적 차원이기도 하다. 사랑의 대표적인 개입행위는 약혼과 결혼이며 사랑을 약속하고 맹세하며, 사랑의 징표를 선물하거나 언약식 등을 통해 주변에게 연인임을 공개하는 것도 이에 해당한다. 보통의 경우는 친밀감이나 열정을 느끼고 난 다음 개입을 하게 되지만, 과거 우리나라의 중매결혼처럼 친밀감 없는 개입행동도 가능하다.

(2) 사랑의 유형

Sternberg는 사랑의 세 가지 요소의 존재와 부재에 의해 생겨나는 여덟 가지

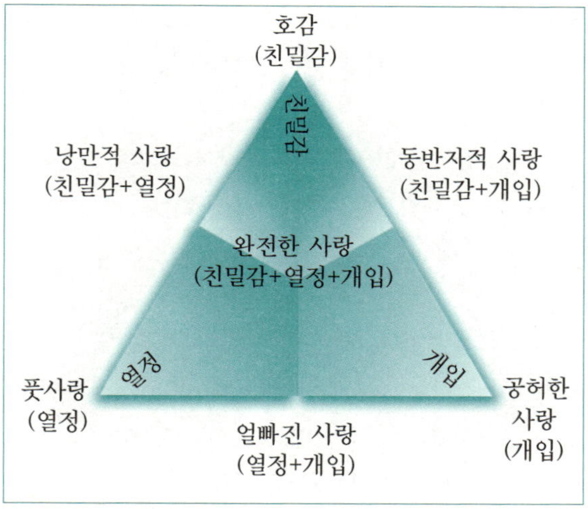

유형의 관계를 기술하고 있다. 물론 이들 8가지의 유형은 극단적인 경우들을 나타낸다. 실제로 우리가 경험하는 사랑의 유형은 매우 다양한 방식으로 그려질 수 있을 것이다. 아무튼 8가지의 관계 유형 중 하나인 사랑이 없는 사이(Nonlove)는 삼각형으로 그려질 수가 없는데, 그 이유는 세 가지 요소 중 아무 것도 존재하지 않기 때문이다. 대부분의 우연적인 만남이나, 일회적이고 무관심한 대인관계가 여기에 해당된다. 반면, 세 개의 요소 모두가 충분하게 존재한다면 완벽한 사랑이라고 말할 수 있을 것이다. Sternberg의 모형은 비교적 새로운 것이어서 이 이론을 지지하는 연구가 아직은 많지 않다. 그러나 연애 중인 커플들을 대상으로 한 연구(Hendrick 등, 1988)에서 개입과 친밀감이 관계의 지속 여부를 판가름하는 데 가장 좋은 지표임이 밝혀졌다. 사랑의 세 가지 구성요소들의 조합에 의해 만들어질 수 있는 7가지 사랑의 형태를 살펴보자.

① 호감 또는 우정관계

호감(Liking)은 단지 사랑에 대한 한 구성 요소 중 친밀감만을 느끼는 경우로 친구관계에서 느끼는 우정과 같은 것이다. 호감관계에서는 상대를 친하게 느끼고 따뜻함을 느끼지만 성적으로 흥분시키는 뜨거운 열정을 경험하지는 않으며 또한 상대와 장기적인 관계를 약속하거나 책임지기를 결정하는 개입행동을 보이지도 않는다.

② 풋사랑 또는 짝사랑

풋사랑(Infatuation)은 열정만 있는 상태이다. 상호작용을 통해 경험되는 친밀감이나 상대방에 대한 책임과 관계에 대한 공언 과정이 없이 첫눈에 반해 뜨거운 사랑을 경험하는 사랑의 유형이며, 상호작용을 통해 친밀감 형성이나 책임이 포함된 개입과정을 거치지 않은 짝사랑도 여기에 해당한다. 짝사랑의 경

시들해진 열정이 불붙을 때 - 쿨리지 효과(Coolidge Effect)

미국의 대통령 캘빈 쿨리지가 그의 부인과 새로 설립한 정부의 시범 농장을 시찰할 때의 일이다. 양계장을 돌아볼 때 수탉과 암탉이 활기차게 교미를 하는 것을 본 영부인이 안내인에게 물었다.

"저 수탉은 저 일을 얼마나 자주 치릅니까?" 안내자가 대답하기를. "아마 하루에 수십 번은 될 겁니다." 그러자 영부인은 말했다. "이 사실을 대통령께 꼭 좀 말씀드려 주십시오." 안내자가 전해준 수탉에 대한 말을 가만히 듣고 있던 대통령은 이렇게 물었다. "항상 같은 암탉하고 말인가?" "아, 아닙니다. 각하. 그 일을 할 때마다 매번 다른 암탉이죠." 안내자가 대답하자 대통령은 의기양양하게 말했다. "이 사실을 우리 안사람에게 꼭 좀 말해주게."

이 이야기에서 유래하여 남자들이 오래 사귄 자신의 파트너나 아내에게는 시들해지면서도 새로운 여자를 만나면 호기심과 관심이 증가할 뿐 아니라 성적 충동이 증가하는 것을 "**쿨리지 효과**(Coolidge effect)"라고 부르게 되었다. 이러한 쿨리지 효과는 황소나 숫양 등 다양한 포유동물에게서 일관성 있게 관찰되었다.

우 상대를 생각하거나 멀리서만 바라봐도 가슴이 뛰고 설레는 생리적 흥분을 경험한다. 이 유형의 사랑에서 관찰되는 전형적인 문제들은 다음과 같다. 첫째, 상대방을 있는 그대로 보기보다는 지나치게 이상화시키는 경향이 있다는 것이다. 둘째, 상대방에 대해 강박적으로 몰두하기 때문에 다른 일에 쏟을 시간과 정력 및 동기를 빼앗길 수 있다. 셋째, 대개의 경우 일방적이기 때문에 괴로움을 겪고 후유증이 크다는 것이다.

③ 공허한 사랑

열정이나 친밀감이 없이 개입만을 하는 사랑은 공허한 사랑(Empty love)이다. 서로 간에 온화한 친밀감이나 상대방으로 하여금 성적인 매력이나 흥분을 느끼지도 못하면서 각자 맡은 책임(예컨대, 여자는 살림과 자녀 양육, 남자는 생활비를 지급하는 것)만을 의무적으로 수행하는 부부가 이에 해당한다. 대부분의 문화권에서, 오래된 부부들 간에 흔히 관찰되는 사랑의 유형이기도 하다. 부모가

정해준 얼굴도 모르는 배우자를 맞아 결혼을 하는 중매 문화권에서는 혼인의 초기에 경험될 수 있다. 공허한 사랑은 다른 유형의 사랑에서와 마찬가지로 두 사람 중 한쪽에서만 경험될 수도 있다. 즉, 파트너 중 한쪽은 아직도 열정이나 친밀감을 느끼고 있지만 다른 쪽에서는 책임감만을 갖는 공허한 사랑을 경험할 수 있다.

④ 얼빠진 사랑: 열정+개입

친밀감을 느낄 겨를도 없이 순식간에 열정에 빠져 상대방에 대한 책임을 지기로 결정한 상태의 사랑 유형이 얼빠진 사랑(Fatuous Love)이다. 흔히 헐리우드식 사랑이라고도 한다. 가끔 미국의 헐리우드 영화배우들이 만난 지 며칠 만에 정열적인 사랑에 빠져 약혼하고, 보름 만에 결혼을 선언하는 데서 유래한 말이다. 이 유형의 사랑은 서로를 이해하고 친밀감을 느낄 만한 시간이 없이 단지 성적 매력이나 흥분에 기초해서 신속하게 책임지기를 결정한다는 점에서 얼빠진 사랑이라 할 수 있다. 이런 관계는 열정이 시들어버리면 쉽게 깨질 수 있기 때문에 그만큼 고통을 받기도 쉽다.

⑤ 낭만적 사랑: 친밀감+열정

낭만적 사랑(Romantic Love)은 두 사람이 서로에게 강하게 끌리는 감정을 느끼고 서로 친밀감을 느끼고는 있지만 개입행위가 없는 사랑의 유형이다. 이 사랑에 빠진 사람들은 서로 신체적으로 그리고 정서적으로 매력을 느끼고 이끌리는 것을 인정하면서도 책임지는 것을 원하지는 않는다. 이러한 유형의 사랑을 경험하는 사람들은 영원히 지속되는 관계는 없다고 생각하거나 책임질 일은 나중에 생각할 문제로 간주하는 경향이 있다. 따라서 휴가나 여행에서 만나 며칠 동안 뜨거운 사랑을 나누는 것처럼 서로에게 강하게 이끌리고 친밀감을 느끼지만 결혼과 같은 미래에 대한 개입행동이 없이 서로 사랑하는 경우가 이에 해당된다.

⑥ 동반자적 사랑: 친밀감+개입

동반자적 사랑(Companionate Love)은 상대방에 대한 성적인 흥분을 느끼는 등의 열정이 없이 친밀감과 개입행동만 존재하는 사랑의 유형이다. 이러한 관계의 전형적인 예는 신체적 매력(열정의 주요 근원)이 사그라져서 오래된 친구에게

당신의 사랑 type은?

아래의 문장들은 현재 당신이 사귀고 있는 이성친구나 배우자에 대한 당신의 심리상태를 기술한 것입니다. ○○는 상대방의 이름을 뜻합니다. 각 문장이 ○○에 대한 당신의 상태를 잘 나타내는 정도를 1(전혀 아니다)에서부터 9(극히 그렇다)까지의 숫자를 선택해서 평가해 보십시오.

1. 나는 ○○의 행복을 위해서 적극적으로 지원한다.	1 2 3 4 5 6 7 8 9
2. 나는 ○○과 따뜻한 관계를 맺고 있다.	1 2 3 4 5 6 7 8 9
3. 나는 힘들 때 ○○에게 의지할 수 있다.	1 2 3 4 5 6 7 8 9
4. ○○는 힘들 때 나에게 의지할 수 있다.	1 2 3 4 5 6 7 8 9
5. 나는 ○○와 나의 모든 것을 공유할 의향이 있다.	1 2 3 4 5 6 7 8 9
6. 나는 ○○로부터 상당한 정서적 지지를 받고 있다.	1 2 3 4 5 6 7 8 9
7. 나는 ○○에게 상당한 정서적 지지를 주고 있다.	1 2 3 4 5 6 7 8 9
8. 나는 ○○와 말이 잘 통한다.	1 2 3 4 5 6 7 8 9
9. 나는 내 인생에서 ○○를 매우 중요시한다.	1 2 3 4 5 6 7 8 9
10. 나는 ○○와 친밀감을 느끼고 있다.	1 2 3 4 5 6 7 8 9
11. 나는 ○○와 편안한 관계를 느끼고 있다.	1 2 3 4 5 6 7 8 9
12. 나는 ○○를 정말 이해하고 있다고 느낀다.	1 2 3 4 5 6 7 8 9
13. 나는 ○○가 나를 정말 이해하고 있다고 느낀다.	1 2 3 4 5 6 7 8 9
14. 나는 내가 ○○를 정말 신뢰한다고 느낀다.	1 2 3 4 5 6 7 8 9
15. 나에 관한 매우 개인적인 정보를 ○○와 공유하고 있다.	1 2 3 4 5 6 7 8 9
16. ○○를 보기만 해도 나는 흥분한다.	1 2 3 4 5 6 7 8 9
17. 나는 낮에도 ○○에 대해서 생각하는 나 자신을 자주 목격한다.	1 2 3 4 5 6 7 8 9
18. ○○와 나의 관계는 정말 낭만적이다.	1 2 3 4 5 6 7 8 9
19. 나는 ○○이 매우 매력적이라고 느낀다.	1 2 3 4 5 6 7 8 9
20. 나는 ○○를 이상화하고 있다.	1 2 3 4 5 6 7 8 9
21. 나는 ○○처럼 나를 행복하게 만드는 사람을 상상할 수 없다.	1 2 3 4 5 6 7 8 9
22. 나는 다른 어떤 사람보다도 ○○와 함께 있고 싶다.	1 2 3 4 5 6 7 8 9
23. ○○와의 관계보다 더 중요한 것은 이 세상에 없다.	1 2 3 4 5 6 7 8 9
24. 나는 ○○와 신체적으로 접촉하는 것을 특히 좋아한다.	1 2 3 4 5 6 7 8 9
25. ○○와의 관계에는 '마술적'인 점이 있다.	1 2 3 4 5 6 7 8 9
26. 나는 ○○를 찬미한다.	1 2 3 4 5 6 7 8 9
27. 나는 ○○ 없이는 인생을 생각할 수 없다.	1 2 3 4 5 6 7 8 9

28. ○○와 나의 관계는 열정적이다.	1	2	3	4	5	6	7	8	9
29. 낭만적인 영화나 책을 볼 때면 ○○를 생각하게 된다.	1	2	3	4	5	6	7	8	9
30. 나는 ○○에 대해 공상을 하곤 한다.	1	2	3	4	5	6	7	8	9
31. 내가 ○○에 대해서 염려하고 있다는 것을 알고 있다.	1	2	3	4	5	6	7	8	9
32. 나는 ○○와의 관계를 지속시키기 위해 최선을 다하고 있다.	1	2	3	4	5	6	7	8	9
33. 다른 사람이 우리 사이에 끼어들지 않도록 나는 ○○에 대해 헌신할 것이다.	1	2	3	4	5	6	7	8	9
34. 나는 ○○와의 관계가 흔들리지 않을 것이라는 점에 대해 자신감을 가지고 있다.	1	2	3	4	5	6	7	8	9
35. 나는 어떤 난관에도 불구하고 ○○에게 헌신할 것이다.	1	2	3	4	5	6	7	8	9
36. ○○에 대한 나의 사랑은 남은 인생 동안 계속되리라고 예상한다.	1	2	3	4	5	6	7	8	9
37. 나는 ○○를 위해서 항상 강한 책임감을 느낄 것이다.	1	2	3	4	5	6	7	8	9
38. ○○에 대한 나의 사랑은 확고한 것이다.	1	2	3	4	5	6	7	8	9
39. 나는 ○○와의 관계가 끝나는 것을 상상할 수 없다.	1	2	3	4	5	6	7	8	9
40. 나는 ○○에 대한 나의 사랑을 확신한다.	1	2	3	4	5	6	7	8	9
41. 나는 ○○와의 관계가 영원히 지속될 것이라고 확신한다.	1	2	3	4	5	6	7	8	9
42. 나는 ○○와 사귀는 것을 잘 한 결정이라고 생각한다.	1	2	3	4	5	6	7	8	9
43. 나는 ○○에 대한 책임의식을 느낀다.	1	2	3	4	5	6	7	8	9
44. 나는 ○○와의 관계를 계속 유지할 작정이다.	1	2	3	4	5	6	7	8	9
45. 설혹 ○○와 갈등이 생긴다 해도, 나는 여전히 우리 관계를 유지할 것이다.	1	2	3	4	5	6	7	8	9

채점방법

친밀감 점수: 1번에서 15번까지의 점수 합산 ____________ 점

열 정 점 수: 16번에서 30번까지의 점수 합산 ____________ 점

개 입 점 수: 31번에서 45번까지의 점수 합산 ____________ 점

서 느낄 수 있는 친밀감과 서로 간의 의무적 책임을 수행하는, 열정이 쇠퇴된 결혼관계이다. 헤어지지 않고 관계를 유지하는 대부분의 로맨틱한 관계는 결국에는 열정이 식으면서 책임감과 친밀감만이 남는 동반자적 사랑으로 유지된다. 동반자적 사랑에 대한 커플들 간의 만족정도에 차이가 나는 경우들이 있다. 한쪽에서는 만족하지만 다른 쪽에서는 불만족을 느끼는 관계가 그러한 경우이다. 상대에게서는 이러한 열정적 욕구를 충족시킬 수 없다고 생각하는 사람은 새롭고 신선한 대상을 찾아 그의 열정적 욕구를 충족시키려고 할 것이다.

⑦ 완전한 사랑: 친밀감+열정+개입

세 개의 사랑 구성요소가 모두 존재할 때 완전한 사랑(Consummate Love)이라고 말한다. 이 유형의 사랑은 로맨틱한 관계에서 우리 모두가 추구하는 이상적인 사랑이다. 사랑을 하기로 마음먹은 많은 사람들이 이처럼 완전한 사랑을 추구하지만, 불행하게도 그것을 이루는 경우는 매우 드물다. 게다가 언젠가 친밀감과 열정 그리고 개입행동이라는 세 가지 사랑의 구성요소를 완벽하게 갖춘 완전한 사랑을 경험했다고 하는 사람도 그것을 지속적으로 유지할 것이라고 보장할 수는 없다. 왜냐하면 아무리 아름다운 꽃도 정성 들여 가꾸지 않으면 시들기 마련이듯이 완전한 사랑도 노력 없이는 불가능하기 때문이다.

(3) 사랑의 삼각형 이론 척도

사랑의 삼각형을 이용한 사랑의 도형적 분석은 사랑에 대한 여러 가지 시사점을 제공한다. 오묘한 사랑의 경험을 단순하게 삼각형으로 분석한다는 것이 다소 비현실적이라는 느낌이 들 수 있지만 온전하고 만족스러운 사랑을 만들어 가는 작업 중의 하나로 생각한다면 나름대로 가치가 있을 것이다. 다음의 검사는 사랑의 세 가지 구성요소를 측정하기 위해 제작된 것이다. 이성 친구나 배우자가 있다면 각자가 추구하는 사랑이 어떤 형태의 사랑인지를 검토하기 위해 이 검사를 사용할 수 있다.

세 가지의 구성요소 점수들을 각각 세 변의 길이로 해서 삼각형을 그려 보라. 당신의 사랑의 형태는 어떤 모양을 하고 있는가? 어떤 구성요소가 가장 크고 어떤 구성요소가 가장 작은가? 이것은 당신의 사랑에 대해 어떤 의미를 부여하는가? 그리고 그것은 당신의 파트너가 추구하는 사랑과 얼마나 일치하는가?

(4) 사랑 삼각형의 기하학

사랑의 유형을 삼각형으로 나타내는 기하학은 사랑의 강도와 균형이라는 두 가지 요인들을 포함한다. 만약에, 우리가 상대방에 대해 강한 사랑을 느낀다면 세 가지 요소로 구성된 삼각형의 면적은 그만큼 커질 것이다. 또한 사랑의 세 가지 요소의 균형 정도는 삼각형의 모양을 결정할 것이다. 따라서 세 가지 요소의 크기가 비슷하다면 균형 잡힌 정삼각형이 될 것이다. 반면 이 세 가지 요소가 균형을 이루지 못한다면 가장 큰 요소의 방향으로 치우친 삼각형이 그려질 것이다.

그리고 이러한 삼각형은 실제적 경험과 이상적 사랑, 자신과 상대방, 스스로 지각한 것과 상대방이 지각하는 것 및 생각하고 있는 것과 행동으로 나타나는 방식에서 각기 다른 모양을 가정할 수 있다.

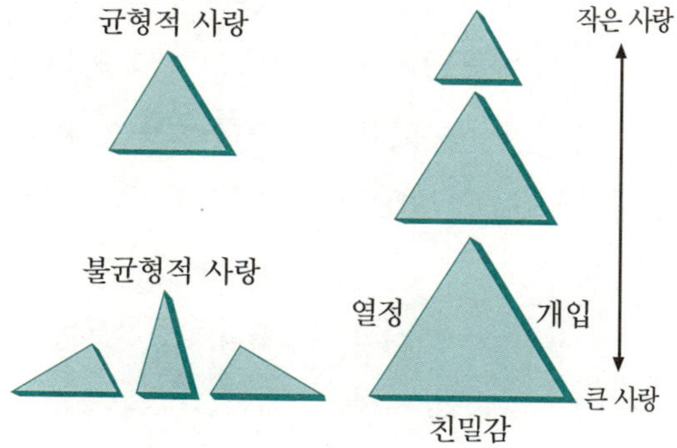

사랑 삼각형의 모양과 크기에 의한 사랑의 평가

① **실제적 및 이상적 삼각형**

우리는 두 사람의 실제적인 관계 속에서 상대방에 대한 자신의 사랑을 나타내는 실제적인 삼각형뿐 아니라 어떤 이상적인 관계를 나타내는 삼각형을 가질 수 있다. 현실적 삼각형이 이상적 삼각형에 비해 면적이 작다고 판단되면 관계에 덜 관여할 것이다. 반면, 현실적 삼각형이 이상적 삼각형 크기보다 더 크면 과대하게 관여하고 몰입할 것이다. Sternberg와 Barnes(1985)의 연구 결과에 따르면 이 두 가지 삼각형에서 차이가 클수록 사랑관계에서 경험된 만족도는 줄어든다.

② **자기와 상대방의 삼각형**

두 사람의 관계에서는 각자 한 개씩의 삼각형을 경험한다. 따라서 우리는 사랑하는 사람들의 삼각형을 비교해 봄으로써 합치 정도를 확인할 수 있을 것이다. 두 사람의 삼각형에서 합치가 클수록 만족감이 증가하며, 차이가 클수록 불만족이 증가한다.

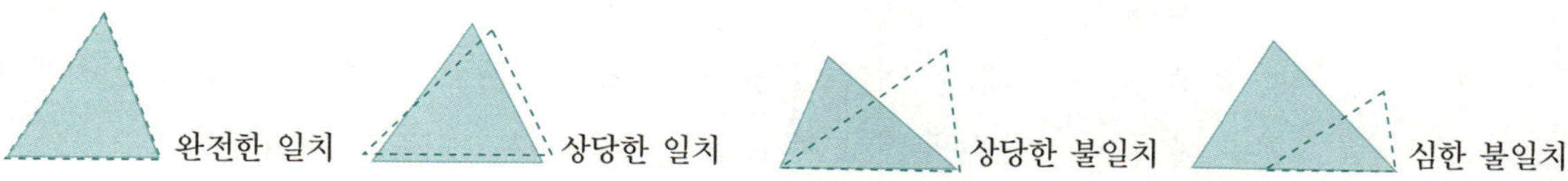

③ **자기가 지각한 것과 상대방이 지각한 삼각형**

자기 자신이 지각하고 있는 삼각형의 모양이 상대방에 의해서도 반드시 동일하게 지각될 것이라는 보장은 없다. 예를 들면, 하나의 사랑 관계 속의 한쪽 파트너가 사랑한다고 생각하는 정도만큼 상대방이 사랑받고 있다고 느끼지 못할 수 있다. 또 한쪽에서는 우정관계(친밀감) 이상을 바라지 않는데 다른 쪽에서는 낭만적인 사랑(친밀감 + 열정)을 추구하는 경우도 있다.

④ 사고 삼각형과 행동 삼각형

앞에서, 우리는 스스로가 느끼는 사랑의 강도와 방식이 상대방에게도 동일하게 지각되지 않음을 지적했다. 이러한 차이를 유발시키는 여러 가지 근원들 중 하나는 사람들이 생각하고 있는 것을 항상 동일하게 행동으로 나타내지 않는다는 것이다. 즉, 어떤 식으로 생각하고 느낀다는 것과 행동을 하는 것은 별개일 수 있다는 것이다. 예컨대, 친밀성은 대화를 많이 하는 것으로, 열정은 껴안아주는 행동으로, 개입은 반지를 사주는 것 등으로 전달될 수 있다. 아무리 위대한 사랑이라도 행동으로 표현하지 않으면 언제 우리 곁에서 떠날지 모른다. 따라서 우리 자신이 생각하고 있는 사랑을 어떻게 행동으로 표현하는지를 검토할 필요가 있다.

2) Lasswell과 Hatkoff의 사랑의 유형

사랑을 하게 되면 사고방식이나, 감정 및 행동상의 변화가 일어나지만 모든 사람이 똑같은 강도와 속도로 달라지는 것은 아니다. 어떤 사람은 첫눈에 반해 정열적인 사랑에 빠지지만, 또 어떤 사람은 친구처럼 지내던 이성과 자기도 모르게 서서히 사랑에 빠진다. 사람마다 성격이나 적성이 다르듯이 사랑에 빠져드는 것도 사람마다 제각각이다. 사회학자 Lasswell과 Hatkoff(1980)는 50개의 문항으로 구성된 사랑 척도 검사를 제작했다. 이 검사문항을 만들기 위해 이들은 사랑을 하고 있거나, 해 본 적이 있는 사람들을 대상으로 광범위한 면담을 실시했다. 뿐만 아니라, 사랑을 주제로 한 문학작품에 나타난 사랑의 표현방식 혹은 행동들을 광범위하게 수집하고 분류했다. 그 결과로 만들어진 검사를 수천 명의 남녀에게 실시하고 그 결과를 요인분석해서 여섯 가지 유형의 사랑방식을 규명했다.

(1) 사랑의 유형

① 정열적인 사랑

좋아하는 사람을 만나면 "첫눈에 반했다"는 생각이 들고 두 사람의 관계가 순식간에 가까워진다면 **정열적인 사랑**(Passionate Love)을 추구하는 사람이다. 이런 부류의 사람들은 상대방의 외모(부분적이든, 전반적이든)에 많은 비중을 두는 경향이 있다. 자신의 속마음을 쉽게 털어놓고, 상대방에 대해서도 속속들이 알고 싶어 한다. 남의 눈을 별로 의식하지 않고 신체적인 접촉을 즐기거나 상대방을 이상화시켜 과대평가하는 경향이 심하다. 첫눈에 황홀감을 경험하는 것만큼 헤어져야 하는 상황에서는 심한 절망감을 경험한다.

② 유희적 사랑

유희적 사랑(Game-Playing Love)을 추구하는 사람은 사랑을 책임져야 하는 것으로 보기보다는 인생을 즐기기 위한 하나의 수단으로 생각한다. 여러 가지 취미생활을 할 수 있는 것과 마찬가지로 파트너도 한 사람으로 만족하지 못하는 경향이 있다. 사랑도 게임처럼 재미있게 할 수 있어야 되기 때문에 책임감이나 의무감에 많은 비중을 두지 않는다. 스릴을 추구하기 때문에 다양하고 노련한 취향과 매너를 보여줄 수는 있으나 지나치게 친밀해지는 것을 경계하고 사랑하는 사람과 헤어져도 심한 고통을 겪지 않는다.

③ 친구 같은 사랑

동료나 이성친구로 오랫동안 함께 지내는 사람에게 자기도 모르게 서서히 사랑하는 감정이 생기는 경우를 **친구 같은 사랑**(Friendship Love)이라고 한다. 여기에 속하는 사람들은 상대에게 첫눈에 반해 황홀감을 경험하지는 않지만 하는 일이나 취미가 비슷하고 허물없이 지내는 사람에게서 외모보다는 상호 간의 신뢰감을 기반으로 사랑의 감정을 싹 틔운다. 서로 잘 알고 정서적으로 안정되어 있기 때문에 서로 떨어져 있어도 초조해하지 않으며 애정표현이 유난스럽지 않다. 비교적 덤덤한 관계를 유지하나, 결혼을 한 경우 이혼율은 낮은 편이다.

④ 논리적 사랑

짝을 찾을 때 경제수준이나, 학력, 가정환경, 외모 등 차후에 갈등의 소지가 될 수 있는 요인들을 사전에 고려하는 사람은 논리적 사랑(Logical Love)을 하는 사람이라 할 수 있다. 이 사람들은 현실적이고 현명한 사랑을 추구하기 때문에 관계가 장기적으로 지속되기 어려운 대상은 처음부터 포기한다. 상대방과 자신의 장단점을 고려하고 사랑이란 일종의 공정성에 기반을 둔 거래라고 생각하기 때문에 책임질 수 없는 불장난을 하지는 않는 경향이 있다. 사랑을 시작할 때와 마찬가지로 끝낼 때도 서로 상처받지 않고 결별할 수 있는 방법들을 모색하는 경향이 있다.

⑤ 소유적 사랑

소유적 사랑(Possessive Love)은 상대방을 완전하게 소유하는 것을 사랑이라고 생각하기 때문에 상대에게 매우 헌신적이며, 상대에게도 이를 요구한다. 상대에 대한 헌신에 보답을 받지 못하거나 배신당했을 때는 강한 분노감을 나타낸다. 사랑하고 사랑받는 것에 의해 자신의 존재가치를 확인하는 경향이 있기 때문에 상대에게 '사랑해?' 또는 '얼마나 좋아해?'라고 확인하는 일이 많다. 이들은 사랑에 너무 많은 것을 기대하기 때문에 헤어져 있을 때는 견디지 못하고 상대가 다른 이성에게 조금만 관심을 갖게 되면 심한 질투심을 경험한다.

⑥ 헌신적 사랑

소위 아가페적인 사랑이 헌신적인 사랑(Selfless Love)이다. 자기 자신의 욕구보다 사랑하는 사람을 더 배려하며 사랑이란 베푸는 것이지 받는 것이 아니라고 생각한다. 따라서 상대가 자신에게 실망을 시키거나 배신한 경우마저도 실망하지 않고 자비심을 베풀며 무시하고 학대하는 상대에게도 인내심을 갖고 헌신한다. 고난과 역경에서도 인내심을 발휘하며, 상대가 떠나도 오랜 시간 동안 돌아오기를 기대하면서 참아낸다. 철저한 자기희생의 이면에는 변화에 대한 두려움과 열등감이 숨겨진 경우들이 있다.

(2) 사랑 유형 검사: 당신이 추구하는 사랑의 유형은?

당신은 사랑을 어떤 것이라고 생각합니까? 사랑할 때의 감정, 사랑은 어떠해야 된다고 생각하는가에 대해 잠시 생각해 본 후 본 질문에 응답해 보십시오. 검사문항에 답할 때는, '그렇다' 혹은 '아니다'로만 판단해서 그렇다고 생각한 문항에만 ( )에 ○표하십시오. 옳거나 틀린 답이 있는 것은 아니며 사람들이 생각하는 사랑의 의미를 알아보기 위한 것이기 때문에 솔직하게 답하는 것이 중요합니다.

사랑의 6가지 type

( ) 1. 나는 '첫눈에 반한다'는 것이 가능하다고 생각한다.
( ) 2. 나는 한참 지난 다음에야 비로소 내가 사랑하고 있음을 알았다.
( ) 3. 우리들 사이의 일이 잘 풀리지 않으면 나는 소화가 잘되지 않는다.
( ) 4. 현실적인 관점에서 나는 사랑을 고백하기 전에 먼저 나의 장래목표부터 생각해 보지 않으면 안 된다.
( ) 5. 먼저 좋아하는 마음이 얼마 동안 있은 다음에 비로소 사랑이 생기게 되는 것이 원칙이다.
( ) 6. 애인에게 자신의 태도를 다소 불확실하게 해두는 것이 언제나 좋다.
( ) 7. 우리가 처음 키스하거나 볼을 비볐을 때, 나는 성기에 뚜렷한 반응(발기, 축축함)이 옴을 느꼈다.
( ) 8. 전에 연애 상대였던 사람들 거의 모두와 나는 지금도 좋은 친구관계를 유지하고 있다.
( ) 9. 애인을 결정하기 전에 인생설계부터 잘 해두는 것이 좋다.
( ) 10. 나는 연애에 실패한 후 너무나 우울해져 자살까지도 생각해 본 적이 있다.
( ) 11. 나는 사랑에 빠지면 하도 흥분되어 잠을 이루지 못하는 때가 있다.
( ) 12. 애인이 어려운 처지에 빠지면 설사 그가 바보처럼 행동한다 하더라도 힘껏 도와주려고 노력한다.
( ) 13. 애인을 고통받게 하기보다는 차라리 내가 받겠다.
( ) 14. 연애하는 재미란, 그것을 진행시키면서 동시에 내가 원하는 것을 거기서 얻어내는 재주를 시험해 보는 데 있다.
( ) 15. 사랑하는 애인이라면, 나에 관하여 모르는 것이 있다 하더라도 그것 때문에 그렇게 속상해하지는 않을 것이다.
( ) 16. 비슷한 배경을 가진 사람끼리 사랑하는 것이 가장 좋다.
( ) 17. 우리는 만나자마자, 서로가 좋아서 키스를 했다.
( ) 18. 애인이 나에게 관심을 보이지 않으면 나는 온몸이 쑤시고 아프다.
( ) 19. 애인이 행복하지 않으면, 나도 결코 행복해질 수 없다.
( ) 20. 대개 제일 먼저 나의 주의를 끄는 것은 그 사람의 상냥한 외모이다.
( ) 21. 최상의 사랑은 오랜 기간의 우정으로부터 싹튼다.
( ) 22. 나는 사랑에 빠지면 다른 일에는 도무지 집중하기가 힘들다.
( ) 23. 그의 손을 처음 잡았을 때 나는 사랑의 가능성을 감지했다.
( ) 24. 나는 어느 사람하고 헤어지고 나면, 그의 좋은 점을 발견하려고 무진 애를 쓴다.
( ) 25. 나는 애인이 다른 사람하고 같이 있는 것 같은 생각이 들면, 도저히 견딜 수 없다.
( ) 26. 나의 두 애인이 서로 알지 못하도록 교묘하게 꾸민 적이 적어도 한 번은 있었다.
( ) 27. 나는 매우 쉽고 빠르게 사랑했던 관계를 잊어버릴 수 있다.
( ) 28. 애인을 결정하는 데 한 가지 가장 고려해야 할 점은, 그가 우리 가정을 어떻게 생각하는가 하는 것이다.
( ) 29. 사랑에서 가장 좋은 것은, 둘이 함께 살며, 함께 가정을 꾸미고 그리고 함께 아이들을 키우는 일이다.
( ) 30. 애인의 소원성취를 위해서라면, 나는 기꺼이 나의 소원을 희생시킬 수 있다.

( ) 31. 배우자를 결정하는 데 있어서 가장 먼저 고려해야 할 점은, 그가 좋은 부모가 될 수 있겠는가 여부이다.
( ) 32. 키스나 포옹이나 성관계는 서둘러서는 안 된다. 그것들은 서로 충분히 친밀해지면 자연스럽게 이루어지는 것이다.
( ) 33. 나는 매력적인 사람들과 바람 피우는 것을 좋아한다.
( ) 34. 나와 다른 사람들과 사이에 있었던 일을 애인이 더러 알게 된다면 매우 속상해할 것이다.
( ) 35. 나는 연애를 시작하기 전부터 나의 애인이 될 사람의 모습을 분명히 정해 놓고 있었다.
( ) 36. 만일 나의 애인이 다른 사람의 아기를 갖고 있다면, 나는 그 아기를 내 자식처럼 키우고 사랑하며 보살펴 줄 것이다.
( ) 37. 우리가 언제부터 서로 사랑하게 되었는지 정확히 알 수 없다.
( ) 38. 나는 결혼하고 싶지 않은 사람하고는 진정한 사랑을 할 수 없을 것 같다.
( ) 39. 나는 질투 같은 것은 하고 싶지 않지만, 나의 애인이 다른 사람에게 관심을 가진다면 참을 수 없을 것 같다.
( ) 40. 나의 애인에게 방해가 된다면, 차라리 내가 그만두겠다.
( ) 41. 나는 애인의 것과 똑같은 옷, 모자, 자전거, 자동차 등을 갖고 싶다.
( ) 42. 나는 연애하고 싶지 않은 사람하고는 데이트도 하고 싶지 않다.
( ) 43. 우리들의 사랑이 끝났다고 생각될 때도, 그를 다시 보면 옛날 감정이 되살아나는 때가 적어도 한 번쯤은 있었다.
( ) 44. 내가 가지고 있는 것은 무엇이든지 나의 애인이 마음대로 써도 좋다.
( ) 45. 애인이 잠시라도 나에게 무심해지면, 나는 그의 관심을 되끌기 위하여 때로는 정말 바보 같은 짓도 할 때가 있다.
( ) 46. 깊이 사귀고 싶지는 않더라도, 어떤 상대가 나의 데이트 신청에 응하는지를 시험해 보는 것도 재미있을 것이다.
( ) 47. 상대를 택할 때 고려해야 할 한 가지 중요한 점은, 그가 자신의 직업을 어떻게 생각하는가 하는 것이다.
( ) 48. 애인과 만나거나 전화한 지 한참 되었는데도 아무 소식이 없다면, 그에게 그럴 만한 이유가 있기 때문일 것이다.
( ) 49. 나는 누구와 깊게 사귀기 전에, 우리가 아기를 가지게 될 경우 그쪽의 유전적 배경이 우리와 잘 맞는지부터 먼저 생각해 본다.
( ) 50. 가장 좋은 연애관계란 가장 오래 지속되는 관계이다.

애정형 척도 검사 채점법과 해석

채점방법은 매우 간단하여, 각 척도별로 '그렇다'로 대답한 문항의 수를 합치기만 하면 된다. 그 합친 수를 척도별로 퍼센트를 계산하여 백분율 값이 가장 높은 척도가 자신의 애정형을 나타내는 것이다.

가장 좋은 친구	이타적	논리적	소유적	낭만적	유희적
2	12	4	3	1	6
5	13	9	10	7	14
8	19	16	11	17	15
21	24	28	18	20	26
29	30	31	22	23	27
32	36	38	25	35	33
37	40	42	39	41	34
50	44	47	43		46
	48	49	45		
합계	합계	합계	합계	합계	합계

즉, '그렇다'로 대답한 문항의 번호를 적어 앞의 표에서 세로(척도)별로 그 번호들을 맞춘다. 그런 다음에 척도별로 '그렇다'로 대답한 문항의 수를 세어 백분율을 계산하는 것이다. 그 결과, 예를 들어 '가장 좋은 친구' 척도에서 80%가 나오고, '논리적' 척도에서 60%가 나왔다면, 당신은 애인을 가장 좋은 친구로 삼는 사람임과 동시에 사랑을 하는 데 있어서도 매우 실제적(혹은 현실적)인 사람이라고 해석하는 것이다.

3) 애착으로서의 낭만적 사랑

사람들이 추구하고 경험하는 사랑이나 대인관계의 유형에서 왜 개인차를 보일까? Cindy Hazan과 Phillip Shaver(1987)는 사람들이 성인이 되었을 때 추구하고 형성하는 대인관계나 연애의 과정은 그 사람이 어렸을 때 부모와 어떤 관계를 경험했는가에 의해서 강력한 영향을 받을 것이라고 제안했다. 그들은 성인의 낭만적인 사랑의 유형과 유아기 부모와의 애착관계 양상에서 유사점이 있음을 관찰했다. 유아기 애착은 유아들이 생애 초기에 자신의 보호자와 강한 정서적 유대를 발전시키는 것을 지칭한다. Hazan과 Shaver는 유아기 애착과 낭만적 사랑이 여러 가지 특징을 공유함을 제안했다. 즉, 성인기 낭만적 관계에서 상대방에게 얼마나 강렬하게 매혹되는지, 떨어져 있을 때 어느 만큼 고통을 경험하는지, 가까이 머물며 함께 시간을 보내려고 얼마나 노력하는지 등이 유아기의 애착과 매우 유사한 형태를 따른다는 것이다.

(1) 유아기 애착과 성인기 사랑의 유형

유아기에서의 애착은 어떤 형태를 취하는가? 연구는 이러한 초기의 애착은 질적으로 다양하고 그러한 유아는 세 가지 집단으로 나뉠 수 있다고 지적한다. 대부분의 유아는 안정적인 애착관계를 발전시킨다. 그러나 일부는 자신들의 보호자와 떨어져 있는 것에 대해 매우 불안해하면서도 함께 있으면 냉정하고 거부적인 태도를 보이는데 이를 불안-양가 감정적 애착 관계라고 한다. 세 번째 유아 집단은 회피적인 애착관계라고 하는데, 이들은 부모가 거부적인 태도를 가지고 있어서 부모와 좋은 관계를 경험하지 못한 사람들이다.

어떻게 유아들이 애착을 발달시키는가? 이러한 초기의 애착은 부모-유아의 상호작용에 관련되어 있다는 증거가 있다. (초기의 연구에서는 주로 어머니와 아이의 상호관계에 초점을 맞췄지만, 더 최근의 연구는 아버지와 자녀의 관계에 대해서도 살피고 있다). 애착 연구의 영역에서, 애착 특성에 있어서 가능한 결정요인으로 분류된 세 가지 양육 유형이 있다. 온정적이고 아이들의 요구에 민감하게 반응하는 부모는 안정적 애착 관계를 촉진하는 것으로 생각된다. 양육자가 냉정하고 거부적인 태도를 가지고 있으면 회피적 애착관계를 발달시킬 수 있으며 부모의 태도가 양가적이며 일관성이 없으면 불안-양가 감정적 관계를 발달시킬 수 있다. Hazan과 Shaver에 따르면, 초기의 부모와의 이러한 유대 경험은 성인의 애정관계뿐 아니라 여러 가지 지속적인 관계 양상에 영향을 미친다. 예를 들면, 유아기에 불안-양가 감정적 애착을 형성하게 되면 성인이 되었을 때 역시 불안과 양가감정으로 특징지어지는 애정관계를 갖게 될 것이라는 것이다.

(2) 애착 유형으로 본 사랑의 유형

Hazan과 Shaver는 대학생들과 신문 구독자들을 대상으로 그들이 사랑하는 사람들과의 관계 및 부모와의 아동기 경험들에 대해 조사한 자료들을 통해 성인들의 애정관계가 유아기에서 볼 수 있는 애착 유형과 매우 일치함을 발견했다.

① 안정적 애착(Secure Attach: 56%의 성인)

이 범주에 포함된 사람들은 어렸을 때에 부모들이 자신을 사랑해주었으며 온정적이었다고 답변했다. 성인이 되어서도 다른 사람들과 쉽게 친해질 수 있다는 신념을 가지고 있으며 신뢰감을 가지고 상호의존관계가 편안하게 느껴진다고 보고했다. 또한 그들은 상대방에 의해 거부당하거나 버림받는 것에 대한 걱정을 별로 하지 않았으며 관계에 대한 만족도가 높았다. 이 사람들은 세 가지 유형의 관계 중에서 가장 장기적인 관계를 유지했으며 이혼율도 가장 낮은 것으로 밝혀졌다. 뿐만 아니라 그들은 자기 자신과 파트너 서로가 온정적으로 행동한다고 기술했다.

② 회피적 애착(Avoidant Attach: 24%의 성인)

회피적 관계 유형으로 분류된 사람들은 어렸을 때 자기들의 부모가 거부적이었다고 답변했다. 이러한 사람들은 다른 사람들과 너무 가까워질 때 상당히 불편하고 부담이 느껴진다고 보고했다. 성인이 되었을 때 파트너를 완전히 신뢰하기가 어렵다고 했다. 그들은 질투심을 자주 느끼고, 감정적 기복이 심하며 관계에서 너무 친밀해지는 것이 불편하다고 했다. 그들은 안정적 애착 관계를 갖고 있는 사람들에 비해 자신들의 파트너가 덜 온정적이라고 기술했다.

③ 불안-양가 감정적 애착(Anxious-Ambivalent Attach: 20%의 성인)

이 범주에 속한 사람들은 어린 시절의 부모에 대해 때로는 사랑하지만 어떤 때는 냉정하고 거부적이었다고 보고했다. 이 사람들은 그들의 파트너와 가까워지기를 원하면서도 그것이 쉬운 것이 아니라는 생각을 갖고 있었으며 사랑하는 사람이 자신을 떠날지 모른다는 두려움을 보고했다. 그들은 또한 자신들의 관계에서 극단적인 성적 매력을 느낌과 동시에 강한 질투심이 생기기도 한다고 보고했다. 그들은 안정적 애착 관계의 성인들에 비해 부모와의 관계가 덜 온정적이었으며, 그들의 부모가 불행한 결혼을 했다고 보고했다.

Hazan과 Shaver는 각 범주에 해당되는 성인들의 비율이 대략적으로 유아들이 각 비교 범주에 할당되는 정도와 비슷함을 발견했다. 물론, 아직은 유아와 성인의 애착유형 간의 인과적 연결고리를 결정적으로 제시할 수 있는 종단적 연구가 더 많이 요구된다. 그렇지만 10년간을 추적 조사한 종단적 연구(Sroufe 등, 1990)는 애착 관계 양상의 어떤 차원은 10년이 넘도록 일관성이 유지된다는 증거를 발견했다.

Hazan과 Shaver의 이론이 심리학자들 간에 상당한 흥미를 일으켰다는 것은 이해할 만한 것이다. 안정적으로 애착된 개인은 불안-양가 감정적 혹은 회피적인 애착 관계 유형의 사람들에 비해 상대방에 대해 더 몰입하고, 만족하며, 그리고 잘 조화된 관계를 가지고 있음이 연구에서 밝혀졌다. 연구들은 또한 불안-양가 감정적 애착 유형의 사람들은 관계를 잘 형성하지 못하고, 관계를 맺더라도 단기적으로 끝나는 경우가 많으며 회피적 애착관계 유형 역시 관계를 장기적으로 유지하지 못함을 발견했다.

III. 낭만적 사랑의 과정

열정은 반드시 사라지는가? 안타깝게도, 이 질문에 대한 대답은 '그렇다'인 것 같다. 몇몇 이론들이 제시하는 바로는 연인에 대해 느끼는 강렬한 매력과 감정은 쇠퇴되게 마련인 듯하다. 반대로, 친밀감과 개입 양자는 시간이 지남에 따라 서로 다른 정도이긴 하지만 증가하는 것 같다.

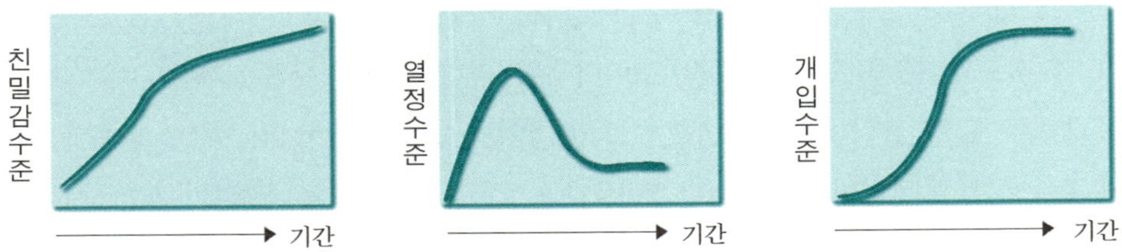

Berscheid와 Hatfield의 연구는 열정적인 사랑은 초기에 빠른 속도로 진전되지만 대개는 시간이 지나면 쇠퇴한다는 결론을 내렸다. 우선, 사랑이 눈을 멀게 하기 때문에 사람들은 흔히 자신들의 연인에 대해 매우 이상화된 환상을 갖게 된다(흔히 자신의 욕구를 반영). 그러나 시간이 지남에 따라, 현실이 우리의 시력을 회복하게 만들어 준다. 열정이 식는 것이 관계가 소멸하는 것을 의미하는가? 반드시 그렇지는 않다. 어떤 관계는 열정이 사라지면 와해된다. 그러나 많은 다른 사람들은 다른 방식으로 개입하며, 여전히 동반자적인 관계와 같은 형태를 유지한다. 왜 어떤 낭만적 관계는 유지되고 다른 것은 끝나는지에 대한 연구들을 살펴보자.

1. 사랑이 시들해지는 까닭

사랑은 시간을 잊게 하고, 시간은 사랑을 잊게 한다

대부분의 사람들은 사랑하는 것이 기분 좋은 것임을 알게 되고 그것이 영원히 지속되기를 바란다. 사실, 사랑의 감정에 불탈 때, 상대방에 대한 이러한 감정이 영원하지 않다는 것은 믿기 어려울 것이다. 많은 관계들이 시간이 지나가도 친밀 관계를 유지하지만 불행하게도 다른 많은 커플들은 그렇지가 못하다.

Boston 지역의 연애 중에 있는 커플에 대한 종단적인 연구인 Boston 커플 연구(Hill 등, 1976)에서는 관계의 45%가 2년 안에 헤어졌다고 보고했다. 15년간의 추적 연구에서 32%의 초기 연애 커플만이 결혼을 했고 64%는 그렇지 못했다. 결혼한 커플 가운데는 68%가 연구의 종결 전까지는 헤어지지 않은 것으로 밝혀졌다. 보다 최근에 연애 중인 대학생 커플을 대상으로 한 종단적 연구(Berscheid 등, 1989)에서 사귀고 있을 때는 누구보다도 친밀한 관계라고 했음에도 불구하고 42%의 커플이 9개월 내에 헤어졌다고 보고했다.

초기의 Boston 커플 연구의 결과는 커플이 깨지게 되는 원인에 대한 흥미로운 통찰을 제공한다. 이 연구에서, 200쌍이 (대부분 대학생) 2년간 추적되었다. 연구에 참여하기 위해서, 커플들은 지속적 관계를 유지해야 했고 두 사람 모두가 사랑하는 사이라고 믿어야 했다. 커플들이 서로 다른 길로 가게 되는 이유가 여러 가지가 있지만 다음과 같은 내용들이 주요 이유가 될 수 있다.

1) 성급한 개입

실제로 친밀 관계에 있는 두 사람이 갈라서게 된 원인의 대부분은 시간이 많이 지난 다음에야 깨닫게 되는 것들이다. 다시 말하면 사람들은 서로에 대해 너무나 많은 것을 모르는 상태에서 낭만적 열정에 빠져든다는 것이다. 이러한 사람들은 시간이 많이 지난 다음에야 비로소 그들 서로가 진실로 좋아하지 않았다는 것, 혹은 그들이 매우 적은 부분만 공유하고 있다는 사실을 발견하게 된다. 이러한 이유로, "성급한 구애"는 위험하다. 몰입과 더불어 친밀감이 조합되어야만 관계가 오래 지속될 수 있다.

2) 차이점들의 부각

성급한 개입과 관련될 수 있는 한 가지 요소는 서로 간의 태도나 가치 및 취향에서의 차이점들이 시간이 가면서 발견된다는 점이다. 열정으로 눈에 콩깍지가 씌었을 때는 보이지 않던 차이점들이 시간이 지나면서 관찰될 수 있는 소지는 얼마든지 있다. 가끔은 사람들이 열애에 빠지면 수용하고 싶지 않은 점을 상대방에게서 발견해도 결혼을 하면 바뀔 것이라고 믿는 것 같다. 그러나 결혼을 하기 전에 수용 불가능한 상대방의 어떤 특징이 결혼을 하면 바뀔 것이라고 믿는 것은 많은 경우 착각이며 오히려 초기의 유사성이 비유사성으로 바뀌면서 시간이 지나면서 차이점들이 더 커지는 것이 일반적이다(Levinger, 1980).

서로 간의 차이점들 중 어떤 것은 둘 사이의 관계가 매우 진전되거나 결혼을 해야만 확인할 수 있는 것들이 있다. 예를 들면, 성적인 태도나 행동양상, 아내나 남편의 가사분담(주방 일이나 청소)에 관한 태도, 저축과 소비 등의 가정경제와 관련된 관점이나 계획, 자녀 양육 방식 등은 실제로 결혼생활을 하면서 관찰되는 것들이며 데이트 과정에서는 확인하기가 힘들다.

3) 권태감과 무관심

〈아주 오래된 연인들〉

저녁이 되면 의무감으로 전화를 하고
관심도 없는 서로의 일과를 묻곤 하지
가끔씩은 사랑한단 말로 서로에게 위로하겠지만
그런 것도 예전에 가졌던 두근거림은 아니야
처음에 만난 그 느낌 그 설레임을 찾는다면
우리가 느낀 싫증은 이젠 없을 거야
주말이 되면 습관적으로 약속을 하고
서로를 위해 봉사한다고 생각을 하지
가끔씩은 서로의 눈 피해 다른 사람 만나기도 하고
자연스레 이별할 핑계를 찾으려 할 때도 있지

-015B-

상당히 많은 연인들은 시간이 지나면서 점차 무관심해지고 서로에 대해 권태감을 느낀다. 그리고 헤어지려고 하는 많은 연인들이 권태감을 중요 문제로 지적하고 있다(Hill 등, 1976). 이혼한 부부들 역시 '쳇바퀴 돌듯이 반복되는 일상에 불만을 갖고 있었다'고 보고하며, 이로 인한 부정적 정서상태는 파트너에 대한 감정과 연합될 수 있다(Skinner, 1986). 게다가 많은 배우자들은 생활이 지루해지면 그 원인을 파트너에게서 찾는 경향이 있다. 어떤 사람들은 변화가 없는 것을 편안하고 안전하게 느끼는 반면, 어떤 사람들은 끊임없이 변화를 추구할 수 있다. 많은 부부들은 여가 활용이나 뭔가를 새롭게 배우고 함께 즐길 수 있는 일들을 찾거나, 성행위 양식의 개발 등의 형태로 권태감을 극복해 나간다. 특히, 반복되는 일상에 불만을 갖고 새로운 경험을 끊임없이 추구하는 성향이 있는 사람이 효과적으로 권태감을 극복할 수 있는 방법을 찾아내지 못하면 파트너에 대한 불만족을 더 크게 경험할 것이다.

4) 긍정적 평가의 감소와 부정적 평가의 증가

객관적 사실	평가와 표현	
	결혼 전	결혼 후
화장을 진하게 한다.	화려하다. 멋있다.	야하다. 천박하다.
말이 많다.	명랑하다. 재미있다.	시끄럽다. 수다스럽다.
터프하다.	멋있다. 박력 있다.	객기 부린다. 허풍 떤다.
말이 없다.	진지하다. 과묵하다.	답답하다. 무뚝뚝하다.

앞에서 우리는 상대방에 대한 긍정적 평가가 호감 형성에 매우 중요한 요인임을 확인했다. 오래되지 않은 연인들이나 신혼부부들의 의사소통과정을 살펴보면 대부분 상대방에 대한 호의적인 평가양상을 띤다. 그들은 가능한 한 함께 있고 싶어 하고, 사랑한다고 말하거나 손을 잡는 등의 애정표현을 많이 하며, 서로 돕고 감사하며, 매력적으로 인식하고 있음을 분명히 표현하는 경향이 있다. 결혼생활을 하면서 두 사람의 관심은 상대방보다는 가정내외의 여러 가지 일들에 쏠리게 된다. 그 결과, 많은 사람들은 '낚은 고기에 미끼를 주지 않는다'는 서양 속담처럼, 사랑을 표현하는 행동과 달콤한 말들을 의도적으로 또는 무의식중에 줄인다.

상대방으로부터 받는 긍정적인 평가가 줄어들면 그만큼 상대에 대한 호감은 감소한다. 이보다 더 치명적인 문제는 부정적인 평가의 증가이다. 서로 간에 호감을 사기 위한 노력은 줄어드는 반면, 상대적으로 그동안 드러내지 않았던 문제들은 함께 살면서 노출될 가능성이 높아진다. 그 결과로 관계가 악화되면 사람들은 좋은 일이 일어나면 외적인 귀인을, 나쁜 일이 일어나면 내적인 귀인을 하고 상대를 비난할 것이다(Harvey, 1987). 또한 사람들은 불만을 느끼면 각자는 상대방의 부정적인 행동을 강조하고 긍정적인 행동을 무시하는 경향이 있다(Baucom 등, 1989). 잔소리, 비난, 결점 찾기 등, 상대방에 대한 부정적인 말과 행동은 상호성의 원리에 따라 악순환적인 상호작용 메커니즘을 작동시킬 것이다. 일반적으로 행복한 부부들은 불만을 갖고 있는 부부들에 비해 관계를 증진시키는 방식으로 귀인하며(Grigg 등, 1989), 애정을 표현하고, 도움을 주고 즐겁게 해주려 노력하며, 감사하는 마음을 전달하려는 노력을 중단하지 않으며, 이러한 긍정적 행위들이 호감을 유발할 것이다.

> 오늘도 그대와 나 소리 지르다 그대는 울고 나는 나오고.
> 이제는 습관처럼 매일 반복되고 함께 웃었던 적 기억나질 않고.
> 가시 돋친 말들만 주고받던 상처만 늘어나고…
>
> – g.o.d의 「장미의 전쟁」 중에서 –

5) 비효과적인 문제 해결 기술

대부분의 많은 커플들이 의견의 불일치를 가지고 있다고 보고한다. 연구는 불일치의 가능성은 커플이 서로에게 더 많은 것을 배우고 더욱 상호의존적으로 되려고 하기 때문에 증가한다고 지적한다. 한 연구는 불일치가 진지하게 데이트하는 커플보다는 일시적으로 데이트하는 커플에서 유의하게 낮다고 보고한다. 불행하게도, 많은 사람들이 갈등을 어떻게 건설적으로 다뤄야 하는지에 대해 잘 알지 못한다. 갈등을 효과적으로 해결하는 능력의 결핍은 파경의 주요 요인으로 보인다.

사랑이 시들해지는 또 다른 이유

2000년 통계청 조사 결과에 따르면 지난 한 해 결혼은 하루 평균 994건, 이혼은 하루 323건이었다. 이혼자의 동거 기간은 평균 9.9년이며 5년 미만이 31.4%로 가장 많은 것으로 나타났다. 최근 독일 함부르크 대학의 에리히 비테 교수는 500쌍의 부부를 대상으로 조사한 결과, 배우자에게 흥미를 잃고 바람기가 동하는 것은 보통 결혼 후 6년째임을 밝혀냈다. 이러한 결과들은 Fisher(1992)가 62개의 문화권의 결혼한 성인들을 대상으로 조사한 결과, 이혼율이 가장 높은 시기가 결혼 4년째라는 사실과도 거의 일치한다. 왜 이러한 현상이 생기는 것일까? 그중의 하나는 사랑의 감정과 생화학적 변화와의 관계로 설명할 수 있다.

사람들이 사랑에 빠지면 행복감을 경험하게 되는데, 그때 우리 몸에서는 어떠한 변화가 일어날까? 오래전에 행복한 심리상태는 도파민과 노르에피네프린 분비 수준과 밀접한 관계가 있음이 밝혀졌다. 보다 최근에는 사랑에 빠지면 **페닐에틸아민**(Phenylethylamine : PEA)이라고 하는 화학물질의 분비가 급격하게 증가한다는 사실이 밝혀졌다. 초콜릿에도 함유되어 있는 이 물질은 기분을 고양시키며 정신적 긴장과 체력을 증가시키는 약인 암페타민과 유사한 기능을 한다. 이것은 감정을 관장하는 중추인 변연계에 작용하기 때문에 과다하게 분비되면 이성적인 판단을 흐리게 한다. 유감스럽게도 그것은 열정적 사랑에 빠진 후 2~3년이 지나면 분비수준이 떨어지기 시작한다.

이민규의 「발상을 바꾸면 인생이 달라진다」에서

6) 더 매력적인 관계의 가용성

인정하고 싶지 않은 사실 중의 하나는 쇠퇴하는 관계의 실질적인 종결 여부는 대개 두 사람 중 어느 한쪽 혹은 두 사람 모두에게 더 매력적인 사람이 존재하느냐, 즉 대안적 파트너의 가용성 여부에 의존한다. 새로운 사람을 만날 때까

사랑은 놀라워.

-Ronald Chu-

지 불만족스러운 관계임에도 불구하고 관계를 유지시키고 있는 연인관계들은 우리 주변에서 흔히 발견할 수 있는 일들이다.

2. 사랑과 질투

1996년 8월 17일 경기도 고양 경찰서는 부부싸움 끝에 부인을 흉기로 찔러 살해한 혐의로 김 모씨(34세)를 구속했다. 김씨는 경찰에서 "보험회사에 다니는 아내가 외간남자와 만나는 것을 알고 헤어질 것을 요구했으나 이를 거절하는 바람에 술에 취한 상태에서 홧김에 이 같은 범행을 저질렀다"고 말했다. 이 사건이 일어나기 사흘 전인 14일에는 경기도 연천에서 이 모씨(49세)가 가출이 잦은 부인을 싸움 끝에 밀렵용 공기총으로 쏘아 살해한 뒤 자신도 공기총으로 그 자리에서 자살했다. 이처럼 극단적인 질투심은 상대뿐 아니라 자기 자신까지도 파멸시킬 수 있다. 질투심은 나이와 상관이 없는 것 같다. 같은 달 7일에는 서울 동대문구 회기동에서 남자친구가 다른 여학생과 친하게 지내는 것을 비관한 초등학교 6학년 여자아이가 자신의 집인 12층 아파트에서 투신자살했다. 또 11일에는 서울 은평구에서 76세의 김 모 할아버지가 '마누라가 남자를 만나는 것 같다'는 내용의 유서를 남긴 후 소주에 농약을 타서 마시고 자살을 했다.

1) 질투의 본질

사랑하는 대상 또는 배우자가 다른 사람에게 사랑을 주거나 라이벌이 나타나 두 사람의 관계가 위협받는다고 생각할 때 느끼는 감정을 **질투심**(Jealousy)이라 한다. 여기에는 불안, 우울, 실망, 분노감 등의 불쾌한 감정이 매우 복잡하게 얽혀 있다. Buunk와 Bringle(1986)은 질투를 "어떤 관계가 실제적이건, 상상된 것이건, 일어날 가능성이 있건, 과거에 일어났던 것이건 간에, 자신의 현재 또는 이전의 친한 상대와의 양자관계가 붕괴될 때 경험하는 일종의 혐오적 정서반응"이라고 정의하고 있다. 질투심과 잘 혼동되는 감정 상태로 시기심이 있다. 시기심(Envy)은 다른 사람이 소유하고 있는 것(재능, 미모, 부, 권력 등)이 자신에게는 없으며 그러한 상황이 불공정하다고 생각될 때 경험된다. 따라서 시기심은 양자관계에서 발생되는 것이며, 질투는 질투심을 느끼는 주체, 파트너(대상) 그리고 라이벌(경쟁자) 간의 삼각관계가 가정될 때 경험된다.

◆ **질투**
사랑하는 대상에게 라이벌(실제적 또는 가상적)이 등장해 삼각관계가 형성되어 양자관계가 위협을 받을 때 겪는 부정적 감정

◆ **시기**
자신이 소유해야 한다고 생각하는 지위, 재산, 명예 등을 다른 사람이 갖고 있을 때 그 사람에게 느껴지는 부정적 감정이며, 반드시 삼각관계가 전제되지는 않는다.

친밀 관계는 배우자나 연인관계뿐 아니라, 부모자녀관계, 사제지간 또는 우정관계일 수도 있으며, 실제적인 관계뿐 아니라 짝사랑과 같은 상상적인 관계도 포함한다. 특히 배우자나 연인관계에서 관찰되는 질투를 성적인 질투라고 하는데 여기서는 주로 성적인 질투를 다룰 것이다. 질투심은 거의 모든 사람들이 보편적으로 경험하는 것이기 때문에 시, 소설, 영화, 연극 등에서 가장 흔하게 등장하는 소재이기도 하다. 셰익스피어의 『오셀로』, 보카치오의 『데카메론』 등이 그 예이다. 성적 질투심은 개체의 유전자 보전에 매우 중요한 기능을 하기 때문에 동물들에게서도 광범위하게 관찰된다. 이처럼 질투란 지극히 보편적인 경험이지만 질투심을 긍정적으로 받아들이는 사람들은 그리 많지 않은 것 같다.

2) 질투에 대한 사회적 통념과 기능

살인 사건이 터지면 경찰에서 가장 관심을 갖는 것이 피해자의 원한관계나 치정관계이다. 미국의 한 조사연구 결과에 의하면 배우자 간의 폭행과 살인사건의 55% 이상이 질투심 때문이며, 남자가 남자를 살해한 사건 중 20% 정도는 여자를 사이에 둔 삼각관계에서 일어난 것으로 확인됐다. 이렇듯 질투심이란 극단적인 분노감을 유발하는 동기적 성질을 지니고 있는 부정적 감정이다. 살인, 폭력, 무관심, 학대, 맞바람 피우기, 이혼, 자살과 같은 많은 사회적 문제들 역시 질투심에 기인할 수 있기 때문에, 사회적 통념상 질투란 불필요하고 불건전한 것이라고 받아들이는 경향이 있다.

사람들은 다른 사람들이 질투를 할 때뿐 아니라 스스로가 질투할 때도 이를 부정적으로 보며 인정하지 않으려는 경향이 있다. "당신 질투하는 거야?"라는 말을 들으면, 대부분 "뭐라고? 사람을 뭘로 보고…"라고 반응한다. 질투를 하고 있으면서도 이를 인정하기 힘든 이유가 있다. 그것은 질투심을 느끼는 사람이 일반적으로 라이벌에 비해 열등하다고 평가받을 수 있기 때문이다. 그래서 질투를 느낄 수 있는 상황에서도 사람들은 그것을 위장하거나 솔직하게 인정하지 않는 경향이 있다.

그렇다면 정말 질투는 파괴적인 역할만 하는 것인가? 동물들의 질투행위를 통해 그것이 왜 필요한지를 알아보자. 검은머리흰죽지라는 새는 자기가 선택한 암컷이 산란기에 있을 때는 거의 하루 종일 근접 경호를 하면서 다른 수컷과 이 암컷이 교배할 가능성을 철저히 차단한다고 한다. 많은 곤충들은 짝과 항상 붙어 다니면서 라이벌이 접근하면 위협과 공격을 가해 그것을 막는다. 이러한 질투행동이 라이벌로부터 짝을 지키고 자신의 유전자를 후대에 물려줄 수 있게 해 주기 때문이다. 인간의 경우도 예외는 아니며 질투심은 고도로 발달된 짝 지키기 전략으로 진화되어 온 것임이 분명하다. 라이벌의 접근과 짝의 바람기를 효과적으로 차단해서 자신의 유전자를 후대에 물려줄 수 있는 것은 순전히 질투심 덕택인지도 모른다.

질투란 현실적으로 짝 지키기가 위협받을 때 또는 그런 사태가 예상될 때 결과적으로 나타나는 감정반응이다. 그리고 이때 발생되는 부정적인 감정이 짝이나 라이벌에게 여러 가지 파괴적인 행동으로 발전하는 경향이 있다. 그렇지만 질투가 항상 파괴적으로만 작용하는 것은 아니다. 정도가 심하지 않은 경우에는 라이벌의 등장이 두 사람의 관계를 더욱 친밀하게 만들어 줄 수 있다. 그래서 연인들이 상대의 애정이나 관심을 고조시키기 위해서 고의적으로 질투심을 유발하는 경우가 있다. 다른 사람과 일부러 데이트를 하는 척하거나, 다른 사람이 자기에게 관심을 가지고 있음을 넌지시 암시하고, 파티 석상에서 다른 이성에게 관심을 보이는 것이 그것이다. 사귄 지가 오래되어 배우자나 연인에게 시들하게 대하던 사람들도 경쟁자가 나타나면 다시금 뜨거운 사랑을 느끼게 된다.

사랑이 시들해진 상대에게 좋아하는 사람이 나타나면 다시금 관심을 갖게 되는 이유는 무엇일까? 당신은 혹시 어렸을 때 당신이 내버려둔 장난감을 친구가 재미있게 가지고 노는 것을 보고 그것을 빼앗고 싶었던 적은 없는가? 사람들에게는 무엇인가를 전적으로 독점하고 있을 때보다 경쟁자가 나타날 때 그것을 소유하려는 강력한 동기가 발생한다. 그리고 경쟁자가 늘어날수록 그것에 대한 가치를 높이 평가하는 경향이 있다. 그래서 혼자 있을 때는 잘 먹지 않는 아이도 누군가와 함께 있을 땐 더 잘 먹는다.

질투심을 유발하여 상대의 관심을 끌려는 이 같은 전술은 사실 매우 위험한 결과를 초래할 수도 있기 때문에 짝을 붙잡기 위해 다른 사람과 연애를 하는 척하거나 다른 사람이 관심을 보이고 있음을 알릴 때 일정한 한계를 넘어서는 안 된다. 자칫 상대가 자기를 난잡한 사람으로 오해하여 의도하는 바와는 전혀 다르게 정말 자기를 버리게 될 수도 있기 때문이다. 뿐만 아니라 저의를 의심케 하여 분노에 불을 지피는 격이 될 수도 있음을 명심해야 할 것이다.

3) 열등감과 질투

왜 질투하는가? 많은 사람들은 '사랑하니까'라고 말한다. 맞는 말이다. 사랑하지 않는다면 굳이 라이벌이 접근하는 것을 경계할 필요도 없을 것이며 그것 때문에 스트레스를 받지도 않을 것이다. 더군다나 짝이 싫어져서 어떻게 해서든지 짝과 헤어질 방법을 모색하고 있는 사람에게는 라이벌의 등장이 오히려 환영할 만한 일이다. 그러나 사랑 없이도 질투는 가능하다. 질투의 정도를 결정하는 요인들을 살펴보자. 어느 사회이건 짝을 라이벌에게 뺏기는 사람은 라이벌에 비해 열등한 것으로 평가받는다. 짝을 뺏기는 것이 자존심을 손상시키기 때문에 사람들은 비록 사랑하지 않는 파트너일지라도 경쟁자가 나타나면 질투한다. 대개 짝 지키기에 대한 자신감이 부족한 사람, 의심이 많고 정서적으로 불안정한 사람, 보수적이고 권위적인 사람들이 질투심이 많은 경향이 있다.

셰익스피어의 『오셀로』에서 주인공은 아내가 의심스러웠을 때 자기가 흑인이라는 열등감 때문에 의처증이 더욱 심해졌다고 고백하고 있다.

잘 알려져 있듯이 셰익스피어의 『오셀로』에서 주인공은 아내가 의심스러웠을 때 자기가 흑인이라는 열등감 때문에 의처증이 더욱 심해졌다고 고백하고 있다. 라이벌이 명성이나 외모 또는 경제적인 능력 등에서 자신보다 뛰어나다고 생각될 때도 질투심의 정도는 증가한다. 그리고 신체적 외모가 매력적인 라이벌이 나타났을 때 더 위협을 느끼며 스트레스도 많이 받는다.

4) 반응성 질투와 의심성 질투

사랑하는 사람과의 관계가 위협받는 상황에서 나타나는 질투 정도는 두 사람 간의 관계에 관여하는 정도, 위협받는 정도뿐 아니라 각 개인이 가지고 있는 성향에 따라서도 영향을 받는다. 따라서 성격 자체는 별 문제가 없는 사람도 짝의 행동이 난잡하거나 라이벌이 등장하면 질투를 느낀다. 반면 짝의 행동에 문제가 없을 뿐 아니라 라이벌이 접근할 가능성이 없는 상황에서도 심하게 질투를 느끼는 사람이 있다. 개인의 성향과 상황 중 어떤 것이 더 중요하게 작용하는지에 따라 질투를 두 가지 유형으로 나눌 수 있다. 그 첫 번째는 개인이 두 사람 간의 친밀 관계에 위협을 주는 사건을 경험한 후에 느끼는 질투인데 이것을 **반응성 질투**(Reactive Jealousy)라고 부른다. 다시 말하면, 객관적으로 질투심을 느낄 수 있는 사건이 발생했을 때 질투를 느끼는 것이 여기에 해당하며 이것은 극히 정상적인 반응이다.

반면, 질투를 느낄 만한 상황이 아니며 충분한 근거가 없는데도 개인의 성향이 더 중요하게 작용해서 느끼게 되는 질투를 **의심성 질투**(Suspicious Jealousy)라고 한다. 이러한 질투가 아내와의 관계에서 나타나면 의처증, 남편과의 관계에서 나타나면 의부증이다. 의심성 질투는 **편집성 성격장애**(Paranoid Personality Disorder)에서 흔히 관찰되며 이들의 증상은 다음과 같다.

▶ 피해의식이 강하다 :

편집성 성격장애자들은 사람들이 자기를 부당하게 착취하고 해를 끼칠 것이라는 생각에 사로잡혀 있다. 따라서 근거 없이 주변 사람들을 의심하기 때문에 선의를 베푼 경우조차도 자기를 해치려는 의도가 있을 것이라고 생각해서 증거를 찾아내려 애쓴다.

▶ 신뢰감이 부족하다 :

이들은 주변 동료나 다른 사람들의 신용이나 성실성을 불신하며 상대방의 행동을 액면 그대로 받아들이지 못하고 숨어 있는 동기를 찾으려 애쓴다. 불신감 때문에 자기가 곤경에 처했을 때는 다른 사람들이 무시하고 경멸할 것이라고 생각한다.

▶ 터놓고 이야기하지 않는다 :

편집성 성격을 갖고 있는 사람들은 비밀이나 속마음을 털어놓는 것을 지극히 꺼려한다. 왜냐하면 남들이 그것을 빌미로 해를 끼칠 수 있다고 생각하기 때문이다. 그래서 프라이버시와 관련된 질문에는 '알 필요 없다'고 반응하는 등 경계심을 보인다.

▶ 농담을 해도 오해한다 :

이들은 상대가 별 생각 없이 한 말이나 사건도 자신을 비난하거나 경멸하려는 의도가 있다고 해석하는 경향이 있다. 농담을 주고받는 상황에서도 인신공격을 하는 것으로 판단하거나, 칭찬을 받았을 때조차도 비웃는 것이 아닌가 하고 저의를 의심한다.

▶ 원한을 쉽게 풀지 못한다 :

이 사람들은 한 번 원한을 품으면 그것을 쉽게 풀지 못한다. 다른 사람에게 모욕이나 경멸을 당하고 난 다음에는 상대방을 용서하지 못한다. 상대방의 저의를 의심하기 때문에 사과를 해왔을 때도 그것을 있는 그대로 인정하지 않는다.

▶ 즉각적으로 반격한다 :

사소한 일로 무시를 당할 때도 강한 적개심을 느끼기 때문에 과도하게 분노하는 경향이 있다. 이와 함께 유머 감각이 부족해서 갈등상황에서는 융통성 있게 대처하지 못하고 쉽게 긴장하고 표정이 굳어진다.

▶ 시기심과 질투심이 강하다 :

자기에게 배당되는 몫이 부당하다고 생각해서 다른 사람이 소유하고 있는 것에 지나친 관심과 시기심을 느낀다. 상대가 되지 않는 사람도 라이벌로 생각하며 충분한 근거가 없는 상황에서도 배우자나 애인의 부정을 의심하고 병적인 질투심을 느낀다.

특히 뚜렷한 근거가 없이 아주 사소한 증거들(예를 들면, 헝클어진 옷매무새나 시트의 얼룩 등)을 단서로 배우자나 연인을 의심하고 몰래 미행하거나 가상적인 라이벌을 조사하고, 공격하는 행동이 망상수준에 달했을 때 정신의학에서는 **질투망상장애**(Delusional Disorder, Jealousy Type)라고 한다. 편집증적인 사람이 의심성 질투과정을 거쳐 망상장애가 되는 경우도 있으나, 배우자의 외도가 질투망상장애를 유발하기도 한다.

1996년 12월 4일 무정자증으로 고민하던 40대 남자가 부부싸움 끝에 아내를 흉기로 찔러 숨지게 한 사건이 서울에서 발생했다. 이 남자는 '무정자증'이라는 진단을 받았으나, 아내는 89년에 임신을 해서 첫아들을 낳았고, 91년에는 딸을 낳았다. 아내가 외도를 해서 아이들을 낳았다는 것을 알면서도 말하지 않고 있다가, 아무에게도 이 사실을 알리지 말고 비밀로 하면서 가정을 유지하기로 아내와 합의했다. 그러나 사건이 일어나기 1년 전부터 정신적 고통을 이기지 못한 이 남자는 '처가에서 무정자증이라는 사실을 알고 있다' '아내가 나를 독살하려 한다'며 아내가 차려 주는 식사를 거절하는 등 의처증과 피해망상을 보이기 시작했다. 그리고 아이의 진짜 아버지가 누군지 추궁하는 과정에서 부부싸움을 하게 되었고 결국은 흉기로 아내를 살해하고 만 것이다.

3. 관계를 유지시키기 위한 대책

사람들이 그들의 연애 관계를 지속할 기회를 증진시킬 방법이 있는가? 놀랍게도, 이런 의문에 대해 최근에서야 연구자들의 언급이 있었다. 다행스럽게도, 오늘날까지 우리가 어느 정도 시험적인 조언을 할 수 있는 만큼의 연구가 있어왔다.

1) 폭넓은 자기 개방을 하고 충분한 시간을 가져라

Sternberg의 이론에 기초한 최근의 연구는 데이트 중에 있는 커플들의 관계가 지속될 것인지의 여부를 알 수 있는 예언변인은 그들의 개입과 친밀감의 수준임을 발견했다. 관계의 친밀감의 기초에 대해 초기의 관심을 지속하는 것, 개입을 수립하기 위한 상호 간의 노력은 보다 지속적으로 사랑을 유지시키는 데 도움을 준다.

이러한 요소들은 장기적인 결혼생활을 한 커플들에게 그들의 관계가 지속될 수 있는 이유를 묻는 질문에 대한 반응에서 명백하게 나타난다. 15년 이상 결혼생활을 한 351쌍의 커플에서 가장 빈번한 응답은 (1) 우정("나는 내 배우자를 한 인간으로서 좋아한다"); (2) 관계에의 개입("나는 그 관계가 지속되길 원한다."); (3) 가치와 관계에 대한 주제의 유사성("우리는 애정을 표현하는 방법과 얼마나 자주 표현할 것인지에 대해 동의한다"); (4) 서로에 대한 긍정적인 느낌("내 배우자는 더 재미있어졌다.")이었다.

2) 당신의 배우자와 관계에 대한 긍정적인 특징을 강조하라

당신의 배우자와 부정적이기보다는 긍정적인 느낌으로 대화하는 것은 결정적인 것이다. 사람들은 관계의 초기에는 이것이 쉽다는 것을 발견하지만, 시간이 지남에 따라 어렵다는 것을 알게 된다. 한 가지로, 일단 관계에 있어서 초기의 '불꽃'이 사라지면, 일반적인 귀인오류가 발생한다. **행위자-관찰자 편향(Actor-Observer Bias)**은 자신의 행동은 상황귀인을 하는데 다른 사람의 행동은 성향귀인시키는 경향을 말한다. 이러한 성향은 문제가 있을 때 다른 사람을 만성적으로 비난하고 자기가 져야 하는 책임을 말하지 않는 파괴적 습관을 형성한다. 역설적으로, 결혼한 커플은 타인들에 비해 자신의 배우자에 대해 긍정적인 것보다는 부정적인 진술을 더 많이 하게 된다. 이러한 경향성은 부부간뿐 아니라 부모-자녀 같은 친밀관계에서도 나타난다. 이러한 경향은 고통을 겪지 않은 커플에서보다 고통받는 커플에서 더 두드러진다. 불행하게도, 배우자 한 쪽이 이러한 행동에 개입되면, 다른 쪽 역시 그러한 방법으로 반응하게 된다. 이것은 일을 더 악화시키는 상호적 부정성의 형태로 수립된다. 그러므로, 원만한 관계를 보다 오래 지속시키려면 '결혼 전에는 눈을 크게 뜨고, 결혼 후에는 눈을 반쯤 감으라'는 Benjamin Franklin의 말을 귀담아들을 필요가 있다.

3) 효과적인 갈등 해결 기술을 발전시켜라

갈등은 모든 관계에서 나타나는 것이므로, 그것들을 성공적으로 다루는 것은 중요하다. 한 가지로, 사소한 일과 관계에 중요한 영향을 미치는 문제를 구별하는 것이 중요하다. 우리는 보다 넓은 시야로 사소한 일들을 관조하고 그것들이 얼마나 사소한지를 인정하는 것을 배울 필요가 있다. 문제가 진정으로 중요하다면, '시간이 해결해주겠지'라고 생각하며 문제해결을 미뤄두려는 유혹을 피해야 한다. 중요한 문제는 저절로 사라지지는 않으며, 만약 당신이 꼭 해결해야 할 문제를 뒤로 미뤄놓는다면, 그만큼 문제는 커질 것이다.

언쟁 시 유념 사항 12가지

- 상대방을 비난하기보다는 자신의 감정을 표현한다.

"당신이 무능해서 이 꼴이잖아!" 하고 상대방을 판단하고 비난하면 상대방도 이쪽을 비난할 거리부터 찾는다. 그러나 "일이 그렇게 되어 내 마음이 답답하고 속이 상한다."고 자신의 감정을 표현하면 상대방의 반발심이 줄어들고 상대방도 자신의 문제를 돌아보게 된다.

- 과거를 들추기보다는 현재의 문제된 내용에만 초점을 맞춘다.

싸움을 할 때 우리는 보통 과거에 누적된 불만까지 한꺼번에 싸잡아서 비난한다. 그러나 이 방법을 사용하면 상대도 역시 똑같은 방법으로 당신의 과거를 끄집어내기 때문에 싸움은 끝이 나지 않는다.

- 독심술을 하는 것처럼 지레짐작하여 말하지 않는다.

"누가 그 속을 모르지 아느냐"는 마음으로 넘겨짚어 이야기하는 것보다는 논쟁거리가 되는 구체적인 행동을 주제로 삼는 것이 서로의 갈등의 근원을 밝히는 데 효과적이다. 독심술이 맞았을 때는 속셈이 발각되어서 화가 나고, 틀렸을 때는 오해를 받았기 때문에 기분이 상한다.

• 상대방이 말하는 도중에 끼어들지 않는다.

비겁한 의사소통 방법 중의 하나는 자신의 약점이 잡히거나, 감정이 상하게 되면 상대방이 말하는 도중에 끼어드는 것이다. 이러한 행동은 말하는 사람을 혼란시키고 짜증 나게 하여 적개심을 유발시킨다. 실컷 말하게 놔두면 제풀에 떨어지기 마련이다.

• 구체적으로 요구한다.

상대의 행동이 변화되기를 요구할 때는 무엇을 어디에서 어떻게 하라는 구체적인 요구를 한다. "좀 제대로 할 수 없어!"라고 모호하게 말하기보다 "기안할 때 띄어쓰기에 신경을 쓰는 게 좋겠는데"라고 말하는 것이 행동 변화를 잘 일으킨다. "공부 좀 해라"보다는 "나눗셈이 틀렸던데, 엄마랑 이 문제 한번 풀어볼래"가 효과적이다.

• 그 상황에서 자신이 기꺼이 할 것을 언급한다.

변화되기를 원하는 상대방의 행동만 지적하기보다는 상대방이 변화되는 것과 함께 자신이 기꺼이 바꾸고자 하는 행동도 제시함으로써 상호 간의 노력을 강조한다. 그래야 상대방도 부당한 요구라는 생각을 덜 하게 된다. "술 마시지 마라"보다는 "나도 아이들 돌보는 일에 더 신경을 쓸 테니까 당신도 일찍 와서 도와줘요."라고 말하는 것이 상대로 하여금 손해 보는 느낌이 적게 한다.

• 장점을 거론한 다음에 문제점을 다룬다.

사람들은 단점을 지적받게 되면 그것이 그의 일부분에 불과하지만 전체적인 평가로 추측한다. 바람직하다고 생각하는 점을 먼저 인정하고 난 다음 문제 거리를 다룸으로써 상대방이 쉽게 자신의 문제를 받아들이게 한다. "도대체 하는 일이 뭐야"보다는 "노력하고 있는 것은 잘 안다. 그러나 이런 점은…"이라는 말이 더 설득력이 있다.

• 자신의 감정이나 사고에 책임을 진다.

실망하거나 긴장했을 때 그런 감정을 일으킨 것은 자신의 사고이며 경험임을 받아들인다. 상대가 원인을 제공할 수는 있지만 경험 자체는 자신의 것일 수밖에 없다. "그 사람이 기분을 나쁘게 했다."가 아니라 "그런 것을 내가 받아들이지 못하기 때문에 내가 화내고 있다."가 화를 쉽게 사그라지게 한다.

• 자신이 좋아하는 것과 싫어하는 것을 분명히 말한다.

무엇을 찬성하고 무엇을 반대하는지 구체적으로 표현함으로써 상대방이 단지 막연한 추측에 근거한 행동을 하지 않도록 한다. 그리고 좋아하는 것과 싫어하는 것이 변했을 때는 그것을 전달하는 것 역시 중요하다.

• 제삼자를 끌어들이지 않는다.

부부싸움이 심각하게 되는 이유 중의 하나는 상대를 비난할 때 "당신네 집에서는 그렇게밖에 못 배웠냐"는 등, 처가 식구나 시댁 식구들을 끌어들이기 때문이다. 또한 자신의 의견을 표현하면서도 제삼자를 끌어들여 존재하지 않는 세력을 만들려는 시도에서 "모두 나처럼 생각한다."는 식으로 말하는 것도 제삼자를 끌어들이는 것이다. 이러한 표현은 나의 의견은 전적으로 옳고 상대방은 무조건 그릇되었다는 압력을 가하게 되므로 사태를 더욱 악화시킬 수 있다.

• 다른 사람과 비교해서 요구하지 않는다.

"옆집 혜진이 엄마처럼 머리 좀 깔끔하게 하고 다닐 수 없어?" 따위의 말을 했을 때 벌어질 수 있는 사태는 불을 보듯 뻔한 일이다. 스스로 못났다고 생각하는 사람도 다른 사람보다 못하다는 소리는 듣고 싶어 하지 않는다. 누군가와 견주어 요구하면 실감은 날지 몰라도 결코 설득력을 갖지는 못한다. 남과 비교당하면 자존심이 상해 반발부터 하게 되는 것이 사람의 심리니까. 정 비교하고 싶다면 차라리 "당신은 살림은 깔끔하게 잘 하는데...."라는 식으로 상대방의 또 다른 장점과 비교하라.

• 대책 없는 약점을 비난하지 않는다.

어떤 일로 다투다가 사태가 불리해지면 그 일과 전혀 상관없는 약점을 헐뜯는 경우들이 있다. "당신이 잘생겼어. 남보다 돈을 잘 벌어? 가사 일이라도 잘 도와주어야 할 거 아냐!"라는 등 타고난 외모나 수입 등 상대방이 의지를 갖고 변화시킬 수 없는 것을 들먹거리면 들어주려고 했던 요구도 거두어들인다. 비난하거나 요구할 때는 상대방이 고칠 수 있는 행동에 국한해야 함을 명심하자.

이민규의 「생각을 바꾸면 세상이 달라진다」 중에서

제7장

성 행동 및 성과 관련된 장애

I. 인간의 성

1. 성 행동에 대한 과학적 연구
2. 성의 기능과 동기
3. 인간의 성적 잠재력
4. 성적 흥분을 일으키는 요소들과 구애과정

II. 성 반응의 생리학

1. 흥분기
2. 고원기 또는 고조기
3. 극치기
4. 해소기

III. 성 기능 장애, 변태적 성욕 및 성 정체감 장애

1. 성 기능 장애
2. 성도착증(변태적 성욕 장애)
3. 성 정체감 장애

· 인간의 가장 기본적인 본능 중의 하나이다.
· 수많은 예술 장르에서 이것을 주요 주제로 다루고 있다.
· 많은 범죄가 이것과 관련되어 있다.
· 정신건강에도 중요한 영향을 미친다.
· 많은 문화권에서는 이것과 관련된 금기들을 가지고 있다.

이것은 무엇일까? 말할 것도 없이 성(sex)이다. 섹스란 종족을 번식시키는 기능을 가지고 있을 뿐 아니라 쾌감과 한 인간으로서의 존재 가치를 제공해 주기도 하며 이성 간의 사랑을 발전시키고 부부간의 유대감을 유지시키는 중요한 기능을 가지고 있다. 소설이나 영화, 연극 등 많은 예술 장르에서 성과 사랑을 주제로 다루고 있으며 성적인 욕구를 충족시키기 위해 싸우고, 죽이고 강탈하며 자신의 재산, 건강, 심지어는 목숨까지도 무릅쓸 정도로 인간의 섹스에 대한 욕망은 끈질기다. 치약 선전에서부터 자동차 광고까지 매력적인 모델들을 등장시켜 잠재된 성적인 욕구를 자극하는 것을 보더라도 인간들이 갖는 성에 대한 관심이 얼마나 지대한지를 짐작할 수 있다.

I. 인간의 성

섹스가 기본적으로는 쾌락을 제공하는 기능을 가지고 있지만 때로는 그것 때문에 수치심이나 죄책감과 두려움을 겪어야 하며, 성폭행이나 살인사건과 같은 범죄, 변태성욕이나 동성애, 또는 성 기능부전과 같은 많은 문제들이 섹스와 관련되어 있다. 섹스가 인간의 가장 강력하고 기본적인 동기 중의 하나이기 때문에 잘못 사용될 때는 그 무엇보다도 파괴적인 결과를 초래할 수 있다. 그래서 어느 사회에서나 여전히 성에 대한 수많은 금기가 남아 있으며 대부분의 문화권에서는 성욕의 충동적 행동화에 대한 도덕적 및 법적인 규제가 존재하고 있다. 지구상에서 제일 강한 성적 잠재력을 가지고 있다는 점과 최대한의 자제력을 함께 지니고 있다는 점에서 인간은 가장 성적인 동물이며 동시에 가장 비성적인 존재이다.

1. 성 행동에 대한 과학적 연구

요즘 사람들이야 받아들이기 어려울지 모르지만 19세기까지만 하더라도 유럽에서는 자위행위가 신체적인 질병이나 정신병의 원인으로 작용하며, 심한 경우 죽음에 이르게 한다고 생각했다. 성에 대한 비과학적인 생

각에 도전했던 최초의 객관적인 연구는 Darwin에 의해서 이루어졌다.

1) C. Darwin과 S. Freud

C. Darwin

C. Darwin(1859)은 적자생존의 이론을 정립하면서 동물들이 자기들의 생존에 걸림돌이 될 수 있는 신체적인 특징들을 버리지 않고 오히려 그것을 발달시켜온 수수께끼에 관심을 가졌다. 사슴이나 공작새의 경우처럼, 거추장스러울 정도로 큰 뿔이나 요란한 색깔의 깃털은 약탈자에게 쉽게 노출되게 하여 생존의 측면에서는 위험천만한데도 진화과정에서 퇴화되지 않은 데는 어떤 이유가 있을 것이라고 본 것이다.

관찰결과를 토대로 Darwin은 많은 동물들이 이성을 효과적으로 유인하고 다른 경쟁자를 물리쳐서 자기의 유전자를 후손에게 물려줄 수 있는 특성들(개체의 생존에는 위험천만한)을 진화시키고 있다고 결론지었다. 또한 성적인 본능이 진화의 원동력이라고 결론을 지었으며 인간과 다른 동물들의 본능에서 많은 공통점이 있음을 확인하였다.

Darwin의 학설에 감명을 받은 정신분석학자 Freud는 신경증 환자들의 꿈이나 무의식을 분석한 결과를 토대로 인간의 가장 근본적인 본능이 성욕이며 이것에 의해서 인간의 모든 행동이 좌우된다고 결론지었다. 인간의 동기와 행동에 대한 종합적인 이론을 제시하였음에도 불구하고, 출산 직후부터 인간의 유아는 성적인 본능인 리비도를, 그것도 엄마를 통해 충족시킨다는 Freud의 주장에 당시 유럽의 많은 사람들이 반발했다.

2) Kinsey 등의 조사연구

인간의 성 행동을 과학적으로 이해하기 위해 일반인들을 대상으로 한 최초의 대규모 연구는 Kinsey에 의해서 이루어졌다. 당시까지 성 문제를 공개적으로 다룬다는 것이 사회적으로 금기시되어 있었음에도 불구하고 그는 2만 명 이상의 성인 남녀를 대상으로 성생활에 대한 면접을 실시하였다. Kinsey와 그의 동료들은 부부간의 성교행위, 동성애, 자위행위, 혼전성교, 구강성교 및 기타의 성행위

들에 대해 광범위한 자료를 수집하였다. 그리고 그 결과를 남성의 성 행동(1948)과 여성의 성 행동(1956)이라는 이름의 책으로 발간했다.

그들은 성 행동 양상을 인생의 주기별, 남녀별, 교육, 종교 및 다른 사회학적인 요인들로 구분하여 분석하였다. 그들의 조사 결과에 의하면 예컨대, 자위행위는 거의 모든 남자들이 하고 있는 것으로 나타났으며 나이에 따라 그 빈도는 점차 줄어드는 것으로 밝혀졌다. 여자들도 자위행위를 하지만 남자에 비해 빈도가 덜한 편이었다. 그러나 여자들은 나이를 먹으면서 점차 빈도수가 증가하여 남자들과는 다른 양상을 보였다. 그들은 여태까지 잘 알려져 있지 않았던 미국인들의 성 행동과 관련된 많은 지식을 제공해 주었다.

인류학자인 C. Ford와 심리학자인 F. Beech(1951)는 190개 문화권의 성 행동을 비교함으로써 성행위에 대한 지식의 폭을 더욱 넓혔다. 그들은 문화적인 차이에 따른 성행위 양상을 동물의 성 행동과 비교하여, 성 행동에 있어서의 문화나 종에 따른 보편적인 현상과 특수한 현상이 무엇인지를 밝혀내었다. 예를 들면, 성교 전의 전희는 어떤 문화권에서나 있지만 키스나 애무 또는 입을 사용해서 성기를 자극하는 행동 등은 문화에 따라 그리고 종족에 따라 차이가 있다는 것을 밝혀내었다.

미국인들의 성 행동과 태도에 대한 최근의 자료들은 더욱 다양한 조사방법에 의해서 얻어지고 있다. 그 예로 성에 대해 진보적이고 적극적인 태도를 지니고 있는 남녀 2000명에 대한 Hunt(1974)의 연구와 펜실베이니아 대학의 심리학개론 수강생 수백 명을 수년간 추적 연구한 Rozin(1978, 1981)의 연구 등을 들 수가 있다.

이 모든 연구들은 사람들이 성과 관련하여 행하는 바와 그들의 행위에 대한 느낌에 대해 많은 것을 알려주었지만 여전히 몇 가지의 기본적인 문제를 안고 있다. 첫째, 성이라는 주제가 갖고 있는 특성이다. 성 행동이란 원래 매우 개인적이고 비밀스러운 것이다. 그래서 많은 사람들은 성에 대한 태도나 성 행동에 관한 연구에 스스로 참여하는 것을 꺼린다. 즉 스스로 연구에 참여하기를 원하는 사람들만을 대상으로 한 연구결과들은 무작위 표집에 근거하지 않았으므로 전집을 대표할 수 없다. 둘째, 이들 조사에 참여한 사람들 중 어떤 사람은 극히 개인적이고 비밀스러운 주제를 솔직하게 보고하겠지만 다른 사람들은 과장해서 반응하기도 할 것이다. 또 어떤 사람들은 왜곡시키거나, 억제하기도 하고 거짓으로 보고하기도 한다. 결과적으로 우리는 자신의 성 행동과 태도에 대해 말하는 것에 동의한 사람들이라는 선택적 표집 대상에 대해서만 알게 되는 것이다.

3) Masters와 Johnson의 실험 연구

많은 연구자들이 주로 조사방법을 통해 자료를 수집하는 동안, W. Masters와 V. Johnson은 Kinsey의 뒤를 이어 1950년대와 1960년대에 다른 사람들이 상상조차 할 수 없었던 방법을 통해 성에 대한 연구를 시도했다. 이들은 인간의 성 기능에 대한 생리학적 지식이 너무나도 부족하다는 사실에 착안해서 실험실에서 자료를 수집하기로 했다. 많은 동료들과 선배들의 핀잔과 비난을 받았음에도 불구하고 이들은 적어도 1500가지의 인간 성 행동을 관찰하고 기록하였다. 그들은 다양한 조건—기혼 부부간, 낯선 사람들 간, 다양한 성적 및 대인관계 문제가 있는 부부간 및 자기자극 상황—하에서의 성 행동을 관찰하였다.

마스터스와 존슨은 1957년부터 함께 일하다가 1970년대 초반에 부부가 되었다. 그러나 결혼한 지 20년 정도 지난 1992년 2월 이혼했다. 그리고 40년 동안 인간의 성 문제 연구의 선구적 역할을 해온 미국 세인트루이스에 있는 그들의 연구소 「Masters & Johnson Clinic」은 1994년 12월 문을 닫았다.

그들은 인간 성 반응의 생리적 특성을 최초로 관찰한 것이다. 이러한 관찰 결과를 토대로 그들은 성 기능 장애의 특징과 치료법을 찾아내는 데 많은 노력을 기울였다. 그들의 생리학적인 관찰결과가 성인들에게 매우 일반적이라는 것이 확인되었다. 이들의 과학적인 연구 덕택에 오늘날에는 성 행동의 본질, 생리학 및 그 빈도 등에 대해 과거에 비해 현저하게 많은 지식이 축적되었다.

2. 성의 기능과 동기

음료수를 마시는 것의 일차적인 목적은 갈증을 해소하는 것이다. 그러나 꼭

목이 마르기 때문에 물을 마시지는 않는다. 카페에서 누군가를 기다릴 때나, 초조감을 이겨내기 위해서 물을 마시듯이 섹스라는 것도 여러 가지 이유에서 행해지는 것 같다. D. Morris(1991)는 인간의 성행위 기능을 아홉 가지로 분류한 바 있다.

섹스가 가지고 있는 가장 기본적인 기능은 생식기능이라는 데는 논란의 여지가 없다. 오직 생식기능만을 위해 섹스를 해야 한다고 주장하는 사람들이 있지만 진화과정에서 획득된 거대한 성의 잠재력은 생식기능을 수행하는 것만으로는 부족하다.

섹스가 갖고 있는 또 하나의 기능은 짝짓기를 위한 것이다. 인간은 원래 암수가 짝을 짓는 동물이며 배우자가 될 가능성이 있는 한 쌍의 남녀는 성행위를 통해 짝을 짓는다. 짝짓기 기능이 워낙 중요하기 때문에 성행위가 가장 격렬하게 그리고 규칙적으로 일어나는 시기는 처음 짝을 짓는 시기에 집중되어 있다.

짝짓기가 성공적으로 이루어졌다고 해서 지속적인 유대관계가 보장되는 것은 아니다. 섹스는 짝과의 유대감을 유지시키고 강화하는 기능을 갖고 있기 때문에 성행위가 짝짓기를 끝냈다고 해서 사라지는 것은 아니다. 짝을 유지하는 단계에서는 짝짓기 단계보다 성행위의 강렬함이 줄어든다. 그러나 별거했던 부부들이 재회하면 짝짓기 과정을 다시 거치는 것이나 마찬가지이기 때문에 신혼 초야처럼 격렬한 성행위가 되살아날 수 있다.

섹스의 또 다른 기능은 긴장을 감소시키는 것이다. 생리적 욕구가 해소되지 않으면 긴장감이 경험되기 때문에 해소되지 않은 성적 긴장감을 발산시키기 위해서 성행위를 하게 된다. 사창가를 찾거나 자위행위를 하는 것도 섹스가 생리적 욕구의 해소 기능을 갖고 있기 때문이다.

인간이 가지고 있는 가장 훌륭한 자질 중의 하나는 호기심과 탐구심이다. 섹스의 영역에서도 예외가 될 수는 없기 때문에 성행위에 참여하는 남녀는 다양한 동작, 소리, 접촉, 체위, 향수 등을 써서 서로를 자극하는 새로운 방법을 끊임없이 탐구함으로써 타고난 호기심을 충족시키고 있다. 가끔은 지나친 탐구욕 때문에 배우자가 아닌 은밀한 외도를 시도하여 짝의 유지를 파괴하는 위험을 자초하기도 한다.

인간이 그렇게도 끈질기게 섹스에 대한 미련을 버리지 못하는 것은 섹스를 하는 것 자체가 주는 보상 때문인지 모른다. 마치 아이들이 놀이 자체를 위해 놀이를 하듯이 성인들은 섹스 자체가 쾌감을 주기 때문에 섹스를 한다. 아이들이 놀이에 심취할 때는 해야 할 다른 일이 없을 때인 것처럼 섹스를 위한 섹스는 생존에 필요한 기본적인 욕구가 충족되어야 한다. 그래서 스트레스를 심하게 받는다거나 할 일이 많아지면 순수하게 섹스를 위한 섹스 행위는 감소된다. 그런 점에서 섹스를 위한 섹스는 긴장감을 해소하기 위한 섹스나 탐구심을 충족시키려는 섹스와는 구분된다.

섹스의 또 다른 기능은 무료함이나 권태감을 극복하는 것이다. 공허한 환경에서 나타나는 무관심과 무료함은 정서적인 불안정감을 유발시킨다. 무엇인가 흥분수준을 증가시킬 수 있는 자극을 찾는 과정에서 단조로움을 개선하는 치료수단으로 섹스가 동원된다.

섹스는 자극을 제공해 줄 뿐 아니라 과도한 자극상황에서 마음을 안정시키는 기능도 갖고 있다. 불안할 때 담배를 피우거나 다리를 떨고, 음료수를 마시듯이 마음을 안정시키기 위해 섹스를 하는 경우도 있다. 수험생들의 경우 스트레스가 심해질수록 자위행위가 늘어나는 것이나, 전장에 투입되기 전의 군인들이 여자를 찾는 것도 섹스의 정신적 안정 기능 때문이다.

앞에서 열거한 기능 이외에도 섹스는 돈을 벌기 위한 수단으로도 사용된다. 창녀의 성교는 일종의 상거래이다. 물질적 이익을 얻기 위한 섹스에서 매춘보다

이혼하면 매년 36억씩 받는다

미국의 유명 배우 마이클 더글러스와 결혼을 앞두고 있는 영국 웨일스 출신의 여배우 캐서린 제타 존스가 2000년 8월 9일 새벽 건강한 사내아이를 출산했다. 이에 앞서 캐서린 제타 존스(30)는 그녀보다 25세 연상인 마이클 더글러스(55)와 결혼을 앞두고 이혼 시에는 위자료로 매년 200만 파운드(약 36억 원)를 받기로 합의했다고 영국의 데일리 스타지가 보도한 바 있다. 제타 존스와 더글러스는 98년 8월 한 영화제에서 만나 염문을 뿌려왔으며 더글러스는 전 부인과의 사이에 20세 된 아들을 두고 있다.

가벼운 형태는 스트립쇼이다. 룸살롱에서 손님들을 접대하는 호스티스나 카바레에서 춤 상대가 되어주는 사람들 또는 수영복 차림으로 눈요기가 되어주거나 광고모델로 등장하는 사람들 역시 섹스를 상업적으로 이용하는 사람들이다. 아마도 인간만큼 섹스를 이렇게 다양한 용도로 사용할 수 있는 동물은 이 지구상에 없을 것이다.

3. 인간의 성적 잠재력

인간은 만물의 영장답게 이 지구상에서 성적인 잠재력이 가장 막강한 존재이다. 진화과정에서 발달된 성적인 잠재력에 관한 가설과 성과 관련한 생물학적 특성을 찾아보자.

1) 유대감 가설

고등 영장류의 경우, 약간의 암컷만이 때로 오르가즘을 느끼지만 많은 종의 수컷이 오르가즘을 느낀다. 반면 인간의 경우는 여성도 남성처럼 오르가즘을 느낀다(Symons, 1979). 인류가 '만물의 영장'이라는 위치를 차지하고 있는 것은 순전히 성적인 잠재력 덕택인지 모른다. 인간은 그 어떤 동물보다도 미숙한 상태에서 태어난다. 뿐만 아니라, 성인이 될 때까지의 성장기간도 가장 오래 걸리는 동물이다. 성장과정이 긴 데에는 필시 그 이유가 있다. 지구상의 어떤 동물도 살아남아 종족을 번식시키기 위해서는 먹이를 구해야 하며 다른 동물들에게 잡혀먹히지 않아야 된다.

열악한 체력을 보상하기 위해서는 치명적인 무기를 만들어 낼 수 있어야 하며, 그러기 위해서는 우수한 두뇌를 가지고 있어야 한다. 인간은 대뇌에 무려 200억 개 정도나 되는 뇌세포를 가지고 있다. 거대한 뇌 조직을 가진 우수한 두뇌로 성장시키고 풍부한 교육을 시키기 위해서는 태내의 성장기나 육아기가 필연적으로 연장될 수밖에 없다.

무력한 상태로 부모에게 전적으로 의존하는 아이를 돌보기 위해서는 부부간에 협력이 필요하게 된다. 즉, 한쪽은 아이를 돌보고 그 사이에 다른 한쪽은 먹잇감을 구해와야 되기 때문이다. 부부간의 유대감을 돈독히 하기 위해서는 쌍방이 서로 쾌감을 제공할 수 있어야 한다. 닭과 같이 태어나자마자 독립할 수 있는 지능수준이 낮은 동물들은 장기간에 걸쳐 새끼를 돌볼 필요가 없기 때문에 새끼를 돌보는 수컷과 암컷 간에 유대감도 불필요하다. 그래서 성적인 잠재력 또한 인간처럼 강력하지가 않은 것이다.

인간의 경우는 부부간의 유대감을 유지시키기 위해 장기적이고 강도 높은 성적 쾌락을 주고받을 수 있도록 진화되어 왔다는 입장이 **유대감 가설**(Pair-bonding Hypothesis)이다. 다른 동물들이 성적 신호를 사용하는 것은 성 기관에 주로 한정되어 있는 반면 인간의 경우는 입술, 귓볼, 가슴, 어깨, 히프 등 매우 다양한 신체적인 부위가 성감대 기능을 갖고 있으며 옷차림새와 치장이나 화장술로 성적인 신호를 전달한다.

2) 언어와 성감대의 발달

언어적인 자극 역시 상호 간의 성적 흥분과 쾌감을 증가시키는 중요한 수단이다. 암모기도 수모기를 유인하기 위해 '부웅' 하는 소리를 내지만 인간처럼 다양하게 청각 자극을 동원하는 동물은 없는 것 같다. 실제로 연인들은 상대의 목소리에 의해서 성감이 고조되며 많은 연인들은 대화를 통해 성적인 친밀감을 형성해 나간다. 여성들은 사랑하는 남자가 귓불에 달콤하게 사랑을 속삭일 때, 남자들은 애교스런 여성의 목소리에 성적인 흥분을 경험한다. 그리고 본격적인 신체적 접촉을 통해 성행위를 할 때는 남녀 모두 콧소리를 내는 경향이 있다.

인간이 가장 성적인 동물이라고 할 수 있는 이유 중의 하나는 성감대의 발달이다. 다른 동물들은 성기 부위의 극히 제한된 부분에서만 성적인 흥분과 쾌감을 경험할 수 있다. 개인차가 있기는 하지만 인간의 경우는 피부와 점막 거의 모든 부분들이 성적 쾌감을 제공해 줄 수 있는 잠재력을 가지고 있다. 접촉쾌감을 최대화하기 위해 피부면적으로 넓힐 수밖에 없었으며 입술이나 입천장 및 성기 부분의 점막이 매우 예민하게 발달되어 있다.

접촉에 의한 쾌감이 매우 중요한 위치를 차지하고 있기 때문에 인간은 다른 동물에 비해 성교 단계 이전에도 끊임없이 접촉을 추구한다. 손잡고 쓰다듬고 팔짱을 끼고, 포옹하고 키스하는 것 모두가 접촉감을 통한 쾌감을 추구하는 행동이다. 성적인 관계가 깊어질수록 접촉면적이 늘어나며 성행위의 최종단계에서는 최대한의 피부접촉을 확보하기 위해 옷을 벗는다. 키스를 할 때 눈을 감는 것도 어찌 보면 접촉을 통한 성감을 최대화하기 위해 촉감 이외의 정보를 차단하는 것인지 모른다.

3) 다양한 대안적 행동들

인간이 가장 색정적인 동물이라고 주장할 수 있는 또 다른 증거도 있다. 인간은 워낙 강한 성적 잠재력을 가지고 있는 동물이기 때문에 성적인 욕구의 충족이 불충분하다고 생각하면 다양한 대용품들을 찾는다. 인간 이외의 동물 중 동료들이 성행위하는 것을 보거나 소리를 들으면서 흥분하는 경우는 없다. 그러나 사람들은 틈만 나면 음담패설을 대화의 주제로 삼으며, 소설이나 영화, 그림 또는 사진, 연극을 통해 남의 섹스를 엿보고 이를 통해 성적인 흥분을 추구한다. 또 여자의 58%, 남자의 92% 정도는 자위행위를 하고 있는 것으로 조사되고 있다. 게다가 미국의 경우, 남자의 37%, 여자의 13%가 동성을 통해 성적인 욕구를 충족시키는 동성애 경험이 있는 것으로 밝혀졌다. 뿐만 아니라 다양한 변태적인 성행위와 강간행위 등 인간 이외의 다른 어떤 동물들에게서 찾아보기 힘들 정도로 다양한 성적 대용품들을 개발해냈다.

4) 기타 생물학적인 특성들

'인간은 지구상의 어떤 동물보다도 색정적인 동물이다'고 D. Morris가 그의 책 '털 없는 원숭이'에서 주장했을 때, 상당수의 사람들이 이를 호되게 비판하였다. 그럼에도 불구하고 Morris는 다음과 같은 생물학적 이유를 들어가면서 자기의 주장을 수정할 이유가 전혀 없다고 그들의 비판을 반박하였다.

첫째, 인간 이외의 대다수 다른 영장류들은 암놈의 발정기간에만 성행위를 할 수 있다. 이 기간 동안에 암컷의 외성기는 수컷의 시선을 끌 수 있도록 뚜렷한 시각적 변화를 일으킨다. 그리고 발정기가 지나면 원상태로 되돌아가서 암컷이 수컷의 관심을 불러일으키는 일은 거의 없다. 그러나 인간의 경우는 성행위를 할 수 있는 기간이 생리적 주기의 전역에 걸쳐 있다. 영장류의 발정기간을 한 달

늙어도 사랑만은…

미국의 심리학자 Bretschneider와 McCoy는 우리가 노인들을 위할 수 있는 방법을 재고해 볼 수 있게 하는 연구결과를 한 심리학 잡지에 기고한 바 있다. 연구자들은 직장을 은퇴해서 집에서 기거하면서, 질병 때문에 약물치료를 받지 않고 있는 80세에서 102세 사이의 할아버지(100명)와 할머니(102명)들을 조사하였다. 대부분의 사람들은 중 · 상류층이었고, 49%가 대학 졸업의 학력 소유자였으며, 30%가 전문직에 종사했던 사람들이었다.

연구결과, 노인들이 가장 흔하게 즐기는 성적 활동은 성교는 하지 않으면서 이성과 접촉하거나 애무하는 것이었다. 할아버지들 중 82%, 할머니들 중 64%가 이러한 성 행동을 즐기고 있다고 했다. 자위행위는 72%의 할아버지와 40%의 할머니가 하고 있다고 반응했다. 세 번째로 흔하게 하고 있는 성행위는 성교 행위였는데 남성의 63%와 여성의 30%가 그 나이에도 성교행위를 한다고 보고했다.

이와 함께 남성의 70%와 여성의 50%가 매우 자주 섹스와 관련된 공상을 하거나 백일몽을 즐긴다고 말했다. 전체 대상의 63%의 사람들은 은퇴라는 것이 섹스를 방해하지 않았고, 42%의 사람들은 직장을 그만두었기 때문에 섹스를 더 자주 할 수 있다고 하였다. 그러나 남성의 47%와 여성의 70%가 규칙적인 성적 파트너가 없다고 대답했다. 그리고 상대가 있는 남성의 82%와 여성의 64%는 상대에 대해 젊은 연인들처럼 가벼운 행복감을 경험한다고 했다.

섹스에 관심이 없다고 한 노인들은 남성의 경우는 약 25%였고, 여성의 경우는 남성의 두 배 정도가 되었다. 비록 남성이 여성보다 섹스에 관심이 더 많고 성에 대해 적극적이라고 말했지만, 남성들이 80세에서 90세로 나이를 먹으면서 성적 접촉과 애무의 빈도 및 이와 관련된 즐거움이 줄어들었다고 했다. 그러나 할머니들의 경우는 이런 감소가 없는 것으로 나타났다.

에 열흘 정도로 잡으면 인간은 그들에 비해 성적 활동을 할 수 있는 기간이 거의 세 배나 길다. 다시 말하면 인간은 영장류에 비해 세 배의 성적 잠재력을 갖고 있음을 알 수 있다.

둘째, 다른 영장류의 암컷은 임신을 하고 있는 기간 동안에는 거의 성적인 관심을 보이지 않으며 수컷의 요구에 응하지도 않는다. 그러나 인간의 여성은 임신 중의 거의 전역에 걸쳐 성적 관심의 저하를 보이지 않을 뿐 아니라 섹스에 응할 수도 있다. 또한 다른 동물들의 암컷은 새끼가 젖을 빨고 있는 동안에는 발정기가 생략되지만, 인간의 여성은 출산 후 다른 종들에 비해 훨씬 빨리 성행위를 부활시킬 수 있다.

셋째, 인간은 일찍 죽지만 않는다면 거의 반세기에 가까운 기간을 성행위를 즐기면서 보낸다. 아마 이 정도로 장기간 동안 성행위를 할 수 있는 동물은 이 지구상에 없을 것이다.

4. 성적 흥분을 일으키는 요소들과 구애과정

성행위는 종족 보존을 위한 생식기능을 가지고 있을 뿐 아니라 우수한 두뇌의 자식을 양육하기 위해 부부간의 유대감을 장기적으로 유지시키고 쾌감을 제공하는 등의 다양한 보상기능을 갖고 있다. 최근의 연구에 의하면 성행위 시에는 기분을 좋게 하고 신체활동을 촉진시키는 노르에피네프린이라는 신경전달물질이 평소에 비해 1200% 이상 분비되는 것으로 밝혀졌다. 조깅을 하면 평소에 비해 노르에프네프린이 300~400% 정도 증가되기 때문에 사람들이 왜 조깅보다는 섹스를 더 좋아하는지를 짐작할 수 있을 것이다.

동물들에 대한 관찰 결과를 토대로 한, Darwin의 진화론이나 인간의 무의식의 분석을 통한 Freud의 정신분석학에 이어 Kinsey의 일반인들에 대한 조사연구에 의해서 인간이 지구상의 어떤 동물보다 성적인 잠재력이 강하며 다양한 방식으로 성행위를 즐기고 있음을 살펴보았다. 이제부터는 인간의 무한한 성적 잠재력을 촉발시킬 수 있는 흥분요소들과 이에 영향을 미치는 요인들이 무엇인지를 알아보자.

1) 흥분 유발 자극들

성적인 흥분요소들을 찾아내기 위한 초기의 연구자들은 주로 시각적인 자극을 사용했다. 이성의 나체를 보는 것이 성적인 흥분을 유도한다는 것은 별로 놀랄만한 일이 아니다. 이성이 성적으로 흥분하고 있는 모습을 보거나 두 사람의 남녀가 성행위를 하고 있는 모습을 볼 때는 단지 이성의 누드를 볼 때보다 더 흥분을 고조시킨다.

몇 가지 연구들은 성적인 흥분을 유도하기 위해 반드시 이성의 나체 같은 시각적인 자극을 쓸 필요가 없음을 확인하였다. 성행위에 관한 언어적인 기술만으로도 사람들은 얼마든지 흥분이 가능하기 때문이다. 노골적으로 섹스를 묘사하는 것은 말할 것도 없고, '주고 싶은 마음, 먹고 싶은 마음'이라는 말만 들어도 사람들은 섹스를 떠올릴 수 있다. 인간의 우수한 두뇌는 말이나 글로 기술된 것만으로도 충분히 상상을 할 수 있기 때문이다.

얼마 전까지만 하더라도 남자들은 포르노와 같은 시각적인 자극에 의해서 더 흥분되고 여자들은 낭만적인 주제에 의해서 성적인 흥분을 경험한다고 알려져 왔다. 그러나 연구결과 성차에 대한 증거가 확실하지 않은 것으로 밝혀졌으며 성적인 흥분 요소들에 대한 성차는 단지 학습과정과 문화적인 기대에 의해서 영향을 받는 것 같다.

2) 성 스크립트

Gagnon(1974)은 성적인 흥분에 매개되는 중요한 변인을 각 개인이 갖고 있는 섹스에 대한 스크립트라고 주장하였다. "**성 스크립트**(Sex Script)"란 영화 스크립트처럼 주인공과 특정한 상황에서 일어나는 일련의 사건들과 언어적 및 비언어적 행위들이 포함된 정신적 표상의 일종이다. 시나리오에 의해서 배우들이 연기를 하듯이 각자의 성 스크립트에 의해서 성적인 흥분이나 행위가 유도되는 것이다.

성 스크립트는 타인을 모방하거나 보상과 처벌에 의해서 형성되고 수정된다. 막연한 사랑으로 구성된 아동기의 성 스크립트는 사춘기에 들어서면서 성적인 색채가 가미되기 시작한다. 자위행위를 하기 시작하면서 남자들은 성적인 감정과 행위의 레퍼토리들을 스크립트에 통합시켜서 최종 목표인 성교에 이르는 행위들에 대한 지침을 만들어낸다. 성 스크립트를 다듬어 나가는 과정에서 성적인 흥분 자극과 반응의 단계들을 익힐 뿐 아니라 신체적인 활동과 의사소통 방식을 탐색케 되는 것이다.

여자들은 남자들에 비해 성 스크립트에 성적인 감정이나 성행위와 관련된 구체적인 행동들을 통합시키는 것을 더디게 하는데 이는 여자들이 남자들에 비해 자위행위를 더 늦게 시작할 뿐 아니라 덜 빈번하게 하기 때문일지 모른다. 사춘기의 여자들이 갖고 있는 성 스크립트는 성교와 같은 노골적인 성행위에 대한 정보보다는 낭만적인 사랑에 초점을 두는 경향이 있다. 그러나 청년후기의 성 스크립트를 분석해 보면 그 내용이 남자들과 유사한 것들로 구성되어 있는 것으로 밝혀졌다. 결국 사춘기의 청소년의 성적인 흥분요소에서 남녀 간에 성차가 나타나는 것은 성 스크립트의 발달속도와 구성내용이 다르기 때문이라고 할 수 있다.

초기의 자위행위와 상상에 근거하는 성 스크립트는 데이트를 시작하면서 쌍방 간의 상호작용을 근거로 하는 스크립트로 변화된다. 연인들 간에 신체적인 접촉을 통해 성적인 흥분을 경험하고 상호 간에 성적인 흥분을 부추기는 방법들을 학습하게 되는 것이다. 데이트가 계속되면서 부드럽고 거부감 없이 접촉하는 방법이나, 은밀한 곳을 찾는 방법 및 상대에게 주의를 끌 수 있는 기술들을 축적해 나간다. 이 과정에 종종 서툴고 어색한 행동들이 나타나기도 하기 때문에 불안과 긴장감이 수반된다. 반복되는 수행을 통해 두 사람이 조화될 수 있는 성 스크립트를 만들어내면 두 사람이 성적인 쾌감을 공유할 수 있게 되고, 일단 만족스러운 해결이 이루어지면(부부간), 성 행동은 성 스크립트에 따라서 거의 의례적인 절차에 의해서 진행된다.

성적인 흥분은 상대의 외모, 냄새, 접촉과 같은 다양한 자극에 의해서 유발되지만, 인간의 경우는 심상이나 상상에 의해서 쉽게 성 스크립트가 활성화될 수 있기 때문에 연애소설을 보거나, 마음에 드는 이성을 상상하는 것만으로도 성적인 흥분을 경험하고 스스로의 자극으로도 성적 극치감을 경험할 수 있다. 미국의 경우이기는 하지만 실제의 파트너와 성행위를 하는 과정에서도 여자들 중 65% 정도는 상상 속의 인물이나 과거의 애인과의 정사장면 등 다양한 상황이나 대상을 상상하는 것으로 성감을 고조시킨 적이 있다고 밝혀졌다. 결국 개인이 가지고 있는 성 스크립트에 포함된 구성요소에 따라 성적인 흥분을 시키는 자극들의 비중이 달라지기 때문에 성적인 자극의 흥분강도는 개인에 따라 다를 수밖에 없다. 그래서 극단적인 경우에는 스타킹이나 이성의 속옷만으로도 성적인 흥분을 경험하는 변태성욕자가 있는가 하면 동성과의 접촉에 의해 오르가즘을 경험하는 동성애자도 생기는 것이다.

3) 구애과정

모든 동물의 짝짓기는 종에 따라 일정한 과정을 거쳐 일어난다. 인간의 구애과정도 그 예외는 아니다. 원숭이 같은 유인원은 섹스 상대에 대한 구애과정이 매우 짧을 뿐 아니라 전희도 거의 행하지 않는다. 발정상태인 암놈을 발견한 수컷은 아주 짧은 시간에 짝짓기를 끝낸다. Morris(1991)의 관찰 결과에 의하면 수컷이 페니스를 삽입하여 사정을 하는 시간은 개코원숭이 평균 22초, 붉은털원숭이 2~4초, 침팬지 7~10초 정도로 거의 대부분의 영장류가 일 분 이내에 볼일을 끝낸다.

인간 부부의 경우 50% 이상이 전희의 단계에 10분 이상의 시간을 쓰면서 흥분을 고조시키기 위해 원숭이들과는 비교도 할 수 없을 정도로 다양한 테크닉을 구사한다. 페니스의 삽입 후 골반의 왕복운동을 통해 보통 2~3분 사이에 사정을 하게 된다. 보통의 부부들은 전희와 결합을 포함한 성행위의 전과정에 약 30분 정도가 걸리며 이것은 원숭이 커플의 100배 이상의 길이에 해당한다. 이 기간은 서로가 섹스에 동의한 이후부터 성행위를 마쳤을 때까지이다.

다른 동물들의 구애기간은 인간처럼 길지 않다. 그러나 인간은 처음 상대를 점찍고 난 다음 섹스 파트너로 만들 때까지, 긴 경우는 수개월에서 수년 이상이 걸린다. 어떤 동물보다 구애의 기간이 길다는 점에서도 인간은 과히 독보적인 존재이다. 인간의 구애 과정을 살펴보자.

구애과정의 가장 첫 단계는 '눈에서 신체'의 과정이다. 처음에는 일정한 거리를 두고 서로 상대를 본다. 일초도 안 걸리는 시간에 상대의 성별, 나이, 피부색 등의 신체적 정보를 입수하여 매력정도로 상대의 등급을 매기는 것이다.

두 번째 단계는 '눈에서 눈'의 단계이다. 첫 단계에서 호감이 생기면 눈과 눈을 마주치게 되고 이때 친밀감을 전달하는 미소나 수줍음이 오고간다. 친밀감을 전달하는 시선을 보내도 상대가 반응을 보이지 않으면 두 사람의 관계가 더 이상 발전되지 않는다.

두 번째 단계를 원만하게 마치면 '목소리에서 목소리'단계로 진입한다. 이 단계는 눈보다는 입과 귀가 더 중요한 구실을 한다. 처음부터 성적 호기심과 관련된 이야기를 하는 사람은 별로 없다. 섹스와 상관없는 주제를 통해 신뢰감을 쌓아가면서 어감이나 억양 등 언어를 매개로 상호 간에 의사소통을 하게 된다. 청각적인 신호, 즉 주고받는 말에서 매력을 느끼지 못하게 되면 더 이상의 깊은 관계로 진전되지 않는다.

지금까지의 세 단계는 아주 빠른 시간 내에 일어나기도 하지만 몇 개월이 걸리는 경우도 있다. 이 단계를 지나면 '손에서 손으로'의 단계로 진입한다. 처음에는 가볍게 부축해주거나 음식을 권하거나 물건을 주고받으면서 가벼운 터치로 조심스럽게 상대의 의향을 파악한다. 손을 내밀 때 상대가 손을 거두지 않으면 '팔에서 어깨' 단계와 '팔에서 허리' 단계로 점차 발전하게 된다.

점차 성기부위와 가까운 신체적 접촉이 이루어지는 것이다. 팔로 상대를 감싸안을 정도가 되면 보다 빠른 속도로 '입에서 입', '손에서 머리' 그리고 상대의 몸을 더듬기 시작하는 '손에서 몸'의 단계와 '입에서 가슴', '손에서 성기' 단계를 거쳐 마지막으로 도달하는 것은 완전한 성교 단계인 '성기와 성기' 간의 접촉이 이루어지는 것이다. 예외적으로 강간이나 매춘에서처럼 구애의 중간과정이 생략된 성행위가 있기는 하지만, 이처럼 복잡한 단계를 거쳐 짝짓기를 하는 동물을 본 적은 없을 것이다.

II. 성 반응의 생리학

성적 활동에 관여할 때 우리의 신체 반응은 어떻게 변화되는가? 놀랍게도 William Masters와 Virginia Johnson이 그들의 실험실에서 실험적인 관찰법을 도입해서 연구하기 전까지는 인간의 성 반응에 대한 과학적 지식이 거의 전무한 상태였다. 그들은 생리학적 기록장치를 동원해서 성교 중인 자원자들의 신체 변화를 일일이 기록했다. 그들의 관찰 결과와 면접 자료들은 인간의 성 반응에 대한 많은 정보를 제공해주고 널리 인정받기에 이르렀다.

남녀 공히 사람들이 보이는 성 반응은 네 단계로 구분될 수 있다. 첫 번째 단계는 성적인 **욕구**(Desire)를 느끼는 것과 **흥분**(Arousal)이 되는 단계이다. 이 단계에서는 다양한 자극—촉각, 시각, 때로는 상상—에 의해 흥분이 일어난다. 두 번째 단계는 생리적 **고조**(Excitement)단계로 남성에게는 발기가 일어나고, 여성의 경우에는 질에서 분비물이 나오며 성기부분이 부풀어오른다. 세 번째 단계는 **극치감**(Orgasm)을 경험하는 단계이다. 마지막 단계는 성 행동과 관련된 생리적 반응이 사라지면서 전신이 평상 상태로 되돌아가는 **해소기**(Resolution)이다. 성적 기능부전은 앞의 세 단계 중 어디에선가 문제가 생기는 것이므로 이 단계들을 보다 자세하게 검토할 필요가 있다.

1. 흥분기

흥분단계(Excitement Phase)는 성적 욕구의 발생과 함께 남성에게는 발기, 여성에게는 질의 윤활화가 특징이다. 성적 긴장으로 인해 전신의 혈관 충혈과 근육긴장이 증가한다. 성교에 대비하여 호흡과 심장박동수가 증가하여 혈압이 올라간다.

1) 남성

남자의 경우, 성적으로 흥분(Arousal)하는 것은 여러 가지로 가능하다. 성기를 만져준다거나 성적인 반응을 드러내는 상대를 바라보거나 접촉하는 것은 성적으로 흥분시킬 수 있는 가장 강력한 자극일 것이다. 시각적 자극뿐 아니라 냄새나 육감적인 목소리 또는 성행위와 관련된 상상도 역시 흥분을 야기할 수 있다.

2) 여성

여성은 성적인 자극을 받게 되면 습기가 없고 닫혀 있던 질이 축축해지면서 음경을 받아들일 수 있는 준비를 하게 된다. 여성을 흥분시킬 수 있는 성적인 자극들도 남자들의 경우와 유사하다. 그러나 여성의 경우, 부드럽게 접촉하는 촉각적 자극은 처음 성감을 고조시키는 데 있어서 남자보다 더 효과적인 것으로 밝혀졌다.

2. 고원기 또는 고조기

두 번째의 고원 단계(Plateau Phase)는 첫 번째의 흥분단계와 얽혀 있으며 흥분상태에서 극치감 직전까지를 말한다.

1) 남성

남자의 경우, 발기가 유지되면서 발기된 음경은 크기가 최대로 된다. 통상 크기의 50% 정도가 커진다. 성적 흥분은 척수에 있는 부교감 신경을 자극하고 이들 신경은 음경의 혈관을 통제한다. 부교감 신경계의 통제하에 성기의 혈관들에 혈액이 흘러들어 혈관이 극적으로 팽창되므로 발기가 된다. 동맥에는 밸브가

남성 생식기

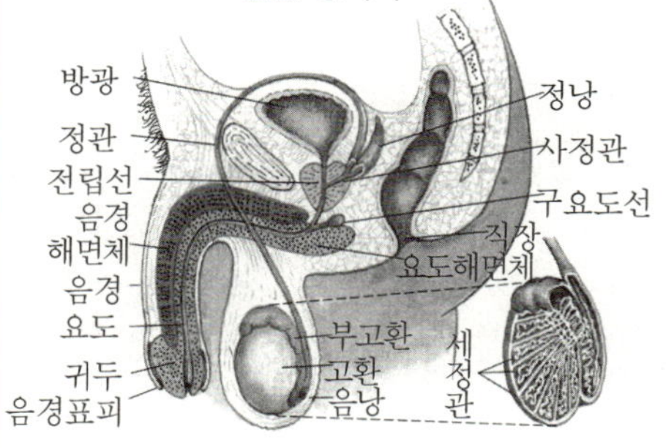

음경구조

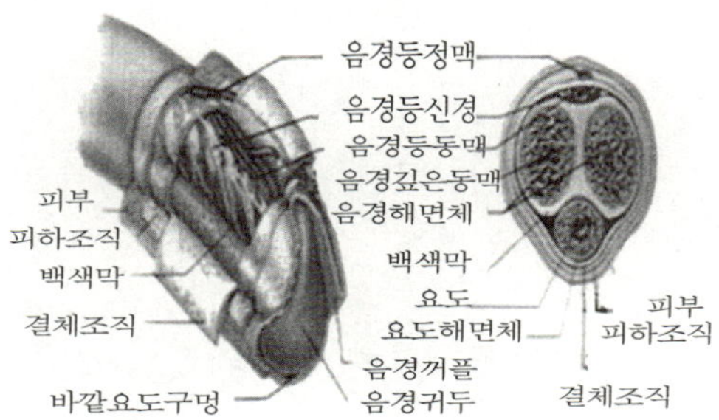

있어 흘러 들어온 혈액이 방류되는 것을 차단한다. 이때 부교감 신경이 억제되면 밸브가 열리게 되며 혈액이 빠른 속도로 빠져나가 혈관이 줄어들어 발기된 음경은 크기가 줄어든다.

2) 여성

홍분이 진행되면서 여자는 고원 또는 윤활-팽창 단계를 거친다. 홍분되었을 때 여성의 질은 상대방 남자의 음경크기와 상관없이 발기된 음경을 받아들일 수 있을 만큼 늘어나는 신축성을 갖는다. 이때 음핵이 발기되고 음경의 삽입이 용이하도록 질 벽에서 분비물이 나와 윤활화된다. 홍분상태가 지속되면 자궁의 벽은 혈액으로 충만하게 되어 자궁이 커진다. 자궁벽이 혈액으로 충만하게 되면 성적 쾌감이 증가되고 극치감을 경험할 수 있게 된다.

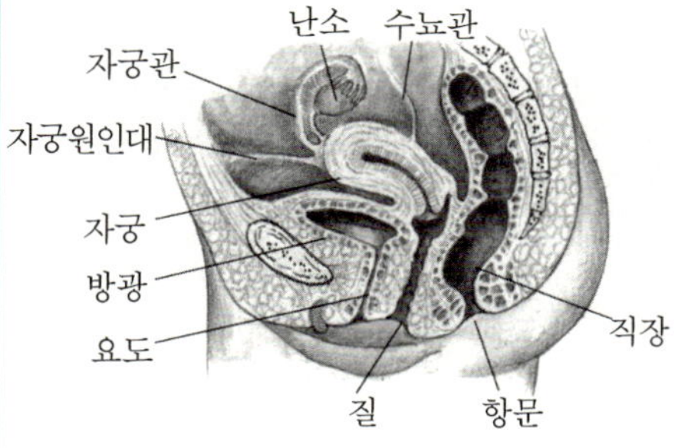

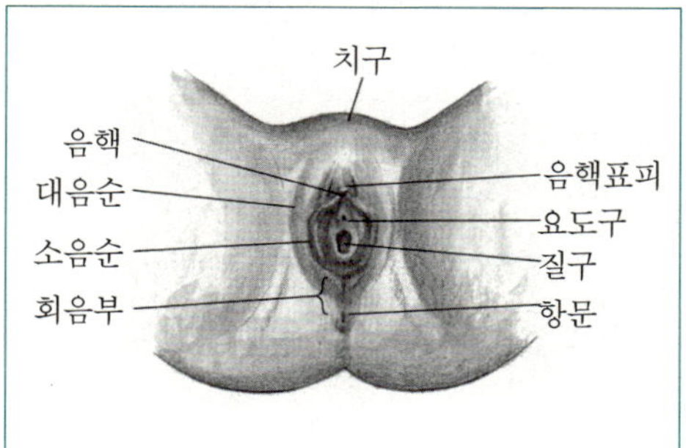

여성 생식기의 구조

3. 극치기

세 번째 단계는 오르가즘을 경험하는 극치 단계(Orgasm Phase)이다.

1) 남성

남성이 극치감을 경험하는 것은 두 가지 요소로 이루어진다. 흥분기를 거쳐 성적 쾌감이 고조되면 내부기관이 수축되면서 사정하는 것을 참기가 힘들게 된다. 이 시기가 지나면 음경 내 요도 및 음경 기저 부위와 회음 근육이 율동적으로 수축하여 사정을 하게 된다. 흥분과 발기상태는 부교감계가 관장을 하나 극치감은 교감신경계가 통제한다. 귀두부에 충분한 율동적 압력을 받게 되면 극치감에 도달하게 된다. 극치감을 경험함으로써 사정을 할 수 있기 때문에 극치감을 경험할 수 있는 것은 정액을 자궁 가까이 있는 질 속 깊은 곳까지 도달할 수 있도록 해주며 수정가능성을 최대화시킬 수 있다. 극치감 기간에는 생식기의 근육이 0.8초 간격으로 율동적 수축을 반복하며 이 단계에서 강렬한 쾌감을 경험하게 된다.

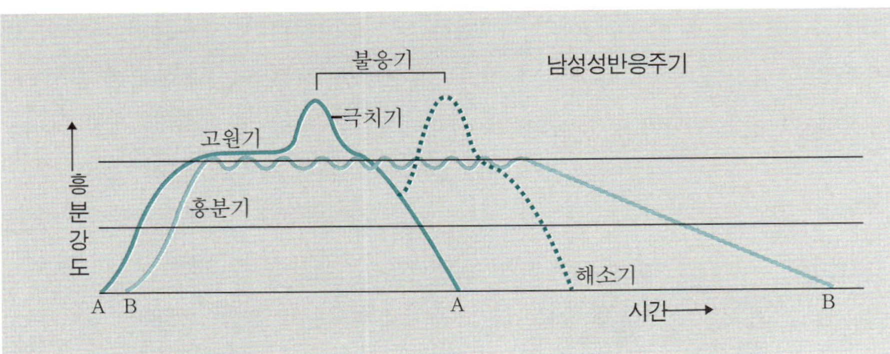

2) 여성

남자와 마찬가지로 여성의 경우도, 극치감을 경험할 때는 질 근육의 반사적 수축이 반복된다. 팽창한 질 근육의 조직은 0.8초 간격으로 율동적인 수축을 하

성 반응 단계에 따른 남녀의 신체 반응(Masters & Johnson, 1966)

단계	남 성	여 성
흥분기	남근의 발기(길이와 직경의 확대) 고환이 올라붙음 유두 발기 성적인 홍반(50~60%) (얼굴, 목 등에 붉은 반점) 심장 박동 증가, 혈압상승 근육 긴장도 증가	질의 윤활 작용 개시 질 내부의 길이 및 폭의 확장 유두 발기 및 유방 팽창 질 벽의 충혈 음핵 몸체와 귀두부의 팽창 성적인 홍반(유방) 직장 괄약근의 수축
고원기	남근 귀두부의 색깔 변화 요도선에서 액체 분비 고환이 배 쪽으로 밀착 고환의 크기 50%까지 증가 심박, 혈압, 호흡의 계속 증가	질 외부와 음순 내부 충혈지속 음핵 길이가 50%까지 축소 유두의 충혈 현상 증가 가슴, 등, 허벅지까지 홍조현상 심박, 혈압, 호흡의 증가
극치기	고환 부위에서 부고환, 정낭, 전립선, 음경까지 축소 0.8초 간격으로 3~4회의 사정 항문 괄약근 수축: 3~4회 심박 및 호흡의 최고조 성적 홍조의 절정 소리지름(일부)	질의 입구 쪽에서 강한 수축 시작 (최초 수축은 2~4초, 나중의 수축은 3~15초: 남성과 같이 0.8초 간격) 신체 여러 부위에서 강한 근육수축 심장 및 호흡의 최고조 성적 홍조의 절정 소리지름(일부)
해소기	음경크기의 지속적 감소 고환의 위치와 크기 복원 유두 발기 및 홍조 소멸 심박, 호흡, 혈압의 복원 발한 현상(30~40%의 남성) 근육 이완	질의 크기 및 색깔의 평소상태 복원 음순의 크기와 색깔의 평소상태 복원 유두 및 유방의 크기 복원 심박, 호흡, 혈압의 복원 발한 현상(30~40% 여성) 홍조현상 사라지고 근육 이완

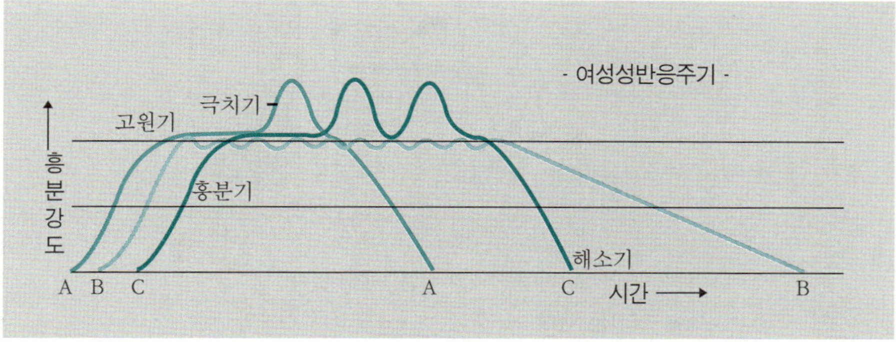

면서 황홀한 극치감을 느끼게 한다. 음핵과 질에 의해 극치감을 경험하게 되는데, 극치감의 유발은 음핵의 자극에 의해서 일어나고 극치감의 표현은 질의 율동적 수축에 의해 나타난다.

4. 해소기

해소단계(Resolution Phase)는 성 반응 단계의 마지막 단계이다. 성적 자극에 대한 신체 반응이 급격하게 감소한다. 성교에 의해 상승한 심장박동, 호흡, 혈압은 성적 극치감을 경험한 후 수분 내에 평상상태로 돌아간다.

1) 남성

남성은 보통 두 단계를 거치면서 작아진다. 성적 극치감을 경험한 직후, 해면체에서 혈액이 흘러나가기 때문이다. 그리고 30분 이내에 다시 여분의 해면체나 귀두 부위의 혈액이 빠져나가는 두 번째 단계를 맞아 완전하게 평상 상태로 되돌아가게 된다. 여자와 달리 남자들은 극치감을 경험한 후 일정기간이 지날 때까지는 성적으로 자극을 주더라도 반응이 나타나지 않기 때문에 이 기간을 휴지

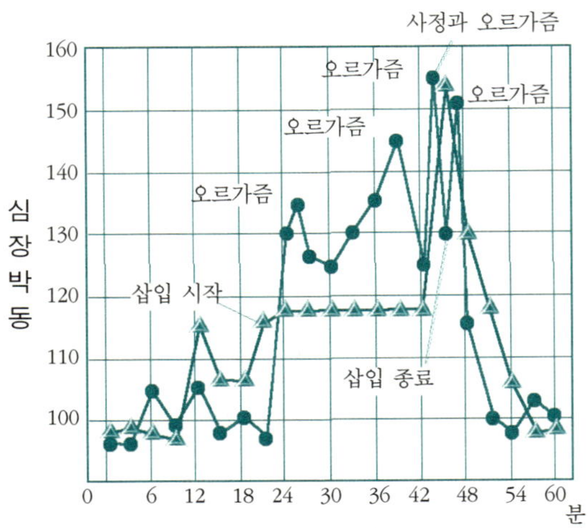

성 반응 단계와 심장박동의 변화

기 또는 불응기(Refractory Period)라고 한다. 이 휴지기의 길이는 개인에 따라 몇 분인 경우에서 몇 시간이 되는 경우도 있으며 일반적으로 나이가 들수록 점차 길어진다.

2) 여성

여성은 성적인 극치감을 경험한 이후 5~10초 정도 지나면 음핵이 평소상태로 되돌아간다. 그러나 질의 경우는 10~15분 정도가 지나서야 평소상태가 된다. 여성의 경우는 성적 극치감을 경험한 후에 즉각적으로 성적 불응기를 맞지는 않는다. 이 점이 남자들과 다르기 때문에 여자들은 성적 극치감을 일단 경험한 직후, 또는 상승기의 고조된 감정 상태에서 반복하여 성적 자극에 반응을 보일 수 있어서 극치감을 한 번 이상 경험할 수 있게 되는 것이다.

이러한 관찰결과들을 근거로 하면, 해소기에서 보이는 불응기의 차이를 제외하고는 남자와 여자의 성 반응은 매우 유사하다고 볼 수 있다. 남녀 모두 유사한 자극에 의해서 성적으로 흥분하게 되고 성 반응이 일어나는 과정도 매우 유사하기 때문이다. 부교감 신경계의 통제하에 있는 혈액의 흐름은 신체적인 흥분을 유발시켜 음경을 발기시키며 질의 윤활-팽창 단계를 유도한다. 극치감은 0.8초 간격의 강력한 근육수축으로 나타나며 남자의 경우는 귀두부 그리고 여성의 경우는 음핵의 율동적 압박에 의해 일어난다.

Ⅲ. 성 기능 장애, 변태적 성욕 및 성 정체감 장애

성 행동에 있어서 무엇이 정상이고 무엇이 비정상인가 하는 것은 시대와 문화에 따라 그 기준이 달라진다. 어떤 사회에서는 비정상적이라고 볼 수 있는 행동이 다른 문화권에서는 정상으로 취급되기도 한다. 과거에는 혼전 성교나 자위행위 및 동성애가 지탄받았던 행동이었지만 오늘날에는 매우 정상적인 행동으로 취급되기도 한다.

과거에는 오늘날보다 성적으로 정상이라는 것을 정의하는 것이 더 분명했다. 그러나 오늘날에는 남녀의 일상적인 성행위의 방식이 더욱 다양해졌다. 따라서 정상적이라고 할 수 있는 성행위의 양태도 점점 더 다양해졌으며 상대적으로 성장애나 성 기능장애가 무엇인지에 대한 개념의 범위는 더 좁아졌다. 이 장에서는 성과 관련된 문제로 성 기능장애, 성도착증 및 성 정체감과 관련된 성 전환장애라는 세 가지 부류를 다룰 것이다.

성 기능 장애란 성욕이나 성적인 흥분 및 쾌감을 경험하지 못하거나 정상인에 비해 부적절하게 결여되어 있는 것을 말한다. 성 장애에는 성욕을 충족시키는 대상을 잘못 선택하는 변태적 성욕 장애와 자신의 생물학적인 성에 대한 정체감의 문제가 포함된다. 성적인 대상의 선택과 관련된 장애에는 속옷이나 스타킹이나 부츠 등 인간이 아닌 물질에 병적으로 집착하는 것과, 피학증, 또는 노출증 등 이례적이거나 기이한 방식으로 흥분하는 것이 포함되며 이러한 문제를 성도착증 또는 변태적 성욕 장애라고 한다. 성 정체감의 장애는 남자의 몸으로 태어났으면서도 자신이 여자라고 믿거나 반대로 여자로 태어났어도 실은 자신이 남자라고 믿는 것이다. 성 기능 장애와 성 정체감 장애 모두 사람들 간의 성적인 관계에서 문제가 있는 사람들이다.

1. 성 기능 장애

성 기능이 정상적으로 발휘되기 위해서는 성적인 욕구가 있어야 하고 이에 따른 성적인 흥분 및 극치감을 경험할 수 있어야 한다. 성적인 욕구와 흥분 및 극치감에서 문제가 있을 때 성 기능부전(Sexual Dysfunction)이라고 부른다. 이러한 기능부전은 성 반응의 이 세 단계 중 어디에서나 나타날 수 있다.

(1) 욕구(Desire)

성행위에 대한 상상이나 관심 및 흥미가 미약하거나 없을 때는 성적 흥분이 일어나지 않는다.

(2) 고조(Excitement)

적절한 성적 상황에서도 남자의 경우는 발기가 안 되거나 일단 발기가 되었더라도 발기된 상태를 충분히 지속시키지 못할 때 그리고 여자의 경우, 질에서 분비물이 나오지 않거나 충혈되지 않을 때는 성적으로 고조될 수 없다.

(3) 극치감(Orgasm)

여자의 경우는 전혀 극치감을 경험하지 못하는 경우도 있으며 남자의 경우는 성교 후 수초 내에 사정을 하거나 아니면 사정을 하려는 의도가 있음에도 불구하고 30분 이상이 지나서야 겨우 사정이 되거나 아예 사정이 안 되는 경우도 있다.

성 기능 장애는 이 세 가지 영역의 어느 한 영역에서 나타날 수 있으며 경우에 따라서는 세 가지 영역 모두에서 문제가 있는 경우도 있다. 이러한 장애는 일시적인 경우도 있으나 만성화될 수도 있으며 특정한 상황에서만 나타날 수도 있고 장애가 일어나는 빈도도 개인차가 많다. 예를 들어 발기불능인 경우, 과거에 성공적으로 성생활을 했던 사람에게서도 나타나며 어떤 경우에는 맨 처음 성교를 시도했을 때부터 나타나기도 한다. 또한 특정한 상대에게만 나타나는 경우도 있으며 모든 여성에 대해 발기가 안 되는 경우도 있다.

1) 성욕과 흥분의 결함

성적인 욕구가 일어나는 것과 신체적 흥분은 매우 깊이 관련되어 있기 때문에 이 두 가지는 함께 다룰 필요가 있다.

(1) 불감증

여성의 경우, 적절한 상황하에서도 성적인 욕구가 일어나지 않거나 신체적인 흥분을 경험하지 못할 때를 성적 무반응, 즉 불감증(Frigidity) 상태라고 한다. 증상 중의 어떤 것은 상당히 주관적이며 심리적이다: 성적인 환상을 하지 않는다거나, 성교나 성적인 자극에 대해 흥미를 느끼지 않고, 성행위를 즐겁기보다는 괴로운 것으로 생각하는 것 등이 여기에 속한다. 또 다른 측면의 증상은 신체적인 특성과 관련된다: 성적인 자극을 받아도 질에서 분비물이 나오지 않아 윤활화가 되지 않고, 음핵이 커지지 않으며 자궁이 부풀지 않고 유두의 발기가 일어나지 않는 것 등이다. 따라서 이런 사람은 성행위 과정에서 몰아의 경지에 빠지지 못하고 방관자가 되는 것이다. 성적인 자극을 받아도 적절한 반응을 보이지 못한다는 것을 알게 되면 자신에게 성적인 문제가 있다고 생각하게 되고 상대가 어떻게 생각할 것인지에 대해 걱정하게 된다. 이러한 문제는 특정한 대상과 성행위를 할 때만 나타날 수 있으나 경우에 따라서는 상대에 상관없이 항상 똑같은 문제가 나타날 수 있다.

똑같은 문제를 갖고 있더라도 사람에 따라 그 문제를 다르게 처리할 수 있다. 어떤 여자 불감증 환자는 성교를 할 때 자신이 흥분하지 못한다는 것을 겉으로 드러내지 않고 상대가 빨리 사정하기만을 기다린다. 그러나 자신은 쾌감을 경험할 수 없는 상태에서 상대만이 쾌감을 경험하는 일이 반복되면 성행위가 좌절감과 지겨움을 안겨주게 되어 결국은 부부간의 관계가 소원해진다. 결국 어떻게든 성행위를 회피하려고 하게 된다. 예컨대, 성행위를 피하기 위해서 몸이 아프다는 핑계를 댈 수도 있으며 심지어는 잠자리에 들기 전에 일부러 부부싸움을 만들어 잠자리를 피할 수 있는 구실을 만들기도 한다(Kaplan, 1974).

여자의 성적 무반응에 대한 남자들의 반응도 상당히 다양하다. 어떤 사람은 성적인 자극에도 불구하고 반응을 보이지 않은 아내의 문제를 받아들이고 그 문제는 단지 아내가 성행위를 즐기지 않는 사람이기 때문이라고 생각해 버릴 수 있다. 일부의 다른 남자들은 여자가 성적으로 흥분하지 못하는 것은 순전히 자신이 성적으로 무능하기 때문이라고 생각할 수 있다. 또 다른 부류는 어떤 식으로든 여자에게 흥분을 하도록 집요하게 강요함으로써 여자를 더욱더 위축되게 만들기도 한다. 그렇지만 아내가 성적으로 불감증을 갖고 있는 부부들 중 상당수는 부부간의 관계에서 여전히 원만한 관계를 유지하기도 한다.

(2) 음위: 성교불능

남자의 경우, 성적인 욕구 자체가 없기 때문에 생기는 문제는 여자처럼 흔치 않다. 오히려 성적인 욕구는 있음에도 불구하고 흥분해서 발기가 되지 않거나 성행위가 끝날 때까지 발기를 만족스럽게 유지할 수 없는 **성교 불능증**(Impotence)이 많다. 발기불능이란 성교 시 발기가 전혀 안 되거나 아니면 발기가 되더라도 충분한 시간만큼 발기상태가 지속되지 않는 일이 반복적으로 나타나는 것을 말한다. 이런 문제를 가지고 있는 남자들은 어떤 문화권에서건 굴욕감과 좌절감을 경험하는 것으로 밝혀졌다. 발기가 안 되기 때문에 가치감을 상실하게 되고 삶의 의욕을 상실하여 우울증에 빠지기도 한다.

그리고 성행위를 해야 되는 상황이 되면 또 다시 발기가 안 될지도 모른다는 불안감에 휩싸이게 된다. 그래서 상대가 자신을 남자로서 쓸모없는 인간이라고 생각하거나 성적인 쾌감을 공유할 수 없기 때문에 자신을 싫어하게 될지 모른다고 생각한다. 이러한 두려움이 심할수록 발기는 더욱더 안 되고 발기가 안 되면 불안감이 증가되는 악순환이 계속된다.

여자들의 불감증과 마찬가지로 남자들의 발기불능의 원인은 일차적인 것과 이차적인 것으로 나눌 수 있다. 발기불능이 특정한 상황에서만 나타나는 경우도 있지만 어떤 경우에는 모든 대상이나 상황에서 언제나 발기가 안 되는 경우도 있다. 일차적 발기불능이란 성교를 하기 위해 필요한 시간만큼 발기를 유지해 본 경험이 한 번도 없는 것을 말하며 이차적 발기불능이란 예전에는 그렇지 않았는데 언제부터인지 발기가 안 되는 것을 말한다. 특정한 상황에서만 발기가 안 되는 사람은 아내나 아니면 다른 상대, 즉 특정한 상대와 성행위를 할 때만 발기가 안 되는 것이다. 반면에 상황에 상관없이 일관성 있게 발기가 안 되는 경우도 있다.

2) 오르가즘 기능장애

어떤 사람들은 성 반응의 세 번째 단계인 극치감을 경험하지 못한다. 예외적인 경우이긴 하지만 신체적인 접촉이 전혀 없는 상태에서 단지 성행위에 대한 상상만으로 극치감을 경험할 수 있는 여자들도 있다. 또 성교 전의 전희단계에서도 극치감을 경험하는 여자가 있는가 하면, 또 다른 사람들은 성교과정에서, 그리고 일부는 장시간의 음핵자극이 있어야 극치감에 도달한다. 전체 성인의 10% 정도는 충분한 성적 자극이 있어도 극치감을 경험하지 못한다.

이렇게 극치감을 경험하지 못하는 여성 중 상당수는 이례적으로 강한 성욕을 갖고 있는 사람들이다(Anderson, 1983). 이들은 전희를 즐기며 질 분비물도 충분하여 성교 시 쾌감을 경험하지만 극치감을 경험하지는 못한다. 이러한 여자들은 절정기에 가까워지면 지레 극치감을 경험하지 못할 것에 대해 걱정하고, 자신이 시간을 너무 오래 끌어 남자가 병에 걸릴지도 모른다는 생각을 하기도 한다.

극치감을 경험하지 못하는 것은 아예 처음부터 문제가 되었던 일차적인 것과 과거에는 극치감을 경험했으나 언젠가부터 이러한 경험을 하지 못하는 이차적인 것으로 나뉜다. 이것도 특정한 상황에서만 나타나거나 모든 성행위에서 나타나기도 한다. 자위행위를 할 때는 극치감을 경험할 수 있으나 남자와 성행위를 할 때는 극치감을 경험하지 못하는 경우는 상황 특정적인 문제이다.

남자의 경우 두 가지 유형의 극치감 장애가 있으며 각각 서로 다른 문제와 관련된다. 즉 조루증과 지연된 사정이다.

(1) 조루증

여자가 극치감을 경험하기 이전에 사정을 하는 일은 대부분의 남자들에게서 간혹 있을 수 있지만 이런 경우를 모두 **조루증**(Premature Ejaculation)이라고 하지는 않는다. 조루증이란 성적인 자극을 받아 페니스를 질에 삽입하자마자 사정하기 때문에 극치감을 경험할 때까지 발기상태를 유지하지 못하는 일들이 반복적으로 일어나는 것을 말한다. 이러한 조루증 현상은 남자들의 성문제 중 가장 흔한 것이다.

(2) 지루증

지루증(Delayed Ejaculation)이란 성교를 시작해서 극치감이 수반되는 사정을 하는 것에서 어려움을 겪는 것을 말하며 조루증에 비해 흔하지는 않다. 어떤 사람은 자위행위나 전희과정에서는 쉽게 사정을 하지만 성교를 할 때는 한 시간 이상씩 사정을 하지 못한다. 성교를 오래 끌수록 정력이 강하다는 속설과는 달리 사정지연 문제를 갖고 있는 사람들이 생각처럼 자부심을 갖고 있는 것 같지는 않다. 이들은 상대가 자신을 성적인 기교가 없는 사람으로 보기 때문에 싫어할 것이라고 생각하여 괴로워하기도 한다.

(3) 성통증 장애

남녀 모두 성교직전, 성교과정, 또는 성교 후에 지속적이고 반복적인 생식기의 통증을 경험하는 것을 **성교불쾌감**(Dyspareunia)이라고 한다. **성 통증 장애**(Sexual Pain Disorder)에는 성교불쾌감과 함께 **질 경련**(Vaginismus)이라는 것이 있다. 질 경련 환자는 해부학적으로 정상적인 질 구조를 가지고 있음에도 불구하고 성교가 시도되어 남성의 성기가 삽입되었을 때 질 입구가 굳게 닫혀 성교가 불가능하게 된다. 질 경련은 질입구 주변의 질 괄약근이 불수의적으로 경련을 일으키기 때문에 나타나며 이 문제를 갖고 있는 환자는 무리한 성교의 시도에서 심한 통증을 경험하기 때문에 성교를 회피하게 된다.

3) 성기능 장애의 원인

(1) 신체적 원인

남녀 모두 성 기능장애는 나이나 술, 바비튜레이트계, 아편 제제 및 마리화나같이 성호르몬을 억제하는 약물의 과용에 기인할 수 있다. 상해, 성기관의 이상, 호르몬의 불균형, 신경성 장애, 염증 등이 여성의 성적 흥분을 저해할 수 있다(Kaplan, 1974; McCary, 1978). 남성의 성기능 장애는 과도한 술이나 약물, 노화, 피로, 해부학적인 문제에 기인할 수 있다.

발기불능의 경우 신체적인 원인과 심리적인 원인을 구별할 수 있는 유용한 방법이 있다. 대부분의 사람들은 하루저녁에 약 100분 정도의 꿈을 꾸게 된다. 남자들의 경우 꿈을 꿀 때 대부분 발기가 되며 여자들의 경우는 질 분비물이 나와 윤활화된다. 아직은 꿈꾸는 동안에 이러한 일이 왜 일어나는지 그 이유가 확실하게 밝혀지지는 않았지만 꿈을 꾸는 동안에 발기가 되는지 여부를 확인함으로써 신체적인 문제가 있는지를 알아낼 수 있다. 즉 꿈을 꾸는 동안이나 아침에 일어났을 때 발기가 된다면 이는 신체적인 원인보다는 심리적인 원인에 의한 것이라고 단정할 수 있다.

(2) 심리적 원인

성 기능 장애의 원인 중 대부분은 심리적인 문제에서 기인한다. 기분 나쁜 감정이 성적인 반응을 저해한다는 것은 잘 알려진 일이다. 그리고 앞에서 이야기했듯이 심리적인 문제와 신체적인 요인은 서로 밀접하게 관련되어 있다. 성 반응을 생리학적으로 관장하는 것은 자율신경계이며 자율신경계 중 부교감 신경계의 통제하에서 많은 양의 혈액이 성 기관에 흘러 들어간다. 그러나 기분 나쁜 경험은 이러한 자율신경계의 활동을 억제시킨다. 여성들이 성행위 동안에 놀란다거나 화를 내게 되면 이러한 성 반응이 억제되고 남자의 경우는 발기를 시킬 수 있을 만큼의 혈액이 유입될 수 없게 된다.

① 정신분석적 입장

여자들로 하여금 성행위 과정에서 반응을 보이지 않도록 하는 불안감이나 분노감은 어디에서 기인하는가? 정신분석적 입장에서는 그 원인 중에 하나로 해결되지 않은 무의식적 갈등을 든다. 여자가 남편에 대해 무의식적인 적대감을 표현하는 한 가지 방식은 남편과의 관계에서 성적으로 흥분하지 않는 것이며 이는 의식적으로 적대감을 경험하는 경우와 흡사하다.

정신분석가들은 남성의 성 기능장애도 유사한 방식으로 설명한다. 그들은 발기불능이란 거세 불안에 대한 일종의 방어라고 본다. Freud에 의하면 서너 살의 남자아이들은 자기의 어머니를 소유하고 싶어 하며 이 때문에 그의 라이벌격인 아버지를 미워하게 된다는 것이다. 이때 그의 아버지가 자신을 처벌하기 위해서 거세를 시킬지 모른다는 공포감을 경험하게 된다. 이러한 오이디푸스 콤플렉스가 해결되지 않으면 어른이 되어서 발기불능이 나타난다는 것이다. 즉 발기가 안되기 때문에 거세에 대한 불안을 회피할 수 있는 것이다. 다시 말하면 발기가 되지 않으면 어머니와 관계를 가질 수 없고 그렇게 되면 아버지로부터 거세를 당하지 않을 것이라고 무의식적 판단을 한다는 것이다. 이러한 갈등을 건강하게 해결하려면 아버지에게 동일시하고, 근친상간적인 욕구를 억제하고 이 욕구를 보다 합리적이고 사회적으로 인정받을 수 있는 방식으로 승화시킬 수 있어야 한다는 것이다. Freud의 이론에 의하면 해결되지 않은 오이디푸스 콤플렉스가 성 기능 장애의 가장 중요하며 유일한 원인이다.

이러한 정신분석적인 설명은 실험실에서 입증되지는 않았으며 무의식적인 과정이기 때문에 입증하기도 힘들다. 그러나 발기불능의 경우, 여러 가지 임상연구결과들은 환자와 그의 부모와의 관계에서 해결되지 않은 갈등들이 있음을 밝혀내었다(Masters & Johnson, 1970: Kaplan, 1974). 대안적으로 발기불능을 불안에 대한 방어로서가 아니라 원인이 어디 있든 불안에 대한 생리학적인 반응이라는 측면에서 정신분석적 설명이 가능하다. 어떤 사람의 방어기능이 불안을 효율적으로 처리하지 못할 때는 발기가 일어나지 않게 된다.

② 행동주의 입장

행동주의 학파는 성 기능 장애의 원인을 학습이론으로 설명하고 있다. 남자의 경우 발기불능은 초기의 성 경험에 기인한다. 처음 성행위를 할 때 외상적인 경험을 하게 되면 성행위에 직면하여 심한 공포감을 경험하게 된다. 성행위는 조건자극이며 굴욕감을 경험하거나 발기가 되지 않은 것은 무조건 자극에 해당된다. 그리고 이로 인해 생기는 수치심과 불안감은 무조건 반응에 해당된다. 즉 외상적 경험과 성행위라는 자극이 짝지어지는 조건형성에 의해 획득된 조건반응인 수치심과 불안감을 반사적으로 경험하게 된다. 성 기능부전 환자들 모두에게서 특이한 성적 외상경험을 확인할 수는 없지만 조루, 발기 불능, 극치감 장애 환자의 대부분이 젊었을 때 불쾌한 성 경험을 갖고 있는 것으로 보아 이러한 행동주의적 설명은 상당한 설명력을 갖고 있다. 나이가 어려 성적인 준비가 되어 있지 않은 상태에서 성적 충격을 받거나 강간과 같이 굴욕적이고 위협적인 상황에서 성 경험을 하게 된 사람들이 성 기능상의 문제가 많다는 것이 이를 뒷받침한다. 성적인 체험의 실패가 극적이지는 않더라도 불안감이나 반복적인 실패와 성행위가 조건형성되었을 때에도 성 기능 장애가 일어날 수 있다.

③ **인지적 관점**

정신분석이나 행동주의적인 설명에 덧붙여, 인지주의적 관점은 성 기능 장애에 대한 많은 시사점들을 제공해 준다. 앞에서도 언급한 바 있지만 극치감과 흥분과정에서 나타나는 기능부전은 각 개인이 어떤 생각을 하느냐에 따라 많은 영향을 받는다. 극치감을 경험하지 못하는 남자나 여자들은 사고방식에서 정상적인 사람들과 상당히 다르다. 실패에 대한 두려움과 걱정은 불안감을 유발시키고 이는 인간의 성 반응을 관장하고 있는 부교감 신경계의 활성화를 억제시킨다. 동시에 이러한 생각들은 성적인 감정에 자신을 몰입시킬 수 없도록 만들 것이다. 따라서 성기능 장애를 치료하기 위해서는 환자의 문제가 신체적, 행동적, 정신역동적 및 인지적 수준 중 어느 것과 관련되어 있는지를 검토할 필요가 있다.

4) 성 기능 장애의 치료

미국의 경우, 결혼한 사람들의 약 반수 정도는 어떤 식으로든 성적인 문제를 갖고 있는 것으로 추정된다(Masters & Johnson, 1970; Frank, Anderson, & Rubenstein, 1978). 일반적으로 성적인 문제는 두 사람 간의 전반적인 관계와 관련되어 있다. 성 관계에서 생기는 불만은 두 사람 간 관계의 다른 측면을 악화시킬 수 있으며 반대로 관계의 한 측면에서 문제를 겪는 것이 성적인 곤란을 유발시키기도 한다. 그래서 항상은 아닐지라도 흔히 성이라는 것은 두 사람이 서로에게 어떤 감정을 갖고 어떻게 행동하는지를 반영해 주는 거울이 되기도 한다. 성 문제를 치료하는 전문가들은 성적인 문제가 두 사람 간의 사랑, 열정, 존중감, 정직성 등의 부부간의 보다 기본적인 문제에 근거하고 있으며 이러한 문제가 극복되었을 때 부부간의 성 관계도 좋아짐을 관찰하게 된다. 여기서는 Masters와 Johnson의 치료법, 행동주의적 접근법 및 Kaplan의 접근법을 간략하게 소개한다.

(1) 직접적 성 치료

Masters와 Johnson은 성 기능장애를 가진 환자를 직접적으로 성 행동과 관련된 훈련을 시키는 방식으로 치료하기도 하였다. 부부를 대상으로 하는 이러한 치료법은 기존의 치료법들과 세 가지 점에서 차이가 있다. 우선 문제를 정의하는 것부터가 다르다. 성적인 문제를 노이로제나 질병으로 진단을 하는 것이 아니라 한정된 기능부전으로 본다는 것이다. 예컨대 정신분석가가 성 장애 환자를 히스테리라고 진단한다면, 이 경우에는 단지 흥분의 억제라고 정의하는 것이다. 둘째, 가장 극적인 측면으로서 직접적 성 치료를 원하는 사람들은 치료자의 체계적인 지도에 따라 성행위를 직접 시도한다는 것이다. 예를 들어 처음에는 자신들의 문제에 대해 교육을 받고 문제를 해결할 수 있는 치료자의 처방을 받은 다음 치료실에서 성행위를 시도하는 것이다. 세 번째는 이 치료를 원하는 사람들은 한 명의 환자로 취급되는 것이 아니라 부부단위로 두 사람이 치료를 받는다. 왜냐하면 직접적인 치료를 강조하는 치료자들은 성 문제가 한 개인의 문제라기보다는 부부간의 상호작용에 좌우한다는 것을 발견했기 때문이다.

감각 집중법(Sensate Focus)은 불감증이 있는 여자나 발기부전이 있는 남자들을 치료하는 직접적 치료에서 가장 주된 전략 중의 하나이다. 감각집중법의 기본 전제는 성교 중에 경험하는 불안감이 성적 흥분이나 쾌감을 차단시킨다는 것이다. 이 치료법의 최우선적 목표는 불안감을 감소시켜 자신감을 회복시키는 것이다. 즉각적인 목표는 성교에서 한 번의 성공경험을 하도록 하는 것이다. 중요한 것은 치료과정에서 환자는 성적인 흥분이나 극치감을 경험해야만 한다는 욕심을 가능한 한 없애고 훈련에 임해야 한다는 것이다. 감각 집중법은 **쾌감**(Pleasuring) 단계, **성기자극**(Genital Stimulation)단계 및 **비요구적 성교**(Nondemand Intercourse)단계로 나누어진다.

쾌감 훈련단계에서는 성교를 하거나 오르가즘을 경험하지 않도록 지시한다. 성행위는 서로의 몸을 부드럽게 만지거나 애무를 하는 것으로 한정한다. 먼저 남자가 여자를 애무하여 이 단계의 연습을 끝낸 다음에 역할을 바꾸어 여자가 남자에게 애무를 하게 한다. 이때 상대방의 기분에 신경을 쓰지 않아야 하며 단지 자신의 감각적 경험에만 주의를 집중하는 것이 중요하다고 지시한다. 즉 상대방이 어떻게 느끼는지 또는 무엇을 바라는지에 대해 신경 쓰지 않는 것을 미안해할 필요가 없다는 생각을 갖는 것이 중요하다. 그리고 상대방의 요구에 따라 마지못해 성교를 해야 하는 부담감을 가질 필요가 없기 때문에 편안한 마음을 가지고 애무를 할 수 있음을 알려준다.

서너 번의 훈련으로 이 단계의 훈련이 충분하다고 생각할 정도가 되면 대개

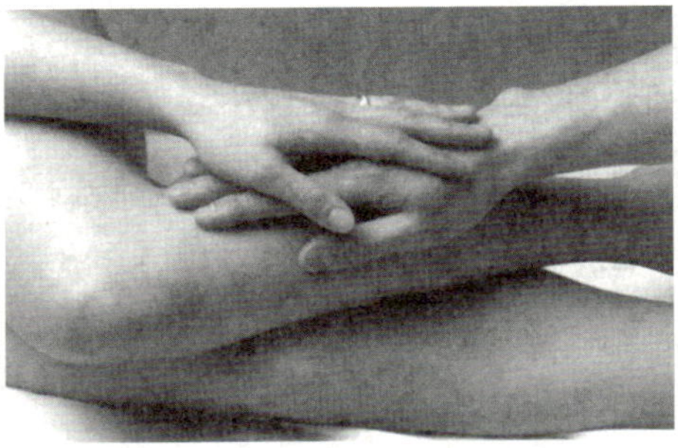

감각집중법은 성 기능 장애를 치료하기 위해 가장 많이 사용하는 기법 중 하나이다. 첫 단계에서는 성기나 가슴 부위를 제외한 파트너의 신체 중 다리나 손 등 일부만을 만지면서 거기서 느껴지는 감각에 주의를 기울이도록 한다.

의 경우 환자의 반응이 상당히 극적으로 달라진다. 불감증이었던 여자의 경우 오르가즘을 경험하고 남자를 즐겁게 해주어야 한다는 압박감에서 벗어날 수 있음을 경험하게 되고 드디어 성적 감각을 진정으로 경험하게 된다. 이때 그녀는 쾌감을 경험하는 것은 자신이 어떻게 하느냐에 달려 있으며 그녀가 자신의 생각을 표현하더라도 남편에게서 거절당하지 않을 수 있음을 발견하게 된다.

첫 번째 단계의 훈련이 충분하다고 생각되면 두 번째의 단계인 성기자극단계로 넘어간다. 이 단계에서는 가볍고 부드럽게 성기(유방, 질, 음핵)를 애무하거나 만지지만 오르가즘을 유도할 수 있는 애무는 하지 않도록 주의를 준다. 그리고 오르가즘을 경험하거나 성교를 하는 것을 금지하도록 한다. 여자는 남편에게 훈련과정에서 말로 또는 비언어적인 표현방법을 써서 연습의 정도나 진행속도 및 방향을 알려준다. 그러고 난 다음에는 동일한 과정을 남자와 여자가 역할을 바꾸어 실시한다.

두 번째 단계까지의 훈련에서 부부가 모두 좋은 경험을 하고 더 깊은 단계로 훈련이 진행되기를 원하게 되면 세 번째 단계인 비요구적 성교단계로 나아간다. 이 단계에서는 쾌감단계와 성기자극단계의 행동을 거쳐서 충분하게 성적으로 흥분하게 한 후 성교를 시도하도록 한다. 이때 주의할 점은 성교 시 상대방이 오르가즘을 느끼도록 해야 한다는 부담을 갖지 않도록 하는 것이다. 상당히 많은 경우 상대방의 요구를 충족시키려는 노력을 하지 않음에도 불구하고 상대가 오르가즘을 경험하게 된다. 즉 자신의 감각경험에 충실하고 상대방의 입장에 대한 지나친 배려로 인한 긴장감에서 벗어나게 되었을 때 진정으로 성적인 만족감을 경험할 수 있는 것이다. 이러한 치료법의 효과에 관한 연구결과들(Masters and Johnson, 1970; Kaplan, 1974; McCary, 1978)은 여성 불감증 환자와 남성 발기부전 환자의 약 25% 정도는 감각 집중법으로 훈련을 했음에도 불구하고 문제가 해결되지 않았다고 보고한다.

(2) 행동주의적 접근

행동주의적인 치료자의 입장에서 본다면 Masters와 Johnson의 성 치료법도 결국은 체계적인 둔감법의 일종이라고 볼 수 있다. 제한된 성적 감각에 충실하게 하여 성 기능 장애자의 불안을 감소시키기 때문이다. Masters와 Johnson의 성 치료법은 여러 행동치료자들에 의해서 수정되고 변형되었다. Nemetz와 동료들(1978)은 성 행동과 관련된 불안감이 심한 여자 환자들을 대상으로 이완훈련과 모델링을 통해 치료하였다. 치료과정에서 환자들은 성행위 과정을 묘사하는 필름을 보면서 이완훈련을 받았다. 환자들로 하여금 필름을 보면서 자신과 자신의 상대를 상상하게 할 뿐 아니라 단계적으로 묘사된 필름에서와 같은 순서로 성행위를 시도하도록 하는 과제를 내주어 집에서 훈련을 하도록 했다. 그 결과 이러한 행동치료를 받지 않은 환자들에 비해 현저하게 증상이 호전되었으며 불안감이 감소하였을 뿐 아니라 성 관계에서 자기표현도 늘어나는 것으로 밝혀졌다. 다른 연구들에서는 성 기능상의 문제가 대인관계의 문제와 관련이 있는 것을 근거로 성 행동 관련 대인관계 문제를 훈련함으로써 효과를 보기도 한다.

(3) Kaplan의 접근방법

성 기능과 관련된 문제를 치료하는 데 있어서 행동치료적인 접근방법이 매우 효과적이기는 하지만 어떤 경우에는 행동적 접근과 정신분석적인 접근을 혼합하여 치료하는 것이 더 유용할 수 있다. 이러한 생각을 강력하게 주장하는 사람 중의 한 명이 Helen Singer Kaplan이다. 원래 정신분석학자인 그는 표준적인 성치료는 성문제가 아주 심각하지 않거나 쉽게 제거될 수 있는 갈등과 관련될 때 효과적이라고 믿었다. 그러나 성 기능 환자들 중에는 보다 근본적인 갈등 때문에 문제를 겪는 경우가 많다는 것이다. Kaplan(1979)에 의하면 성욕구가 결여되어 있거나 발기문제가 있는 경우가 특히 여기에 해당된다는 것이다. 그래서 그는 보다 장기적이고 정신역동적 접근과 전통적 성 치료 기법을 조화시킨 치료 프로그램을 개발하였다. 이 프로그램은 성 기능 문제를 가지

Helen Singer Kaplan은 성 문제를 효과적으로 치료하기 위해서는 전통적 성 치료 방법과 심리적 갈등을 다루는 접근방법을 함께 적용해야 한다고 주장하며 그녀의 이런 접근방법을 심리성적 치료방법(Psychosexual Therapy)이라고 불렀다.

고 있는 개인을 대상으로 하기도 하지만 경우에 따라서는 부부를 동시에 치료하기도 한다.

2. 성도착증(변태적 성욕 장애)

성행위 대상의 선택에서 비정상적이기 때문에 사람과 사람 간의 애정관계를 형성하지 못할 때 **성도착증**(Paraphilias)이라고 한다. 즉 비정상적인 대상이나 상황에 의해 성적으로 흥분되는 사람을 말한다. 성도착 중 가장 흔한 것은 여자들의 속옷, 신발을 통해 성적으로 흥분하고 쾌감을 경험하는 것이다. 또 상대방을 괴롭히거나 또는 괴롭힘을 당함으로써 성적 흥분이나 쾌감을 경험하는 경우도 있으며 드물게는 대변이나 시체를 통해 성적인 쾌감을 경험하는 사람도 있다.

1) 성도착증의 유형

변태적 성 행동은 세 가지 범주로 구분된다. (1) **물품 음란증**(물건애: Fetishism)나 **의상도착증**(Transvestism)을 포함하는 비인간 대상에 대한 성적 흥분이나 선호; (2) **가학증**(Sadism)이나 **피학증**(Masochism)과 같이 괴로움과 굴욕감이 포함되는 상황에서의 성적 흥분이나 선호; (3) **노출증**(Exhibitionism), 관음증(Voyeurism) 및 성행위를 스스로 원하거나 거부할 수 있는 능력이 없는 어린아이들을 대상으로만 성적으로 흥분할 수 있는 **소아기호증**(Pedophilia / Child Molesting)이 그것이다.

(1) 물품 음란증(물건애)

물품 음란증은 무생물체에 의해서 성적으로 흥분되는 것을 의미한다. 이 환자들의 대부분은 사람들을 해치지는 않는다. 일반적으로 남자들은 여자들이 입는 속옷에 의해서 어느 정도 성적으로 흥분될 수 있다. 그러나 이러한 환자는 이성과의 관계에서 사랑을 경험하기보다는 여성의 물건, 즉 머리카락이나 속옷, 부츠, 스타킹 등에 과도한 애착을 갖기 때문에 문제가 된다. 이들은 이러한 물건과 접촉을 함으로써 성적인 극치감을 경험하기도 한다.

이 장애는 일반적으로 아동기부터 나타난다. 이들은 특히 자위행위를 하는 동안에 이 물건들을 가지고 성적인 상상을 한다. 이 장애는 거의 대부분 남자들에게서만 나타나며 이 장애를 가진 사람들은 자신의 이런 문제행동 때문에 죄의식과 수치심을 경험하며 우울증과 불안 및 고독감을 호소하기도 한다. 게다가 이런 물건을 모으기 위해 상습적으로 도둑질을 하여 경찰에 검거되기도 한다.

(2) 의상도착증

의상도착증이란 남자가 성적인 흥분과 쾌감을 경험하기 위해 상습적으로 여자의 옷을 입는 것을 말한다. 이러한 장애행동은 주로 남자들한테서 나타나며 대체로 은밀하게 이루어지고 여자가 이러한 문제를 가지고 있다고 보고되는 경우는 매우 드물다. 의상도착증은 동성애와는 다르다. 대개의 의상도착증은 이성을 사랑의 대상으로 하며 이성과의 관계도 원만하고 사회적 관계도 비교적 원만한 경우가 많다.

(3) 가학증과 피학증

성도착증 중 상대방을 괴롭히거나 자신이 괴롭힘을 당함으로써 성적인 쾌감을 경험하는 사람들이 여기에 속한다. 가학증(Sadism)은 성행위 과정에서 상대방을 정신적 또는 신체적으로 굴욕감을 주거나 고통을 줌으로써 성적 쾌감을 얻는 것이다. 이와는 달리 피학증(Mesochism)은 상대방에게서 정신적 및 육체적인 고통을 받음으로써 성적인 흥분과 쾌감을 경험하게 되는 것이다.

가학증은 다른 사람이나 동물에 대해 잔혹한 행동을 가하거나 목격함으로써 오르가즘을 경험하기도 한다. 대부분의 경우, 가학증 환자는 남자지만, 전적으로 남자에 국한된 성도착증은 아니다. 심한 경우에는 성적인 쾌감을 얻기 위해 상대방의 목을 조르거나, 젖가슴과 성기를 손상시키는 등의 잔인한 행위들을 할 수도 있다. 피학증은 상대방의 공격에 의도적으로 복종하고 상해를 입거나, 학대받고 굴욕을 당함으로써 성적인 쾌감을 경험하게 된다. 어떤 경우에는 메스꺼운 여성 물건에 대한 애착으로 성적 쾌감을 얻기도 한다.

(4) 노출증

노출증은 아주 흔한 성도착증 중의 하나인데, 성적인 흥분을 경험하기 위해 낯선 사람에게 자신의 성기를 노출하는 행동을 하는 것을 말한다. 발기된 성기를 보여주거나, 경우에 따라서는 자위행위를 하고 사정을 하는 자신의 모습을 누군가에게 보임으로써 오르가즘을 경험한다.

(5) 관음증

노출증과는 달리 관음증은 여자들이 벗고 있는 모습이나 또는 성행위를 하는 모습을 들여다보는 데 강박적으로 집착하는 것이다. 관음증 장애자들은 여자들의 벗은 모습을 훔쳐보거나 또는 이를 상상하면서 자위행위를 하지만 성행위를 하기 위해 이러한 대상에게 접근하거나 공격적인 행위를 하지 않는 경우가 대부분이다.

(6) 소아기호증

소아기호증 환자는 때때로 Child Molster라고 불리며 이들은 사춘기 이전의 아동들과의 성행위를 선호한다. 어린이에 대한 병적인 성적 관심은 동성애의 변형으로 간주된다. 어떤 소아기호증은 노출증, 관음증, 동성애를 동반하기도 한다.

(7) 수간

수간(Zoophilia)은 성적인 흥분을 위한 대상으로 인간이 아닌 동물을 선택하는 것이다. 동물과 성교를 하거나 동물로 하여금 자신의 성기를 핥게 하거나 문지르게 하기도 하며 가장 흔히 사용되는 동물은 자기가 키우고 있는 애완용 동물이다.

2) 성도착증의 원인

(1) 정신분석적 관점

Freud의 '고착', '대상-부착(Object-cathexis)' 및 '성적 대상의 선택'이라는 개념은 사람이 성장함에 따라 어떤 대상에 대해 성적인 매력을 어떻게 경험하게 되는지 그 과정을 설명하는 것이다. 부착(Cathexis)이라는 것은 중성적 성질을 지닌 어떤 대상에게 정신적 에너지가 정적 또는 부적으로 부하되는 것을 말한다. 정적 부착의 경우는 리비도 에너지, 즉 성적인 에너지가 어떤 대상에 부착되어 그것이 사랑의 대상이 되는 것을 말한다. 부적 부착이란 반대로 어떤 대상이 두려움의 대상이 되는 것이다.

Freud는 그가 만난 여성 물건애 환자의 사례 중에 여섯 살 때에 벨벳 슬리퍼를 신고 쿠션 위에 다리를 쭉 뻗고 있는 여자 가정교사를 기억해낸 사례를 예로 들었다. 그러한 기억은 선명하게 남아있지 않았지만, 그 가정교사의 것과 유사한 날씬한 다리만이 그 환자에게는 유일하게 성적인 흥분을 야기시켰다. 이 여성 물건애 환자는 이러한 다리에 성적인 에너지가 부착된 것이다.

부착된 성도착증은 세 가지 특성을 지니고 있다. 첫째는, 성도착증이 아동기 경험에서부터 나온다는 것이다. 둘째는, 그것이 변화되기 힘들며, 특히 합리적인 변화가 어렵다는 것이다. 셋째는, 일생 동안 유지될 수 있다는 것이다.

정신역동적 부착 개념은 현상 자체를 기술하는 데는 상당히 유용하지만, 왜 특정한 사람에게만 그러한 일이 일어나는지를 설명하지는 못한다. 그리고 정신역동적 관점은 물품 음란증, 가학증이나 피학증, 노출증, 관음증 및 소아기호증 등을 동일하게 기술한다. 그리고 이 모든 성도착증들이 성적 대상을 선택하는 것이 어떤 목적을 위한 수단이 아니라 최종적인 목적임을 기술할 뿐 그 이유에 대해서는 충분히 설명해 주지 못한다.

(2) 행동주의적 관점

성적 애착과 관련된 장애를 설명하는 데 가장 흔하게 인용되는 행동주의적 입장은 I. Pavlov의 설명이다. 발에 대한 물품 음란증인 Leo라고 하는 사례에서 주인공은 일곱 살 때 배다른 누이의 슬리퍼가 그의 성기를 스치는 경험을 했다. 여기서 **조건자극(CS)**은 슬리퍼를 보는 것이다. 이 조건자극은 성적인 쾌감(**무조건 반응–UCR**)을 유발시키는 **무조건 자극(UCS)**인 성기의 자극과 연합된 것이다. 이러한 조건형성 과정에 의해 결국은 슬리퍼를 보게 되면 **조건반응(CR)**인 성적 흥분을 경험하게 되는 것이다. 이러한 설명은 아동기에 기이한 대상에게 성적인 부착이 어떻게 일어나는지에 대해 말해줄 수 있으며 Freud 이론을 보조적으로 설명할 수 있다.

행동주의적인 입장 역시 의문점을 남긴다. 왜 성도착증이 항구적으로 유지되는가? 일단 조건자극이 무조건 자극과 연합하게 되고 원래의 무조건 자극이 나타나지 않게 되면 대개는 소거가 되게 마련이다. 신발이 더 이상 누이가 그의 성기를 만지는 행동의 신호로 작용하지 않게 되면 Leo는 신발에 관심을 갖지 않아야 한다(마치 개에게 종소리를 들려준 다음 음식을 주어 침을 흘리게 한 다음, 종소리만을 계속 제시하게 되면 더 이상 침을 흘리지 않은 것과 같이).

3) 성도착증의 치료: 혐오치료

모든 사례를 성공적으로 치료할 수는 없었지만 행동주의 치료자들은 성도착증 환자들에 대한 성공적 치료사례들을 상당히 많이 보고하고 있다. 만약 성도착증이 성적인 상상과 자위행위를 하는 동안의 조건형성에 의해 일어난다면 상상에 초점을 맞추어 혐오적 조건형성을 시키는 것이 효과적일 수 있다. 혐오조건형성 중 상상된 성적 자극에 혐오적 무조건 자극을 수반시키는 것을 내면적 민감화(Covert Sensitization)라고 한다. 예컨대, 성도착증 환자에게 성도착 행동을 포함하여 성적으로 매우 흥분을 시킬 수 있는 상상을 하도록 지시한다. 상상에 몰입한 상태에서 강한 전기충격이나 구토증을 유발시키는 약물과 같은 혐오적인 자극을 제시한다. 혐오적인 경험이 사라지고 편안한 상태가 되면 정상적인 이성과의 행동을 상상하도록 한다. 이 절차의 원리는 성도착적 상상에는 혐오적인 조건형성을, 그리고 정상적이고 비도착적인 상상에는 조건화된 흥분을 경험하게 하는 것이다. 행동치료가들은 성도착증을 치료하기 위해 둔감화 기법, 적절한 성적 자극에 대한 재조건 형성, 사회적 기술 훈련, 상상 중단 기법 등을 사용하기도 한다.

4) 자아-이질적 동성애

몇 년 전만 하더라도 동성애는 정신과 교과서에 성도착증으로 분류되었다. 그러나 이제는 더 이상 동성애가 성도착증으로 분류되지는 않는다. 성 장애를 남녀 간 애정관계에서 전반적인 문제가 있는 것으로 정의하게 되면 동성애가 성 장애로 정의될 수 있지만, 두 사람간의 애정관계를 형성하지 못하는 것으로 정의하게 되면 동성애도 두 사람 간의 애정관계에는 이상이 없으므로 성 장애에 포함되지 않게 된다.

동성애를 성 장애에서 제외시킬 수 있는 근거는 동성애를 두 가지 부류, 즉 **자아-동질적 동성애**(Ego-syntonic Homosex)와 **자아-이질적 동성애**(Ego-dystonic Homosex)로 구분하는 것이다. 자아-이질적 동성애란 이성 간의 관계를 원하면서도 어쩔 수 없이 동성애를 하게 되거나 아니면 동성애 때문에 주관적인 괴로움을 경험하는 것을 말한다. 즉, 자신의 의지와는 상반되게 동성애에 집착하는 것을 말한다. 자아-동질적 동성애자는 동성애를 하는 것 때문에 괴로움을 겪는다거나 동성애 선호성향을 바꾸려는 의지가 없다. 그래서 자아-동질적 동성애는 심리적 장애에서 제외될 수 있는 것이다. 그런 점에서 자아-이질적 동성애는 일종의 도착증으로 분류될 수 있으며 치료가 필요하게 된다.

여전히 남게 되는 수수께끼 중의 하나는 상당히 많은 동성애자들이 자신의 성 행동에 대해 만족을 하고 있으며, 특이한 정신병리를 드러내지도 않으며 사랑과 일을 효과적으로 수행하고 있다는 점이다. 그러나 자아-이질적 동성애자들은 자신의 성 행동 때문에 괴로움을 겪고 있으며 만족을 하지도 못한다. 그들은 우울증이나 불안감 및 수치심과 죄책감을 호소하고 있으며 소외된 생활을 하고 있다. 그들은 애정관계에서도 문제를 보이고 있으며 동성에게 이끌리는 것에 수치심을 경험하지만 이성을 대할 때 성적으로 흥분이 되지도 않는다. 자아-이질적 동성애가 최근에 만들어진 범주이기 때문에 발생빈도나 남녀 간의 성비, 소양요인 및 경과 과정에 대해서는 잘 알려져 있지 않다.

(1) 자아-이질적 동성애의 치료

앞서 언급한 바 있듯이, 자아-이질적 동성애라는 개념이 비교적 최근에 만들어진 것이어서 치료와 관련된 연구결과가 많지 않은 편이다. 자아-이질적 동성애를 치료할 때는 두 가지 차원, 즉 자아-이질성을 다룰 것인지 아니면 동성애 행동을 다룰 것인지 혹은 둘 다를 다룰 것인지를 고려해야 할 것이다. 자아-이질성을 구성하고 있는 불안이나 우울 및 죄의식과 수치심은 인지치료나 체계적 둔감법과 같은 우울증과 불안을 경감시키는 기존의 치료법들을 쓸 수 있을 것이다.

동성애 행동 자체는 본인이 이를 고치기를 원하는 마음이 강하기만 하면 비

호모, 게이 그리고 레즈비언

동성애를 지칭할 때 호모, 게이 및 레즈비언이라는 말이 사용된다. 그 유래와 의미를 간단하게 살펴보면 다음과 같다.

- 호모: 성별이 동일한 상대와의 사랑이나 성관계를 표현하는 단어로 일반인들에게나 학자들 간에 가장 널리 쓰이고 있는 말은 Homosexuality이다. 이 말은 헝가리의 의사인 Benkert가 Homosexualität라는 독일어로 사용한 다음, 영어로 Homosexuality라고 번역되어 오늘날까지 사용되고 있으며 그 말을 줄여 호모라고도 한다.
- 게이: gay라는 단어는 1940년대 초 동성애자들에 대한 억압이 심했던 미국 사회에서 동성애자들 간에 암호로 시작되었다. 그들은 호모라는 말이 비정상의 의미를 내포하고 있다고 생각해서 '명랑한', '즐거운', '화사한' 등의 긍정적 의미를 갖고 있는 gay라는 말을 더 선호한다. 남녀 동성애자 모두 게이로 통칭되지만 레즈비언이라는 말이 사용되면서 게이는 주로 남성 동성애자를 지칭하는 데 사용된다.
- 레즈비언: 주로 여성 동성애자들을 지칭한다. Lesbian이라는 말은 고대 그리스의 동부에 위치한 Lesbos라는 섬에 사는 여인이라는 뜻인데, 그 섬의 수도에 거주하던 여성들이 동성애를 했다는 것에서 유래했다. 그 외에 레스보스 섬에서 태어나 여성을 흠모하고 동경했던 여류시인인 Sapho의 이름을 따서 사피즘(Saphism)이라는 말로 여성 동성애를 표현하기도 한다.

교적 쉽게 치료할 수 있다. 동성애 행동을 치료하는 데는 전통적인 심리치료보다는 행동치료가 더 효과적인 것으로 알려지고 있다. 일단의 영국 행동치료자들은 71명의 동성애자에게 혐오치료를 실시한 결과 60% 정도가 변화를 보였다고 보고한 바 있다. 이들은 변화라는 개념을 동성애 행동 자체는 없어졌으나 간간이 동성애에 대한 상상을 하지만 이성과의 관계에 대해 더 강렬한 환상을 가지며 치료 일 년 후에는 이성과의 관계를 현저하게 보이는 경우에 사용하였다. Ellis와 Ames(1987)의 이론에 따르면 이성과의 관계가 전혀 없이 동성과만 관계를 하는 동성애자들은 태어나기 전에 이미 결정이 되기 때문에 치료에 거의 반응을 보이지 않는다는 것이다.

이러한 이론을 뒷받침하는 연구결과들이 발표되기도 하였다. Mendelsohn과 Ross(1959) 및 Marciano(1982)에 의하면 동성애자 중 치료를 받기 전에 이성관계 경험이 있었던 사람들이 그렇지 않은 경우에 비해 동성애 행동의 변화가 더 잘 일어나는 것으로 밝혀졌다. 또한 친밀감이나 사회적 기술을 증진시키는 훈련을 병행했을 때 더 효과가 있는 것으로 나타났다.

3. 성 정체감 장애

성 정체감 장애(Gender Identity Disorder)는 생물학적으로 타고난 자신의 성에 대한 정체감을 갖지 못하고 상대의 성으로 살기를 원하는 성 정체감의 장애이다. 남자 성 정체감 장애 환자는 남자로 태어났지만 자신은 여성이어야 하고 여성으로 살기를 원하기 때문에 남자의 성기를 제거하는 성전환 수술을 받기를 원한다. 그래서 이 장애를 **성전환증**(Transexualism)이라고 하기도 한다. 여자 성 정체감 장애의 경우에서도 자신이 갖고 있는 여성의 성기를 제거하고 남성으로서 살아가기를 원한다. 성 정체감 장애는 비교적 성장 초기서부터 나타난다. 현재의 성으로 살아가는 것을 혐오하며 그대로 살아가는 것에 대해 절망감이나 우울감을 경험하고 경우에 따라서는 이 때문에 자살을 시도하기도 한다. 상당수의 성 정체감 장애환자들은 사춘기에 접어들면서 이성의 옷차림으로 자신의 생물학적인 성 정체를 은폐하려는 시도를 하게 된다. 의상도착증은 이성의 옷을 입어서 성적인 흥분을 추구하지만 이들은 단지 자신이 원하는 성의 정체감을 유지하기 위해 이성의 옷을 입는다. 그래서 대부분의 성 정체감 장애의 궁극적인 목표는 성전환 수술을 받는 것이다. 최근 들어 외과적 수술기법이 발달하면서 이러한 환자들을 대상으로 하는 성전환 수술의 시행이 점차 증가하고 있다.

남자 성전환증 환자들은 대부분 사춘기 이전에 여자들과 주로 놀이를 하고 여자처럼 행동하며 인형을 가지고 놀기를 좋아하거나 뜨개질을 하거나 설거지를 돕는 행동을 선호하는 경향이 있다. 사춘기가 되면 거의 완벽하게 여자처럼 행동을 하며 사회에서도 자신을 여자로 취급해 주기를 원하며 성전환 수술이 가능하다는 이야기를 듣게 되면서부터는 그것이 최대의 희망 중의 하나가 된다. 성전환에 대한 욕구가 너무 강해서 남자 성전환증 환자 중 자신의 성기를 스스로 잘라내는 사례도 보고되고 있다(Walinder, 1967; Pauly, 1969; Stoller, 1969; Money and Ehrlhardt, 1972).

남자 성전환증 환자들은 대개 세 가지 유형으로 나누어지는데 그 첫 번째는 동성애, 두 번째는 이성애, 세 번째는 동성이나 이성에 모두 무관심한 유형이다. 동성애적 성전환증은 자신의 생물학적인 성과 동일한 남자에게 성적인 관심이나 흥분을 경험하지만 자신이 여자라고 생각하기 때문에 스스로 동성애자라고 보지는 않는다. 즉, 자신은 여성으로서의 정체감을 갖고 있으며, 자신이 원하는 것은 동성 간의 관계가 아니라 이성 간의 관계만을 원한다고 생각하는 것이다. 영국의 Manchester대학 진료소에서 행해진 연구 결과에 의하면 72명의 성전환증 환자 중 3/4 정도가 전적으로 동성애에 대한 욕구나 환상을 즐기고 있으며, 그중 1/3 정도는 동성애를 실제로 한 바 있다고 보고하였다(Hoening and Kenna, 1974; Green, 1985). 이 연구 대상 중 15% 정도는 성전환 수술을 원하지만 이성관계를 추구하는 것으로 밝혀졌으며 그들이 갖는 성과 관련된 환상 속의 인물은 전적으로 여자인 것으로 밝혀졌다. 나머지의 사람들은 여태까지 어떤 식으로든 성적인 욕구를 강하게 경험한 적이 없었으며, 그들이 바라는 것은 단지 자신의 성기를 제거하고 여자가 되는 것이었다. 실제로 이 세 번째 집단은 어떤 식으로든 성 경험이 거의 없었던 것으로 나타났다.

1) 성전환증의 원인론

남자든 여자든 자신의 생물학적인 성에 대한 불만과 반대 성이 되는 것을 강렬하게 갈망하는 성전환증의 원인이 확실하지는 않지만 대충 두 가지의 요인이 작용하는 것으로 보이며 이 두 가지 요인 모두 생의 초기부터 영향을 미친다.

(1) 태내 호르몬의 이상

정상적 임신에서의 태아는 다양한 호르몬의 영향하에 있게 마련이다. 각종 호르몬이 신체성장과 분화 및 심리적인 성장을 조절한다. 태내 호르몬은 우리가 생각하고 행동하는 방식에도 영향을 미치며 이에 대한 증거는 자웅동체 태아에서도 발견될 수 있다.

의사 자웅동체(Pseudo-hermaphrodites)는 염색체 상으로는 여자(46XX)이다. 그러나 태아기 때 남성화시키는 호르몬이 많아지면 성기만으로 성별을 구분하기가 어려운 모습이 된다. 유전적인 결함 또는 산모의 약물 복용으로 인해 어떤 태아들은 자궁 내에서 안드로겐(Androgen)을 너무 많이 받게 된다. 이런 경우는 남성의 외성기가 발달하여 남성화되는 것이다. 여자아이가 태내에서 안드로겐을 너무 많이 받게 되면 음핵이 사내아이의 음경처럼 커지고 질이 부분적으로 덮이게 된다. 출생 직후 질을 개방시키고 음핵을 일부 절단해주게 되면 여자아이로 자라게 된다. 만약 음낭이 비어 있는 상태에서 외양적으로 남성화가 완성이 되면 그 아이는 남자아이로 키울 수도 있다.

미국의 성 연구가 중 선구적 역할을 하는 John Money는 태내에서 안드로겐을 너무 많이 받아 자웅동체로 태어나서 아동기와 청년기까지 여자로 키워진 30명에 대한 연구를 보고한 바 있다. 지능과 종족 및 사회계층을 대응시킨 정상적인 여자아이들과 비교했을 때 이들은 몇 가지 남성성이나 여성성 차원에서 차이를 보이는 것으로 나타났다. 그들은 여성적 성 역할에 대한 불만이 더 많았으며, 운동에 대한 관심이나 기술이 더 뛰어났고 남자 동료들을 더 좋아하는 경향이 있었고 치마를 입기보다는 헐렁한 바지차림을 더 좋아한다. 이러한 연구결과는 전형화된 성 역할 행동이 태내호르몬에 의해 자궁 내에서 결정될 수 있음을 시사한다(Money and Ehrhardt, 1972; Money, Schwartz, and Lewis, 1983). 이 여자아이들 중 자신이 남자라고 믿는 사람은 하나도 없었다.

(2) 양육방식

부모들이 어린아이들을 어떻게 취급하느냐가 성정체감 형성에 영향을 미칠 수 있다. 남자아이에게 여자 이름을 지어주고 여자 옷을 입히며 친구나 친척 및 다른 아이들에게 여자로 소개를 하게 되면 어떻게 될까? 성전환 전의 아이들 부모들은 자신의 자녀에게 어떻게 대하는 것이 좋을지 판단하기가 힘들 것이다. 부모들은 그러한 결정을 미루게 되고 성정체감 장애가 없어지지 않은 경우에는 심한 괴로움을 겪게 된다. 그러나 부모의 양육방식이 성 전환증의 원인으로 작용하는지 혹은 결과로 나타나는 것인지는 확실하지 않다. 호르몬 상의 이상이 있어서 성별이 분명하지 않은 아이들의 경우에는 이들의 양육방식과 관련된 특별한 관심이 필요하다. 일단 성 전환증으로 확인이 되면 이러한 문제를 제거하는 것이 매우 어렵기 때문에 이러한 사람들을 대상으로 한 예방책의 수립도 시급하게 요구된다.

1980년에 영국 공군에 입대해 걸프전과 보스니아 내전에도 참가해 훈장까지 받은 남자 조종사인 에릭 쿡슨(39세)은 2000년 5월 성전환 수술을 마친 후 금발 여성 캐롤린 페이지로 다시 태어나 다시 조종사로 근무하게 되었다. 180cm의 건장한 청년 조종사는 5살 때부터 밤마다 문을 걸어 잠그고 여장을 하고 지냈다고 한다.

2) 치료: 성 전환 수술

성 전환증이 일단 나타나면 자발적으로 문제가 사라지는 경우는 거의 없다. 또한 전통적인 치료방법으로 이것을 바꿀 수 있는 경우도 거의 없다. 그럼에도 불구하고 아직은 완벽하지 않지만 성전환 수술법이 개발되어 어느 정도는 성전환증 환자들에게 희망을 제공해 주고 있다. 성전환 수술은 환자들이 원하는 성기를 만들어서 결혼을 가능하게 하기도 한다. 이미 살펴본 바대로 정상적인 성 정체감은 생물학적인 조건뿐 아니라 사람들이 남자로 대하느냐 아니면 여자로 대하느냐와 같은 환경적 조건에 의해 형성된다. 성전환증을 치료하기 위해서는 외성기의 변화뿐 아니라 새로운 성으로 살아가기 위해서 필요한 사회적, 신체적 변화 및 가정 내의 변화도 필요로 한다.

성전환증을 치료하는 전문가들은 성전환 수술을 받고자 하는 환자들로 하여금 우선 새로운 성으로 2년 정도를 살아보게 할 필요가 있다고 주장한다. 만약 그렇게 해서 2년이 지난 다음에도 그 사람이 성전환을 여전히 희망하는 경우에 수술을 하는 것이 심리적 충격을 완화할 수 있다는 것이다. 그리고 정신분열증이나 망상장애 또는 심하게 정서적 불안정성을 보이는 환자들에게는 성전환 수술을 하지 않는 것이 좋다는 보고도 있다(Money and Ambinder, 1978).

신체를 변화시키는 것은 성전환 수술의 전제조건이 될 수 있다. 남자이면서 여자로 성전환을 요구하는 경우, 젖가슴이 나오게 하고 수염을 제거할 수 있는 호르몬 치료를 한 다음에 남성성기를 제거하고 질을 새롭게 만들어 주는 수술을 해야 한다.

여자이지만 남자로 성전환을 요구하는 경우는 앞의 경우보다 더 복잡한 시술이 요구된다. 경우에 따라서는 몇 년에 걸쳐 여러 번의 수술을 받아야 한다. 우선 생리를 중단시키고, 목소리가 저음이 되게 하고 수염이나 체모가 돋아나도록 하는 호르몬 치료를 해야 할 것이다. 그 다음에는 가슴과 난소를 제거하고 경우에 따라서는 남성성기를 만드는 수술을 해야 한다. 남성성기를 만드는 수술을 받은 경우에도 대부분 발기는 되지 않으며 성교를 하기 위해서는 보조적인 수단을 사용해야만 한다.

Hunt와 Hampson(1980)은 17명의 남자 성전환 환자들을 대상으로 8년간의 추적 연구를 한 바가 있다. 연구결과 성전환 수술 후 직업이나 대인관계 및 성적 만족도에서는 어느 정도 만족하는 것으로 나타났으나 심리적인 문제는 별다른 변화를 보이지 않은 것으로 밝혀졌다.

몇몇 임상가들은 수술을 받기 전에 환자가 원하는 성으로 2년 정도 살아보게 하면 안녕감을 더 많이 느끼고 사랑을 하는 능력에서 더 양호하였다고 주장하고 있다. 이 과정을 거친 사람들의 경우, 외과적 수술결과 자체는 비록 불만족스럽다고 할지라도 직업적 지위가 올라가고 성적인 관계도 더 안정이 되는 것으로 나타났다(Money and Ambinder, 1978).

그러나 성전환 수술이 항상 긍정적인 것만은 아니다. UCLA에서 성전환 수술을 받은 환자 14명을 추적조사한 결과, 거의 대부분의 환자들이 수술 후유증으로 고생하고 있는 것으로 밝혀졌다. 배뇨의 곤란이 가장 흔했으며, 성교는 거의 불가능한 것으로 밝혀졌다. 그리고 환자 중 한 명은 수술 후에 자살을 시도하였으며, 상당수가 우울증에 빠지거나 무감동 상태를 드러냈다(Stoller, 1976).

아무튼 현재로서는 성전환증 환자들에게 거의 유일한 희망은 성전환 수술이다. 수술기법이 보다 발달하여 수술결과에 대해 환자들이 보다 만족한 경험을 한다고 할지라도 이 환자들의 적응문제는 여전히 남는다. 그렇더라도 지금으로서는 더 좋은 대안이 없기 때문에 성전환 수술이 성전환증 환자에게 유일한 치료기법이나 다름없다.

제8장

이상심리학: 이상행동과 심리장애의 이해

I. 이상행동 및 심리장애의 정의

1. 심리장애란 무엇인가?

고교 시절 평소 말수는 적지만 친구들과 잘 어울리는 편이었던 A군은 대학교에 입학한 후 보름 이상 기분이 가라앉고 평소 즐겨 하던 게임마저도 재미없게 느껴지고 수업 중에는 주의집중이 되지 않는다면서 책상에 엎드려 잠만 자다가 기숙사로 돌아가곤 하였다. 그러던 어느 날 중간고사 기간이 다가오자 그동안 결석을 많이 했기 때문에 시험 준비를 제대로 하지 못할 것 같아서 걱정이 몰려오고 초조해지기 시작하였다. 그러더니 일주일 전부터는 평소와 달리 들뜬 모습을 보이며 중간고사의 모든 과목에서 만점을 받을 수 있으며 자신이 총장이라고 하면서 자신이 다 도와줄 테니 친구들에게 시험 걱정 따위는 하지 말라고 호언장담을 했다고 한다. 또한 부모님이 급할 때 쓰라고 주신 신용카드로 당장 필요하지도 않은 옷과 가방을 사는 데 300만 원을 결제했다고 한다.

-양극성 장애 환자의 사례

앞서 소개된 사례의 A군처럼 인간은 정서와 행동이 평소와 다르게 급변할 수 있으며 객관적으로 가지고 있는 능력을 충분히 발휘하지 못하고 정신건강의 문제 및 적응 곤란을 보일 수 있다. 또한 이러한 문제는 아래의 그림에 제시되어 있는 것과 같이 태어나서 죽을 때까지 다양한 시점에서 언제든지 나타날 수 있다. 흔히 인생을 살아가면서 경험하는 다양한 역경으로 인해 심리적인 문제가 나타나기도 하지만 심리적인 문제가 삶의 역경을 초래하기도 하며 만성적인 불행으로부터 벗어나지 못하는 경우도 있다. 따라서 인간의 정신건강을 증진하는 데 있어서 이상 행동과 심리장애에 대한 정확한 이해가 반드시 필요하며, 다양한 해결 방안을 알고 스스로 해결하거나 정신건강 전문가의 도움을 받는 것이 중요하다.

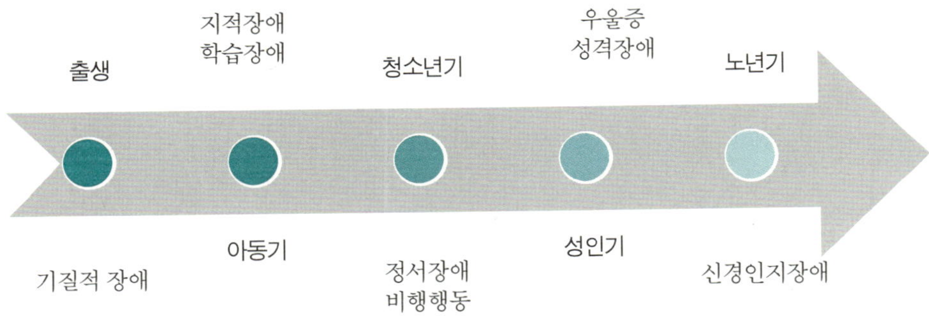

인간의 생애 주기별로 나타날 수 있는 심리장애의 예

독일 실존주의 철학자이자 정신병리학자였던 Karl Jaspers(1883~1969)는 인간의 행동이 이상하다고 판단하려면 세 가지 조건을 충족해야 한다고 밝힌 바 있다. 첫째, 이상행동이 다양한 영역에서도 나타나야 한다. 예를 들어, 주의가 산만한 아이는 집에서뿐만 아니라 학교에서 산만한 행동을 보여야만 주의력 결핍 및 과잉행동 장애가 있을 가능성을 생각해 볼 수 있는 것이다. 둘째, 다른 사람들과 정서적으로 동떨어져 있어야 한다. 예를 들어, 정신증을 가지고 있는 환자들이 얼굴 표정이 굳어져 있고 다른 사람들과 정서적으로 소통하지 않으려고 하는 경우에 해당한다. 마지막으로, 이상행동은 개인에게 정신적, 그리고 물리적인 안전을 위협해야 한다.

한편 심리학에서 **이상행동**(abnormal behavior)이란 객관적인 관찰과 측정이 가능한 개인의 부적응적인 심리적 특성을 말한다. 예를 들어, 어떤 사람이 갑자기 사람들이 자신을 해칠 것만 같아서 집 밖에 나가지 못하게 되면 이상행동이 나타나고 있다고 볼 수 있다. 나아가 **심리장애**(psychological disorder 또는 mental disorder)는 특정 이상행동의 집합체를 의미한다. 즉 부적응을 나타내는 여러 가지 이상행동이 다양한 상황에서 일관되게 나타날 때 심리장애라고 할 수 있다. 예를 들어, 친구와 다툰 후 며칠 동안 기분이 가라앉고 주변 사람들과 연락을 끊은 채 집 밖에 나오지 않는다고 해서 우울증에 해당하는 것이 아니라 우울증 진단기준을 충족할 만큼의 증상과 함께 사회적, 직업적 또는 학업적 기능의 장해를 유발해야 한다.

흔히 인간의 이상행동 및 심리장애는 아래의 그림에 제시되어 있는 것과 같이 의식, 정서, 행동, 언어, 지각, 사고, 기억, 지능 등 다양한 영역에서 나타날 수 있다. 또한 이들 영역은 상호 관련성을 맺고 있기 때문에 한 가지 영역에서의 문제는 다른 영역에도 영향을 미칠 수 있다. 예를 들어, 사고 영역에서 심각한 문제를 나타내는 것으로 알려져 있는 조현증(schizophrenia)[1)]은 의식의 혼미, 정서의 차단, 주의집중 곤란, 기억기능의 약화 등도 나타낼 수 있다.

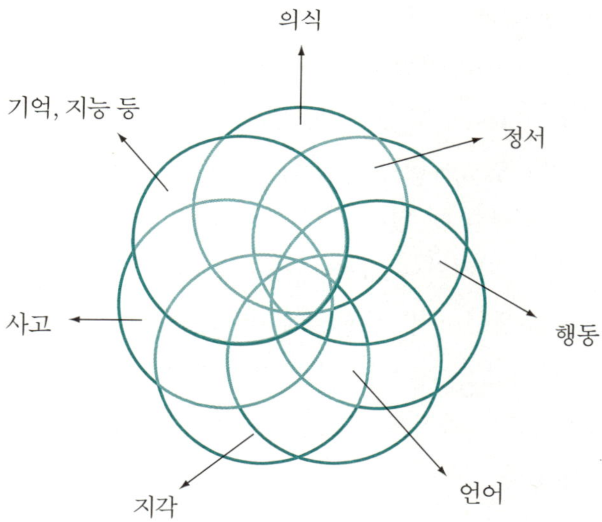

심리장애가 나타날 수 있는 영역

1) Schizophrenia라는 용어는 100여 년 전에 스위스의 유겐 블로일러(Eugen Bleuler)가 처음 사용하였는데, 그리스어에서 기원한 schizo(split, 분리)와 phrenia(mind, 마음)의 합성어임. 1937년 일본에서 schizophrenia를 '정신분열(精神分裂)'로 번역하면서 한자문화권인 동양에서는 질병의 특징과 상관없이 정신이나 마음이 분열된다고 하는 의미로 전달되어 질병의 이름이 주는 낙인(stigma)이 매우 심하였음. 조현증은 '거문고의 줄이 제대로 고르지 않은 것'처럼 뇌 신경다발의 연결이 잘못되어 조정할 필요가 있는 심리장애라는 뜻을 담고 있음(정신분열병 병명개정위원회, 2008).

2. 심리장애를 정의하는 기준

이상심리학에서 개인의 심리적인 문제의 이상성(abnormality) 여부를 판단하는 것은 문제의 치료뿐만 아니라 향후 재발을 방지하는 데 있어서 무엇보다도 중요하다. 앞서 설명했듯이 한두 가지 증상이 나타난다고 해서 강박장애, 우울장애 또는 성격장애 등 정상과 질적으로 다른 심리장애를 가지고 있다고 판단해서는 안 되며 아래와 같은 기본적인 기준을 충족해야 한다.

1) 적응기능의 저하와 손상

과거에는 각 심리장애를 주요 증상의 충족 여부에 따라 진단하였지만 최근의 분류체계에서는 개인이 일상생활에서 적응 기능이 병이 발생하기 전에 비해 현저하게 저하되었거나 손상되었는지를 중요시하고 있다. 즉 이상행동으로 인해 일상생활뿐만 아니라 연령에 적합한 사회적, 직업적 기능을 제대로 수행하지 못해야 심리장애라고 진단할 수 있는 것이다.

물론 적응기능의 저하와 손상을 기준으로 할 때, 적응과 부적응의 경계가 모호한 데다 평가 주체에 따라 부적응에 대한 판단이 달라지고 어떠한 원인에 의해 심리장애가 나타났는지를 설명하는 것이 힘들 수도 있다. 하지만 이상행동으로 인한 기능손상은 객관적으로 관찰 가능하다는 점에서 심리장애의 중요한 기준이라고 할 수 있다.

2) 주관적 불편감과 고통

심리장애를 가진 사람들은 의학적인 장애를 가진 사람들과 마찬가지로 주관적으로 고통을 경험한다. 즉 **주요우울장애**(major depressive disorder)를 가진 사람은 기분이 가라앉고 의욕이 없으며 살아 있는 것이 고통스러워 자살을 생각하거나 실제로 자살을 단행하기도 한다. 이와 같이 개인이 호소하는 주관적인 고통을 고려하여 심리장애를 진단할 경우 인간의 존엄성을 존중할 수 있다는 큰 장점이 있다.

하지만 군대에 가기 싫어서 고의로 공황장애를 호소하는 경우와 같이 심리적 고통의 적절성에 대한 객관적인 판단이 어려운 경우도 있다. 또한 자폐증이나 과대망상을 가지고 있는 경우와 같이 주관적으로는 고통을 호소하지 않는 경우에는 주관적 불편감과 고통을 기준으로 심리장애를 진단하는 것에는 한계가 있을 수 있다.

3) 문화적 규범의 일탈

인간은 사회적 동물로서 특정 문화적 규범을 준수하면서 살아간다. 예를 들어, 현재까지 대한민국에서 술을 마시는 것이 이상행동은 아니지만 술을 마신 후 기물을 파손하거나 길거리에 지나가는 사람에게 폭력을 행사하는 것은 문화적 규준으로부터 크게 벗어난 이상행동에 해당한다. 또한 학교 교사로부터 꾸중을 들은 학생이 해당 교사에게 욕설을 퍼붓고 구타를 하는 것은 문화적 규범상 이상행동이라고 할 수 있다.

하지만 문화적 규범은 시대에 따라 달라지기 때문에 기존에는 이상행동(예: 성전환)이었던 것이 정상 행동으로 바뀌기도 한다. 한편 강박성 성격장애를 가진 사람처럼 과도한 완벽주의 때문에 회사의 규율에 지나치게 동조하면서 매사에 철두철미하게 일 처리를 하고 남들에게도 이 기준을 요구하는 경우는 문화적 규범의 일탈 기준을 적용하기 힘든 경우라 할 수 있다.

4) 통계적 규준의 일탈

이상심리학의 발전과정에서 과학적 방법론 중 통계학적 접근은 중요한 역할을 해왔다. 즉 인간의 일부 특성이 정상분포를 나타낸다는 가정에 따라 평균으로부터 2표준편차 이상으로 일탈된 경우에 심리장애라고 할 수 있다. 예를 들어, 지적장애를 진단할 때 표준화된 지능검사의 측정의 표준오차(±5)를 고려해 지능지수 75 이하일 때 지적장애가 있다고 간주한다. 이러한 판단은 지능이 평균이 100이고 표준편차가 15라는 통계적인 기준에 기초한 것이다.

하지만 모든 심리적인 특성이 정상분포를 이룬다고 가정할 수 없을 뿐만 아니라 엄격한 **절단점**(cut-off score)을 적용하는 것이 때로는 경계선에 있는 준임상 집단을 간과할 가능성이 있다는 제한점도 가지고 있다.

각 심리장애의 진단기준에 따라 조금씩 차이가 있을 수는 있지만, 앞서 설명한 4가지 기준은 심리장애 진단체계의 각 장애를 객관적으로 판단하는 데 중요한 기준이 되고 있다. 아울러 심리장애는 개인에 의해 경험되고 기술되는 주관적인 사항인 증상(symptom)과 타인 또는 정신건강 전문가에 의해 관찰되는 객관적인 사항인 징후(sign)로 구성된다. 즉 우울증이라고 진단되려면 환자가 2주 이상 우울했다고 호소를 하거나 타인 또는 전문가도 환자에게서 슬픈 표정 및 에너지 저하 등 우울증의 근거를 찾아낼 수 있어야 한다.

한편 전문가는 어떤 사람이 비교적 정신건강을 잘 유지하고 있다고 판단하려면 진단분류 체계에 제시되어 있는 진단기준 이외의 다양한 측면을 고려할 필요가 있다. 즉 정신건강을 적절히 유지하고 있는 사람은 주변 환경에 대한 현실적인 감각을 적절히 유지하고 있을 뿐만 아니라, 정서적, 직업적 및 사회적 영역에서 적절한 경험을 하며 효율적으로 기능하고 있고, 나아가 행복감을 느끼고 있어야 한다.

II. 심리장애의 진단 및 분류

1. 심리장애의 분류의 장점과 단점

일반적으로 이상행동은 정서, 행동, 언어, 지각, 사고, 기억, 지능 등 상이한 영역에서 나타나기 때문에 구분이 명확할 수도 있지만, 또한 두 가지 이상의 영역에서 문제가 되는 경우가 흔하기 때문에 이상행동을 과학적인 방법에 기초해 체계적으로 평가하고 정확한 심리장애 진단을 내리는 것이 필요하다. 따라서 심리장애의 분류와 진단은 아래와 같은 장점을 가지고 있다.

첫째, 과학적 분류 체계는 공통적인 용어(예: 자폐증, 조현증 등)를 제공하기 때문에 정신건강 전문가들 간의 의사소통이 효과적으로 이루어질 수 있다. 예를 들어, 어떤 사람이 조현증으로 분류된다면 각기 다른 전문가들은 이 사람이 대략적으로 어떠한 증상(예: 환청 또는 망상)이 있을지를 판단할 수 있으며, 기분장애나 강박장애 등 다른 장애를 고려해야 할 경우 겪게 될 불필요한 혼란과 모호성을 제거할 수 있다.

둘째, 심리장애의 분류는 연구자나 임상가에게 효과적인 정보, 특히 과학적 연구와 이론 개발을 위한 기초를 제공할 수 있다. 예를 들어, 수집광(hoarding disorder)[2]은 2013년 DSM-5의 강박 관련 장애 중 하나로서 처음으로 수록되었는데, 이 기준에 따라 원인과 치료법에 대한 연구가 활발히 이루어지고 있다.

셋째, 각 심리장애의 유사성과 차이점을 인식하는 데 유용할 수 있다. 즉 분류 체계는 각 장애의 명확한 진단기준을 제공할 뿐만 아니라 감별해야 할 진단

2) 저장장애라고도 함

을 제시하고 있기 때문에 공존하는 장애를 발견하고 배제할 수 있는 장애를 쉽게 고려할 수 있게 된다.

마지막으로, 분류 체계는 각 장애에 적합한 치료법을 선정하는 데 도움이 되며 향후 임상적인 경과를 예측하는 것을 가능하게 한다.

하지만 심리장애의 분류는 심리장애의 용어와 개념의 과학적 타당성이 의심되는 경우가 있고 특정 진단이 개인의 특수성을 간과하고 환자에 대한 고정관념을 형성하게 할 수 있다는 단점도 있다는 것을 유념해야 한다. 따라서 심리장애의 분류는 임상적 유용성을 제공하는 것, 즉 심리장애를 가진 개인에게 치료적으로 도움이 되기 위한 것이지 단순히 인간을 특정 장애의 틀에 가두기 위함이 아니라는 것을 명심해야 한다.

2. 심리장애의 분류 방법

심리장애를 분류하는 방법은 크게 **범주적 분류**(categorical classification)와 **차원적 분류**(dimensional classification)로 나뉜다. 범주적 분류는 정상과 이상이 질적으로 다르다는 가정에 기초하며 특정 심리장애의 진단기준을 충족하는 경우에 이를 확진하고 다른 장애의 가능성을 배제할 수 있게 된다. 따라서 범주적 분류는 개인에게 내려진 진단에 기초해 해당 심리장애의 원인을 탐색하고 적합한 치료법을 선정하는 데 유용하다는 장점이 있다.

이에 반해 차원적 분류는 정상과 이상의 질적 차이를 가정하지 않고 심리장애를 연속선상에서 분류하는 것으로서 다양한 심리적 특성의 수준을 고려해 치료방법을 선정하게 된다. 예를 들어, 주관적인 우울감을 호소하는 사람이 피해망상 등 정신증적 증상을 나타내는 경우에 우울 수준과 정신증 증상의 수준을 고려해 판단하는 것이다.

현대 심리장애의 분류체계는 주로 범주적 분류를 따르고 있지만 우울장애 및 물질사용장애 등에서 장애의 수준을 **경도**(mild), **중등도**(moderate), **고도**(severe) 중 하나로 구분하는 것은 차원적 분류를 고려한 일종의 혼합형 범주-차원 모형이라고 할 수 있다.

3. 심리장애의 분류 체계

기원전 5세기경 고대 그리스 '의학의 아버지'라고 불리는 히포크라테스는 심리장애의 원인을 혈액, 흑담즙, 황담즙 등 체액의 불균형 때문이라고 가정하고 조증(mania), 우울증(melancholia), 광증(paranoia)[3] 등 3가지 분류를 제시하였다. 하지만 다양한 이론의 등장뿐만 아니라 과학적 방법론에 기초한 현대 심리학의 발전으로 심리장애의 분류 체계는 1900년 초기부터 장애의 수가 급증하는 등 양적으로 증가했을 뿐만 아니라 하나의 심리장애 범주 내에서도 진단이 세분화되는 등 질적으로도 다양화되었다.

1948년 **세계보건기구**(World Health Organization, WHO)가 발간하는 **세계질병분류 6판**(International Classification of Disease-6, ICD-6)[4]에 심리장애가 처음으로 수록된 이래로 현재 F 코드로 기호화되고 있다. 예를 들어, 우울장애는 F32로, 조현증은 F20으로 각각 기호화된다. 한편 **미국정신의학회**(American Psychiatry Association, APA)는 1952년 **심리장애의 진단 및 통계 편람**(Diagnostic and Statistical Manual of Mental Disorder, DSM)을 출간하면서 108개의 심리장애를 포함시켰으나 다양한 사례 연구 및 경험적 자료의 축적에 따라 대략 10년에 한 번 꼴로 개정 작업을 해 온 결과 DSM-5(2013)는 20개 주요 범주로 나누고 하위 범주를 포함해 총 350여 개가 넘는 심리장애의 진단기준을 제시하고 있다. DSM-IV(1994)가 출간된 이후 거의 20년 만에 개정된 DSM-5(2013)는 기존의 분류 체계와 상당히 많은 변화를 보이고 있다.

첫째, 장애의 이름과 진단 기준을 ICD와 조화를 이루도록 변경하거나 수정하였다. 예를 들어, **정신지체**(mental retardation)[5]를 **지적장애**(지적발달장애)(Intellectual Disability 또는 Intellectual Developmental Disorder)로 변경하였으며 ICD-11(2018)에도 동일한 명칭이 사용될 예정이다.

---

3) beside mind, 즉 '마음에서 벗어난' 상태라는 의미의 그리스어로 광범위한 정신장애를 의미했으나 현대 이상심리학에서는 주로 피해의식을 뜻함.

4) 현재 ICD-10(1992)이 사용되고 있으며, 2015년 ICD-11의 초안이 발표되었고 최종 확정은 2018년으로 유예된 상태임.

5) 국내에서는 2007년 정신보건법의 개정과 함께 정신지체를 "지적장애"로 개명해 사용해 왔음.

둘째, 심리장애에 대한 전 생애적 관점에 기초해 유아기, 소아기, 청소년기에 주로 진단되는 장애 범주를 삭제하고 각 장애를 증상의 유사성에 기초해 재범주화하였다. 예를 들어, 반응성 애착장애는 외상 및 관련 장애로, 선택적 무언증은 불안장애로 범주화되었으며 지적장애는 주의력결핍 및 과잉행동 장애(ADHD)와 함께 새로운 이름인 '신경발달장애'의 범주에 속하게 되었다.

셋째, 범주적 진단체계의 한계를 보완하기 위해 차원적 접근을 더욱 강화해 혼합모델을 적용하였다. 즉 개인의 현재 증상이 진단기준에 명확하게 부합하지 않지만 개인의 치료에서 중요할 수 있는 우울, 불안, 분노 등 13개 증상을 **교차편집 증상**(cross-cutting symptom)이라고 칭하고 이를 평가척도에서 측정하게 하였다. 또한 DSM-IV까지는 세부진단을 지적장애, 품행장애, 조증 삽화, 주요우울 삽화에만 적용되었는데, DSM-5에서는 일부 장애(예: 조현증, 불안장애, 강박장애, 외상후스트레스장애, 해리장애, 성격장애, 성도착장애 등)를 제외하고는 대부분의 장애에 핵심증상의 심각도에 따라 세부진단을 내릴 수 있게 하였다.

마지막으로, 기존에 같은 범주에 속해 있던 심리장애의 이질성을 고려해 세분화하였다. 예를 들어, 강박장애와 외상후스트레스장애는 모두 불안장애에 속하지만 장애의 특성을 고려해 강박 및 관련 장애와 외상 및 관련 장애로 세분화되었고, 주요우울장애와 양극성 장애는 모두 기분장애에 속하지만 각각 독립된 범주로 편성되었다.

III. DSM-5(2013)의 심리장애 분류

DSM-5는 심리장애에 대한 특정 이론적 접근의 영향을 배제하고 심리장애의 증상과 징후를 보다 더 객관적으로 기술하는 데 목적을 두고 있다. 앞서 언급했듯이 DSM-5는 크게 20개의 범주로 분류되어 있으며 350여 개가 넘는 하위 심리장애로 구성되어 있다. 본 장에서는 DSM-5에 수록되어 있는 장애의 순서와 달리, 주요 심리장애를 중심으로 기술하고자 한다.

1. 조현증 스펙트럼 및 기타 정신증적 장애

조현증 스펙트럼 및 기타 정신증적 장애(Schizophrenia Spectrum and Other Psychotic Disorders) 범주에 속하는 하위 장애는 전형적으로 정신증(Psychosis) 양상을 나타낸다. 정신증의 개념적 정의는 그 범위에 따라 상당히 다양하다. 정신증은 가장 좁게는 망상이나 병식(insight)[6]이 없는 뚜렷한 환각[7]을 나타낼 때, 또는 가장 넓게는 DSM-II(1968)에서처럼 현실검증력[8]이 전반적으로 상실되었거나 자아 경계가 무너졌을 때를 말한다. 나아가 DSM-IV 이후로 정신증은 망상, 뚜렷한 환각, 와해된 언어(disorganized speech),[9] 와해된 행동 및 긴장된 행

6) 질병이나 증상에 대한 통찰이라고 정의되며, 특정 장애에 대한 병식이 있다면 향후 긍정적인 결과를 기대해 볼 수 있음.

7) 외부 자극 없이 일어나는 유사 지각 경험으로서 청각, 시각, 촉각, 후각, 미각 등 다양한 지각의 장애로 나타남.

8) 자아의 가장 중요한 기능으로서 자신의 생각(관념) 및 가치에 의해 현실의 조건을 판단할 수 있는 능력을 의미함.

동,[10] 음성증상(negative symptoms) 등 다양한 지각, 사고, 언어, 행동상의 심각한 문제를 포함하는 확장된 개념으로 정의되고 있다.

정신증에 포함되는 증상들은 크게 양성증상(positive symptoms)과 음성증상(negative symptoms)으로 구분된다.

양성증상은 '없어야 할 것이 나타나는 것'으로서 환각, 망상, 와해된 언어 및 행동이 포함된다. 정신증에서 흔히 나타나는 사고의 형식, 과정, 내용에서의 장애를 사고장애(thought disorder)라고 한다. 망상은 대표적인 사고내용의 장애로서 자신과 세상에 대한 잘못된 추론에 기초한 잘못된 강한 믿음이라고 정의된다. 망상의 유형은 아래와 같다.

① 피해망상(Persecutory Delusion): 지속적으로 감시, 미행, 피해를 당하고 있다는 믿음
② 과대망상(Grandiose Delusion): 자신이 신이나 영화배우처럼 매우 중요한 능력과 임무를 지닌 특별한 인물이라는 믿음
③ 관계망상(Referential Delusion): 자신과 무관한 외부 자극과 자신을 연결 짓는 것으로서 어떤 동작이나 말, 주변의 단서 등이 자신을 겨냥한 것이라는 믿음(예: "아나운서가 내 이야기를 해요")
④ 애정망상(Erotic Delusion): 다른 사람이 자신을 사랑하고 있다고 믿거나 유명한 사람과 사랑하는 관계라는 믿음
⑤ 신체망상(Somatic Delusion): 의학적 문제가 전혀 없음에도 불구하고 신체적 기능이나 감각에 심각한 문제가 있다는 믿음(예: "제 폐가 썩어가고 있어요.")
⑥ 죄책망상(Guilty Delusion): 자신이 용서받을 수 없는 죄나 심각한 잘못을 저질렀다고 생각하는 것

9) 사고의 형식과 과정의 장애로서 개인이 사용하는 언어에서 확인할 수 있음. 언어적 표현이 비논리적이고 구체적인 수준에서 이루어지며, 때로는 한 가지 화제에서 다른 화제로 옮겨 가는 연상 이완(loosening association) 또는 질문에 대한 답이 모호하게 관련되거나 완전히 무관해지는 이탈(tangentiality) 등이 나타날 수 있음.

10) 와해된 행동(disorganized behavior)은 어린애 같은 "우둔함"부터 예측 불가능한 초조에 이르기까지 다양하며, 긴장된 행동(catatonia)은 환경에 대한 반응성의 현저한 감소를 특징으로 함(예: 거부증, 기괴한 자세, 함구증 등).

⑦ **질투망상**(Jealousy Delusion): 자신의 배우자나 연인이 부정을 저지르고 있다는 믿음
⑧ **사고탈취**(Thought Withdrawal): 자신의 생각이 어떤 외부 세력에 의해 제거되어 버렸다는 믿음
⑨ **사고주입**(Thought Insertion): 외계의 사고가 자신의 마음에 주입되었다는 믿음
⑩ **조종망상**(Delusion of Control): 자신의 신체나 행위가 어떤 외부 세력에 의해 작동되거나 조작되고 있다는 믿음(예: "누군가 컴퓨터 칩을 통해 생각을 입력해서 내 의도와 다르게 행동하게 한다.")
⑪ **빈곤망상**(Delusion of Poverty): 직업, 혹은 계좌의 충분한 돈과 같은 증거에도 불구하고 자신이 빈곤에 처하게 될 것이라는 믿음

한편 음성증상은 '있어야 할 것이 없는 것'으로서 타인과의 시선접촉이 적어지고 신체 언어가 감소된 상태로 부동적/무반응적인 얼굴 표정을 특징으로 하는 **정서적 둔마**(affective flattening), 간략하고 무뚝뚝하며 공허한 응답을 특징으로 하는 **무언어증**(alogia), 목표-지향적인 활동을 시작해서 지속하지 못하는 **무욕증**(avolition), 긍정적 자극으로부터 쾌락을 경험하는 능력의 감소를 나타내는 **무쾌락증**(anhedonia), 타인과의 상호작용에 대한 무관심을 특징으로 하는 비사회성(associability) 등이 포함된다.

조현증 스펙트럼 및 기타 정신증적 장애에 포함되어 있는 하위 장애는 대부분 현실을 왜곡하는 기괴한 사고와 혼란스러운 언어를 나타내지만 가장 가벼운 수준인 **약화된 정신증 증후군**(Attenuated Psychosis Syndrome)에서부터 가장 심한 조현증까지 각 장애의 증상 심각도는 현저한 차이를 나타낸다.

1) 조현증

조현증(Schizophrenia)의 평생 유병률은 인종, 국가 및 문화에 따라 다르지만 대략 0.3~0.7% 정도로 가장 흔한 정신증인 것으로 알려져 있다. 조현증은 5가지 증상 영역, ① 환각, ② 망상, ③ 와해된 사고, ④ 극도로 와해된 비정상적인 운동 행동, ⑤ 음성증상(예: 정서 표현의 감소 또는 무욕증) 중 둘 이상이 1개

월 이상 나타나야 하며, 장애의 지속적 징후가 최소 6개월 이상 지속되어야 한다. DSM-5에서는 환각, 망상, 와해된 사고 중 하나는 반드시 포함될 것을 요구한다. 즉 음성증상만으로 조현증을 진단할 수 없게 되었다.

또한 장애가 발생하기 전의 성취 수준보다 현저하게 저하된 대인관계, 학업, 직업적 기능을 나타내야 한다. DSM-IV까지는 망상형, 해체형, 긴장형, 감별 불능형, 잔류형 등의 하위 유형이 있었으나 진단의 안정성 결여와 낮은 신뢰도와 타당도 때문에 DSM-5에서 사라졌으며, 세부 진단은 삽화의 횟수와 증상의 관해 상태에 따라 이루어진다.

조현증은 신경발달장애와 마찬가지로 복잡한 유전적, 생물학적[11)], 환경적 영향에 의해 발병하는데, 주로 청소년기 후기에서 성인기 초기에 발병하는 것으로 알려져 있다. 조현증의 심리적인 원인으로는 개인의 기질과 스트레스가 상호작용한 결과라는 스트레스-취약성 모델이 있으며, 자아발달 이전 단계에서의 심리적 갈등과 결손 때문에 원시적인 방어기제(예: 부인, 투사 등)를 사용하게 된다고 본다.

2) 망상장애

망상장애(Delusional Disorder)는 한 가지 이상의 망상이 최소 1개월 이상 지속된다. 환각이 있더라도 뚜렷하지 않으며, 대부분 망상 주제와 연관된 것이다. 또한 조현증과 달리, 망상과 관련된 생활영역 외에는 기능 손상이 없으며 뚜렷하게 이상하거나 기괴한 행동을 나타내지 않는다.

DSM-IV까지는 조현증에서의 망상과 달리, 망상장애에서 나타나는 망상은 기괴하지 않은 것으로 간주하였다. 여기서 **기괴한 망상**(bizarre delusion)이라 함은 개인이 속한 문화권에서 도저히 받아들여지기 어려운 현상을 포함하는 망상으로서 확실히 현실적으로 그 가능성이 분명히 낮을 뿐만 아니라 이해하기 어렵고 일상적인 생활 경험에서 유래하지 않는 것을 말한다. 특히 개인의 마음이나 신체에 대한 통제의 상실을 표현하는 망상은 대개 기괴한 것으로 간주된다. 예를

11) 생물학적 원인을 설명하는 도파민 가설(Carlsson & Lindquist, 1963)에 따르면 암페타민, 엘도파, 코카인은 도파민 생성을 자극하는데 이들 약물이 조현증과 유사한 증상을 유발한다고 함. 따라서 뇌의 도파민의 과잉분비가 조현증의 양성증상과 관련이 있다는 것임.

들어, 낯선 사람이 상처나 흔적을 남기지 않고 자신의 장기를 제거하고 다른 사람의 장기로 바꾸어 놓았다는 생각은 기괴한 망상에 해당한다. 이에 반해 길을 걷거나 버스를 타도 모르는 사람이 나를 감시한다거나, 밥에 누가 독을 탔다고 하면서 식사를 거부하거나, 배우자가 바람을 피운다고 하는 것은 **기괴하지 않는 망상**(nonbizarre delusion)에 해당한다. 현재 기괴성과 무관하게 망상장애로 진단될 수 있으며, 만약 기괴하다면 기괴한 내용을 동반한 망상장애로 세부진단하게 된다. 또한 망상의 내용에 따라 **색정형**(erotomanic), **과대형**(grandiose), **질투형**(Jealous), **피해형**(persecutory), **신체형**(somatic), **혼재형**(mixed), **불특정형**(unspecified)으로 세부진단된다.

3) 약화된 정신증 증후군

실제 임상 장면에서 상기 제시되어 있는 정신증 진단기준을 충족하지 못하는 경우가 많다. 따라서 DSM-5에서는 기타 정신증적 장애를 구체적으로 명시하고 있는데, 조현증 증상이 약화된 형태로 나타나고 현실과 공상을 구분하는 능력인 현실검증력도 비교적 양호한 경우에 **약화된 정신증 증후군**(Attenuated Psychosis Syndrome)이라는 새로운 진단명이 사용될 수 있다.

4) 조현증 스펙트럼 및 기타 정신증적 장애에 속하는 또 다른 장애들

① 조현정동장애(Schizoaffective Disorder)

조현증의 특징적 증상이 지속될 뿐만 아니라 우울증(반드시 우울한 기분을 포함) 또는 조증 삽화 중 하나가 연속적으로 지속되는 경우에 해당한다. 또한 기분 삽화 없이 망상이나 환각이 적어도 2주 이상 지속되어야 한다. 임상 양상에 따라 우울형과 양극형으로 구분된다.

② 조현양상장애(Schizophreniform Disorder)

조현증의 5가지 핵심 증상 중 2가지 이상의 증상이 1개월 이상~6개월 이내에 나타나는 경우에 해당한다. i) 통상적인 행동이나 기능에서 현저한 변화가 생긴 지 4주 이내에 뚜렷한 정신증적 증상의 발병, ii) 혼돈 혹은 당혹감, iii) 양호한 병전 사회 및 직업 기능, iv) 둔마 혹은 단조로운 정동의 부재 중 2가지 특징을 보이면 양호한 예후를 가진 것으로 본다. 기간을 고려할 때 잠정적인 진단일 수 있으며, 대략 1/3은 6개월 이내에 회복되어 조현양상 장애로 진단되고, 2/3는 조현증 또는 조현정동장애로 진단된다.

③ 단기 정신증적 장애(Brief Psychotic disorder)

단기 정신증적 장애는 양성증상 중 한 가지가 갑자기 시작되지만, 증상 지속 기간은 1일~1개월 이내인 경우에 해당한다. 일반적으로 격렬한 감정적인 동요나 혼란을 경험하는 특징이 있으며 병전에 성격장애(연극성, 자기애성, 편집성, 조현형, 경계성 등)가 있을 경우 흔히 나타나는 것으로 알려져 있다.

④ 조현형 (성격)장애[Schizotypal (Personality) Disorder]

조현형 (성격)장애는 대인관계 형성의 어려움 및 경미한 조현증적 증상을 동반하는 특징을 나타내고 심각한 사회적 부적응을 초래하는 성격장애이다. 과거에는 양성증상이 심하지 않다는 점에서 '단순 조현증(simple schizophrenia)'이라는 주장도 있었다. 하지만 조현형 성격장애의 임상 양상이 심각한 정신증에서부터 성격장애까지 다양하고 이질적이라는 임상 연구 결과에 기초해 DSM-5에서는 성격장애 범주뿐만 아니라 조현증 스펙트럼 및 기타 정신증적 장애에도 포함되게 되었다.

2. 양극성 및 관련 장애

기분장애는 일정 기간에 나타나는 기분의 급격한 저하 또는 고양, 즉 기분삽화(mood episode)를 특징으로 한다. 따라서 다음 그림처럼 기분삽화는 한두 시간 내에 나타나는 일시적인 감정 상태가 아니라 전반적으로 지속적인 감정상태를 말하며, 이러한 삽화가 기분장애 진단의 기초가 된다. DSM-IV까지는 우울장애와 양극성 장애 모두 기분장애 범주에 속했었다. 하지만 많은 연구 결과에서 우울장애와 양극성 장애가 원인, 경과, 예후 면에서 현저한 차이를 나타내는 것으로 밝혀짐에 따라 DSM-5는 우울장애와 양극성 장애를 분리해 독립된 진단 범

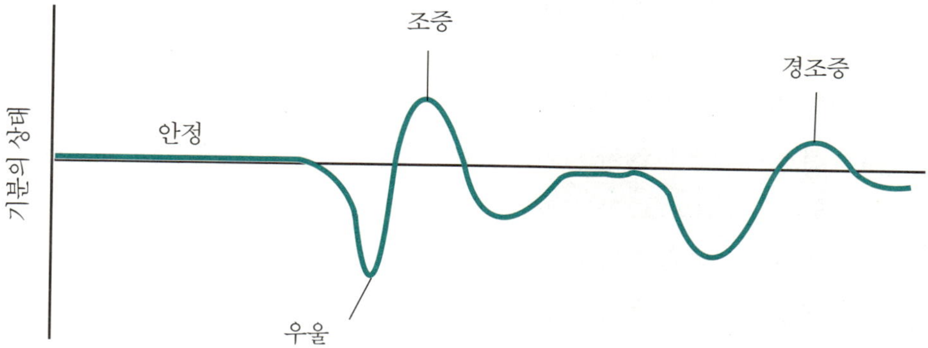

기분 삽화의 이해를 위한 도식

주로 구분하고 있다.

양극성 장애는 과거 **조울증**(manic-depression) 또는 정동 **정신증**(affective psychosis)이라고 부르던 것을 현대적으로 해석한 것이다. 양극성 장애는 조증삽화 또는 경조증 삽화를 나타낼 뿐만 아니라 우울삽화를 나타낼 때 진단된다.

조증삽화는 일주일 이상 거의 매일 또는 대부분 기분이 비정상적으로 들뜨거나, 의기양양하거나 **과민한 기분**(irritable mood)을 특징으로 한다. 또한 같은 기간에 평소와 달리, i) 팽창된 자존감 또는 심하게 과장된 자신감을 특징으로 하는 **과대성**(grandiosity), ii) 수면 욕구 감소(예: 3시간의 수면으로도 충분하다고 느낌), iii) 평소보다 말이 많아지거나 계속해서 말을 해야 할 것 같은 압박감에 의한 언어패턴을 나타내는 **말의 압박**(pressured speech), iv) 사고의 비약 또는 지나치게 빠르게 진행되는 사고 패턴을 나타내는 **질주사고**(racing thought), v) 주의산만, vi) **목표지향적 활동**(goal-directed activity) 또는 흥분된 운동성 활동의 증가, vii) 고통스러운 결과를 초래할 가능성이 높은 활동에 몰두(예: 흥청망청 물건 사기, 무분별한 성행위, 어리석은 사업 투자) 중 3가지(기분이 과민한 경우는 4가지) 이상이 나타난다. **경조증 삽화**(hypomanic episode)는 삽화의 기간이 4일 이상이라는 것을 제외하고는 조증 삽화의 진단기준과 동일하다.

주요 우울삽화(major depressive episode)는 2주 이상 지속되는 우울한 기분 또는 흥미의 상실을 포함하는 다음의 9가지 증상 중 5가지 이상이 나타나야 한다.

i) 주관적인 보고 또는 객관적인 관찰에서 드러나는 우울한 기분(소아와 청소년의 경우는 과민한 기분으로 나타나기도 함)
ii) 흥미나 즐거움의 뚜렷한 저하
iii) 현저한 체중 감소나 증가, 또는 식욕 감소나 증가(성인은 1개월 이내에 5% 이상 변화, 소아는 기대 체중 미달)
iv) 불면이나 과다 수면
v) 객관적으로 관찰 가능한 정신 운동성 초조나 지체
vi) 피로나 활력 상실
vii) 무가치감 또는 과도하거나 부적절한 죄책감(망상적일 수 있음)
viii) 사고력이나 집중력의 감소, 또는 우유부단함
ix) 반복적인 죽음에 대한 생각, 특정한 계획 없이 반복되는 자살 생각 또는 자살 기도나 자살 수행에 대한 특정 계획

중요한 상실(significant loss)(예: 재정적 파탄, 자연재해로 인한 상실, 심각한 질병이나 장애 등)로 인한 극도의 슬픔, 상실에 대한 반추, 불면, 식욕저하, 체중의 감소 등은 우울삽화와 유사할 수 있는데, 정상적인 상실 반응 동안에도 증상이 심각하다면 주요 우울삽화로 볼 수 있다.

양극성 장애는 적어도 한 번 이상의 조증 삽화만 있고 과거에 주요 우울삽화는 없는 **제Ⅰ형 양극성 장애**(Bipolar I Disorder), 한 번 이상의 주요 우울삽화가 있고 조증 삽화 없이 경조증 삽화만 있는 **제Ⅱ형 양극성 장애**(Bipolar II Disorder), 적어도 2년 동안(아동과 청소년의 경우 적어도 1년) 우울증과 경조증을 나타내지만 주요 우울삽화와 조증 삽화의 진단기준을 충족하지 않은 **순환성장애**(Cyclothymic Disorder)로 나뉜다.

양극성 장애는 유전(예: 가족력) 및 생물학적 취약성의 영향을 받지만 무의식적 상실이나 자존감의 손상을 보상하기 위해 조증 또는 경조증적 방어로 인해 발생할 수도 있다. 또한 현실을 지나치게 긍정적으로 왜곡해 해석한 결과, 즉 획득과 성공에 대한 긍정적 자동적 사고로 인한 것이라는 주장도 있다.

3. 우울장애

우울 기분(Depressed Mood)은 정상인들도 흔히 경험하지만, 우울한 기분이 일정 기간 지속되어 몸과 마음이 심각하게 쇠약해지고 고통스러우며, 치명적인 상태로 이어질 경우 우울증으로 진단될 수 있다. 과거에는 기분장애를 **양극성 우울증**(Bipolar Depression)과 **단극성 우울증**(Unipolar Depression)으로 구분하였는데, 기분장애 중 단극성 우울증이 우울장애에 해당한다.

우울증은 정신과학에서 가장 자주 사용되면서도 가장 모호한 용어 중 하나이다. 앞서 양극성 장애의 주요 우울삽화에서 살펴보았듯이, 우울한 기분은 주관적인 호소뿐만 아니라 객관적인 관찰을 통해서도 확인될 수 있다. 따라서 증상 면에서 우울증은 슬픔을 의미하지만, 진단 면에서는 슬픈 감정을 부인하는 사람들에게도 적용될 수 있다.

DSM-5의 우울장애 범주에는 우울증의 양상에 따라 파괴적 **기분조절부전장애**(Disruptive Mood Dysregulation Disorder), **주요우울장애**(Major Depressive Disorder), **지속성 우울장애**(Persistent Depressive Disorder), **월경전불쾌감장애**(Premenstrual Dysphoric Disorder), 물질/약물치료로 유발된 우울장애, 다른 의학적 상태에 의한 우울장애, 달리 명시된 우울장애, 명시되지 않은 우울장애가 포함되어 있다. 이 중 대표적인 우울장애인 주요우울장애, 지속성 우울장애, 파괴적 기분조절부전장애, 월경전불쾌감장애를 살펴보고자 한다.

1) 주요우울장애

주요우울장애는 전형적인 우울증으로서 주요 우울삽화만 있는 경우에 진단된다. 즉 임상적 발현(9가지 증상들 중 5가지 이상), 2주 이상의 지속되는 병력, 우울 증상으로 인한 기능 손상의 진단기준을 충족해야 한다. 주요우울장애는 심각도뿐만 아니라 멜랑콜리아, 정신증 양상, 비전형 양상, 긴장증, 주산기 발병, 계절성 등 임상 양상에 따라 세부적으로 진단될 수 있다. 주요우울장애는 경미한 우울증까지 포함하면 평생 유병률 20~25%로 발병 빈도가 매우 높은 심리장애 중 하나이며(Kessler et al., 2005), 남성보다 여성에게서 더 흔한 장애인 것으로 알려져 있다. 주요우울장애는 삽화 기간 동안 자살 행동의 가능성이 항상 존재하므로 면밀한 관찰과 함께 적절한 치료가 필요하다.

2) 지속성 우울장애

지속성 우울장애는 만성적인 우울감을 특징으로 한다. 즉 DSM-IV의 **재발성 주요우울장애**(Major Depressive Disorder, Recurrent)와 **기분부전장애**(Dysthimic Disorder)를 통합한 새로운 진단명이다. 주요우울장애가 2년 이상 지속되면 지속성 우울장애로 진단할 수 있는데, 우울증 기간 동안에 ① 식욕부진 또는 과식, ② 불면 또는 수면과다, ③ 활력의 저하 또는 피로감, ④ 자존감 저하, ⑤ 집중력 감소 또는 결정 곤란, ⑥ 절망감 중 두 가지의 증상이 있어야 한다. 아울러 조증 삽화와 경조증 삽화가 없어야 하고 순환성장애의 진단기준을 충족하지 않아야 한다. 지속성 우울장애는 새로운 진단이므로 체계적인 연구가 부족하기는 하지만 주요우울장애에 비해 치료가 잘 되지 않고, 우울 삽화의 빈도가 높으며, 자살 사고도 많이 하는 등 예후가 좋지 않은 것으로 알려져 있다(Klein et al., 2006).

3) 파괴적 기분조절부전장애

기분조절부전장애는 만 6~18세까지만 진단되는 장애로서 핵심 증상은 만성적인 짜증과 간헐적인 분노 폭발이다. 6세 미만의 아동기에 나타내는 **분노발작**(temper tantrum)은 정상적인 것일 수 있지만, 6세 이상에서 좌절에 대한 인내력 부족과 행동통제 곤란으로 인해 나타나는 만성적인 짜증과 분노발작은 정상적이라 할 수 없다. 과거에는 이러한 경우 양극성 장애로 진단되는 경우가 많았으나 DSM-5에서 새로운 진단으로 등장하면서 아동 청소년기의 정서조절 곤란의 근본적인 원인에 관심을 갖게 한 것으로 보인다. 실제로 성인기에 우울장애로 발달할 가능성이 높은 것으로 알려져 있다(Lopez-Duran, 2010). 또한 ADHD, 적대적 반항장애, 품행장애와 동시에 나타나는 경우가 많다.

4) 월경전불쾌감장애

월경전불쾌감장애는 DSM-III-R(1987)에서 독립진단에서 삭제되었으며 DSM-IV(1994)에서 미분류형 우울장애 중 하나로서 부록 '향후 연구를 위한 진단기준'에 포함되어 있었다. 하지만 가임기 여성의 70~80%가 월경 전 유방 압통, 짜증, 정서적 불안정성 등 다양한 징후를 경험하는 것으로 나타났다. 또한 20~40%는 **월경전증후군**(Premenstrual Syndrome: PMS)을 경험하는데, 일상생활에 심각한 장애를 초래하면 월경전불쾌감장애로 진단될 수 있다. 주요 원인으로는 과거 성적, 신체적 학대를 당한 경험(Wakil et al., 2012), 호르몬과 신경전달물질의 상호작용일 수 있으며, 심리적으로는 신체적/정서적 변화에 대한 부정적인 인지적 평가 또는 지나치게 높은 자기기준, 과도한 책임감 등도 영향을 미칠 수 있다.

4. 불안장애

인간은 생애 초기에는 큰 소음, 낯선 사람, 부모와의 분리를 두려워한다. 하지만 성인으로 성장하면서 인간에게 두려움을 가져오는 대상은 자연재해, 학교, 공공장소, 정치적 문제에 이르기까지 유형과 범위가 점차 다양해진다. 흔히 불안은 인간이 객관적인 위협 자극에 대응할 준비를 하도록 하는 일종의 경고 신호가 될 수 있으며, 인간의 **싸움-도주 반응**(fight-or-flight)의 일환으로서 자율신경계가 활성화되어 심장박동이 증가하고 땀이 나는 등 신체증상을 나타낼 수 있다. 하지만 정상적인 불안은 위협적인 대상이 사라짐과 동시에 안도감으로 바뀔 수 있다. 그러나 불안, 두려움, 회피 등이 현저하게 나타나게 되면 병리적 불안, 즉 불안장애라고 할 수 있다. 일반적으로 불안을 유발하는 특정 대상에 대한 회피행동은 신체적 및 심리적 고통을 줄여주는 부적 강화의 효과를 발휘해 병리적 불안을 유발할 수 있다. 따라서 회피행동은 일시적으로 극도의 불안을 줄여줄 수는 있겠지만, 불안이란 직접적인 위협 요인이 사라져도 지속되는 것이기 때문에 장기적으로 회피행동이 일상생활에서 정상적인 기능을 방해하게 된다.

DSM-5는 불안장애를 불안의 대상에 따라 **범불안장애**(Generalized Anxiety

Disorder), **특정공포증**(Specific Phobia), **광장공포증**(Agoraphobia), **사회불안장애**(Social Anxiety Disorder), **공황장애**(Panic Disorder), **분리불안장애**(Separation Anxiety Disorder), **선택적 무언증**(Selective Mutism) 등으로 분류하고 있다. 기존에 불안장애의 범주에 속해 있던 강박장애, 외상후스트레스장애, 급성스트레스장애는 진단의 이질성을 이유로 각기 독립적인 범주로 분리되었다.

1) 범불안장애

범불안장애(Generalized Anxiety Disorder)는 불안장애 중 불안의 대상이 가장 광범위하다. 즉 범불안장애는 적어도 6개월 이상 50% 이상의 날에 나타나는, 미래에 발생할지 모르는 다양한 위험에 대한 과도한 불안과 걱정을 특징으로 한다. 또한 자신의 걱정을 통제할 수 없다는 인식을 동반해야 하며, 우유부단, 지연행동 등의 일상생활에서의 기능장해가 발생해야 한다. 또한 ① 안절부절못함 또는 긴장이 고조되거나 가장자리(낭떠러지 끝)에 선 느낌, ② 쉽게 피로해짐, ③ 집중곤란 또는 마음이 멍해지는 느낌, ④ 과민한 기분상태(화를 잘 냄), ⑤ 근육긴장, ⑥ 수면장해 등의 불안과 걱정 증상 중 3개 이상(아동은 1개 이상)을 동반해야 한다.

범불안장애를 가지고 있는 사람들의 걱정의 대상은 가족, 직업적 · 학업적 무능, 재정문제, 미래의 불확실성, 인간관계, 신체적 질병 등으로 다양하다. 다른 불안장애에 비해 유병률이 가장 높으며(Crowe et al., 1983; Barlow, 1988), 청소년기에 시작되어 평생 지속되는 경향이 있지만 실제 치료 참여율은 상대적으로 낮은 것으로 알려져 있다. 또한 일반적으로 비관주의, 완벽주의, 불확실성에 대한 인내력 부족, 문제해결에 대한 자신감 부족 등 성격 특성상의 문제를 동반하고 있는 것으로 알려져 있다.

범불안장애는 부모의 기질적 불안이 유전되어 나타날 수 있다는 주장이 있으며 억제성 신경전달물질과 흥분성 신경전달물질의 불균형에 의해 초래된다고 본다. 나아가 위험에 대한 **인지도식**(cognitive schema)을 강조하는 인지행동적 입장에서는 불확실성에 대한 인내력 부족으로 인한 부정적 **자기대화**(self-talk)를 지속하는 **재앙화**(catastrophizing), 걱정을 통한 피상적인 확산적 사고가 더 고통스러운 결과와 감정을 회피하게 하는 **인지적 회피**(cognitive avoidance)(Dickson et al., 2012; Moulds et al, 2007)를 주요 원인으로 간주한다.

2) 특정공포증

특정공포증(Specific Phobia)은 특정한 대상(뱀, 개, 거미 등)이나 상황(높은 곳, 폭풍 등)에 대한 강렬한 공포와 회피행동을 특징적으로 나타내는 장애이다. 소아에게서 공포 또는 불안은 울기, 떼쓰기, 얼어붙기, 칭얼거리기 등으로 나타날 수 있다. 흔히 대체로 회피 행동을 동반하지만 심한 불안이나 고통을 지닌 채 견뎌 내기도 한다. 사회문화적 맥락을 고려해야 하고 6개월 이상 지속되어야 한다. 대상과 상황에 따라 동물형(예: 고양이, 개 등), 자연환경형(예: 높은 곳, 폭풍, 물), 혈액-주사-상처형(예: 주삿바늘), 상황형(예: 비행기, 엘리베이터, 밀폐된 장소), 기타형(예: 질식, 구토, 또는 질병을 유발할 수 있는 상황에 대한 공포로 인한 회피, 큰 소리나 전설적 인물에 대한 소아들의 두려움) 등으로 다양하다. 아울러 공식적인 진단명은 아니지만, **고소공포증**(Acrophobia), **폐쇄공포증**(Claustrophobia), **비행공포증**(Flightphobia), **외인공포증**(Xenophobia), **동물공포증**(Zoophobia) 등의 용어가 사용되기도 한다.

특정공포증의 평생 유병률은 10~11.3%인 것으로 알려져 있으며, 아동 중 2~4% 발생하나 극소수만이 치료에 의뢰된다. 하위 유형별 비율은 상황형, 자연환경형, 혈액-주사-상처형, 동물형 순인 것으로 알려져 있으며, 한 가지 이상의 공포증 유형을 지니는 경우도 많다. 특정공포증을 가진 사람들의 실제 공포의 초점은 특정 대상을 직면했을 때 발생할 수 있는 상해 또는 자기통제력의 상실이다.

특정 공포증의 원인과 관련해 Watson과 Raynor(1920)는 생후 9개월 된 알버트에게 중립적인 자극(예: 개)과 불쾌한 경험(예: 소음)을 연합시킴으로써 공포증이 형성되는 것을 관찰한 후 공포증의 원인을 고전적 조건형성에 의한 것이라고 주장하였다. 나아가 Mowrer(1939, 1950)는 공포증은 고전적 조건형성에 의해 형성되며, 조작적 조건형성에 의해 지속된다는 2요인이론을 주장하였다. 즉 공포 반응은 중립적 자극과 불쾌한 경험의 연합에 의해 발생하며, 이후 회피 행동은 불안을 감소시키는 부적 강화의 효과가 있다는 것이다.

3) 광장공포증

그리스어 agora는 '시장(market)'을 의미하는 용어로서 불특정 다수가 모여 있는 장소에 놓여 있을 때 공포감을 경험하게 되는 것을 **광장공포증**(Agoraphobia)이라고 한다. 과거에는 광장공포증을 공황장애의 동반 증상으로 간주하였으나 다양한 스트레스 요인과 정신의학적 증상의 맥락에서 발생할 수 있기 때문에 독립적인 진단으로 승격되었다. 광장공포증의 핵심 증상은 2가지 이상의 특정한 장소나 상황[① 대중교통, ② 개방된 공간(주차장, 시장, 다리 등), ③ 폐쇄된 공간(쇼핑몰, 극장, 영화관), ④ 줄을 서거나 군중 속에 있는 것, ⑤ 집 밖에서 혼자 있는 것]에 대한 공포 반응이며, 흔히 불안이 엄습하는 공황발작을 동반한다. 가장 많은 비율을 차지하는 공포 대상은 대중교통수단, 폐쇄 공간, 쇼핑센터 순인 것으로 알려져 있다(최영희, 2007).

광장공포증의 원인에 대한 다양한 설명이 있다. 정신분석적 입장에서는 광장공포증을 일종의 **분리불안**(separation anxiety), 즉 안전기지로서의 부모와의 분리에 대한 두려움을 재경험하는 것으로 간주한다. 또한 인지행동 이론에서는 특정 장소 자체보다는 경험하게 될 공포에 대한 두려움이 핵심이라고 보는, 공포에 대한 **공포이론**(Goldstein & Chambless, 1978), 생물학적 취약성(예: 과장된 생리적 반응)과 심리적 취약성(예: 불안을 유발하는 사건에 대한 인지적 오해석)의 통합모델(Barlow, 2002)로 설명된다.

4) 사회불안장애

사회불안장애(Social Anxiety Disorder)는 **사회공포증**(Social Phobia)이라고도 한다. 심리치료 센터나 정신건강의학과를 방문하는 내담자들은 자신이 사람을 두려워한다고 하면서 스스로를 대인공포증이라고 한다. 하지만 사람을 두려워하는 증상은 자폐증, 정신증, 성격장애 등 다양한 심리장애에서도 나타날 수 있다. 과거에는 낯선 사람과의 접촉에 과도하게 움츠러드는 아동을 '**회피장애**(avoidant disorder)'라고 진단하기도 하였다.

사회불안장애의 핵심증상은 한 가지 이상의 사회적 상황에 대한 현저한 공포나 불안이다. 사회적 상황이라 함은 일상적인 상호작용(예: 타인과의 대화), 관찰당하는 상황(예: 타인과의 식사 등), 타인 앞에서의 수행 상황(예: 연설 또는 발표) 중 하나이다. 아동의 경우 성인뿐만 아니라 또래와의 관계에서도 불안이 나타나야 한다. 성인 및 아동 모두 자신이 수치스럽거나 당혹스런 행동을 하거나 불안 증상을 나타낼까 봐 두려워한다. 따라서 사회적 상황에 대한 심한 불안 또는 상황 회피가 나타나며, 소아에게서 울기, 떼쓰기(tantrum), 얼어붙기, 칭얼거리기, 대화 불가능 등으로 나타날 수 있다. 사회불안이 대중 연설 또는 수행으로 제한되는 경우에는 사회불안장애, 수행형 단독(performance only)으로 세부 진단된다.

사회불안장애는 자율신경계의 불안정한 활동 등 생물학적 취약성 때문일 수 있다. 또한 정신분석적 입장은 무의식적 갈등이 사회적 상황으로 대체되어 투사된 것으로서 실제로는 받아들이기 어려운 자신의 공격성이 타인의 공격성으로 대체된 것이라고 본다. 한편 인지적 입장에서는 ① 부정적 자기상, ② 긍정적인 평가를 받으려는 강한 동기, ③ 비판적인 타인상, 즉 타인의 거절이나 거부에 대한 두려움, ④ 자기 행동에 대한 부정적 평가 등이 복합적으로 영향을 미친 결과라고 본다. 즉 자신을 부정적으로 생각하는 사람들이 남들에게 좋은 평가를 받고 싶어 하지만 타인의 비판을 두려워하는 나머지 자신의 행동을 객관적으로 평가하지 못한 결과라고 볼 수 있는 것이다.

5) 공황장애

공황장애(Panic Disorder)의 핵심증상은 반복적인 공황발작과 그에 대한 예기불안이다. 즉 예상하지 못한 상황에서 갑작스럽게 밀려드는 극심한 공포인 공황발작(panic attack)이 발생해야 한다. 공황발작의 증상은 ① 심계항진, 심장의 두근거림, 또는 심장 박동수의 증가, ② 진땀을 흘림, ③ 떨림 또는 전율, ④ 숨 가쁜 느낌 또는 숨 막히는 느낌, ⑤ 질식감, ⑥ 흉부 통증 또는 가슴 답답함, ⑦ 토할 것 같은 느낌(오심) 또는 복부 불편감, ⑧ 현기증, 불안정감, 머리 띵함, 또는 어지럼증, ⑨ 비현실감 또는 이인증, ⑩ 자제력 상실에 대한 두려움 또는 미칠 것 같은 두려움, ⑪ 죽음에 대한 두려움, ⑫ 감각 이상(마비감 또는 찌릿찌릿한 감각), ⑬ 오한 또는 얼굴이 화끈 달아오름 등이다. 이상의 13가지 증상 중 적어도 4개 이상이 갑작스럽게 나타나고 10분 이내에 그 증상이 최고조에 도달해야 한다. 이러한 공황발작은 다양한 심리장애(예: 특정 공포증, 외상후스트레스 장애 등)에서도 나타날 수 있다.

공황장애의 대표적인 생물학적 입장으로 **과잉호흡 이론**(hyperventilation theory)이 있다. 이 이론에 따르면, 공황장애는 자율신경계의 생물학적 결함으로 호흡기능의 문제가 있어서 체내에 CO_2를 낮게 유지하기 위해 깊은 호흡을 빨리 하는 경향 때문에 발생하는 것이다. 또 다른 생물학적 입장으로서 **질식오경보 이론**(suffocation false alarm theory)은 혈액 내의 CO_2에 과민하게 반응하는 생화학적 취약성 때문에 뇌 중추의 오경보가 발생하고 이로 인해 결국 과호흡과 공황발작에 이르게 된다는 것이다(Klein, 1993). 정신분석적 입장은 공황장애가 불안 유발 충동을 방어하는 데 실패한 결과이거나 부모로부터의 유기에 대한 분리불안에 대한 반응이라고 설명한다. 한편 Clark(1986)은 신체감각에 대한 파국적 오해석과 생물학적 요인을 고려한 인지적 입장을 주장하였다.

6) 분리불안장애

누군가와의 이별은 심리적으로 큰 상실감과 심리적 고통을 안겨줄 수 있다. 인간의 삶은 만남과 이별의 연속이기 때문에 보통 사람들은 애착관계를 맺었던 사람과의 이별을 당연한 것으로 받아들인다. 하지만 **분리불안장애**(Separation Anxiety Disorder)를 가지고 있는 사람들은 중요한 애착 대상과의 분리에 대한 과도한 불안을 경험하는 특징이 있다. 하지만 분리에 대한 불안이 발달 수준에 비추어 볼 때 부적절하고 지나친 정도여야 하며, 아동 및 청소년은 4주 이상, 성인은 6개월 이상 증상이 지속되어야 한다.

일반 인구에서 분리불안장애의 평생 유병률은 6%인 것으로 알려져 있으며, 유전적 기질이나 부모의 부적절한 양육방식(예: 과잉보호적 양육)이 문제가 될 수 있다. 또한 대상관계 이론에 따르면, 중요한 타인과의 분리개별화의 실패는 '대상 항상성'의 획득을 방해해 분리불안이 발생할 수 있다(Mahler, 1973). 한편 애착 대상에 대한 왜곡, 모호한 상황에 대한 과잉해석, 낮은 대처 효능감 등의 인지행동적 요인이 분리불안의 중요한 원인일 수 있다.

7) 선택적 무언증

선택적 무언증(Selective Mutism)은 DSM-IV에서 아동 및 청소기에 흔히 진단되는 의사소통장애의 범주에 속했던 것이다. 이 장애의 주요 특징은 다른 상황에서는 말을 할 수 있음에도 불구하고 특정한 사회적 상황에서는 지속적으로 말을 하지 못하는 것이다. 즉 습득된 언어적 능력이 결여되어 있거나 해당 언어를 사용하는 데 불편감을 느끼기 때문이 아니라야 한다.

DSM-5가 출판되기 전부터 선택적 무언증과 불안장애와의 상당히 많은 공통점이 발견되었으며(Leonard & Dow, 1995), 선택적 무언증 아동의 90%가 사회공포증 진단기준에 부합할 정도로 불안장애의 속성을 많이 가지고 있었다.

선택적 무언증의 주요 원인은 기질적으로 높은 불안민감성인 것으로 알려져 있지만, 20~30%는 아동기 발병 유창성 장애(말더듬) 등 언어적 장애를 지니고 있는 경우도 있다. 연구 결과에 따르면, 통념과 달리 신체적 학대, 성적 학대 등 외상경험의 가능성은 낮은 것으로 밝혀졌다(Dummit et al., 1997).

5. 강박 및 관련 장애

DSM-5에서는 기존의 불안장애 범주에 속하던 강박장애를 독립시켜 강박 및 관련 장애라는 새로운 범주로 구성하였다. 흔히 강박(强迫)이라 함은 '강한 압박', 즉 무언가에 집착하여 어찌할 수 없는 심리상태를 말한다. 따라서 개인의 의지와 상관없이 **강박적인 집착**(obsessive preoccupation)과 **반복적인 행동**(repetitive behavior)이 나타날 때 **강박 및 관련 장애**(Obsessive-Compulsive and Related Disorders) 중 하나에 해당할 수 있다. 강박 및 관련 장애의 범주 안에는 강박장애, 신체이형장애, 수집광(저장장애), 발모광, 피부뜯기장애 등이 포함된다.

1) 강박장애

강박장애(Obsessive-Compulsive Disorder: OCD)의 핵심 증상은 불안을 유발하는 강박사고에 대한 집착과 강박행동이다. 강박사고의 유형에는 음란하거나 근친상간적인 생각, 공격적이거나 신성모독적인 생각, 오염에 대한 생각, 반복적인 의심, 물건을 순서대로 정리하려는 충동 등이 있다. 보통은 이러한 강박사고가 발생했을 때 경험하는 고통을 예방하거나 감소시키고, 두려운 사건이나 상황을 방지하거나 완화하려는 목적으로 강박행동이 발생하게 된다.

강박행동(Compulsion)은 반복 행동(예: 손 씻기, 정돈하기, 확인하기) 또는 정신 활동(예: 기도하기, 숫자 세기, 속으로 단어 반복하기)으로 나눌 수 있는데, 강박사고의 내용에 따라 강박행동이 달라질 수 있다. 예를 들어, 오염에 대한 생각 때문에 반복적으로 손을 씻거나, 의심 때문에 문단속을 반복할 수 있다. 이러한 증상은 개인의 강박사고에 대한 반응으로서 엄격하게 적용되어야 하는 원칙에 따라 수행되어야 한다는 압박감을 동반할 수 있다. 나아가 강박행동은 일종의 안전행동으로서 불안을 감소시켜주는 등 부적 강화를 유발할 뿐만 아니라 재앙적 사건이 일어나지 않게 했다는 인지적 왜곡을 초래하게 된다. 나아가 시간 소모, 심각한 고통을 유발하고, 직업 또는 학업 기능 및 사회적 활동이나 사회적 관계에 심각한 지장을 초래하게 된다.

OCD는 외현적 강박행동 없이 강박사고만 존재하는 강박사고형, 강박사고와 내현적 강박행동(숫자 세기, 기도하기, 특정 단어 반복 등)이 주로 나타나는 내현적 강박행동형, 강박사고와 함께 외현적 강박행동이 나타나는 외현적 강박행동형으로 세분화된다. 또한 OCD는 개인에 따라 자신의 증상이 현실적이지 못하다고 생각할 수도 있지만, 현실성이 부족하거나 명백히 자신의 증상을 간과할 수 있으며, 틱 증상을 동반하기도 하는 등 임상 양상이 다양하다.

OCD는 생물학적 입장에서 볼 때 전두엽 기능손상으로 인해 발생한 경직된 사고 및 탈억제 경향성으로 설명될 수 있다. 또한 인지적 입장에서 OCD는 **사고-행동 융합**(thought-action fusion)(Salkovski 등, 1999)으로 설명할 수 있다. 즉 자신의 생각과 행동을 구분하지 못해 생각한 것과 행동한 것을 동일하게 인식하는 것으로, **도덕성 융합**(moral confusion)과 **발생가능성 융합**(likelihood fusion)이 있다. 아울러 Wegner 등(1987)은 사고억제 실험을 통해 생각을 억제하려고 하면 할수록 오히려 생각이 반복되는 **사고억제의 역설적 효과**(ironic effect of thought suppression)를 발견한 후 인지적 통제가 OCD의 주요 원인일 수 있다고 보았다. 한편 정신분석적 입장에서는 항문기의 억압된 욕구나 충동의 재활성화, 강박사고를 통해 분노 감정을 차단하는 격리, 해결하기 어려운 심리적 갈등을 문단속을 하는 것으로 위장하는 대치(전치), 공격성을 과잉친절로 전환하는 반동형성, 이미 벌어진 일로 발생한 죄의식을 무효화시키는 취소 등의 방어기제가 작동하게 되어 OCD가 발생한다고 본다.

2) 신체이형장애

신체이형장애(Body Dysmorphic Disorder)는 신체변형장애, 신체추형장애라고도 불리며 신체 일부가 기형적이라는 생각에 집착하는 것을 특징으로 한다. 따라서 왜곡된 신체 이미지에 대한 집착뿐만 아니라 외현적 행동(자주 거울 보며 확인, 지나친 몸치장, 피부 벗기기, 안심 구하기 등)과 내현적 행동(타인과의 외모 비교)이 나타나게 된다. 흔히 마음에 들지 않은 신체부위에 대해 반복적으로 성형수술을 하지만 수술 후에도 만족감을 느끼기 못하고 오히려 다른 신체적 특징에 집착하는 경향이 있다.

신체이형장애는 대중매체의 발전으로 인해 외모 및 신체적 매력이 중요시되는 현대 사회의 환경적 요인이 영향을 미칠 수도 있겠지만, 대개 외모의 매력에 대한 과민성, 신체상에 대한 부정적 평가, 외모에 대한 높은 미적 민감성 등이 주요 원인인 것으로 알려져 있다(Lambrou, Veale & Wilson, 2011).

3) 수집광(저장장애)

수집광(Hoarding Disorder)의 특징은 다양한 물건을 과도하게 수집하여 저장하는 것에 대한 집착이다. 과거에는 이러한 특징을 '강박성 성격장애'의 증상으로 간주하기도 했으나, 임상 연구 결과 독립된 장애인 것으로 밝혀짐에 따라 DSM-5에 처음으로 소개되었다. 구체적인 증상은 불필요한 물건을 버리지 못하거나 물건을 버리는 것이 심리적 고통을 야기하는 것이다. 하위 유형으로는 불필요한 물건을 버리지 못하고 보관하는 강박적 저장형과 불필요한 물건을 집안으로 끌어들이는 강박적 수집형, 그리고 저장과 수집이 동시에 존재하는 과도한 습득형(excessive acquisition)이 있을 수 있다.

수집광은 정신분석적 입장 중에서도 수집한 물건이 일종의 '전이대상(transitional object)'이라고 보는 대상관계 이론이 가장 설득력이 있다. 또한 인지

행동적 입장에서는 의사결정의 결함(즉 우유부단), 상대적인 중요성의 개념 결여로 인한 범주화/조직화의 결함, 자신의 기억에 대한 확신 부족으로 인한 주관적인 기억의 결함, 손실에 대한 과장된 평가 등이 영향을 미칠 수 있다.

4) 발모광(털뽑기장애)

DSM-IV에서 **발모광**(Trichotillomania/Hair-pulling Disorder)은 방화광, 간헐적 폭발성 장애 등과 함께 '달리 분류되지 않는 충동조절 장애' 범주로 분류되어 있었다. 발모광의 주요 특징은 탈모로 이어지는 머리털을 뽑는 행동을 반복하는 것이다. 주로 자신의 머리털을 뽑고자 하는 충동으로 인해 반복적으로 머리털을 뽑게 되는 경우인데, 발모 전 또는 행동을 억제하려고 할 때 긴장감이 증가하고 발모 시에 쾌락, 만족감 또는 해방감을 경험하게 된다. 털뽑기 행동은 대부분은 머리털을 뽑는 것으로부터 시작되지만 신체의 모든 체모를 뽑는 행동으로 나타나기도 한다.

발모광은 정신분석적 입장에서 볼 때 어린 시절 정서적 결핍 경험과 관련되어 있으며, 부정적인 부모상(거부적이고 가학적인 어머니, 무능하고 유약한 아버지)이 형성되어 있고 결국 미충족된 정서적 욕구를 미숙하고 부적응적인 방식으로 충족하기 위한 행동으로 이해될 수 있다. 생물학적 입장에서는 지적장애에서 나타나는 발모행동을 고려할 때 뇌기능의 문제로 설명한다.

5) 피부뜯기장애

피부뜯기장애(Skin-Picking Disorder)는 모발 뽑기 장애와 마찬가지로 '신체에 집중된 반복적 행동장애(body-focused repetitive behavior disorder)'에 속하며, **표리박리장애**(Excoriation Disorder)라고도 부른다. DSM-5에서 처음으로 강박관련 장애의 하위장애로 포함되었다. 피부뜯기장애의 주요 특징은 반복적으로 피부를 만지며 문지르거나 긁거나 뜯거나 쑤시는 행동이다. 피부뜯기장애에 대해 정신분석적 입장에서는 모발 뽑기 장애와 유사하게 부모에 대한 억압된 분노의 표현이라고 볼 수 있으며, 인지행동적 입장에서는 일상적인 스트레스에 대한 일종의 대처방식(Lang et al., 2010)으로 설명할 수 있다. 따라서 발모광과 마찬가지로 약물치료와 행동치료가 도움이 될 수 있다.

6. 외상 및 스트레스 관련 장애

DSM-5는 외상이나 스트레스 사건 후에 나타나는 부적응 증상을 불안장애에서 독립시켜 외상 및 스트레스 관련 장애라는 새로운 범주로 구성하였다. 이 범주에 속하는 하위 심리장애로는 반응성 애착장애, 탈억제성 사회적 유대감 장애, 외상후스트레스장애, 급성 스트레스장애, 적응장애 등이 있다.

1) 외상후스트레스장애

현대 사회는 각종 범죄 또는 재난 등으로 인해 개인이 감당하기 힘든 심각한 상실이 급증하고 있다. 흔히 외상(trauma)이란 외부로부터 주어진 충격적인 사건으로 인한 심리적 상처를 말한다. 외상은 발생 횟수에 따라 일회성 외상과 반복적 외상으로 나누기도 하고, 대인관계 관여도에 따라 인간 외적인 외상, 대인관계 외상, 애착 외상 등으로 구분하기도 한다(Allen, 2005). 하지만 DSM-5는 외상의 내용보다는 외상에 대한 노출 여부에 따라 외상경험을 정의하고 있다. 즉 외상 사건에 대한 노출을 직접 경험 및 직접 목격뿐만 아니라 가까운 사람(가족 또는 친구)에게서 갑자기 일어난 끔찍스러운 사건이나 상황 발생을 알게 되거나 직업상 외상 사건의 세부사항에 반복적으로 또는 극단적으로 노출되는 경우(긴급구조대원, 경찰관 등)까지로 확대한 상태이다. 또한 이와 같은 충격적인 외상 사건 경험 후 1개월 이상 다음과 같은 심리적 증상이 나타나야 한다. ① 침투 증상(Intrusion Symptoms), ② 외상 관련 자극 회피, ③ 인지와 감정의 부정적인 변화, ④ 각성과 반응성의 현저한 변화. 나아가 장애가 사회적, 직업적, 또는 다른 중요한 기능 영역에서 임상적으로 현저한 고통이나 손상을 초래해야 한다.

2) 급성 스트레스장애

급성 스트레스장애는 외상 사건을 경험한 이후에 1개월 이내에 나타나는 재

경험 증상과 회피 행동을 특징적으로 나타낸다. 외상 사건 경험 후 부적응 증상(침투 증상, 부정적 기분, 해리 증상, 회피 증상, 각성 증상 등 5가지 범주를 포함하는 14가지 증상 중 9가지 이상)이 3일~1개월 이내의 단기간 지속될 때 진단된다. 따라서 상기 증상이 1개월 이상 지속되면 외상후스트레스장애로 진단된다. 급성 스트레스장애의 50%가 외상후스트레스장애로 진단되는 것으로 알려져 있다(Creamer et al., 2004).

3) 적응장애

적응장애는 주요한 생활사건에 대한 적응실패로 나타나는 정서적 · 행동적 문제를 특징으로 한다. 따라서 확인 가능한 고통스러운(외상적 또는 비외상적) 생활사건에 대한 적응 실패로 정서 혹은 행동의 증상이 발생하게 되는 것을 말하며, 사건 발생 후 3개월 이내에 부적응 증상이 발생하고 대개 6개월 이상 지속되지 않는다. 적응장애는 사람마다 다른 양상을 나타내는데, 흔히 불안과 우울, 품행 장애, 감정 및 품행 장애, 불특정형 등으로 나타난다.

4) 애착외상 관련 장애

DSM-IV에서는 불충분한 양육 경험이 있는 아동이 5세 이전부터 부적절한 사회적 관계 형성을 보이는 경우 반응성 애착장애로 진단하되 하위유형을 억제형과 탈억제형으로 구분한 바 있다. 하지만 DSM-5에서는 불충분한 양육 경험을 애착 외상으로 간주하고 억제형은 반응성 애착장애로, 탈억제형은 탈억제성 사회적 유대감 장애로 구분하였다. 두 장애 모두 부적절한 양육환경에 노출되었던 경험이 있지만 내향성 또는 외향성 등 기질적 특성에 따라 사회적 관계에서 심리적 위축 또는 과도한 사회적 유대감을 나타낸다.

5) 외상 및 스트레스 관련 장애에 대한 새로운 지견

Antonovsky(1987, 1996)는 **건강생성이론**(theory of salutogenesis)을 제안하였는데, salutogenesis는 라틴어인 salus(health)와 genesis(origin)의 합성어이다. 이

이론에 따르면 높은 수준의 통합력(sense of coherence)을 가진 개인은 환경에 맞설 수 있는 가용한 자원이 있으며, 현재 처한 상황이 그들에게 불리하다고만 생각하지 않는다. 즉 외상 또는 스트레스에 대한 병인론적(pathogenic) 관점과 달리, 건강의 회복, 유지 및 향상에 초점을 둔 이론이다.

이와 일관되게, "외상사건에 대한 적극적인 대처를 통해 개인이 주관적으로 경험하는 긍정적인 심리적 변화"라고 정의되는 외상후성장(post-traumatic growth: PTG)(Tedeschi & Calhoun, 1996, 2004)은 외상에 대한 새로운 이론적 기초 및 경험적 근거를 제안하고 있다. 물론 심리적으로 "충격적인 사건(seismic event)"은 개인의 이해, 의사결정, 의미 등을 안내하는 인간의 도식구조를 흔들어 놓고 위협하며, 또는 완전히 무너트릴 수 있다. 하지만 이러한 사건에 적극적으로 대처한 결과 삶에 대한 감사의 증가와 우선순위의 변화, 대인관계의 온정성 및 친밀감의 증가, 개인적 강점의 발견, 새로운 가능성의 발견, 나아가 영적, 종교적 관심의 증가가 나타난다면 외상후성장이 이루어졌다고 볼 수 있다. 영화 '슈퍼맨'에 4회나 출연했던 크리스토퍼 리브는 낙마 사고로 전신 마비라는 불운을 맞이하게 된다. 하지만 그는 오히려 유명 배우 시절보다도 아내와 더욱 행복한 시간을 보냈을 뿐만 아니라 자선사업에 헌신하는 등 외상후성장의 대표적인 예를 보여주었다고 볼 수 있다.

> "삶에는 우리가 초대하지 않은 일들이 자주 찾아온다. 그것들은 우리의 의지와는 상관이 없다. 어떤 것은 설명이 가능하지만 대부분의 일들은 왜 그런 일이 일어나는지조차 설명할 수 없다."
>
> -Epictetus의 [삶의 기술] 중

7. 성격장애

일반적으로 성격이란 개인적 특성 중 생각, 감정, 행동에서 안정적이고 지속적인 양상을 의미한다. 성격장애는 문화적 기대에서 크게 벗어난 인지, 정서, 행동 패턴을 특징으로 한다. 나아가 고정된 행동양식이 융통성이 없고 개인 및 사회생활 전반에 넓게 퍼져 있으며, 사회적, 직업적, 그리고 다른 중요한 영역에서 임상적으로 심각한 고통이나 기능 장해를 포함한다. 성격장애는 일반적인 특성과 뚜렷하게 구분되는 임상적 증후군 범주로 개념화되어 왔다. 따라서 DSM-5도 성격장애를 A군(편집성, 조현형, 조현성), B군(반사회성, 경계성, 연극성, 자기애성), C군(회피성, 의존성, 강박성) 성격장애로 구분하고 있다. 하지만 성격장애를 정상에서 부적응까지 일종의 연속선상에 존재하는 성격특성으로 간주하고 DSM-5 부록 [성격장애에 대한 DSM-5 모델] 부분에 차원적 접근 방법이 소개되어 있다.

1) A군의 성격장애

A군의 성격장애의 주요 특징은 철수, 냉담, 의심, 비합리성이며, 세상과 접촉하지 않고 뒤로 물러나 있고 주변을 경계하며 안테나를 세우는 모습을 보인다. 하위유형 중 **편집성**(Paranoid) **성격장애**는 타인에 대한 강한 불신과 의심, 적대적인 태도, 보복 행동을 특징으로 한다. **조현성**(Schizoid) **성격장애**는 관계형성에 대한 무관심, 감정표현의 부족, 대인관계의 고립을 특징으로 한다. **조현형**(Schizotypal) **성격장애**는 대인관계 기피, 인지적 · 지각적 왜곡, 기이한 행동 등을 특징으로 한다.

2) B군의 성격장애

B군의 성격장애의 주요 특징은 정서적으로 과민한 기분이 두드러지며 극적인 면이 있고 타인의 관심을 추구하는 데 몰두한다는 것이다. 또한 대인관계는 많은 편이지만 피상적이며 대인관계 갈등이 자주 발생한다. 하위유형 중 **반사회성**(Antisocial) **성격장애**는 법과 윤리의 무시, 타인의 권리 침해, 폭력 및 사기 행동 등을 주로 나타낸다. **연극성**(Histrionic) **성격장애**는 타인의 관심을 끌려는 행동, 과도한 극적인 감정표현 등을 특징으로 한다. **경계성**(Borderline) **성격장애**는 불안정한 대인관계, 격렬한 애증의 감정, 충동적 행동을 주로 나타낸다. 마지막으로 **자기애성**(Narcissistic) **성격장애**는 웅대한 자기상, 찬사에 대한 욕구, 공감능력의 결여 등을 특징으로 한다.

3) C군의 성격장애

C군의 성격장애의 주요 특징은 불안, 긴장, 과잉통제이다. 즉 불안이 심하고 항상 긴장하고 있으며 자신의 단점이 드러날까 노심초사할 수 있다. **하위유형 중 강박성**(Obsessive-compulsive) **성격장애는** 완벽주의, 질서정연함, 절약에 대한 과도한 집착 등을 나타낸다. **의존성**(Dependent) **성격장애는** 과도한 의존 욕구, 자기주장의 결여, 굴종적인 행동이 특징이다. 한편 **회피성**(Avoidant) **성격장애는** 부정적 평가에 대한 예민성, 부적절감, 대인관계의 회피 등을 주로 나타낸다.

4) DSM-5의 대안적 성격장애 모델

DSM-5는 임상 실제와의 지속성을 유지하면서도 기존의 성격장애 접근법의 한계를 해결하기 위해 새로운 접근법을 소개하고 있다. 그 이유는 성격장애들의 공존이환율이 높고 같은 성격장애 진단을 받은 환자들 사이에서의 극단적인 이질성이 존재하기 때문이다. 따라서 기존의 진단 기준의 임계치를 기준으로 진단하는 것을 보완하기 위해 성격장애를 자기(정체성, 자율성)와 대인관계(친밀감, 공감)의 기능 손상(0~4점)으로 나누어 살펴본 후 부정적 정서성, 애착상실, 적대성, 탈억제, 정신병적 경향성 등 5가지 특성을 고려해 진단하도록 되어 있다. 아래의 표에 6가지 성격장애의 구체적인 성격특성 차원이 소개되어 있다.

6가지 성격장애	성격특성 차원
경계성 성격장애	부정적 정서성(정서적 가변성, 불안, 분리불안, 우울), 탈억제(＊충동성, ＊위험감수), ＊적대성(적개심)
강박성 성격장애	＊경직된 완벽주의, 부정적 정서성(고집), 애착상실(친밀감 회피, 제한된 정서성)
회피성 성격장애	애착상실(위축, 무쾌감증, 친밀감 회피), 부정적 정서성(불안성)
조현형 성격장애	정신병적 경향성(인지 및 지각적 조절곤란, 특이한 믿음과 경험, 기이함), 애착상실(제한된 정서성, 위축, 의심성)
반사회성 성격장애	적대성(조종, 냉담, 기만, 적개심), 탈억제(위험 감수, 충동성, 무책임)
자기애성 성격장애	적대성(과대성, 관심 추구)

＊는 각 성격장애의 필수 성격특성 차원이며 괄호 안의 특성은 하위차원을 의미함.

8. 신경발달장애

DSM-IV(1994)에 있던 유아기, 소아기, 청소년기에 흔히 처음으로 진단되는 장애라는 범주가 사라지기는 했지만, DSM-5에서 전 생애(life-time) 관점을 가지고 심리장애를 접근하고 있기 때문에 가장 처음으로 만나게 되는 것은 바로 **신경발달장애**(Neurodevelopmental Disorders)이다. 범주의 명칭에서 알 수 있듯이 신경발달장애는 중추신경계, 즉 뇌의 발달지연 또는 뇌 손상과 관련된 것으로 알려진 심리장애를 포함하고 있다. 신경발달장애는 지적장애, 의사소통 장애, 자폐스펙트럼 장애, 주의력 결핍/과잉행동 장애, 특정 학습장애, 운동장애 등 6가지 하위 장애로 구성되어 있다.

1) 지적장애/지적발달장애(Intellectual Developmental Disorder)

지적장애(Intellectual Disability)는 발달 시기에 지적 기능과 적응 기능 모두에 결함이 있는 상태를 말한다. 지적 기능의 결함은 표준화된 지능검사[12]로 측정된 지능지수(IQ)가 현저하게 낮아야 한다는 것을 의미한다. 즉 DSM-IV와 달리 구체적인 지능지수를 제시해 놓지는 않았지만 지능검사의 측정오차를 고려해 대략 IQ 75 이하일 것을 요구한다. 또한 적응 기능의 결함은 지속적인 지원이 없이는 가정, 학교, 직장, 지역사회 등에 다양한 환경에서 한 가지 이상의 일상 활동(의사소통, 사회적 참여, 독립적 생활)에 제약이 따르는 것을 의미한다. 증상의 심각도는 개념 영역, 사회 영역, 실행 영역의 기능 손상 수준에 따라 **경도**(mild), **중등도**(moderate), **고도**(severe), **최고도**(profound)로 세분화된다.

지적장애는 주로 유전적 요인(예: 염색체 이상), 임신 중 태내환경 이상(예: 태아알코올증후군 등), 출산과정의 이상(예: 조산 또는 난산, 무산소증 등), 후천성 아동기 질환 등의 영향을 받지만, 열악한 환경적 요인도 상당한 영향을 미치는 것으로 알려져 있다. 영화 '늑대소년'에서 주인공은 불충분한 양육과 교육 기회의 부재로 인해 지적기능의 심각한 손상을 보이지만 반복적인 훈련과 교육을

12) 성인용 지능검사에는 K-WAIS-IV가 있고, 아동 및 청소년용으로는 K-WISC-IV, K-WIPPSI가 있음.

통해 지적기능이 개선되는 것으로 나온다. 이처럼 지적장애를 개선하기 위해서는 장애의 각 수준에 적합한 교육 및 재활훈련이 필요하다.

2) 의사소통장애

인간이 타인과 상호작용을 하는 데 있어서 말로 자신의 의사를 표현할 뿐만 아니라 타인의 말을 적절히 이해하는 등 기본적인 언어 능력은 필수적이다. 따라서 의사소통장애(Communication Disorder)는 정상적인 지적 능력을 보유하고 있음에도 불구하고 사회적 상호작용에서 요구되는 말이나 언어의 사용에 결함이 발생하는 것을 말한다. 의사소통장애에는 ① 언어장애[13], ② 발음(말소리)장애, ③ 아동기 발병 유창성 장애(말더듬), ④ 사회적(실용적) 의사소통장애[14]가 있다.

3) 자폐스펙트럼 장애

자폐스펙트럼 장애(Autism Spectrum Disorder)는 DSM-IV에서 자폐성 장애, 아스퍼거 장애, 소아기 붕괴성 장애, 레트 장애, 달리 분류되지 않는 광범위성 발달장애로 구분되어 있던 발달장애를 하나로 통합한 것이다. 이 장애의 핵심 증상은 ① 사회적 의사소통 및 사회적 상호작용의 지속적인 결함, ② 제한된 관심과 흥미 및 반복적인 행동 패턴이다. 증상의 심각도는 사회적 의사소통의 결함과 제한적이고 반복적인 행동의 수준에 따라 1단계("지원이 필요한 수준"), 2단계("많은 지원을 필요로 하는 수준"), 3단계("상당히 많은 지원을 필요로 하는 수준")로 세분화된다.

자폐스펙트럼 장애는 쌍생아 연구 결과를 고려할 때 주로 생물학적 원인에 의해 발생하는 것으로 알려져 있으며, 기타 생물학적 원인과 환경적인 요인이 복합적으로 작용한 결과일 수 있다. 하지만 일부 자폐스펙트럼 장애가 심리적 원인에 의해 유발될 수도 있다는 주장이 있는데, 정신역동 이론 중 하나인 대상관계 이론(Mahler & Kaplan, 1975)에 따르면 인간은 출생 후 심리적 탄생 과정을 거

13) DSM-IV에서는 언어장애가 표현성 언어장애와 수용성 언어장애로 구분되어 있었음.

14) 지속적으로 언어적 및 비언어적 의사소통의 사회적 사용에 문제가 발생하는 것으로서 자폐스펙트럼 장애의 진단기준을 완전히 충족하지 않는 사람들에게 진단될 수 있음.

치는데 출생 후 2개월 이전을 '정상 자폐기(normal autism)'라고 하며, 이때는 외부 대상이 없는 상태로 자기만의 세계에 놓여 있다. 하지만 이후 '공생기(symbiosis)'로 접어들게 되면 양육자와 상호작용을 통해 대상관계가 시작된다. 따라서 단절형 단폐증은 무대상(objectless) 상태로서 정상 자폐기에 고착된 것일 수 있고, 융합형 자폐증은 공생기에 고착되어 있어서 자기와 대상이 뒤엉켜 있는 상태라고 설명할 수 있을 것이다.

외부 환경과의 차단 및 학습능력의 저하 등으로 인해 현실적 한계가 있을 수 있겠지만, 흔히 지적기능의 손상을 동반하고 있는 경우가 많으므로 흔히 인지기능 향상을 위한 재활훈련이 시행되고 있다.

4) 주의력 결핍/과잉행동 장애(Attention-Deficit)/Hyperactivity Disorder: ADHD)

주의집중 능력 및 행동조절 능력은 학업 및 대인관계 기능을 발휘하는 데 중요한 요소이다. 하지만 개인에게 6개월 이상 부주의 또는 과잉행동-충동성의 양상이 지속적으로 나타난다면 ADHD로 진단될 수 있다. 부주의 증상은 세부적인 면에 대해 부주의, 학업, 작업, 또는 다른 활동에서 부주의한 실수, 지속적 주의집중 곤란, 과업과 활동의 조직화 곤란, 외부 자극으로 쉬운 주의 분산 등과 관련되어 있고, 과잉행동-충동성은 손발을 가만히 두지 못하거나 의자에 앉아서도 몸을 옴지락거림, 교실이나 다른 상황에서 자리 이탈, 부적절한 상황에서 지나치게 뛰어다니거나 기어오름, 조용히 하지 못함, 끊임없는 활동, 수다스러움, 성급한 응답, 차례 기다리기 곤란, 타인의 활동 방해 및 간섭 등과 관련된다. 부주의 또는 과잉행동-충동성 각각 9가지 증상 중 6가지 이상[15]이 나타나야 하는데, 일부 증상은 12세 이전에 2가지 이상의 장면(가정, 학교, 직장, 친구관계 중)에서 발생해야 한다. 한편 증상의 범주에 따라 부주의와 과잉행동-충동성 진단기준을 모두 충족하는 복합형, 주의력결핍 우세형, 과잉행동-충동성 우세형으로 나뉘고, 심각도에 따라 경도, 중등도, 고도로 세분화된다.

아동기에는 ADHD 증상으로 인해 학습 문제와 또래관계 부적응이 초래되며

15) 후기 청소년 또는 성인(17세 이상)의 경우에는 5가지 이상을 나타내야 함.

교사 또는 또래로부터 부정적인 평가를 지속적으로 받다 보니 자존감이 낮아져 정서적인 문제가 야기되기도 한다. 또한 성인의 경우 직장에서 업무처리의 비효율로 인한 스트레스와 적응 곤란이 발생할 수 있다. 소아정신건강의학과를 찾아오는 아동의 25~30% 정도가 주의력 문제 때문인 것으로 알려져 있으며 학습장애, 의사소통장애, 발달성 운동조정 장애를 동반하기도 한다. 또한 ADHD의 40~50%는 품행장애로 진단되기도 한다.

ADHD는 뇌의 미세한 기질적 문제 등 유전적인 원인 때문에 나타날 수 있다. 또한 뇌영상술 연구를 통해 전두엽의 혈류와 신진대사의 감소가 발견되었는데, 이는 **행동억제시스템**(Behavioral inhibition system)의 약화를 반영하는 것이다. 한편 노르에피네프린 또는 도파민 등의 신경전달물질의 감소 때문에도 발생할 수 있는데, 이 물질은 인간의 각성(arousal)과 관련되어 있다. 따라서 **최적 자극이론**(Optimal Stimulus Theory)(Zentall, 1985)에 따르면, ADHD는 낮은 각성 때문에 발생하는 것이며 이를 보상하기 위해 자기-자극 추구를 위해 충동적인 행동을 보인다고 볼 수 있다. 한편 **취약성-스트레스 이론**(Bettelheim, 1973)에 따르면 ADHD는 아동의 과잉활동적 기질과 부모의 부적절한 양육방식 때문에 발생하는 것으로 설명될 수 있다.

5) 특정학습장애

특정학습장애(Specific Learning Disorders)는 연령, 학교 교육, 지적 능력에 비해 읽기, 수학, 쓰기 등의 능력에서 상당히 낮은 성취를 나타내는 경우를 말한다. 즉 평균 이상의 지능을 보유하고 있음에도 불구하고 글을 제대로 읽지 못하거나 글을 쓰는 데 문제가 있을 수 있으며 연산문제를 제대로 풀지 못할 수 있는데, 실제 수행은 또래와 비교했을 때 약 2년 정도 뒤떨어지는 것으로 알려져 있다. 영역별 학습장애는 **난독증**(dyslexia), **실산증**(dyscalculia), **실서증**(dysgraphia) 등으로 불리기도 한다. 유명 연예인 중 톰 크루즈가 읽기 장애가 있으며 천재들 중에서 토머스 에디슨과 아인슈타인도 난독증 환자였던 것으로 알려져 있다.

학습장애는 감각적 또는 인지적 결함, 즉 외부 자극에 대한 청각적 변별력이 부족하거나 단기기억을 장기기억으로 전환하는 데 필수적인 **작업기억**(working memory)의 용량 부족 때문에 발생할 수 있다. 또한 시각장애나 청각

장애와 같은 감각장애나 정서장애, 지적장애, 또는 신경학적 장애로 인해 학습 문제를 보이는 경우는 학습장애로 분류하지 않는다.

6) 운동장애

DSM-IV에서는 틱장애가 별도의 범주로 구분되어 있었지만, DSM-5에서는 틱장애를 운동기술장애와 함께 운동장애(Motor Disorders)로 통합하였다. 따라서 현재 운동장애에는 **틱 장애**(Tic Disorders), **발달성 운동조정장애**(Developmental Coordination Disorder), **정형적(상동증적) 운동장애**(Stereotypic Movement Disorder)가 포함되어 있다.

흔히 틱은 지속 시간이 짧고 갑작스럽게 나타나는 불규칙적인 운동을 말한다. 어깨를 들썩이거나 눈을 깜빡이는 것과 같은 **운동 틱**(motor tic)과 코를 킁킁거리거나, 콧방귀를 귀며 단어나 구를 자발적으로 생성하는 **음성 틱**(vocal tic)으로 나뉜다. 틱은 자신의 의지와 상관없는 불수의적 운동이고 상황에 따라 정상적인 모습으로 보이기도 한다. 틱은 코카인 등의 자극제, 바이러스성 뇌염, 헌팅턴병에 의해서도 발생할 수 있는데, 이런 경우에는 틱장애로 진단되지 않는다. 틱장애는 여러 가지 하위 유형으로 나뉘지만, 그중에서도 18세 이전에 발병하며 두 가지 이상의 운동 틱(복합 운동 틱)과 한 개 이상의 음성 틱이 1년 이상 지속되는 경우에는 **투렛장애**(Tourette's disorder)라고 진단된다. 투렛장애와 심각한 틱장애에는 치료를 위해 할로페리돌과 같은 항정신증 약물이 사용되며, 가벼운 틱장애는 약물을 사용하지 않는다. 또한 틱장애와 함께 행동장애와 적응문제가 나타나는 경우에는 **습관반전법**(habit reversal treatment)이나 인지행동치료가 도움이 될 수 있다.

발달성 운동조정장애는 나이나 지능 수준에 비해 움직임과 운동능력이 현저하게 미숙한 것으로서 걷기, 기기, 앉기, 신발 끈 묶기, 단추 잠그기, 바지의 지퍼 잠그기 등에서 심각한 문제를 나타낸다. 흔히 움직임에 관여하는 근육운동의 조정 능력에 결함이 나타나므로 '운동기술 장애'라 불리기도 한다. 한편 정형적(상동증적) 운동장애는 손을 흔들기, 몸을 좌우로 흔들기, 머리를 벽에 부딪치기, 손가락 깨물기와 같은 특정한 패턴의 행동을 아무런 목적 없이 반복적으로 지속하는 경우에 해당한다. 특별한 목적이 없는 행동이 반복된다는 점에서 틱 행동과 유사하지만, 의도적, 율동적, 자해적이라는 점에서 차이가 있다.

9. 기타 심리장애

1) 파괴적 충동통제 및 품행장애

파괴적 충동통제 및 품행장애는 충동통제 곤란으로 인한 타인의 권리 침해와 사회적 규범 위반 행위를 특징적으로 나타내는 장애들로 구성되어 있다. 이 범주의 하위 장애에는 적대적 반항장애, 간헐적 폭발장애, 품행장애, 반사회성 성격장애, 병적 방화, 병적 도벽 등이 있다.

2) 물질관련 및 중독 장애

심리학적 관점에서 **중독**(addiction) 문제는 만성적인 자기조절 실패로 간주되고 있다. 따라서 물질관련 및 중독 장애는 물질 또는 문제 행동에 대한 만성적인 자기조절 실패로 사회적 및 직업적 기능 손상을 특징적으로 나타낸다. 하위장애로는 물질관련장애(각 물질의 사용장애, 중독, 금단 등), 비물질관련장애(도박장애)가 포함된다. 비물질관련장애 중 "인터넷게임장애"는 [추가 연구가 필요한 진단적 상태]에 진단기준이 제시되어 있다.

3) 신경인지장애

신경인지장애는 후천적 인지기능의 결함과 일상적인 기능 손상을 주로 나타낸다. 과거 **치매**(dementia)로 불리던 장애를 신경인지장애로 개명한 것이다. 하위 장애로는 섬망, 주요 신경인지장애, 경도 신경인지장애 등이 있다.

4) 해리장애

해리장애는 의식, 기억, 자기정체감 및 환경에 대한 지각의 급격한 변화를 특징으로 한다. 하위장애로는 해리성 정체성장애, 해리성 기억상실, 이인증/비현실감 장애 등이 있다.

5) 급식 및 섭식장애

급식 및 섭식장애는 섭식행동의 문제로 인한 신체 건강과 적응의 손상을 특징으로 한다. 하위장애에는 이식증, 되새김장애(반추장애), 회피적/제한적 음식섭취장애, 신경성 식욕부진증, 신경성 폭식증, 폭식장애 등이 있다.

6) 배설장애

배설장애는 소변이나 대변을 부적절한 장소에서 반복적으로 배설하는 것을 특징으로 한다. 하위장애에는 유뇨증, 유분증 등이 있다.

7) 수면-각성 장애

수면-각성 장애는 수면의 양 또는 질의 문제로 인해 심리적 불편감을 호소하는 것을 특징으로 한다. 하위 유형에는 불면장애, 과다수면장애, 수면발작증, 호흡 관련 수면장애, 비REM수면 각성장애, 악몽장애, REM수면 행동장애, 하지불안증후군(초조성 다리 증후군) 등이 있다.

8) 신체증상 및 관련 장애

신체증상 및 관련 장애는 의학적 원인이 없는 신체증상에 대한 호소 또는 건강 상태에 대한 과도한 염려를 특징으로 한다. 하위장애로는 신체증상장애, 질병불안장애, 전환장애, 인위성(허위성)장애 등이 있다.

Ⅳ. 심리장애의 치료

우리는 열이 나고 기침과 두통 증상이 생기면 감기에 걸린 것을 알게 된다. 따라서 병원을 찾아가 진료를 받고 약을 먹고 푹 쉬면 금방 회복된다. 그런데 병원 진료를 받는 것은 단지 감기인지를 확인하고 치료하는 것뿐만 아니라 결핵이나 신종플루 등 다른 심각한 질환을 확인해 조기에 치료할 수 있는 기회가 되기도 한다. 하지만 인간은 우울하거나 불안할 때 또는 환청 및 망상을 보일 때 심리치료를 받지 않아 증상이 만성화되는 경우가 흔하다. 본 절에서는 심리장애의 심리치료에 대해 살펴보고자 한다.

1. 심리치료의 정의 및 효능

심리치료는 치료자와 내담자 간의 공식적인 상호작용 과정으로서 주요 목적은 내담자의 심리적 고통을 개선하는 데 있다. 또한 심리치료는 향후에 발생할 수 있는 문제를 예방하고 내담자가 가지고 있는 잠재력을 충분히 발휘하게 하는 데 그 목적이 있다. 치료자는 구체적인 치료방법을 가지고 내담자의 문제에 접근해야 하며 전문적이고 법적인 자격을 갖추고 있어야 한다.

공식적인 심리장애 진단이 350여 개가 넘듯이 심리치료 체계들은 적어도 400개 이상일 것으로 추정된다(Corsini, 2001). 하지만 특정 접근이나 기법이 다른 것에 비해 상대적으로 더 효과적이라는 증거는 매우 적은 상태이며 임상적인 유용성을 고려할 때 절충주의적 접근이 효과적이라는 주장도 있다(Gafield & Bergin, 1994). 메타분석 연구에서 심리치료 유형과 무관하게 심리치료를 받은 사람들이 심리치료를 받지 않은 80%의 사람들에 비해 치료 후 심리적 문제가 향상된 것으로 나타났다(Smith, Glass, & Miller, 1980). 한편 국내외를 막론하고 심리치료 분야에서도 경험적으로 지지된 치료(Empirically Supported Treatment: EST)에 대한 관심이 증가하고 있다(Chambless & Hollon, 1998; 임민경 등, 2013).

2. 정신역동적 치료

1) 이론적 기초

정신역동적 치료는 인간의 심리장애의 근원이라고 할 수 있는 무의식을 의식화하는 데 관심을 두었던 Freud(1896)의 정신분석 이론으로부터 시작되었다. 하지만 이후에는 **자아 심리학**(Ego Psychology), **대상관계 이론**(Object Relations Theory), **자기 심리학**(Self Psychology), **애착이론**(Attachment Theory) 등 다양한 이론 및 치료법으로 발전하였다.

하지만 공통점은 **심리적 결정론**(psychic determinism)에 기초한다는 점이다. 즉 인간의 모든 행위(평범한 행동, 기괴한 행동, 꿈 등)는 의미와 목적을 가지며 심리적 사건들이 서로 간에 그리고 개인의 과거와 인과적으로 관련되어 있다는 것이다. 또한 건강한 행동은 자신의 동기를 이해할 수 있는 행동이지만, 건강하지 못한 행동은 이해할 수 없는 **무의식적 동기**(unconscious motivation)에서 비롯된다고 한다. 인간의 행동은 마음속에 있는 힘들(초자아, 자아, 원초아)의 경합, 투쟁, 타협의 결과로 나타난다는 것이다.

2) 주요 기법

정신역동적 치료는 심리치료 기법을 사용해 억압되어 있는 병적 사고나 사건들을 강렬한 정서와 함께 회상하여 언어로 표현한다면 증상이 소멸될 수 있다고 주장한다. 예를 들어, Freud가 말공포증을 가지고 있던 Little Hans의 무의식적 갈등의 자각 및 해소[16]를 통해 공포증을 치료한 것으로 알려져 있다. 또한 젊은 남자가 팔이 마비되었다면 이는 아버지를 때리고 싶은 욕구가 억압된 결과일 가능성을 고려하게 된다. 따라서 무의식으로부터 그러한 소망을 회상하여 아버지에 대한 분노를 표현함으로써 마비로부터 회복될 수 있다. 정신역동치료의 기법 중 하나인 자유연상은 떠오르는 모든 것을 말하게 하는 것인데, 그 어떤 생각도 검열되지 않도록 한다. 꿈 분석은 Frued가 '무의식에 이르는 왕도'라고 했을 정도로 정신역동치료의 주요 기법이다. 즉 꿈은 방어가 풀린 것이며 억압된 감정이 표면화된 것으로 간주되며 마음의 구조 간의 타협의 최종 산물이다. 또한 내담자의 저항을 분석하고 사고와 행동의 무의식적 의미를 밝혀내거나 다른 방식으로 바라보게 하는 해석 등을 활용해 무의식적 갈등을 해소함으로써 다양한 심리장애의 증상을 개선하게 된다.

3. 행동치료

1) 이론적 기초

Watson과 Raynor(1920)는 생후 9개월 된 알버트에게 중립적인 자극(예: 개)과 불쾌한 경험(예: 소음)을 연합시킴으로써 공포증이 형성되는 것을 관찰한 후 공포증의 원인을 고전적 조건형성에 의한 것이라고 주장하였다. 나아가 Mowrer(1939, 1950)는 공포증은 고전적 조건형성에 의해 형성되며, 조작적 조건형성에 의해 지속된다는 2요인이론을 주장하였다. 즉 공포 반응은 중립적 자극과 불쾌한 경험의 연합에 의해 발생하며, 이후 회피 행동은 불안을 감소시키는 부적 강화의 효과가 있다는 것이다. 이와 같이 행동치료는 심리장애를 잘못된 학습으로부터 비롯된 것이라고 본다. Eysenck(1952)는 고전적 심리치료의 대안으로 행동치료를 제안하였다.

특히 Ullman과 Krasner(1965)는 일반적인 학습원리를 응용해 조현증 환자에 대한 언어적 조건 형성이 정서 표현에 긍정적인 영향을 미친다는 것을 확인하였다. 이 연구 결과는 기존의 심리장애에 대한 질병 이론에 도전한 것이었으며, 이

16) 아버지에 대한 공포가 아버지와 비슷하게 생긴 말에게 전이된 것으로 해석함.

후 Bandura, Kanfer, Patterson 등에 의해 학습의 원리에 기초한 행동치료가 심리장애에 효과적이라는 것이 입증되었다.

2) 주요 기법

행동치료의 대표적인 기법 중 하나는 노출치료이다. 노출치료는 부정적인 정서와 연합되어 있는 자극에 반복적인 노출을 시도함으로써 심리적인 증상을 개선할 수 있게 된다. 특히 공포 또는 회피를 유발하는 자극에 자신을 노출시킬 때 실제 노출 또는 상상 노출을 시도할 수 있다. 일반적으로 노출치료는 단독으로 시행되지 않는데, Barlow와 Cerny(1988)는 공황장애 환자를 치료할 때 이완훈련, 인지재구성, 노출을 병행하였다. 구체적으로 '작은 공황발작'을 일으켜 고양된 신체감각에 노출시킴으로써 파국적 신념을 수정하는 **공황통제치료**(panic control treatment)가 있다. 이 치료법은 역설적으로 증상을 처방해서 실제로는 파국적 결과가 일어나지 않는다는 것을 공황장애 환자가 직접 경험하게 하는 일종의 **내수용성 노출**(interoceptive exposure)이라고 할 수 있다.

두 번째 기법은 체계적 둔감법이다. 체계적 둔감법은 특정 상황에 적절하게 반응할 수 있는 능력은 있지만 불안, 공포 혹은 회피 반응을 보이는 환자에게 적합할 수 있다. 기본원리는 긴장과 이완은 양립 불가능하다는 상호억제 원리에 따라 이완 상태에서 공포 자극을 경험함으로써 해당 자극에 둔감화를 시도하는 것으로서 동물 공포, 발표불안, 사회불안 등에 유용한 것으로 알려져 있다.

유관성(수반성) 관리는 조작적 조건 형성 원리에 기초한다. 즉 바람직한 행동을 증가시키고 바람직하지 않은 행동을 감소시키기 위해 강화와 처벌의 원리를 사용한다. 구체적으로 연속적 근접, 타임아웃, 유관성 계약, 토큰경제 등이 시행된다. 유관성 관리는 특히 행동변화에 무기력한 사람들에게 장기적인 안목을 가지고 구체적인 목표를 세우고 실천함으로써 자기효능감을 증진하는 데 유용할 수 있다.

4. 인지행동치료

1) 이론적 기초

인지행동치료는 심리장애가 사건이나 상황에 대한 개인의 잘못된 해석에서 비롯된 것이라고 간주한다. 예를 들어, 우울증은 자신, 세상(또는 타인), 미래에 대한 부정적인 생각 때문에 발생하고 유지된다고 한다. 따라서 인지행동치료의 기본 명제는 다음과 같다.

첫째, 인지활동은 행동에 영향을 미친다.
둘째, 인지활동은 관찰 및 변화가 가능하다.
셋째, 원하는 행동 변화는 인지 변화를 통해 이루어질 수 있다.

인지행동치료는 1960년대 말에 등장하게 되었는데, 행동주의적 관점의 한계, 정신역동 모델에 대한 거부감, 인지심리학 내에서 매개모델 발전, 인지행동치료를 지향하는 이론가의 등장, 치료효과 연구결과 발표 등이 주요 원인이 되었다.

최근에는 전통적인 인지행동치료와 달리, 맥락과 상황을 강조하고 교육적이고 체험적 접근법을 강조하는 수용중심 인지행동치료가 급부상하고 있다. 수용중심 인지행동치료의 주요 심리치료의 기제는 **마음챙김**(Mindfulness), **인지적 탈융합**(Cognitive defusion), 가치, 영성, 관계 등이다.

2) 주요 기법

대표적인 인지행동치료는 임상심리학자 Ellis(1955)가 개발한 **합리적 정서행동치료**(Rational Emotive-Behavior Therapy: REBT)이다. REBT는 "사람은 사건에 의해서가 아니라 그 사건에 대한 그들의 관점 때문에 고통받는다(에픽테투스)."는 스토아 철학의 핵심 원리에 기초하고 있다. 따라서 심리장애는 개인이 대상에 대해 지니고 있는 경직되고 극단적인 신념에 의해 유발된다고 가정한다. 따라서 REBT의 치료 목표는 교리적, 무조건적 당위적 사고를 탐색하고 바람직한

(Desirable) 것과 바라는(Desired) 것을 구분하게 하며, 당위적 사고를 버리고 원하는 것에 전념하도록 안내한다. 구체적인 치료 기법으로 비합리적인 신념에 대한 논박뿐만 아니라 유머, 치료자의 **자기노출**, **수치심 공격하기**(shame-attacking exercise), **위험-감수 훈련**(risk-taking exercise) 등 다양한 인지 및 행동 기법을 활용할 수 있다.

정신과의사인 Beck은 인지행동치료 중 하나인 **인지치료**(Cognitive Therapy: CT)를 개발하였다. Beck(1963)은 우울증 환자와의 면담을 통해 내부로 향한 분노와 같은 정신분석 개념에 의문을 제기하면서 신경증 환자들의 사고방식에 체계적 왜곡이 있음을 발견하였다. 예를 들어, 우울증은 자기, 경험 및 미래에 대한 부정적 관점에서 비롯된 반면, 조증은 자기와 미래에 대해 우쭐해진 관점 때문이라고 본다. 한편 불안장애는 미래에 대한 부정적인 생각에서 비롯된 것으로 보았다. 따라서 **협력적 경험주의**(collaborative empiricism)와 **안내를 통한 발견**(guided discovery)이라는 핵심 치료 원리에 기초해 개인의 잘못된 신념에서 비롯된 자동적 사고 및 핵심 신념의 수정뿐만 아니라 병전 기능으로의 회복, 잘못된 신념의 현실검증, 기분 개선 등을 목표로 다양한 행동기법(예: 활동계획표 짜기, 숙달-즐거움 기법, 점진적 과제 부여 등)을 사용하게 된다.

인지행동치료의 대표적인 기법 중 하나인 스트레스 면역 훈련은 Orne(1965)의 **면역 모델**(Immunization model)에 기초해 스트레스에 대한 예방접종을 통해 스트레스에 대한 친숙성을 향상시켜 심리장애를 치료하게 된다. 기본 단계 3단계로 구성되어 있는데, 첫 번째 단계는 개념화 단계로 스트레스, 부정적 정서, 역기능적 행동에 대한 개인의 평가방식의 영향을 이해하는 단계이다. 두 번째 단계는 기술 습득 및 시연 단계로서 치료 회기 내에서의 훈련을 통해 실제 생활에 적용할 수 있도록 준비시키는 단계이다. 마지막 단계는 적용 단계로서 습득한 대처 기술을 다양한 상황으로 일반화하며 재발을 방지하고 타인에 적용하는 단계이다.

5. 의미치료(logo therapy)

1) 이론적 기초

Frankl(1963)은 2차 세계대전 당시 나치 강제 수용소에서의 경험을 다루는 방식을 찾는 과정에서 실존적 통찰로부터 의미치료를 개발하였다. 따라서 의미치료는 실존주의에서 강조하는 인간의 의미추구 경향성, 자유와 책임, 능동성 등을 강조한다.

2) 주요기법

의미치료는 실존주의 심리치료와 마찬가지로 특정한 기법을 제안하지 않고 다른 심리치료 기법을 유연하게 적용할 것으로 권장한다. 따라서 구체적인 기법이 많지는 않지만, 불안이나 걱정의 대상이 되는 그 행동이나 반응을 의식적으로 실행하게 하는 '역설적 의도'와 자신의 문제행동이나 증상을 무시하고 주의를 자기에서 건설적인 활동이나 반성으로 전환하게 하는 '탈반영(de-reflection)'이 있다.

심리장애는 양적으로나 질적으로 다양하고 그 원인도 개인적 측면에서부터 가족적, 사회적 측면에 이르기까지 그 수를 헤아릴 수가 없다. 하지만 심리장애 또는 적응곤란 여부를 정확히 판단하고 그 원인에 적합한 심리학적 개입을 받는 것은 개인의 심리적 증상의 개선뿐만 아니라 향후 정신건강 증진 및 개인적 성장에 큰 도움이 될 수 있다.

찾아보기

지은이 소개

이 민 규

심리학 박사, 임상심리 전문가, 아주대학교 심리학과 교수.

성공적이고 행복한 삶을 위해서는 '1%' 만 바꾸면 된다는 삶의 철학을 널리 퍼트려 '1% 행동 심리학자' 로 알려져 있다. 2001년 제1회 아주대 강의우수교수(Best Teacher)상을 수상했으며, 2011년 교보문고 창사 30주년 기념 〈대한민국이 읽은 대작가 25인〉에 선정되었다.

심리학을 일반인들도 이해하기 쉽게 알리고 싶어 1996년에 『생각을 바꾸면 세상이 달라진다』를 썼다. 이후 10대 아들에게 목표를 설정하고 꿈을 찾도록 도와주기 위해 보냈던 이메일을 모아 『네 꿈과 행복은 10대에 결정된다』를 펴냈으며 2014년에 『지금 시작해도 괜찮아』로 새롭게 출간했다. 이 책은 '중학생 권장도서' 및 '청소년 권장도서' 로 선정되면서 10대들뿐만 아니라 학부모와 교사들의 필독서가 되었다.

2003년에 출간한 『1%만 바꿔도 인생이 달라진다』는 심리학을 기반으로 한 자기계발서 열풍에 불을 붙였다. 『끌리는 사람은 1%가 다르다』는 100만 부가 넘게 팔리면서 관계와 소통 문제로 고민하는 수많은 독자들에게 심리학적 지침서가 되었다. 이 책은 'yes24' 네티즌 선정 2006 올해의 책, '책을 만드는 사람들' 선정 2006 올해의 베스트셀러, '삼성경제연구소' 선정 CEO추천도서, '문화관광부' 교양부문 추천도서가 되었다. 『실행이 답이다』에서는 결심만 하고 실행하지 못하는 사람들에게 효과적인 실천 지렛대를 제시했다.

『끌리는 사람은 1%가 다르다』『1%만 바꿔도 인생이 달라진다』『네 꿈과 행복은 10대에 결정된다』『생각을 바꾸면 공부가 즐겁다』『실행이 답이다』는 일본, 중국, 대만, 태국 등에서도 번역 출간되어 해외 독자들의 사랑을 받고 있다. 그밖에 『하루 1%–변화와 혁신의 심리학』『15일의 기적』『행복도 선택이다』『심리장애의 인지행동적 접근』『관계와 소통의 심리학, 표현해야 사랑이다』『끌리는 사람의 다이어리』『10대를 위한 인성교육 시리즈 5권』『꾸준함의 심리학, 지치지 않는 힘』등의 저서가 있다.

단국대학교 특수교육학과를 졸업하고 서울대학교 대학원 심리학과에서 임상심리학으로 석사와 박사 학위를 취득했다. 공군에서 장병선발과 심리검사를 담당하는 장교로 복무했고, 서울대학교 학생생활연구소에서 카운슬러로 일했다. 조선대학교 의과대학 정신과 교수를 거쳐, 아주대학교 심리학과 교수와 아주대학교 부설 아주심리상담센터 소장을 역임했다. 현재는 아주대학교 심리학과 명예교수로 있다.

3판

현대인의 적응과 정신건강

- 행복한 삶을 위한 심리학 -

2001년 2월 25일 1판 1쇄 발행
2003년 3월 25일 1판 3쇄 발행
2004년 1월 15일 2판 1쇄 발행
2016년 2월 15일 1판 15쇄 발행
2017년 2월 10일 3판 1쇄 발행
2023년 1월 10일 3판 3쇄 발행

저 자 • 이민규
발행인 • 한정주
발행처 • 교육과학사

경기도 파주시 광인사길 71
전화 • 031)955-6956~8 / 팩스 031)955-6037
Home-page • http://www.kyoyookbook.co.kr
E-mail • kyoyookbook@daum.net, kyoyook@chol.com
등록 • 1970년 5월 18일 제2-73호

정가 22,000원
ISBN 978-89-254-1115-6